新・法律相談シリーズ

親子の法律相談

床谷文雄・清水 節 編

有斐閣
YUHIKAKU

はしがき

　少子高齢社会といわれる現代は，家族関係が多様化，複雑化しています。急速な医学・情報科学技術の進展や，グローバリゼーションの大きなうねりの中で，実にさまざまな法律問題が親子関係をめぐって生じてきています。本書は，有斐閣の新・法律相談シリーズの一冊として，こうした親子をめぐる法律問題全般について詳細な解説をしています。家族問題に関連して，『夫婦の法律相談』(2004年)，『高齢者の法律相談』(2005年)に引き続き刊行されるもので，法律相談を受ける立場にある弁護士・司法書士・家庭裁判所調停委員等の実務家を主な読者として想定していますが，家族の法律問題を学びつつある大学院生や課外活動として無料法律相談に取り組んでいる学生の皆さんの手引書となるもの，また，親として，子として，その周辺にある者として，悩み，解決方法を探している市民の皆さんにも手に取ってもらえる役に立つ法律相談書をめざしました。

　本書が扱う内容は，民法の親族・相続法（家族法）に関係する部分を中心としています。親子関係の基礎をなすのは血縁か，当事者の意思か，養育の事実なのか。親子関係に基づく権利と義務には，どのようなものがあるのか。父母が婚姻している場合と婚姻していない場合とでどのような違いがあるのか。父母が離婚した場合，子の監護はどうなるのか。親と子の面接交渉（面会交流）や養育費の支払いは，どのように決められ，実行されているのか。

　こうしたことについて理解するには，民法上のルールだけではなく，市役所等への届出の方法や裁判所での手続についても十分に知ることが必要です。本書では，実務上のノウハウを詳細かつ具体的に説明するとともに，必要な書類，その提出先など，市民のニーズに応える情報を提供することを心がけました。児童相談所の所在，電話相談（虐待防止110番）の情報，児童扶養手当，ひとり親家庭支援等の行政による経済的支援策，児童虐待防止法等の児童保護の問題，少子化対策関連法なども詳細に紹介しています。

また本書は，現代医学の発展に伴って生じてきた生殖補助医療による新しい親子関係のなりたちについても一歩踏み込んで解説しています。代理母，子の出自を知る権利の問題はいうまでもなく，出生前診断，生殖補助医療を受ける権利，精子等提供者の権利義務等にも触れています。さらには国際的な親子関係の展開の中で重要性を増している国際結婚・離婚と子どもの奪い合い，国際養子など国際私法（国際家族法）の分野も取り扱っています。

　親子をめぐる法律は，今まさに大きく変わりつつあります。本書の企画から刊行に至る間にも児童福祉法や国籍法等の重要な法律の改正があり，重要な裁判例も登場しました。昨年夏には歴史的な政権交代もあり，政策の転換に注目が集まっています。現行の「児童手当」を廃止して，新しい「子ども手当」を創設する案も出ています。本書が版を重ね，常に最新の情報を与えられる法律相談書であり続けることができれば幸いです。

　本書の刊行にあたり，ご多忙な中ご協力いただいた執筆者の方々，ならびに本書の企画から執筆者への連絡，校正等，丁寧に，かつ，辛抱強く編集作業を続けていただいた，有斐閣書籍編集第一部の田顔繁実さん，藤本依子さんに，心から感謝の意を表します。

　2010 年 1 月

床 谷 文 雄
清 水 　 節

目　次

I　嫡出子

1. 嫡出推定【設問1・2】 *2*
2. 嫡出否認の訴え【設問3〜5】 *8*
3. 推定を受けない嫡出子【設問6】 *15*
4. 推定の及ばない嫡出子【設問7・8】 *18*
5. DNA鑑定【設問9】 *24*
6. 父を定める訴え【設問10】 *27*
7. 準正嫡出子【設問11】 *30*
8. 子どもの氏名・戸籍【設問12〜15】 *33*

II　嫡出でない子

1. 認知の要件【設問16〜19】 *46*
2. 認知の取消しと無効【設問20〜22】 *57*
3. 嫡出でない子の戸籍【設問23〜25】 *63*
4. 強制認知【設問26・27】 *70*
5. 母子関係と認知【設問28】 *76*
6. 認知請求権の放棄【設問29】 *79*
7. 認知する権利の放棄【設問30】 *82*

III　生殖補助医療と子ども

1. 生殖補助医療【設問31】 *86*
2. 死後生殖【設問32】 *89*
3. AIDと父子関係【設問33】 *92*
4. 受精卵の取違え【設問34】 *95*
5. 卵子提供と母子関係【設問35】 *98*
6. 代理母【設問36】 *101*
7. 出自を知る権利【設問37】 *104*
8. 出生前診断【設問38】 *107*
9. 生殖補助医療を受ける権利【設問39】 *109*
10. 提供者（精子・卵子・胚）の権利・義務【設問40】 *112*

Ⅳ 養　子

1　養子縁組の要件【設問41・42】 *116*
2　手続・届出【設問43〜46】 *120*
3　縁組の無効【設問47・48】 *128*
4　離　縁【設問49〜52】 *133*
5　離縁の効果【設問53・54】 *143*
6　無効な離縁の追認【設問55】 *146*
7　裁判離縁【設問56】 *148*

Ⅴ 特 別 養 子

1　制度の趣旨【設問57】 *152*
2　手続・届出【設問58】 *155*
3　夫婦共同縁組【設問59】 *157*
4　養子・養親の年齢制限【設問60】 *159*
5　父母の同意【設問61・62】 *162*
6　要保護要件【設問63】 *166*
7　連れ子養子【設問64】 *168*
8　普通養子縁組からの転換【設問65】 *171*
9　試験養育期間【設問66】 *174*
10　特別養子縁組の効果【設問67・68】 *177*
11　戸籍・住民票【設問69・70】 *181*
12　離　縁【設問71】 *184*

Ⅵ 親権・監護権

1　親権者【設問72〜75】 *188*
2　共同親権【設問76】 *198*
3　身上監護【設問77〜79】 *201*
4　教　育【設問80】 *209*
5　懲戒権【設問81・82】 *211*
6　子どもの自己決定権【設問83・84】 *215*
7　身分上の代理権【設問85】 *219*
8　職業許可権【設問86】 *222*
9　子の引渡し【設問87】 *225*
10　財産管理権【設問88】 *229*

11　利益相反行為【設問89・90】　*231*
　12　親権の停止・喪失【設問91】　*237*

Ⅶ　里親・里子

　1　里親制度概説【設問92】　*242*
　2　里親になるための手続【設問93】　*246*
　3　実親からの引取請求【設問94】　*250*
　4　週末里親・精神里親運動【設問95】　*253*

Ⅷ　離婚と親子関係

　1　親権・監護権の帰属【設問96〜99】　*256*
　2　親権者・監護者の責任【設問100】　*269*
　3　面接交渉【設問101〜103】　*272*
　4　養育費【設問104〜107】　*282*

Ⅸ　未成年後見

　1　未成年後見の開始【設問108・109】　*298*
　2　未成年後見人の権能【設問110〜112】　*303*
　3　未成年後見と成年後見【設問113】　*311*

Ⅹ　扶　　養

　1　扶養義務・扶養の程度【設問114〜117】　*316*
　2　扶養と相続【設問118】　*328*
　3　3親等内の親族間扶養【設問119】　*333*

Ⅺ　少子化社会

　1　少子化の現状と今後【設問120】　*338*
　2　不妊医療【設問121】　*340*
　3　エンゼルプラン――子ども・子育て応援プラン【設問122】　*342*

Ⅻ　公的給付

　1　児童手当【設問123】　*346*
　2　児童扶養手当【設問124】　*349*
　3　ひとり親家庭支援【設問125】　*352*

XIII 子育て支援

1 保育所・幼稚園【設問126】 *356*
2 グループ保育【設問127】 *360*
3 子育て相談【設問128】 *363*
4 育児休業【設問129】 *366*

XIV 児童虐待

1 虐待の種類と通告先【設問130】 *370*
2 学校の虐待対応【設問131】 *373*
3 性的虐待,虐待事例の相談・支援機関【設問132】 *377*
4 虐待の要因と親支援【設問133】 *386*
5 親子分離・子の安全の確認【設問134】 *390*
6 施設での生活と施設内虐待【設問135】 *393*

XV 国境を越える家族と子ども

1 外国での出産【設問136】 *398*
2 国際結婚と子ども【設問137・138】 *401*
3 国際結婚外で生まれた子【設問139・140】 *408*
4 日本で生まれた子の国籍【設問141】 *413*
5 国際間の別居扶養【設問142】 *416*
6 国際離婚と子ども【設問143・144】 *420*
7 国際養子縁組【設問145～147】 *428*
8 国際養子縁組の離縁【設問148】 *438*
9 国際間の成年後見【設問149】 *441*
10 国際相続法【設問150】 *445*

* * * * *

設問一覧 *448*
事項索引 *467*
判例索引 *473*

凡　例

◆法令の略記等
* （　）内での法令名の表記は，有斐閣六法全書「法令名略語」に従いました。
* なお，法令の引用にあたっては，原則として 2010（平成 22）年 1 月 1 日現在において公布されている法令を引用しました。

◆判例・判例集・雑誌名の略記
* 最判平 12・3・10 民集 54・3・1040 ＝ 最高裁判所平成 12 年 3 月 10 日判決，最高裁判所民事判例集 54 巻 3 号 1040 頁

《判　例》

大判(決)	大審院判決(決定)	高判(決)	高等裁判所判決(決定)
大連判(決)	大審院連合部判決(決定)	地判(決)	地方裁判所判決(決定)
最判(決)	最高裁判所判決(決定)	簡判	簡易裁判所判決
最大判(決)	最高裁大法廷判決(決定)	家審	家庭裁判所審判

《判例集》

民録	大審院民事判決録	新聞	法律新聞
刑録	大審院刑事判決録	高民	高等裁判所民事判例集
民集	大審院民事判例集または最高裁判所民事判例集	下民	下級裁判所民事裁判例集
		家月	家庭裁判月報
刑集	大審院刑事判例集または最高裁判所刑事判例集	訟月	訟務月報
		交民	交通事故民事裁判例集

《雑　誌》

金判	金融・商事判例	判評	判例評論(判例時報付録)
金法	金融法務事情	法協	法学協会雑誌
ケ研	ケース研究	法時	法律時報
ジュリ	ジュリスト	民商	民商法雑誌
判時	判例時報	リマークス	私法判例リマークス
判タ	判例タイムズ		

編者・執筆者紹介

【 】＝執筆設問№．

◆床谷文雄（とこたに・ふみお）
【49〜63】大阪大学教授　1953年生
主著：『民法7 親族・相続〔第2版〕』（有斐閣，2007年），『新版注釈民法(25)』（分担執筆，有斐閣，2004年），『生命科学の発展と法』（分担執筆，有斐閣，2001年），『サイエンス・オブ・ロー事始め』（共著，有斐閣，1998年）

◆清水　節（しみず・みさお）
【64〜66・88〜91・96〜99】東京地方裁判所判事　1953年生
主著：『先例判例親族法Ⅱ——親子』（日本加除出版，1995），『先例判例親族法Ⅲ——親権』（日本加除出版，2000），『夫婦の法律相談』（分担執筆，有斐閣，2004），『養子事件の法律実務』（分担執筆，新日本法規，2003）

＊　＊　＊　＊

◆許　末恵
　【1〜6】青山学院大学教授
◆松原里美
　【7〜11】横浜地方裁判所小田原支部判事
◆雨宮則夫
　【12〜15】公証人
◆花本　彩
　【16〜19】大阪経済法科大学講師
◆山川陽一
　【20〜25】日本大学教授
◆若林昌子
　【26〜30】前明治大学教授
◆本山　敦
　【31〜40】立命館大学教授
◆梶村太市
　【41〜48】前早稲田大学教授・弁護士
◆白石研二
　【67〜71】大阪法務局局長
◆山田美枝子
　【72〜79】大妻女子大学教授

◆上原裕之
　【80〜83】広島高等裁判所判事
◆今井理基夫
　【84〜87】千葉家庭裁判所判事
◆鈴木博人
　【92〜95・130〜135】中央大学教授
◆大塚正之
　【100〜103】早稲田大学教授
◆榮　春彦
　【104・107】横浜地方裁判所横須賀支部判事
◆大沼洋一
　【105】駿河台大学教授
◆平城恭子
　【106】大阪地方裁判所岸和田支部判事
◆相原佳子
　【108〜110】弁護士
◆石黒清子
　【111〜113】弁護士
◆岡部喜代子
　【114〜119】慶応義塾大学教授

◆古橋エツ子
　【120〜122】名古屋経営短期大学教授
◆和田美智代
　【123〜125】大阪学院大学講師
◆神尾真知子
　【126〜129】日本大学教授

◆岡野 祐子
　【136・142〜144】関西学院大学教授
◆織田有基子
　【137〜141】日本大学教授
◆金　　汶淑
　【145〜150】甲南大学教授

＊所属は2010年1月31日現在

I

嫡　出　子

1　嫡出推定
2　嫡出否認の訴え
3　推定を受けない嫡出子
4　推定の及ばない嫡出子
5　DNA鑑定
6　父を定める訴え
7　準正嫡出子
8　子どもの氏名・戸籍

1 嫡出推定（1）

設問 1

私の妹の夫は半年前に交通事故で亡くなりました。妹は，来月出産の予定なのですが，子どもは，私が養子にして引き取ることになっています。私としては，その子を私たち夫婦の実子として届出をしたいと思っているのですが，できるでしょうか。

法律上の親子関係　民法は，どのような者が親（父母）であり子であるか，どのような者の間に法的親子関係が認められるかについて定め，その親に，子の扶養義務をはじめとする様々な権利義務を認めています。また，親子関係の効果としては，未成熟の子を保護養育するための権能を特に親権として定めていますが（民820条以下），親権は，子の法的親の中から特に親権者とされた者が行使することになっています（同818条・819条）。

子には必ず生物学的な親がいますし，生物学的な親子関係が法的親子関係の基礎となって，両者が一致する場合が実際には多いでしょう。しかし，生物学的親子関係が常に法的親子関係と一致するわけではありません。法的な親は，生物学的な親の中から特に法の定める要件を満たしたものであって，親子関係の法的効果を受けることができます（実親子関係）。例えば，婚姻していない男女間に子が生まれた場合，たとえ男性が子の生物学的父であっても，彼は，子を認知しない限り，子の法的父とは認められず（同779条。⇨〔設問16・18・19〕），また，法的な父となっても子の親権者となるためには，母との協議または家庭裁判所の審判が必要です（同819条4項5項。⇨〔設問72〕）。他方，親子としての血縁関係がない場合でも，養子縁組によって法的親子関係の成立することが認められています（養親子関係）。

このように，生物学的親子関係と法的親子関係とは次元を異にする概念であり，また，法的親子関係と親権者も目的や機能を異にした法的概念であるということになります*1。

実親子関係　(1) 母子関係
母子関係は，嫡出子であれ嫡出でない子であれ，母の懐胎・分娩という外観上明白な事実によって明らかであり，その確定は容易です。判例も，嫡出でない母子関係についてですが，母と嫡出でない子との母子関係は，原則として，母の分娩の事実により当然に発生するとしています*2（⇨〔設問28〕）。生殖補助医療を利用した場合の議論につき⇨〔設問35・36〕）。

(2) 父子関係
父子関係については，懐胎・分娩といったような外観上明白な事実はなく，また，父とされる男性と子との間の血縁上の父子関係の存在を直接証明することは困難です。そのため，父子関係については，その存在を主張して親子関係の効果を受ける子のために，何らかの推定規定を置いてその立証責任を軽減する措置がとられるのが普通です。民法は，母が婚姻している場合に生まれた子と母の夫との父子関係を推定する規定を置いています（民772条）。これが，嫡出推定と呼

ばれるものです。

嫡出推定　民法772条1項によれば、妻が婚姻中に懐胎した子は、夫の子と推定されます。しかし、妻が婚姻中に夫により懐胎したことの直接的な立証は困難であるため、民法は、子の出生時期により婚姻中の懐胎を推定する規定を置きました。婚姻成立の日から200日を経過した後、または、婚姻の解消もしくは取消しの日から300日以内に生まれた子は、婚姻中に懐胎したものと推定されます（民772条2項）。

ローマ法以来、「父とは婚姻が示すところの者である」とされており、この規定も、夫婦は同居して共同生活を営み、その間には排他的継続的な性関係があるので、妻が婚姻中に懐胎した子の父は妻の夫であると考えるのが社会常識にかなうことから設けられたものです。

婚姻成立の日とは、婚姻の届出の日をいいます*3。届出をした日すなわち婚姻届の受付の日を算入せず（初日不算入の原則。同140条本文）、その翌日から200日後すなわち201日以後に生まれた子が婚姻中に懐胎したものと推定されます（通説）。

婚姻の解消とは、夫婦の離婚または死亡により婚姻が解消された場合をいい、協議離婚の場合には離婚の届出の日、調停離婚の場合には調停の成立した日、審判または判決による離婚の場合には審判または判決の確定した日が解消の日となります。離婚訴訟において請求の認諾がありまたは訴訟上の和解が成立した場合には、それが調書に記載されたときに、離婚が成立します（人訴37条、民訴267条）。これらの場合も、婚姻の解消または取消しの日を算入せずに、300日の期間を計算します。

民法772条2項所定の時期に生まれた子は、母の夫の子と推定され（父性推定）、同時に、婚姻中に懐胎されたものと推定されて、嫡出性を付与されます。しかし、これは推定にすぎないので、子が実際には母の夫の子ではない場合には、その父子関係は、嫡出否認の訴えという特別の手続によって否定することができます（民774条以下。⇨〔設問3〕）。

養親子関係　養親子関係は、親子としての血縁関係がない者の間で、養子縁組の手続を経ることによって、法的親子関係を認められるものです（ただし、自己の嫡出でない子を養子とする場合のように、親子としての血縁関係がある者の間でも養子縁組をすることがあります）。養子縁組には、養親となる者と養子となる者とが届出（養子縁組届）をして成立する普通養子縁組と、家庭裁判所の審判によって成立する特別養子縁組とがあります。

養子縁組により、養子は、養親の嫡出子の身分を取得し（民809条）、養子と養親およびその血族との間においては、血族間におけると同一の親族関係を生じます（同727条）。これを法定血族と呼びます。

出生届　子が生まれると、出生の日から起算して14日以内に出生の届出をしなければなりません（戸49条1項。届出期間は、届出事件発生の日から起算することになっています。同43条）。出生は、権利能力の始期であり（民3条1項）、かつ、人の身分関係の基礎をなす親子関係の始点でもありますので、速やかにこの事実を届け出て、戸籍に記載させる必要があります（報告的届出。ただし、戸62条の場合には創設的な性質を有します）。

届出の義務を負うのは、第1に嫡出子であれば父または母、嫡出でない子であれば母、第2に同居者、第3に出産に立

1　嫡出推定(1)

1

I 嫡出子

ち会った医師・助産師またはその他の者です（戸52条）。届出には，原則として，出産に立ち会った医師・助産師その他の者の作成する出生証明書を添付しなければなりません（同49条3項）。出生の年月日や子の性別，出生の場所等についての虚偽の届出を防止するとともに，人口動態調査に必要な資料を得るためのものです。

なお，正当な理由がなくて期間内に届出をしなかった場合には，5万円以下の過料に処せられます（同135条）。

設問への回答 妹さんの子をあなた方夫婦の実子として届け出るというのが，あなた方夫婦の実子として出生の届出をするという意味であるならば，そのような届出をすることはできません。

第1に，この子は，妹さん夫婦の実子であり，民法772条により妹さんの夫の子と推定されます。妹さんの出産予定日は，妹さん夫婦の婚姻が夫の死亡により解消してから7ヵ月目，すなわち300日以内なので，無事に子が生まれれば，子は妹さん夫婦の嫡出子です。

第2に，たとえあなた方がその子を自分たちの実子として出生の届出をすることができたとしても，あなた方と子との間に親子としての血縁関係がない以上，その出生届は虚偽の届出であり，何の効力もありません。実親子関係は，子の出生による親子としての血縁関係を基礎に認められるもので，出生の届出によって認められるものではありません。妹さんやあなた方の意向がどのようなものであっても，また，あなた方と子との間に親子としての共同生活が何十年続こうとも，この出生の届出が無効であることに変わりはありません。このような届出は，将来，親子関係不存在確認の訴えを起こされたり，相続をめぐって紛争を生ずることがありますから（⇨〔設問45〕），絶対にするべきではありません。しかも，このような虚偽の届出によって戸籍簿に不実の記載をさせることは，犯罪を構成することもあります（公正証書原本不実記載罪。刑157条1項）。

妹さんの子を引き取って自分たちの子として育てたいというお気持ちにそって，あなた方にとってだけでなくその子にとっても最良の結果を実現するためには，やはり，子をまず妹さん夫婦の子として出生の届出をし（戸49条），それから，あなた方との間で養子縁組の手続をすることをお勧めします。

妹さんが健在ですから，特別養子縁組の利用は難しいかもしれませんが（⇨〔設問57〕），もし特別養子縁組が認められると，子と実方との親族関係は終了し（⇨〔設問67〕），また，戸籍には子は養子としてではなく実子（嫡出子）と同じ続柄で記載されます（⇨〔設問69〕）。普通養子縁組にはこれらの効果はありませんが，あなた方と子との間には嫡出子と同様の法的親子関係が認められることに変わりはなく，法的には実子と同様の保護を受けることができます（⇨〔設問43〕）。

*1　鈴木＝唄・人事法Ⅰ（有斐閣，1980）9頁～12頁
*2　最判昭37・4・27民集16・7・1247
*3　最判昭41・2・15民集20・2・202

〔許　末恵〕

1 嫡出推定（2）

設問2

私の妻は、私が海外出張中に私の同僚と関係をもち、妊娠したようです。妻は、私と離婚して、その同僚と再婚したいというのですが、私は、妻とその子どもと3人でやり直したいと思っています。私がその子どもを私の子として育てる気があるなら、その子は私の子どもになるということを聞いたことがあるのですが、どういうことでしょうか。

嫡出推定と嫡出の否認　婚姻の成立後200日を経過した後または婚姻の解消もしくは取消しの日から300日以内に生まれた子は、婚姻中に懐胎したものと推定されて、夫の子と推定されます（嫡出推定。民772条。⇨〔設問1〕）。しかし、これは推定にすぎないので、事実は子が夫の子ではないときは、反証を挙げてこの推定を覆すことができます。

民法は、夫は、子が嫡出であることを否認することができると規定して（同774条）、この反証を夫だけに認めました。この否認権は、子または親権を行う母に対する嫡出否認の訴えによって行います（同775条）。これ以外の方法で（例えば遺言によって）子を否認することはできませんし、夫以外の者が子を否認することもできません（例外として⇨〔設問5〕）。また、嫡出否認の訴えは、夫が子の出生を知った時から1年以内に提起する必要があります（同777条。⇨〔設問3〕）。

嫡出推定を覆す方法が限定的なのは、家庭の平和の保護と出生子の身分の早期安定のためです。婚姻中の懐胎子であっても夫の子でない可能性のあることは否定できません。しかし、そのことを常に明らかにして夫と子との父子関係を否定することは、家庭の平和の維持という観点からみて望ましいことではありません。そこで、妻の産んだ子を一応夫の子と推定しつつ、夫が自らその子が自分の子でないことを明らかにしてその子との父子関係を否定しようとする場合に限って、それを認めることにしたのです。出訴期間が短いのは、速やかに父子関係を確定して、子の身分関係を法的に安定させるためです。

したがって、夫が子の出生を知っても、嫡出否認の訴えを起こすことなく1年が経過すれば、夫は否認権を失い、子が夫の嫡出子であることが確定します。事実は夫と子との間に血縁上の親子関係がなくても、以後、そのことを主張することは誰にもできなくなります。

嫡出性の承認による否認権の消滅　嫡出否認の訴えの出訴期間を経過する前でも、夫は、子の出生後、子の嫡出であることを承認したときには、その否認権を失い（民776条）、夫と子との間の嫡出父子関係は確定します。ただし、嫡出性の承認が認められることはほとんどありません（⇨〔設問4〕）。

嫡出推定の排除　嫡出推定・否認制度には、家庭の平和の保護と子の身分関係の早期安定からみて、それなりの合理性のあることは否定できません。しかし、民法は嫡出否認

I 嫡出子

の要件を非常に厳格に定めてしまったために，実際には不都合を生ずる場合が出てきました。

第1に，夫は，子の出生を知った時から1年を経過した後に，子が自分の子でないことを知ったとしても，嫡出否認の訴えを提起することができません。そのため，裁判例の中には，「子の出生を知った時」を緩やかに解釈して出訴期間の起算点を繰り下げ，夫による嫡出否認の訴えを認めるものもありました。しかし，そのような解釈は出訴期間を定めた意味を無にするもので，批判されています（⇨〔設問3〕）。

第2に，夫以外の者は嫡出の否認ができないため，夫が嫡出否認の訴えを起こさないときには，たとえ夫と子との間に血縁関係がなくても，夫と子との嫡出父子関係が確定してしまいます。そうなると，子の生物学的父は子を認知することができないし，子からも生物学的父に対して認知を請求することができなくなります。特に夫婦関係が破綻して子の母が子の生物学的父と再婚したような場合には，子は準正によって嫡出子となる機会を奪われることになり，子にとって不当な結果となるでしょう。戸籍上父とされる者が子との法的関係を望まない場合には，その者にとっても妥当とはいえないこともあります。

そこで，学説・実務は，民法772条2項所定の期間に出生した子であっても，夫婦の間に通常の夫婦としての生活が存在せず，妻が夫によって子を懐胎することが明らかに不可能な場合には，嫡出推定の働く基盤を欠いているので，772条の適用はないと解するようになりました。この場合，子は，772条の推定を受けないので，母の夫との父子関係を覆すためには，嫡出否認の訴えではなく，通常の親子関係不存在確認の訴え（⇨〔設問6〕）によればよいことになります。このような子は，戸籍上は夫婦の嫡出子として記載されていますが，実質は母の嫡出でない子であり，学説では「推定の及ばない子」「推定を受けない嫡出子」「表見嫡出子」などと呼ばれています。

夫による妻の懐胎の不可能な場合 では，具体的にはどのような場合に，夫による妻の懐胎が不可能であるとして，民法772条の適用が排除されるのでしょうか。

学説は，懐胎期間中の夫婦の同棲の欠如という夫による妻の懐胎が不可能な事実が外観上明白な場合に限って適用を排除する外観説[*1]と，それ以外にも，客観的・科学的に父子関係の不存在が明らかになった場合にも適用を排除する血縁説[*2]とが対立します。それに対し，外観説は家庭平和の保護に資するが適用の排除が狭すぎ，血縁説は真実主義に資するが適用の排除が広すぎることから，懐胎不能事由以外の要件により適用を制限する折衷説が提唱されています。

折衷説には，夫婦ひいては家庭の平和が崩壊している場合にはもはや守るべき家庭の平和はないので，真実主義を優先して嫡出推定を排除する家庭平和破綻説[*3]と，嫡出推定・否認制度によって保護されるべき当事者（子・母・母の夫）の合意があれば，家庭の平和を保護しなくても問題はないので，合意に相当する審判（家審23条）によって父子関係の不存在の確認ができるとする合意説[*4]などがあります。

1969（昭和44）年の最高裁判所判決は，約2年半の間事実上の離婚状態にあった夫婦の離婚届出後137日目に出生した子は772条の推定を受けないので，子は，母の夫からの嫡出否認を待つまでもなく，生物学的父に対して認知の請求ができるとしました[*5]。2000（平成12）年の判決

① 嫡出推定(2)

は，「772条2項所定の期間内に妻が出産した子について，妻が右子を懐胎すべき時期に，既に夫婦が事実上の離婚をして夫婦の実態が失われ，又は，遠隔地に居住して，夫婦間に性的関係を持つ機会がなかったことが明らかであるなどの事情が存在する場合には，右子は実質的には民法772条の推定を受けない嫡出子にあたる」として，外観説に立つことを明らかにしています*6（⇨〔設問7・8〕）。しかし，家庭平和破綻説をとる下級審の裁判例も多く公表されています*7。

設問への回答

まず，あなたがその子をあなたの子として育てる気があるなら，その子はあなたの子どもになるということの意味を説明しましょう。

子があなたと妻との婚姻の成立の日（婚姻の届出の日）から200日を経過した後に生まれた場合には，子は，たとえ事実はあなたの子ではなくても，民法772条によりあなたの子と推定されます。あなたが，子の出生を知った後も嫡出否認の訴えを起こさずに1年たったとき，または，それ以前でも子の嫡出であることを承認したときには，あなたは否認権を失い，あなたと子との間の嫡出父子関係が法的に確定します。あなたと子との間に生物学的父子関係がなくても，そのことを誰も主張できなくなり，法的にはあなたが子の父ということになります。

しかし，あなたの妻は，あなたの海外出張中に同僚と関係をもって妊娠しました。海外出張の期間や場所等にもよりますが，前記2000（平成12）年の最高裁判所判決によれば，妻が子を懐胎すべき時期に夫の海外出張により夫婦間に性的関係をもつ機会がなかったことが明らかである場合には，子は民法772条の推定を受けないことになります。そのため，あなたと子との父子関係は，嫡出否認の訴えではなく，親子関係不存在確認の訴えによって，覆すことができます。この訴えは，確認の利益があれば誰でも，子も，あなた自身も*8，子の生物学的父も*9，起こすことができます。出訴期間の制限もありません（⇨〔設問6〕）。また，あなたは，772条の推定を受けない子の嫡出性を承認することもできません（⇨〔設問4〕）。

海外出張の期間が短い場合には，妻の懐胎すべき時期に妻が同僚と性関係をもったとしても，それだけでは嫡出推定は排除されません。しかし，妻は，あなたと離婚し，同僚と再婚することを望んでいます。あなたは妻と子と3人でやり直したいと思っていても，妻がそれを望んでいないのであれば，婚姻関係の破綻は避けられないでしょう。その場合，家庭平和破綻説をとる実務によれば，やはり嫡出推定は排除されて，親子関係不存在確認の訴えによりあなたと子との父子関係が否定される可能性もあります。

いずれにしても，まず，ご夫婦でよく話し合われることをお勧めします。

*1 我妻栄・親族法（有斐閣，1961）221頁
*2 中川善之助・新訂親族法（青林書院新社，1965）364頁，我妻栄編著・判例コンメンタールⅦ親族法（日本評論社，1970）210頁
*3 松倉耕作「嫡出推定と子の幸福」民商法雑誌78巻臨時増刊号(2)（1978）69頁以下
*4 福永有利「嫡出推定と父子関係不存在確認」家族法の理論と実務（別冊判例タイムズ8，1980）252頁
*5 最判昭44・5・29民集23・6・1064
*6 最判平12・3・14家月52・9・85
*7 大阪地判昭58・12・26家月36・11・145，神戸地判平3・11・26家月45・7・76，東京高判平6・3・28家月47・2・165等
*8 最判昭25・12・28民集4・13・701
*9 東京高判平10・3・10判時1655・135

〔許　末恵〕

2 嫡出否認の訴え（1）

I 嫡出子

設問 3

私は結婚前に2人の男性と交際していたのですが、妊娠したので、その父親だと思った今の夫にそのことを話して結婚しました。結婚してから7ヵ月後に子どもが生まれ、順調に成長してきたのですが、小学校に入ろうかという今になって病気が発現し、診断の過程で、子どもは、本当はもう1人の男性の子だとわかりました。夫とは離婚話が進んでいるのですが、夫は、夫の子でないということを裁判ではっきりさせるというのです。今さら、そんなことが認められるのでしょうか。子どもの実父とは、今は、交際は全くありません。

嫡出否認の訴え　民法772条により嫡出推定を受ける子が事実は夫の子でない場合、夫と子との父子関係は、嫡出否認の訴えによって否定することができます（⇨〔設問2〕）。ここでは、嫡出否認の訴えの当事者や出訴期間、手続や判決の効力などについて、詳しく説明しましょう。

否認権者（嫡出否認の訴えの原告）　否認権者は、原則として、夫に限られます（民774条）。夫が成年被後見人であるときは、成年後見人が訴えを提起します（人訴14条）。夫が嫡出否認の訴えを提起した後に死亡した場合には、子のために相続権を害される者その他夫の3親等内の親族は、夫の死亡の日から6ヵ月以内に訴訟手続を受け継ぐことができます（同41条2項。子の出生前または訴えの提起前に夫が死亡した場合については⇨〔設問5〕）。

原告は、子は民法772条2項所定の期間に妻から生まれたが、夫の嫡出推定を受ける可能性が確実に存しないことを主張立証しなければなりません。772条による嫡出推定は、それを構成する2つの推定のいずれについて反対の事実の存在を立証すれば、覆すことができます。すなわち、①子は婚姻中に懐胎したのではないこと、または、②子は、婚姻中に懐胎された子ではあるが、夫の子ではないこと、のいずれかを明らかにすれば足ります。子の血縁上の父が誰かについては、積極的に主張立証する必要はありません。

なお、子の出生後、夫が子の嫡出であることを承認したときは、その否認権を失います（⇨〔設問4〕）。

相手方（嫡出否認の訴えの被告）　相手方は、子または親権を行う母です（民775条）。母は、子に意思能力がない場合に被告となりますが（通説）、出訴期間の制限からみて、子が意思能力を有する場合はまれであると考えられます。親権を行う母がないときは、家庭裁判所は特別代理人を選任し（同775条、家審9条1項甲類5号）、この特別代理人に対して訴えを提起します。なお、胎児を否認することも、死亡した子を否認することもできません。否認の訴えの係属中に被告である子が死亡した場合には、否認の訴えは当然に終了します（人訴27条2項）。

手続　(1) 出訴期間
嫡出否認の訴えは、夫が子の出生を知った時から1年以内に提起しなければなりません（民777条）。

夫が成年被後見人であるときは，この期間は，後見開始の取消しの審判があった後に夫が子の出生を知った時から起算されます（同778条）。

しかし，実際には，設問のように，子の出生を知ってから何年もたった後に子が夫の子でないことが判明することが少なくありません。この場合に，法定の出訴期間が経過しているために夫からの嫡出否認の訴えを認めないというのは，夫にとって酷な結果を生ずる場合があります。そこで，審判例の中には，妻が出産した事実だけでなく，子の出生日が夫婦の同居期間あるいは婚姻の解消後300日以内であって嫡出推定を受ける関係にあることを知った時[*1]や，夫が否認すべき子の出生を知った時すなわち否認の原因となる事実を知った時[*2]など，緩やかに解するものがあります。

しかし，この場合に端的に子には民法772条の推定が及ばないと解すれば，夫と子との父子関係は，嫡出否認の訴えではなく，親子関係不存在確認の訴えによって否定することができます。家庭平和破綻説が有力となっている実務を前提とする限り，嫡出否認の訴えの出訴期間の起算点を繰り下げる必要性は少なくなっています[*3]（⇨〔設問2〕）。

(2) 調停の申立てと審判・訴え

嫡出否認の訴えは人事訴訟です（人訴2条2号）。人事訴訟については，訴えを提起する前に，まず家庭裁判所に調停を申し立てることになっています（調停前置主義。家審18条1項）。調停は，相手方の住所地の家庭裁判所または当事者が合意で定める家庭裁判所に申し立てます（家審規129条1項）。

調停において，当事者間に合意が成立し嫡出否認の原因の有無について争いがない場合には，家庭裁判所は，必要な事実を調査したうえ，当該調停委員会を組織する家事調停委員の意見を聴き，正当と認めるときは，嫡出否認の合意に相当する審判をすることができます（家審23条）。この審判は，2週間以内に異議の申立てがあったときには失効しますが，異議の申立てがないときは，確定判決と同一の効力を有します（同25条）。なお，家庭裁判所の実務では，子から申し立てられた嫡出否認の調停において合意が成立した場合にも，嫡出否認の審判をする扱いになっています[*4]。

嫡出否認の訴えは，調停が成立せず家庭裁判所が合意に相当する審判をしないとき，または審判に対して異議が申し立てられて審判が失効したときに，嫡出父子関係の当事者が普通裁判籍を有する地またはその死亡の時にこれを有した地を管轄する家庭裁判所に，提起します（人訴4条。調停の係属していた家庭裁判所による自庁処理については同6条参照）。この場合，当事者がその旨の通知を受けた日から2週間以内に訴えを提起したときは，調停の申立ての時に，その訴えの提起があったものとみなされます（家審26条）。したがって，夫は，子の出生を知った日から1年以内に家庭裁判所に調停を申し立てればよいことになります。

判決（審判）の効力 請求認容の判決により，嫡出推定は遡及的に消滅し，子は，出生の時から夫の嫡出子の地位を失い，妻の嫡出でない子であったことになります。この判決は，第三者に対しても効力を生じます（人訴24条）。判決の効力は形成的なものなので，判決が確定するまでは，嫡出推定が事実に反していても，子は嫡出子の身分を失うことはなく，子も母も他の第三者も子の嫡出父子関係の不存在を主張することはできません。生物学的父も子を認知することはできないし，子からも認知の訴えを提起することはできません。訴

I 嫡出子

えを提起した者は，判決確定の日から1ヵ月以内に，判決の謄本を添附して，戸籍の訂正を申請します（戸116条1項）。それにより，子は妻の嫡出でない子である旨の戸籍訂正が行われます。なお，請求を認容する判決の中で，子の生物学的父を明らかにする必要はありません。

それに対し，請求が棄却された場合には，嫡出否認権は存在せず，嫡出推定を受ける子が夫の嫡出子であることが確定します。訴えを提起した者が誰であっても，以後，その効果を争うことはできなくなります（人訴24条）。

設問への回答

「結婚した」というのが「婚姻の届出をした」ということであるならば，子は，婚姻成立の日から7ヵ月後，すなわち200日を経過した後に生まれたので，夫の子と推定されます（民772条）。夫は，嫡出否認の訴えを提起し，①この子は婚姻中に懐胎されたのではないこと，または，②この子は，婚姻中に懐胎された子ではあるが，自分の子ではないこと，のいずれかを立証すれば，この推定を覆すことができます。あなたは結婚前に妊娠し，そのことを夫に話したうえで結婚したので，①の立証は可能でしょう。もっとも，あなたは子の懐胎時期に夫以外の男性とも交際をしていたということですので，婚姻前に子が懐胎されたことだけでは，当然には夫と子との父子関係の不存在が認められるわけではありません。この場合，夫は，さらに，自分と子との間の父子関係の不存在自体を立証しなければなりませんが*5，子は，医学的診断の過程で他の男性との間に父子関係のあることが判明したということですので，夫との間の父子関係の不存在は客観的に明らかであり，立証は容易でしょう。

しかし，夫は，嫡出否認の訴えを子の出生を知った時から1年以内に提起しなければなりません（同777条）。子は学齢期に達しているので，もはや夫は訴えを起こせないようにみえますが，これを夫が「否認の原因となる事実を知った時」から1年間と解すれば，子が診断を受けて他の男性の子と判明した時から1年間は嫡出否認の訴えを起こすことができることになります。

また，家庭平和破綻説をとる最近の実務の大勢によれば，民法772条2項所定の期間に妻の出生した子であっても，夫と子との間に自然的血縁関係のないことが客観的に明白な場合において，父母が離婚するなどして家庭の平和が破綻しているときは，772条による嫡出推定は子には及ばず（推定の及ばない子），親子関係不存在確認の訴えによってその父子関係を否定できることになります（⇨〔設問2〕）。

この考え方によれば，あなたと夫との間では離婚話が進んでいるということですので，家庭の平和は破綻しており，夫も子との法的親子関係の消滅を望んでいるのであれば，夫は子が自分の子でないことを親子関係不存在確認の訴えによって明らかにすることができることになります。

＊1　札幌家審昭41・8・30家月19・3・80
＊2　東京家審昭42・2・18家月19・9・76，奈良家審昭53・5・19家月30・11・62，奈良家審平4・12・16家月46・4・56
＊3　大阪地判昭58・12・26家月36・11・145
＊4　札幌家審昭41・8・30家月19・3・80，奈良家審平4・12・16家月46・4・56
＊5　鈴木＝唄・人事法Ⅰ（有斐閣，1980）34頁

〔許　末恵〕

2 嫡出否認の訴え（2）

設問 4

私は3人目の子どもが生まれた後、妻に内緒で不妊手術を受けました。ところが、妻は1年後に妊娠し、私は悩みましたが、その子にも上の子らと同じように、私の名の1字を取った名を付けて、自分の子として育てています。その子も、もうすぐ1歳になるのですが、今のうちに自分の子でないことをはっきりさせておいたほうがよいのではないかと考えるようになりました。認められるでしょうか。

嫡出性の承認による否認権の消滅

子が民法772条により夫の子と推定される場合、夫は、子の嫡出であることを否認できます（民774条）。この否認権は、夫が子の出生を知った時から1年以内に嫡出否認の訴えを提起して行使します（同777条）。訴えを提起せずに1年を経過すると、夫は否認権を失い、子は夫の嫡出子であることが確定します（⇨〔設問3〕）。

しかし、1年を過ぎる前でも、夫は、子の出生後、子の嫡出であることを承認したときには、その否認権を失います（同776条）。この場合、夫は、子を自己の子として認め、その責任を引き受ける意思を表明したものとみて、否認権を消滅させたものです。

承認をできるのは夫だけで、承認の対象となる子は民法772条により嫡出推定を受ける子に限られます。承認は、子の出生後に、子が自己の嫡出子である旨が明白に表示されれば、どのような方式によっても行うことができます。

承認と認められる行為

どのような行為があれば承認と認められるかは、具体的事案ごとに個別に判断されます。しかし、承認の具体例を考えることは難しく、裁判例でも実際に承認が認められた例はないようです。

第1に、夫は、否認の訴えを提起した場合（家庭裁判所に調停の申立てをした場合）であっても、嫡出子の出生の届出をしなければなりません（戸53条）。というのも、嫡出否認の裁判が確定するまでの間、出生子について戸籍の記載をしないまま無籍の状態にしておくべきではなく、また、訴えどおりの裁判が得られるとは限らないからです[*1]。第2に、出生の届出にあたっては子の名も届け出る必要があります（戸49条・50条）。したがって、子の命名をしたからといって、それによって嫡出性を承認したことにはなりません[*2]。たとえ夫が自己の名をとって命名した場合も、同様に解されています[*3]。第3に、子を愛育したというだけでも承認とはいえないとされています。

いずれにしても1年の期間が過ぎれば否認権は失われるので、明確な承認でない限り承認を認めるべきではなく[*4]、民法776条に対しては削除論もあります。しかし、承認の認定について見直しを主張する学説もあります[*5]。

不妊手術と嫡出推定

ところで、夫が不妊手術を受けて生殖能力がない場合に妻の産んだ子にも、民法772条の推定は働くのでしょうか。

この場合に夫が嫡出否認の訴えを起こせることはいうまでもありません。夫は、

4

I 嫡出子

子の出生を知った後1年以内に嫡出否認の訴えを提起し、不妊手術により生殖能力がないことを理由に自分がその子の父ではないことを証明すれば、子との嫡出父子関係を否定することができます（⇨〔設問3〕）。

それに対し、夫による妻の懐胎が明らかに不可能な場合には772条の適用が排除される（推定の及ばない子）と考える場合には、夫が不妊手術を受けて生殖不能の場合がそれに該当するかどうかが問題になります。学説は分かれていますが、裁判例には、夫婦の関係が破綻しているケースにおいて、夫が無精子症の場合[*6]および不妊手術（精管切断術）を受けている場合[*7]に、772条の適用を排除して、夫からの親子関係不存在確認の訴えを認めたものがあります（⇨〔設問2・7〕）。

設問への回答 結論からいえば、あなたは、その子が自分の子でないことを明らかにすることができます。不妊手術が確実に行われ、その効果が持続している限り、妻があなたの子を妊娠することはありえません。民法772条2項所定の期間に生まれた子であっても、あなたは、嫡出否認の訴えを提起し、あなたと子との間に生物学的父子関係がないことを立証して、子が自分の嫡出子であることを否認することができます（民774条・775条）。子はまだ1歳になっていないので、あなたが子の出生を知った時から1年以内ですから、家庭裁判所に調停を申し立ててください（同777条）。あなたの名から1字を取って命名しても、自分の子として育ててきていても、それでは嫡出性の承認とはならないので、否認権を行使できます（同776条）。

ところで、あなたは、なぜ今になってこの子が自分の子でないことを明らかにしようと考えるようになったのでしょうか。嫡出否認の訴えを起こせば、あなたが不妊手術を受けたことを明らかにしなければなりません。不妊手術を受けるというのは夫婦にとって重要な事柄であり、そのことを妻に相談しなかったのはなぜでしょうか。

この裁判をきっかけに、婚姻が破綻する可能性があります。その場合には772条の適用が排除されると解されることがあり（推定の及ばない子。⇨〔設問2・7〕）、親子関係不存在確認の訴えによってあなたと子との父子関係を否定することも可能な場合があります。

[*1] 青木＝大森・全訂戸籍法（日本評論社、1982）279頁、280頁
[*2] 水戸家審平10・1・12家月50・7・100
[*3] 東京家審昭50・7・14判タ332・347
[*4] 鈴木＝唄・人事法I（有斐閣、1980）33頁
[*5] 島津＝久貴編・新・判例コンメンタール民法12（三省堂、1992）54頁〔深谷松男〕、伊藤昌司「実親子法解釈学への疑問」法政研究61巻3＝4合併号（1995）610頁〜613頁など
[*6] 新潟地判昭32・10・30下民集8・10・2002、津家四日市支審昭59・7・18家月37・5・63
[*7] 東京家審昭58・6・10家月36・8・120

〔許　末恵〕

2 嫡出否認の訴え（3）

設問5

私の弟は半年前に病気で亡くなったのですが、弟の妻は現在妊娠中で、予定日は再来月とのことです。彼女は今、別の男性と付き合っているようで、私は、彼女のお腹の子は、本当はその男性の子ではないかと疑っています。私たちの父母が亡くなったときに、弟は跡取りとして自宅を含めて遺産をほとんど相続しましたので、彼女がその遺産を持って、不倫相手ではないかと思う男性と再婚しようとしているのが許せません。彼女のお腹の子が弟の子でないということをはっきりさせて、遺産を取り戻すために裁判することはできないのでしょうか。

婚姻関係解消後の出生子

婚姻が離婚もしくは夫の死亡により解消し、または取り消された日から300日以内に生まれた子も、婚姻中に懐胎したものと推定され、夫の子と推定されます（民772条）。したがって、この子と夫との父子関係は、嫡出否認の訴えによって否定することになります。

夫の死亡と嫡出否認の訴え

夫が子の出生前に死亡したとき、または、夫が子の出生後に嫡出否認の訴えを提起しないで死亡したときには、その子のために相続権を害される者その他夫の3親等内の血族（以下、「法定の近親者」と呼びます）は、夫の死亡の日から1年以内に、嫡出否認の訴えを提起することができます（人訴41条1項）。また、夫が嫡出否認の訴えを提起した後に死亡した場合には、法定の近親者は、夫の死亡の日から6ヵ月以内に訴訟手続を受け継ぐことができます（同41条2項）。

民法では、嫡出否認権は夫だけに帰属し、夫だけが嫡出否認の訴えを提起できますが（民774条）、人事訴訟法は、その例外として、夫が死亡した場合の法定の近親者による訴えの提起、あるいは、夫が提起していた訴えの受継を認めました。夫の生存中は、否認権を行使して嫡出否認の訴えを起こすかどうかは夫の意思に委ねられていますが、夫が否認権を行使することなく死亡した場合には、嫡出子という身分関係の存否の事実が真実かどうかを明らかにし、また、相続等による財産関係について重大な利害関係をもつ法定の近親者の利益を擁護して、法定の近親者が嫡出否認の訴えの原告になることを認めたものです[*1]。

法定の近親者による嫡出否認の訴えの提起

(1) 原告適格

嫡出否認の訴えを提起できるのは、前記法定の近親者、すなわち、その子のために相続権を害される者その他夫の3親等内の血族です。「その子のために相続権を害される者」とは、嫡出推定を受ける子が相続人になると、それによって自己の相続人たる地位を否定されまたは相続分が減少する者のことをいいます[*2]。

法定の近親者は、嫡出否認の訴えを提起する義務を負うわけではないので、訴えを提起するかどうかは法定の近親者の自由に任されています。法定の近親者が数人いても、訴訟共同の必要はありません。手続の受継についても同様に解され

ています。

(2) 訴えの提起期間　法定の近親者が嫡出否認の訴えを提起できるのは、夫の死亡の日から1年以内です。夫が死亡した日の翌日から進行を始めます（民140条本文）。法定の近親者が夫の死亡の事実を知ったことも、子の出生の事実を知っていたことも必要としません。嫡出否認の問題を、夫の死亡後なるべく早期に解決して、子の身分関係を速やかに確定させるためです*3。

子の出生前に夫が死亡した場合には、法定の近親者は、子の出生を待って嫡出否認の訴えを提起します。

法定の近親者が嫡出否認の訴えを提起することなく1年の出訴期間が経過すると、亡夫と子との嫡出父子関係は確定的なものとなり*4、以後、その子の嫡出性を争うことはできなくなります*5。

ただ、妻の産んだ子であっても推定の及ばない子である場合には、その父子関係は、親子関係不存在確認の訴えによって覆すことができますので、出訴期間の制限はありません（⇒〔設問2・4・6～8〕）。

設問への回答　まず、弟さんの妻のお腹の子が民法772条により亡夫の嫡出推定を受ける子であるかどうかを確かめる必要があります。弟さんは半年前に死亡し、弟さんの妻の出産予定日は再来月ですから、子は、婚姻が夫の死亡により解消した日から8ヵ月目、すなわち300日以内に生まれた子として、772条により婚姻中に懐胎したものと推定されます。したがって、その父子関係は、嫡出否認の訴えによって覆す必要があります。

あなたは弟さんの2親等の血族（民725条・726条）になりますので、子の出生後に弟さんの死亡の日から1年以内に、子または親権を行う母（弟さんの妻）を相手に、嫡出否認の訴えを起こす

ことができます。この場合も、訴えの提起の前にまず家庭裁判所に調停の申立てをします（家審18条1項）。嫡出否認の合意に相当する審判（同23条）がされ、または嫡出否認の訴えが認められると、弟さんと子との間の嫡出父子関係は否定され、子は、弟さんの子ではないことになり、相続人でもなくなります。

なお、子に民法772条の推定が及ばないときには、あなたに確認の利益が認められる限り、子の出生後にあなたから子を被告として、弟さんと子との間の親子関係不存在確認の訴えを提起できる場合があります。この場合には出訴期間の制限はありません。

しかし、弟さんの妻の子が弟さんの子でないことがはっきりしたとしても、ご両親の遺産を取り戻すのは難しいかもしれません。というのは、弟さんの相続したご両親の遺産は、弟さんの遺産として、妻も相続するからです（民890条）。この子の他に弟さんに子がいる場合には、弟さんの財産は、妻とその子が相続します（同887条1項）。弟さんの子が他にいない場合には、弟さんの妻とともに、まず弟さんの直系尊属が、直系尊属がないときにはあなたを含めた弟さんの兄弟姉妹が相続しますが、その場合でも、妻の相続分は、それぞれ3分の2と4分の3です（同889条1項・900条2号3号）。この裁判は、ご両親の遺産を取り戻すためというよりも、むしろ弟さんの妻のお腹の子が弟さんの子でないことをはっきりさせるためのものと考えて、起こしたほうが良いでしょう。

*1　岡垣学・人事訴訟手続法（第一法規、1981）418頁
*2　岡垣・前掲注1・416頁
*3　岡垣・前掲注1・419頁
*4　大判大5・4・29民録22・824
*5　大判昭17・9・10法学12・333

〔許　末恵〕

3 推定を受けない嫡出子

設問6

交際している女性が妊娠したというので、相手と話し合って、結婚しました。結婚してから半年後に生まれた子どもは自分の子どもだと思ってかわいがっていたのですが、2年近くも経ってから、別の男性の子であることがわかりました。自分がその子の父親でないということを、今から裁判ではっきりさせることができるのでしょうか。

婚姻成立後200日以内の出生子

民法772条により夫の子と推定される子は、妻が婚姻中に懐胎した子でなければなりません。民法の起草者は、届出によって婚姻は成立するという原則を厳密に適用して、嫡出子も婚姻中に懐胎したものでなければならないと考えていました。

しかし、伝統的な日本の婚姻慣習では、まず挙式をし、夫婦として同棲してから婚姻届を出すことが普通だったため、挙式・同棲後に懐胎された夫婦の子が婚姻成立後200日以内に出生することもまれではありませんでした。民法の起草者は、婚姻前に懐胎され婚姻後200日以内に出生した子は嫡出子ではないので、認知（民779条）により準正されて嫡出子となると考えていました*1。

このような起草者の考え方は、学説の批判を受けました。社会一般の意識に合わないうえに、婚姻中の認知の効果は認知時から生ずるため（同789条2項）、家督相続の順位等について子に不利益をもたらすおそれのあったこと、父が認知せずに死亡してしまうと子が嫡出子となることができなくなってしまうこと（死後認知の制度〔同787条ただし書〕が認められたのは1942〔昭和17〕年）、などのためです。

推定されない嫡出子

1940（昭和15）年に、大審院は、およそ4年間内縁関係にあった妻が夫によって懐胎し、婚姻届の翌日に生まれた子につき、このような子は私生子とみるべきでなく、父母の認知の手続を要しないで、出生と同時に当然に父母の嫡出子たる身分を有すること、このように解することは、民法の親子法に関する規定全般の精神から考えても当を得ていることを判示しました*2。

ところで、子の出生届を受け付ける戸籍事務の担当者には、子の父母間に内縁関係があったかどうかを審査する権限がありません。そこで、戸籍実務では、父母の内縁関係の有無にかかわらず、婚姻成立後200日以内に生まれた子をすべて嫡出子として扱っています。

このように、婚姻前に懐胎され婚姻成立後200日以内に生まれた子は、婚姻中に懐胎されたものではないので民法772条による推定を受けることはできませんが、夫の子である以上は嫡出子であるということから、「推定されない嫡出子」と呼ばれることがあります。しかし、内縁関係が先行していようといまいと、婚姻成立後200日以内に生まれた子がすべて夫の子であるとは限りません。そこで、このような子は母から嫡出でない子として出生届をすることも認められています。

I 嫡出子

婚姻成立後200日以内の出生子には，婚姻前に懐胎された夫婦の子と，妻の嫡出でない子とが含まれていることに注意が必要です。

父子関係の否定　婚姻成立後200日以内の出生子は民法772条による推定を受けないため，その父子関係を争う手続は，嫡出否認の訴えではなく，親子関係不存在確認の訴えです[*3]。内縁成立後200日後に懐胎され婚姻成立後200日以内に出生した子についても，同様に解されています[*4]。

親子関係不存在確認の訴え

(1) 親子関係存否確認の訴え

親子関係存否確認の訴えとは，特定の人の間の法律上の親子関係の存否を確定することを目的とする訴えのことをいいます。親子関係の存在の確定を目的とするものを親子関係存在確認の訴え，不存在の確定を目的とするものを親子関係不存在確認の訴えといいます。人事訴訟の1つです（人訴2条2号）。

法律上の親子関係には，実親子関係（嫡出親子関係・嫡出でない親子関係）と養親子関係がありますが，実際には実子関係存在確認の訴えが多くみられます。ここでは，嫡出否認の訴えと対比して，母の夫と子との間の実親子関係不存在確認の訴えを中心に，説明します。

なお，実親子関係に関する人事訴訟には，他にも，嫡出否認の訴え，認知の訴え，認知の無効および取消しの訴え，父を定めることを目的とする訴え等があります（同2条2号）。親子関係存否確認の訴えは，これらの人事訴訟の目的と抵触しない限りで認められるものにすぎません。したがって，認知の訴えによるべきところを親子関係存在確認の訴えをもって代用したり[*5]，嫡出否認の訴えによるべきところを親子関係不存在確認の訴えをもって代用することは許されないと解されています[*6]。

(2) 訴えの当事者

不存在の確認が認められる親子関係の当事者の一方である親または子が提起する場合には，他の一方（子または親）を被告とします（人訴12条1項）。当事者以外の者が提起する場合には，親子双方を被告とし，その一方が死亡した場合には，他の一方を被告とします（同12条2項）。被告とすべき者がすべて死亡している場合には，検察官を被告として提起します（同12条3項）。

なお，訴訟の係属中に原告が死亡した場合には，訴訟は当然に終了します（同27条1項）。親子間の訴訟について被告が死亡した場合には，検察官を被告として訴訟を追行します（同26条2項）。第三者が提起した訴訟について被告たる子または親のいずれかが死亡した場合には，生存者を被告として訴訟を追行しますが（同26条1項），被告がいずれも死亡した場合については，検察官を被告として訴訟を追行します（同26条2項）。

また，嫡出親子関係不存在確認の訴えにおいては，父子関係と母子関係の各不存在を合一に確定する必要はないとされています。

(3) 確認の利益

親子関係存否確認の訴えを提起するためには，原告に，当該親子関係の存否を即時に確定すべき法律上の利益ないし必要が存在することが必要です。すなわち，当事者間において当該親子関係の存否が不明確であり，そのため原告の法律上の地位の確定を図ることが自己の法律上の身分関係の危険ないし不安を除去するために必要かつ適切であることが必要です[*7]。例えば，当該親子関係について相手方が争っている場合や，争いがなくても真実に反する戸籍の記載を訂正して

身分関係を明確にする必要のある場合*8には，確認の利益が認められます。それに対し，単に財産関係の紛争における先決事項であるときは，財産関係の訴訟の前提問題として親子関係の存否を主張すれば足りるので，確認の利益は認められません*9。

(4) 手続

まず，家庭裁判所に調停を申し立て(家審18条)，そこで合意が成立すれば，親子関係不存在確認の合意に相当する審判(同23条)が可能です。合意が成立しない場合や審判に異議の申立てのあった場合(同25条)，あるいは，親子関係の当事者に死者が含まれていて検察官を被告とすべき場合に，訴えを提起します。

なお，出訴期間の制限はありませんので，嫡出否認の訴えのように子の出生を知った後1年以内に提起する必要はなく，親子関係の当事者が死亡した後も提起することができます*10。婚姻200日後の出生子で，母の夫による懐胎が不可能なために民法772条の推定が及ばないとされた子につき，出生から40数年後に夫婦の養子が提起した亡夫と子との間の親子関係不存在確認の訴えも，それが権利の濫用にあたると認められるような特段の事情の存しない限り，認められます*11。

ただ，戸籍上の父母と嫡出子として記載されている子との間に50年以上にもわたる実親子同様の生活実体があった場合の親子関係不存在確認請求については，権利の濫用に当たらないとした原審の判断を違法として破棄し，差し戻した事例があります*12(⇨[設問45])。

(5) 判決(または審判)の効力

当該親子関係が存在しないことが確定し，第三者に対してもその効力が及びます(人訴24条。審判の効力につき家審25条3項)。判決によって確定された親子関係と戸籍の記載との不一致が生ずる場合には，判決の内容に附合するように戸籍を訂正します。この場合，訴えを提起した者が，判決の確定した日から1ヵ月以内に，判決の謄本を添附して，戸籍の訂正を申請します(戸116条)。

設問への回答 子は，結婚前に妻が懐胎し，結婚して半年後，つまり婚姻成立後200日以内に生まれているので，民法772条による嫡出推定を受けず，また，すでに別の男性の子であることが判明しています。そこで，あなたは，親子関係不存在確認の訴えによって，自分はその子の父親でないことを主張することになります。あなたと子との間の実親子関係の存在につき争いのある場合はもちろんのこと，争いがなくても，事実と異なる戸籍の記載を訂正して身分関係を明確にする必要があなたにはありますので，確認の利益が認められます。まず，家庭裁判所に，子を相手として，親子関係不存在確認の調停を申し立ててください。

*1 山畠正男「推定をうけない嫡出子に関する覚書(2)」判評196(判時774)号(1975)5頁。
*2 大連判昭15・1・23民集19・54
*3 大判昭15・9・20民集19・1596
*4 最判昭41・2・15民集20・2・202
*5 最判平2・7・19家月43・4・33
*6 村重＝梶村編著・人事訴訟の実務(新日本法規，三訂版，1998)413頁～414頁〔山崎勉〕
*7 山崎勉・前掲注6・418頁
*8 最大判昭45・7・15民集24・7・861
*9 最判昭39・3・17民集18・3・473
*10 最大判昭45・7・15前掲注8
*11 最判平10・8・31家月51・4・75
*12 最判平18・7・7民集60・6・2307，最判平18・7・7家月59・1・98

〔許　末恵〕

4 推定の及ばない嫡出子（1）

I 嫡出子

設問7

私は夫の暴力に耐え切れず，1年前に家を出ました。夫には今の住所を知られたくないので，住民票は夫のところに残したままです。その後，今の彼と知り合い，妊娠しましたが，今の彼の子どもとして出生の届出をすることはできますか。

婚姻中の妻が懐胎した子の法的地位——推定される嫡出子

設問の母は，夫との婚姻中に他の男性の子を懐胎したわけですが，民法は，妻が婚姻中に懐胎した子は夫の子と推定する（民772条1項）とし，懐胎時期についても，婚姻成立の日から200日後（婚姻成立の日とは，婚姻届出の日とされる*1），または，婚姻解消もしくは取消しの日から300日以内に生まれた子は婚姻中に懐胎したものと推定する（同772条2項）として，父性および嫡出性の推定規定を設けました。このような推定を受ける嫡出子を講学上「推定される嫡出子」といいます（⇨〔設問1〕）。「推定される嫡出子」については，子の母の夫が，嫡出否認の訴えという方法で否認権を行使することによってしか，その推定を覆すことができません（同774条・775条。⇨〔設問2・3〕）。

推定の及ばない嫡出子

ところで，民法772条の嫡出推定は，婚姻して同居している夫婦の間には性的交渉があり，妻は夫以外の男性と性的交渉がないという，一般的な婚姻関係における蓋然性に基づいて定められた，いわゆる法律上の事実推定であると解されています。ところが現実には，形式的に「推定される嫡出子」の要件を備えていても，推定の基礎となる事実が欠けているため，推定を及ぼすべきではないと考えられる場合があります。例えば，夫が長期間行方不明であったり，完全別居により事実上の離婚状態にあったりして，懐胎時期に妻が夫の子を懐胎する可能性がないといえる場合です。このような場合にも，民法772条の推定は及ぶか否か，見解は分かれていました。この点につき昭和44年の最高裁判決*2は，離婚による婚姻解消後300日以内に出生した子であっても，母とその夫とが，離婚の届出に先だち約2年半以前から事実上の離婚をして別居し，まったく交渉を絶って，夫婦の実態が失われていた場合には，民法772条による嫡出の推定を受けないものと解すべきであるとし，これが現在の判例，通説になっています。そして，このように民法772条の推定の働かない嫡出子を講学上「推定の及ばない嫡出子」と呼んでいます。

嫡出推定排除の範囲

もっとも，どのような場合に嫡出推定を排除するかについては，学説も裁判例も見解が分かれています。

例えば，子の懐胎当時，夫が行方不明であった場合，在監服役中であった場合，長期海外出張中や入院中であった場合，夫婦が事実上の離婚状態であった場合など，妻が夫の子を懐胎することが不可能な事実が外観上明らかな場合にのみ嫡出推定を排除しようとする見解（外観説）*3，外観上明らかな場合に加えて，夫の生殖不能（精子欠如症，パイプカッ

ト）や血液型背馳の場合など客観的，科学的に妻が夫の子を懐胎した可能性が否定される場合にも嫡出推定を排除すべきであるとする見解（実質説または血縁説）*4，さらに，基本的には実質説の立場にたち，家族関係が破綻していて家庭の平和を保護する必要のない場合には，血縁関係を重視して嫡出推定を排除すべきであるとする見解（家庭平和破綻説*5）や，子と妻と夫の3者の合意があれば血縁上の父子関係の存否の確認を許すとする見解（合意説）などがあります。最高裁判所の判例は一貫して外観説に立っているといえ，平成12年の最高裁判決*6は，外観説に立つことを明らかにしたとみられています*7。

推定の及ばない嫡出子と血縁上の父との父子関係確定の方法　**(1)親子関係不存在確認の訴え**　「推定の及ばない嫡出子」は，嫡出推定が排除される結果，民法774条，775条の適用対象となりません。したがって，その嫡出性否認の方法に特別な制限はなく，これまで，民事訴訟法上の確認訴訟類型の1つとして，親子関係不存在確認の訴えが認められてきました。現在は，人事訴訟として，実親子関係の存否の確認の訴えが認められており（人訴2条），家庭裁判所で審理されます（同4条）。親子関係不存在確認の訴えは，嫡出否認の訴えのような制限がないので，出訴期間は制限されず，自分の身分法上の地位について，当該親子関係の存否を確定する利益（訴えの利益）が認められれば，誰でも，いつでも，この訴えを提起することができます（同12条）。人事訴訟法施行前ですが，平成10年の最高裁判決には，夫が戦地から帰還後，妊娠週数26週目に妻が出産した子に対し，40数年経過後にその夫婦の養子から親子関係不存在確認の訴えが提起された例で，養子の訴えが権利濫用にあたると認められるような特段の事情がないかぎり，これを認めるとしたものもあります*8（⇨〔設問6〕）。

(2)血縁上の父に対する認知請求　また，嫡出でない子であることを前提として，血縁上の父に対し，直接，認知請求をすることもできると解されています。前述の昭和44年の最高裁判決*9は，上記のように，子が民法772条の嫡出推定を受けない場合には，前夫からの嫡出否認をまつまでもなく，子が自ら進んで母の前夫との父子関係を否定して，血縁上の父に対して認知を認めることができるとしています。したがって，母が婚姻中に他の男性の子を出産した場合でも同様であると考えられ，外観上，民法772条の推定の基礎を欠く「推定の及ばない嫡出子」については，母の夫との父子関係を否定する手続を経ずに，血縁上の父に対して認知請求をすることができると解されます。認知の訴えは，子，その直系卑属，またはこれらの者の代理人から（民787条），父または母を被告として提起することができます（人訴42条）。

手続等——家事審判法23条の合意に相当する審判　なお，親子関係不存在確認の訴えは，いずれも人事に関する訴訟事件であり調停前置とされるので，訴えを提起する前に，まず家庭裁判所に調停の申立てをしなければなりません（家審17条・18条1項）。調停申立ての場合の管轄は，相手方の住所地の家庭裁判所または当事者が合意で定める家庭裁判所です（家審規129条）。また，調停で当事者間に合意が成立すれば，一定の要件の下で家庭裁判所が合意に相当する審判をすることができます（家審23条。⇨〔設問8〕）。

設問の回答　設問の母が，このままの状態で子の

7

I 嫡出子

出生届を出すと，その子は民法772条の推定規定により，戸籍上，夫の子として記載されます。したがって，これを避け，血縁上の父の子として出生の届出をするためには，上記(1)の方法により，夫を被告として親子関係不存在確認訴訟をして，その子が夫の子でないことを確定させ，その後，血縁上の父による認知を得るなどすることが考えられます。しかし，設問の母は，夫の暴力から逃れるために家を出て，住民票も残したままにして居所を隠しているというのですから，夫を相手に話し合いをすることには精神的負担が大きいと感じるかもしれません。また，住民票が夫のところに残されていることや自分の現在の住所を知られたくないことなどから，事実上の離婚状態にあることが十分に立証できないということも考えられます。家庭裁判所では，申立人と相手方の待合室は別々になっているほか，設問のような事情があれば，さらに，両者が顔を合わせないように出頭時刻などを別にしたり，調停に同席させないで別別に話をきくようにするなど，当事者の不安を取り除き，またトラブルを防ぐように色々工夫をしていますが，設問のような状況では，できれば夫を相手にする手続はとりたくないと考えるかもしれません。

そうであれば，上記(2)の方法，つまり，夫を相手方とするのではなく，子の血縁上の父である今の彼を相手方として認知請求の調停を申し立てる方法*10があります。具体的には，設問の母は，子を申立人とし，子の血縁上の父を相手方として家庭裁判所に認知請求の調停を申し立てます。設問のように夫の暴力により母が夫と別居して住居も隠していることなどから事実上の離婚状態にあることが認められれば，その子は，推定の及ばない嫡出子ということになるでしょう。そし

て，設問の状況であれば，相手方である血縁上の父（今の彼）がその子を自分の子であると認めるものと思われます。当事者間に合意が成立すると，家庭裁判所は必要な事実を調査した上，家事調停委員の意見をきき，合意を正当と認めるときは，家事審判法23条により，合意に相当する審判がされます。事実調査等としてDNA鑑定が行われることもありますが，相手方が血縁上の父であれば協力も得やすいでしょう（⇨〔設問8・9〕）。

血縁上の父による認知が認められれば，その子を血縁上の父の子として届け出ることができ，その後，認知した父と母が婚姻すれば，その子は嫡出子の身分を取得することができます（民789条。⇨〔設問11〕）。

*1 最判昭41・2・15民集20・2・202
*2 最判昭44・5・29民集23・6・1064
*3 最判平12・3・14家月52・9・85，最判昭44・5・29前掲注2，最判平10・8・31後掲注8
*4 東京家審昭58・6・10家月36・8・120
*5 東京地判平2・10・29判タ763・260，東京高判平6・3・28家月47・2・165，東京高判平7・1・30判時1551・73
*6 最判平12・3・14前掲注3
*7 内田貴・民法Ⅳ（東京大学出版会，補訂版，2004）178頁
*8 最判平10・8・31家月51・4・75
*9 最判昭44・5・29前掲注2
*10 裁判所HP（http://www.courts.go.jp/saiban/syurui/kazi/kazi_07_18.html）

《参考文献》
*棚村政行他・家族法（青林書院，2001）107頁以下
*野田愛子・現代家族法——夫婦・親子（日本評論社，1996）146頁以下
*野田＝梶村編・新家族法実務大系第2巻（新日本法規，2008）

〔松原里美〕

4　推定の及ばない嫡出子 (2)

設問 8

夫はある犯罪のために3年前から刑務所に入っています。1年前に知り合った男性との間に子どもができましたが、彼とのことを夫に知られたくないので、子どもは夫の子として出生の届出をしました。でも、来年、夫が刑期を終えて帰ってきたときに、夫に話をして、子どもは夫の子でないことをはっきりさせたいと思っています。そういうことは、できるでしょうか。

婚姻中の妻が懐胎した子の法的地位——推定を受ける嫡出子と推定の及ばない嫡出子　妻が婚姻中に懐胎した子は夫の子と推定されます（民772条1項2項）。そして、この推定を覆すには、夫が、子の出生を知った時から1年以内に嫡出否認の訴えを提起するという方法で否認権を行使することが必要です（民774条・775条・777条）。嫡出父子関係を否定されることは重大なことですから、第三者によって家庭の平和を破壊されることを防ぐとともに、子の利益を保護するために厳格な手続を要することとし、さらに身分関係の早期安定を図るため、出訴期間を制限したものであるといわれています（⇨〔設問3・7〕）。

しかし、民法772条の嫡出推定は、婚姻して同居している夫婦の間には性的交渉があり、妻は夫以外の男性と性的交渉がないという、一般的な婚姻関係における蓋然性に基づいて定められたものなので、形式的には「推定を受ける嫡出子」の要件を備えていても、設問の場合のように、夫婦間に性的交渉がないことが外見上も明らかであれば、推定の基礎となる事実が欠けているというべきであり、同条の推定は及ばないと考えられています（外観説、判例・通説）。このように民法772条の推定が排除される子を講学上「推定の及ばない嫡出子」と呼んでいます（⇨〔設問7〕）。

推定の及ばない嫡出子の嫡出性否認の方法——親子関係不存在確認の訴え　「推定の及ばない嫡出子」は、民法772条の推定が及ばないとされる結果、民法774条・775条の適用対象になりません。しかし、親子関係の存否は、親族法、相続法上大きな影響を及ぼすので、確定判決を取得しないと戸籍訂正ができないとされてきたことから、これまで、民事訴訟法上の確認訴訟類型の1つとして、親子関係不存在確認の訴えが認められてきました。これは、判例によって、人事訴訟手続法の規定を準用して認められてきたもので、準人事訴訟事件といわれてきましたが、2003（平成15）年に制定された人事訴訟法では、「実親子関係の存否の確認の訴え」として人事に関する訴えの一類型として明文で規定されました（人訴2条2号）。

親子関係不存在確認の訴えの当事者、親子関係存否確認判決の効力　親子関係不存在確認の訴えは、嫡出否認の訴えのような制限がないので、訴えの利益が認められれば、誰でも、いつでも、この訴えを提起することができます。これまで、親子関係存否確認訴訟の被告適格については、判例[1]が積み上げられてきましたが、今回、人事訴訟法は、被告適格の原則について、当該訴

I 嫡出子

えに係る身分関係の当事者の一方が提起するものについては，他の一方を被告とすればよく（人訴12条1項），第三者が提起するものにおいては，当該身分関係の当事者の双方を被告とし，その一方が死亡した後は，他の一方を被告とすればよい（同12条2項），当該訴えの被告とすべき者が死亡し，被告とすべき者がないときは，検察官を被告とすればよい（同12条3項）と定めています。

また，人事訴訟法は，人事訴訟の確定判決は，民事訴訟法115条1項の規定にかかわらず第三者に対してもその効力を有すると定めた（人訴24条）ので，親子関係不存在確認の訴えについてもその確定判決の効力は第三者に及ぶことになります。

手続等——調停と合意に相当する審判

親子関係不存在確認の訴えは，人事に関する訴訟事件として調停前置主義に服します（家審17条・18条）。したがって，訴えを提起する前に，まず家庭裁判所に調停の申立てをしなければなりません（同18条1項）。調停申立ての場合の管轄は，相手方の住所地の家庭裁判所または当事者が合意で定める家庭裁判所です（家審規129条）。

調停が申し立てられると，その申立ては，家庭裁判所の委員会調停に付され，調停委員による調停が行われます。

ところで，調停前置主義というのは，一般に，家庭に関する紛争は，当事者間の話合いによって円満かつ自主的に解決されることが望ましいという考え方に基づくものですから，調停委員会は，当事者間の合意の成立に向けて，あっせん，調整をします。しかし身分関係の存否の確認に関する事件など家事審判法23条に列挙されている事件については，一般の調停事件と異なり，調停委員会の調停で，当事者間に申立ての趣旨どおりの合意ができても，調停成立により終了ということにはならず，合意に相当する審判を求めることになります。

合意ができない場合には，調停は不成立となって終了します。この場合には，当事者は，あらためて親子関係不存在確認の訴えを家庭裁判所に提起すべきことになります。人事訴訟の場合の管轄は，親または子の普通裁判籍の所在地の家庭裁判所です（人訴4条）。普通裁判籍は，住所により，住所がわからないときなどは居所により，それもわからないときなどは最後の住所によって定まります（民訴4条2項）。

合意に相当する審判
（家事審判法23条審判）

家事審判法23条は，婚姻の無効，取消しや，身分関係の存否の確認に関する事件など，同条に列挙する14種の事件については，調停委員会の調停において，当事者間に合意が成立し，無効または取消などの原因の有無について争いがない場合には，家庭裁判所は，必要な事項を調査した上，調停委員の意見を聴き，正当と認めるときは，当該合意に相当する審判をすることができると定めています。この審判を「合意に相当する審判」とか「23条審判」と呼んでいます。

家事審判法23条に列挙されている事件は，いずれも身分関係に関する重要な事項の存否確認や形成を目的とするもので，当事者の合意のみによって任意に解決されるべき性質のものではなく，実体的な真実にしたがって適正に解決されるべきものです。したがって，本来，人事訴訟で処理されるべき性質のものですが，これらの事件の中には，事実関係に争いのないものも少なくないため，そのような場合にまで必ず訴訟手続によらなければならないとするのは，当事者にとって望ましいものではなく，事件処理として

も合理的でないことから，これを調停の対象とし，審判の形式で簡略に処理できるようにされたものです。

家庭裁判所は，当事者適格の有無や，調停委員会による調停で当事者間に合意が成立していること（この合意の性質については，手続的事項に関する合意とみる見解が実務の多数説であるといわれています*2），申立ての原因となる事実の有無に争いのないことなどのほか，当事者の主張する原因事実の真否について調査をし，さらに調停委員の意見を聴いて，当事者の合意を正当と認めることができるとの判断に至った場合に，合意に相当する審判をすることになります。

◯設問の回答　設問の子は，妻が婚姻中に懐胎して生まれた子であり，戸籍上も夫の嫡出子として届出がされていると思われますから，形式的には嫡出子として扱われていますが，妻の懐胎可能期間に夫が服役中だったとすれば，推定の及ばない嫡出子であるということになるでしょう（外観説，判例・通説）。

そうすると，設問の母は，子を申立人とし夫を相手方として夫の住所地を管轄する家庭裁判所に，親子関係不存在確認の調停を申し立て，設問の子が夫の子でないことを明らかにすることができます。これは前述した23条審判の身分関係の存否を確認する事件にあたりますから，委員会調停の中で，夫が子（その法定代理人である妻）の主張する原因事実を認めて争わず，当事者間に訴訟によらずに解決する旨の合意が成立するなど23条審判の要件が認められれば，合意に相当する審判を受けることができます。そして，2週間以内に異議申立てがなければ，その審判は確定判決と同一の効力を生じます（家審25条3項）。調停で合意が得られなければ，親子関係不存在確認の訴

えを提起して判決を求めることになります。

もっとも，夫が1年後に出所した時点で，子が出生している事実を知り，嫡出否認の訴えを提起するということになれば，夫が申立人となり子を相手方として，家庭裁判所に嫡出否認の調停を申し立てることもできます。この場合，1年の期間制限については，子が生まれた事実を妻が夫に隠していたとすれば，夫が子の出生を知った時から1年ということになります。調停申立て後の手続は前述の親子関係不存在確認請求の場合と同じです。

*1　有地亨・新家族法の判決・審判案内（弘文堂，1995）125頁
*2　沼邊愛一他編・家事審判事件の研究（2）（一粒社，1988）177頁
　　沼邊愛一他編・現代家事調停マニュアル（判例タイムズ社，2002）374頁

《参考文献》
*野田＝安倍監修・人事訴訟法概説（日本加除出版，改訂版，2007）73頁
*川井健他編・講座現代家族法第3巻（日本評論社，1992）147頁

〔松原里美〕

4　推定の及ばない嫡出子(2)

5 DNA鑑定

I 嫡出子

設問 9

私は妻が産んだ子を私の子だと思って10年間育ててきました。妻と離婚することになったのですが，そのときになって初めて妻は子どもが私以外の男性の子だと打ち明けました。妻は，息子が私の子でないことはDNA鑑定をすればすぐにわかるというのですが，私は自分の息子だと思ってこれからも接して行きたいので，DNA鑑定をする気はありません。DNA鑑定というのはどういうものですか。どういうときに使われるのですか。私が反対しても，妻が申し出れば，DNA鑑定はされるのでしょうか。

DNA鑑定とはどのようなものか

DNA鑑定というのは，DNA（デオキシリボ核酸）を用いた鑑定のことで，考古学や犯罪捜査，親子鑑定など様々な分野で利用されています。また，DNA鑑定といわれている鑑定法の中にもいろいろな鑑定法があります。現在親子鑑定などに最も多く用いられているのは，DNA型鑑定といわれている鑑定方法です。

DNA（デオキシリボ核酸）は，染色体という形で細胞の核を構成しているものですが，DNAの型は個々人によって異なります。DNAは2本鎖らせん構造をもっており，その鎖の上に4種類の塩基が並んでいるのですが，その塩基の配列の繰り返しの数が個々人によって異なるのです。そして，人間は，父親と母親から1組ずつ，計2組の染色体を受け継いでおり，塩基配列の繰り返しの数も，父親のものと母親のものと1つずつを受け継いでいます。このようなDNAの多型性の特徴を利用したDNA鑑定が，親子鑑定にも用いられているのです。

これまで，親子鑑定の方法は，血液型鑑定や人類学的検査*1によっていましたが，近時は，裁判所で行う親子鑑定のほとんどはDNA鑑定になっています。

どのような場合にDNA鑑定が行われるか

親子関係に関する紛争の類型としては，嫡出子否認，親子関係存否確認，認知，認知無効・取消しなどがありますが，これらの紛争の解決のために親子関係の存否について科学的な証拠が必要とされる場合に親子鑑定としてのDNA鑑定が行われます。

嫡出子否認事件というのは，民法772条により，法律上の婚姻関係にある父母の子として嫡出推定を受ける子について，子の父とされる夫が，その子が嫡出であることを否認するという場合です（民774条・775条。⇨〔設問3〕）。また，親子関係存否確認事件というのは，嫡出否認によらずに親子関係の存否確認が許される場合ですが，これは，形式的には民法772条の要件をみたすものの，実質的に嫡出推定の基礎事実が欠けるために嫡出推定が及ばず，したがって，父による否認権行使をまたずに，子またはその母が，形式上父と推定される者を相手として親子関係の不存在確認を求めるという場合などです（⇨〔設問7・8〕）。また，認知事件というのは，嫡出でない子，つまり婚姻外の父母から生まれた子をその父または母が認知する場合（同779条），

認知無効・取消事件は，すでにした認知が無効であるとか取消事由があるなどとしてその無効，取消しを求める場合です。

調停におけるDNA鑑定
ところで，これら親子関係の紛争は，人事訴訟の対象となる紛争類型（人訴2条）ですが，これらについては調停前置主義（家審17条・18条）がとられているので，訴えを提起する前に家庭裁判所に調停の申立てをする必要があります。このような人事に関する紛争は，家庭の平和と健全な親族共同生活の維持をはかるという見地からみて，当事者の話合いによる自主的かつ円満な解決を目指すのが望ましいという趣旨で採用されている仕組みです。

例えば，設問の場合のように，妻がその子は夫の子ではないから，離婚に際し，子と夫との間に親子関係がないことをはっきりさせたいと考えたとします。その場合，子を申立人とし，夫を相手方として，家庭裁判所に親子関係不存在確認の調停を申し立てることができます。そうすると，まず，調停委員会による調停が開始されます。この調停における話合いの中で，事実関係に争いがあって当事者間に親子関係がないことの合意が得られない場合，設問の妻のいうように，DNA鑑定をすればはっきりするからということで，科学的な証拠としてのDNA鑑定の申出がされることがあります。

23条審判におけるDNA鑑定
また，多くの場合，何回かの調停期日を経たところで，当事者間に親子関係がないことについての合意が成立します。そうすると，家事審判法23条に規定されている審判手続に入り，合意に相当する審判をすることになります（⇒〔設問8〕）。

この審判においてDNA鑑定が用いられることが多いのです。というのも，調停において形成された当事者間の合意があるといっても，父母の別居の時期や懐胎の時期が不明確であったりすることもしばしばですし，母が複数の男性と交渉があったりする場合もあります。そうすると，当該合意を正当と認められるかどうか，より客観的な証拠を加えて判断することが必要になります。そのような場合には，当事者間の合意の正当性を補強する証拠を得るためにDNA鑑定をします。また，妻が子と夫の親子関係を否定する理由が，夫の性交能力に関する事実の指摘であり，その事実の内容を明らかにすることが夫のプライバシーを暴露することになって不適当であると考えられる場合もあります。そのような場合には，単純に客観的科学的なDNA鑑定という方法で親子関係の存否についての証拠が得られれば，夫のプライバシーを暴露することなく，合意の正当性を裏付けることができることにもなります。実務上も，親子関係不存在確認事件でDNA鑑定が用いられることが最も多いようです。

もちろん，調停で合意ができず，訴訟になった場合に，訴訟手続の中でDNA鑑定が行われることもあります。

DNA鑑定の方法
それでは，実際にDNA鑑定をするには具体的にどのような方法が用いられているかというと，近年は，民間会社に鑑定依頼をする場合がほとんどといってよいでしょう。当事者は，原則としてその民間会社の施設に出向いて鑑定資料となる血液を採取してもらう必要があります。もっとも，子どもの場合は血液採取ではなく，より負担の少ない方法として，口内の粘膜組織を採取することが多く行われているようです。鑑定に要する期間も，鑑定資料を採取してからおよそ3週間程度あれば鑑定結果が出ることが多く，

I 嫡出子

東京近郊では，費用はおよそ7万円ないし8万円程度の場合が多いようです。

DNA鑑定は強制されるか

ところで，上記のように，DNA鑑定をするためには，当事者が鑑定資料を提供しなければならないので，鑑定には当事者の協力が不可欠です。設問の場合のように，当事者の一方がDNA鑑定をすることに反対でその協力を拒むとすれば，これを強制する法的な根拠はありません。家庭裁判所でDNA鑑定を採用する場合には，当事者の同意ないし了解があることが前提となっていますから，無理強いされる心配はありません。もっとも，イギリスでは1995年から，自分が父親であることを認めない男性に対して，DNA鑑定を強制できる制度が導入されたということですし，ドイツでも血統確認の検査について直接強制を許容する規定を設けています。しかし，DNA鑑定に用いられる遺伝子情報は，極めて高度な秘匿性をもつプライバシーといえますから，この点については慎重に考える必要があります。

設問の回答

さて，設問の父の場合，妻が婚姻中に産んだ子を自分の子だと思って10年間育ててきたというのですから，民法772条の嫡出推定を受ける場合だと思われます。そうすると，法的には，父から嫡出子否認の訴え（民775条）を起こして否認権を行使しないかぎり，嫡出父子関係を否認することはできないわけです。しかし，父母が離婚することになった場合，未成年の子については，その親権者を定めなければなりませんから，親権者として父と母といずれが適格かという問題が起きたりすることも考えられます。そうすると，調停や訴訟の際に，妻が子の親権を取得するために，夫と子との間には真実の父子関係がないということを明らかにしようとして親子鑑定を求めたりする場合があるかもしれません。けれども，設問の父が鑑定を拒むとすれば，強制されることはありません。

＊1 血液型，血清型，赤血球酵素型，白血球型，唾液型，指紋型の鑑定，顔貌，DNAフィンガープリント法等を総合して認知請求を認容すべきものとした例として，広島高判平7・6・29判タ893・251

《参考文献》
＊「特集・実親子鑑定とDNA鑑定・序説――第13回日本家族〈社会と法〉学会学術大会資料」ジュリ1099号（1996）29頁以下
＊天笠＝三浦・DNA鑑定（緑風出版，1996）21頁以下
＊内田貴・民法Ⅳ（東京大学出版会，補訂版，2004）204頁，205頁

〔松原里美〕

6 父を定める訴え

設問10

半年前に前の夫との離婚届を出して，すぐに今の夫と結婚式をあげて同居し，今度，再婚の届出をしました。再来月に，子どもが生まれるのですが，子どもは，今の夫の子として届出できますか。私の友達は，前の夫の子どもになるかもしれないので，父親が誰かを決める裁判をしなければならないよ，というのですが，本当でしょうか。

父性の推定と再婚禁止期間

民法上，妻が婚姻中に懐胎した子は，夫の子と推定されます（民772条1項）。また，婚姻成立の日から200日後または婚姻解消もしくは取消しの日から300日以内に生まれた子は，婚姻中に懐胎したものと推定されます（同772条2項。⇨〔設問1〕）。さらに，民法は，婚姻の要件として，女性は，前婚の解消または取消しの日から6ヵ月を経過した後でなければ再婚をすることができない（同733条）と定めました。これは，民法772条による父性の推定の重複を回避し，父子関係をめぐる紛争の予防を目的とする趣旨です。

父を定める訴え

しかし，女性が離婚した後，本籍を変更（転籍，戸108条）し，その後に婚姻の届出をすると，従前の婚姻および離婚事項が転籍戸籍に移記されない（戸規37条・39条）ので，再婚禁止期間内の婚姻であるか否かがわからず，民法733条の規定に反する婚姻の届出が誤って受理されることがあります。

そうなると，前婚の解消後300日以内でしかも後婚の成立から200日後に妻が出産する場合が出てきます。そうすると，前婚の解消から300日以内の推定と後婚の成立から200日後の推定が重なって，前婚の夫と後婚の夫の両者について父性の推定が競合することになってしまいます。

このような場合について，民法は，父を定める訴え（民773条）という制度を設け，裁判所の審理によって父を確定することとしました。

訴訟手続

父を定める訴えの訴訟手続は，人事訴訟法の規定によります（人訴1条・2条2号）。管轄は，当該訴えに係る身分関係の当事者の普通裁判籍またはその死亡の時にこれを有した地を管轄する家庭裁判所です（同4条）。人の普通裁判籍は，原則としてその住所地です（民訴4条2項）。そして，父を定める訴え（父を定めることを目的とする訴え）に係る身分関係の当事者は，子，母，母の配偶者またはその前配偶者であり，これらの者が訴えを提起できます（人訴43条1項）。子または母が訴えを提起するときは，母の配偶者およびその前配偶者（その一方が死亡した後は，他の一方）を，母の配偶者が訴えを提起するときは，母の前配偶者を，母の前配偶者が訴えを提起するときは，母の配偶者を，それぞれ被告とすることになります（同43条2項）。被告とすべき者が死亡して被告とすべき者がないときは，検察官を被告とすればよいことになっています（同12条3項）。子または母が提起した訴訟の

I 嫡出子

係属中に，被告である母の配偶者およびその前配偶者の一方が死亡したときは，他の一方を被告として訴訟を追行すればよく，被告がいずれも死亡したときは，検察官を被告として訴訟を追行すればよいとされています（同26条）。

従前，人事訴訟手続法は，親子関係事件の土地管轄を子の普通裁判籍または子が死亡時に普通裁判籍を有した地の地方裁判所の専属管轄としていました（人訴手続法27条）が，2003（平成15）年に制定された人事訴訟法により，人事訴訟が家庭裁判所の専属管轄になったほか，親子関係事件の管轄についても，親または子の普通裁判籍の所在地に土地管轄を認めることにしました。これは，実務上，親子関係事件の当事者が必ずしも未成年の子に限られるわけではないことから，親と子とで差異を設ける合理的な理由がないと考えられたためです*1。

調停および審判 父を定める訴えも人事に関する訴訟事件として調停前置主義が適用されます（家審17条・18条）。したがって，訴訟を提起する前に，家庭裁判所に調停の申立てをしなければなりません。調停において当事者間に合意が成立し，父を確定する原因の有無について争いがない場合には，家庭裁判所が必要な事実を調査して正当と認めれば，当該合意に相当する審判をすることができます（同23条）。いわゆる23条審判といわれるもので，その審判は，2週間以内に異議の申立てがなければ確定判決と同様の効力を有します（同25条3項。⇒〔設問8〕）。

嫡出推定の重複と戸籍上の記載 戸籍法によれば，出生届は子の出生後14日以内にしなければならず，届書には嫡出子または嫡出でない子の区別や父母の氏名を記載しなければならないのですが（戸49条1項2項），嫡出推定が競合している場合には，母は届書に父が未定である事由を記載して出生の届出をしなければなりません（同54条）。その後，父を定める裁判が確定したときは，戸籍法116条により戸籍訂正をすればよいことになります*2。

婚姻と内縁が競合する場合 ところで，婚姻関係と内縁関係とが連続または重複する場合にも，民法772条の父性推定の競合と同様，いずれが子の父か明らかでない場合が起こりうることになります。例えば，設問の場合のように，妻が前婚の解消後再婚禁止期間内に他の男性と同棲して内縁関係に入った場合や，妻が夫と完全に別居して事実上の離婚状態にある間に他の男性と内縁関係になった場合などです。このような場合でも，内縁関係にある男性との間では民法772条は適用されませんから*3，前婚の解消後300日以内に生まれた子は，前夫の子としての嫡出推定を受けるだけであり，法律上の推定の競合は起こりません。したがって，民法773条には該当しないといえます。しかし，設問のような例の場合，再婚禁止期間内の内縁関係が法律上の婚姻になった後に子が生まれるわけですから，事実上は，父性推定が重なる場面であるといえますし，戸籍上も，後婚の夫の嫡出子として届け出ることが許される場合といえます。そうであるとすれば，父が定まらない場合として取り扱っても不都合はないとして，民法773条を類推適用することが許されるべきであるとする見解もあります*4。また，前婚についてみても，形式的には民法772条の推定を受ける場合でも，推定の基礎となる事実が欠けていて推定を及ぼすべきでないと考えられる場合には嫡出推定を排除するのが現在の通説，判例です。ただ，どの

ような場合に嫡出推定を排除すべきかについては見解が分かれていますが、夫婦が完全別居により事実上の離婚状態にあり、懐胎時期に妻が夫の子を懐胎する可能性がないことが明らかである場合に、民法772条の嫡出推定は及ばないと解することについては異論はないといってよく、実務上も通説といえます（⇨〔設問7・8〕）。このような場合には、嫡出推定が及ばないと解する結果、嫡出性の否定に関する民法774条以下の厳格な規定は適用されず、親子関係不存在確認の訴えまたは認知の訴えなどにより、子も母も当該父と子の親子関係を否定することができることになります。

設問の回答 設問の場合は、離婚後6ヵ月の再婚禁止期間が経過した後に婚姻の届出をしているので、再婚禁止期間に反した再婚ではありません。再来月生まれる子は、前婚の解消後300日以内かつ後婚の成立からも200日以内に生まれることになります。しかし、前婚の解消後直ちに内縁関係に入っているため、妻は前婚の解消後300日以内かつ内縁開始から200日経過後に子を出産することにもなります。したがって、前婚の嫡出推定が及ぶ場合には、嫡出否認の訴えにより、前婚の配偶者の嫡出子たる身分を否定した上で、後婚の配偶者による認知を得るのが、通常の方法ということになるでしょう。しかし、前夫が嫡出否認の訴えを提起しない場合には、父を定める訴えを認めるべきであるとする見解があることは前述のとおりです。また、前婚について民法772条の推定が及ばない場合について親子関係不存在確認の訴えが許されることも前述のとおりです。

なお、2007（平成19）年5月21日以後に出生の届出がされたものについては、医師が作成した「懐胎時期に関する証明書」により、「懐胎の時期」の最も早い日が婚姻の解消・取消し後であることが証明された場合には、婚姻の解消または取消し時の夫を父としない出生の届出（嫡出でない子又は後婚の夫を父とする嫡出子出生届）が受理されることになりました（平成19年5月7日法務省民事局長通達）。

*1　野田＝安倍監修・人事訴訟法概説（日本加除出版、改訂版、2007）73頁
*2　大正3・12・28民1962回答12
*3　最判昭41・2・15民集20・2・202
*4　中川＝米倉編・新版注釈民法（23）（有斐閣、2004）190頁〔日野原昌〕

《参考文献》
*　清水節・判例先例親族法Ⅱ——親子（日本加除出版、1995）17頁以下
*　内田貴・民法Ⅳ（東京大学出版会、補訂版、2004）182頁

〔松原里美〕

7 準正嫡出子

設問 11

私たちはいわゆる「できちゃった結婚」なのですが，結婚式の後，結婚の届出をする前に子どもが生まれてしまいました。結婚の届出をする前に生まれた場合も，私たち夫婦の子どもとして届出をしてよいのでしょうか。

Ⅰ 嫡出子

法律上の婚姻と嫡出子　民法は，法律上の婚姻関係にある父母から生まれた子（嫡出子）と，そうでない子（非嫡出子）とを区別する法制度をとっており，嫡出でない子は，嫡出子に比べて父子関係の成立や相続など法的に不利な地位に置かれています。今日，このような差異を設けることに合理性があるかどうかについては疑問もありますが，これらは，法律上の婚姻関係を基本とする婚姻制度を尊重し保護しようとする趣旨に基づくものであるといわれています。

推定される嫡出子　ところで，嫡出子であることを具体的に証明することは必ずしも容易なことではなく，家庭内の夫婦関係にまで立ち入って実質的な証明を求めるようなことも不適当です。

そこで，民法は，妻が婚姻中に懐胎した子は夫の子と推定することとしました（民772条1項）。法律上の婚姻関係にある夫婦については，一般に，同居して正常な夫婦生活が営まれており，妻も配偶者に対して貞操義務を守っているという蓋然性が高いからです。さらに，医学上の統計に従った蓋然性に基づいて，婚姻成立の日から200日後，または，婚姻解消もしくは取消しの日から300日以内に生まれた子は婚姻中に懐胎したものと推定するとして，この点についても推定規定を置いています（同772条2項）。

そして，このような推定を受ける嫡出子の地位は強く保護されており，子の父と推定される夫が，嫡出否認の訴えという方法で一定の期間内に否認権を行使することによってしか，その推定を覆すことはできません（同774条・775条・777条。⇨〔設問1〕）。

推定されない嫡出子　それでは，婚姻成立後に生まれたけれども民法772条の嫡出推定を受けない子はどのような法的地位を与えられるのでしょうか。

例えば，婚姻届を出してから30日目に生まれた子は，婚姻成立の日から200日以内に生まれているので民法772条の推定は受けません。しかし，父と母が，婚姻の届出をする前に内縁関係にあった場合には内縁の開始から数えれば，200日以上経過しているという場合がありえます。このような場合について，昭和15年大審院判例は，たとえ婚姻の届出をしていなくとも，婚姻に先行する内縁関係があり，内縁の妻が内縁関係の継続中に懐胎した子は，婚姻成立から200日以内に生まれた場合でも，認知を待たず出生と同時に当然に父母の嫡出子たる身分を有するものであるとしました。[*1] また，内縁が先行していても，民法772条により推定される嫡出子となるわけではないけれども，嫡出子として扱うことを認めたという判例もあります[*2]。つまり，民法772条の推定を受けない場合

⑦ 準正嫡出子

でも、父母の婚姻中に生まれた子は嫡出子としての法的地位を認められるのです。このような子を講学上「推定されない嫡出子」と呼んでいます（⇨〔設問6〕）。

もっとも、戸籍実務では、先の大審院判例以来、婚姻成立後200日以内に生まれた子も一律に嫡出子として取り扱っています。これは、戸籍吏には実質的審査権がないことから、内縁の先行があるか否かを調べることができないことによるものです。したがって、戸籍上嫡出子と記載されているものの中には、内縁が先行する推定されない嫡出子と、内縁も先行しない夫婦間の子が混在していることになります。

準正による嫡出子 では、子が生まれてから父母が婚姻した場合はどうでしょう。

子が生まれたときに父母が法律上の婚姻関係にないとすれば、その子は、生まれた時点では婚姻外の子ですから嫡出でない子です。しかし、その後父母が婚姻した場合にもこれを嫡出でない子として、不利益、不安定な地位に置くことは子のために望ましくありません。そこで、民法は、嫡出でない子に対し、その父母の婚姻によって嫡出子たる身分を取得させる制度を用意しました。

このようにして嫡出でない子に嫡出子としての地位を取得させることは、子をもつ婚姻外の男女に婚姻を奨励することにもなって婚姻制度の尊重、維持の趣旨にも合致します。

これが民法789条の準正です。準正には、嫡出でない子に対する認知が婚姻の前か後かによって、婚姻準正（民789条1項）といわれるものと、認知準正（同789条2項）といわれるものとがあります。

なお、準正は、子が死亡している場合にも準用されます（同789条3項）。つまり、子が父母の婚姻前に死亡していたとき（婚姻準正の場合）や父母の婚姻後父による認知前に死亡していたとき（認知準正の場合）にも、死亡した子は、相続などにおいて嫡出子であったものとして扱われるわけです。これらは、代襲相続の場合に実益があります。

婚姻準正 婚姻前に父が認知していた子は、その父母の婚姻によって嫡出子たる身分を取得します（民789条1項）。これを婚姻準正といいます。婚姻準正の効果は、婚姻の時から生ずると解するのが通説です。条文上「婚姻によって」と規定されていることがその主たる根拠ですが、出生時には父母が婚姻関係にないのですから、嫡出子の要件を備えていないというべきですし、父母の婚姻前に嫡出子たる地位を取得させる必要性もないといえます。

認知準正 婚姻前に生まれ、父に認知されていなかった子を、婚姻後に父が認知すると、その子は嫡出子たる身分を取得します（民789条2項）。これが認知準正です。認知準正の効果は、条文上「認知の時から」生ずると規定されています。しかし、準正の効果が認知の時から生ずるとすると、父による認知の前に母が死亡して相続が開始されていた場合、認知を受けて嫡出子となった子が母の相続に関しては嫡出でない子として扱われるということになりますし、父の死後認知の場合にも同様のことが起こり、認知が父母の死亡の前後いずれに行われたかによって、相続分に違いが出てしまいます。このような取扱いは相当ではありませんし、婚姻準正の場合と比べても不公平です。認知の効力は出生の時にさかのぼるので、父母の婚姻と認知による父子関係の成立という準正の要件は、父母の婚姻時には具

I 嫡出子

備されていたことになりますから、認知準正の効果も、父母の婚姻時から生ずると解すべきであるという見解が多数説です。

準正の効果 準正の要件が備わると、その嫡出でない子は嫡出子たる身分を取得し、あらゆる法律関係において生来の嫡出子と同様に取り扱われます。民法791条2項の新設により、戸籍実務上も準正子はその父母の婚姻中は家庭裁判所の許可を得なくても入籍届の提出によって父母の氏を称し、その戸籍に入る取扱いになりました（戸98条1項）。

設問の回答 設問の場合、子の父母は、まだ婚姻届を出していないため、仮に内縁関係が先行していたとしても、前述の推定されない嫡出子のように、子が出生と同時に当然に父母の嫡出子たる身分を取得することにはなりません。

したがって、本来ならば、母が嫡出でない子として出生届を出し、母と婚姻した父が認知届を出すと、認知準正により、その子が嫡出子たる身分を取得する、ということになるはずです。

しかし、わが国では、設問の場合のように婚姻の届出が遅れてしまうことはよくあることで、子の出生と前後して婚姻届が出されることも多いのです。ですから、このような場合にも、できるだけ、戸籍上の取扱いを本来の嫡出子と同じようにして欲しいという一般的な要請も強いわけです。

そこで、戸籍法62条は、「民法第789条第2項の規定によって嫡出子となるべき者について、父母が嫡出子出生の届出をしたときは、その届出は、認知の届出の効力を有する」として、便宜・手続の簡略化を認めました。婚姻後、父の認知による準正を経て嫡出子の身分を取得する子を生来嫡出子として届け出る以上、認知の意思が認められるというわけです。

したがってこの嫡出子出生届が出されると、その届出は認知の届出の効力があるため、届出と同時に民法789条2項によって、その子は準正されて嫡出子たる身分を取得することになります（嫡出子出生届による準正）。

設問の場合には、婚姻届を出すとともに、父母が、夫婦の子として嫡出子出生届を出すことができます。

*1　大連判昭15・1・23民集19・54
*2　最判昭41・2・15民集20・2・202

《参考文献》
*清水節・判例先例親族法Ⅱ——親子（日本加除出版、1995）157頁以下
*内田貴・民法Ⅳ（東京大学出版会、補訂版、2004）183頁以下
*野田愛子・現代家族法——夫婦・親子（日本評論社、1996）162頁以下

〔松原里美〕

8 子どもの氏名・戸籍 (1)

設問 12

私たちには双子が生まれたのですが、2人の名前を「天子」と「天女」としたいと思っています。子どもの名前を付けるのは親の権利だと思うのですが、名前の付け方について何か法律で決められていることがあれば、説明してください。

出生届は誰が出すのか

戸籍法上、子どもの名前は出生届の記載事項（戸29条4号）ですが、出生届の届出義務者は、嫡出子の場合には、父または母とされ（昭和51法66による改正前は、「父がこれをし、父が届出をすることができない場合……は母」とされており、父が第1順位、母が第2順位となっていました）、子の出生前に父母が離婚した場合および嫡出でない子については母と定められています（同52条1項2項）。名前が未定の場合には、未定のままで出生届を出すこともできますが、その場合には、追完の届出をまって記載をすることになります*1。

子どもの命名権者は誰か

子どもに名前をつける権利（命名権）が誰にあるかについては、民法および戸籍法には直接定められてはいませんが、考え方は、大きくいって次の2つに分かれていると思われます。第1は、親のもつ親権の作用であるとするものです。第2は、命名の基礎は命名される者の固有のものであるけれども、親権者が信託的に代行すると解するものです。本来、名前は本人の人格と密接に結びついているものですから、本人の意思によって決定されるべきものではありますが、出生したばかりの子どもは、自ら名前を定めることができないので、親権者が代行するしかないということになるわけです。したがって、子ども自身のこの自己決定権は、意思能力が備わるまでは制限されていますが、それが備わるようになれば、自らの意思によって、自己の名を変更することが認められるということになっています（ただし、「正当な事由」に基づくことが必要であり、家庭裁判所の許可が必要です。戸107条の2）。

名前を決める上での法的制約

戸籍法50条では、「子の名には、常用平易な文字を用いなければならない」とされ、「常用平易な文字の範囲は、法務省令でこれを定める」とされています。そして、これを受けた同法施行規則60条は、その範囲として、(1)常用漢字表に掲げる漢字、(2)同規則別表第2の人名用漢字別表に掲げる漢字、(3)片仮名または平仮名（変体仮名を除く）と定めています。したがって、命名権は、実体法上、この範囲の文字を用いるよう制約されているわけです（このような制約があるからといって、個人の氏名選択の自由を制限し、憲法13条に違反するということはできないとされています*2）。

そして、この制限外の文字を子の名に用いた出生の届出があったときは、訂正を求められ、これに応じないときには受理を拒否されることになります*3。

しかし、誤って受理したときは、記載前であれば、追完の催告をし、その届出をさせるべきであるが、これに応じない

12

I 嫡出子

ときはそのまま記載するほかない*4,そして, 記載後であれば, 戸籍訂正の申請を促すべきであり*5, 職権により削除したり, 別の文字・字体を記載することは許されないというのが戸籍実務であるとされています。

戸籍訂正の手続については, 戸籍法24条の職権訂正(監督庁の許可を要する), 同法113条・114条の家庭裁判所の許可審判による訂正, 同法116条の確定判決による訂正とがあり, そのほか, 軽微・顕著な誤記・遺漏について戸籍事務管掌者限りで行う職権訂正が実務上認められています。

設問の「天子」と「天女」については, 「天」という文字も, 「子」, 「女」という文字も, いずれも, この常用平易な文字の中に含まれているものであり, その意味では, 形式的には, 文字としては何らの問題もないものといえます。

しかし, 常用平易な文字の中には, 通常, 人名としては禁忌とされている文字も含まれていますので, その組み合わせ次第では, 名のもつ社会的機能からみて明らかに子の利益・福祉に反し, 不適切と判断される命名がされるということもありえます。親権者としては, 子の利益・福祉のためにこの権利を行使すべきであって, これを害するような命名は許されないと解すべきです。このような命名については, 権利一般に内在する制約に反するものとして, 権利の濫用と評価されることになると思われます。

命名権の濫用 この問題については, 「悪魔」ちゃん事件*6が参考になります。

この審判では, 第1に, 子の命名に関し, 戸籍法50条に定める文字に関する制約のほかに法的な制約が存在するかどうかということと, 第2に, これが肯定された場合, 戸籍の手続上, どのような方法によって是正すべきかということが問題となりました。

このケースにおいても, 「悪」という文字も, 「魔」という文字も, いずれも, この常用平易な文字の中に含まれているものであり, その意味では, 形式的には, 文字としては何らの問題もないものです。しかし, 本件審判では, 社会通念に照らして明白に不適当な名や一般の常識からして著しく逸脱したと思われる名については, 戸籍法上許されない場合があるとされました。そして, その理由の1つとして, 改名, 改氏については, 家庭裁判所の許可が必要であり, 許可の要件として, 「正当な事由」(改名), 「やむを得ない事由」(改氏)が求められている(戸107条の2・107条)こと, 一般に, 奇異な名や氏等一定の場合には改名, 改氏が許可されるのが例であり, 逆に, 現在の常識的な名から珍奇ないしは奇異な名への変更は許されないのが実務の取扱いであることがあげられています。この事件の申立人は, 「悪魔」と命名する理由としては, このように命名することにより, 人に注目され刺激(プレッシャー)を受けることになるから, これをバネに向上が図られる, 本件命名は, マイナスになるかもしれないが, チャンスにもなるかもしれないというものでした。そして, 申立人の妻も本件命名に賛成しているが, 親族は強く反対しているというものでした。本件審判では, 申立人の命名の意図については理解できないわけではないが, 本件命名に起因する刺激をプラスに跳ね返すには, 世間通常求められる以上の並並ならぬ気力が必要とされると思われるが, その子どもにはそれが備わっている保証は何もなく, 本件命名が申立人の意図とは逆に, いじめの対象となり, ひいては事件本人の社会不適応を引き起こす可能性も十分にありうるというべきであ

34

るとして，命名権の濫用といわざるをえないとしました。

妥当な結論と思われます。本件審判が指摘するように，名は本来個人的なものではありますが，社会的なものでもあります。そのことは，改名の場合に，前記のとおり「正当な事由」が必要とされているわけですが，その「正当な事由」の内容としては，永年使用・襲名などのほか，難解・難読・卑猥・珍奇であること，外国人にまぎらわしいこと，同姓同名が同一地域に多いことなどの社会生活上の理由が実務上，極めて重視されていることからも明らかだと思われます。

命名権の濫用の場合出生届は受理されるのか

命名権の濫用とみられる出生届が提出されたとき，戸籍事務管掌者はその受理を拒否できるかについては，本件審判はできるとしています。そして，この点については，戸籍事務管掌者の届出に関する審査権はいわゆる形式的審査権であって，実質的審査権ではないことからみて，どのような出生届であっても受理せざるをえず，その是正は，名の変更手続によるほかないとする見解もあります。

本設問の場合

「天子」，「天女」という名が，「悪魔」という名と同じような意味で，子の利益・福祉に反して不適切と判断されるかどうかということになりますが，「悪魔」のようなマイナスイメージの言葉ではなく，国の君主，天皇，あるいは女神，美しい婦人というプラスイメージの命名であり，その意味では，子の利益・福祉に反して明らかに不適切であるとはいえないと思われます。したがって，命名権の濫用であるとして命名が許されない場合であるとはいえないとは思われます。しかしながら，「天子」というのは，日本では従前は天皇の特称であり，学校生活や社会生活を送る中で，友達から，不遜だとしてからかわれたり，いじめられたりするようなことも考えられないわけではなく，そのような場合には，社会生活上不都合があるということで，将来子ども自身から戸籍法107条の2に基づいて改名の申立てをするようなことになるかもしれません。親権者として，子どものためによかれと思って名をつけても，必ずしも社会生活を送る中で受けいれられないこともありますので，将来に渡って使用しなければならないという名を決めるにあたっては慎重に検討することが必要と思われます。

＊1　昭和34・6・22日民甲1306民事局長回答
＊2　最決昭58・10・13家月36・10・77
＊3　昭和23・1・13民甲17民事局長通達
＊4　昭和39・9・9民甲3019民事局長回答
＊5　昭和23・3・29民甲452民事局長回答
＊6　東京家八王子支審平6・1・31判時1486・56

〔雨宮則夫〕

⑧ 子どもの氏名・戸籍(1)

8 子どもの氏名・戸籍（2）

I 嫡出子

設問 13

妊娠中に夫が次々と浮気をして、まったく反省しないので、離婚してしまいました。来月、出産しますが、子どもの名前をつけるにあたって父親の同意を得なければならないのでしょうか。子どもの姓や戸籍はどうなるのでしょうか。

出生届の届出義務者は誰か　戸籍法上、子どもの名前は出生届の記載事項（戸29条4号）となっていますが、出生届の届出義務者は、嫡出子の場合には、父または母とされ、子の出生前に父母が離婚した場合には母が届出義務者と定められています（戸52条1項）。したがって、本設問の場合、子の出生前に離婚したわけですから、出生届は、母であるあなたが届出をしなければならないことになります。そして、名前が決まっていないという場合には、名前が未定のままで出生届をすることもできますが、その場合には、追完の届出をまって記載をするということになります。

子どもの命名権者は誰か　その場合に、子どもに名前をつける権利（命名権）が誰にあるかについては、〔設問12〕においても述べたように、民法および戸籍法には直接定められてはいませんが、考え方は、大きくいって次の2つに分かれていると思われます。第1は、親のもつ親権の作用であるとするものです。第2は、命名の基礎は命名される者の固有のものであるが、親権者が信託的に代行すると解するものです。本来、名前は本人の人格と密接に結びついているものですから、本人の意思によって決定されるべきものではありますが、出生したばかりの子どもは、自ら名前を定めることができないので、親権者が代行するしかないということになるわけです。したがって、いずれにせよ、命名権あるいはその代行をする権利は親権の一内容であるといっていいと思います。

親権者は誰か　親権は、「父母の婚姻中は、父母が共同して行う」（民818条3項）わけですが、「子の出生前に父母が離婚した場合には、親権は、母が行う。ただし、子の出生後に、父母の協議で、父を親権者と定めることができる」とされています（同819条3項）。したがって、子どもの出生後に協議によって父を親権者と定めることはできるわけですが、そのようなことをしない限りは、母であるあなたが親権者になりますから、前記のいずれの説によっても、あなたが子どもの名前をつけることができるということになります（名前をつける上での法的制約については、⇨〔設問12〕）。その場合には、父は、親権も監護権も有しないわけですから、父の同意は全く不要であると思われます。逆に、子どもの出生後に協議によって父を親権者、母を監護権者と定めた場合には、父が親権者として名前をつけるということになりますが、その場合には、日常的に養育監護を担当する監護権者である母の同意を得ることが必要になると思われます（親権と監護権が分属する場合において、15歳未満の子を養子縁組あるいは離縁する場合の代諾の場合に、代諾権

父母離婚後300日以内に出生した子どもは，嫡出の推定を受け，離婚の際における父母の氏を称することになります（民790条1項ただし書）から，離婚の際における父母の戸籍に入籍することになります（戸18条）。まず，母であるあなたの戸籍がどうなるかということを，検討します。

子どもの戸籍はどうなるか

(1) **母であるあなたが婚姻の際に改氏をしていない場合**

筆頭者であるあなたの戸籍は残り，夫が下記(2)①，②のようになります。

この場合には，あなたが出生届を出すと，その子は当然にあなたの戸籍に入ることになりますので，なんの問題もありません。

(2) **母であるあなたが婚姻の際に改氏をしている場合**

① あなたが，協議上の離婚によって婚姻前の氏に復することになる（民767条1項）ときは，婚姻前の戸籍に入ることになり，その戸籍がすでに除かれているとき，またはあなたが新戸籍編製の申出をしたときは，新戸籍を編製することになります（戸19条1項）。

② あなたが，民法767条2項の規定によって離婚の際に称していた氏を称する旨の届出をした場合には，その届出をした者を筆頭に記載した戸籍が編製されていないとき，またはその者を筆頭に記載した戸籍に在る者が他にあるときは，その届出をした者について新戸籍を編製することになります（戸19条3項）。

そして，このいずれの場合にも，あなたが出生届を出すと，子は離婚の際における父母の戸籍である夫の戸籍の方に入ることになりますので，それをあなたの戸籍の方に移すためには，次のような手続が必要となります。

子の氏変更の手続

前記(1)の場合には，子はあなたと同じ氏となりますが，前記(2)の場合には，子が母と民法上の氏を異にすることになります。そこで，子は家庭裁判所の許可を得て，戸籍法の定めるところにより届け出ることによって，その母の氏を称することができるようになります（民791条1項）。そして，その結果，母の氏を称することになれば，その子は母の戸籍に入ることになります（戸18条2項）。

この申立権者は子ですが，子が15歳未満であるときには，その法定代理人すなわち親権者であるあなたが子を代理して申し立てることになります（民791条3項）。

管轄裁判所は子の住所地の家庭裁判所（家審規62条・60条・52条）で，申立てにあたっては，別紙（次頁参照）のような申立書，子および父母の戸籍謄本のほか収入印紙1人につき800円（民訴費3条別表1の15項，家審9条1項甲類6号）と郵便切手が必要（民訴費11条～13条）となります。

家庭裁判所では，子の氏の変更が子の福祉にかなうものかどうかを審理することになり，許可の審判は，申立人に告知されて効力を生じ，不服申立ての方法はありません。却下の審判に対しては，申立人は即時抗告をすることができます（家審規62条・27条2項）。子の氏の変更によって氏を改めた未成年の子は，成年に達したときから1年以内に従前の氏に復することができることになっています（民791条4項）。この場合は，民法791条1項から3項の規定により氏を改めた年月日を記載して復氏届をすることになります（戸99条）。

〔雨宮則夫〕

13

Ⅰ 嫡出子

子の氏の変更許可申立書

(この欄に収入印紙をはる。申立人1人について800円)

(はった印紙に押印しないでください。)

受付印		
収入印紙	円	
予納郵便切手	円	

窓口番号

関連事件番号 平成　　　年(家　)第　　　　　号

家庭裁判所　御中

平成　　年　　月　　日

申立人
(15歳未満の場合は法定代理人)
の署名押印
又は記名押印　㊞

添付書類　申立人の戸籍謄本　1通　　父・母の戸籍謄本　1通

	本籍	都道府県
申立人(子)	住所	〒　　－　　　　　　　電話　(　　)　　　　　(　　方)
	フリガナ 氏名	昭和 年 月 日生 平成

	本籍	※上記申立人と同じ　都道府県
申立人(子)	住所	〒　　－　　　　　　　電話　(　　)　　　　　(　　方)
	フリガナ 氏名	昭和 年 月 日生 平成

	本籍	※上記申立人と同じ　都道府県
☆法定代理人 [父母/後見人]	住所	〒　　－　　　　　　　電話　(　　)　　　　　(　　方)
	フリガナ 氏名	

(注)太枠の中だけ記入してください。※の部分は、各申立人の本籍及び住所が異なる場合は、それぞれ記入してください。
☆の部分は、申立人が15歳未満の場合に記入してください。

申　立　て　の　趣　旨
申立人の氏 (　　　) を ┌ 1 母 ┐ の氏 (　　　) に変更することの許可を求める。 　　　　　　　　 │ 2 父 │ 　　　　　　　　 └ 3 父母 ┘

(注)※の部分は、当てはまる番号を○で囲み、( )内に具体的に記入してください。

申　立　て　の　実　情
※1　申立ての父・母と氏を異にする理由
1　父・母の離婚　　　　5　父・(母)の認知 2　父・母の婚姻　　　　6　父(母)死亡後、母(父)の復氏 3　父・母の養子縁組　　7　その他 (　　　　　　　　　　　　　　　　　) 4　父・母の養子離縁　　　(その年月日　平成　　年　　月　　日)
※2　申立ての動機
1　母との同居生活上の支障　　5　結婚 2　父との同居生活上の支障　　6　その他 (　　　　　　　　　　　　　) 3　入園・入学 4　就職

(注)太枠の中だけ記入してください。※の部分は、当てはまる番号を○で囲み、当てはまる場合には、( )内に具体的に記入してください。申立ての動機の6を選んだ場合には、( )内に具体的に記入してください。

38

8 子どもの氏名・戸籍（3）

設問 14

私の妻の実家は，跡を継ぐものがいないので，知人に相談したところ，私たち夫婦が形式的に離婚をして妻が婚姻前の氏に戻り，私たちの二男の氏を妻の氏に変更すればよいといわれました。そんなことが許されるのでしょうか。

方便のための協議離婚は有効か

日本の民法では，協議離婚は届出だけでよいために，他の目的のために離婚を利用するということが起こりやすいといえます。その場合に，その離婚は有効といえるかどうかがまず問題となります。この問題については，「離婚の意思」をどう理解するかによって違ってきます。離婚の意思を「離婚届をする意思」だとすれば，実際に別れるつもりがあるかどうかにかかわらず，離婚届をすること自体に合意が成立していれば，その離婚届は有効だということになります。これに対し，離婚の意思とは「実際にも別れる意思」だとすると，実際には別れるつもりもなく，夫婦の関係を続けながら離婚届だけを出している場合には，離婚届は無効だということになってしまいます。大審院や最高裁の判例をみると，方便のための離婚の効力について，有効だとするものと無効だとするものとがあります*1。

最高裁判所になってからは，このような場合には離婚を有効と解しています。本設問の事例とも近い判例*2（妻を戸主とする入夫婚姻をした夫婦について，夫を戸主にするために離婚届をした場合）では，たとえ実際には夫婦関係が続いているとしても，法律上の離婚をする意思がないとはいえないとして，離婚を有効としました。

家名の継承を目的とする子の氏の変更は許されるか

家制度を廃止した現行の民法の精神からすると，単に家名を存続させるための子の氏の変更は許されないとするのが従来の多数の考え方でした。実際に，これまでにいくつかの審判例があり，申立権の濫用であるとして却下したものと認容したものとがあります。参考までに，それを次に紹介します。

(1) 却下事例

① 函館家裁昭和43年10月8日審判（家月21・2・171）

「上記〔の〕ような手段をとってまで家名を存続しようとする申立人の母の家名に対する執着およびこれを思う申立人の心情は十分考慮に価するのではあろうが，しかし又ひるがえって考えて見ると，既に永年に亘って何等の実体もない家名の存続のため以外に，氏変更の必要性あるいは，呼称上の便宜等は全く見られず又変更によって一般社会の蒙る不利益の点を暫く措くとしても，上記申立人の今後の意向に照し，更に将来にわたってもその家名を維持するため，現在申立人の予定する養子等に対し好ましくない結果を生ずる虞れがないではない等の事情を勘案すると本件申立は，これを許可することは相当でない」として却下しました。

② 静岡家裁富士支部昭和50年9月2日審判（家月28・8・55）

母がその実家の家名を息子夫婦に承継

Ⅰ 嫡出子

させる目的で実質的な夫婦関係解消の意思もなく父と協議離婚して復氏し，息子夫婦から母の氏への変更許可を申し立てた事例について，本件申立では，「申立人両名と母が共同生活をしている事実もなく，呼称上の便宜その他の氏の変更を正当とすべき事由も何ら存しないのであるから，本件申立は子の氏変更により家名を承継するという専らいわれのない因習的感情を満足させる為になされたものと認めざるを得ず，家の制度を廃止した現行民法の精神に反するものであり，子の氏変更申立権の濫用ともいうべきものであるから，これを認容することはできない。……母の協議離婚は実質的な夫婦関係解消の意思を欠き，無効であり，母の氏は戸籍上の記載の如何に拘らず離婚届出前の氏（であり，依然復氏していないの）であるから，本件申立は前提を欠くもの」であるとして却下しました。

(2) 認容事例

徳島家裁昭和 45 年 2 月 10 日審判（家月 22・8・39）

「本件申立は，現行民法が家の制度を廃止したことや，その想定する氏の概念に抵触するきらいがないではない。しかしながら家名を尊重しその存続を望む国民感情を全く非合理的なものとして一概に排斥することは少くとも現時点においてはためらわざるを得ず，また家名によって象徴される世代を超えた親族集団の一員としての自覚が今なお社会道義の維持に貢献している面のあることも否定できないところである。このように考えると，本件のような動機に出た子の氏変更もそれにより個人の尊厳とか両性の本質的平等という法の基本理念と現実に背馳する結果をもたらさず，かつ民法 791 条第 1 項の立法趣旨に反しない限り許容されるべきものと解する。本件において申立人父母の協議離婚は前記のような方便としてなされたものであるけれども，必ずしもこれを無効と見ることはできず，前掲証拠によれば申立人は既に 23 歳に達し妻子を有し自動車整備工として父母と独立の生計を樹てており，その妻も本件申立に同意していることが認められるのであって，親に扶養されている子の福祉を考慮することを主たる趣旨とする前記法条の規制対象としては軽度の意味しか持たず，その他本件氏の変更により前段説示のような不都合を生ずべき事情は見当らない」として，申立てを認容しました。

(3) 却下説の述べるところは，原則的には正当であると思われます。しかし，民法 791 条の規定自体が家名の存続という国民感情との妥協によって設けられているものであって，この制度がある程度家名承継的な意図を達するために用いられてもやむをえないとする考え方もあります。この 2 つの考え方の間にはそれほど大きな違いがあるわけではなく，民法 791 条の規定が氏や戸籍に執着し家名の存続を期待する国民感情との妥協によって設けられたものである以上，事案に応じて具体的に判断することとし，家名承継的な意図を全く否定してしまうことまでは必ずしも適当ではないけれども，それが専ら因習的感情に基づくもので，申立ての濫用であるというべき場合のみ認めないとするのが相当であると思われます。ただ，この立場からしても，本件のように，偽装離婚をしてまで一方配偶者の氏を承継させようとするのは，身分行為の安定性を著しく害することになり，申立権の濫用といわれてしまうことが多いと思われます。

死亡した父または母の氏への子の氏の変更は許されるか

本件の家名の承継を目的とする子の氏変更と類似する問題ですが，これ

についても，学説および裁判例が分かれています。

(1) 少数説は，民法791条が，氏の変更について父母の生存中に限るとする制限を設けていないことなどを理由に，亡親の氏への変更を一律に否定すべきではなく，具体的事案に応じて判断すべきであるとしています。裁判例でも，現行民法のもとでも，氏には家名的性格が完全に払拭されているわけではないとして，父方祖父の祭祀を主宰することを目的とする，死亡した父の氏への変更を許可した事例*3や，民法791条が氏の変更につき制限を加えておらず，戸籍法107条のような「やむを得ない」場合に限定されていない以上，原則としてこれを許可し，個人の同一性識別と取引の安全を害する場合にのみ制限すればよいとして，亡父の氏への変更を許可した事例*4もあります。

(2) しかし，家制度を廃止した現行民法のもとで，民法791条による氏の変更が存続した理由は，現実に共同生活を営む親子が氏を異にすることによる社会生活上の不利益を解消するとともに，親子が同一の氏を称したいという国民感情を尊重したものであるから，すでに父母が死亡した後まで子の氏の変更を認める必要性に乏しく，また，これを許すと，戦前の旧民法下での家名的観念を復活させるおそれが生じるので認めるべきではないとする多数説の指摘はまことに説得力のあるものと思われます。

裁判例でも，すでに父母が死亡してしまった後にまで氏の変更を認める必要性はなく，子の氏の変更は父母が生存中であることを要するとした事例があります*5。先例も，これと同様の見解であり，父母の死亡後に子の氏の変更は許すべきでなく，生存中にその変更許可審判があっても，それに基づく入籍の届出前

に父母が死亡した場合には，これを受理すべきではないとしています*6*7。

*1 （有効とするもの）
① 大判昭6・1・27新聞3233・7
② 大判昭16・2・3民集20・1・70
③ 最判昭38・11・28民集17・11・1469
④ 最判昭57・3・26判タ496・184，判時1041・66
　（無効とするもの）
⑤ 大判大11・2・25民集1・69
⑥ 大判昭18・10・21法学13・397
*2　最判昭38・11・28前掲注1③
*3　神戸家審昭36・2・21家月13・5・152
*4　横浜家川崎支審昭43・12・16家月21・4・158
*5　大阪高決昭49・11・15家月27・12・56
*6　昭和23・6・26民甲831最高裁民事部長回答
*7　昭和23・12・9民甲3780民事局長回答

〔雨宮則夫〕

15

Ⅰ 嫡出子

8 子どもの氏名・戸籍（4）

設問 15

私の両親は離婚して，母は結婚前の姓に戻って生活しています。私は今度中学を卒業したら，母の姓で母のところから高校に通いたいと思っていますが，父は反対しています。中学1年生の弟も，母のところに行きたがっています。親権者である父が反対していても，私たち姉弟の姓を変えることはできますか。

子どもの親権者の変更

設問の場合，両親の離婚の際に子ども2人の親権者を父とし，父のもとで養育されてきた子どもが，2人とも母のもとへ行きたいということですから，まずは親権者の変更ができるかどうかということが問題となります。

離婚によって父母の一方が単独親権者となるわけですが，その親権者が子の福祉の観点から好ましくないことが明らかになったり，当初の事情が変わって，親権者をそのままにしておくことが不都合になったりした場合には，家庭裁判所が，子の親族の請求によって，親権者を他の一方に変更することができるとされています（民819条6項）。当事者の合意だけでは変更することができないので，合意ができているという場合でも，家庭裁判所がその合意が相当であると判断したときには，調停成立となってはじめて親権者の変更をすることができますし，合意ができない場合には，審判をするということになります（家審9条1項乙類7号）。親権者変更の審判をする際には，子の福祉を中心に考えることになりますが，子が満15歳以上になっているときは，審判をする前にその子の陳述をきかなければならないとされています（家審規72条による54条の準用）。

子どもの監護権者の変更

親権者の変更までは合意ができないけれども，親権者を父のままにして監護権者の変更をするだけでも目的を達せられるという場合には，家庭裁判所に申し立てて，子の監護をすべき者を変更することを求めることもできます（民766条2項）。

その結果，親権者と監護権者とが分かれることになる場合には，監護権者が身上監護権を行使し，親権者が財産管理権を行使するということになります。監護権者は，子の世話をすることのほか，監護・教育に必要な居所指定，職業許可，懲戒などが認められることになります。しかし，15歳未満の子を養子縁組する際にその承諾をしたり離縁の協議をする者は，子の法定代理人ですから（同797条・811条），この権限は親権者に属するものとなります。ただし，子を養子に出すかどうかは身上監護権とも密接な関係がありますから，親権者がこの代諾をするには，監護権者の同意が必要です（同797条2項）。

子の氏を母の氏と同一にする方法

子の氏は，民法790条により定まることになりますが，その結果，あるいは父母や子自身の身分行為によって，子が，生来的にまたは後発的に父母と氏を異にすることになる場合も生じます。そして，子がその父

42

母と氏を異にすることになった場合には、社会生活上様々な不便、不利益を受けることが考えられ、子がその父母と氏を同一にするための法的な制度が必要とされることになります。そこで、子が父または母と民法上の氏を異にする場合には、子は家庭裁判所の許可を得て、戸籍法の定めるところにより届け出ることによって、その父または母の氏を称することができるようになっています（民791条1項）。そして、その結果、子が父または母の氏を称することになれば、その子は父または母の戸籍に入ることになります（戸18条2項）。

民法上の氏と呼称上の氏

ここで問題とされる「氏」というのは、民法の規定により定まるいわゆる「民法上の氏」を意味し、単に氏の呼び方（呼称上の氏）が異なるということでなく、民法上の氏が同一でないという場合を指していると考えられています。

(1) 呼称上の氏が同一である場合でも、氏の変更は認められます。すなわち、男性の田中と女性の田中が婚姻して夫の氏を称した後、離婚して妻が旧姓の田中に復した場合、その間の子の「田中」は、呼称は同一ですが、民法上の氏は母とは異なっていることになります。したがって、子である「田中」は、異なっている母の氏「田中」に変更することができます。

婚姻に際して氏を改めた配偶者が、離婚後も婚姻中の氏を続称して（民767条2項）新戸籍を編製している場合、同じく婚姻中の氏を称している夫婦間の子は、氏の変更により母の戸籍に入籍することができます。婚氏を続称した者の氏は、呼称は婚姻中の氏と同じであっても、民法上の氏は婚姻前の氏に復していることになります（同767条1項）ので、婚姻中の氏を称している子とは、民法上の氏を異にしているからです。この点は家庭裁判所の実務も先例*1も同様の立場です。

(2) 逆に、民法上の氏が同一であるときには、呼称上の氏がたまたま異なっていても、氏の変更は認められません。すなわち、婚姻に際して氏を改めた配偶者が、離婚後も婚姻中の氏を続称している場合、前記のとおり、民法上の氏は婚姻前の実方の氏に復していることになりますから、呼称上の氏が異なる実方の父母の氏へ、民法791条の子の氏変更の手続によって氏を変更することは許されないとされています。この場合には、戸籍法107条1項の氏の変更手続によることが必要であり、「やむを得ない事由」が認められるときに限り許可されるということになります。家庭裁判所の実務もこのような取扱いです。そして、この場合には、「やむを得ない事由」の認定にあたっては、民法791条の存在を考慮して緩やかに解してもよいとの考え方もあります。

(3) 父または母が、戸籍法107条1項によって氏を改めている場合には、別戸籍にある子は、民法791条の子の氏変更の手続によっては、氏の変更をすることができず、戸籍法107条1項の手続によることが必要であるとするのが先例*2の立場です。戸籍法107条による改氏は呼称上の氏の変更であって、民法上の氏を変更するものではないからというものです。この先例に対しては、そもそも戸籍法107条による改氏が単なる呼称上の氏の変更にすぎないとする点が疑問であるなど批判的な学説も多いところです。

子の氏の変更の手続

子の氏の変更については、民法791条2項に規定する場合を除いて、家庭裁判所の許可が必要となります。家庭裁判所の許可が必要とされた理由は、氏の恣

Ⅰ 嫡出子

意的な変更を防止するとともに，氏の変更をめぐる父母間の利害の対立を，家庭裁判所が調整するように期待されたからです。

管轄裁判所は子の住所地の家庭裁判所（家審規62条・60条・52条）となります。そして，この申立権者は子ですが，子が15歳未満であるときには，その法定代理人である親権者が子を代理して申し立てることになります（民791条3項）。

親権者とは別に監護権者がいる場合に，その監護権者が法定代理人として申し立てることができるかについては，これを認めた審判例があります*3が，親権者の意思に明確に反している場合にまで認めることができるかについては疑問があるというべきだと思われます。そのような場合には，まず，原則的に親権者の変更を求めるべきだと思われます。

本設問の事例 子が15歳以上であれば，子自身が申し立てられますので，父が反対していたとしても子の氏の変更は可能ですが，15歳未満であれば，母に親権者の変更ができた場合には，母が代理して申し立てることができることになりますが，親権者の変更ができず，監護権者の変更だけにとどまった場合には，父の協力がなければ子の氏の変更はできないということになります。

*1 昭和51・5・31民二3233民事局長通達
*2 昭和29・5・21民甲1053民事局長回答
*3 釧路家北見支審昭54・3・28家月31・9・34

〔雨宮則夫〕

II

嫡出でない子

1 認知の要件
2 認知の取消しと無効
3 嫡出でない子の戸籍
4 強制認知
5 母子関係と認知
6 認知請求権の放棄
7 認知する権利の放棄

1 認知の要件（1）

設問 16

恋人が妊娠したので、胎児を認知して自分が父親となることを自覚したいと思っているのですが、意外にも、彼女が反対するのです。ひょっとして他の男性の子どもではないかと疑ってしまうのですが、彼女は、生まれてから認知してくれたらよいといっています。胎児を認知する場合と生まれてから認知する場合で、何か違いがあるのでしょうか。認知の届出の仕方についても、説明してください。

認知の意義　法律上の婚姻関係にある男女を父母として生まれた子のことを嫡出子といい、法律上の婚姻関係にない男女の間に生まれた子のことを嫡出でない子（または婚外子）といいます。

嫡出でない子と母との法律上の親子関係は分娩の事実によって当然発生するので*1、母の認知は不要とされています（⇨〔設問28〕）。そして、嫡出でない子は、原則として、母の氏を称し（民790条2項）、母の戸籍に入り（戸18条2項）、母の親権に服します（民818条）。

これに対して、嫡出でない子と父との法律上の親子関係が発生するには認知が必要とされています。認知がなければ、事実上の父であっても、その父との間に扶養や相続といった法律上の関係は生じません。父が認知した子については、父母の協議またはこれに代わる家庭裁判所による審判によって、父を親権者とすることも可能です（同819条4項5項）。また、認知した後に子が欲する場合には、家庭裁判所の許可を得て父の氏を称することもできます（同791条1項）。

認知者と認知の対象となる者　原則として、認知者は父親です。認知の対象となるのは、婚姻関係にない男女間に生まれた嫡出でない子ですが、胎児や、死亡した子についても直系卑属があればこの者も、認知の対象となります。意思能力さえあれば認知をすることができ、行為能力は要求されません。したがって、未成年者でも成年被後見人でも、意思能力があれば、法定代理人の同意を要しないで認知をすることができます（民780条）。被保佐人および同意権付与の審判を受けた被補助人がする認知にも、保佐人や補助人の同意は必要ではありません。

認知の際に承諾を要する場合　子が未成年の場合、認知の際に子の承諾は不要です。子が成年者の場合には、その子の承諾が必要とされます（民782条。⇨〔設問18〕）。また、胎児認知の場合には、その母の承諾が必要です（同783条1項）。さらに、すでに子が死亡していても子に直系卑属がある場合には、その子を認知できますが、その直系卑属が成年者であればその者の承諾が必要となります（同783条2項。⇨〔設問19〕）。こういった認知に必要とされる承諾がない認知届は受理されませんが、万一受理された場合、取り消すことができるといわれています。

なお、母が胎児を代理して、父に対し認知の訴えを提起することはできません*2。

認知の種類　認知には、任意認知（民781条）と

1 認知の要件(1)

強制認知（同787条）とがあります。任意認知とは，認知者が自発的に行う認知の方法のことで，強制認知とは，父が任意に認知しない場合に，子（またはその直系卑属，これらの法定代理人）の側の請求に基づき裁判所が認知を強制する方法のことです（強制認知については，⇨〔設問26・27〕）。任意認知には，生前認知（同781条1項）と遺言認知（同781条2項）とがあります。

前者は，認知者による生前の戸籍法上の届出によって成立するもので，この届出はいわゆる創設的届出となります。届出期間に特に制限はありません。ただし，胎児認知の場合，胎児の間しか胎児認知はできません*3。後者は，認知者の遺言によって成立するもので，遺言の効力の発生時，すなわち遺言者の死亡の時に成立することになります（同985条1項）。この場合，遺言執行者は，その就職の日から10日以内に，認知に関する遺言の謄本を添附して，認知の届出をしなければなりません（戸64条）。この届出はいわゆる報告的届出となります。

認知の方法

任意認知の届出場所は，以下のいずれかの市区町村役場です。①認知する者（父）の本籍地，②届出人の所在地，③認知される者（子）の本籍地（戸25条）。ただし，胎児認知の届出場所は，母の本籍地となっています（同61条）。

届出に必要なものは，①認知届，②届出地が本籍地ではない場合，父または子の戸籍全部事項証明書（戸籍謄本），③その他（子が成年者である場合には子の承諾書，胎児認知の場合には母の承諾書，直系卑属を残して死亡した子を認知する場合で，その直系卑属が成年者であればその者の承諾書，遺言認知の場合には遺言の謄本）です（民782条〜783条，戸64条）。なお承諾書に代わって，認知届書の「その他」の欄に，承諾権者が承諾する旨を記載して署名押印してもよいとされています（戸38条1項）。

この認知届には，一般の記載事項（同29条）のほか母の氏名・本籍も記載して届け出なければなりません（同60条）。

認知の効果

認知は，子の出生時に遡ってその効力が生じます。ただし，第三者がすでに取得した権利を害することはできません（民784条）。したがって，遺産分割後の認知では，遺産分割のやり直しをするのではなく，認知された子は相続分に相当する価格請求権を有するにとどまります（同910条）。胎児認知の場合，認知の効力は認知後の子の出生の時に生じます。つまり，胎児認知も生後認知も，法律上の親子関係は子の出生時に発生し，子は出生の時から父の嫡出でない子であったことになります。その結果，例えば，父は子の出生時より子に対し扶養義務を負っていたことになるので，母は父に対して過去の扶養料を含めて請求できます。父母間での協議が調わないときは，家庭裁判所がこれを定めます（同878条・879条）。

胎児認知

胎児には，原則として権利能力は認められませんが（民3条），例外として，不法行為による損害賠償（同721条），相続（同886条），遺贈（同965条）に関しては，胎児はすでに生まれたものとみなされます。したがって，父が子の出生前に死亡する危険性が高いなど，出生後の任意認知が不可能となるおそれがあるときに，胎児認知をしておけば，父が死亡した場合にも相続権や不法行為の損害賠償請求権を胎児に確保することができるのです。また胎児のうちに法律上の父を認めることで，後に強制認知を求める必要がなくなるなど早期に法律関係を安定させることもできます。

16

II 嫡出でない子

胎児認知は，認知者が生前に戸籍法上の届出をすることによっても，遺言によっても成立させることができます。母の承諾を必要とするのは，母の名誉を守るためであること，さらに認知の真実性の確保のためであるともいわれています。本問のように胎児の母が胎児認知に反対している場合には，胎児認知はできませんが，子が未成年の間であれば，父は誰の承諾も得ずに子を認知できます。

母が制限行為能力者でも意思能力があれば，母は単独で承諾ができ，法定代理人の同意を得る必要はありません。母に意思能力がない場合は，法定代理人であっても代わって承諾することはできないと解されていますので，父は胎児を認知できないということになります。

胎児認知は，その届出受理後すぐに戸籍に記載されるのではなく，母の戸籍に付箋をし，出生届出義務者（原則として母）からの出生の届出があるまで保管されます。そして出生届が受理されると，母の戸籍に子が入籍し，子の身分事項欄に出生事項と胎児認知事項が記され，さらに子の父親欄に父の氏名が記載されることになります。これにともない父の戸籍の身分事項欄にも胎児認知事項が記載されます（戸規35条2号）。

認知された胎児が死体で生まれたときは，出生届出義務者は，その事実を知った日から14日以内に，認知の届出地で，死産の届出をしなければなりません。ただし，遺言認知の場合には，遺言執行者が，その届出をすることになります（戸65条）。この届出により，胎児認知に関する事項は戸籍に記載されることはありません。

認知と日本国籍取得

外国人母と日本人父との間の嫡出でない子の認知と日本国籍取得については，以下の問題がありました。すなわち，国籍法2条1号が「出生の時に父又は母が日本国民」であることを出生による国籍取得の要件としているため，父のみが日本国民の嫡出でない子の場合，胎児認知ならば日本国籍を取得し，生後認知ならば取得できないという違いが生じていたのです。これに関して，最高裁は，国籍の取得は子の出生時に確定するのが望ましいことにこの区別の合理的根拠があるとして，国籍法2条1号を合憲としました。しかしながら，補足意見で，国籍法3条1項が準正を国籍取得の要件としていることが違憲にあたるのではないかとの指摘がなされていました*4。そして，この点に関して，最高裁は，国籍法3条1項は，日本人父と外国人母との間に出生した子につき，準正を国籍取得の要件としているが，これにより準正子と非準正子について憲法14条1項に違反する差別が生じているとし，日本人父から認知された非準正子の届出による日本国籍取得を認めました*5。そして，その後，2008（平成20）年12月に制定公布，翌年1月1日施行の「国籍法の一部を改正する法律」では，届出による国籍取得が認められていますが，ここでは，虚偽の届出についての罰則規定も設けられています。

*1 最判昭37・4・27民集16・7・1247
*2 大判明32・1・12民録5・1・7，昭和25・1・7民甲22民事局長回答
*3 大正8・4・1・28民125法務局長回答
*4 最判平14・11・22判時1808号55頁
*5 最判平20・6・4民集62巻6号1367頁

《参考文献》
*中川＝米倉編・新版注釈民法（23）（有斐閣，2004）293頁〜362頁〔前田泰〕
*島津＝久貴編・新・判例コンメンタール民法12（三省堂，1992）65頁〜98頁〔石田敏明〕
*戸籍時報編集部編「スポット　戸籍の実務第14回」戸時483号（1997）45頁〜49頁

〔花元　彩〕

1 認知の要件（2）

設問 17

不倫関係にあった女性が私の子どもを産んだのですが，病院に子どもを置き去りにして行方不明になりました。妻と話をして，私たち夫婦の子どもとして出生届を出そうと思うのですが，何か法律的に問題があるでしょうか。ただ，妻はもう50歳ですので，いろいろと詮索されないように，いったんその女性の子として届出をして，それから私たちの養子にする方がよいのではないかとも思います。実子として届出をする場合と養子として届出する場合で，何か法律的に違うところがあるのでしょうか。

実子として届けた場合

(1) 虚偽の嫡出子出生届

夫が妻以外の女性と通じてもうけた子を妻との間の嫡出子として届けるということは，虚偽の嫡出子出生届がなされる典型的な事例として，古くから行われていたようです。しかし，戸籍は，人の親族上の身分関係を公証するものですから，戸籍は真実に合致していることが要求されます。

出生届には，原則として，医師・助産師またはその他の者が出産に立ち会った場合は，これらの者が作成した出生証明書を添附しなければならない（戸49条3項）ので，医師や助産師等出生証明書作成者に対して遵法精神の徹底を求めることにより，また「出生証明書については，……届書と出生証明書との間にその記載内容殊に出生の日時場所に相違がないかどうか十分これを確かめた上で受理し，以て虚偽の記載を防止する」*1 ようにとの通達に基づく戸籍事務管掌者の審査によって，虚偽の出生届は，ある程度は抑止できるといわれています。しかし，一般国民の嫡出でない子に対する差別感情がなくならないかぎり，虚偽の出生届を完全に防止することは困難であるとも考えられています*2。

夫が虚偽の嫡出子出生の届出をし，これが誤って受理されても，真実に合致していない以上この夫婦と子との間に嫡出親子関係が成立することはありません。問題は，この出生届に認知の効力を認めることができるのかどうかです。

(2) 過去の裁判例

虚偽の嫡出子と認知の効力に関する問題について，大審院は，庶子制度のあった旧法下で，夫が妾との間に出生した嫡出でない子を妻との間に生まれた嫡出子とする虚偽の嫡出子の出生届をした事例について，「自己ノ子ナルコトヲ認ムル意思表示ヲ包含スル」と判示し，認知の効力を認めました*3。民法改正により庶子制度がなくなった後，虚偽の嫡出子出生届がなされた場合，これに認知の効力を認めるか否かが問題となった事例について，最高裁は次のように述べて，これも肯定しています。「嫡出でない子につき，父から，これを嫡出子とする出生届がされ，又は嫡出でない子としての出生届がされた場合において，右各出生届が戸籍事務管掌者によって受理されたときは，その各届は認知届としての効力を有する……。……認知届は，父が，戸籍事務管掌者に対し，嫡出子でない子につき自己の子であることを承認し，その旨

II 嫡出でない子

を申告する意思の表示であるところ，右各出生届にも，父が，戸籍事務管掌者に対し，子の出生を申告することのほかに，出生した子が自己の子であることを父として承認し，その旨申告する意思の表示が含まれており，右各届が戸籍事務管掌者によって受理された以上は，これに認知届の効力を認めて差支えない」*4。

(3) 本問の場合

虚偽の嫡出子出生届が受理された場合，この男性から子について認知がなされたとみなされます。しかし，本問では，妻の年齢が50歳となっています。50歳以上の女性を母とする出生届についてはこれを調査することとなっていますので*5，妻が当該子を出産したのではないということが明らかになり，子をこの夫婦の嫡出子とする出生届は受理されないことになります。

養子として届ける場合

(1) 嫡出でない子の出生届

子の事実上の父が，生まれた子を自分の嫡出子ではなく嫡出でない子として，出生の届出をすることはできるのでしょうか。

出生届は子の出生後14日以内（国外で生まれた場合は3ヵ月以内）に届け出なければなりません（戸49条）。嫡出でない子の出生の届出については，母が届出義務者となっており（同52条2項），事実上の父親がいても，この者には法律上の父としての届出資格はありません。しかし，届出義務者である母がなんらかの理由で届出をすることができない場合には，①同居者，②出産に立ち会った医師，助産師またはその他の者が，この順で届出義務を負うことになります（同52条3項）。これにより，事実上の父は，「同居者」として出生の届出をすることができます。

出生の届出がされますと，子は嫡出でない子として，母の氏を称し（民790条2項），母の戸籍に入ります（戸18条2項）。

(2) 嫡出でない子の出生届と認知届の記載

出生の届出をすませますと，事実上の父は，子を認知することができます。本問の場合，子は未成年ですから，父は一方的に当該子の認知をすることができます。父に関する戸籍の記載は次のとおりです。父が嫡出でない子の出生届と認知届を同時に提出した場合には，届出人の資格は原則どおり，出生届は「同居者」で，認知届は「認知する父」となります。しかし，事実上の父が届出人の資格を「同居者」として出生届をし，同時に提出した認知届書に「出生届出人の資格を父と更正されたい」旨記載している場合には，戸籍の出生事項中届出人資格を，いったん「同居者」と記載したのちに「父」と更正するのが原則ですが，出生事項中届出人の資格を，最初から「父」と記載することもできます*6。

(3) 養子縁組

養子縁組には普通養子縁組（⇨Ⅳ養子）と特別養子縁組（⇨Ⅴ特別養子）があります。普通養子縁組は，原則として，養親子間の合意により成立します。この縁組の成立により実親との親子関係が断絶されることはありません。離縁も可能です。他方，特別養子縁組は，家庭裁判所の審判によって成立します。この場合，子の福祉の観点から，実親との親子関係が断絶され，また原則として離縁はできません。

(ア) 普通養子縁組

普通養子縁組をするには，養子となる者は成年者でもかまいませんが，15歳未満の子が養子となるときには，その法定代理人が，子に代わって縁組の承諾をすることになります（民797条1項）。

また、未成年者を養子にするときには、原則として、家庭裁判所の許可を得なければなりません（同798条）。さらに、配偶者のある者が未成年者を養子にするには、原則として、配偶者とともにしなければなりません（同795条）。

本問の場合、男性が子を養子にしたいのであれば、妻とともに養子縁組をする必要があります。嫡出でない子の養子縁組については、原則として母がその子の親権者ですから、母が代諾権者となり、母と養親となるこの夫婦との間で養子縁組をし、家庭裁判所の許可を得ればよいということになります。しかし、子の母が行方不明ですから、母から代諾を得ることは不可能なので、男性が子を認知し家庭裁判所による審判によって自分が子の親権者となれば、養子縁組をすることができます（同819条5項）。この場合、自己または配偶者の直系卑属を養子にすることになるので、家庭裁判所の許可は必要ではありません（同798条ただし書）。

普通養子縁組がされた場合、養子の戸籍には、父母欄に実父母、養父母欄に養父母の氏名がそれぞれ記され、養父母との続柄欄には「養子」または「養女」と記載されます。

㈡　特別養子縁組の場合

子の福祉の観点から、特別養子が成立するには以下の要件をみたす必要があるとされます。①養親は夫婦であること（民817条の3）、②養親は、原則として25歳以上であること（同817条の4）、③養子は、原則として6歳未満であること（同819条の5）、④実父母の同意を要すること（同817条の6）、⑤子の利益のために特別養子縁組が必要であること（同817条の7）、⑥6ヵ月の試験養育期間（同817条の8）を考慮すること。これらの要件をみたすとき、養親となる者の請求により、家庭裁判所は特別養子縁組を成立させることができます（同817条の2）。

本問の場合、①～③および⑤～⑥の要件をみたす必要はありますが、④の要件にある母の同意は必要ではありません。実母が子を置き去りにして行方不明となっているので、これが悪意の遺棄にあたるとされるからです（同817条の6ただし書）。

特別養子縁組がされた場合、養親の戸籍に入籍した後の養子の戸籍に、実親の氏名は記載されず、養親との続柄も実子と同様の記載、例えば「長男」「長女」などと記載されますが、縁組の事実は、身分事項欄に「民法817条の2による裁判確定」により入籍したことが記されることから、間接的にわかります（⇨〔設問69〕）。

＊1　昭和23・1・13民甲17民事局長通達
＊2　沼邊愛一「非嫡出子の父がした嫡出子出生届と認知の効力」東京家裁身分法研究会編・家事事件の研究（1）（有斐閣、1970）15頁以下
＊3　大判大15・10・11民集5・703
＊4　最判昭53・2・24民集32・1・110
＊5　昭和36・9・5民甲2008民事局長通達
＊6　昭和50・2・13民二747民事局第二課長回答

《参考文献》
＊國府剛「非嫡出子の父による嫡出子または非嫡出子出生届と認知の効力」判タ390号（1979）178頁
＊岩志和一郎「虚偽の嫡出子出生届等と認知の効力」水野＝大村＝窪田編・家族法判例百選（有斐閣、第7版、2008）52頁
＊神谷遊「虚偽の嫡出子出生届と認知の効力」判タ747号（1991）208頁
＊中川＝米倉編・新版注釈民法（23）（有斐閣、2004）353頁～358頁〔前田泰〕

〔花元　彩〕

① 認知の要件(2)

1 認知の要件（3）

Ⅱ 嫡出でない子

設問 18

大学時代に交際していた彼女が，私の子を産んでいたということを最近になって知りました。その子を私の子として認めたいのですが，その子は私を恨んでいて，私が父親だということを認めないといっています。私には数年前に亡くなった妻との間に子どもが1人いますが，2人ともかわいいので，同じように財産を分け与えたいのですが，できるでしょうか。

認知される子が未成年者か，それとも成年者か

認知は，原則として父が嫡出でない自分の子について法律上の親子関係を認める制度です（⇨〔設問16・28〕）。子が未成年である場合，父は当該子やその母の承諾を得ることなく子を認知することができるので，子が父を恨んでいて自分が認知されることを認めないという態度をとっていても，子が未成年の間であれば，父は子を一方的に認知し法律上の親子関係を生じさせることができます。

しかし，子が成年に達している場合は，生前認知・遺言認知とも，その子の承諾がなければ父は認知をすることができません（民782条）。

成年の子の認知

(1) 承諾の意義・承諾者

認知の承諾をするのは，成年に達した子です。子が未成年であっても，婚姻したときは成年に達したものとみなされますから（民753条），この場合には，承諾が必要となります。なお，成年の子が認知を承諾するか否かはその者の自由で，そのように判断した理由を示す必要はありません。

認知の対象となる成年の子が複数（兄弟姉妹）いる場合に，一部の者が承諾して残りの者が承諾しない場合，前者についてのみ認知の効力が生じ，後者については未認知の子の状態のままで法律上の親子関係は生じないことになります*1。

では，なぜ成年の子を認知する場合にはその承諾が必要なのでしょうか。それは，子が養育・監護を必要とする間は認知をしないで放置しておきながら，子がようやく成人し生活能力を備えるようになった後に，一方的に認知して子に自分の扶養を求めるような父の恣意的な行為を防止する必要があるためといわれています。さらに，20年以上も認知されずにいたため血縁についての事実が不明瞭になっているにもかかわらず，一方的に認知されると，その後に子が認知の効力を争っても，立証の関係で子が敗訴せざるをえなくなるということを防ぐためであるともいわれています*2。

(2) 承諾能力

承諾に際し成年の子に行為能力は必要ではなく，成年の子が成年被後見人であっても意思能力さえあれば，単独で承諾をすることができます。意思能力がなければ，この成年の子に代わって成年後見人が承諾をすることができます。成年の子に意思能力がなく，また成年後見人がいない場合には承諾を得られないので，父はこの子を認知できません。このような場合には，いったん成年後見の手続を経る必要があるといわれています*3。

(3) 承諾を欠く認知

成年の子を認知するには，その子の承諾が必要です。承諾のあることが示されない場合，その認知届は受理されないのが原則です。しかし誤って受理された場合は，取り消すことができるといわれています。

(4) 認知の方法

生前認知の場合には，認知者である父がこの届出をし（戸60条），遺言認知の場合には，遺言執行者が認知の届出をすることになります（同64条）。

認知の届出場所は，以下のいずれかの市区町村役場です。①認知する者の本籍地，②届出人の所在地，③認知される者の本籍地（同25条）。

届出には，①認知届，②届出地が本籍地ではない場合，父または子の戸籍全部事項証明書（戸籍謄本），③子が成年者である場合には子の承諾書が必要となります。この承諾書に代わって，認知届書の「その他」の欄に，この者が承諾する旨を記載して署名押印してもよいとされています（同38条1項）。なお，遺言認知の場合には遺言の謄本も添附しなければなりません（同64条）。認知届には，一般の記載事項（同29条）のほか母の氏名・本籍も記載して届け出ることになります（同60条）。

認知の届出がなされますと，認知する父と認知される子の両方の戸籍の身分事項欄に，認知事項が記載されますし（戸規35条2号），また，子の戸籍の父親欄に父の氏名が記載されることになります（戸13条4号）。そして，認知により父と子との間に法律上の親子関係が生じ，その効果は出生時に遡るとされています（民784条。⇨〔設問16〕）。

嫡出でない子の相続分

(1) 合憲説と違憲説

民法は，法定相続分について，嫡出でない子の相続分は嫡出子の2分の1とすると定めています（民900条4号ただし書）。したがって，本問の場合，法定相続分によりますと，大学時代の彼女が産んで今回認知した子（嫡出でない子）は，亡くなった妻との間に生まれた子（嫡出子）の半分しか相続できず，2人の子どもに同等に財産を与えることはできません。

嫡出でない子の相続分を嫡出子の半分とすることについては，憲法14条の定める法の下の平等に反するのではないかという批判が提示されており，下級審では合憲説[4]と違憲説[5]に分かれていました。違憲説をとる学説および下級審で示されている主な理由は，次のとおりです。①民法900条4号ただし書前段の規制があるからといって，嫡出でない子の出現を抑止することはほとんど期待できない上，嫡出でない子からみれば，父母が適法な婚姻関係にあるかどうかは全く偶然のことにすぎず，自己の意思や努力によってはいかんともしがたい事由により，嫡出でない子が不利益な取扱いを受ける結果となることは避けられるべきである。②嫡出子と嫡出でない子の相続分を同等としても，これにより配偶者の相続分はなんら影響を受けるものではないし，仮に，配偶者の側に実質的な不平等が生じることがあっても，寄与分の制度を活用することにより是正可能であることを考慮すべきである。

(2) 最高裁判所の判断──合憲説

1995（平成7）年に最高裁判所は，上記下級審[4]の上告審において次のように述べて，民法900条4号ただし書前段は憲法14条1項に反するものではないと判断しました[6]。民法900条4号の立法理由は「法律上の配偶者との間に出生した嫡出子の立場を尊重するとともに，他方，被相続人の子である非嫡出子の立

II 嫡出でない子

場にも配慮して，非嫡出子に嫡出子の2分の1の法定相続分を認めることにより，非嫡出子を保護しようとしたものであり，法律婚の尊重と非嫡出子の保護の調整を図ったものと解される。これを言い換えれば，民法が法律婚主義を採用している以上，法定相続分は婚姻関係にある配偶者とその子を優遇してこれを定めるが，他方，非嫡出子にも一定の法定相続分を認めてその保護を図ったものであると解される。

現行民法は法律婚主義を採用しているのであるから，右のような本件規定の立法理由にも合理的な根拠があるというべきであり，本件規定が非嫡出子の法定相続分を嫡出子の2分の1としたことが，右立法理由との関連において著しく不合理であり，立法府に与えられた合理的な裁量判断の限界を超えたということはできないのであって，本件規定は，合理的理由のない差別とはいえず，憲法14条1項に反するものとはいえない」。しかし，この最高裁判所の判断には5名の裁判官の反対意見も示されていますし，学説でも反対意見を表明するものが多くみられます。

贈与・遺言による相続分の指定・遺贈

嫡出でない子の相続分については，必ずしも法定相続分に従わなければならないのではありません。被相続人（本問では父）の意思により法定相続分を修正することもできます。

例えば，遺言で相続分の指定をすることにより，嫡出でない子の相続分を増やすことができます。ただし，相続分の指定によって相続人の遺留分を侵害してはなりません（民902条1項）。本問の場合，相続人が嫡出子と嫡出でない子の2人だけでこれらの相続分をそれぞれ2分の1ずつにしても，嫡出子の遺留分を侵害することはないので，この2人に同等に財産を与えることは可能です。

また，嫡出でない子に対して贈与または遺贈をすることもできます。この場合，特別受益が問題となる場合もありますが，被相続人が持戻し免除の意思表示をしておけばよいでしょう。つまり，本問の場合ですと，嫡出子と嫡出でない子に同等に財産を与えても，嫡出子の遺留分を侵害することはないので，被相続人が持戻し免除の意思表示をしておけばよいということになります（同903条3項）。なお，遺贈や贈与は，相続人以外の者に対してもできますので，成年の子が認知を承諾せず法律上の親子関係を成立させることができなかった場合でも，父はこの者に自分の財産を与えることができます。この場合も，やはり遺留分権利者の遺留分を侵害するものでないなら，遺留分減殺請求をされることはありません（同1031条）。

*1 島津＝久貴編・新・判例コンメンタール民法12（三省堂，1992）90頁〔石田敏明〕
*2 中川＝米倉編・新版注釈民法（23）（有斐閣，2004）349頁～350頁〔前田泰〕
*3 前掲注2・352頁
*4 東京高決平3・3・29判タ764・133
*5 東京高決平5・6・23高民集46・2・43，東京高判平6・11・30判時1512・3
*6 最大決平7・7・5民集49・7・1789

《参考文献》
*右近健男「非嫡出子の相続分差別と法の下の平等」平成7年度重要判例解説（有斐閣，1996）73頁
*中川＝米倉編・新版注釈民法（23）（有斐閣，2004）348頁～353頁〔前田泰〕
*吉田克己「非嫡出子の相続分規定は合憲か」水野＝大村＝窪田編・家族法判例百選（有斐閣，第7版，2008）118頁
*島津＝久貴編・新・判例コンメンタール民法12（三省堂，1992）100頁〔石田敏明〕

〔花元　彩〕

1 認知の要件（4）

設問 19

50歳の男性です。大学時代に交際していた彼女との間に子どもができたのですが、認知をためらっている間に、彼女の行方がわからなくなりました。最近になって、彼女も子どももすでに亡くなっていることを知りましたが、その子には子どもがいるようです。私は、孫として引き取りたいのですが、どうすれば祖父と孫の関係を正式に認めてもらうことができるでしょうか。

死亡した子についての認知の可否

認知は、原則として父が嫡出でない自分の子について法律上の親子関係を認める制度です（⇨〔設問16・28〕）。子がまだ出生しておらず胎児である場合でも、父はその胎児を認知することができます（⇨〔設問16〕）。では、本問のように、認知の対象となる子が死亡していた場合はどうでしょうか。民法は、父は生前認知・遺言認知とも、死亡した子でもその直系卑属（例えば、認知者にとっての孫など）があるときにかぎり、この死亡した子を認知することができるとしています。ただし、その直系卑属が成年者である場合には、この者の承諾を得なければなりません（民783条2項）。したがって、死亡した子に直系卑属がいなければ、死亡した子を認知することはできませんが、死亡した子に直系卑属があり、この者が未成年者であれば、父は誰の承諾を得ることもなく、一方的に死亡した子を認知できることになります。

承諾の意義・承諾者

認知の対象となるのは、死亡した子です。直系卑属が未成年者である場合に、死亡した子を認知するのに、その未成年者の承諾は必要ありません。しかし、直系卑属が成年者であれば、その承諾が必要です。子が未成年であっても、婚姻したときは成年に達したものとみなされますから（民753条）、この場合も承諾が必要です。

では、なぜ直系卑属が成年者である場合には、その承諾が必要なのでしょうか。直系卑属がない場合でも、死亡した子について認知を認めてしまうと、父と亡くなった子との間に法律上の親子関係が生じてしまいますので、父は死亡した子の相続人として相続権を有することになります。子が養育・監護を必要とする間は認知をしないで放置しておきながら、子が死亡した後に、一方的に認知することで子の財産を相続しようなどといった父の恣意的な行為は認められるべきではありません。しかし、死亡した子に直系卑属があれば、父が認知しても、死亡した子の財産はその配偶者と直系卑属が相続するので、認知した父は死亡した子の財産を相続することはないのです。認知が認められると、認知者である父は、死亡した子を介しその直系卑属との間で直系血族関係が生じ、その結果、これらの者との間に相互に相続・扶養等の権利義務が発生することになります。死亡した子の直系卑属が未成年であれば、通常は扶養を請求するのは未成年の直系卑属であって認知者のほうではありませんので、認知が認知者に対する利益のみにはたらかないこととなります。しかし、死亡し

Ⅱ 嫡出でない子

た子の直系卑属が成年に達しているときは，死亡した子の直系卑属に認知者に対する扶養や扶け合いなどの義務を生じさせることになってしまいますので，死亡した子を認知する際には，残された直系卑属が成年者であれば，その承諾を必要とすることにしたのです*1。

死亡した子に数人の直系卑属があっても，すべてが未成年者であるならば父は一方的に死亡した子を認知できますが，直系卑属の中に成年者がいる場合には，承諾した成年者と承諾を要しない未成年者に対してのみ認知の効力が生じ，承諾をしなかった成年者に対しては認知の効力は及びません*2（承諾を要する成年の直系卑属の能力については，⇒〔設問18〕）。

承諾を欠く認知 死亡した子を認知する場合，その直系卑属が成年者であればその承諾が必要とされます。この承諾のあることが示されない場合，その認知届は受理されないのが原則です。しかしこれが誤って受理された場合，その認知は取り消すことができるといわれています。

認知の方法 生前認知の場合には，認知者である父がこの届出をし（戸60条），遺言認知の場合には，遺言執行者が認知の届出をすることになります（同64条）。

認知の届出場所は，以下のいずれかの市区町村役場です。①認知する者の本籍地，②届出人の所在地，③認知される者の本籍地（同25条）。

届出には，①認知届，②届出地が本籍地ではない場合，父または子の戸籍全部事項証明書（戸籍謄本），③直系卑属が成年者である場合にはその承諾書が必要となります。この承諾書に代わって，認知届書の「その他」の欄に，この者が承諾する旨を記載して署名押印してもよい

とされています（同38条1項）。なお，遺言認知の場合には遺言の謄本も添附しなければなりません（同64条）。この認知届には，一般の記載事項（同29条）のほか母の氏名と本籍，死亡した子の死亡の年月日ならびにその直系卑属の氏名，出生の年月日および本籍も記載して届け出ることになります（同60条）。

死亡した子を認知することによって生ずる効果 認知届が受理されると，原則として，死亡した子の出生時に遡って認知の効力が生じ（認知の効果⇒〔設問16〕），それにともない死亡した子の直系卑属との間に直系血族関係も生じます。

本問の場合，認知の効果として，認知者と残された未成年者である孫との間に直系血族関係が生じます。そして被認知者に配偶者がおらず子に親権者がいない場合には，認知者は未成年後見人の選任を家庭裁判所に請求し，自分を未成年後見人として選任してもらうことで（民840条），残された未成年者の身上監護権を取得することができ，その結果この未成年者を引き取ることもできるようになります。

*1 中川善之助編・注釈民法（22）Ⅰ（有斐閣，1971）220頁～221頁〔木下明〕，中川＝米倉編・新版注釈民法（23）（有斐閣，2004）356頁〔前田泰〕
*2 昭和38・3・30民甲918民事局長回答

《参考文献》
*中川善之助編・註釈親族法（上）（有斐閣，1950）328頁～340頁〔谷口知平〕
*中川＝米倉編・新版注釈民法（23）（有斐閣，2004）353頁～358頁〔前田泰〕
*島津＝久貴編・新・判例コンメンタール民法12（三省堂，1992）93頁，100頁〔石田敏明〕

〔花元　彩〕

2 認知の取消しと無効（1）

設問 20

　私は若手企業家としてマスコミでも注目されるようになったのですが，交際している女性から妊娠の事実を告げられ，認知を求められました。彼女が妊娠した頃，他の男性数人とも交際していたといううわさは聞いていましたが，認知しなければ世間に公表すると脅かされて，認知をしました。彼女は，相当の財産を子どもに与えてくれるなら，認知の取消しに応じてもよいといっていますが，認知の取消しは認められるのでしょうか。

認知の機能とその基本的考え方

　婚姻関係によることなく生まれた子のことを「嫡出でない子」といいます。事実上の父は，この嫡出でない子との間には生物学上の父子関係はありますが，法律上は何らの関係がないものとなります。この事実上の父子関係を法律上の父子関係にまで高める行為が認知です。認知は，父が，その嫡出でない子が自分の子であることを認める一方的な行為でき，具体的には，事実上の父がその嫡出でない子が自分の子であるということを承認する戸籍上の届出をするという方式によってなされます（任意認知。⇨〔設問16〕）。

　このような認知によって生じた嫡出でない子と父との法律関係の問題については従前から2つの考え方があります。

　その1つはいわゆる「意思主義」であり，父からの「自分の子である」ということを認める意思に基づいてされた承認があることが父子関係を生ぜしめるものであるという考え方です。つまり父から父子であることを認める認知の意思が重要であるとする立場です。もう1つの考え方として「事実主義」があります。これは嫡出でない子と父との間に事実上の（真実の）父子関係があるならば，父からの認知の意思というものがあろうとなかろうとその間に父子関係を認めようとする立場です。この問題につきわが国では，いわゆる強制認知（民787条本文）を制度として認め，必ずしも父の積極的な意思がない場合であっても認知を認めることが可能とされていることや，死後認知（同条ただし書）などの制度も置かれているところから判断すると，意思主義というよりも，むしろ事実主義への方向を模索しているといってもいいでしょう。

認知と真実の親子関係

　しかし，そうなると積極的意思に基づいて父が認知をした場合であってもその間に真実の父子関係がない場合に，この認知についてどのような効果があるのかという点が，この制度に対する考え方によって異なってくるのではないかということが問題となります。また同時に詐欺や強迫によって認知がされたような場合にはその意思に欠陥があるものとして認知の取消しを求めることができるのかも問題となりそうです。

　設問でまず問題とされているのは，強迫をうけ，これに屈して認知をした者（ここでは，胎児の段階での認知ではなく，生まれた後にする認知を前提に説明します）が，その認知が強迫によるものであるからということで認知の取消しを求め

Ⅱ 嫡出でない子

ることができるかということです（民96条1項）。これについては問題があります。なぜなら、民法は認知についてはいったんこれをした以上は認知の取消しを許さないという旨の明文の規定を置いているからです（同785条）。

認知の取消しは許されない

民法785条の意味に関しては、古くから学説による議論がされていますが、現在の通説的な考え方は、条文に書かれた文字どおり、通常の場合であれば取り消すことができるはずの詐欺や強迫によってされた法律行為であっても（同96条）、その行為が認知である場合には、いったん認知がされた以上は取り消すことができないと理解しています。つまり、強迫されて認知をしたとか、騙されて認知してしまったということを理由にして認知を取り消すことは認められないということになるのです。それは、①そもそも本条は、婚姻外で産まれた子の保護を目的とするものであり、②認知の意思、認知者と被認知者との間に真実（血縁上）の親子関係、認知届があるならば法律上の親子関係が確定しており、民法総則の取消規定は適用されない、③真実の親子関係がないにもかかわらず詐欺や強迫に基づいてされた認知については認知の取消しの問題ではなく、786条の認知無効の訴えによるべきであると理解されるからです。

したがって、認知の取消しという概念は、①成年の子の認知の場合において必要とされている認知を受ける者本人の承諾なくしてされた認知（同782条）と、②胎児認知の場合において必要とされる母の承諾なくしてされた認知（同783条1項）などにかぎって認められるにすぎないと理解するのです。ここには、いわゆる真実主義の考え方が大きく影響しています。

また、母親が承諾をすればいったんされた認知であっても自由に取消しが認められるのかということについては、制度的にみてありえない議論といっていいでしょう（そのようなことを認める民法上の規定はありません）。

なお学説には、詐欺や強迫に基づいてされた認知が取り消すことができなくなるというのは不合理であるとして、民法785条の「取消し」は、文字通りの取消しと理解するのではなしに「撤回」のことであると理解し、詐欺や強迫による認知の取消しを認めようとする立場もあります。この「撤回」は、意思表示をした者がその確定的な効果が生じてしまう前にその効果を将来に向かって消滅させることであると理解されています。「取消し」が確定的な効果を生じてしまったものについて行為の時に遡ってその効力を消滅させるものであるということに対応した概念であるといわれています。

真実の父子関係に基づかない認知の効力

通説的な考えに従えば、真実の親子関係がないのに詐欺や強迫によって認知がされたという場合であっても、取消しはできないことになります。しかし、その認知は、事実関係がないという意味において、また真に認知の意思があったわけではないという意味においても無効となると理解されています[1]。

つまり、その認知が詐欺や強迫に基づいてされたものであるということを理由として認知の取消しはできませんが、認知者と被認知者との間に真実の親子関係がないのにされた認知は、本来、認知の効力が生じていないという意味において無効ということになります（認知無効について。⇨〔設問21〕）。

[1] 最判昭52・2・14家月29・9・78

〔山川一陽〕

2 認知の取消しと無効（2）

設問 21

結婚前にある女性と付き合っていたとき，子どもができたといわれたので，生まれた子を認知しました。ところが，最近，その子の本当の父親は別にいることがわかったのですが，私の認知を，法律上訂正してもらうことはできるのでしょうか。

認知とはどのようなものか

法律上の親子関係は，ただ単に血のつながりがあるということがはっきりしているということだけで生じるものではありません。民法は，婚姻関係を通じて生まれた子について，これを嫡出子として当該夫婦の子であるとするのが原則です（民772条）。ですから婚姻関係を通じて生まれた子ではない子については，これを嫡出でない子として，その間にいかに生物学上の親子（父子）関係があることがはっきりしていてもそれだけでは法律上の親子関係があるとすることはできないとしています。嫡出でない子については，認知がされた場合にはじめて法律上の親子となるのです（同779条・784条。⇨〔設問16〕）。

事実と異なる認知の無効

しかし，嫡出でない子について認知がされたものの，実は認知者と被認知者との間に真実の親子関係がないということが判明した場合にどうしたらいいのかが問題となります。現在の通説的な考え方では，いったんされた認知は，たとえ詐欺・強迫に基づくものであっても，取り消すことはできませんが（民785条。⇨〔設問20〕），真実の親子関係がないのにされた認知については，無効と解されています*1。ところで，この認知無効ということの法律的な性質については従来から議論があり，裁判というものを通じてはじめて無効となるという形成無効説と，これを経ないでも当然に真実でない親子関係だから無効となるという当然無効説とが対立しています。これについてはおおむね訴訟法学者は前者，民法学者は後者の対場といってもいいでしょう。どちらかといえば近年では前者の立場が通説といえますし，戸籍実務もこの考え方に従って運用されています。

無効な認知と戸籍訂正

無効な認知としても認知者の戸籍上にはすでに子を認知したことや子の所在（本籍）などが記載されてしまっていますし，被認知者の戸籍（通常母の戸籍に在籍）にも認知がされたという事項と父親とその所在（本籍）が記載されています。そこで認知が無効となれば，この場合の親子関係は，実は存在しないということを世の中の人の誰との関係においても一律（画一的）に明らかにして，この認知については無効であり，認知者と被認知者との間に父子関係がないことを確定するために，戸籍訂正の措置をとる必要が生じてきます。

そこで，認知無効の法的な性格が問題となります。先に述べたように当然無効説によれば，無効行為（届出）に基づく戸籍記載の戸籍訂正については，戸籍法114条の規定により家庭裁判所の許可を得て訂正が許されることになります。この場合の家庭裁判所の許可による戸籍訂

II 嫡出でない子

正は，戸籍上，記載内容の無効が明白である場合，あるいは明白でない場合であっても訂正の結果が身分関係に重大な影響を及ぼさないと認められるときに許されるものです。一方，現在の通説および戸籍実務のように，認知無効についてはこれを形成無効と解すれば，認知無効の裁判に基づき戸籍法116条の規定による手続により訂正する以外はないことになります。

したがって，本問のような場合には，認知をした者は，まず家庭裁判所に対して認知無効の調停を申し立て（家審18条），その調停において当事者間に合意が成立すれば「合意に相当する審判」（同23条）により，不調となれば新たに家庭裁判所に訴えを提起し，認知無効の判決を得ることにより親子関係が否定されることになります。次に，戸籍訂正の具体的方法としては，認知無効の審判または判決の確定の日から1ヵ月以内に戸籍法116条に規定する戸籍訂正の申請（申請をする義務を有する者は調停を申し立てた者または訴えを提起した者となります）をし，これにより認知者および被認知者の戸籍に記載されている認知の事項を消除することが可能となります。

以上のような手続を経ることによってはじめて認知者は父子関係を否定し，扶養の義務を免れ，相続関係上の法的地位を否定することができます。

認知無効の訴えの当事者　すでに述べたように，認知が間違っているという場合には，その旨の主張を民法786条の規定に従ってすることになりますが，無効を主張することができる者に関して「子その他の利害関係人は，認知に対して反対の事実を主張することができる」と規定しています。ここでこの「その他の利害関係人」に認知者自身が入ると理解することができるかが問題となり，従前から議論のあるところです。古い判例の立場においては，自らが認知をしておいて後になって当初の事情が変更したからといって（例えば母との離婚が成立したというような場合）自ら認知の無効を主張できないと解釈していたようです*2。しかし，近年においては学説の立場として認知者であっても「利害関係人」として認知無効の主張をすることができるとするのが通説ですし，30年前の下級審の裁判例ですが認知無効の主張を認めるものが多数を占めていますので*3*4，認知無効の訴えにおいて自らその主張をすることも可能と理解できると思われます。その理由は，確かに自らが認知をしておいて都合が悪くなった時点で認知の無効を主張するということには問題があるかもしれませんが，認知における事実主義の考え方が今日では採用されているのであるし，やはり認知者自身が最大の「利害関係人」ということができるからです。もっとも，これを否定する判例もありますから*5，このことにも配慮することは必要になります。

*1　中川善之助・略説身分法学（岩波書店，1930）175頁ほか多数，最判昭50・9・30家月28・4・81
*2　大判大11・3・27民集1・137参照
*3　大阪地判昭63・7・18判タ638・178
*4　仙台高判昭55・1・25家月33・2・169など
*5　東京高判昭63・8・31判タ694・161

〔山川一陽〕

2 認知の取消しと無効（3）

設問22

今，結婚しようと思っている女性がいます。その女性には幼稚園に通っている子どもがいますが，子どもの父親は認知を拒否しているということです。私がその子を認知して，その女性と結婚するのが子どものためにも一番よいと思うのですが，法律上，許されるでしょうか。

嫡出でない子と認知

婚姻を通じて生まれた子のことを嫡出子といい，婚姻によらないで生まれた子のことを嫡出でない子といいますが，この嫡出でない子の場合には真実の父からの認知という行為（その子が自分の子であることを認める旨の戸籍役所への届出）がされないと法律上の父子関係は生じないものです（⇨〔設問16〕）。

このように認知によって子と真実の父との法的関係が生じてくるのですが，そうであるからといって，認知がされた場合であっても実は認知者とその子との間に真実の親子関係がないような場合にはその認知は無効な認知とされることになります（⇨〔設問21〕）。すでに説明しましたように（⇨〔設問20〕），子の認知という行為についての考え方にいわゆる事実主義と意思主義とがありますが，わが国の制度としては事実主義が採用されているといってもいいでしょう。したがって，真実の父子関係がないにもかかわらず別の男性の子を認知しても法律上の父子関係が生じてこないこととなります。

もちろん，本設問の子はいわゆる嫡出でない子のようでありますから，誰かがこれを認知しているというような状況がない限りは手続的にあなたがこの子を自分の子として認知することは可能ですし，その結果として子の戸籍（通常母の戸籍に在籍）は子の認知がされたことが記載されます。

その後，あなたとその子の母とが婚姻することとなれば，いわゆる準正によって子の立場は形式上はあなたと母との間の嫡出子ということになり（民789条参照），また，その子について別に入籍の届出（民791条2項，戸98条）をすれば，あなたとその女性との婚姻戸籍には嫡出子としての記載がされることとなります（⇨〔設問23〕）。したがって，このような状態について誰も異論をいうことがないということになればそのままのあなたとあなたに認知された子との間には親子関係があるということになりましょう。

親子関係が争われる可能性

しかし，将来において親子の間での争いが生じたり夫婦間の不和が生じたりした場合にはこの子が真実は父の子でないことが問題とされてくる可能性があります。そうでなくとも相続などという場面が生じてきた場合に真実はその子があなたの子でないということを知っている親族などがその子の相続権を否定し，その前提として認知の無効を争うということになる可能性もありますし，そのようなことになると取り返しがつかないことを引き起こすことになります。

例えば，その子の父とされたあなたが死亡してその相続が問題となるときにその子があなたの子でないことを知ってい

II 嫡出でない子

る者から相続上の争いなどが起こされ,その子があなたの子でないことを主張される可能性があります。このようなことになった段階でもともとあなたにはその子を自分の子とする意思があったのだからといって「それならば養子縁組をし直せばいい」といってみても相続の開始後(あなたの死亡後)においてはそれは不可能となってしまった状態ですから,せっかくあなたが子のことを考えてとった措置がかえってあだになってしまうということにもなりかねません。はじめから認知の手続をとろうとするのは養子縁組の手続や戸籍への記載を嫌ってなされるのでしょうが,そのようなことになるくらいならば,むしろその子を当初からあなたの養子としておく方がいいのではないかといえるでしょう(この場合には婚姻届出後に養子縁組手続をするならば配偶者の子とあなたとの縁組ということになりますから家庭裁判所の許可を受けるという手続を経ないですることができます。これについては民法798条ただし書参照)。

また,子がまだ幼稚園児であるということのようでありますから,場合によっては子を特別養子とすることも可能です。特別養子は子が6歳未満である場合に可能となり戸籍上も一見しただけでは特別養子であることがわかりにくい記載が採用されていますから,あなたの意図にも合致するのではないでしょうか。なお,特別養子をするについては,本設問の場合であれば母の同意があるだけですることが可能となりますし,そのような措置をとっておけば縁組がされてしまった後に真実の父からその子についての認知をするということもできなくなりますから無用な争いをなくすことになります(⇨〔設問64〕)。そのようなことからすれば特別養子縁組の手続をするのも合理的です。

ここで,自分の子でもないのにこの子を認知してしまうというような手続をとっておくと相続問題とは関係がない場合であっても真実の父から認知無効の調停・審判または訴えが提起されてくる可能性があり,必要もないのに家族の平安にひびが入ることになります。そうなるとよかれと思ってしたことが後になって取り返しがつかないような結果となる可能性があります。

このようなことからいたしますとあなたが考えるような方法は必ずしもあなた方夫婦のためにも子のためにもならないことであるといえましょう。やはり,その子はあなたの妻となる人があなたとの婚姻前にもうけた子であるということを認識し,このことを前提として次善の措置をとることが好ましいといえましょう。

〔山川一陽〕

3 嫡出でない子の戸籍（1）

設問 23

私は2度結婚して，それぞれ男の子を1人ずつ授かりました。現在，交際している女性の産んだ男の子を認知して，引き取ることになったのですが，前の男の子2人とも戸籍の続柄では私の長男になっているので，母親が違えばまた長男になるのでしょうか。この子の母親には，死別した夫との間に生まれた男の子がもう1人いるので，母親からみると，この子は二男です。

嫡出でない子の続柄の記載の問題

親族的な身分関係を公示する戸籍には様々な記載事項がありますが，その1つに「続柄欄」というのがあります。これには子と父または母との関係を示す記載がされることになっています。婚姻によらないで出生した子である嫡出でない子について，戸籍の続柄欄の記載をどうするのかは従前から問題とされていました。嫡出子についての戸籍の続柄欄には「長男」，「二男」とか「長女」，「二女」というような記載がされています。一方，嫡出でない子の戸籍の続柄欄についての記載は嫡出子についての場合とは異なり，従前は「男」とか「女」と記載され，嫡出子と嫡出でない子との区別がわかるようにされていました。これは嫡出でない子の相続分と嫡出子の相続分とが異なるという民法上の取扱いがあることから（民900条4号），嫡出でない子と嫡出子との区別を戸籍上明らかにしておきたいということからとられていた措置でした。

また，子が嫡出子の場合であれば，婚姻関係にある母と父との関係において「長男」や「長女」ということが容易に判断することができますが，この婚姻家庭に関する戸籍に認知された嫡出でない子が同じように記載されるとなると，容易に「長男」や「長女」の判断をすることができないといっていいでしょう。このようなことから従来は，認知された嫡出でない子が父の戸籍に記載される場合にはその戸籍の続柄欄には「長男」や「長女」という記載がされることなく，「男」とか「女」とかいう記載がされるにとどまっていたのです。

新たな続柄欄の記載方法

ところが，2004（平成16）年に東京地裁で戸籍の記載について，嫡出子は「長男」や「長女」というような記載がされているのに，嫡出でない子については「男」とか「女」とかいう記載がされるというのは適当ではないということで，ここまで露骨な戸籍表示はいわれがない不当な差別であるということを認める判決が出されました*1。これを機会に戸籍法施行規則の改正（平成16省令76）がなされ，嫡出でない子の戸籍の続柄欄についての新たな記載方法が認められることになりました（「嫡出でない子の戸籍における父母との続柄欄の記載について」平成16・11・1民事局長通達3008）。すなわち，上記判決では，戸籍においては，嫡出子と嫡出でない子とが明確に判断できるように記載することが要求されているが，国民のプライバシー保護の観点から，その記載方法はプライバシーの侵害が必要最小限になるような方法を選択し，嫡出で

63

Ⅱ 嫡出でない子

ない子であることが強調されることがないようにすべきであり、現行の続柄欄の記載は、戸籍制度の目的との関連で必要性の程度を超えており、プライバシーの権利を侵害するものであるという判断が示されたところから、嫡出でない子に関しての戸籍の続柄欄についての記載方法が改められることになりました。

新たな記載方法としては、基本的には母との関係において「長男（長女）」とか「二男（二女）」というような記載をし、従来の嫡出でない子についての続柄欄の記載であった「男」とか「女」という記載をしないこととなりました。また、すでにされている戸籍記載については、申出によって戸籍の訂正も認められるようになったのです。

続柄欄の記載を前提に考えれば 子が長男であるか二男であるかというようなことが戸籍の続柄欄によって決められるものであるかどうかということについては問題があるにしても、それぞれの配偶者との間の長男（最初の妻との間の長男、2回目の妻との間の長男とでもいえばいいでしょうか）ということになります。このような戸籍の続柄欄の記載ということを前提にすれば、嫡出子については夫の立場からすれば婚姻の相手である母との関係が異なるごとに長男や長女となるし、嫡出でない子については実母を中心として「長男」、「二男」などという記載がされることとなりますから、あなたが認知することを予定している子は戸籍の続柄欄の記載からすれば「二男」ということになります。

準正嫡出子の場合 子の戸籍の続柄欄の記載については、以上に説明したことと異なる基準で考えることも可能でしょうが、上述のように新たに決められた戸籍の続柄欄の記載を基準として考えておくのがその関係にある程度の客観性を与えることになり合理的と思われます。

また、認知より先行して、母との婚姻がされ、その後に父の認知がされた場合にも子は準正により嫡出子とされますから（民789条2項）、この時点において戸籍の続柄欄には長男と記載されることとなります。

*1　東京地判平 16・3・2 戸時 568・25

〔山川一陽〕

3 嫡出でない子の戸籍（2）

設問 24

私たちは事実婚なのですが，夫が子どもの出生届を出しに行くと，受理してもらえませんでした。婚姻届をしていなくても夫婦ですし，出生届をしていなくても私たちの子どもに違いはないので，このまま出生届はしないでおこうかと思っています。出生届をしていないと，この子に何か，不都合なことはあるのでしょうか。

出生届をする義務のある者

子の出生があった場合にはこのことを戸籍役所（市区町村）に届け出る（出生届。⇨〔設問1・12・13〕）ことによって戸籍役所で子の出生を把握してもらい，これを戸籍に反映することになります。出生届の有無にかかわらずこの世に子が出生したという事実は否定されませんが，出生届がされていないと戸籍役所においてはこれを把握できません。したがって，このような場合には誰かが出生届（報告的な届出）をすることが必要となります。

嫡出でない子の出生届の場合に届出義務を負担するのは第1に母になりますが，自ら届け出ることができないような場合には，第2に同居者，第3に出産に立ち会った医師，助産師またはその他の者がこの出生届出の義務を負担することとなります（戸52条2項3項）。したがって，出生子の母と内縁関係にあり，その子の事実上の父であっても，内縁の夫としてではその出生子についての届出の義務も資格もありません。そこで，「内縁の夫です」ということでされたこの子についての出生届の受理を拒否した戸籍役所の取扱いは正しいということとなります。

届出は誰がするか

それでは，本設問の子の出生の届出はどうしたらいいのかといいますと，内縁の夫が「同居者」という資格で出生届をするのが一番いいと思われます。内縁の夫ということだけでは届出の権限はありませんが，同居者としてであれば届出の権限も義務もあります。ここで「同居者」というのは出産当時にその産婦と同居（生活）していた者のことです。もちろん，母自身が母という資格で届出をすれば何も問題はないはずです。しかし，母が病気中であるとか健康上の理由などで出生届をすることができないとか，行方不明であるというような場合だけではなく，単に自らがこの届出をしようとしない場合であっても第一次の届出義務者である母が「届出をすることができない場合」（戸52条3項）に該当し，同居者としての届出の権限が生じてきますので，容易に届出が受理されることになります。この事案の場合にはこれに該当することになるでしょう。

出生の届出は，子の出生の日から14日以内（国外で出生があったときは，3ヵ月以内）にしなければなりません（戸49条）。一般にこの届出をするに際して子の名を定め（命名し），これを届け出ることになります。子の名前が決まらないから期間内に届出をしないということは許されません。そこで，このような場合には「まだ子どもの名前がきまっていない」ということで「名未定の子」として届け出て，子の名前が決まった段階で名の追完をする旨の届出をすればいいとい

Ⅱ 嫡出でない子

うことになります。

届出がされないとどうなるか
前述のように出生届をしないとその子についての戸籍記載がされず，その子はいわゆる無籍者になってしまい多くの不利益を受けることになります。

まず考えなければならないことは子の存在が国ないし市区町村によって把握されていないわけですから，その子については本来与えられるべき国や公共団体の行政上のサービスなどをいっさい受けることができない状況におかれることになります。したがって，その子が学齢に達しても小学校への入学の案内などがこないこととなりますし，その他にも住民登録もできないし，自動車運転免許証の取得もパスポートの取得などもできません。そもそも国によってその存在が認められないということになりますとパスポート取得の前提となる日本の国籍の取得さえ問題となります。

もちろん，日本の国籍取得は，いわゆる父母両系の血統主義と出生地主義が採用されていますから（国籍2条），父または母が日本人の場合あるいは出生子が日本国内で生まれ，父母がともに知れないときなどは日本国籍となりますが（この設問の場合では母が日本人であれば日本国籍が取得できます），出生届がされていなければ国籍の認定も困難となりましょう（国籍法3条の改正により出生後の認知で国籍が取得できることになりました）。

また，相続などに際しても相続人として相続の権利を主張したり，不動産などの相続登記を受けるために戸籍に記載がされていることが事実上必要となります。

戸籍は唯一の最終的かつ公的証明文書である
一般に身分証明として機能するパスポート，運転免許証や健康保険証などは最終的には戸籍に依存することとなりますから，ある意味ではその人が日本人であることの唯一の最終的かつ公的証明文書となるものが戸籍になります。

届出義務違反に対する過料の制裁
また，子の出生という事実が生じた場合には，届出義務者に出生届をしなければならないという義務が生じ，これが守られない場合には一定の制裁を受ける可能性もあります。すなわち，正当な理由がなくて届出義務者が期間内に届出をしないと5万円以下の過料の制裁を受けることもあります（戸135条）。過料は刑法上の刑罰とは異なりますが，一種の行政上の懈怠に対する制裁として科されるもののことです（刑法上の刑罰である科料はまた別の概念です）。

内縁の父としての届出が受理された場合
内縁の父ということだけでは届出の義務も権限もありませんが，それでも内縁の父名義で届け出たところ，これが受理されてしまったような場合にはこの届出にいわゆる認知届としての効力があるとした判例があり参考となります*1。

いずれにしても戸籍の記載がされないと実生活上において様々な不利益を被ることにもなるでしょう。本設問のような場合であればやはり速やかに同居者として出生届をしておくのがいいでしょう。そのままにして，あとで届出義務者などが死亡してしまっているというようなことになると改めてする戸籍への記載や戸籍の回復ということが困難となり困ることになります。

*1　最判昭53・2・24民集32・1・110

〔山川一陽〕

3 嫡出でない子の戸籍（3）

設問 25

私の夫は，結婚後に付き合った女性との間に子どもがいるようなのですが，最近，戸籍をみたところ，その子どもが私たち夫婦の戸籍に記載されていました。妻である私の了解もなく，そんなことが許されるのでしょうか。

認知と父子関係 夫婦関係から生まれた子どもは，基本的にはその夫婦の戸籍に入り，夫婦の氏を名乗ります（民790条1項本文，戸18条1項）。しかし，嫡出でない子の場合には出生と同時に母の氏を名乗り，母の戸籍に記載されることとなります（民790条2項，戸18条2項）。設問の場合には夫が婚姻中にもかかわらずあなた（妻）以外の女性との間に子を設けており，この嫡出でない子の戸籍上の取扱いをめぐる問題を抱えているわけです。この子は嫡出でない子ですから，出生段階では当然に実母の氏を称し，実母の戸籍に入るわけですし，その親権者も実母ということになります。この段階では，子と父との関係は，単なる生物学上の父子というだけのことであり，法律上の父子関係にはならないということになるのです。ですから，このままの状態にとどまるならば，その子には実母はあるが（母と嫡出でない子との親子関係については，分娩の事実によって成立するものであり，認知は必要ないと理解されています*1。⇨〔設問28〕），父が存在しないことになります。つまり，この子には法律上の父がいないことになりますから父に対して扶養の請求をすることもできませんし，父の相続人になるということもできないのです。

もちろん，父からの認知を受けることによって出生時期に遡って扶養の請求をすることはできます（民784条参照）。父が任意に認知をしない場合には裁判手続による認知が求められますし（同787条），父の死後であっても裁判手続によって認知を受けることは可能です（いわゆる「死後認知」がこれです。民法787条によれば父の死亡後であっても3年間はこの訴えの提起が可能とされます。⇨〔設問26〕）。これによって子は出生の時点に遡ってその時点からその父の子であったことと認められることとなりますから（同784条），相続の権利を主張することもできることとなります（しかし，相続の権利を行使する場合には，権利行使が金銭請求でしかできない場合もありますから注意を要します〔同910条〕）。

認知の遡及的効力 このような嫡出でない子が父から認知を受けると，これによってこの子と認知者の間には子の出生の時点にまで遡って，その時点から法律上の父子関係が存在したこととなるわけです（民784条，これを認知の遡及効といいます）。そこで，嫡出でない子について父が認知をした際に父母（認知した父と嫡出でない子の生母）の協議によってその親権者を従来の母から父に変更することは可能です（同819条4項）。しかし，このように認知がされた場合であってもそれだけでは従前の子の氏や戸籍に変動は生じません。認知がされた場合には父の戸籍にはその子を認知した旨の記載がされ，母の戸籍に

II 嫡出でない子

いる子についてはその父から認知を受けた旨の記載等がされることとなります。

認知の際の氏と戸籍変動

しかし、もともと子には親の氏を名乗り、その戸籍に入る権利がありますから、民法は、子が父または母と氏を異にする場合には、その氏を父または母の氏に変更し、その氏を称する父または母の戸籍に入籍することを認めています（民791条1項）。このように子が誰の氏を名乗り、誰の戸籍に入るかということはある意味では形式的な問題ではあるかもしれませんが、身分上の重要な問題でもあるし、認知された嫡出でない子の場合には、後に説明しますような深刻な父の妻や、異母兄弟姉妹との様々な軋轢や、また扶養を受ける権利とか相続権とかのような実質的な問題などの利害関係を生じる可能性も大きいところから、民法はその手続としてあらかじめ家庭裁判所の許可の審判を受けることが必要であるとしています。そこで、子が15歳未満であれば親権者が家庭裁判所に対してその子の代理人として子の氏変更の申立てをして子の氏変更と子の父または母の戸籍への入籍の手続をすることが可能としています（同791条3項）。

本設問の場合の手続は

本設問の事案は嫡出でない子の親権者である実母から民法791条3項の規定による氏変更の手続がとられ、子の氏変更と父の戸籍への入籍ということが許された事情のもとでされたものでしょう。ですから、すでに説明しましたように家庭裁判所への氏変更の申立てがされ、これが許容された上で子の親権者である母から父の（妻との）婚姻戸籍への入籍の手続がとられたところから婚姻戸籍への記載がされたものということになります。

嫡出でない子の福祉と正規婚姻家庭の平和

認知した父が独身で単身戸籍を構成しているような場合やそうでなくても親の戸籍に同籍しているような場合であればそれほどに深刻な多くの問題が生じてくることはないといえましょう。しかし、問題となるのは、入籍先の戸籍に記載されている父または母が正規の婚姻をしているような場合です。このような場合に民法791条1項の規定による手続をとることによって子に父の氏を名乗らせ、父の婚姻家庭が記載されている戸籍にいきなり入籍させることができるかということが、どうしても問題となります。なぜなら、父からの認知がされたことによって父に婚姻外の嫡出でない子があることが判明したうえ、それにとどまらず、さらにこの子が正規の父の婚姻家庭についての戸籍に入籍してくることによって正規婚姻に波風を立てることになるからです。つまり、正規婚姻の妻としては夫が婚姻中に他女との間の子をつくったということと、その自分の子でない他人の産んだ子と同籍することを余儀なくさせられるわけですから、様々な軋轢が生じてくることは当然のことです。

また、妻ばかりではなく、異母兄弟姉妹にあたる嫡出子との関係でも問題が生じてきます。まして、認知を受けた嫡出でない子の実母からむしろ正規婚姻家庭に波風を立てさせようとする意図のもとであえて嫡出でない子の存在を明らかにさせ、これを婚姻家庭を公示する手段である婚姻戸籍へ入籍させるということでこの手続がとられたような場合には、ことさら問題は大きいということになりましょう。

家庭裁判所は無条件で許可するのか

民法はこのような場合における許可基準等について何

らの規定も置いていません。しかし，この問題については学説の争いがあります。

1つの考え方は，裁判所としては，子の氏変更の申立てがされた場合には，その当事者間に親子関係があるかどうかについて検討することと，民法791条3項が要求する手続がとられているかどうかを検討することができるだけで，これらが認められれば許可をしないというような裁量権限はないという立場です。

もう1つの考え方は，このような申立てがされた場合において家庭裁判所は関係当事者間の利害関係を調整するという役割をもつものであるという理解のもとに，広い自由裁量権限をもつという考え方です。もちろんのこと，家庭裁判所にはそのような広い裁量権限はなく，形式的な判断ができるだけであるというような考え方もあります。

どちらかというと近年における判例や学説の考え方では，家庭裁判所においては利害関係人の立場をも考慮してこの許可すべきかどうかについての裁量権があるとされております。

そして，とりわけ問題となるのは本問の事案のように妻以外の女性が産んだ子を夫が認知し，その子から，父の氏を称し父の戸籍に入籍するために氏変更の申立てがされた場合，正規婚姻の妻や嫡出子の意向などを無視してでも許可することができるのかどうかということです。このような場合については婚姻外の母などがことさら父の正規の婚姻に波風を立ててやろうと考えたような場合にこそ問題があるところです。しかし，近時は，これについても嫡出でない子の氏変更の希望の理由や利害関係人の利害調整を考慮してこれを認めるべきであるという考え方がとられております*2。

このような観点から本件の場合には家庭裁判所が子の氏変更を認め，その結果として父の戸籍への入籍が認められたものでしょう。家庭裁判所における手続の過程において正規婚姻の妻子の意見が聴かれなかったようですが，家庭裁判所において裁量的な判断をする必要なしと考えたのかもしれません。普通の場合には婚姻家族，とりわけ配偶者の意見が聴かれることになるのですが，これが必須の要件とされているわけではありません。

しかし，いずれにしても夫が他の戸籍にある子を自分の子であるということで認知している以上は子の福祉ということを優先させ，このような取扱いがされたのでしょうから，正規婚姻家族に多少の混乱や軋轢が生じるとしてもやむをえないということになりましょう。

＊1　最判昭37・4・27民集16・7・1247
＊2　福岡高那覇支決昭50・8・8家月28・5・29

〔山川一陽〕

③ 嫡出でない子の戸籍(3)

4 強制認知（1）

設問 26

私は母が結婚しないで産んだ子です。戸籍上で私の父親になっている人は，3年前に亡くなったのですが，どうも本当の父親ではないようです。最近になって，5年前に亡くなったある資産家の男性が本当の父親であることを知らされました。私の本当の父親がその男性であることをはっきりさせることはできるでしょうか。もし認められるなら，その男性の遺産をもらって，入院中の母の治療費にしたいのです。

認知無効の訴え・出訴期間経過後の認知請求

本設問は戸籍に記載された法律上の父と生物学的父とは必ずしも一致しないことがありうることを具体的に示す例ですが，法律上の父と生物学的父を一致させるためにどのような方法が考えられるか，その手続はどのような法律的問題があるのでしょうか。

まず，任意認知の要件として，認知者と被認知者（子）間に生物学的親子関係の存在することが必要です（⇨〔設問21〕）。それは虚偽の認知届がされ，認知者が生物学的父ではない場合，これをそのまま法律上の親子関係として確定させることは，認知制度の趣旨に反するからです。そこで，民法786条は子および利害関係人は認知が事実に反することを主張することができると規定していますので，これを根拠に，事実に反する認知は無効であると解され，人事訴訟法2条1項2号には人事訴訟として認知無効の訴えを規定しています（家審23条にも同旨規定）。さらに，古くは認知者死亡後に認知無効の訴えを提起できるのか問題とされていましたが，人事訴訟法12条3項は被告となる者が死亡しているときは検察官を被告とすることとしています。

次に，生物学的父が任意認知をしないときは，子，その直系卑属またはこれらの者の法定代理人が生物学的父に対し，認知の訴えにより嫡出でない父子関係を承認させる（形成する）ことを請求できます（民787条，人訴2条1項2号）。婚姻等は身分関係を成立させる意思に基づくものですが，認知は親子関係を形成させる意思ではなく，生物学的親子関係が存在することを承認することですから，法律的父子関係には生物学的親子関係の存在が前提となります*1。したがって，認知請求訴訟における審理の対象は生物学的親子関係の存否であり，父の認知意思は審理の対象ではありません。なお，強制認知により父子関係が形成された後には，その確定判決は対世効があり，当事者はもちろん第三者も父子関係がないことを理由にして，認知無効の訴えを提起することは許されません*2。

認知の訴えは，父の生存中はいつでも提訴できますが，父の死後は死亡の日から3年という期間制限があります（民787条ただし書）。本設問は，本当の父（生物学的父）が死亡したのは5年前ですから，前記のとおり，死亡の時期が出訴期間3年を経過している場合であり不適法な訴となります。そこで，認知の訴えに代えて父子関係存否確認訴訟の可否，あるいは客観的に死亡の事実が明らかで

ないときには例外的場合を認めることができるのかなどの問題があります。

認知者死亡後の認知無効の訴え　任意認知された戸籍上の父子関係に生物学的父子関係がなく、認知が無効である場合、戸籍を実体に合致させるために、戸籍上の父子関係について認知無効の訴えにより、認知が真実に反するもので無効であることを認めた判決が必要です。

ところが、認知無効は、訴えによらなければ主張できないかどうかについて見解の対立があります。その前提には、生物学的親子関係に加えてどこまで意思の要素を重視するかの対立があり、生物学的親子関係を重視する事実主義（客観主義）は、嫡出でない子の保護には親の意思によって親子関係を発生させる親のための認知から、事実を尊重する子のための認知へ向かうべきであると指摘しています。民法は被認知者の意思を要件とする（民782条・783条）など、親子関係の発生には意思を重視していますので、多くの民法学者は認知無効の性質を当然に無効であると考え、認知無効を別訴でも主張でき、かつ認知無効確認訴訟も提起できると解します（無効確認説）。

他方、判例は古くから、訴えにより認知の無効が形成されるとする形成無効説の立場をとっています*3。戸籍実務は判例に従い、無効を主張して戸籍訂正を求めるには認知無効の確定審判（家審23条2項）あるいは認知無効の確定判決による戸籍訂正の申請を必要とします（戸116条）。認知無効かどうかはプライバシーの領域の問題ですから、無効確認によると当事者が争わない認知を第三者が無効だと主張できる余地を認めることになると批判されており、手続法学者の多くは形成無効説を採用しています。

認知無効の訴えの当事者は、虚偽の認知をされた子が原告になり、被告は認知をした戸籍上の父となります（人訴12条1項）。古い判例は認知者が死亡しているときには認知無効の訴えを否定していましたが、判例*4が変更し、「親子関係は身分関係の基本となる法律関係であり、認知に係る親子関係が真実に反するときは、認知によって生じた法律効果について存在する現在の法律上の紛争の解決のために、被認知者には、当該親子関係が存在しないことを確定することについて法律上の利益があるから、認知者が死亡した後であっても、認知無効の訴えの提起を許容することが相当であ」ると判示しています。

なお、本設問のように、すでに戸籍上認知した父が存在する場合は、認知無効の判決が確定した後でなければ、認知認容判決を得ることはできません*5。ただし、死後認知の訴えは出訴期間の制限との兼ね合いで、認知無効判決の確定前に提起することは認められます。認知無効の訴え、認知の訴えの両被告が死亡している事例については、両訴の併合審理を認め同時に認容判決をした裁判例があります*6。

出訴期間の経過と父子関係存否確認訴訟の可否　次に、生物学的父の死亡後の認知請求がすでに出訴期間を経過しているとき、父子関係存否確認訴訟が許されるかどうかについて、判例*7は、「嫡出でない子と父との間の法律上の親子関係は、認知によってはじめて発生するものであるから、嫡出でない子は、認知によらないで父との間の親子関係の存在確認の訴えを提起することができない」と消極的見解を判示しました。学説も、父と嫡出でない子との間の法律上の親子関係は、認知によってはじめて発生するので、嫡出でなく認知もしていない子と父との関

④ 強制認知(1)

II 嫡出でない子

係は事実的なものにすぎず，そのような事実上の父子関係が存在する，存在しないという確認の訴えは不適法であると解されていました。本判例は，これを確認した意義があるといわれています。

最高裁は「認知主義について，個人の尊重と幸福追求に関する立法上の尊重を規定した憲法13条に違反し，国民の平等を定めた憲法14条1項に違反する」という上告理由について，父子関係の確定につきどのような主義をとるかは立法政策の問題であり，認知主義をとったとしても個人の尊重を否定したことにはならず，認知主義はすべての嫡出でない子に一律平等に適用されると判示しています*8。その後も同旨裁判例が定着しています*9。

出訴期間経過後の認知請求

判例は基本的に出訴期間経過後の認知請求には消極的立場をとります*10。ところが，判例の中には，出訴期間3年を原則としながら，以下のとおり例外を認める裁判例も現れています。すなわち，①出訴期間の起算日を緩和する解釈を採用した判例*11は，内縁の夫が行方不明になった後に子が生まれたので，妻が勝手に婚姻届と出生届を出し，後に協議離婚をして，子は母の戸籍に入っていたが，3年1ヵ月前に内縁の夫が死亡していたことが確認され，婚姻・協議離婚が無効になり，認知の訴えの提起が父死亡後3年経過後となった事案であり，「出訴期間を定めた法の目的が身分関係の法的安定と認知請求権者の利益保護との衡量調整にあることに鑑みると，本件の前記事実関係においては，（中略）右出訴期間は，父の死亡が客観的に明らかになった」時から起算することが許されるという解釈を判示し，②父の死後18年以上経過した後に提起された認知の訴えについて，本人が事実を知りうる状況になく，かつ認めても身分関係の法的安定を害するおそれもないので，適法であるとした裁判例*12，などです。

これまで，民法787条ただし書の立法趣旨として，第1に長期にわたると証拠の散逸により立証困難な事態が生じること，第2は被告が検察官では利害関係人の利益が損なわれる危険性があること，第3は身分関係が不安定な状態に放置されることなどを根拠としていました。近時の学説は，不実の身分関係が当事者の意思や利益に反して確定する不当性に着目し，そもそも立法趣旨は現実的配慮であり理論的趣旨ではないので，現実的配慮をした上で例外を認める余地があるのではないかと指摘しています。

*1 最判昭53・2・24民集32・1・110
*2 最判昭28・6・26民集7・6・787
*3 大判大11・3・27民集1・137
*4 最判平元・4・6民集43・4・193
*5 東京地昭56・7・27判時1029・100
*6 東京高平13・7・31判決・判タ1136・222
*7 最判平2・7・19判時1360・115
*8 最判昭54・6・21判時933・60
*9 東京高判昭50・2・5判時777・48，横浜地昭54・10・19判時948・89，最判昭57・11・16家月35・11・56
*10 最判昭57・11・16前掲注9
*11 最判昭57・3・19民集36・3・432
*12 京都地判平8・10・31判時1601・141

《参考文献》
*中川＝米倉編・新版注釈民法（23）（有斐閣，2004）425頁〔利谷信義〕
*林屋礼二「認知者死亡後の認知無効の訴えの適法性」平成元年度重要判例解説（有斐閣，1990）129頁
*小田島眞千枝「認知請求期間の経過と父子関係存否確認の訴え」久貴＝米倉＝水野編・家族法判例百選（有斐閣，第6版，2002）50頁

〔若林昌子〕

4 強制認知（2）

設問 27

私の父母はいわゆる内縁の夫婦だったのですが，5年前に両親とも交通事故で亡くなりました。今度結婚しようと思って，私の戸籍を取り寄せてみたところ，父ではなく，母の戸籍に入っており，私のところの父の欄が空白になっていました。父母は15年間も一緒に暮らしていて，亡くなった父はまぎれもなく私の父です。学校の書類でも父が保護者になっていましたし，第一，私の名前は父がつけたものだと聞かされています。どうすれば，父を父とすることができるでしょうか。

内縁父子関係の証明と内縁子の出訴期間経過後の認知請求　認知の訴えにおいて，原告が立証すべき要件事実は，生物学的父子関係の存在ですが，父母が内縁関係にある場合，嫡出推定の規定である民法772条の趣旨が，内縁子に類推適用されるかどうかについて，従来の裁判例は分かれていました。

内縁夫婦の間に生まれた嫡出でない子については，事実上の父が明らかであるため，民法772条2項の類推適用を肯定し父子関係の推定を認めることができるか。その推定は事実上の推定か法律上の推定か。事実上の推定であると解し挙証責任の転換の問題と考えるか。内縁子の父子関係の成立にも認知が必要であるのかなどの問題があります。さらに，内縁子は民法787条ただし書の適用を除外する特別の事情があると認めることができるか，出訴期間の解釈問題などがあります。

判例の動向　判例①*1，および判例②*2は，内縁子について民法772条の類推適用により父性推定を受けることを肯定していますが，推定の性質は法律上の推定ではなく事実上の推定であると解し，嫡出でない父子関係の成立にも認知を必要としています。判例①は，民法787条ただし書の制限を受ける理由として次のとおり判示しています。つまり，同条ただし書が，認知の出訴期間を，父または母死亡の日から3年以内と定めているのは，父または母の死後も長期にわたって身分関係を不安定な状態におくことによって身分関係に伴う法的安定性が害されることを避けようとするものであり，父子関係が確実であるからといって，直ちに規定の適用を排除しうるとすると出訴期間の制限を設けた立法趣旨が没却されると判示します。判例②は，民法772条の類推により，父性の推定を受ける内縁子につき，両親がその後に婚姻届を出した際に認知の届出をしなかったため，父親の死亡から5年後に認知の訴えが提起された事案で，判例①を引用して，内縁関係により懐胎出生した子について，787条ただし書の適用があると判示し，内縁子の父性推定は事実上のものとするのが基本的流れになっています。なお，先に述べた判例ですが，内縁子の認知請求について，事実上の父性推定を肯定し認知必要説を維持していますが，民法787条ただし書の制限の緩和を認め，起算日を「父の死亡が客観的に明らかになった日」を基準として利害調整的配慮を示し結果の妥当性を図っています*3。この判例の

II 嫡出でない子

射程範囲について，父の死亡が客観的に明らかになった日とは「父の死亡の事実が特別の人的範囲内において判明しただけでは足りず，子又は法定代理人若しくはその他利害関係人において判明し又は判明しうる状態に至った日をいう」と解されています。その判定は微妙なケースもありうるので今後の判例に注目したいと思います。

下級審では，内縁子の父性推定は法律上の推定であることを認め，父子関係の成立に認知不要説を採用した裁判例*4があります。この事案はAB間に出生したとするXが，A（父）の死後10年以上を経て，Aとの間に父子関係の存在確認を求めたものです。判決は，この請求を認容し，その理由として内縁子は内縁関係の夫の子と推定し，これは法律上の推定と解するのが妥当であり，子と内縁夫との間には認知を待つまでもなく法律上の親子関係があるものというべきであり，母子関係が明文の規定にもかかわらず認知を待たず出生の事実のみで成立すると解することと同じく例外を認めるべきであると判示しています。

以上の判例の流れを前提にすると，民法787条ただし書および772条の解釈には内縁子の利益と認知者側の利益調整を配慮する傾向が読み取れるように思います。

学説の動向 内縁子の父性推定と認知の要否について，学説を概観します。①説は，内縁の夫婦間の子は嫡出でない子にとどまるが，民法772条の類推により，生物学的な事実関係である父性が推定された以上，認知を重ねることは不要であるとする認知不要説です*5。②説は，嫡出でない父子関係が成立するには，生物学的父子関係のあること，その父の認知があることが要件であるから，生物学的父子関係が事実上推定される内縁子について直ちに法律的父子関係が成立するというのは飛躍があるという見解です。民法789条2項は婚姻準正において認知を前提にしていること，民法772条1項は事実確認よりも父子関係の形成的性格をもつことなど現行法を前提にすると認知不要説はとりえないが，787条ただし書の適用は受けないという説です*6。③説は判例を支持し，出訴期間の制限規定の適用を肯定します*7。

③説は，その理論的根拠について，認知の訴えの出訴期間制限は父子関係という微妙な問題を父の死後あまり長期間経過して問題にすることの不都合を避けようとする趣旨であり，それ自体，一応合理性があること，内縁子について民法787条ただし書の類推適用を排除すると濫用の弊害が生じるおそれがあることなどを指摘します。

内縁子と出訴期間 内縁子の出訴期間経過後の認知請求を肯定するには，出訴期間制限の適用を排除することができるか，民法772条の類推適用を肯定し父性推定を法律的推定と解し認知不要説を採用するか，この2つの方法が考えられます。

民法787条ただし書の適用除外の可能性としての特段の事情とはどのようなケースが該当するのか。この点については明確な基準は確立されていない段階ですが，裁判例*8は，父が公正証書遺言により認知し，その旨戸籍に記載されたが，死後3年以上経過した後に遺言が方式に瑕疵があり無効であった場合でも，当該意思表示が当然に無効になるものではなく，血縁上の父が子を認知する意思を有し，他人に認知届を委託したときには，その認知届を無効とすべきではないと判断しています。このようなケースでは，子が改めて認知請求するには父の死後3

年以内に行うことは期待できない事情にあり，そのことについて子に帰責性を問うことはできないということができます。このような事情の認められるときは，出訴期間の起算日を公正証書の無効が判決により確定し戸籍の訂正された日であると考える余地があります。

内縁子の父性推定の性質は，現行法を前提にすると事実上の推定といわざるをえませんので，認知不要説を採用することは先に述べたとおり困難であるということになります。

本設問について 結局，現行法のもとでの判例の見解によれば，この設問では死後認知請求を求めることは極めて困難です。しかし，民法787条ただし書の制限は証拠の散逸をその根拠の1つとしますが，その科学的証明方法は民法制定当時からは飛躍的進化があり，議論の前提として親子鑑定におけるDNA鑑定を考慮する必要があります（⇨〔設問9〕）。さらに，この問題の前提には，家族法の基本的問題があります。その第1は，親子関係は客観的事実を反映した法律的関係が早期に確定することが要請されます。第2は，誰が父かという領域は私事性の強い事項であり，極めてプライバシー保護の要請の強い領域です。無制限にいつでも父子関係について争う余地を認める必要があるのでしょうか。判例もいうとおり，「出訴期間を定めた法の目的が身分関係の法的安定と認知請求権者の利益保護との衡量にある」のですから，嫡出でない子の父子関係が早期に安定することが何よりも子の利益に沿うことです。民法787条ただし書および772条の解釈は，究極的には嫡出でない子の保護と認知者側家族の利益衡量を基本的スタンスとすることが要請されます。

本設問は，父母が内縁関係にある中で15年間養育され，5年前父母とも事故死したというのですから，嫡出でない子本人が成人して間もない時期であることが認められます。内縁子であることが認められ父子関係の生物学的証明のできること，本人が認知請求権を行使可能な時期が到来後3年以内であることなどの事情を考慮し，出訴期間の起算時期を本人が成年に達した時と解するなど，本設問の詳細な事実関係を検討した上で，先に挙げました民法787条ただし書の起算点についての判例の射程範囲を検討する余地があるように思います。

* 1　最判昭44・11・27民集23・11・2290
* 2　最判昭55・12・23判時992・47
* 3　最判昭57・3・19民集36・3・432
* 4　横浜地判昭54・10・19判時948・89
* 5　中川善之助編・注釈民法（22）Ⅰ（有斐閣，1971）282頁〔利谷信義〕
* 6　我妻栄・親族法（有斐閣，1961）244頁
* 7　千種秀夫・最高裁判所判例解説民事篇昭和44年度（下）68事件，太田武男「民法772条の類推適用により父性の推定を受ける子の認知の訴と同法787条但書の適用の有無」法時42巻12号（1970）122頁
* 8　仙台高判昭55・1・25家月33・2・169

《参考文献》
* 中川＝米倉編・新版注釈民法（23）（有斐閣，2004）461頁〔利谷信義〕

〔若林昌子〕

④ 強制認知(2)

5 母子関係と認知

Ⅱ 嫡出でない子

設問 28

私は結婚前に産んだ子をある夫婦の子として届出し、そのまま両親の家で私が面倒をみてきました。ところが、最近になって戸籍をみた息子は私を母親として認めてくれなくなりました。私が息子の実母であることをはっきりさせたいのですが、市役所にどのような届出をすればよいのでしょうか。

虚偽の出生届と嫡出でない母子関係の確定

法律上の嫡出でない母子関係は何によって発生するのか。母子関係を確認・確定させるにはどのような手続が必要か。戸籍が実体と異なる場合にはどういう手続が必要かなどの問題があります。

民法779条は、「嫡出でない子は、その父又は母がこれを認知することができる」と規定しています。これを文言どおり形式的に解すると、嫡出でない子については父子・母子関係ともに認知によって法律上の親子関係が確定することになります。ところが、母子関係の生物学的関係は分娩の事実により明白です。他方、父子関係の生物学的事実の証明は一目瞭然というわけにいかない性質のものです。そこで、両者について同一の規律によって父子・母子関係を確定することは問題が生じることになります。嫡出でない父子関係の成立には認知が必要であることに異論はありませんが（⇨〔設問26・27〕）、母子関係の成立は、分娩後認知するまで母が確定しないという規律は不自然であり、子の福祉にも沿いません。母子関係は分娩の事実により当然発生し、認知は不要であるとする見解によると、本設問のように母子関係に争いの生じたときは、親子関係存在確認訴訟によって確定することになります。認知を必要とする説では、認知訴訟の場合は出訴期間の制限があり（民787条1項ただし書）、任意認知の場合は、成年に達した子の認知には子の承諾を必要とすること（同782条）などの民法上の制約がありますが、親子関係存否確認訴訟にはそのような制約はありません。次に、認知訴訟は形成訴訟であり、別訴の前提問題として主張することが許されないことになりますが、嫡出でない母子関係存否確認は分娩の事実によって法律的母子関係は客観的には確定していることになりますから、その性質は確認訴訟であり創設的ではないので、別訴でも主張可能であることになります。

なお、本設問は自然分娩による母子関係ですが、人工生殖による母子関係については特有の問題があります（⇨〔設問36〕）。

判例の動向

昭和37年最高裁判決[1]は、「母とその非嫡出子との間の親子関係は、原則として、母の認知を俟たず、分娩の事実により当然発生すると解するのが相当である」として、母子関係の確定は原則として当然発生するとの立場を採用し、現在に至っています。判例のいう「例外」については明確ではありませんが、他の嫡出子として虚偽の出生届がなされているような場合（本設問のような事案）には例外の場合にあたらないとするものであると解されています。

⑤ 母子関係と認知

　戦前の大審院判例は、嫡出でない母子関係の発生について、認知必要説に立ちながら、出生届に認知の効力を認めて分娩と法律的母子関係の発生の隙間を補う解釈をしていました。主な判例は、次のように判断しています。①大正12年大審院判決は子の母から認知請求された父が、認知していない母は子の法定代理人ではないと主張したのに対し、母の私生子出生届に認知の効力を認めることによって、形式的には認知必要説に立ち、実質的には母子関係の実体に沿う解釈をしています*2。②昭和3年大審院判決は認知していない母の扶養義務を認めています*3。③昭和7年大審院判決は母の認知していない（私生）子は法律的母子関係が成立していないので、認知のされていない母子関係は確認訴訟の目的となりえないと判示し、認知必要説を維持しました*4。

　このように大審院判例は民法の明文に反しないことを重要視して認知必要説を維持していましたが、先に述べました昭和37年最高裁判決により、母子関係と父子関係の発生実体の異質性を認め、母子関係には認知を要しないという判例理論が確立され、その後の判例もこれを前提に形成されています。その後の主な判例は、④「子は、実母の認知をまたずに、母子関係を主張することができ、実母の死後は検察官を相手方として母子関係が存在することの確認を求める訴えを提起することができる」*5と判示し、実母の認知をまたず母子関係存在の主張ができることを認めています。⑤父母でない者の嫡出子として戸籍に記載されている者は、その戸籍の訂正を待つまでもなく、実父または実母に対し認知の訴えを提起することができるとし、母の認知の余地があることを認めています*6。⑥「母とその非嫡出子との間の親子関係は、原則として、母の認知をまたず分娩の事実により当然に発生するものと解すべきであって、母子関係が存在する場合には認知によって形成される父子関係に関する民法784条但書を類推適用すべきではなく、また、910条は、取引の安全と被認知者の保護との調整をはかる規定ではなく、共同相続人の既得権と被認知者の保護との調整をはかる規定であって、遺産分割その他の処分のなされたときに当該相続人の他に共同相続人が存在しなかった場合における当該相続人の保護をはかることに主眼があり、……相続人の存在が遺産分割その他の処分後に明らかになった場合については同法条を類推適用することができない」*7としています。⑦子から母に対する認知請求が母子関係の存在を認定するに足りる証拠がないとして棄却された裁判例*8があります。

　判例のいう「母の認知」は、創設的か、確認的なものか明らかではありませんが、捨子などの場合に、認知により法律上の母子関係が創設的に発生するものと解する説と、当然発生説とは対立します。例外的に創設的な認知が必要であることを認めると、嫡出でない母子関係の発生が2種類あることになり、法的に複雑な問題を生じ、捨子が分娩の事実を証明できる場合に実母死後出訴期間が経過したときは、母子関係存在確認訴訟の可能性を否定することになります。したがって、母子関係は分娩により当然発生するものと解し、判例のいう母の認知は確認的性質であると解するのが相当です。子の保護優先原則、国際的潮流（スイス、ドイツ、イギリスなどは当然発生説を採用）を考慮すると、立法論としては「母の認知」規定は削除すべきでしょう。

学説と戸籍実務

　母子関係の成立について学説は、判例と同趣旨の条件付当然発生説、認知必

II 嫡出でない子

要説，当然発生説に分かれます。条件付当然発生説は，母子関係は分娩の事実によって当然発生するのが原則であるとしますが，例外的に捨子など後になって母が判明したような場合には認知が必要であるとします。認知必要説は，民法の条文にあるとおり，母子関係についても常に認知を必要とします。これについては，先に触れましたように，母子関係は分娩によって明白であるにもかかわらず，認知があるまで母親のいない子が生じる事態になりますので，子の福祉に反するとの批判があります。当然発生説は，常に認知を不要とするもので，母子関係は分娩により当然に発生するとします。捨子についても分娩時に母子関係は確定していると考えますので，条件付当然発生説では，分娩により母子関係の発生したことを認めながら，捨子になったことで母子関係が消滅することになり理論的に矛盾を生じると批判します。

戸籍実務は，前記昭和37年最高裁判決以前から当然発生説により行われています*9。戸籍法も父子・母子関係を区別した規律を採用しているということができます。例えば，戸籍法60条は，父が認知する場合を予定した規律になっており，父が認知する場合についてのみ届出事項を定めています。また，52条2項は嫡出でない子について母に出生届出義務を課しています。

設問について

以下，設問について先に述べました判例にしたがってまとめます。まず，婚姻前に分娩した事実が証明できるのであれば，法律的に母子関係が発生しているということができます。設問では，子は母子関係を争い，戸籍も他人夫婦の嫡出子として記載されているので，母は子に対し，法律的に母子関係が存在することを確認する訴訟を提起する必要がありま

す。その認容判決が確定すると，この母子関係は実体的に確定し，もはや当該子はその母との母子関係を争うことができません。

母はこの判決に基づいて戸籍法116条により戸籍訂正を申請します。出生届が52条に定める届出義務者によってなされた場合は，子を母の戸籍に訂正移記することができますが，そうでないときは，戸籍は子の戸籍の消除だけにとどめ，改めて届出義務者である母により出生届を提出することになり，当該母の当該子が出生した旨の戸籍記載がされます。

なお，実親子関係の戸籍訂正は，父子関係における認知のように創設的な親子関係の戸籍訂正について，戸籍法116条に拠らなければならないのですが，単なる戸籍借用類型については，原則113条による戸籍訂正を肯定する説が有力です*10。ただし，本設問では子が争っていますので116条に拠らざるをえません。

*1 最判昭37・4・27民集16・7・1247
*2 大判大12・3・9民集2・143
*3 大判昭3・1・30民集7・12
*4 大判昭7・7・16法律新報303・11
*5 最判昭49・3・29家月26・8・47
*6 最判昭49・10・11家月27・7・46
*7 最判昭54・3・23民集33・2・294
*8 東京高判昭62・7・30判時1246・102
*9 大正11・5・16戸1688民事局長回答
*10 東京家審昭31・2・20家月8・3・36，松山家審昭35・9・13家月12・12・90

《参考文献》
* 真船孝允・最高裁判所判例解説民事篇昭和37年度131事件
* 清水節・判例先例親族法II――親子（日本加除出版，1997）92頁

〔若林昌子〕

6 認知請求権の放棄

設問 29

母は私を産んだときに、私の父との間で、私が成人するまでの母子2人の生活費を出す代わりに、子どもの父親であることを公にすることは求めないという約束をしていたようです。父はとても著名な人のようで、母はそれを了解したようです。そのことは覚書にして残っていますが、私は納得が行きません。私から、その男性が父であるということを明らかにするための裁判をすることはできるでしょうか。

認知請求権の放棄 認知請求権とは、嫡出でない子が事実上（生物学的）の父に対し、訴えにより法的親子関係の形成を求める法的な地位をいいます。任意認知がない場合、嫡出でない子、その直系卑属またはこれらの法定代理人は認知請求権を有します（民787条）。

そこで、認知請求権の放棄が許されるかが問題となります。古くから、生物学的父が妻子を有しながら婚外女性との間に嫡出でない子をもうけた場合、婚姻家族との関係に波風を立てないようにするため、事実上の父から嫡出でない子が認知請求権を放棄することを条件に、将来の養育費あるいは相続分を考慮した経済的給付を行うことを契約することがあります。しかし、法律上の父子関係が形成されることによる効果は、単に経済的給付を受けることだけではなく、嫡出でない子自身の出自が法的に確認され、父子関係が戸籍上公示されることによる社会的影響もあり、さらに親族関係の成立など第三者にも効果が及びます。他方、本来的な親子の精神的愛情を期待することが失われた人間関係である場合、強制認知の現実的効果は相続あるいは扶養などの経済的給付を確保できることであると指摘されています。そこで、認知請求権の放棄については、その効力を認めるかどうか学説の対立があり、それに付随した問題として、放棄契約後の認知請求権の行使について権利濫用の成否、給付された金銭の帰属についてなどの問題があります。

判例の動向 大審院・最高裁を通じて、判例は認知請求権の放棄は許されないものとし、放棄契約による認知請求権放棄の効力を認めないこととしています[1]。昭和37年最高裁判決は、「子の父に対する認知請求権は、その身分法上の権利たる性質およびこれを認めた民法の法意に照らし、放棄することができないものと解するのが相当である」とします。つまり、認知請求権は一般に当事者間の任意処分を許さない身分上の権利であること、放棄を認めると嫡出でない子が僅少の金銭により認知請求権を放棄する事態を招き、嫡出でない子を保護するため認知請求権を認めた法の精神に反することなどが挙げられています。

下級審の裁判例では、認知請求権の放棄がなされるにあたって1500万円の授受がなされた場合でも、その放棄の意思表示は無効であるとする裁判例[2]、AはBの子ではないことを確認する家事調停が成立し、Bが調停で定められた贈与を履行したとしても、認知請求権は調停手続においても放棄することはできな

29

II 嫡出でない子

いと解するのが相当であるから，認知請求権を放棄した旨の主張は理由がなく，請求権の行使が権利濫用にもあたらないとした裁判例*3，当事者間で事前に多額の金銭的授受がある場合でも，認知請求権の放棄は無効であり，権利濫用となるものでもないとした裁判例*4などがみられます。

学説の動向 次に学説ですが，認知請求権の放棄は無効であるとする見解が多数説です。その理由も，判例と同様であり，さらに，放棄する対価の相当性の判断について，現行法にはその基準・期間について根拠規定のないことを挙げます。認知請求権の放棄を無条件に有効とする見解はありませんが，父から十分な経済的給付を受けるときは，父の婚姻家族についての保護の要請を考慮し，放棄を有効とする説もあります。認知請求権の認められる実質的理由は，専ら嫡出でない子の利益保護のためであり，父の地位相当の経済的給付を受けることができれば，実質的に認知請求権の目的を達成されることになるといいます。民法の認知制度は，嫡出でない子の父子関係の成立について父あるいは子の意思にかからしめており，相続権や扶養請求権は実質的には放棄も許されると解することができるのであれば，認知請求権の放棄も有効であると解する余地があると考える見解です。

権利濫用説ですが，放棄無効説と同じに放棄を無効とするのですが，放棄契約後の事情を考慮し，認知請求権行使が信義誠実の原則に反する場合には権利濫用を認め，放棄有効説と同様の効果をもたらす見解です。放棄自体の許否ではなく，放棄契約後の事情を請求権行使の当否にかからせる見解で，結果の妥当性が図られるといいます。

認知請求権放棄有効説あるいは権利濫用説は，嫡出でない子の経済的利益の確保を重視する見解ですが，認知制度の趣旨は嫡出でない子の法律上の父を確定させることが目的であり，単に経済的保護のみではないということが重要です。特に，最近では，子の出自を知る権利などと関係する嫡出でない子の人格的利益の側面も考慮する考え方が有力です。

なお，認知請求権の期限付放棄の有効性について，これを肯定する見解があります。つまり，認知請求権を全面的に放棄するのではなく，一定期間を限定して行使しないという契約は許されるという説ですが，その理由として，認知請求権を行使するかしないかは，本来的に本人の自由であり，その不行使を合意することは許されるとの考え方です。結果的に請求権を剥奪することになる長期の期限は許されないが，子が15歳になるまでに限定した不行使期限の合意は合理性があり，法的拘束力をもつという見解ですが，解釈論としては根拠が乏しいといわざるをえません。

放棄時の給付財産の法的性質 認知請求権の放棄の代償として経済的給付が履行されたにもかかわらず，認知請求が許される場合には，給付された財産の帰属が問題となります。いろいろな見解があり，①放棄は許されなくても，放棄契約は有効であり，子が違約した場合父は契約を解除し給付財産の返還を請求できるとする説，②父は子に対する違約についての損害賠償を請求できるとする説，③放棄契約は強行法規違反の契約として無効であり，給付した財産は不法原因給付として返還を請求することができないとする説，④給付財産は養育費，遺産分割における特別受益（民903条）として考慮されるべきで不当利得として返還請求はできないとする説などがあります。

6 認知請求権の放棄

給付財産の帰属については，その前提として認知請求権と財産的給付は異なる法律関係と考え，放棄契約は無効であるとしても，財産的給付は有効であるということができます。事情により，養育費あるいは遺産分割における特別受益として正当な法律上の利益であるということができ不当利得には該当しないと考える余地があります。当事者間の合意内容，給付された財産の性質などから，養育費あるいは他の相続人との衡平を図る特別受益に評価するのが相当であるということができます。

設問について 設問について判例にしたがって検討します。母がした事実上の父との認知請求権の放棄契約は，特別のことがなければ無効であると解され，子が事実上の父を被告とする認知請求は，父子関係の生物学的証明があれば認容されます。認知請求権の放棄の有効性は，認知制度の趣旨が子の利益であることを考慮すると経済的利益の確保によって割り切ることは，認知制度の趣旨と整合性をもたないということができます。認知請求権の放棄契約は，児童の権利に関する条約12条による子の意思（認知請求権を行使する意思）を尊重すること，民法が嫡出でない子に認知請求権を認めていること自体が，放棄有効説の根拠である婚姻家族の平穏の保護よりも，嫡出でない子の保護に優越的地位を認めていると考えられますので，無効であると解するのが相当と思われます。

認知の訴えは，「子，その直系卑属又はこれらの者の法定代理人」が原告となります（民787条本文）。設問の子は，成年と思われますが，仮に未成年である場合も，子は意思能力があれば，単独で訴提起ができます。子の意思能力の有無については，民法797条（未成年の養子縁組の代諾），961条（遺言能力）などから，満15歳が一応の目安とされますが，一般的基準を求めることは困難であり，事案ごとに判断されます。

次に，認知請求が認容された場合，事実上の父からの経済的給付はどのように帰属するかですが，認知の効果は出生のときに遡及するので（同784条本文），養育費あるいは生前贈与として考慮されることになると解することが，関係者間の衡平を図るものということができます。

* 1　大判昭6・11・13民集10・12・1022，最判昭37・4・10民集16・4・693
* 2　名古屋高判昭52・10・31判時881・118
* 3　東京高判昭46・6・29判タ267・334
* 4　大阪高判昭43・7・30家月21・10・101，東京高判昭43・12・25判タ235・230

《参考文献》
* 松倉耕作「認知請求権の放棄」野田＝人見編・夫婦・親子215題（判タ747号，1991）213頁
* 中川＝米倉編・新版注釈民法（23）（有斐閣，2004）421頁〔利谷信義〕
* 米倉明「認知請求権の放棄」久貴＝米倉編・家族法判例百選（有斐閣，第5版，1995）84頁
* 東條宏「認知の訴え」村重慶一編・現代裁判法大系10 親族（新日本法規，1998）167頁

〔若林昌子〕

7 認知する権利の放棄

> **設問 30**
>
> 娘が交際していた男が娘の妊娠を知って，交際の復活を求めてきましたが，娘は，その男とは二度と会いたくないし，子どもの父親にもしたくないといっています。金銭と引換えに，将来，その男が父親として名乗り出てこないという念書を書かせておけば，大丈夫でしょうか。

Ⅱ 嫡出でない子

認知する権利の放棄について問題の所在

嫡出でない子の法律上の父子関係は，父の任意認知あるいは強制認知により発生しますが（⇨〔設問26〕），仮に，認知を受けたくない母子側が相当の金銭的給付義務を負担し，認知する権利を有する生物学的父がこれに応じ放棄契約が成立した場合，その契約は拘束力を有するか，その有効性が問題となります。しかし，これまでほとんど議論されていませんし，該当する判例も見当たりません。

認知する権利と類似する認知請求権の放棄について，判例は無効であるとする見解を維持していますが（⇨〔設問29〕），その根拠は，認知請求権が身分権であることを主な理由とします。認知の効果は単なる経済的利益にとどまるものではなく，当該給付が相当であるかどうかも保障されないことも加わり，放棄契約は無効であるとしています。認知する権利と認知請求権の放棄は，身分権の放棄という点からは共通性がありますが，認知請求権を放棄する権利者は子であり，子が意思能力を有しない未成年子であれば，子の法定代理人である母が子に代わって認知請求権を放棄することになります。他方，認知する権利を放棄するのは生物学的父であり，両者は権利の主体が異なります。次に，両者の現実的側面をみますと，認知請求権放棄契約後の認知の訴えにおいては，抗弁として認知請求権は放棄により消滅したと主張することになります。認知する権利の放棄契約後の認知に対しては，当該認知について認知無効の訴えを子が提起しなければなりません。仮に，勝訴判決を得ても戸籍上もその経過記載が残るという問題があります。他方，生物学的父の認知を受けることが，かえって子の福祉に反することも稀に存在します。例えば，強姦による場合など，特別養子縁組の要保護性に類似するような事情のある場合に認知する権利の放棄を認めるのは，身分関係の画一性の要請を超える子の福祉に沿うと考えられます。認知制度の立法趣旨，認知の枠組みを検討し，認知する権利は絶対的権利かどうか，解決の手がかりを考えます。

学説と認知する権利の基本的性格

わずかに存在する学説ですが，認知請求権と認知する権利を同様に考える見解と認知請求権と認知する権利の相違点に着目し，認知する権利の放棄契約の有効性を一般的に認めるのではなく，子の福祉の観点から契約の存在が認知無効事由になりうる場合のあることを認める見解があります。つまり，「子の福祉の判断に放棄契約の存在が影響する限りにおいて，契約の効力が存在したことになるが，契約の効力の有無が父子関係を決定するのではなく，子の福祉を判断する際の一要素として評

価されるにとどまる」という見解です。

　認知制度の目的は嫡出でない子の保護が主たるものであり、これに付随してプライバシーの保護あるいは婚姻家族の保護が考えられ、理論モデルとして、事実主義（血縁主義・客観主義）と意思主義（認知主義・主観主義）があります。両者の関係は二者択一の問題ではなく複合的構造であるといえます。立法論としても事実主義の徹底は、プライバシーを侵害し、国家の負担を過大にすることから不可能であることが指摘され、解釈論としても、事実主義を原則とするが絶対的ではなく、例外的要素として当事者の意思および生活事実を考慮する可能性を否定することはできないこと、さらに、認知する権利、認知請求権の長期不行使による失権の余地があることが指摘されています。

　民法における任意認知と強制認知の関係についてですが、①基本的に、当事者の意思に委ねることを優先させています。法律的非嫡出父子関係は当事者が任意認知をするか、認知請求訴訟をするかのいずれかがなければ発生しないことです。この点は嫡出でない母子関係が分娩の事実により、当然に発生する事実主義とは異なります。②事実主義により父子関係が確定するのではなく、生物学的父が自らの意思に基づいてする任意認知を優先させていますが、認知がなされても生物学的事実に反するときは認知無効事由としています。③父の認知する権利よりも被認知者の意思を一部で優先させています。つまり、胎児の場合はその母の、子が成年に達した後は被認知者本人の承諾を要件としています（民783条・782条）。このように、一定の場合には、嫡出でない子は生物学的父から認知を受けることを拒絶できるのです。そして、胎児認知における母の同意を要件とする根拠は、母の名誉を保護するためとか、父子関係の真実性の担保的趣旨であるといわれます。成人認知の場合は養育責任を果たさない親に対して一方的利益を目的とする認知を許すべきではないといわれています。立法論としては未成年子についても本人の意思を尊重する制度を検討する余地があるということができます。

　このように、認知する権利の放棄は、認知請求権の放棄とは異質であり、身分関係画一性の要請と子の意思を考慮することが求められます。

本設問について　本設問について、子の意思を尊重することが子の利益であると考える視点からは、子が意思能力を有する年齢に達した後には、認知する権利の放棄契約の有効性を肯定する余地も認められ、無効説の見解でも、子の意思が明らかに認知されることを拒否している事情に加えて、認知する権利の放棄契約のある場合には、契約後の認知について権利濫用の余地もありうると考えられます。

　親子関係訴訟における権利濫用についての従来の判例[*1]は認知無効の請求について消極的見解を長年維持していましたが、最近の判例[*2]は、親子関係不存在確認請求について被告の権利濫用の主張を認め画期的判断を示しました。これは事実主義に優越するものとして「子の利益」を認める新しい親子法の潮流を示すもので親子関係訴訟全般に影響を及ぼすものといえましょう。

　*1　最判昭53・4・14家月30・10・26
　*2　最判平18・7・7民集60・6・2307

《参考文献》
＊鈴木禄弥・親族法・相続法の研究（創文社、1989）137頁
＊中川＝米倉編・新版注釈民法（23）（有斐閣、2004）326頁、328頁〔前田泰〕

〔若林昌子〕

III 生殖補助医療と子ども

1. 生殖補助医療
2. 死後生殖
3. AIDと父子関係
4. 受精卵の取違え
5. 卵子提供と母子関係
6. 代理母
7. 出自を知る権利
8. 出生前診断
9. 生殖補助医療を受ける権利
10. 提供者（精子・卵子・胚）の権利・義務

1 生殖補助医療

設問 31

不妊の原因が夫にあることがわかり、夫と協議の上、不妊治療として精子提供による人工授精を受け、出産しました。この子は、私たち夫婦の子として出生届をしても虚偽の届出をしたことにはならないでしょうか。

生殖補助医療とは 生殖補助医療とは、Assisted Reproductive Technology（ART）の訳で、妊娠に人為的な介入をし、出産に至らせる技術を指します。一般的には「不妊治療」がよく使われる表現でしょう。生殖補助医療には、排卵誘発剤の投与、不妊の原因となる疾病（子宮内膜症など）の治療、人工授精、体外受精など様々な方法があります。

これらのうち人工授精（Artificial Insemination：AI）は、男性側に不妊の原因がある場合の治療法として、古くから行われてきました。例えば、精子の数が少ない「乏精子症」や精子の運動率の低い「精子無力症」などが、人工授精の適応対象となります。

人工授精の概略は次のとおりです。①精子を採取します。②精液から不良な精子や不純物を除去し濃縮します。③カテーテルを用いて子宮内に精子を注入します。施術は、排卵のタイミングに合わせて行いますが、麻酔の必要もなく簡単です。AIは、不妊治療を行うほとんどの医療機関で施術を受けることができます。

なお、以下では、男性を夫、女性を妻と原則的に表記します。なぜなら、不妊治療を受けるのは、結婚後、子に恵まれない夫婦だからです。もちろん、事実婚のカップルや独身者でも不妊治療を希望する人がいますが、ごく少数と思われます（⇨〔設問39〕）。

提供精子による人工授精 不妊治療を受けるのが法律上の夫婦であり、夫に不妊の原因があり、夫の精子を用いて、妻に人工授精を行う場合を「配偶者間人工授精（Artificial Insemination by Husband：AIH）」といいます。AIHは、夫婦が自然な性交渉では妊娠できない状態に、医療が介助をするだけですから、特に問題は生じません。だからこそ、ほとんどの医療機関で実施されているともいえるでしょう。

これに対して、夫が精子の無い「無精子症」であるような場合には、AIHを実施しても、夫の精子で妊娠する可能性がありません。このような場合、妊娠を諦める、養子を求めるなどのほかに、もう1つ選択肢があります。それが、別な男性から精子の提供を受け、その精子を妻に人工授精して妊娠する「非配偶者間人工授精（Artificial Insemination by Donor：AID）」です。

AIDの歴史は古く、欧米では19世紀末に実施されました。わが国では、1948（昭和23）年、慶應義塾大学医学部が初めて実施し、翌年に女児が生まれました。その後、大学病院を中心に全国の医療機関で行われるようになりましたが、現在では慶應義塾大学とその関連病院など少数の医療機関で細々と行われているにすぎません。なお、1948年以来、AIDで生まれた子は、1万人とも3万人ともい

われており，実態は不明です。

AIDと法的親子関係

AIDで生まれた子と夫婦の親子関係，特に子と夫の父子関係が最大の問題となります。なお，AIDの可否という問題もありますが，現在まで法的に禁止されておらず，実際に行われているため，ここでは立ち入らないことにします。

(1) 母子関係

母子関係を直接規定した条文はありませんが，懐胎（民772条）や胎内に在る子（同783条）という文言から，民法は妊娠し出産した女性を子の母と考えていると解されます。これに対して，母の認知を規定した民法779条から，母子関係の発生には認知のような意思表示を必要とするとの解釈もありえます。しかし，同条は，母の認知を不要とした最高裁判決[1]によって空文化しており，現在では，母子関係は分娩の事実によって当然に発生すると解されています（⇨〔設問28〕）。

(2) 父子関係

母子関係は分娩の事実で発生しますが，父子関係は複雑です。父子関係は，婚姻を媒介にして決定されます。すなわち，婚姻中の妻（母）が妊娠した場合に，子の母の夫を子の父にする嫡出推定（民772条）によって嫡出子の父子関係は決定されます。また，子の母が婚姻していない場合には，婚姻を媒介にして父子関係を決定できないので，認知（同779条以下）によって嫡出でない子の父子関係を決定します（⇨〔設問16〕）。

不妊治療を受けている夫婦は，婚姻してから数年経っているのが普通でしょう。では，そのような夫婦がAIDによって子をもうけた場合に，夫は子の父といえるのか，換言すると，子に嫡出推定の効果が及ぶのかどうかが問題となります。

嫡出推定の有無

従前から，妻がAIDを受けた場合に，夫がAIDに同意していたのであれば，子は婚姻中に懐胎されたのだから嫡出推定を受けると解されてきました。そして，夫から子に対する嫡出否認の訴えについては，同意が否認権の喪失ないし放棄にあたるとする民法776条類推適用説や，同意を翻して否認権を行使することが信義則違反や権利濫用に該当するという解釈が行われており，いずれにせよ夫がAIDに同意した以上は，夫は子が嫡出子であることを否定できないと解されています。このような解釈は，夫が父子関係を否定する事態に備えて，学説が形成してきましたが，2つの事件で，適用されています。

1つめは，AIDに対する夫の同意の有無が争われた事件です[2]。夫婦は，AIHほか様々な不妊治療を試みていましたが，次第に仲が悪くなり，事実上の離婚状態になりました。妻が，別の病院に相談に訪れたところ，医師から精子を持参するよう指示され，知人男性から精子の提供を受け，その精子を用いて出産しました。夫は，子に命名などしましたが，自分の子かどうか疑問をもち，嫡出否認の訴えを起こしました。裁判所は，「第三者の精子による人工授精を行うときは夫と妻の署名押印した契約書が手続上必要とされているにもかかわらず，原告〔夫〕はそのような誓約書を作成していない」として，子が夫の嫡出子であることを否認しました。すなわち，AIDでは父子関係が争われる可能性があることから，AIDを実施する医療機関は，AIDを受ける対象を法律婚夫婦に限定し，また，子を嫡出子として出生の届出をすること，子の養育について責任をもつことなどを定めた誓約書あるいは同意書を夫婦から徴求しています。この事件で裁判所は，

1 生殖補助医療

III 生殖補助医療と子ども

同意書の不存在から夫の同意の不存在を導き出しましたが、明言はしていないものの、夫の同意があれば夫の請求を斥ける可能性を示唆しているものと解されます。

2つめは、AIDで生まれた子について、離婚の際、子の親権者をめぐる争いの中で、妻が子と夫の間の父子関係の不存在を主張した事件です*3。夫婦が、AIDによって子をもうけた後、離婚しました。子の親権者を決める調停が不調となり、審判に移行したところ、家庭裁判所は、夫を親権者にしました*4。その後、妻が抗告し、子はAIDで生まれたのだから、夫と子の間には自然的血縁関係がなく、したがって親子関係が存在しないと主張しました。高裁は、「夫の同意を得て人工授精が行われた場合には、人工授精子は嫡出推定の及ぶ嫡出子であると解するのが相当である」として、妻の主張を斥けました（ただし、原審判を変更して妻を親権者にしました）。AIDに対する同意によって子が嫡出子となるという高裁の判断は、従来の学説と一致します。夫が嫡出否認を求めた事案ではないので、高裁は夫の否認権行使の許否について判断していません。しかし、上記引用箇所に続けて、「抗告人〔妻〕も、相手方〔夫〕と未成年者〔子〕との間に親子関係が存在しない旨の主張をすることは許されない」（下線：引用者）としていることから、夫であれ妻であれ子の嫡出性を否認することを認めない趣旨であると思われます。

出生届の扱い

以上のように、法律婚の夫婦がAIDを受けた場合に、子は嫡出推定を受けると解されています。また、出生届などの戸籍事務は形式審査主義であり、子がAIHやAIDで生まれたかどうかなど、役所は届出人に尋ねませんし、役所にはそのような権限もありません。したがって、嫡出子出生届は受理されるでしょう。では、その出生届が虚偽になるのか、すなわち親子関係が虚偽なのかどうかですが、母子関係は分娩の事実で発生していること、また父子関係については嫡出推定を受けると解されることから、虚偽の親子関係とはいえないと思います。ただ、父子間に自然血縁関係がないことが明らかにされる可能性は残り、第三者あるいは子から、父子（親子）関係不存在確認の訴え（人訴2条2号）が提起される可能性が皆無とはいい切れません。この点、立法的な解決が図られるべきですが、実現していません。

*1 最判昭37・4・27民集16・7・1247
*2 大阪地判平10・12・18家月51・9・71
*3 東京高決平10・9・16家月51・3・165
*4 新潟家長岡支審平10・3・30家月51・3・179

《参考文献》
* 石井美智子・人工生殖の法律学（有斐閣、1994）
* 「特集　生殖補助医療の課題」ジュリ1243号（2003）6頁
* 法務省民事局参事官室「精子・卵子・胚の提供等による生殖補助医療により出生した子の親子関係に関する民法の特例に関する要綱中間試案及び同補足説明」民事月報58巻8号（2003）134頁

〔本山　敦〕

2 死後生殖

設問 32

私の息子は1年前に病気で亡くなったのですが，息子の嫁がいうには，息子は入院中に自分の子どもが欲しいので，医者に頼んで精子を保存していたそうです。嫁は，その保存していた精子を医者から戻してもらって，別の医者のところで手術を受け，3ヵ月後に出産するそうです。生まれた子は息子の子になるのでしょうか。私は，死んだ息子の代わりに孫が生まれることを喜んでいますが，私の妻は，ちょっと不安そうです。今の法律では，こういうことは認められているのでしょうか。

精子の凍結保存

ヒトの精子の凍結保存は1948（昭和23）年に開発されました。その後，生殖補助医療の進展にともない，広く普及しています。その手順は，①精子を採取する，②採取した精子を洗浄・濃縮等する，③直径数ミリの細いストロー状の容器に精子を充填（密封）する，④専用の冷凍庫に容器を入れ氷点下で凍結保存するというものです。凍結保存精子は，人工授精（AI）などの生殖補助医療の実施にあたり，解凍して使用されます。現在の技術では，凍結保存精子は半永久的に使用可能なようです。

凍結保存精子には多数の利点があります。医療機関にとって，大掛かりな設備投資は必要ありません。また，AIH（配偶者間人工授精）を受けている夫婦であれば，あらかじめ夫の精子を凍結保存しておけば，施術の度に夫婦そろって通院する必要がなくなり，通院の負担が軽減されます。さらに，AID（非配偶者間人工授精）では，提供者が精子を医療機関に提供しても，その場にAIDを受けたい夫婦がいるとは限りません。提供精子を無駄にしないために，凍結保存は不可欠な技術です。そして，精子の凍結保存が特に重要になるのが，ガン治療の場面です。

ガン患者と精子の凍結保存

ガンに罹患すると，治療として放射線照射を受ける場合があります。精子は細胞分裂によってできますが，放射線照射の影響で細胞分裂の機能が失われ，精子を作れなくなる可能性があります。抗ガン剤の投与でも同様の影響が出ます。そこで，不妊となる事態を想定し，将来の妊娠・出産に備えて，放射線照射前に精子の凍結保存がされます。精子の凍結保存は，婚姻中の成人男性はもとより，未婚の未成年男性に対しても行われています。

凍結保存精子の問題点

凍結保存精子の最大の問題は，精子を保存した男性の死後も精子が「生き続ける」ことです。実際，夫の死後に夫の凍結保存精子を用いて，妻が出産するという事件が起きました。放射線照射治療に先立って，夫が精子を凍結保存しました。凍結保存に際して，夫婦は病院に対して「夫が死亡した場合は必ず連絡すること。精子は個人に帰する考えより，死亡とともに精子を破棄すること」などと定めた「依頼書」を提出しました。治療後，病床の夫は，自分の死後，妻が凍結保存精子を用いて子を授かり，その子に家を継いでもらいたい旨，述べていたとのことです。夫が

III 生殖補助医療と子ども

1999（平成11）年に死亡し，妻はしばらくしてから夫の死を告げることなく病院から夫の精子の返還を受け，別の病院で体外受精（⇨〔設問34〕）を受けて妊娠し，2001（平成13）年に子を産みました。妻が，子を嫡出子として出生届を提出しようとしたところ受理されなかったので，嫡出でない子として出生届を提出しました。したがって，戸籍上，父親欄は空欄になっています。そこで，子が原告となり，検察官を被告として（人訴12条3項），死後認知訴訟（民787条ただし書）を提起しました。

裁判所の判断 松山地裁判決は[*1]，「法律上の父子関係が認められるか否かは，子の福祉を確保し，親族・相続法秩序との調和を図る観点のみならず，用いられた生殖補助医療と自然的な生殖との類似性や，その生殖補助医療が社会一般的に受容されているか否かなどを，いわば総合的に検討し，判断していくほかはない」とした上で，夫が死後生殖に同意していたとは解されないこと，医学界では死後生殖を禁止していることなどから，凍結保存精子を用いた死後生殖が社会に受容されているとはいえないとして，子の認知請求を棄却しました。

子の控訴を受けた高松高裁判決は[*2]，「認知請求が認められるための要件は，自然懐胎による場合には，子と事実上の父との間に自然血縁的な親子関係が存することのみで足りると解される。／しかしながら，人工授精の方法による懐胎の場合において，認知請求が認められるためには，……子と事実上の父との間に自然血縁的な親子関係が存することに加えて，事実上の父の当該懐胎についての同意が存することという要件を充足することが必要であり，かつ，それで十分である」として，夫と子の間には自然血縁関係があること，また，夫が死後生殖を望んでいたと認定し，原判決を取り消して子の認知請求を認容しました。

検察官から上告受理申立てがされました。最高裁判決は[*3]，原判決を破棄して，「死後懐胎子と死亡した父……の間の法律上の親子関係の形成に関する問題は，本来的には，死亡した者の保存精子を用いる人工生殖に関する生命倫理，生まれてくる子の福祉，親子関係や親族関係を形成されることになる関係者の意識，更にはこれらに関する社会一般の考え方等多角的な観点からの検討を行った上，親子関係を認めるか否か，認めるとした場合の要件や効果を定める立法によって解決されるべき問題であるといわなければならず，そのような立法がない以上，死後懐胎子と死亡した父との間の法律上の親子関係の形成は認められないというべきである」としました。

親子関係の考え方
(1) **母子関係**
体外受精に妻の卵子が用いられ，妻が子を分娩していることから，母子関係については争いがありません。

(2) **父子関係** 松山地裁判決は，死後生殖が死後認知制度の想定外の事態であり，死後生殖による父子関係を死後認知制度から導き出せるものではなく，父子関係の決定は社会通念や生殖補助医療に対する意識によって個別に検討せざるをえないとの立場をとり，結果的に父子関係を否定しました。そして，最高裁判決も，表現は異なるものの，法の不存在を根拠に親子関係を否定しています。高松高裁判決は，認知は父子間に自然血縁関係がありさえすれば本来認められるが，死亡した男性の同意なく凍結保存精子が使用される可能性もあるので，このような場合の死後認知は自然血縁関係の存在に加え精子の使用に男性の同意が必要だ

と解して、結果的に父子関係を肯定しました。どちらの判断にも問題があります。1942（昭和17）年に立法された死後認知制度は、生殖補助医療や死後生殖を想定していません。とはいうものの、生前生殖を明文で要件にしているわけでもありません。夫と子の間に自然血縁関係が存在する以上、出訴期間（3年）の要件を満たしていれば、父子関係を認める余地はありうるところです。しかし、死後認知を認めることは、死後生殖を許容することにつながります。後述しますが、わが国では死後生殖に対しては否定的な見解が大勢を占めているので、死後生殖が許容されないのであれば、死後認知も認めるべきではないでしょう。

設問に対する答えですが、「婚姻中に懐胎した」との要件（民772条）を満たさないので夫婦の嫡出子としての出生届は受理されないでしょう。嫡出でない子としての出生届によって母子関係は明らかになりますが、父子関係は死後認知請求の可否しだいということになります。死後認知が認められれば法的に息子の子＝孫になりますが、死後認知が認められなければ子とあなたの間には法律上の血族関係は存在しないということになります。なお、死後認知が認められた場合であっても子が夫（父）の遺産を相続できるかどうかについては同時存在の原則を充足しないことから、否定的に解されます。

死後生殖の是非

わが国では、現在までのところ、生殖補助医療に対する法的な規律はされていません。そのため、どのような施術をしてよいのか、いけないのかについては、医療に委ねられた形になっています。そして、医療側では、日本生殖医学会や日本産科婦人科学会が「会告（ガイドライン）」として見解を公表し、学会員に行為規範として遵守を求めています。日本生殖医学会は、2006（平成18）年、「精子の凍結保存について」を公表し、精子の凍結保存期間を「精子の由来する本人が生存している期間」としました*4。また、日本産科婦人科学会は、2007（平成19）年、「精子の凍結保存に関する見解」を公表し、「凍結精子は、……本人が死亡した場合、廃棄される」としました*5。これらから、離婚や死別による婚姻解消後の生殖補助医療を認めない趣旨が窺われます。

これらの会告にみられるように、医療側は、死後生殖に抑制的な立場をとっています。ただし、これら会告は、任意加入団体の学会がまとめたものにすぎず、学会員でない医師を拘束するものではありません。医療側は、本人死亡時における凍結保存精子の廃棄に同意する旨の書面を徴求するとか、死後生殖を扱わないなどの対応によって、後々のトラブルを回避しようとしていますが、医療現場はもとより関係学会による対応だけでは限界があるといわざるをえません。

*1 松山地判平15・11・12家月56・7・140 なお、本件は旧人事訴訟手続法下の事件なので、1審の管轄は地裁となっている。
*2 高松高判平16・7・16家月56・11・41
*3 最判平18・9・4民集60・7・2563、小池泰「男性死亡後に保存精子を用いた人工生殖によって生まれた子の親子関係」水野＝大村＝窪田編・家族法判例百選（有斐閣、第7版、2008）62頁
*4 日本生殖医学会倫理委員会報告「精子の凍結保存について」（2006.9）http://www.jsrm.or.jp
*5 日本産科婦人科学会「精子の凍結保存に関する見解」（2007.4）http://www.jsog.or.jp

《参考文献》
*菅沼信彦・最新生殖医療（名古屋大学出版会、2008）
*村重慶一「死後生殖子の法的地位」判タ1207号（2006）32頁

〔本山　敦〕

② 死後生殖

3 AIDと父子関係

設問 33

妻と離婚することになりました。実は妻は妊娠しているのですが、私の子ではなく、ある大学病院で人工授精を受けたものです。そのときは私も納得していたのですが、妻が昔その大学の学生と交際をしていたということを最近知って、それが原因で、大喧嘩をした後、妻の子を受け入れることができなくなりました。離婚した後も、妻の産む子を自分の子として面倒をみなければならないのでしょうか。

AIDと親子関係　第三者から精子の提供を受けるAID（非配偶者間人工授精）によって生まれた子の父子関係を考えましょう。民法はAIDを想定した規定を置いておらず、様々な解釈が可能です。

婚姻中に、妻が懐胎した子は、夫の子と推定されます（民772条1項）。これを嫡出推定といいます。婚姻中の夫婦は、排他的な性関係にあること、婚姻中の妻が妊娠すれば、妊娠は夫との性交渉によって惹起されるのが普通だという経験則から導かれます。しかし、妻が夫以外の男性との性交渉で妊娠することが皆無とはいえないので、民法は婚姻中の妻が妊娠した場合に、とりあえず夫を子の父にするとしました。これが「推定」です。夫は、暫定的に子の父となっているので、父であることに疑問があれば、夫は嫡出否認の訴え（同774条以下）によって、子の父でないことを証明し、勝訴すれば父子関係を否定できます。嫡出否認の訴えでは、子と夫の間の自然血縁関係の有無によって父子関係の存否を決定します（⇨〔設問1・2〕）。

今日では、自然血縁関係の有無はDNA鑑定によってほぼ100％の確率で明らかにできます（⇨〔設問9〕）。AIDの場合、子と夫の間に自然血縁関係がないことは、DNA鑑定をするまでもなく自明なので、嫡出否認の訴えによって父子関係を否定できるでしょうか。

まず、夫が、子と自然血縁関係がないことを承知で子の父として自認した場合にまで、嫡出否認の訴えを認める必要はありません（同776条）。また、子が生まれてから長期間を経た後に嫡出否認の訴えによって父子関係が否定されることは、子の福祉を損ないます。そこで、民法は、嫡出否認の訴えの出訴期間を夫が子の出生を知った時から1年に限定しました（同777条）。1年を経過すると、父子間で血液型の背馳など自然血縁関係の不存在を思わせる事実が後に発覚しても、嫡出否認の訴えによって父子関係を否定することはできず、法的父子関係が強制されます。

子の出生届　注意が必要なのは、婚姻中の妻が妊娠した場合には、その子の父が夫であれ別な男性であれ、子はとりあえず嫡出子として出生を届け出られなければならないということです（戸53条）。つまり、戸籍上は、一度嫡出子にし、後に嫡出否認の訴えによって嫡出子でなくする、という手順になります。設問の夫婦が子の出生時に離婚しているのであれば、妻が子の出生届を提出するでしょう。子は婚姻中に懐胎されているので、あくまでも夫婦の嫡出子として出生届を提出する必要

があります。出生届の父親欄には夫の氏名を記入しなければならず、空欄や別の男性の氏名を記入すると、出生届は受理されません。

戸籍事務は形式審査主義といって、子の出生日から計算して、子が嫡出推定を受けるのであれば、子を嫡出子として扱います。AIDによる子なので夫とは自然血縁関係がないと窓口で説明しても、きいてもらえません。夫の子でないなら、夫から嫡出否認の訴えを起こすよう指示されるでしょう。

AIDと嫡出否認の訴え　夫婦は離婚しても、子は夫の子として扱われ、戸籍に嫡出子として記載されます。では、嫡出否認の訴えでAIDによる子の父子関係を否定できるでしょうか。

AIDを行う医療機関では、AIDの対象を法律婚夫婦に限定し、AIDについて詳細に説明し夫婦の同意を得て（インフォームド・コンセント）から、AIDを実施するはずです。その際、夫婦から同意書や誓約書を徴求し、その中で、子を夫婦の嫡出子として届け出ることや、夫婦が子の養育に責任をもつことなどを掲げています。

下級審裁判例[*1]および学説では、夫がAIDに同意してAIDが行われたのであれば、生まれた子は嫡出推定を受ける嫡出子だと解されています。嫡出否認の訴えについては、AIDに対する同意によって、夫は子の嫡出性を承認したから否認権を喪失あるいは放棄した（民776条）、夫が嫡出否認の訴えを提起することは信義則違反または権利濫用にあたる（同1条）というような解釈で、嫡出否認の訴えを認めないという見解が支配的です（⇨〔設問31〕）。

かつて、法制審議会が、生殖補助医療によって生まれた子の法的取扱いに関する立法を検討しました。立法作業は、中間試案の段階で頓挫しましたが、AIDなど精子提供で生まれた子の父子関係については、「妻が、夫の同意を得て、夫以外の男性の精子……を用いた生殖補助医療により子を懐胎したときは、その夫を子の父とするものとする」とされました[*2]。その理由として、「精子提供型の生殖補助医療は、……これによる妻の懐胎に同意した夫は出生した子を自らの子として引き受ける意思を有していると考えられるので、同意した夫を父とし、親の責任を負わせるのが相当である」と説明されました。

以上のように、裁判例、学説、立法の動向は、夫が同意してAIDが行われたのであれば、子は夫の嫡出子となり、嫡出否認の訴えによって父子関係を否定することは許されないと解しています。

親子関係不存在確認の訴え　では、嫡出否認の訴えではなく、親子関係不存在確認の訴え（人訴2条2号）は可能でしょうか。子と夫の間に自然血縁関係がないのは明らかで、自然血縁的な父子関係は不存在です。しかし、親子関係不存在確認の訴えの対象は、「（嫡出）推定されない嫡出子」や「（嫡出）推定の及ばない子」です（⇨〔設問6・7・8〕）。これらに対して、AIDによる子は、上述のとおり「（嫡出）推定される嫡出子」と解されているので、親子関係不存在確認の訴えの対象にできないと解されます。

同意の撤回　夫が子を受け入れられなくなり、妻とも離婚するから、一度同意したAIDについて、同意の撤回または取消しをしたものと考えることはできるでしょうか。AIDの現場では、最初の施術に先立って、夫婦から同意書等の提出を受けた後、施術を継続するのが一般的です。施術1

③ AIDと父子関係

Ⅲ 生殖補助医療と子ども

回ごとに夫婦から毎回同意を取るような医療機関は少ないと思われます。しかし，「同意書」を提出した後，夫婦が離婚するとか，夫の気が変わることがありうるので，妻がAIDを受けた当時，夫がそのAIDの施術に同意していなかったという事態が起こります。

AIDによる子が嫡出推定を受けて夫の子となる前提は，AIDに対する夫の同意です。夫は，妻が妊娠したそのAIDの施術に同意していなかったことを証明できれば，同意の不存在を理由に，父子関係を否定する余地があるでしょう。しかし，設問では，施術当時夫は納得していたようなので，同意の撤回は認められないと解されます。

なお，このような事態を招来しないためにも，施術の度に夫婦から同意を取るという対応が理想と思われます*3。

合意に相当する審判 父子関係を否定する方途が1つ残されています。それが，家庭裁判所による「合意に相当する審判」（家審23条）です。夫婦が父子関係の不存在に合意し，家庭裁判所が夫婦の合意を受けて審判をすることで，法的父子関係を不存在にすることが可能です。夫が父子関係を拒絶している以上，夫に父子関係を強制するのも酷に思えます。しかし，AIDでは匿名の第三者の提供精子が通常使われますので，自然血縁関係のある父を特定できません。自然血縁関係のある父が不明で，合意に相当する審判によって法律上の父も不存在にすると，父が全くいない状況になります。夫婦の合意によってこのような状況を作り出してよいのかは疑問で，慎重な対応が求められるでしょう。

父としての責任 法的父子関係がある以上，夫は離婚後も養育費の支払等について責任を負います（民766条）。また，AIDに同意し

ながら，妊娠中の妻に向かって子の受け入れを拒絶するというような態度を示すことは不法行為にもなりうるでしょうから，妻から損害賠償（慰謝料）請求がされるかもしれません。妻が，過去にその大学の学生と交際していたというだけでは，妻にも責任があるとはいえないでしょう。

*1 東京高決平10・9・16家月51・3・165，大阪地判平10・12・18家月51・9・71
*2 法務省民事局参事官室「精子・卵子・胚の提供等による生殖補助医療により出生した子の親子関係に関する民法の特例に関する要綱中間試案及び同補足説明」民事月報58巻8号（2003）134頁
*3 厚生科学審議会先端医療技術評価部会生殖補助医療技術に関する専門委員会「『精子・卵子・胚の提供等による生殖補助医療のあり方についての報告書』及び各委員のコメント」ジュリ1204号（2001）96頁，厚生科学審議会生殖補助医療部会「『精子・卵子・胚の提供等による生殖補助医療制度の整備に関する報告書』について」（2003）http://www.mhlw.go.jp

《参考文献》
*島津＝松川編・基本法コンメンタール親族（日本評論社，第5版，2008）117頁～125頁〔水野紀子，石井美智子〕

〔本山　敦〕

4 受精卵の取違え

設問 34

7年前に、A病院で体外受精の手術を受けて、娘を出産しました。娘は元気に育っているのですが、私たち夫婦にない芸術的才能をみせるので、うれしいような不安なような気持ちを抱えていました。案の定、A病院から連絡があり、同時期に同じように体外受精を受けたB夫婦との間で、受精卵移植のときに取違えがあったらしいというのです。先方は娘の交換を要求しているというのですが、応じなければならないのでしょうか。

体外受精とは 体外受精（In Vitro Fertilization）とは、精子と卵子を体外で受精させ、受精卵（胚）を子宮に移植する（Embryo Transfer）という生殖補助医療です。体外受精と胚移植は一連の過程なので、正確には体外受精・胚移植（IVF-ET）ですが、以下では単に体外受精とします。体外受精は、1978年にイギリスで成功し、女児が誕生しました。自然生殖や人工授精では、受精は女性の体内でしか発生しませんが、体外受精は受精を体外で発生させることに成功したので、当時、生殖革命と呼ばれました。わが国では、1983（昭和58）年に東北大学が体外受精による出産に成功し、以来、不妊治療として普及しました。統計によると[1] 2006（平成18）年に体外受精で1万9587人の子が生まれており、全出生児に対する割合は約2％になっています。

体外受精では、受精させたばかりの新鮮胚を用いる場合と、受精後凍結させた保存胚が用いられる場合があります。いずれにせよ、体外受精を実施する医療機関は、多数の夫婦に由来する受精卵を取り扱うので、受精卵の管理には細心の注意が求められます。

様々な取違え とはいうものの、産科領域では、様々な「取違え」事件が起こっています。

(1) **新生児の取違え** 出産の場所が自宅から病院（施設分娩）に移り始めた昭和30年代から、新生児の取違えが多発するようになりました。特に、1971（昭和46）年に子が生まれ、6年後に取違えが発覚した沖縄の事件が有名です[2]。近時では、1958（昭和33）年に都立墨田産院で生まれた男性が、同産院で取り違えられたとして、2004（平成16）年に東京都に対し損害賠償請求訴訟を提起しました。裁判所は、取違えの事実を認定し、都に慰謝料の支払を命じました[3]。

(2) **精子の取違え** 配偶者間人工授精（AIH）に用いる精子の取違えも起きています。2002（平成14）年、愛知県の小牧市民病院では、AIHを実施する際に患者の確認を怠ったため、夫以外の男性の精子を人工授精するという事件が起きました。妊娠には至らず、病院は患者に謝罪し、慰謝料を支払ったということです[4]。

(3) **受精卵の取違え** 詳細は不明ですが、1995（平成7）年に石川県の医療機関で受精卵を取り違えて移植し、2000（平成12）年に発覚した事件がありました。これも妊娠には至らなかったようです。

III 生殖補助医療と子ども

ところで、2009（平成21）年2月に大きく報道された香川県立中央病院における受精卵の取違え事件では*5、取り違えられた受精卵を移植された女性（妻）が妊娠し、その後、取違え発覚によって中絶を余儀なくされるという事態となりました。患者夫婦から病院の設置者である県に対して損害賠償請求訴訟が提起され、その後、和解しています。

では、設問のように、受精卵の取違えに気付かず妊娠し、子が生まれ、しかも年月を経てから取違えが発覚した場合にはどうなるでしょうか。

親子関係 以下では、先方をX夫婦、Xが養育している子をy、相談者をY夫婦、Yが養育している子をxとします。受精卵の取違えによって、X妻はYの受精卵を移植されyを出産し、Y妻はXの受精卵を移植されxを出産しました。現在、yはX夫婦の、xはY夫婦の子として出生届がされ、戸籍に記載されています。

(1) 自然血縁関係 自然血縁関係を遺伝だけで考えるならば、Xとx、Yとyの間に自然血縁関係が存在します。その存在はDNA鑑定で明らかになるでしょう。DNA鑑定によって、X＝x、Y＝yという自然血縁関係が証明されれば、取違えの事実の立証にもなります。しかし、遺伝だけが自然血縁関係といえるのかです。それぞれの妻は、受精卵の移植を受けた後、妊娠し出産しています。つまり、受精卵の段階から出生まで子を母体内で成長させ出産したという意味における自然血縁関係も考えられます。

(2) 法的親子関係 民法は、体外受精を知らない時代に立法されたので、母が遺伝の母と出産の母に分裂する事態を想定していません。民法は、母が当然決まる（遺伝の母＝出産の母）ことを前提に、父を決めます。そして、子を分娩した女性が子の母であるという、「分娩者＝母」という解釈が採用されています（⇨〔設問31〕）。しかし、この解釈は母が遺伝の母と出産の母に分裂することを念頭に置いていません。また、父子関係は母子関係を前提に決まるので、母子関係をまず検討する必要があります。

(3) 母子関係 母子関係を遺伝で考えるなら、xの母はX妻になります。他方、母子関係を出産で考えるなら、xの母はY妻になります。民法の従来の解釈を適用すれば出産した母に軍配が上がりますが、そもそも民法はこのような事態を想定していないため、従来の解釈に依拠する是非が問われ、結論を導くのは困難です。

唯一参考になるのが、法制審議会が立法準備作業で「中間試案」として示した資料です*6。それは「女性が自己以外の女性の卵子（その卵子に由来する胚を含む。）を用いた生殖補助医療により子を懐胎し、出産したときは、その出産した女性を子の母とする」、すなわち「出産した女性と子との間に出産の事実によって母子関係が成立する」としています。この考え方を受精卵の取違えに適用すれば、出産した女性が母になります。中間試案は、受精卵の取違えに直接言及していませんが、受精卵の取違えを排除しているとも読めず、どのような事態でも出産した女性を母にする意図と理解できます。中間試案は、出産した女性を母とする理由として、母子関係が出産という客観的な事実で明確に決まる、従来の自然懐胎と同じルールになる、妊娠によって母性が育まれることなどを挙げます。

(4) 父子関係 仮に、出産した女性を母として母子関係が決まると、父子関係はどうなるでしょうか。つまり、X妻とyの母子関係が決定した場合の、X

夫とyの父子関係です。まず，嫡出推定（民772条）を適用し，非配偶者間人工授精（AID）の場合と同様に嫡出否認の訴えを制限する解釈が考えられます（⇨〔説問33〕）。しかし，X夫は，自分たち夫婦の受精卵を用いる体外受精を望んでいたのであり，他の受精卵の使用に同意していたのではありません。X夫とyとの間には，自然血縁関係が一切ないので，X夫にyとの父子関係を強制する論理は簡単にみつかりません。

ここでも，「中間試案」が参考になります。中間試案は，医療事故などで精子が他人の妻の妊娠に用いられた男性を想定し，その男性は他人の妻が産んだ子を認知できず，また，その男性に対する認知の訴えも提起できないとしています。つまり，X夫はxを認知できず，Y夫はyを認知できないということです。しかし，同意の不存在を理由にX夫がyとの父子関係を否定でき，中間試案のようにY夫がyを認知できないとすると，yには父がいないという結果になってしまいます。

子の交換請求　さて，Xによる子の交換請求は可能でしょうか。Xが，Yに対してxの引渡請求や，Yx間の親子関係不存在確認請求をすることが考えられます。いずれもXがxの親であることを前提にするものです。しかし，A病院が取り違えたというだけでは，Xがxの親であることが明白だとはいえません。Xとxとの間の自然血縁関係が鑑定によって明らかにされる必要があります。Yにはxの鑑定に応じる義務はなく，また，鑑定を強制することもできません。仮に鑑定に応じ，Yx間の遺伝的親子関係が否定されても，YはY妻によるxの出産に基づいて親子（母子）関係が存在する旨主張することも可能だと思われます。

ちなみに，沖縄の新生児取違え事件では，子らが6歳になる直前に取違えが判明したため，翌春の小学校入学を前にして子らの交換が行われました*7。参考文献によると，新生児取違え事件では，取違えの発覚を受けて，子の交換がされることも少なくないようです。ただ，設問に関していえば，X妻がyを，Y妻がxを出産しており，母子関係が全くないとはいえないことを踏まえて，子らの福祉に最大限配慮した対応が望まれます。

病院に対する損害賠償請求　受精卵の取違えはあってはならない医療過誤なので，A病院は両夫婦そして子らに対して重い責任を負うべきです。また，両夫婦，子らに対してカウンセリングなどが必要になるでしょうから，その費用も損害賠償に含まれるべきです*8。

* 1　日本産科婦人科学会「平成19年度倫理委員会・登録・調査小委員会報告（2006年分の体外受精・胚移植等の臨床実施成績および2008年3月における登録施設数）」http://www.jsog.or.jp
* 2　那覇地沖縄支判昭54・9・20判時949・111
* 3　東京地判平17・5・27判時1917・70，東京高判平18・10・12判時1978・17
* 4　中日新聞2003年8月11日夕刊，同8月26日朝刊
* 5　毎日新聞2009年2月20日朝刊
* 6　法務省民事局参事官室「精子・卵子・胚の提供等による生殖補助医療により出生した子の親子関係に関する民法の特例に関する要綱中間試案及び同補足説明」民事月報58巻8号（2003）134頁
* 7　那覇地沖縄支判・前掲注2，東京高判・前掲注3参照
* 8　那覇地沖縄支判・前掲注2，東京高判・前掲注3参照

《参考文献》
* 奥野修司・ねじれた絆　赤ちゃん取り違え事件の17年（文春文庫，2002）

〔本山　敦〕

5　卵子提供と母子関係

設問 35

私たちは不妊に悩んでいましたが，妻の排卵に問題があることがわかりました。そこで，妻の妹夫婦に頼んで，妹の卵子を提供してもらうことにしました。ある医者がそれを援助してくれることになり，私の精子と妻の妹の卵子を使って体外受精をし，今，妻は妊娠中です。生まれてきた子は，まちがいなく私たちの子どもになるのでしょうか。妹夫婦の子どもとどういう関係になるのか，不安もあります。

卵子提供

体外受精は，夫婦の一方または双方に不妊原因がある場合に行われます。女性側では，卵管の閉塞で受精が妨げられるとか，子宮内膜症のために受精卵が子宮に着床しないなど，様々な不妊原因があります。そのような場合に，精子と卵子を体外受精させ，受精卵（胚）を子宮に移植する体外受精・胚移植が行われます（⇨〔設問34〕）。

しかし，卵子を作れない卵巣不全や，卵巣ガンで卵巣を摘出したような場合，そもそも卵子がありません。かつては，精子がない場合には第三者から精子提供を受けることもできましたが，卵子がない場合には妊娠を諦めざるをえませんでした。ところが，体外受精の登場によって，卵子を体外に取り出すことが可能になり，第三者から卵子提供を受けられる可能性が出てきました。

精子提供と卵子提供の違い

とはいえ，精子提供と卵子提供とでは，大きく異なります。精子は，もともと体外に排出されるものです。これに対して，卵子を体外に取り出すためには，①排卵誘発剤を投与して卵巣を刺激し，複数の排卵が起こる状態にし，②超音波で卵巣の状態を確認しながら，卵巣内の卵胞に膣から針を刺して卵胞液を吸引します。つまり，投薬と外科手術が必須です。しかも，排卵誘発剤の投与は卵子採取の約35時間前に行い，採卵は痛みを伴うので麻酔も必要です。卵子の採取は女性の体に重い負担を掛けます。

凍結保存についても精子と卵子とでは違います。精子は半永久的に凍結保存できますが（⇨〔設問32〕），卵子だけの保存は困難とのことです。一部の医療機関で卵子の凍結保存をしていますが，技術的に確立していないといわれています。そのため，卵子は採取直後に精子と受精させ，受精卵（胚）にして凍結保存します。保存の点でも卵子は貴重なのです。

近親者からの提供

これらの事情から，赤の他人から卵子提供を受けるのは困難です。アメリカでは商業ベースで卵子の売買が行われていますが（⇨〔設問36〕），そのようなことのないわが国では卵子の入手はまず不可能です。そこで，姉妹間あるいは母子間（母から娘へ）などの近親者間で卵子提供の話が出てきます。

1996（平成8）年，長野県の開業医が，姉妹間の卵子提供を実施し，子が生まれたと報道されました。姉妹はそれぞれ婚姻しており，姉に不妊原因があります。妹の卵子と姉の夫の精子を体外受精させ，得られた3個の受精卵を姉の子宮に移植しました。その結果，姉は双子を出産し

体外受精の対象 この医師も入会していた日本産科婦人科学会は，1983（昭和58）年の会告（ガイドライン）で＊1，体外受精の「被実施者は婚姻しており，挙児を希望する夫婦で，心身ともに妊娠・分娩・育児に耐え得る状態にあり，成熟卵の採取，着床および妊娠維持が可能なものとする」（下線：引用者）としました。「成熟卵の採取……が可能なものとは，少なくとも一側の卵巣を有すること」との解説から明らかなように，同学会は卵子提供を認めていません。同学会が会告違反でこの医師を除名処分にしたため紛争になりました。

卵子提供の許容 この事件を1つの契機に，生殖補助医療に対する法的規制の議論が始まりました。生殖補助医療に関する法制度を有する多くの国が卵子提供を認めていることなどから，日弁連提言＊2，旧厚生省報告書＊3，厚生労働省報告書＊4，法制審議会中間試案＊5は，いずれも卵子提供を認めるとしました。また，日本産科婦人科学会も卵子提供について検討し，2001（平成13）年には，同学会倫理委員会倫理審議会が卵子提供を認める答申をしました＊6（ただし，会告には至っていません）。

近親者からの提供については，旧厚生省報告書が条件付で許容しましたが，同報告書を進展させた厚生労働省報告書が禁止に転じました。また，日本産科婦人科学会倫理委員会倫理審議会も「匿名の第三者に限るべきである」として近親者間の卵子提供を認めません。同審議会は，この点をさらに検討し，2003（平成15）年，近親者間の卵子提供を認めないと再度答申しました＊7。

最近の動向 他方，2008（平成20）年には，20の医療機関をメンバーとする日本生殖補助医療標準化機関（JISART）が，友人からの卵子提供および姉妹からの卵子提供を各1例ずつ実施しました。また，同機関は，いわゆる「卵子バンク」の設立を検討しているとのことです＊8。

さらに，日本生殖医学会も2009（平成21）年3月に姉妹や知人からの卵子提供を容認する見解を発表しました＊9。

禁止の理由 近親者間の卵子提供を禁止する理由としては，生殖補助医療による出生子の親子関係に関する法制度が未整備なこと，家族関係・人間関係が複雑化し出生子と遺伝的母（卵子提供者）が長期間心理的葛藤をもつ可能性のあること，圧力によって提供が強制されるおそれのあること，関係当事者（子，提供を受けた夫婦，提供者夫婦）に対するカウンセリング等の体制の不整備などが挙げられます。

複雑な親子関係・人間関係 まず，母子関係について考えます。妹の卵子と姉の夫の精子を体外受精し，受精卵を姉の子宮に移植し，姉が出産しました。遺伝（卵子）の母は妹ということになります。しかし，現行法の解釈では，子を分娩した者が子の母になるので，姉が法律上の母になります。次に父子関係ですが，姉（妻）の夫の精子を用いて体外受精をしたので，夫が遺伝（精子）の父になります。また，婚姻中の妻が懐胎した子なので，嫡出推定によって夫の子と推定されます（民772条）。夫と子の間には自然血縁関係が存在するため，夫は嫡出否認の訴えによって父子関係を否定できません。したがって，現行法をそのまま適用すれば，姉夫婦が子の法律上の親であり，生まれた子を嫡出子として届け出ること

⑤ 卵子提供と母子関係

III 生殖補助医療と子ども

に障害はありません。

問題は，法的親子関係よりも，別なところにあります。例えば，姉夫婦が離婚する場合，夫と妻が子の親権者の地位を争うかもしれません。このような場合に，妻と子の間に遺伝的母子関係のないことが問題になる可能性があります（⇨〔設問31〕）。また，子が先天的な病気をもって生まれた場合や，長じて非行や犯罪に走った場合に，こんな子なら卵子提供を受けてまで作るのではなかった，という気持ちをもたないといえるでしょうか。

子にとっては，産み育ての母と遺伝の母，2人の母がいることになり，産みの母が法的な母であっても，遺伝の母（であると同時に叔母）に対してどのように接するのかで混乱するでしょう。子が，2人の母にどういう感情を抱くのか全く未知数です。さらにいえば，親の相続などを契機に姉妹の仲が悪くなった場合に，かつて卵子をあげた・貰ったという事情が飛び出し，子を巻き込んだトラブルに発展するかもしれません。

さらに，妹夫婦に男児がいて，妹から姉への卵子提供で女児が生まれたとします。将来，両児が恋愛関係になったり，婚姻を望んだりしたらどうなるでしょうか。戸籍上はいとこ同士でも，遺伝的母子関係を同じくするので，近親相姦ともいえます。このような事態を防ぐためにも，親族間の提供には慎重さが必要です。

出自を知る権利　子には，自分の親を知る権利があります（児童の権利に関する条約7条2項）。これは，提供者が赤の他人でも近親者でも変わりません。養子縁組などでは，子が幼い時から年齢に合わせた方法で，養子であることを教えるのがよいとされています。子は，親や周囲の大人たちが何かを秘密にしていることを，なんとなく察するものです。子の出生という重大な秘密をもつ家族は，秘密を守るために自ずと緊張感の漂った不自然な家庭を営むでしょう。そのような雰囲気の方が子にとってマイナスになると考えられています。特に，何も教えられないまま思春期を迎えた子が，親戚や近所の人などから不意に事実を教えられたなら，相当混乱するにちがいありません。子には出自を知る権利があります。姉妹間の卵子提供という手段を選んだ両親と提供者には子に真実を教える義務があり，また教えることが紛争の予防にもつながるでしょう（⇨〔設問37〕）。

*1　日本産科婦人科学会「『体外受精・胚移植』に関する見解」（1983）http://www.jsog.or.jp
*2　日本弁護士連合会「生殖医療技術の利用に対する法的規制に関する提言」（2000）http://www.nichibenren.or.jp
*3　厚生科学審議会先端医療技術評価部会生殖補助医療技術に関する専門委員会「『精子・卵子・胚の提供等による生殖補助医療のあり方についての報告書』及び各委員のコメント」ジュリ1204号（2001）96頁
*4　厚生科学審議会生殖補助医療部会「『精子・卵子・胚の提供等による生殖補助医療制度の整備に関する報告書』について」（2003）http://www.mhlw.go.jp
*5　法務省民事局参事官室「精子・卵子・胚の提供等による生殖補助医療により出生した子の親子関係に関する民法の特例に関する要綱中間試案及び同補足説明」民事月報58巻8号（2003）134頁
*6　日本産科婦人科学会「倫理審議会答申書——卵子提供による非配偶者間体外受精・胚移植実施について（追加審議事項を含む）」（2001）http://www.jsog.or.jp
*7　日本産科婦人科学会「倫理審議会答申書——諸問事項　精子・卵子の提供者を匿名の第三者とする点について」（2003）http://www.jsog.or.jp
*8　http://www.jisart.jp/，読売新聞2008年8月30日夕刊
*9　京都新聞2009年3月28日夕刊

〔本山　敦〕

6 代理母

設問 36

私たち夫婦は50歳を過ぎているのですが、子どもをもちたいという思いを断ち切れず、昨年、アメリカへ行き、留学生の日本人女性から卵子の提供を受け、夫の精子と体外受精させ、アメリカ人女性に産んでもらいました。この子は私たちの子として、認められるでしょうか。

代理母とは

代理母とは、子宮を摘出したなどの理由で妊娠・出産できない女性に代わって、別の女性に妊娠・出産してもらうものです。代理出産ともいわれますが、医学分野では「代理懐胎」が専ら用いられているので、以下ではそちらを用います。

代理懐胎の方法

代理懐胎は、大きく2つの方法に分けられます。

1つは、代理母出産（surrogate mother）で、子を望む夫婦が、妻に卵子や子宮がないなどの理由で妊娠できないときに、夫の精子を別な女性に人工授精し、その女性に妊娠・出産してもらい、出生子を夫婦が引き取るものです。代理懐胎は、当初、この方法で始まりました。技術的には、非配偶者間人工授精（AID）と同じです。

もう1つは、借り腹出産（host mother）で、子を望む夫婦が、妻に子宮がないなどの理由で妊娠できないときに、体外受精で作った夫婦の受精卵（胚）を、別な女性に移植し、その女性に妊娠・出産してもらい、出生子を夫婦が引き取るものです。近時行われている代理懐胎は、ほとんど借り腹出産だと思われます。技術的には、体外受精・胚移植（IVF-ET）と同じですが、別な女性の子宮を借りることから、「借り腹」と呼ばれます。設問も借り腹出産なので、以下、借り腹出産を中心に考えます。

借り腹出産の混迷

借り腹出産は、夫婦の受精卵を別の女性に移植し、その女性に妊娠・出産してもらう形で始まりました。ところが、体外受精の技術を用いることから、夫婦の受精卵だけではなく、第三者から提供された精子や卵子を用いて体外受精で受精卵を作り、それを移植することも可能です。例えば、夫に精子がなく、妻に卵子はあるが子宮がない場合に、第三者から精子提供を受け、妻の卵子と受精させた後、別の女性に移植するとか、夫に精子はあるが、妻に卵子も子宮もない場合に、第三者から卵子提供を受け、夫の精子と受精させた後、別の女性に移植するとか、様々なバリエーションが行われるようになりました。設問は、後者に該当します。極端な話としては、精子・卵子ともに第三者から提供を受け、それらを受精させた後、別の女性に移植するような場合も考えられます。しかし、これだと、代理懐胎を依頼した夫婦と出生子の間に自然血縁関係が全くないので、むしろ生殖補助医療を使った養子とでも呼ぶべきでしょう。

代理懐胎の許容

わが国では、長野県の医師が2001（平成13）年と2003（平成15）年に借り腹出産を行っていたことが報道され大きな話題になりました。同医師の加盟する

III 生殖補助医療と子ども

日本産科婦人科学会は、会告（ガイドライン）で生殖補助医療の対象を夫婦に限定しており、それゆえ必然的に、代理懐胎を認めていないからです。同学会が代理懐胎を許していないことから、国内で代理懐胎をすることはまず無理です。また、卵子提供を受けるのも国内では極めて困難です（⇨〔設問35〕）。そこで、代理懐胎が許容されている国、特にアメリカで代理懐胎をする日本人夫婦が後を絶たないのです。

アメリカでは、代理懐胎に対する態度が州によって異なります*1。代理懐胎は、依頼者夫婦と女性との代理懐胎契約を基礎としますが、契約を認める州、契約を無効とする州、特に対応をしていない州に分かれます。契約を認める州では、依頼者夫婦を出生子の実親にする手続も用意されています。また、そのような州では、代理懐胎を斡旋・仲介するエージェンシーが多数活動し、商業ベースで代理懐胎が行われています。女性に支払う謝礼、医療費、エージェンシーへの手数料などが計3万ドル程度、日本人が利用する場合には、渡航や宿泊費用、通訳なども必要なので日本円にして1000万円程度になります。さらに、アメリカでは、精子や卵子も売買されており、それらを利用するのであれば別途購入代金が必要となります。

代理懐胎の禁止

アメリカでは一般に代理懐胎が認められているというのは誤りで、一部の州で合法的に行えるにすぎません。他国に目を転じると、ドイツやフランスでは代理懐胎は禁止され、違反は刑事罰の対象とされます。世界的には、発展途上国など代理懐胎のルールをもたない（必要としない）国が大半で、先進国の多くは代理懐胎を禁止しています。

わが国でも、日弁連提言、旧厚生省報告書、厚生労働省報告書（⇨〔設問35〕）が代理懐胎を禁止するとの方向を示しました。例えば、厚生労働省報告書は、「代理懐胎（代理母・借り腹）は禁止する」として、3つの理由を挙げます。①人（女性）を専ら生殖の手段として扱うことになり、人間の尊厳を損なう。②妊娠の危険を第三者（女性）に負わせることになり、安全性に反する。③アメリカでは、妊娠・出産した女性が出生子の引き渡しを拒むなど依頼者との間で深刻な紛争となり、子の福祉に反する事態が生じている、と指摘します。

また、日本産科婦人科学会も2003（平成15）年に会告をまとめ、同学会員に対して、代理懐胎の実施・関与・斡旋を明確に禁止しました。禁止の理由として、子の福祉、身体的危険・精神的負担、家族関係の複雑化、社会が許容していないことを挙げます*2。したがって、国内では希望しても代理懐胎によって子を得ることは不可能に近いといってよいでしょう。

出生届の扱い

設問のもとになった事件が2003（平成15）年に発覚しました*3。夫（53歳）と妻（55歳）の日本人夫婦が、2001年にカリフォルニア州のエージェンシーと契約し、アジア系のアメリカ人女性から卵子提供を受け夫の精子と体外受精させ、その受精卵を別のアメリカ人女性に移植し、2002年に双子が生まれたという事例です。同州では、代理懐胎の場合、裁判所の判決を得て、依頼者夫婦を父母とする出生証明書が発行されます。そこで夫婦は、現地の日本総領事館に同証明書と出生届を提出しました。

戸籍実務は形式審査主義であり、出生届などの受理に際しては形式的な要件しかチェックしないのが原則です。ところが、従前から、子を実際に産んでいない

⑥ 代理母

女性が，子を産んだと届け出ることがしばしば起きます。例えば，藁の上からの養子（⇨〔設問45〕）とか，母親が未婚の娘の産んだ子（つまり孫）を自分の出生子として届け出るとかです。そこで，法務省民事局長名で1961（昭和36）年に通達が出され，「母が50歳に達した後に出生した子として届け出られた出生届については，市町村長はその受否につき，管轄法務局，地方法務局又はその支局の長の指示を求めた上処理する取扱」とされました*4。そのため，日本総領事館は，出生届の受理を保留し，法務省の指示を仰いで事実関係を調査したところ，代理懐胎の事実が判明したのです。

その後，夫婦は双子を伴って日本に帰国しました。2004（平成16）年，夫婦は居住する自治体に子らの出生届を提出しましたが，受理されませんでした。そこで，家庭裁判所に不受理処分の取消しを求めましたが認められず，即時抗告，許可抗告ともに棄却されています*5。

不受理の理由 民法は，母子関係の決定を受けて父子関係が決定される構造になっています。そして，民法では，分娩の事実によって母子関係が発生すると解されています。依頼者夫婦の妻は双子を分娩していないので，母になる余地がありません。妻と双子の間には自然血縁関係が全くなく，現行法では母子関係を定立するのは無理です。夫と双子の間には自然血縁関係がありますが，母子関係を決定しないと父子関係を決定できないので，双子の出生届は宙に浮かざるをえません。依頼者夫婦と双子は，カリフォルニア州法では親子関係があり，日本法上は何の関係もないことになっているわけです。

その後の展開 2003（平成15）年，元プロレスラーの男性と子宮を摘出した女性タレントの夫婦が，自分たちの受精卵を用いる代理懐胎をネバダ州で実施しました。同夫婦は，出生子（双子）を連れて帰国し，出生届を提出したところ不受理となったので訴訟になりました。最高裁は，「現行民法の解釈としては，出生した子を懐胎し出産した女性をその子の母と解さざるを得ず，その子を懐胎，出産していない女性との間には，その女性が卵子を提供した場合であっても，母子関係の成立を認めることはできない」と判示しました*6。なお，その後，この夫婦と双子との間に特別養子縁組が成立したということです。

学術会議での検討 頻発する代理懐胎の事件を受けて，2006（平成18）年，法務大臣および厚生労働大臣は，「代理懐胎を中心とする生殖補助医療の課題」の検討を日本学術会議に依頼しました。同会議の提言は，代理懐胎を原則禁止するべきとしましたが，法制化の動きにはつながっていません*7。

*1 総合研究開発機構＝川井健共編・生命科学の発展と法（有斐閣，2001）109頁以下
*2 日本産科婦人科学会「代理懐胎に関する見解」（2003）http://www.jsog.or.jp
*3 読売新聞2003年10月23日朝刊
*4 「50歳以上の者を母とする子の出生届の受理について」昭和36・9・5民事甲2008民事局長通達
*5 大阪高決平17・5・20判時1919・107
*6 最決平19・3・23民集61・2・619，早川眞一郎「外国における代理出産によって出生した子の出生届」水野＝大村＝窪田編・家族法判例百選（有斐閣，第7版，2008）64頁
*7 日本学術会議「生殖補助医療をめぐる諸問題に関する提言」http://www.scj.go.jp/

《参考文献》
＊大野和基・代理出産——生殖ビジネスと命の尊厳（集英社新書，2009）

〔本山　敦〕

7 出自を知る権利

設問 37

私たち夫婦には2人の子がいますが、夫の子ではなく、2人とも、人工授精で生まれました。このことは、夫婦の秘密で、私たちの両親も知りません。子どもたちが成人する頃にはこのことを教えてあげるべきなのかどうか、悩んでいます。親として、本当のことを子どもたちに教える義務があるのでしょうか。

精子提供者の身元 第三者の提供精子を用いる非配偶者間人工授精（AID）は、1948（昭和23）年に慶應義塾大学で始まり、今日まで続いています。同大学が行っているAIDでは、同大学の医学部生が精子を提供しているようです。かつて、全国各地の医学部付属病院でAIDが行われていましたが、ほとんどの場合、医学部生がボランティアあるいはアルバイトとして精子を提供していたようです。わが国では、フランスのような公的精子バンクやアメリカのような商業ベースの精子バンクが存在しないため、精子を提供するのも提供を受けるのも容易ではありません。日本産科婦人科学会の統計によると、AIDは全国16医療機関で実施されていますが*1、もし、その中に医学部付属病院以外の医療機関が含まれているとしたら、そのような医療機関がどのような方法で精子を入手しているのか明らかでありません。

慶應義塾大学では、AIDを受ける夫婦と出生子の間に血液型の不一致が生じないよう、夫と同じ血液型の提供精子を用います。同大学は、AIDに際して夫婦から同意書を取りますが、その中には、「精子提供者に関する情報は一切与えられません」という条項があります。また、同大学は、今まで実施したAIDの記録を保管しているものの、どの夫婦に誰の精子を提供したのか完全にわかるような形で整理されているわけではないようです。

情報を与えない理由 精子提供者の情報を与えない理由は、提供者・医療機関・夫婦それぞれの側にあります。

提供者は、自分の提供した精子から子が生まれ、将来、出生子が目の前に現れる事態を危惧します。出生子が精子提供者に何かを要求するかもしれません。法的親子関係がないので要求は拒絶できても、遺伝的父子関係がある以上、精子提供者の心中は穏やかではいられないでしょう。また、精子提供者に妻がいれば、出生子の登場に妻も混乱するでしょう。

医療機関は、精子提供者の確保を望みます。精子提供に支払われる金銭は少額で、精子提供者は金目当てに提供をするわけではありません。それゆえ、精子提供者は、精子提供から将来何かの負担が生じるかもしれないと思ったら、提供を躊躇するでしょう。医療機関は、夫婦には教えない、出生子が尋ねてきても開示しないと約束し、精子提供者を安心させて、精子提供者を確保するのです。実際、精子提供者を匿名としていたスウェーデンは、1984年の人工授精法で、出生子に生物学上の父（精子提供者）の身元を知る権利を保障しましたが、その後、同国では精子提供者が減少したそうで

す*2。

夫婦は，AID を受けた事実を秘密にするでしょう。AID を明らかにすることは，夫の不妊症を明らかにすることになります。また，遺伝的父子関係の不存在を暴露することでもあるからです。わが国では，他人が産んだばかりの子を夫婦が引き取って，自分たちの実子として届け出る「藁の上からの養子」の根強い悪しき伝統があります（⇨〔設問 45〕）。乳幼児を引き取った夫婦は，外観だけでも血縁関係があるように取り繕います。明らかな養子だと，「貰われっ子」として子がいじめられたり，「血を分けた親子じゃないから」と周囲にいわれたりするからです。一切開示しないという医療機関の対応は，夫婦にはむしろ心強く映るでしょう。

出自を知る権利　精子提供者は匿名，医療機関は情報不開示，夫婦は AID について語らない，という形で AID は長年実施されてきました。

変化は，1980 年代に訪れます。まず，上述のスウェーデン人工授精法が，出生子に精子提供者を知る権利を付与しました。流れを決定付けたのが，1989 年に国連総会で採択された児童の権利に関する条約です。同条約 7 条 1 項は，「児童は，……できる限りその父母を知りかつその父母によって養育される権利を有する」と規定しました。

出自を知る権利の背景には，養子縁組と子の心理に関する知見があります。成長してから初めて自分が養子だと知った子は，たとえ養親の下で幸福に暮らしていたとしても，実親探しを切望します。子にとって，自分の遺伝的な親を知りたいという気持ちは，理解の及ばないほど切実で逼迫したもののようです。自分が誰から生まれたのかわからないと，アイデンティティに恐慌を来たすのです。また，心理学では，養親が縁組の事実を養子に明らかにして養育（オープンアドプション）したのと通常の実親子関係とを比較すると，心理的な親子関係は前者の方が良好に形成されるといいます*3。つまり，血縁関係がない場合には，両親は子に，血はつながっていない，でも私たちの大切な子だ，と知らせることが，子にとって，また，家族にとってよい結果になるというのです。

その後，1995 年のオーストラリア・ヴィクトリア州の不妊治療法，1998 年のスイスの医学的援助を受けた生殖に関する連邦法が，出自を知る権利を規定しました。他方，1994 年のフランスの生命倫理法は，出自を知る権利を認めません*4。この点については，認める方向で改正を求める意見もありましたが，2004 年の同法改正でも維持されています。

わが国の議論　わが国の議論も，関係者の思惑をよそに，匿名から開示に動いています。日本弁護士連合会は，提供者の本籍・住所・氏名を含め妊娠・出産の記録を開示するよう提言しました。これに対して，旧厚生省報告書は，提供者を特定することができない個人情報を開示するとしました。しかし，この部分は強く批判され，厚生労働省報告書では，氏名・住所等，提供者を特定できる内容を含め情報を開示するとしています。また，開示請求できる年齢については，諸説ありますが，原則 20 歳（日本弁護士連合会・旧厚生省），15 歳以上（厚生労働省）としています〔⇨**設問 35** の注 2, 3, 4〕。この点は，外国の立法例でも年齢を特に定めないものから成年年齢とするものまで様々です。

開示する情報の範囲と開示を受けられ

7　出自を知る権利

III 生殖補助医療と子ども

る年齢については，一概にはいえませんが，世界の潮流は出生子に出自を知る権利を保障する方向にあるといってよいでしょう。したがって，親は子に対してAIDの事実を教えなければならないでしょう。なぜなら，親が教えなければ，子は自分がAIDによって出生したということを知ることができないからです。

親の態度 ただ，他人がこのようにいうのはやさしく，親にとっては悩ましいと思われます。慶應義塾大学では，AIDを受けて子をもうけた夫婦にアンケート調査を実施し，146名の夫から回答を得ました[5]。子にAIDを告知するかとの問に対しては，絶対にしない（63％），できればしたくない（18％），まだ考えていない（18％），できればしたい（1％）と回答しています。今まで形成してきた父子関係・家族関係が，告知によって崩壊するのではないかという気持ちを抱いていると推察されます。自分の不妊症を告白するのも辛いでしょう。

子の気持ち ここ数年，AIDで生まれたことを知った子が，インターネット上でAIDについて情報発信したり，精子提供者（遺伝上の父）探しをする姿が報道されたりするようになりました。子は，何かの契機に父と血縁関係のないことを知り，大きな衝撃を受けるようです。また，AIDでは，同じ提供者の精子による出生子が存在することが考えられるので，極めて低い確率と思われるものの，近親婚の可能性がゼロではありません。子は，どこかに遺伝上の父あるいはその父を共通にする兄弟姉妹がいて，すでに出会っているかもしれないのに，何もわからないという不安に駆られるようです。

教える義務 以上の検討から，親には子に出自を教える義務があるというべきでしょう。ただ，AIDを告知しても，子はその先に行けません。精子提供者の情報は，医療機関が握っており，現時点では開示に同意することはおよそ考えられないからです。個人情報保護や守秘義務の問題もあります。AIDで生まれた事実だけ告知され，遺伝上の父には絶対にたどり着けないというのは，子にとっては大変酷な状況です。

しかし，子が不用意に遺伝的父子関係のないことを知り，問い詰められてAIDを告白するよりも，親が自ら準備して真実を教えるほうが，まだ救いがあるのではないかと思われます。

* 1 日本産科婦人科学会「平成19年度倫理委員会・登録・調査小委員会報告」http://www.jsog.or.jp
* 2 金城清子・生命誕生をめぐるバイオエシックス（日本評論社，1998）110頁
* 3 柏木惠子・家族心理学（東京大学出版会，2003）309頁
* 4 野村豊弘「人工授精等における出自を知る権利等」NBL743号（2002）39頁
* 5 吉村㤗典・生殖医療のあり方を問う（診断と治療社，2002）62頁

《参考文献》
* 坂井＝春日・作られる命（NHK出版，2004）

〔本山　敦〕

8 出生前診断

設問 38

最近の生殖補助技術を使えば，男の子と女の子の産み分けや，障害があるかないか，事前診断ができると聞きました。日本でも，そういうことは認められているのでしょうか。

出生前診断 出生前診断は，胎児診断ともいい，母体内の胎児を検査して，胎児の異常を調べるものです。例えば，超音波（エコー）を用いて胎児を視覚化し形態の異常の有無をみたり，採取した羊水中に含まれる胎児の細胞を検査し遺伝子や染色体の異常を調べます。また，胎児がダウン症かどうか，母体の血液成分から確率を算出する母体血清マーカー試験（トリプルマーカー試験）も広く行われています。

出生前診断の場合，女性はすでに妊娠中です。これらの診断によって，胎児に異常（の可能性）があるとわかると，妊婦は人工妊娠中絶を選択するかもしれません。あるいは，周囲の人間が中絶を勧めたりするでしょう。そのため，出生前診断には，先天的な障害や病気をもつ子を産まないようにする「命の選別」だとの非難がつきまといます。特に，障害や病気をもって生まれてきた障害者や患者は，自分たちの存在の否定と受け取るでしょう。また，中絶は母体にとって重い精神的・身体的負担になるので，母体保護の面でも出生前診断には問題があります。

着床前診断 着床前診断は，受精卵診断ともいい，1990年代に実用化された比較的新しい技術です。体外受精で受精卵を作り，細胞分裂させ，分裂した細胞の一部を採取して受精卵の遺伝子や染色体の検査を行います。検査によって，その受精卵で妊娠した場合の子の性別，先天的な障害や病気の有無（の確率）を調べることができます。

例えば，ダウン症の原因は染色体異常です。そして，ダウン症の出現頻度と母体の年齢とに関係があること，すなわち高齢出産ほどダウン症の可能性が高くなることが明らかになっています。今日，未婚化・晩婚化によって出産年齢が上昇したという事情も手伝って，出生前診断の需要が増加しています。

着床前診断では受精卵を検査し，異常のみつかった受精卵は廃棄されます。着床前診断は，出生前診断と異なり，中絶を回避できます。カトリック教会は受精卵をヒトだと考えますし，またヒトの生命の萌芽である受精卵を慎重に取り扱うべきことはいうまでもありませんが，一般的な感覚では，胎児の中絶より受精卵の廃棄の方が，抵抗感は少ないでしょう。

着床前診断の問題 しかし，着床前診断も，先天的な障害や病気の有無等を診断し，結果的には一定の出生を回避するために利用されます。したがって，出生前診断と同様に「命の選別」という批判は免れないでしょう。また，着床前診断は受精卵の一部を採取して検査をします。そのような受精卵に対する操作が，その受精卵から生まれた子の心身に何か影響を与えるのか

Ⅲ 生殖補助医療と子ども

どうかもわかっていません。さらに、着床前診断で調べることができるのは先天的な障害や病気の一部にすぎず、あらゆる障害や病気の診断が可能なわけではありません。

日本産科婦人科学会は、1988（昭和63）年に「先天異常の胎児診断、特に妊娠初期絨毛検査に関する見解」を、また1998（平成10）年に「着床前診断に関する見解」という会告（ガイドライン）を出しました。特に後者は、着床前診断は「重篤な遺伝性疾患に限り適用される。適応となる疾患は日本産科婦人科学会……において申請された疾患ごとに審査される。なお、重篤な遺伝性疾患を診断する以外の目的に本法を使用してはならない」としました。すなわち、着床前診断の利用を重い遺伝病を回避する目的に限定し、何が重い遺伝病に該当するかは同学会が個別に判断し、着床前診断の実施には同学会の承認が必要なのです。実際、慶應義塾大学からデュシェンヌ型筋ジストロフィーという病気に関する着床前診断の申請が行われ、同学会が承認したことがあります。

その後、同学会は、2006（平成18）年、従来の「着床前診断に関する見解」に「考え方」を追加して、「染色体転座に起因する習慣流産（反復流産を含む）を着床前診断の審査の対象とする」ことにしました。また、同学会は、2007（平成19）年、「先天異常の胎児診断、特に妊娠初期絨毛検査に関する見解」を廃止し、新たに「出生前に行われる検査および診断に関する見解」を公表して、同学会員である医師に対して、見解の遵守を求めています*1。

男女の産み分け

性別は精子によって決まるようです。一時期、パーコールという液体を用いた精子の選別方法が試みられました。しかし、完全に産み分けができるわけではなく、当然、人為的に男女を産み分けることから生じる、社会的・倫理的問題も指摘されました。

着床前診断では、受精卵の染色体を分析することで、性別が簡単にわかります。検査した受精卵から、特定の性別を選択し移植すれば、男女の産み分けが可能です。

例えば血友病は伴性劣性遺伝といい、患者になって発病するのは男性だけで、女性は保因者にはなっても発病しません。そして、保因者の女性から生まれる男児は2分の1の確率で患者になります。このような遺伝病を回避するために男女の産み分け＝着床前診断が求められることがあります。日本産科婦人科学会は、血友病を重い遺伝病とは認めていませんが、血友病の患者・保因者からの希望に基づいて男女の産み分けが医療現場ではそれなりに行われているともいわれています。他の遺伝病についても同様です。

出生前診断の是非

出生前診断について各国の対応をみると、特に規制のない国（アメリカ）、重い遺伝病に限って認める国（フランス）、禁止する国（ドイツ）など、様々です。それぞれの社会で生命の始まり、中絶の許容度、先天的な障害や病気に対する意識や施策は異なるので、障害や病気に対する心配を回避するための出生前診断の是非や範囲は、社会的な議論を通じて決定し選択すべき問題でしょう。

*1 http://www.jsog.or.jp/

《参考文献》
* 丸山英二編・出生前診断の法律問題（尚学社，2008）

〔本山　敦〕

9 生殖補助医療を受ける権利

設問 39

私は独身の女性ですが，子どもが欲しかったので，病院で人工授精の依頼をしたのですが，拒否されました。私は，好きでもない男性と子どもほしさに性関係をもちたくはありません。病院は，私が子どもをもつ権利を侵害していると思うのですが，損害賠償の請求をすることはできますか。

単身者・同性カップルの希望

婚姻の有無にかかわらず，女性が子をもうけるためには，通常，男性との性交渉を必要とします。しかし，性交渉を拒絶するとなると，自然生殖の可能性がないので，精子の提供を受けて非配偶者間の人工授精または体外受精の施術を求めることになります。また，レスビアンのカップルが子を望むこともあります。これは，法的には未婚女性が2人いるだけなので，カップルの一方または双方が精子の提供を受けることを望むでしょう。さらに，独身男性あるいはゲイのカップルが子を望むこともあります。これも，法的には未婚男性が2人いるにすぎないので，どこかの女性から卵子提供を受けて自分（たち）の精子と受精させ，どこかの女性に受精卵を移植する代理懐胎を用いることを望むでしょう。では，これらのような単身者あるいは同性カップルが精子提供・卵子提供・代理懐胎というような生殖補助医療を利用することができるのでしょうか。

独身者の利用

以下では独身女性が精子提供を受けられるかどうかを中心にみましょう。まず，日本産科婦人科学会の会告（ガイドライン）は，精子提供＝非配偶者間人工授精（AID）の実施を法律婚夫婦に限っています*1。そして，提供を受けに来たカップルが法律婚夫婦であるかどうかを戸籍謄本等で確認するとしています。したがって，独身女性が国内でAIDを受けるのは困難でしょう。AIDを受けたいがために仮装婚姻，すなわち男性との婚姻届は出したが，夫婦としての生活実態が存在しない関係を作り出し，AIDを受けることもまず無理でしょう。医療機関は男性（夫）が不妊症か検査しますし，通常は，夫婦間の生殖補助医療に何年もチャレンジしてだめだったときにはじめてAIDという選択肢が出てくるのであり，形式的に婚姻さえしていればすぐにAIDを受けられるわけではないからです。

外国に目を転じると，アメリカでは商業ベースの精子バンクがいくつもあり，精子を買うことができます。精子バンクによっては，購入者に提供者のプロフィールを知らせたりもするそうです。また，購入者の希望に基づいて，例えば日系人などアジア系の人種の精子というように指定して購入することもできるようです。イギリスでは，生殖補助医療を行える医療機関は認可制で少数です。ただ，生殖補助医療は婚姻夫婦だけでなく，事実婚カップルや独身女性にも開かれています。フランスでは，生殖補助医療は婚姻夫婦と安定した関係にある事実婚カップルのみ行うことができ，独身者の利用は認められていません。ドイツでは，生殖補助医療の利用は法律婚夫婦に限定されてい

III 生殖補助医療と子ども

ます。これらのように，AID ひとつをとっても，国による違いは大きく，禁止ないし制限の厳しい国の国民が，アメリカなど規制がないあるいは緩い国に行って生殖補助医療を受ける事態が生じています（生殖ツアー）。

わが国では，独身者や同性カップルに生殖補助医療の利用を認めるべきとの主張はほとんどありません。日弁連提言は，事実婚夫婦の利用を認めてもよいとしつつ，独身者や同性カップルについては今後の議論を待つとしました*2。また，旧厚生省報告書*3および厚生労働省報告書*4は，法律婚夫婦に限定するとしています。

その後，2006（平成18）年には，日本不妊学会が，「『事実婚における本人同士の生殖細胞を用いた体外受精実施』に関する日本不妊学会の見解」を公表し，前述の日本産科婦人科学会会告とは異なり，事実婚の不妊カップルに対する生殖補助医療の実施を可能とすべきであるとしました*5。しかし，最もハードルが低いと思われる事実婚カップルへの適用についても，議論は低調なままです。

家族を形成する権利

他方，学説では，家族形成権という主張がみられます。例えば，石井美智子教授は，生殖補助医療の「法規制は，ヒトには子をもつ権利があるという考えを基礎とするが，生まれてくる子の福祉を最優先*6」して行うべきだとします。また，金城清子教授は，どのような者に生殖補助医療の利用を認めるのかについて「人権としての生殖の自由・権利，家族を形成する権利，科学技術の成果を享受する権利などを踏まえた検討が必要*7」だとします。これらは，恐らく世界人権宣言16条1項の「家庭をつくる権利」や，国際人権規約＝経済的，社会的及び文化的権利に関する国際規約（A規約）10条1項の「家族の形成のため」の保護・援助というような，国際条約に由来する発想と思われます。ただ，仮に家族形成権なるものがあるとしても，それが直ちに生殖補助医療を利用する権利に結びつくのでないことは，いうまでもありません。

また，1994年にカイロで開催された国際人口・開発会議では，「生殖の権利（reproductive rights）」という概念が提唱されました。これは，女性が子を産むのか産まないのか，産むとしたら，いつ，何人産むのかを，女性の人権として捉えようというものです。しかし，この概念も直接的に生殖補助医療を利用する権利を導くものではないと思います。なぜなら，世界的な視野で生殖の問題をみたときに，そこで強調されるべきはむしろ「産まない権利」です。開発途上国では，貧困や無知から，女性が多数の子を産むことを求められ，人口の増加や食糧難を招いています。また，それらの国々では出産による女性の死亡も乳幼児の死亡も多くなっています。リプロダクティヴ・ライツは，女性が出産を強制される問題を第一義的に意識したものです。

生殖補助医療は医療か

視点を変え，考えてみなければならないのは，生殖補助医療は果たして医療か，という点です。例えば，癒着して閉塞した卵管を外科手術によって剝離する，子宮筋腫を切除するのは医療です。しかし，夫が無精子症で，妻にAIDを施術するのは医療でしょうか。AIDによって，妻は妊娠・出産するかもしれませんが，夫の無精子症が治ったわけではありません。子宮を失った妻に代えて，別な女性に代理懐胎を依頼して子が生まれても，子宮がないという妻の状態が改善したのではありません。AIDなどの生殖補助医療は，従来

から医療機関で行われてきたためにあたかも医療であるかのように考えられてきましたが，本当に医療といえるのかどうか疑問があるのです。そして，医師法19条1項は，「診療に従事する医師は，診察治療の求があつた場合には，正当な事由がなければ，これを拒んではならない」と規定します。これを応召義務といいます。特に不妊症でも何でもない健康体の女性に対して必要のない「不妊治療」を拒むのは正当な事由にあたるでしょう。しかも，上述のとおり，精子の提供自体が医療でないとしたら，そもそも診察治療にあたらないことになります。

ちなみに，日本医師会の「医師の職業倫理指針」では，「第三者の配偶子〔注：精子・卵子のこと〕を用いる生殖補助医療を担当医師が薦めることはあってはならない。当該医療はあくまで不妊夫婦の配偶子を用いることが原則であることを認識することは重要である*8」とされ，非配偶者間の生殖補助医療に謙抑的であることを医師に対して求めています。

子の福祉

独身者や同性カップルがAID等の生殖補助医療で子をもつことにわが国の議論の大半は反対といってよいでしょう。そして，共通する考え方として子の福祉の尊重が挙げられます。もちろん，子の出生前に父が死亡したため，出生時に父がいない子もいます。また，法律婚夫婦が子を虐待することもあります。親がひとりでは子が可哀想だといっても仕方のない場合もあれば，法律婚夫婦なら子を絶対に可愛がるというわけでもありません。ただ，特殊な例ではなく，一般論として子に両親がいるのが望ましいということは否定できないでしょう。そうであれば，医師が，母しかいない子の出生に手を貸さないのは当然です。

損害賠償請求の可否

以上の検討で明らかになったように，設問のような場面では，医師にはそもそも応召義務がないと考えられること，わが国では独身者・同性カップルの生殖補助医療を認めない見解が大勢を占めること，子の福祉に反すると思われることから，医師の拒絶は正当だと思われます。したがって，医師を相手に損害賠償請求をしても，裁判所は請求を認容しないでしょう。

*1 日本産科婦人科学会「非配偶者間人工授精に関する見解」(2006) http://www.jsog.or.jp
*2 日本弁護士連合会「生殖医療技術の利用に対する法的規制に関する提言」(2000) 55頁．http://www.nichibenren.or.jp
*3 厚生科学審議会先端医療技術評価部会生殖補助医療技術に関する専門委員会「『精子・卵子・胚の提供等による生殖補助医療のあり方についての報告書』及び各委員のコメント」ジュリ1204号 (2001) 96頁
*4 厚生科学審議会生殖補助医療部会「『精子・卵子・胚の提供等による生殖補助医療制度の整備に関する報告書』について」(2003) http://www.mhlw.go.jp
*5 http://www.jsrm.or.jp
*6 石井美智子・人工生殖の法律学（有斐閣，1994）93頁
*7 金城清子・生殖革命と人権（中央公論社，1996）180頁
*8 日本医師会「医師の職業倫理指針」(2004) http://www.med.or.jp

《参考文献》
*杉浦＝野宮＝大江編著・パートナーシップ・生活と制度――結婚・事実婚・同性婚（緑風出版，2007）

〔本山　敦〕

10 提供者（精子・卵子・胚）の権利・義務

設問 40

私は若い頃に病気をしたために，無精子症だと診断されました。実は，私は学生時代に精子ドナーの経験があり，何人かの子どもも生まれているようなのです。調査して，身元がわかれば会いたいと思っているのですが，当時の医学部付属病院・医師に対して，私がドナーになった子どもの情報の提供を求めることはできますか。

提供者の権利・義務 精子・卵子・受精卵（胚）の提供がそれぞれ考えられますが，以下では，わが国で唯一公認されているといってよい精子提供を素材に，まず提供者の一般的な権利および義務について考察し，続いて関連する問題を検討します。

提供者の権利 従来，精子等の提供は，匿名で行われるべきだとされ，実際に匿名で行われてきました。ここでいう匿名とは，精子提供者は精子受領者を知らないし，精子受領者も精子提供者を知らないという2つの意味です。精子提供者は医療機関に対して提供を行い，精子受領者は医療機関でAIDを施術されます。親族間で提供が行われるような特殊な場合を除いて，精子提供者と精子受領者が互いに出会う機会はありません。

精子提供者は，出生子が，成長後，突然訪ねて来るとか，父として何らかの責任を負わされる事態をむしろ恐れ，受領者や出生子に提供者の情報を一切開示しないことを求めるのが普通です。

提供者の権利はほとんどない，というべきでしょう。提供に際して，医療機関は提供者に少額の金銭を支払うようです。これは，外形的には精子の売買が行われたものとみることも可能です。そうすると，金銭の支払によって，精子に対する権利（所有権）は医療機関側に移転したともいえます。提供者が医療機関に主張できるのは約束された金銭の支払や，提供時に医療機関が約束した情報不開示の遵守ぐらいでしょう。ただ，提供者の気が変わり，提供した精子のAIDへの使用の中止を求める，精子の返還を求める，あるいは精子の廃棄を望むというような事態が考えられます。そのような場合には，医療機関に未使用の精子が残っていればの話ですが，精子は提供者の遺伝情報を含んだ特殊なものなので，提供者の希望が尊重されてもよいと思われます。

今日では，子の出自を知る権利の尊重から，子が将来提供者（遺伝上の父）を特定できるようにするべきだと考えられるようになっています（⇨〔設問37〕）。立法準備作業の結論では，提供者に提供に際して，氏名・生年月日・本籍・現住所というような個人情報を明らかにさせ，それらをいずれ出生子に開示するかもしれないことに提供者は同意した上で，提供を行うべきだということになりました[*1]。立法は頓挫しましたが，子の福祉の観点からこのような考え方は支持を受けており，もし実現すれば提供者の匿名性は失われることになります。

提供者の義務 提供者の義務は，提供に先立って健康診断，特にHIVなどの感染症の有無について検査等を受けることです。仮に医療機関の検査ミスで感染症を見逃し，

III 生殖補助医療と子ども

受領者や出生子が感染したとしても，提供者の責任にはならないでしょう。また，提供者に発現していない遺伝病があり，提供者も気付かないまま提供した結果，先天的な遺伝病をもった子が生まれたような場合も同様です。問題は，提供者が遺伝病やその可能性を知りながら医療機関に告知せず提供が行われ，その結果，遺伝病をもつ子が生まれたような場合です。医療機関としては提供者の誠実な申告に期待するしかなく，また，すべての遺伝病を検査できるわけでもないので，よほど悪質な提供でもない限り提供者の責任を問うことはできないでしょう。ただ，提供者が，提供後に遺伝病を知ったような場合には，その精子が使用されないよう，医療機関に連絡するといった誠実さは要求されてよいと思われます。反対に，出生子の遺伝病が先に判明した場合には，医療機関を通じて提供者にその事実が伝えられることが必要かもしれません。なお，提供者には守秘義務はなく，提供者になったことを自ら公言するのは自由でしょう。上述のとおり，提供者は自分の精子が誰に使われたのか知ることができないので，受領者や出生子に影響を及ぼすものでもありません。

医療機関の義務　仮に，設問のような理由から，提供者が医療機関に情報の開示を求めても，医療機関は守秘義務あるいは個人情報保護を理由に拒絶するでしょう。提供者がカルテ等の開示請求訴訟を提起したとしても，裁判所が認めるとは思えません。また，そのような訴訟がそもそも可能かどうかという問題もあります。なぜなら，第1にAID等の生殖補助医療を実施した医療機関（精子提供医療機関）が子の出生を必ず把握しているとは限らないからです。不妊症の夫婦は，精子提供医療機関でAIDだけを受け，妊娠したとしても出産は別の医療機関でし，妊娠の事実，出産の事実を精子提供医療機関に伝えないこともあります。第2に診療録（カルテ）の保存期間です。カルテは5年間の保存が義務付けられています（医師24条）。慶應義塾大学はすべてのAIDの記録を保存しているといわれますが，詳細なことまではわからないかもしれません。AIDを実施しているすべての医療機関がそのようにしているかどうかはわかりません。この点は，子の出自を知る権利の保障の面からも問題ですが，現状では記録を5年で廃棄しても違法ではありません。第3にAIDを受けた夫婦については不妊治療ということで当然カルテが作られているとしても，提供者が医療機関に精子を提供すること自体は医療でも何でもありません。そのような行為の記録について医師法が適用されるかどうかも不明であり，5年に満たないで提供者の記録が廃棄されていたとしても，違反とはいえないでしょう。

開示請求の可能性　かつて行われた立法準備作業では，子の側からの出自を知る権利の保障は重要な課題とされました。そして，提供者の記録は，出生子からの将来の開示請求に備えて，公的機関に一元的に管理される方向が提案されました。比較法的に，提供者からの開示請求を想定している国はニュージーランドぐらいしかないようです*2。

*1　厚生科学審議会生殖補助医療部会「『精子・卵子・胚の提供等による生殖補助医療制度の整備に関する報告書』について」(2003) http://www.mhlw.go.jp
*2　梅澤彩「ニュージーランド生殖補助医療法における子の出自を知る権利について」年報医事法学23 (2008) 40頁

〔本山　敦〕

Ⅳ 養子

1　養子縁組の要件
2　手続・届出
3　縁組の無効
4　離　縁
5　離縁の効果
6　無効な離縁の追認
7　裁判離縁

1 養子縁組の要件（1）——縁組意思

設問 41

私の友人は消費者金融で行き詰ったとみえ，自分の名前ではもう借りられなくなったので，私の養子にして欲しいといってきました。金を借りたらすぐ離縁して迷惑をかけないというのですが，私は断りました。彼は他の友人にも話を持ちかけているようですが，こういう養子縁組も認められるのでしょうか。

問題の所在 消費者金融のブラックリストから逃れるための仮装縁組が有効となるかという問題です。これに回答するには，養子縁組の意思に関するいわゆる「形式的意思説」と「実質的意思説」について正確に理解することが必要です。

養子縁組の制度の趣旨 養子縁組の制度は民法が定めている法律上の制度ですから，養子縁組が有効に成立するためには民法が定める要件を備えていることが必要です。その民法が定める要件として，当事者間に縁組をする意思が必要です。民法802条1号は「人違いその他の事由によって当事者間に縁組をする意思がないとき」は，縁組は無効であるとして，このことを裏面から規定しています。

養子縁組の意思とは 養子縁組が有効に成立するためには，縁組意思の合致が必要ですが，どのような場合に縁組意思の合致が認められるかについては，学説・判例が分かれています。まず学説を大別すると，実質的意思説，多元的類型説，形式的意思説，定型的意思説に分かれています。設問のように，消費者金融のブラックリスト回避のためだけの養子縁組は，一種の仮装・方便のための縁組ということになります。このような場合は，実質的意思説や多元的類型説に従えば無効ということになりますが，形式的意思説に従えば縁組届出の意思さえあれば有効とされることになります。

実質的意思説による場合 これまでの通説的な見解では，縁組意思とは，一般の社会人が習俗的な通念に照らして，これが養子であると認められるような関係を創設しようとする意思であると解しています。すなわち，縁組の法的効果のうち，扶養，氏，相続など縁組の主要な法的効果が目的の中に含まれるような関係であって，通常誰でも養子縁組と認めることができるような親子関係があることが必要です。そうすると，設問のブラックリスト回避のような氏の獲得という目的だけの縁組では，到底養子縁組の関係にあるとは認められないでしょう。

多元的類型説による場合 婚姻と比較すると，養子縁組，特に成年養子縁組の場合は（未成年養子の場合は子の監護のためという単一目的が通常ですが），養父母の扶養のためとか，あるいは家系や財産を承継させるためとか，さらには会社存続のためとか，多元的な社会的類型があります。そこで，有力説は，成年養子の場合には，縁組の効果のうち一部しか目的としていなくても，親子関係を設定する意思と矛盾する要因がなく，かつ他の法的効果を排除する意思がなければ有効と解

養子縁組の要件(1)──縁組意思

してよいとしました（多元的効果説）。この見解によっても、扶養や相続など主要な効果を排除する設問のような場合は、到底縁組意思を認めることはできません。

形式的意思説・定型的意思説による場合　近時では、前述した実質的意思説と形式的意思説との双方を考慮して、民法上定型的に規定された効果に向けられた意思があれば足り、ただ公序良俗に反するものは民法90条違反として無効とすれば足りるとする見解も有力です（定型的意思説）。この説によれば、縁組の効果である同一氏の取得の意思はありますので、有効と解する余地もないではありませんが、ただそれも設問の場合はブラックリスト回避の一時的なものにすぎない上、場合によっては公序良俗に反するとも考えられますので、無効と解することになると思われます。

仮装・方便縁組に関する判例　設問の場合に限らず、養子縁組の場合は、婚姻のような定型的なものでないために、仮装・方便のための縁組が、これまでかなり広くいきわたっていました。これに関する判例をみておくことは、設問の事例の考察にあたっても有益でしょう。

(1) 戦前の判例　①兵役義務を免れる目的で行った双方合意の表面仮装の縁組は、縁組意思を欠き無効*1。②芸妓家業をさせるため養子縁組をした場合において、当事者が真に縁組をする意思を有し、芸妓家業をさせるのはその縁由にすぎないときはその縁組は有効と解してよいが、芸妓家業をさせるのを主眼とし、真に縁組をする意思を有しないときはその縁組は無効*2。③婚姻に際し仮親となり、形式上婚家に対して実家の家格を上げるための手段であり、当事者間に真摯に養親子関係を生じさせる意思のない縁組は無効*3。

(2) 戦後の判例　④通学の学区制を免れ、越境入学をするための縁組は、養親子関係の設定を欲する縁組意思を欠き無効*4。⑤遺産を特定の者に取得させる意思と同時に、真実親子関係を創設すべき縁組意思があれば有効*5。⑥縁組の当事者間にたまたま過去に男女関係があったとしても、叔父姪関係にあり家事や家業の手伝い等への謝意も兼ねて財産を承継させ、死後の供養も託す意思をもって縁組したような場合には、縁組意思が認められ有効*6。⑦約83歳で死亡した被相続人とその長男の妻等との間で、被相続人死亡約6ヶ月前にした縁組届出について、これは長男らが他の相続人らの相続分ないし遺留分の割合を減少させる方便として計画したものとして無効*7。⑧養親の資産と営業とを養子に一括して相続させることを主な目的として行われた養親の死亡直前の縁組であっても、当事者双方に精神的なつながりを作る意思があるから縁組は有効*8。

設問の場合　消費者金融のブラックリスト回避のための縁組で、しかも他にも縁組を持ちかけるような一時的な仮装・方便の縁組として無効であり、そのような縁組は認められません。たとえ縁組届が受理されたとしても、縁組無効の調停・訴訟を起こすことができます。

*1　大判明39・11・27刑録5・1288
*2　大判大11・9・2民集1・448
*3　大判昭15・12・6民集19・2182
*4　岡山地判昭35・3・7判時223・24
*5　最判昭38・12・20家月16・4・117
*6　最判昭46・10・22民集25・7・985
*7　東京高判昭57・2・22家月35・5・98
*8　大阪高判昭59・3・30判タ528・287

〔梶村太市〕

1 養子縁組の要件（2）——縁組の取消し

設問42

私の兄は，60歳なのですが，子どものいない高齢のご夫婦の家の跡を継いで欲しいといわれ，養子縁組を行いました。そんな養子縁組が許されるのかも疑問なのですが，養父は70歳，養母は58歳であり，届出も誤って受理されてしまったようなのです。それを改めてもらうことはできるのでしょうか。一般に，養子縁組はどのような場合に取り消され，その手続はどのようになるのでしょうか。

問題の所在　養子縁組の取消しに関する問題です。設問の回答をする前に，取消原因の全体を概観しておきましょう。

養子縁組の要件　養子縁組は民法で定められた法律上の制度ですから，民法の定める要件を備えなければなりません。そこで民法をみますと，養子縁組の要件として，①養親が成年に達すること（民792条），②尊属・年長者養子でないこと（同793条），③被後見人を養子とする場合の家庭裁判所の許可（同794条），④未成年養子の共同縁組（同795条），⑤配偶者の同意を要する場合（同796条），⑥15歳未満の場合の代諾縁組（同797条），⑦監護者の同意のない縁組（同797条2項），⑧未成年者養子の家庭裁判所の許可（同798条）などがあります。

養子縁組の取消原因　養子縁組の取消しは民法804条から808条までの規定によらなければ取消しできません。縁組の要件を規定した前記①から⑦までの要件のうち，①②③⑤⑥⑦に違反した場合に取消しの問題が生じます。このほか，詐欺・強迫による取消しもあります。以下，順次説明します。①の養親の成年要件に違反した縁組は，養親が成年に達した後6ヵ月を経過したときまたは追認したときでない限り，養親またはその法定代理人から，その取消しを家庭裁判所に請求できます（民804条）。②の年長者養子に違反した縁組の取消しに関しては，次項以下で説明します。③の被後見人無許可縁組については，原則として，養子またはその実方の親族から，その取消しを家庭裁判所に請求することができますが，養子が成年に達した後，または能力を回復した後に縁組を追認したとき等の場合は，取消権が消滅します（同806条）。⑤の配偶者の同意のない縁組の取消しについては，縁組の同意をしていない者から，その者が追認をしたときなどの事情がない限り，その縁組の取消しを家庭裁判所に請求することができます（同806条の2）。⑦の監護者の同意のない縁組は，縁組の同意をしていない者から，その者が追認したときなどの事情がない限り，その取消しを家庭裁判所に請求することができます（同806条の3）。⑧の未成年養子の無許可縁組は，養子，その実方の親族または養子に代わって承諾（代諾）をした者から，養子が追認した等の事情がない限り，その取消しを家庭裁判所に請求することができます（同807条）。⑨縁組をするについて相手方または第三者から詐欺・強迫を受けて同意をした当事者は，追認等をした場合を除き，その縁組の取消しを家庭裁判所に

1 養子縁組の要件(2)——縁組の取消し

請求することができます（同806条の2第2項）。あるいは代諾者が詐欺・強迫を受けた場合にも同様です（同806条の3第2項）。

年長者養子禁止違反の場合

設問の場合、あなたの兄は60歳なのに、養父が70歳、養母が58歳ということですから、養母は民法793条が定める年長者養子禁止の規定に違反していたことになります。本来ならば、縁組の届出は前記の各要件規定に違反しないことを認めた後でなければ受理することはできません（民800条）。したがって、設問の場合、戸籍官吏は受理すべきでない縁組の届出を誤って受理してしまったことになります。このような場合でも、その縁組は当然に無効ではなく、一定の手続で取消しをしなければなりません。すなわち、民法によれば、年長者養子等の禁止規定に違反した縁組は、各当事者またはその親族から、その取消しを家庭裁判所に請求しなければなりません（同805条）。

配偶者共同縁組の場合の一方だけの取消し

設問の場合、養父母のうち養父との関係では年長者養子ではありませんが、この場合のように、養父母のうち一方だけ年少であることを理由に縁組全部の取消しが求められた場合には、年長の養子と年少の養母との間の縁組だけを取り消せば足りると解されています*1。養父との縁組と養母との縁組とは別々の縁組で、一方の取消原因は他方の取消原因にはならないと解されるからです。

縁組取消しの手続

年長者養子であることを理由にその縁組を取り消すためには、前述したように各当事者（養子と養母）またはその親族（養父やその他の親族）が家庭裁判所に縁組の取消しを請求しなければなりません。その手続は、縁組の取消しを求める調停の申立てをすべきことになります。養子縁組の取消請求事件は人事訴訟の対象となり（人訴2条3号）、それは調停前置主義の適用を受けるからです（家審17条）。調停は、相手方（養母）の住所地の家庭裁判所または当事者が合意で定める家庭裁判所の管轄ですから（家審規129条1項）、そこに申し立てればよいことになります。申立人が千葉県に住み、相手方が神奈川県に住んでいるような場合、双方の合意で東京家庭裁判所の管轄とすることができるわけです。

合意に相当する審判

年長者養子の禁止違反の事実は、通常戸籍謄本の記載で明らかですから、その事実が確認され、かつ当事者間に縁組取消しの審判を受けることについて合意が成立すれば、家庭裁判所はその合意に相当する審判をします。すなわち、家事審判法23条の規定に基づき、養母と養子の養子縁組を取り消す旨の審判をします。

設問の場合

設問のような家の跡継ぎを確保するための縁組も、世間ではよくあることで、昔の家制度の名残りであるとの印象を免れないとしても、これが公序良俗に反して無効とはいえないでしょう。

兄あるいはあなたはそれぞれの立場で、養母を相手にその住所地の家庭裁判所等に養子縁組の取消しを求める調停の申立てをします。当事者間に合意が成立し、取消審判が出て確定すると、確定証明書を添えて戸籍訂正の申立てをすればよいわけです。

*1 最判昭53・7・17民集32・5・980

〔梶村太市〕

2 手続・届出（1）

設問 43

今度，施設にいる子を引き取って養子にしようと思うのですが，養子縁組の届出をするためには，どういう書類が必要ですか。どこで手続をすればよいのでしょうか。その子には両親がいないと聞いていますが，私たち夫婦だけで手続することができますか。

養子縁組の届出　養子縁組は民法が定める法律上の制度ですから，縁組が有効に成立するためには，民法の規定する要件を全部備える必要があります。

民法は縁組届出について婚姻届出の規定を準用していますので，婚姻届に準じて縁組の届出をすることになります。

まず，養子縁組は，戸籍法の定めるところにより届け出ることによって，その効力が生じますが，その届出は当事者双方および成年の証人2人以上が署名した書面で，またはこれらの者から口頭でしなければなりません（民799条・739条）。

縁組の届出は，養親になる人の本籍地または届出人の所在地の市区町村役場に届け出なければなりません（戸25条1項）。本籍地でない場所で届出をするときは戸籍謄本の提出が必要です。

縁組の届出は，養親となる者の年齢制限など縁組の要件を定める民法792条以下の規定その他の法令の規定に違反しないことを認めた後でなければ受理されません（民800条）。

当事者が縁組の届出をしないときは，その縁組は無効であり（同802条2項），不成立であると解されています。もっとも，縁組の届出が受理されてしまった以上，当事者双方および成年の証人2人以上が署名した書面または口頭で行うことを定めた規定の方式を欠くだけのときは，縁組はそのために効力が妨げられることはありません（同802条2号）。

養子縁組届の様式　法務省民事局の通達で定められた養子縁組届の標準様式は以下のとおりです。

養子になる人については，氏名・生年月日，住所，本籍などのほか，父母の氏名・父母との続柄，入籍する戸籍または新しい本籍，監護すべき者の有無を記載し，届出人本人が署名押印します。養子になる人が15歳未満のときの届出人の記載欄もあります。これについては後述します。

養親になる人については，養父・養母の各人または双方につき，氏名・生年月日，住所，本籍，その他，新しい本籍等を記載し，届出人の署名押印をします。そのほか，証人2人の署名押印等も必要です。

未成年養子の承諾者＝代諾者　未成年者でも15歳以上であれば，1人で（自分だけの判断で）養子縁組をすることができ，したがって単独でその届出をすることもできますが，15歳未満であるときは，自分ではできず，必ずその法定代理人が，これに代わって，縁組の承諾をしなければなりません（民797条1項）。しかも法定代理人がその承諾をするには，養子となる者の父母でその監護をすべき者であるものが他にあるときは，その同意を

得なければなりません（同797条2項）。

15歳に達していなければ、たとえ意思能力があっても、養子縁組は法定代理人によって代諾されなければなりません。これを「代諾縁組」といい、その法定代理人を「代諾権者」といっています。

代諾権者の中心は親権者

代諾権者の第1は、「親権者」です。

婚姻の同意の場合のような「父母」ではありません。親権者である両親の婚姻中は親権は共同行使しなければなりませんから（民818条2項）、代諾権者は父母の双方であり、双方の意見が一致しなければ代諾することはできません。ただし、父母の一方が親権を行うことができないときは、他の一方が代諾します（同項ただし書）。

その例として、父母の一方が精神障害等により成年後見開始の審判を受けているとき、親権・管理権喪失の宣告を受けているとき、行方不明、受刑中などの場合です。

嫡出でない子や離婚後に生まれた子の親権者は当然に母ですから（同819条3項4項）、母が代諾権者となります。親権を行う者は、その親権に服する子に代わって親権を行いますので（同833条）、未成年の子が子を産んだときは、その親権者（生まれた子の祖父母等）が代諾権者となり、未成年者には代諾権がありません。

その他の代諾権者＝後見人等

親権者がいないときは、未成年後見人が代諾権者となります。未成年後見人は、未成年者に対して親権者がないときまたは親権者が管理権を有しないときに必要となります（民838条1号）。未成年後見人は、最後の親権者の遺言によって指定されたとき（同839条1項）、これがないときは家庭裁判所の審判により親族その他の利害関係人等の請求によって選任されます（同840条）。親権等を辞した父母による未成年後見人の選任請求の方法もあります（同841条）。

設問の場合のように、児童福祉施設に入所中で親権者または未成年後見人がいない児童の縁組は、その施設の長が都道府県知事の許可を得て代諾することができます（児福47条1項）。あなたたち夫婦は、施設の長を相手（代諾権者）として、養子縁組をしその旨の届出をすればよいことになります。

家庭裁判所の許可

未成年者を養子とするには、自己または配偶者の直系卑属（孫や連れ子など）を養子とする場合を除き、家庭裁判所の許可を得なければなりません（民798条）。

家庭裁判所の養子縁組許可は、家事審判法9条1項甲類7号の審判事項で、養子となるべき者の住所地の家庭裁判所の管轄ですから（家審規63条）、設問の場合、養子となるべき子が入所中の施設の所在地の家庭裁判所ということになります。そこの家庭裁判所に、養子縁組許可申立書（別添のとおり）を提出して申し立てます。家庭裁判所では専らその縁組が子の利益にかなうかどうかの観点から審査し、子のためになると判断したときに許可審判をします。設問の場合、両親がいないということですから、そのことが確認されれば、子の利益にかなうものとして許可されることになると思われます。養子縁組の届出をする際には、その届出書に許可審判の謄本を添付しなければなりません（戸38条2項）。

〔梶村太市〕

IV 養子

養子縁組許可申立書

受付印／収入印紙／予納郵便切手／家庭裁判所 御中／平成○年○月○日／申立人の署名押印又は記名押印 早稲田勝夫 印／添付書類：申立人の戸籍謄本1通、未成年者の戸籍謄本1通

申立人
- 本籍：東京都新宿区西早稲田1-1
- 住所：〒169-8050 東京都新宿区西早稲田1-1　電話 03（○○○○）○○○○
- フリガナ：ワセダ タロウ　氏名：早稲田 太郎　明治・大正・昭和 ○年○月○日生　印
- フリガナ：ワセダ ハナコ　氏名：早稲田 花子　明治・大正・昭和 ○年○月○日生　印

未成年者
- 本籍：大阪府大阪市北区天満町一丁目1番地
- 住所：〒101-0051 東京都千代田区神保町2-17　電話 03（××××）××××
- フリガナ：カンダ イチロウ　氏名：神田 一郎　昭和・平成 ○年○月○日生
- 在校名又は職業等：児童養護施設「愛育園」
- 養親との名乗等の関係：1 おい・めい　2 孫　3 その他の親族　4 被後見人　5 その他（　　）

（注）太枠の中だけ記入してください。該当する番号を○で囲み、5を選んだ場合には、（　）内に具体的に記入してください。

申立ての趣旨
申立人が未成年者を養子とすることの許可を求める。

申立ての実情

縁組をしようとする事情	私たち夫婦には子どもがいないため、施設にいる未成年者を養子として迎え我が子同然に育てたい。未成年者とは既に同居しており、我が家になついている。
申立人の状況	結婚の日　○○年○○月○○日／婚姻届出の日　○○年○○月○○日／子の有無　男○人　女○人／未成年者と同居をはじめた日　平成○○年○○月○○日／職業（勤務先・収入）　○○株式会社（年収800万円）
備考	（特に参考としてほしい事情などを記入してください。）

未成年者の親権者、後見人
- ※1　住所：〒101-0051 千代田区神保町2-17　電話 03（××××）××××（方）
  - フリガナ：ヤマモト サブロウ　氏名：山本 三郎　職業：愛育園 園長
- ②　住所：〒　　　　　　　　　　　　　　　電話　　（　　）　　　　（方）
  - フリガナ：　　　　　氏名：　　　　　職業：

※親権者①　後見人②

親権を有しない父母
- 住所：〒　　　　　　　　　　　　　　　電話　　（　　）　　　　（方）
- フリガナ：　　　　　氏名：　　　　　職業：

（注）太枠の中だけ記入してください。※の部分は、当てはまる番号を○で囲んでください。

2 手続・届出（2）

設問44

高校生のときに交際していた人との間に，子どもが生まれたのですが，私の両親が結婚を認めてくれず，結局，私のおじ夫婦の子どもとして入籍されました。私は今度結婚することになったので，おじ夫婦に話をして，私たち夫婦の養子として迎え入れたいと思っています。子どもは今，13歳です。おじ夫婦との間で手続を進めて問題はないでしょうか。

問題の所在　設問は，結婚前の高校生時代に嫡出でない子としてもうけたあなたの子をおじ夫婦の子どもとして虚偽の嫡出子出生届を出し，その戸籍上の両親の代諾で自分たち夫婦の養子として迎えてよいかどうかという問題です。結論からいえば，13歳になった子どもが承知すれば，そのような手続で養子縁組（転養子縁組）をした上で，子どもが15歳になった時点でその代諾養子縁組を追認するという方法も可能だと思われます。

「藁の上からの養子」の問題点　あなたは，高校生のときに交際していた人との間に子どもをもうけたが，おじ夫婦の嫡出子として虚偽の出生届をしたことになります。このように実質は養子縁組でありながら子に養子であることを隠すために戸籍上実親子の外観をつくるという例は，昔から少なくなく，これを「藁の上からの養子」などといっていますが，このような場合，おじ夫婦の子どもではありませんから，戸籍上の父母であるにすぎないおじ夫婦と子どもとの間に，法律上の実親子関係は成立する余地がありません。

戸籍は民法で成立した身分関係を反映させるものにすぎず，法律上の身分関係はあくまで民法によって定まります。戸籍の記載によって民法上，法律上の親子関係が成立するのではありません。

「虚偽の嫡出子出生届」の養子縁組への転換　そこで，おじ夫婦はともかくあなたの子を自分たち夫婦の子として育てる意思で子どもを引き取ったのですから，実親子関係の存在を認めることはできないとしても，その出生届を養子縁組届として転換できないか，認めることはできないかが問題となります。虚偽の嫡出子出生届の養子縁組への転換の可否の問題です。この点について，学説では，仮に嫡出子出生届としては無効だとしても，このような場合にも親子関係を設定するという意思（縁組意思）があり，またそれに相応しい生活事実があるのだから，無効行為の転換の一事例として養子縁組の効力を認めるべきだという見解も有力です[*1]。しかし，最高裁判所の判例は一貫してこのような場合の無効行為の転換を認めず，養子縁組としても無効であると解しています。すなわち，養子縁組届は法定の届出によって効力を生じるものであるから，嫡出子出生届をもって養子縁組届とみなすことができないというのがその理由です[*2]。

判例の転換否定の合理性　有力な学説が反対しているにもかかわらず，判例が養子縁組届の様式性を根拠に虚偽嫡出出

Ⅳ 養子

生届に養子縁組への転換を認めないのには以下のような点で合理性があるとする見解も有力です＊3。第1に、もしこれを認めて養子縁組の効力を認めてしまうと、未成年者養子について家庭裁判所の許可が必要だとする規定（民798条）が無視されてしまい、家庭裁判所のチェックなく未成年者養子が成立してしまい、妥当でないこと、第2に、15歳未満の子どもには代諾権者による代諾が必要だとする規定（同797条）が無視されてしまい、正当な代諾権者の代諾なく未成年者養子が成立してしまい、妥当でないこと、第3に、戸籍上嫡出子として記載されているときに、離縁をどうやってするのか困難な問題を生ずること、第4に、実親が戸籍上不明となることによって、近親婚その他の身分関係の混乱を招く危険があること、などが指摘されています。

やはり、少なくとも実務上は虚偽の嫡出子出生届には養子縁組への転換を認めるべきではなく、養子縁組としては無効であるとして裁判や戸籍事務を進めるほかないと思われます。そうすると、戸籍上の両親による養子縁組の代諾は代諾権者でない者の代諾によって行われたもので無効であるということになります。

無効な代諾養子縁組の追認　そこで次の問題は、虚偽の嫡出子出生届によるだけでは養子縁組は無効であり、戸籍上の父母による代諾が無効だとしても、「無効な身分行為の追認」によって有効とならないかが問題となります。この点について、最高裁判所の判例は、無効な代諾縁組も追認によってはじめから有効となることを認めました。無効な代諾縁組は一種の無権代理ですから、無権代理は追認によって有効となるという民法116条の規定を適用したわけです。すなわち、戸籍上の親が真実の親でない場合にその者が代諾した養子縁組も、養子が15歳に達した後これを有効に追認することができ、この追認は、明示または黙示の意思表示をもって、養子から養親の双方に対し行えば足りるとしました＊4。

したがって、設問の場合は、おじ夫婦は戸籍上だけの親で法律上の親ではなく、養子縁組について代諾権者ではありませんから、おじ夫婦の代諾によってあなたたち夫婦の養子として迎え入れても、養子縁組としては無効だといわざるをえませんが、ただ子どもが15歳に達した後あなたたち夫婦との養子縁組を追認すれば、それによって当初の届出の時に遡って縁組が有効となるわけです。

他の解決方法はあるか　養子縁組の追認による方法はあなたたち夫婦の希望に沿った形での解決ということになりますが、これだけが唯一の解決方法だということではありません。

その子はあなたが高校生のときに交際していた人との間に生まれた嫡出でない子ということですから、できるだけその実態に即した解決を図るのがベターであるといえます。まずその生みの親（母）が出生届を出し、その血縁上の父が認知をし、双方の協議で親権者を定め、その親権者の代諾であなたたち夫婦と養子縁組をするという手続をとるのが本来のやり方です。

＊1　最判昭50・4・8民集29・4・401
＊2　我妻栄・親族法（有斐閣、1961）280頁
＊3　内田貴・民法Ⅳ（東京大学出版会、補訂版、2004）259頁
＊4　最判昭27・10・3民集6・9・753

〔梶村太市〕

2 手続・届出（3）

設問 45

昨年，夫が亡くなったのですが，その後，大手企業を退職後ボランティア活動に精を出している長男と，来春に公務員を退職することになっている二男とがもめているようで，困っています。実は，長男は，戸籍上は私たちの長男になっていますが，本当は，私の友人の産んだ子どもです。二男は，長男を引き取ってから3年後に生まれましたが，これまでは仲がよかったのに，どうも二男は私たちの弟夫婦から，長男のことを聞いたようで，夫の遺産を長男には一切渡さないといっています。私も，亡くなった夫も，2人とも同じように息子と思って育ててきましたので，こんな争いには耐えられません。どうすればよいのでしょうか。

問題の所在 長男は，妻の友人の産んだ子を引き取って戸籍上あなたたち夫婦の長男としたものということですから，〔設問44〕の場合と同じように虚偽の嫡出子出生届で，いわゆる「藁の上からの養子」ということになります。そうすると，あなたたち夫婦と長男との間には血のつながりがないことになりますが，このような場合にあなたたち夫婦と法律上の親子関係を認めることができないかどうかが問題となります。2つの問題点があります。

1つは，虚偽の嫡出子出生届を有効な養子縁組とみなすことはできないかという問題です。〔設問44〕でも触れた無効行為の転換の問題です。

もう1つは，弟が父親の遺産を独り占めするためにあなたたち夫婦と長男との親子関係不存在確認の調停あるいは人事訴訟を申し立てた場合，あなたたちは，権利の濫用としてこれを排斥することができないかという問題です。

養子縁組への転換の可否 虚偽の嫡出子出生届の養子縁組への転換の問題は，〔設問44〕のような無効な代諾縁組の場合のほかに，設問のように直接自己へ嫡出子出生届をした場合にも問題となります。最高裁判所の判例は，他人間に生まれた子をもらいうけ自分たち夫婦の嫡出子として届け出て，以来実子として40年経過した後，仲たがいした養母から親子関係不存在確認の訴えを提起したという事例において，養子縁組への転換を認めませんでした。養子縁組は養子縁組の届出によって効力を生ずるのであるから，嫡出子出生届があっただけでは，養子縁組とみなすことはできないとして，従来の判例の消極説の立場を維持しました[*1]。この判例に従う限り，設問の場合，長男を養子として扱うことはできないことになります。

身分占有の考え方 しかし，上記判例のような考え方を，長期間にわたって親子としての生活実態が続いていた場合にも適用されるとすると，結果として妥当とは思われない場合が生じることがあります。上記の最高裁の判例にもかかわらず，高裁段階の判例で，養子縁組への転換を認めたものがあります。すなわち，上記最高裁の否定判決の論理を前提としつつも，長期間にわたって（この事例の場合約46年間）実親子関係同様の親子関係を継続してきた場

IV 養子

合に，なんら合理的理由もないのに，突如として親子関係を全く否定することが一般の社会通念に照らし，信義則上不当であると認められるような場合には，例外的に嫡出子としての出生届出を養子縁組の届出とみなすことができると判示しました*2。フランス民法では，長期間にわたって社会的に実親子関係を継続したときは，仮にそれが真実の親子関係に反するものであっても，そのような身分占有を尊重して，親子関係不存在の主張を許さないという趣旨の規定があります。上記高裁判例は，このような考え方に通ずるものがありますが，最高裁判所はそこまで認めていませんので，今後の判例の動向が注目されます。

権利濫用の法理の活用

これまでの最高裁の判例に従えば，あなたたち夫婦と長男との間に法律上の親子関係を認めることはできない以上，その不存在確認の調停または人事訴訟を提起することを認めないわけにはいきませんが，もう1つ長男を救済する法理として，二男の主張する親子関係不存在確認の請求を権利の濫用として否定することはできないかが問題となります。この点で，1997（平成9）年の最高裁判例で，虚偽の嫡出子出生届に基づいて50年近く事実上の親子関係が継続したが，後にその戸籍上の両親と正式の養子縁組届をして養子として迎えられた者との間で相続権をめぐる紛争が生じた事案において，その判例の結論自体は従来の判例に従って虚偽の嫡出子出生届の養子縁組への転換を認めず，養子からの親子関係不存在確認請求を認容しましたが，その判旨のなかで可部恒雄裁判官が権利濫用の法理を用いてその請求を認めないこともありうるという注目すべき考え方を示しました*3。

平成18年の2つの濫用肯定最高裁判決

果たせるかな，2006（平成18）年7月7日最高裁は「藁の上からの養子」に対して提起された2件の親子関係不存在確認の訴えにつき，どのような場合に権利濫用となるかについて判示しました。

すなわち，戸籍上の姉が弟とされている者に対して提起した事件と，戸籍上の母が子とされている者に対して提起した事件につき，最高裁は，戸籍上の夫婦と子との間に実の親子と同様の生活の実体があった期間の長さ，判決をもって実親子関係の不存在を確定することにより戸籍上の子およびその関係者の被る精神的苦痛，経済的不利益，改めて養子縁組の届出をすることにより戸籍上の子が嫡出子としての身分を取得する可能性の有無，実親子関係の不存在確認請求をするに至った経緯および請求をする動機，目的，実親子関係が存在しないことが確定されないとした場合に原告以外に著しい不利益を受ける者の有無等の諸般の事情を考慮し，実親子関係の不存在を確定することが著しく不当な結果をもたらすものといえるときには，その親子関係不存在確認請求は権利の濫用として許されないものというべきであるとしました*4。

この判例による限り，60年近くも長期間実の親子と同然の生活の実体がある設問の場合には，二男の主張する親子関係不存在確認請求は，権利の濫用として許されないと解される可能性はかなりあると思います。

* 1　最判昭50・4・8民集29・4・401
* 2　大阪高判平3・11・8, 家月45・2・144
* 3　最判平9・3・11家月49・10・55
* 4　最判平18・7・7民集60・6・2307, 最判平18・7・7家月59・1・98

〔梶村太市〕

2 手続・届出（4）

設問 46

私は今度，婚約者である女性の両親と養子縁組をすることになりました。友人は，婿養子かと冷やかすのですが，現在でも，婿養子という制度はあるのでしょうか。先に結婚してから，相手の女性の親と養子縁組をするのとどう違うのでしょうか。今，彼女は妊娠中なのですが，子どもが生まれる前に養子縁組をするのと，生まれてから養子縁組をするのとで，法律上，何か違いがありますか。

問題の所在　婿養子縁組とは，戦前の旧民法時代に，いわゆる女子ども世帯に婿を迎えて家制度を維持するために設けられたもので，養子縁組と同時に養子と養親の娘との婚姻が行われる特殊な養子縁組をいいます（旧民788条2項・839条・973条）。この場合は，養親との養子縁組と養親の娘との婚姻が相互条件的に牽連して，2個の行為が同時に締結されます。

家制度を廃止した戦後は，このような制度は意味がなくなりましたので，正式には廃止されましたが，婚姻と縁組を牽連することなく別々に締結するという形で，事実上，婿養子縁組が行われています。

縁組と婚姻の順序　縁組と婚姻とが牽連することなく別別に締結されますので，同時に締結されるということは起こりえず，いずれかが先でいずれかが後に締結されるということになります。

まず婚姻してから縁組する場合を考えますと，娘と婚姻した夫すなわち婿は，配偶者の尊属と縁組をすることになり，民法796条の規定により原則として配偶者の同意を得なければなりません。婿の氏を称する婚姻をした場合は，縁組すれば夫婦双方とも養親の氏を称します（民810条）。戸籍は別戸籍のままです。娘の氏を称する婚姻をした場合も養親とは別戸籍です。

次に養子縁組をしてから娘と婚姻する場合ですが，民法734条に定める近親者間（直系血族間または3親等内の傍系血族間）の婚姻禁止の規定にも触れず，民法735条に定める直系姻族間の婚姻禁止にも触れませんし，その他の禁止規定に抵触するおそれはありませんので，婚姻が可能です。

婿は縁組によって養親の氏を称し，いったん養親の戸籍に入りますが，娘と婚姻すると夫婦だけの戸籍となります。

子どもが生まれる場合　彼女に子どもが生まれる前に養子縁組をしたということは，彼女の父母と養子縁組をした後で彼女が子どもを産んだということになりますので，彼女の子どもは彼女とその親族の間では血族関係が生じ，また子どもは父親の親族とも血族関係をもつことになります（民727条）。

彼女に子どもが生まれてから彼女の両親と養子縁組をしますと，その子どもは彼女の親族との間では血族関係が生じますが，あなたの親族との間では血族関係は生じません（同727条の反対解釈）。

〔梶村太市〕

3 縁組の無効（1）

Ⅳ 養子

設問 47

私は，夫とは3年前から別居中ですが，最近，夫は，一緒に住んでいる愛人の連れ子を養子にしたといってきました。どうも，私に黙って，私たち夫婦の戸籍に入れたようなのです。そういう勝手なことができるというのも信じられないことですが，私としては，形だけとはいえ，夫の愛人の子の母親になっていることが我慢できません。この状態を解消するには，どうすればよいでしょうか。一般に，養子縁組はどのような場合に無効となり，戸籍上それを訂正するにはどのような方法をとればよいのでしょうか。

問題の所在 別居中の夫が愛人の連れ子をあなたたち夫婦の養子として入籍したということですから，それによってあなたとの間にも養子縁組が有効に成立するかどうかが問題となります。

あなたに事前に相談もなく無断で養子縁組をしたというのであれば，あなたの養子縁組の意思を欠く無効なものですから，その無効を主張する手続が問題となります。

養子縁組の無効 養子縁組は，「人違いその他の事由によって当事者間に縁組をする意思がないとき」は無効です（民802条1号）。人違いとは，妹を養子にする予定で妹を引き取ったところ，誤って姉との養子縁組を締結して届け出てしまったというような場合です。姉の名前で養子縁組届をしても，姉とは縁組をする意思はありませんから，姉との縁組は人違いであり，無効です。

なお，民法は当事者が縁組の届出をしないときも無効としていますが（同条2号），この場合は無効というよりも縁組は不成立であると解されています。縁組の意思がない場合に限り無効となるわけです。

届出意思を欠く場合 養子縁組は当事者の合意（縁組をする意思）の存在と縁組の届出によって有効に成立するものですから，縁組の届出がされ，これが受理されていても，当事者の一方または双方に縁組の届出をする意思がないときは，縁組をする意思がないものとして無効です。このような意思は，戸籍上形式的に届出をする意思ですから，形式的意思ということがあります。当事者不知の間に第三者が勝手に縁組届をした場合には，形式的意思がありませんから無効ですが，縁組の届出意思さえあれば養子縁組は有効に成立するという考え方があります。「形式的意思説」と呼んでいます（⇨〔設問41〕）。

縁組の実体的意思を欠く場合 当事者間に縁組届をする意思（形式的意思）があっても，真に養親子関係を形成する意思がなければ縁組は無効です。この意思は，社会的な見地からみて一般に養親子関係があると考えられるような実体を有するものでなければなりませんから，実体的意思といっています。通説・判例であり，「実質的意思説」と呼んでいます。

このことを明言した最高裁判例は，民

法802条1号の「当事者間に縁組をする意思がないとき」の意義について，上告理由が形式的意思説に従い「届出自体が当事者の意思に反する場合即ち届出其のものに瑕疵がある場合」を指すと主張したのに対し，それは「当事者間に真に養親子関係の設定を欲する効果意思を有しない場合」を指すものとし，したがって「たとい養子縁組の届出自体については当事者間に意思の一致があったとしても，それは単に他の目的を達するための便法として仮託されたに過ぎずして真に養親子関係の設定を欲する効果意思がなかった場合においては，養子縁組の効果を生じない」としました*1。

これまでの判例をみますと，縁組の実体的意思があるというためには，縁組は適法なものでなければならず，各種の取締法規，強行法規に違反したり，公序良俗に反する縁組や濫用的な縁組は無効とされています。以下無効とされた縁組を個別的にみていきましょう。

芸妓養子などの仮装縁組
①戦前の事例ですが，兵役免除だけの目的で戸主や嗣子になるための縁組をするいわゆる兵隊養子*2，②一時賜金や遺族扶助料をもらうためだけの目的で縁組をするいわゆる遺族扶助料養子*3，③娘の人身売買の仮装として養子を装ったいわゆる芸娼妓縁組*4などの仮装縁組は，いずれも縁組意思を欠くものとして無効です。

その他戦前に多かったのですが（戦後でもないとはいえません），④結婚等に際し先方の家格と自家の家格を均衡させるために仮親と養子縁組をするというもわば仮親縁組*5，⑤法定推定家督相続人たる女子を婚姻などの目的で去家させるため便宜上他男を養子とするいわゆる借養子*6，⑥単に家名や氏（姓）を絶やさないためだけの目的で縁組をするいわゆる家名養子*7も，それが縁組の実体を欠くものであるかぎり，いずれも縁組意思を欠くものとして無効とされます。

情交関係の有無と縁組の効力
判例に現れたケースでは，ときどき情交関係にあった女性を養女として迎え入れるのをみかけます。このような場合の縁組が有効か無効かの問題については，判例はケースバイケースで実質的な観点から判断していますが，この点に関しては相当に寛容のようです。

戦前の判例では，⑦養親子間に継続的な不倫の行為があるからといって，縁組そのものを無効とすることはできないとされたもの*8もあり，戦後でも下級審の判例ですが，⑧縁組当時養父と養女との間に妾関係があり，縁組後も情交関係があったとしても，当事者がいずれも縁組意思を有していた以上縁組は有効であるとしたもの*9もあります。

最高裁の判例は少しトーンを落として，⑨縁組前の情交関係は偶発的に生じたものにすぎず，人目をはばかった秘密の交渉の程度を出なかったもので，事実上の夫婦然たる生活関係を形成したものではなかったことを認定して，はじめてそのような縁組も有効としました*10。過去の一時的な情交関係の存在は，未だもって，あるべき縁組の意思を欠くものとして，縁組の有効な成立を妨げるには至らないものという微妙な言いまわしでした。

戦後現れた仮装縁組
⑩専ら通学の便宜（転校）のため，単に戸籍上だけ形式的に養親子であることを作為するためにされたいわゆる学区制潜脱縁組（越境入学養子）*11や，⑪82歳で死亡した被相続人とその長男の妻・子夫婦との間で被相続人の死亡約6ヵ月前になされた養子縁組の場合で，長男らが他の相続人らの

③ 縁組の無効(1)

IV 養子

相続分ないし遺留分の割合を減少させる方便として計画されたものであるとき*12，⑫養子縁組が養子についての親権者変更審判を本案の判断に至ることなく終了させるための便法としてされたいわゆる親権者変更審判潜脱縁組*13の場合，あるいは⑬養親が中等度の知的障害者で，養子縁組につき合理的な判断を期待できない場合*14には，いずれも縁組意思を欠く仮装縁組として無効です。

設問の場合　設問の場合，あなたの全く関与しないところで別居中の夫が勝手に愛人の連れ子をあなたたち夫婦の養子とする縁組届をしたというのですから，前述の縁組の意思に関する形式的意思説に従っても，実質的意思説に従っても縁組の意思がないことは明らかですから，その縁組は無効です。

夫婦共同縁組と未成年者養子　設問の事例では，妻と別居中の夫が同居中の愛人の連れ子と夫婦共同縁組をしたというものです。民法は，配偶者のある者が未成年者を養子とするには，配偶者とともにしなければならないと規定して（民795条本文），未成年者に限り夫婦共同縁組を強制していますので，妻との縁組が無効となると夫との縁組も無効となるのではないかという問題が生じます。

この点について最高裁判所の判例は，夫婦共同縁組の場合に，一方が縁組意思を欠くときは原則として他方の縁組も無効であると解しつつ，「夫婦の一方の意思に基づかない縁組の届出がなされた場合でも，その他方と相手方との間に単独でも親子関係を成立させる意思があり，かつ，そのような単独の親子関係を成立させることが，一方の配偶者の意思に反しその利益を害するものでなく，養親の家庭の平和を乱さず，養子の福祉をも害するおそれがないなど」，「特段の事情が存する場合」には，他方の養子縁組は有効に成立したものと解して妨げないとしています*15。

そうすると，そのような特段の事情が主張・立証できない限り夫との縁組も無効ということになりますので，あなたは自分だけの縁組無効を求めることもできれば，夫の縁組も含めて共同縁組が無効であると主張することができることになります。

無効主張の手続　養子縁組の無効は，人事訴訟事項ですから（人訴2条3号），家事調停の対象となり（家審17条），調停前置主義の適用を受けますので（同18条），訴訟を起こす前にまず家事調停の申立をする必要があります。

養子縁組の無効確認を求める調停は，相手方の住所地の家庭裁判所または当事者が合意で定める家庭裁判所の管轄です（家審規129条1項）。

養子縁組の無効の確認を求める調停の当事者は，当該身分関係の当事者の一方が提起するときは，他の一方を相手方としますので（人訴12条），あなたはその夫の愛人の連れ子を相手方として調停を申し立てることになります。連れ子は未成年者であり，15歳未満であれば夫の愛人が法定代理人として関与しますが，15歳以上であれば連れ子は単独で相手方となります。15歳に達すれば，未成年者でも単独で（法定代理人の関与なく）養子縁組をすることができますので，単独で家事調停や人事訴訟の申立てや追行をすることができるからです。

家事審判法23条審判　調停の申立てがあると，家庭裁判所では当事者双方や利害関係人から審問の一環として事情を聴きます。設問の場合は，あなたと夫の

愛人および夫の3者から事情を聴くことになるでしょう。その結果，当事者（あなたと連れ子または連れ子の本来の法定代理人である夫の愛人）間で，養子縁組が無効であることを確認する旨の審判を受けることについて合意が成立し，しかもあなたの関与なしに縁組届がされた事実が明らかになれば，家庭裁判所は，当該合意に相当する審判をすることになります（家審23条）。

この審判の告知を受けてから2週間以内に利害関係人（設問の場合夫など）は異議の申立てをすることができ（同25条1項，家審規139条），適法な異議の申立てがあったときは，当該審判は効力を失い，その期間内に異議の申立てがないときは，その審判は確定判決と同一の効力を有します。確定判決と同一の効力とは，民事訴訟法上の既判力および形成力はもちろん，それらの効力は当事者間ばかりでなく夫を含めた第三者に対しても効力を有する（人訴24条1項）ということです。

戸籍上の届出　養子縁組の無効を確認する調停事件で当事者間に合意が成立し，家事審判法23条の規定に基づき当該合意に相当する審判をし，それが異議申立てなく確定しますと，申立人であるあなたは審判が確定した日から1ヵ月以内にその謄本を添付して，戸籍の訂正を申請しなければなりません（戸116条1項）。これによってあなたと夫の愛人の連れ子との養子縁組の記載は訂正されますが，戸籍の真実性を確保するため，家庭裁判所書記官は遅滞なく本籍地の戸籍事務管掌者（市区町村長）にその旨を通知することになっています（家審規142条の3）。

縁組の取消し　設問において，仮に愛人の子が成人に達していて，あなたの夫がその子と養子縁組をしたという場合には，縁組の取消しの問題となります。〔設問42〕で解説したように，配偶者のある者が縁組をするには，その配偶者の同意を得なければならないのに（民796条），あなたの同意を得ていないからです。

この場合には，縁組の同意をしていないあなたから，夫（養親）と愛人の子（養子）の双方を相手方として，その縁組の取消しを家庭裁判所に請求することができます。ただし，あなたがその縁組を知った後6ヵ月を経過したり，または追認をしたときは取消請求ができなくなります（同806条の2）。

その場合の縁組取消しの調停申立てなどの手続は，〔設問42〕で解説したとおりです。

＊1　最判昭23・12・23民集2・14・493
＊2　大判明39・11・27刑録12・1288
＊3　大阪控判明40・5・27新聞434・7
＊4　大判大11・9・2民集1・448
＊5　大判昭15・12・6民集19・2182，東京高判昭55・5・8判時967・69
＊6　最判昭23・12・23民集2・14・493
＊7　東京地判大11・2・7新聞1987・18
＊8　大判昭7・2・12新聞3377・14
＊9　大阪地判昭30・3・16家月7・10・44
＊10　最判昭46・10・22民集25・7・985
＊11　岡山地判昭35・3・7判時223・24
＊12　東京高判昭57・2・22家月35・5・98
＊13　名古屋地判昭60・8・26判時1181・117
＊14　高松高判平5・12・21判タ868・243
＊15　最判昭48・4・12民集27・3・500

〔梶村太市〕

3 縁組の無効（2）

設問 48

身寄りのない私の伯母は，亡くなる前に養子縁組をしました。ところが，その縁組は，養子が財産目当てに勝手に届出をしたようなのです。私が，その無効を主張することはできるのでしょうか。

問題の所在　養子縁組によって養親子関係が成立しますので，養親が死亡すれば，当然養子は，子として第1順位の相続権があります（民887条1項）。そこで，しばしば相続権を確保することを目的として縁組をすることが出てきます。したがって，養子が財産目当てに縁組することが必ずしも常に縁組意思を欠く無効なものだとはいえません。問題は養子が財産だけを目的として縁組をした場合はどうか，ということです。

最高裁判例の考え方　この問題に関連してはリーディングケースとなった最高裁判例があります。それは，本来の相続分に従って子に相続させることを欲しなかった被相続人が孫2人を養子にしたという事例において，以下のように判示しました。すなわち，財産相続を目的とした養子縁組であっても，親子としての精神的なつながりを作る意思が認められ，したがって真実養親子関係を成立させる意思も十分あった場合には，当該縁組を無効とする理由にはならず，養親がその相続人である子の相続分を減少させようとする意図は，養子縁組の縁由（動機）にすぎず，これが公序良俗に違反しているとはいえないというのです*1。

大阪高裁の考え方　大阪高裁もほぼ同様に，養子縁組をした主な目的が，自分の資産と営業とを養子に一括して相続させることにあったという事案において，同様に無効ではないとしました*2。

財産目当てだけの縁組の場合　以上の2つの判例の考え方から導かれる結論は，何ら養親子としての精神的なつながりを作る意思がなければ無効ということです。設問の場合でも，養子が財産目当ての縁組であり，伯母との間に養親子としての精神的なつながりを作る意思をもたない場合は，縁組意思を有しないものとして縁組は無効です。まして，伯母が知らない間に養子が勝手に縁組届を出してしまったというのであれば，伯母は縁組を届け出る意思もなかったのですから，それだけでこの縁組は無効です（民802条）（⇨〔設問41〕）。

第三者の訴えの利益　あなたは伯母の養子縁組の当事者ではなく第三者ですが，3親等内の親族であり，身分関係に関する地位に直接影響しますから，縁組無効の訴えの利益があります*3。

*1　最判昭38・12・20家月16・4・117
*2　大阪高判昭59・3・30判タ528・287
*3　最判昭63・3・1民集42・3・157

〔梶村太市〕

4 離縁（1）──協議離縁

設問 49

数年前に家出した養子と離縁しようと思うのですが，手続はどうすればよいのでしょうか。私たち夫婦だけで市役所に届出をすればよいでしょうか。

1 離縁とは

有効に成立した養子縁組を，縁組後に生じた事由によって，将来に向けて解消させることを「離縁」といいます。これに対して，縁組の成立時に存在した縁組の要件についての瑕疵（養親が未成年である場合，養子が養親の尊属または年長者である場合，配偶者の同意がない場合，あるいは未成年養子についての家庭裁判所の許可がない場合など，縁組の実質的要件に違反していることを指します）を原因として，将来に向けて縁組の効力を消滅させることを，「縁組の取消し」といいます（⇨〔設問42・47〕）。また，縁組当事者の双方または一方に縁組をする意思がない場合は，たとえ養子縁組の届出があっても，縁組は無効です（はじめから効力を生じていなかったことになります⇨〔設問47・48〕）。

養子縁組は，自然血縁関係によらないで，法律上の手続に基づいて法的な親子関係を創設するもの（擬制的親子）ですので，いったんこのような法定血族関係が形成されると，もはや消滅することはないという縁組非解消主義の立法例もありますが，わが国の現行法では，婚姻に対して離婚があるのと同様に，縁組に対しては離縁が認められています。ただし，1987（昭和62）年の法改正（昭和62法101）により創設された特別養子縁組については，実子に近い親子関係を形成するというその立法趣旨から，離縁は完全には排除されないまでも，非常に厳しく制限されています（民817条の10）。したがって，ここでは普通養子縁組のことについて説明をします。特別養子縁組については，本書の該当頁を参照してください（⇨〔設問71〕）。

民法は，離縁の方式につき2種類のものを定めています。1つは，縁組当事者の協議（合意）による離縁であり，「協議離縁」といわれるものです（民811条）。他の1つは，当事者の一方から他方の意思に反して，裁判により縁組の解消を求めるものであって，「裁判離縁」といわれるものです（同814条）。そして，この協議離縁と裁判離縁の中間的な形態のものとして，家事審判法上，家庭裁判所の調停により離縁するもの，いわゆる「調停離縁」（家審21条）と審判により離縁するもの，いわゆる「審判離縁」（同24条）があります。調停離縁と審判離縁については，本書の裁判離縁の項目で説明されていますので参照してください（⇨〔設問56〕）。

2 協議離縁

協議離縁は，当事者の離縁する旨の合意（これが「離縁の実質的要件」です）と戸籍法上の届出（これは「離縁の形式的要件」といわれます）によって成立します。協議離婚と同様に当事者の意思を尊重するものですが，婚姻は成人した男女の間の問題であるのに対して，離縁の場合は親子という養育・監護・扶養関係に

Ⅳ 養子

ある者の間の法的関係を解消するものですので，特に，養子が未成年である場合の離縁については，手続の面においても，法律効果の面においても，養子の福祉に十分な配慮をしなければなりません。もちろん，離婚の場合にも，離婚に付随して子どもの処遇（親権，監護，面接交渉など）が法的に重要な問題となり，離婚の成否を左右する場合もありえますが，離縁の場合は，直接に子どもの福祉が問題となるのです。

しかしながら，未成年者を養子にする場合には，原則として，家庭裁判所の許可が必要とされているものの（⇨〔設問43〕），未成年養子と離縁する場合については，家庭裁判所の許可は必要とはされていません。これは離縁によって，養子は縁組前の状態に復するにすぎないこと（実親の監護を受ける），離縁をしようとする当事者の意思を裁判所の許可によって規制することはできない，と考えられることなどが，その理由だと思われます。しかし，離縁後の養子の監護につき立法的配慮がなされていないことに対しては，学説上批判があります（⇨〔設問50〕）。ただし，特別養子縁組の離縁については，家庭裁判所がその可否を決定します（⇨〔設問71〕）。

離縁の当事者　協議離縁は，養親と養子の間での養親子関係の解消を目的とする身分行為です。養子が未成年者であっても，すでに15歳に達していれば，養子本人が離縁の協議を行うことができます。養子が15歳未満であるときは，まだ身分行為をする能力（意思能力）が備わっていないため，離縁後に養子の法定代理人となるべき者が，養親と離縁の協議を行うことになっています（⇨〔設問50〕）。当事者が成年後見人（精神上の障害により事理を弁識する能力を欠く常況にある者と

して，家庭裁判所により，後見開始の審判を受けている者。民7条）である場合でも，意思能力を回復しているときは，成年後見人の同意を得なくとも，離縁をすることができます（同812条・738条，戸32条）。

養親が夫婦である場合において，未成年と離縁をするには，原則として，夫婦が共同で離縁しなければなりません（⇨〔設問51〕）。また，縁組当事者の一方が死亡した後でもなお，縁組に基づく親族関係の解消を目的として，離縁をすることができることになっています。このようなものを「死後離縁」といいます（⇨〔設問52〕）。

離縁意思の合致　離縁をするには，当事者間に離縁の意思の合致（合意）が存在しなければなりません。離縁の意思というのは，法律上の養親子関係を解消しようとする意思です。その際，離縁の原因となるような特定の事実，例えば，当事者の一方が他方に対して暴力を振るう，虐待する，遺棄するといった事実（有責な行為ないし婚姻義務違反行為）が存在すること，あるいは当事者の関係が実質的に破綻していることは，必要ではありません。

離縁意思の内容については，婚姻意思の場合と同様に争いがあり，社会習俗に照らして，親子と認められている関係を完全に解消する意思でなければならないという意見（実質的意思説）と法律上の養親子関係を解消するために離縁の届出をする意思があれば足りるとする意見（形式的意思説）とが対立しています。しかし，判例は，離婚について形式的意思説をとっていることから，同じく解消的身分行為である離縁についても，形式的意思説をとるものであると考えられます。

3　協議離縁の手続

協議離縁の届出　協議離縁の合意があっても、それだけでは法律上の離縁は成立しません。当事者からの離縁をする旨の届出が市区役所または町村役場（戸籍事務管掌者は市区町村長です。戸1条・4条）において受理されることにより、離縁は成立します（民812条・739条）。この届出主義（「届出なければ身分行為なし」の原則）は、婚姻や協議離婚など、日本の家族法（身分法）の大きな特徴となっています。

届出は、書面または口頭ですることができますが（戸27条）、法務省（法務大臣）によって定められた届書の様式（同28条、戸則59条）がありますので、これを使用するのが通常です。戸籍事務管掌者は形式的審査権を有するにすぎないことから、離縁の届書および添付書類に不足しているものがなく、適法な届出であると判断されれば、届出は受理されます。戸籍事務を実際に担当する係員は、届出の当事者に真に離縁する意思があるかどうかを確かめることはありません。届出には、成年の証人2人以上が必要ですが、届書（生年月日、住所、本籍を記載する）に署名・押印がしてあれば、市区役所・町村役場に出頭する必要はないものとされています。

戸籍事務管掌者が正当な理由もなく、協議離縁の届出を受理しない場合は、当事者は、その不受理処分に対して、当該市区役所・町村役場の所在地の家庭裁判所に不服の申立てをすることができます（戸118条、特家審規13条）。家庭裁判所は、その不服の申立てについて理由があると認めるときは、当該市区町村長に相当な処分（届出の受理）を命じなければなりません（特家審規15条）。

法律上は、両当事者（本人）による届出を予定していますが、当事者の一方だけから届け出ること、または他人（使者）に委託して届書を提出すること、さらには郵送による届出も許されています。特に郵送の場合は*1、届出人の生存中に郵送した届書がその死亡後に市区役所・町村役場に到達した場合であっても、これを受理し、届出人の死亡の時に届出があったものとみなすという特別な取扱いがされています（戸47条）。

届出人の本人確認　当事者の双方または一方の意思を欠いた協議離縁の届出は、無効です（⇨〔設問55〕）。しかし、当事者の双方または一方の知らない間に勝手に、虚偽の届出がされることがあります（実際上特に問題となってきたのは離婚と養子縁組の届出です）。これを防ぐために、法務省の通達により、戸籍事務担当者は、届出人の本人確認を行うことになっていましたが*2、これをさらに進めて、戸籍法上で明文化されました（平成19法35）。

届出人の本人確認というのは、届書を戸籍係の窓口に持参した者が誰であるかを確認し、その者が届出人であるかどうかを確認するものであって、婚姻、協議離婚、養子縁組、協議離縁、および認知の届出が対象となっています（戸27条の2）。これらは、いずれも重要な身分関係の形成または解消を目的とする創設的届出です。具体的な本人確認の方法としては、例えば、運転免許証、旅券、住民基本台帳カード等の官公署が発行した写真付証明書を提示して、本人であることを示すのが確実です。ただし、国民健康保険の被保険者証等および民間企業・法人等が発行した証明書等（学生証、社員証等）の複数提示でも足ります（戸則11条の2）。

Ⅳ 養子

4 協議離縁の効力

協議離縁の届出が受理されると養子縁組が解消され，これにより，養子と養親の間に存在していた法定血族関係が終了します（⇨〔設問53〕）。それとともに，養子縁組を媒介として成立していた養子の配偶者と直系卑属およびその配偶者と養親およびその血族との親族関係が終了することになります（⇨〔設問54〕）。

離縁することにより，養子は，原則として，縁組前の氏に復することになります。これを「離縁復氏の原則」と呼んでいます（⇨〔設問53〕）。離縁の法律効果について詳しくは，以下本書の各項目を参照してください。

5 設問への回答

家出をして行方不明となっている養子が15歳以上の場合は，協議離縁をすることはできません。離縁の届書に，勝手に養子の氏名を書き，押印して届出書を完成させ，養親だけで届出をしてしまうことは違法ですし，仮にそのような届出をしても，法律上は無効です。したがって，家庭裁判所で，離縁を求める裁判をしてください。

養子が15歳未満の場合は，離縁後に養子の法定代理人となるべき者との間で離縁の協議または離縁の訴えをすることになります（裁判上の離縁原因として，3年以上の生死不明が規定されています。民814条1項2号⇨〔設問56〕）。

 ＊1 民間事業者による信書の送達に関する法律（平成14法99）2条6項に規定する一般信書便事業者もしくは同条9項に規定する特定信書便事業者による同条2項に規定する信書便によって発送した届書についても同様とされています。
 ＊2 平成15・3・18法務省民事局長通達

《参考文献》
 ＊中川高男・養子（2）叢書民法総合判例研究（一粒社，1981）
 ＊中川＝山畠編・新版注釈民法（24）（有斐閣，1994）408頁以下〔深谷松男〕

〔床谷文雄〕

4 離縁（2）——未成年者との離縁

設問 50

中学生の長男は養子なのですが，夫に激しく暴力を振るうので，この際，離縁をしたいと思います。長男も離縁してもよいといっていますが，長男の実父母はすでに離婚していて，2人とも，離縁の話をしようとしても，自分には関係がないというばかりで困っています。私たちは，どうすれば離縁することができるのでしょうか。この子を養子にするときは，家庭裁判所に行って，養子縁組をすることの許可をもらったのですが，今度も，家庭裁判所に行かなければだめでしょうか。

未成年者との離縁 養子が15歳に達しているときは，養子本人が養親と離縁の協議をすることになります。しかし，養子が15歳未満であるときは，離縁後に養子の法定代理人となるべき者が，養子に代わって，養親と離縁の協議をします（民811条2項）。意思能力のない15歳未満の養子についても，離縁することを可能にするためですが，同時に離縁後の養子の保護を図る目的もあります。これを「代諾離縁」と呼んでいます。実父母が離婚したり，養子縁組時の親権者がすでに死亡したりしている場合は，誰が離縁後に法定代理人になるかを，離縁の協議に入る前に決めなければなりません（次項）。

未成年者を養子にするためには，自己または配偶者の直系卑属を養子とする場合を除いて，家庭裁判所の許可が必要とされていますが（民798条。⇨〔設問43〕），離縁については，養子が未成年者である場合でも，家庭裁判所の許可を得る必要はありません。離縁によって，通常は，養子は実親のもとに復帰するにすぎないということから，家庭裁判所による規制は必要がないと考えられたものでしょう。しかし，養子の福祉という観点からは問題であるという指摘もあります。

15歳未満の養子の協議離縁 離縁協議者，すなわち離縁後に養子の法定代理人となるべき者は，通常は，実父母ですが（一方が死亡しているときは，生存している父または母），実父母が離婚しているときは，その協議で，いずれか一方を養子の離縁後に親権者となるべき者と定めます（民811条3項）。父母の協議が調わないとき，または協議をすることができないときは，父もしくは母または養親の請求によって，協議に代わる審判で，親権者となるべき者を指定します（同811条4項，家審9条1項乙類6号の2）。

実父母がともに死亡している場合，親権喪失の宣告（民834条）を受けている場合，後見開始の審判（同7条）を受けている場合，その他意思能力を失っている場合など，法律上または事実上親権を行使することができない場合には，養子の親族その他の利害関係人の請求によって，家庭裁判所が，養子の離縁後にその未成年後見人となるべき者を選任します（同811条5項，家審9条1項甲類7号の2）。

縁組前に父母が離婚し，その際に親権者と定められた父母の一方の代諾で縁組をした場合，その者が離縁の協議を行うことになります。しかし，この者がすで

IV 養子

に死亡している場合には，後見が開始するというのが通説なので，家庭裁判所で未成年後見人となるべき者を選任することになります。ただし，単独親権者である父母の一方が死亡した場合でも，父母の他方が親権者変更を申し立てる場合，未成年後見人を選任しないで，親権者の変更を認めるという考えもあります（⇨〔設問98〕）。この考え方を類推するならば，単独親権者として代諾した父母の一方が死亡した場合も，父母の他方を離縁後に親権者となるべき者として定め，この者が離縁の協議をすることも認められることになるでしょう。

養父母が離婚している場合に，親権者とならなかった養父または養母と離縁するときは，親権者と定められた養父母の他の一方が離縁の協議を行います。これに対して，親権者と定められた養父または養母と離縁するときは，他方の養親との縁組関係が残っているので，養父母の一方との離縁によって実親の親権は回復せず，後見が開始すると考えられるところから，戸籍先例では，家庭裁判所において，離縁後に未成年後見人となるべき者を選任して，その者が協議を行うべきものとされています*1。ただし，この戸籍先例は古いものであり，単独親権者である父母の一方が死亡した場合に父母の他方が親権者変更を申し立てるときは，家庭裁判所は親権者の変更を認めている現在では，縁組関係が残る他方の養親が親権者となるべき者として適切であれば，この養親が他方養親との離縁後に親権者になるべき者として，離縁の協議をすべきであるという考え方もありうるのではないでしょうか。

養父母の一方が死亡した後に，生存する養親のみと離縁する場合は，離縁によって実親の親権は復活せず，後見が開始するというのが先例であり*2，養子が15歳未満の場合は，養子に代わり未成年後見人が離縁の手続を行うものとされています。養父母の一方もしくは双方または養子が死亡した後に，死亡した養親と離縁する場合については，別項目を参照してください（⇨〔設問52〕）。

設問への回答 離縁後に養子の親権者となるべき実父母が離婚していますので，そのいずれが親権者となるべきかを，まず定めなければなりません。父母がいずれも，養子の親権者となる用意がなく，離縁後の親権者として子の監護を行うことを拒否しているようですので，養親としては，家庭裁判所に請求して，いずれが親権者となるかを指定してもらうことになります。ただし，子の監護を行うことを拒否している者を離縁後に親権者になるべき者として指定しても，離縁の協議においても，離縁後の子の監護面においても，子の福祉の点で問題があります。本来，親権は親としての義務であり，やむをえない事由がある場合において，家庭裁判所の許可があるときに限り，親権を辞することができることになっています（民837条1項）。したがって，家庭裁判所としては，父母の一方を離縁後に親権者になるべき者として定めるのが民法の原則であるとしても，いずれもが親権者となることを拒絶する場合には，一種の親権の濫用として，あるいは未成年者に対して親権を行う者がないとき（同838条1号）に該当するものとして，未成年後見人を選任し，離縁の協議にあたらせることも許されてよいのではないでしょうか。

*1　昭和37・7・14民甲1989回答
*2　前掲注1

《参考文献》
＊中川＝山畠編・新版注釈民法（24）（有斐閣，1994）415頁以下〔深谷松男〕

〔床谷文雄〕

4　離縁（3）──夫婦共同縁組の離縁

設問 51

私は，結婚する前にできた子どもを連れて，今の夫と結婚しました。夫は，私の子を養子にしてくれたのですが，最近，子どもとの仲がうまくいかないので離縁したいというようになりました。夫と離縁しても，この子と私との親子関係には変わりがないと思うのですが，どうでしょうか。

夫婦共同縁組　配偶者のある者が未成年者を養子とするときは，原則として，配偶者とともに養子縁組をしなければなりません（民795条本文）。これを「夫婦共同縁組」といいます（⇨〔設問43〕）。明治民法が施行されて以来，長い間，養親となる者が夫婦の場合も，養子となる者が夫婦の場合も，夫婦は共同で縁組を行うべきものとされていました。しかし，1987（昭和62）年の民法改正により，この「夫婦共同縁組の原則」は，養子が未成年者である場合に限られました。また，養子が未成年の場合であっても，夫婦の一方が配偶者の嫡出である子を養子とする場合，または配偶者がその意思を表示することができない場合は，夫婦の一方のみで養子縁組をすることができることになりました（同条ただし書）。

設問の場合には，結婚する前にできた子を連れ子として結婚した母親の夫がその子を養子にしたということなので，この子は，母が結婚する時点で嫡出でない子であるとすれば，母と夫が共同で縁組をしたものと考えられます。ただし，母が結婚前に子を単独で養子にすることもできますので，この場合は，子は，母の嫡出子としての身分を取得しているので，母の配偶者との単独養子縁組となります。

夫婦共同縁組の離縁　民法811条の2は，「養親が夫婦である場合において未成年者と離縁をするには，夫婦が共にしなければならない。ただし，夫婦の一方がその意思を表示することができないときは，この限りでない」と規定しています。したがって，養子が未成年者である限り，養親である夫婦は，縁組するときだけではなく，離縁するときも共同でしなければなりません。この夫婦共同離縁の規定は，養親が配偶者とともに未成年者を養子にした場合だけではなく，単独で未成年者を養子にした養親が後に婚姻し，その配偶者が当該養子と縁組をした場合についても適用されます。

なぜこういう取扱いになっているのでしょうか。それは1つには，養親夫婦の一方のみと離縁することができるものとすると，未成年者を養子とする際に夫婦が共同で縁組することを求めていることの意義が薄れるからです。つまり，いったん共同で縁組をしておいて，後にその一方のみと離縁することで，夫婦共同縁組の要件を容易に潜脱することができてしまうことになります。また，養親夫婦の一方のみと離縁して，他方との養子縁組関係を維持しても，養子の養育環境は悪化しますので，ともに離縁をして，新しい養育環境を探す方が望ましいということも考えられます。

IV 養子

民法811条の2ただし書の「夫婦の一方がその意思を表示することができないとき」というのは，精神上の障害により事理を弁識することができないとき，または行方不明等の場合を指しています。このような場合は，離縁の届書には，配偶者がその意思を表示することができない旨およびその事由を記載しておくことになります。

離縁の効力

未成年者である養子と夫婦共同で離縁した場合，養子は，縁組前の氏に復することになります。ただし，例外規定によって養親夫婦の一方のみと離縁した場合は，他方との縁組関係が残っているので，復氏することはありません（民816条1項）。

養親とともに離縁した場合は，養子は，原則として，実方の父母の親権に服することになります（⇨〔設問50〕）。では，例外的に養親夫婦の一方のみと離縁した場合は，縁組関係が存続する養親の他方による親権行使が維持されることになるのでしょうか。しかし，養親夫婦の一方がその意思を表示することができないときに，他の一方が単独で離縁することが許されるのですから，この養親の他方が養子に対する親権を行使することができるとは思われません。したがって，この場合も未成年者に対して親権を行う者がないときに該当するものとして，未成年後見人を選任するべきだと思われます（同838条1号）。ただし，この場合において，実父母への親権者の変更が可能かどうかは，法解釈上の問題として残されています。

設問への回答

本問においては，実母が自己の嫡出でない子を配偶者とともに養子としているとすると，夫のみでなく，実母についても離縁をしなければならないことになります。また，この場合の養父との離縁については，養子が15歳未満のときは，離縁後に法定代理人となるべき実母が離縁の協議を行い，他方，養母（実母）との離縁については，利益相反行為（民826条）になると考えられていますので*1，家庭裁判所の審判により特別代理人を選任しなければなりません。

このような考え方が一般的なのですが，これには少し疑問があります。この場合，養父母と共同離縁をしてしまうと，子は，実母の嫡出でない子に戻ってしまうことになります。母が夫と離婚しない限り，母との養子縁組を維持して，子に嫡出子の身分を保持させることができないというのは疑問です。母は，夫との離婚か，子を嫡出でない子に戻すかの選択を迫られることになります。むしろ，養子縁組によって，子は，母の嫡出である子の身分を取得しているので，民法795条ただし書の類推適用により，養父（夫）のみとの離縁を認めるべきであると思われます。

養父のみと離縁することができるとした場合，離縁後，子は，母の嫡出である子として，母の親権に服することになります。養親の一方がその意思を表示することができないがゆえに，他方が単独で離縁した場合とは異なり，母が親権を行使することは妨げられません。

*1 離縁によって，子は嫡出である子としての身分を失い，嫡出でない子に戻るという不利益を受けるからです。

《参考文献》
*細川清「養子法の改正」法務省民事局内法務研究会編・改正養子法と戸籍実務（ティハン，1987）8頁
*中川＝山畠編・新版注釈民法（24）（有斐閣，1994）433頁以下〔深谷松男〕

〔床谷文雄〕

4 離縁（4）——死後離縁

設問 52

私たちの養子は1年前に事故で亡くなったのですが，その養子の子ども（高校3年生）が，最近，非行に走っているようです。私たちにも暴言を吐き，暴力まで振るう始末で，この前は，夜遊びを止めようとした妻が殴られて大けがをしました。これまでは孫としてかわいがってきたのですが，この際，この養子の子と縁を切りたいと思っています。どうすれば，この養子の子との関係を解消することができるのでしょうか。

1 死後離縁とは

民法は，養子縁組の当事者の一方が死亡しても，養親子関係は終了せず，養親子関係を終了させるためには，離縁の手続が必要であるとしています。このような縁組当事者一方の死亡後の離縁を「死後離縁」と呼んでいます。もっとも，学説には，養親子関係は当事者の一方の死亡によって終了するのであり，ここでいう離縁は，配偶者死亡後の生存配偶者による姻族関係終了の意思表示（民728条2項）に類したもので，理論的には法定血族関係の終了のための意思表示である，という考え方が有力です。

1987（昭和62）年の法改正前は，養親が死亡した場合に限り，死後離縁の制度が認められていたのですが，現行法では，養子が死亡した場合にも，死後離縁が認められます。なお，養父母がともに死亡した場合には，その一方のみと死後離縁をすることもできます。これは養子が未成年者であるときも，同様です。

この設問で問題となっているような養親と養子の子との親族関係だけを直接終了させることはできませんが，養親と養子との死後離縁をすることによって，養親子関係だけではなく，養子縁組によって生じた養親族関係（法定血族・姻族関係）も消滅するものとされています。

2 死後離縁の手続

生存当事者が死後離縁をするためには，家庭裁判所の許可が必要とされています（民811条6項，家審9条1項甲類8号）。この家庭裁判所の許可は離縁の要件の1つであって，離縁の効力は，死後離縁の届出があってはじめて生じます。許可の申立人は，通常は生存当事者ですが，それが15歳未満の養子である場合は，誰が申立人となるかは，事情によって異なります。

養子が15歳未満の場合

養父母の一方が死亡した後に，養子がその死亡した養親のみと離縁する場合，生存する他方の養親が死後離縁の許可申立人となります。

死亡した養親とともに生存している養親とも離縁する場合は，離縁によって実父母の親権が回復することになるので，実父母が死後離縁のための手続を行うことになります。

養父母双方が死亡している場合は，養子について未成年後見が開始しているので，戸籍先例では，死後離縁の許可の申立て，離縁の届出は，未成年後見人が行うべきものとされています[*1]。ただし，離縁によって後見が終了し，実父母が離

Ⅳ 養子

縁後の親権者となります。しかし、これに対しては若干疑問があり、「養子の離縁後にその法定代理人となるべき者」が離縁の手続をするのが原則ですので、少なくとも、未成年後見人が現実に選任されていないときは、実父母が離縁許可の申立ておよび離縁届をすることを認めるべきではないかと思われます。

届出 死後離縁の届出については、生存当事者だけで、離縁の届出をすることができます（戸72条）。この場合、届書には、家庭裁判所の離縁をするについての許可審判の謄本を添付しなければなりません（同38条2項）。審判の確定証明書の添付も必要です。

死後離縁の許可基準 家庭裁判所が許可する際の基準については、明文の規定はありません。離縁許可の申立てが信義に反しないこと、また権利の濫用にならないこと、は当然に許可の前提となります。例えば、養親夫婦から扶養を受けて、養親の一方の財産を相続しながら、生存する養親を扶養する義務（民877条1項）を免れるために死後離縁の申立てをするような場合は、離縁を許可すべきではないでしょう。

養子の死亡後に養親から離縁しようとするときは、多くの場合、死亡した養子の子（養子縁組後の養子の子）らとの養親族関係を解消させることが目的であると考えられます。このような場合、離縁の可否を判断する際には、亡養子の子、特に未成熟子の福祉を考慮しなければなりません。養親は、養子亡き後、直系尊属として養子の子を扶養する義務を負う者であり、また、養子の子は、養親の相続につき、養子を代襲して相続人となるべき者ですから（同887条2項）、死後離縁は、養子の子からその地位を失わせ

る効果も伴います。したがって、養子の子と養親との間に推定相続人の廃除事由（同892条）に該当するような虐待、重大な侮辱、その他の著しい非行があったときは、死後離縁を許可することに問題はありません。それに至らない場合は慎重に判断すべきでしょう。

3 設問への回答

本設問では、死亡した養子の子と養親の関係が悪化し、養子の子が養親に暴力を振るい、大けがをさせるという事態に至っているので、両者の間の親族関係を終了させたいと養親が考えるのも無理はないと思われます。したがって、死亡した養子との死後離縁の手続をすることによって、亡養子の子との親族関係を終了させることができます。このような取扱いは、現行法上はやむをえないところかと思いますが、亡養子との離縁をしなくても、養子の子との親族関係のみを終了させることができるように、制度を改めることを考えてもよいのではないでしょうか。

＊1 昭和39・2・13民甲319回答

《参考文献》
＊細川清「養子法の改正」法務省民事局内法務研究会編・改正養子法と戸籍実務（ティハン，1987）23頁
＊中川＝山畠編・新版注釈民法（24）（有斐閣，1994）423頁以下〔深谷松男〕

〔床谷文雄〕

5　離縁の効果（1）――氏と祭祀承継

設問 53

私は 20 年前に妻と結婚すると同時に，妻の両親と養子縁組をしました。数年前に養父が死亡した後に，養家の祭祀を承継したのですが，このたび，私の不貞行為が原因で妻と離婚することになり，養母とも離縁することになりました。私の姓（氏）はどうなるのでしょうか。また，私が継いでいる養家の祭祀は，どうすればよいのでしょうか。

離縁の効果　離縁により，養子およびその配偶者ならびに養子の直系卑属およびその配偶者と養親およびその血族との親族関係は終了します（民 729 条）。ただし，養父母の一方が死亡している場合，生存する他方養親のみと離縁をしても，死亡した養親を媒介とする親族関係が残ります。養親族関係をすべて終了させるためには，死亡した養親との死後離縁もしなければなりません（⇨〔設問 52〕）。

民法は，離縁の効果として，特に，養子は縁組前の氏に復氏すること，および復氏の際の祖先祭祀に関する権利の承継についての定めを置いています。

離縁後の氏　養子は，離縁によって縁組前の氏（民法上の用語としては「姓」ではなくて「氏」）に復するものとされています（民 816 条 1 項本文）。ただし，養父母の一方のみと離縁をした場合は，復氏しません（同項ただし書）。養子は，原則として養親の氏を称することになっていますが（同 810 条本文），これは氏を一致させることによって，親子関係に入ったことを公示し，心情的にも一体感をもたらし，社会生活を送る上でも，便利であるからです。ただし，養子が婚姻によって改氏した者であるときは，婚姻の際に定めた氏を称すべき間は，夫婦同氏の原則（同 750 条）が優先し，養子は，養親の氏を称しません（同 810 条ただし書）。

離縁の場合は，逆に，養子は縁組前の氏に復することになります。ただし，縁組の日から 7 年を経過した後に離縁をして縁組前の氏に復した者は，離縁の日から 3 ヵ月以内に戸籍法の定めるところにより届け出ることによって（戸 73 条の 2），離縁の際に称していた氏を称することができます（民 816 条 2 項）。これは離婚後の婚氏続称制度（同 767 条 2 項）と同様に，氏（呼称）の継続的使用における利益を尊重し保護するために，1987（昭和 62）年の改正で導入されたものです。養子が養親の氏を称して長年社会生活を営んでいる場合には，離縁による復氏を強制されることによって，社会生活上著しい支障が生じたり，困難な状況に陥ったりするおそれがあるからです。ただし，この縁氏続称の届出をすることによって，離縁後も，離縁の際に称していた氏を称することはできますが，これはあくまでも呼称上で同じ呼び名の氏[*1]というだけで，いわゆる「民法上の氏」は，養親の氏とは異なります[*2]。

婚氏続称の場合は，特に婚姻期間の長短は関係がありませんが，縁氏続称の場合は，縁組から 7 年経過していることが要件となっています。これは，養子縁組を利用して，氏の呼称変更を実現しよう

Ⅳ 養子

とすること（養子縁組の濫用）を防止するためです。すなわち、呼称上の氏の変更については、本来は、氏（呼称）を変更するやむをえない事由がある場合に、家庭裁判所の許可を得て、届け出なければならないものとされていますから（戸107条1項）、その抜け道とならないようにするということです。なお、縁組から7年が経過していることが要件であり、養子縁組後7年間、その氏を称していたことは必要ではありません。なお、養子が離縁時において15歳未満の場合は、たとえ縁組から7年が経過していても、縁氏続称の届出をすることはできません*3。

祭祀承継 養子が養親から祖先の祭祀を主宰すべき者たる地位を承継している場合において、養子が離縁により復氏したときは、当事者その他の関係人の協議で、祭祀に関する権利を承継すべき者を定めなければなりません。この協議が調わないとき、または協議をすることができないときは、家庭裁判所の審判で（家審9条1項乙類6号）、これを定めることになっています（民817条・769条）。

祭祀主宰者は、系譜、祭具および墳墓の所有権を一般の相続財産とは別個に、被相続人から承継するものとされ、被相続人の指定があればそれにより、指定がなければ慣習により、慣習が明らかでないときは、家庭裁判所が定めることになっています（同897条）。そして、祖先祭祀は氏を同じくする者が承継するのが国民感情に沿うという考え方から、養子が離縁により復氏したときは、新たな祭祀承継者が定められるべきこととされているのです。これは縁組の取消しの場合も同様です（同808条2項）。また、婚姻によって氏を改めた夫または妻が、祭祀に関する権利を承継した後に離縁したとき（同769条・771条）、生存配偶者が復氏したとき（同751条2項）、あるいは婚姻が取り消されたとき（同749条）も、これと同じ扱いになっています。

設問への回答 本設問の場合は、20年前に結婚と同時に妻の両親との養子縁組をして、妻の両親の氏を称してきました。このたびの離婚と離縁で、養子は、民法上は養子縁組前の氏に復することになります。ただし、上記のように縁氏続称の届出をすることによって、離縁の際に称していた氏を称することはできます。

祭祀主宰者の権利については、養母、妻、その他の親族との協議で、承継者を定めることが必要になってきます。おそらく、養母または離婚して、両親の氏に復した妻が祭祀を承継することになるものと思われます。

*1 これを「呼称上の氏」ということがあります
*2 ここで「民法上の氏」というのは戸籍編製の基準となるもので、夫婦が同じ氏を称する（夫婦同氏）、子が親の氏を称する（親子同氏）という場合の氏を指しています
*3 縁氏続称の届出は、身分法上の法律行為ですので、未成年者であっても意思能力がある限り、自ら届出をすることができます。しかし、15歳未満の者は、通常届出に必要な意思能力が備わっていないとされていますが、その場合にその法定代理人が代わって届出をすることができる旨の規定が置かれていないので、法定代理人がすることもできません。これは、通常は、15歳未満の子が離縁後に縁氏を続称する必要性はないと考えられるからです

《参考文献》
*細川清「養子法の改正」法務省民事局内法務研究会編・改正養子法と戸籍実務（テイハン、1987）37頁
*中川＝山畠編・新版注釈民法（24）（有斐閣、1994）556頁以下〔床谷文雄〕

〔床谷文雄〕

5 離縁の効果（2）——養親族関係の終了

設問 54

今度，養子夫婦と話し合って離縁することになりました。もとはといえば，養子夫婦が私たちをないがしろにするからですが，養子夫婦の子どもたちは私たちにとてもなついているので，この孫たちとは，これからも祖父母として接したいと思っています。また，孫たちには私たちの姓（氏）を名乗っていてほしいのですが，そういうことはできるでしょうか。

離縁による養親族関係の終了　養子縁組の効力を養親と養子の間だけに制限するという立法もありえますが，日本の法律では，養子縁組によって養親およびその血族と養子との間に，養子縁組の日から，親族関係が発生することになっています（民727条）。ただし，成年養子縁組において多くみられるところですが，養子縁組の時点において，すでに養子となる者自身に子どもがある場合であっても，養子のみが養親族関係に組み込まれるのであって，養親（およびその親族）と養子の子との間には，親族関係が発生しません。これに対して，養子縁組後に養子に血族が生じた場合は，例えば養子に子どもが生まれたときは，その生まれた子は，当然に養親の直系血族になります。

そのことの裏返しですが，養親と養子が離縁をしますと，養子およびその配偶者ならびに養子の直系卑属およびその配偶者と養親およびその血族との親族関係は，終了することになります（同729条）。養親と養子の直系卑属（養孫）との親族関係を維持することを留保した離縁は，認められません。

離縁による氏の変更　離縁により，養子は，縁組前の氏に復します（⇨〔設問53〕）。養子夫婦の子の氏は，父母である養子が復氏しても，自動的に復氏した養子の氏に変更されるわけではありません。しかし，父母が氏を改めたことにより子が父母と氏を異にする場合には，子は，父母の婚姻中に限り，家庭裁判所の許可を得ないで，戸籍法上の届出をすることによって，その父母の氏を称することができることになっています（民791条2項）。その際，養子の子が15歳未満であり，養子夫婦が養子の子らの親権者であるときは，養子夫婦が子に代わって氏の変更の届出をすることができます（同791条3項）。

設問への回答　離縁をすることによって，あなたたち養親と養子および養子の子である孫たちとは，親族関係がなくなります。養子が復氏した後に，養子の子である孫の氏を復氏した養子の氏に変更する戸籍上の届出をすることが当然に考えられます。養子の子らが15歳以上であれば，自己の意思でこれまでどおりの氏を称することもできますが，成年に達している場合であればともかく，未成年者であれば，父母の氏を称し，父母の戸籍に入籍するということは，養子の子らの利益を考えると，やむをえないところでしょう。

もちろん，離縁をしても，孫たちとの親族関係のみを維持するために，孫たちと改めて養子縁組をすることはできます。

〔床谷文雄〕

6　無効な離縁の追認

設問 55

私と養子は，不仲となっていましたが，最近，養子が勝手に離縁の届出をしてしまいました。私としては，そんな勝手なことは許されないと思いますが，また言い争いが起こることを考えると，そのまま認めてしまってもいいような気がします。そういうことは許されるのでしょうか。

離縁の無効　協議離縁の届出がなされていても，当事者の一方または双方に離縁をする意思（離縁意思の合致）がないときは，離縁は無効です。婚姻の無効に関して定めている民法742条の規定は，協議離婚の無効の場合に類推適用されると考えられていますが*1，協議上の離縁についても同様に解されています。

離縁届の縁組当事者の一方が，他方の知らない間に離縁の届出をすることを防ぐために，戸籍法が改正され，届出のために市区役所または町村役場に出頭した者が離縁の当事者本人であることを確認する制度が導入されました（戸27条の2⇒〔設問49〕）。しかし，本人確認ができない場合でも，本人確認のできない届出についての事前の不受理申出がされていない限り，市区町村長は，当該届出を受理した後遅滞なく，確認ができなかった届出事件の本人に対して通知し，届出の有無を確認させる方式であるため，受理された離縁の届出が本人の意思に基づかない場合は生じてきます。したがって，離縁の無効は，なお問題となりえます。

養子が15歳未満の場合については，養親と養子の離縁後にその法定代理人となるべき者との協議で離縁をすることになりますが（代諾離縁⇒〔設問50〕），離縁の代諾者となった者が真実の代諾権者でなかったとき，または共同で代諾すべき実父母の一方の代諾意思が欠けているときは，離縁は無効となります。

また，夫婦共同縁組において，共同で離縁すべきところ，養親夫婦の一方に離縁意思がなかった場合は，離縁意思のない者について離縁が無効であるのみならず，離縁意思のある他方についても，一体として離縁は無効となるのが原則です。ただし，離縁意思のある者との間の離縁のみを有効とする特段の事情のあるときは，これのみが有効な離縁と認められることも考えられます*2。

当事者の一方または第三者の詐欺または強迫により協議離縁した場合は，当該離縁は無効ではなく，離縁の取消しの対象となります（民812条・747条）。

協議離縁無効の訴え　協議離縁の無効の訴えについては，従前は明文の規定がなかったので，婚姻の無効や縁組の無効に関する規定を類推適用していましたが，2003（平成15）年に制定された人事訴訟法（平成15法109）では，協議上の離縁の無効の訴えについて明文の規定が置かれました（人訴2条3号）。離縁無効の訴えの当事者は，原則として養親と養子です。養子が15歳未満の場合の離縁無効の訴えについては，正当な代諾権利者が当事者として訴えを行うことになります。

通説・判例は，離縁無効の訴えを確認訴訟であると解しています*3。他方，

⑥ 無効な離縁の追認

離縁取消しの訴えは、形成の訴えであると解されています。

縁組当事者以外の者が離縁無効の訴えをすることができるかについては、縁組無効の訴えの場合に準じるものと考えられています*4。すなわち、当該離縁が無効であることにより、相続・扶養など自己の法律関係に関する地位に直接影響を受ける者は、離縁無効の訴えについての法律上の利益を有し、訴えをすることができるものと解されています。

なお、離縁をした縁組当事者の一方または双方が死亡した後にも、離縁無効の訴えをすることができます。養子が死亡した後に協議離縁無効の訴えがあった場合は、その相続人(養子の直系卑属および養子の配偶者で直系卑属または直系尊属とともに相続したものを除く)に、養親が死亡した後に訴えの提起があった場合には、その相続人(当該養親の配偶者で直系卑属とともに相続したものを除く)に、利害関係人として訴訟係属の通知が行われます(人訴規16条別表14)。

無効な離縁の追認

当事者の一方または第三者から出された無効な離縁の届出を、縁組当事者は事後に追認することができます。追認を認めても第三者の利益を害するおそれはありませんし、詐欺または強迫による協議離縁の取消しについて追認を認めていること(民812条・747条)からしても、離縁を有効としても問題はないからです。無権代理行為の追認に関する規定(同116条)の類推適用を法的根拠として挙げることもできます。正当な法定代理人でない者が15歳未満の養子となる者に代わって縁組の承諾をした無効な代諾養子縁組について、養子本人によるその追認を認めた判例*5の趣旨からしても、無効な離縁の追認は認められます。

追認は、離縁の意思の欠けていた縁組の当事者の一方から他方に対して、または双方の意思が欠けていた場合は当事者相互において、明示または黙示の意思表示によってすることができます。無効な離縁届がなされていることを認識した時から、6ヵ月以内に離縁無効の訴えをしなければならない(離縁の取消しに関する民812条・747条参照)という明確な区切りはありませんが、相応の時間の経過により、黙示の追認があったものとみなされる可能性があります。

追認により、離縁の届出の時に遡って、離縁は有効なものとなります。

設問への回答

養子が勝手に出した離縁の届出は、法律上は無効です。したがって、養親としては、離縁無効の訴えをして、いったん縁組関係を回復してから、改めてきちんと離縁について協議するのが本来望ましいことです。離縁に伴う財産関係の清算や、養子縁組継続中の出来事に基づく損害賠償の請求が問題となることもあります。こうした話合いをすることが面倒であると感じられる場合や、協議をすることが困難であり、このまま縁組を解消したものとしてもよいと考えるのであれば、養子に対して、離縁の意思を伝えれば離縁を追認したことになります。

*1 協議離婚の無効について、梶村＝棚村編・夫婦の法律相談(有斐閣、2004) 185頁参照〔清水節〕
*2 夫婦共同縁組の無効に関する最判昭48・4・12民集27・3・500参照
*3 梶村＝徳田編・家事事件手続法(有斐閣、第2版、2007) 315頁〔若林昌子〕
*4 最判昭63・3・1民集42・3・157参照
*5 最判昭27・10・3民集6・9・753

《参考文献》
*中川＝山畠編・新版注釈民法(24)(有斐閣、1994) 470頁〔深谷松男〕

〔床谷文雄〕

7 裁判離縁

設問 56

私たちには 20 年間, 養子として育ててきた子がいますが, 生活が苦しいので扶養料の請求をしたところ, 扶養する気はまったくないといって, 離縁を求める始末です。こんな理不尽な離縁は認められないと思いますが, どうでしょうか。

1 裁判上の離縁

縁組当事者の間に離縁の合意がある場合には, 離縁の届出をすることによって, 離縁が成立します (⇨ 〔設問 49〕)。しかし, 当事者の一方が離縁を希望しても, 他方がこれに応じないときは, 家庭裁判所での離縁の手続によらなければなりません。これには, 家庭裁判所の調停による離縁, 審判による離縁, 判決による離縁があります。また, 2003 (平成 15) 年制定の人事訴訟法によって, 裁判所における和解・認諾による離縁 (人訴 44 条・37 条) も認められました。

調停離縁 調停というのは, 家庭裁判所の調停委員会 (1 人の家事審判官と 2 人〔以上〕の調停委員で構成されます) が当事者双方の言い分を聴き, 事情を調査しながら, 当事者の合意による解決を導こうとするものです。離婚訴訟や離縁の訴えその他の人事訴訟については, 訴えを提起する前に, 原則として, まず家庭裁判所に調停の申立てをしなければならないことになっています (家審 18 条)。これを「調停前置主義」と呼んでいます。家事事件においては, できる限り当事者の協調・互譲によって自主的に紛争を解決することが望ましい, と考えられているからです。

調停において, 離縁についての当事者の合意が成立し, 調書が作成されると, この調書の記載は, 離縁の確定判決と同一の効力を有します (家審 21 条 1 項)。この場合, 当事者は, 10 日以内に離縁の届出をしなければなりません (戸 73 条・63 条)。正当な理由もなくこの届出を怠ると, 3 万円以下の過料に処せられます (同 120 条)。なお, 調停離縁の場合, 調停成立の時に離縁は成立していますので, 事後になされる届出は, 離縁した事実を戸籍に反映させるために届け出るものであって,「報告的届出」と呼ばれています。

審判離縁 調停が成立しない場合において, 相当と認めるときは, 家庭裁判所は, 家事調停委員の意見を聴き, 当事者双方のため衡平に考慮し, 一切の事情をみて, 職権で, 当事者双方の申立ての趣旨に反しない限度で, 事件の解決のため離縁の審判をすることができます (家審 24 条 1 項)。これを「審判離縁」と呼びます。この審判は「調停に代わる審判」と呼ばれるものですが, 2 週間以内に当事者から異議の申立てがあれば, その効力を失うという意味では効力の弱いものです。他面, 異議の申立てがなく確定すれば, 離縁の確定判決と同一の効力を有します (同 25 条)。異議の申立てをするのに何らの理由も必要ではありませんので, 異議がないということは, 消極的であれ当事者の合意があったものと考えることもできます。

Ⅳ 養子

⑦ 裁判離縁

調停による離縁も審判による離縁もすることができない，または成立しないときは，当事者の一方から，家庭裁判所に離縁の訴えをすることになります。これによって認められる離縁は，裁判離縁または「判決離縁」と呼ばれます。なお，特別養子縁組については，特に厳格な要件の下で家庭裁判所による離縁の審判が認められていますが，それ以外の離縁は認められていません（民 817 条の 10。⇨〔設問 71〕）。

2 離縁原因

裁判による離縁は，当事者の一方が離縁に同意しない場合に，裁判所において，離縁の請求をする者に正当な離縁を求める権利があることを認定して，強制的に離縁を成立させるものです。そのため，当事者の一方からの離縁の請求を正当と認めることができる事由，すなわち一定の離縁原因がある場合に限られます。

旧法（明治民法）では，当時の「家」制度を擁護し，養親の利益を保護することを主に考えていたことから，他方当事者からの虐待・重大な侮辱，悪意の遺棄のほか，養子による家名冒瀆，養子の 3 年以上の逃亡，養子の 3 年以上の生死不明等，原則として，一方に責任のある場合，すなわち有責主義的な 9 つの離縁原因が制限的に列挙されていました（民旧 866 条）。

これに対して，1948（昭和 23）年に施行された戦後民法では，家制度的離縁原因が廃止されました。そして，具体的な離縁原因を，①他の一方から悪意で遺棄されたとき，②養子の生死が 3 年以上明らかでないときの 2 つに限り，これに加えて③その他縁組を継続し難い重大な事由があるとき，という包括的・抽象的な離縁原因を定めました（民 814 条 1 項）。また，②の生死不明は，1987（昭和 62）年の法改正により，養親の生死不明も離縁原因となりました。

悪意の遺棄　養子縁組が養子の養育・監護を本来の目的とするものであるとすれば，養親が養子の監護を行わず，扶養しない場合（扶養義務違反）がこれに該当すると思われます。成人した養子が高齢の養親を扶養しない場合も，これに該当するでしょう。ただし，悪意の遺棄は扶養義務を怠る場合だけには限られませんし，当事者に資力があり扶養の必要性がない場合でも，悪意の遺棄は認められます。例えば，成人に達した養子と養親相互の間で，長年にわたり，養親子としての共同生活関係を破棄して顧みないという事情があれば，悪意の遺棄として，離縁原因になりえます。

縁組当事者の一方の 3 年以上の生死不明　1987（昭和 62）年改正前には，養子の行方不明だけが離縁原因となっていましたが，「子のための養子縁組」の理念からすれば，むしろ養子を養育すべき養親が行方不明のときにこそ，縁組を解消し，新しい監護者を探す必要性があります。そこで現行法においては，養親または養子のいずれが行方不明でも，離縁の原因となるものとしました（民 814 条 1 項 2 号）。

縁組を継続し難い重大な事由　何らかの事情により，当事者間に養親子としての情誼・交流がもはや存在しえない場合は，養子縁組は破綻したものとして，離縁の原因となります。これは離縁においても破綻主義を積極的に推し進めようとするものです。しかし，他方で，具体的離縁原因にあたる悪意の遺棄または 3 年以上の生死不明の事実があっても，一切の事情を考慮して縁組の継続を相当と認める

ときは、裁判所は、離縁の請求を棄却することができます（民814条2項・770条2項）。このような裁判所の裁量による離縁請求の棄却を認める規定については、破綻主義的離縁法への動きに反するものとして、批判されています。

3　有責当事者からの離縁請求

離縁原因としての「縁組を継続し難い重大な事由」というのは、縁組当事者双方または一方の有責事由に限られない、いわゆる破綻主義的離縁原因です。養親子関係が完全に破綻している場合には、死に体の縁組を法的に維持するよりも、新しい生活関係を養子に与えるのが好ましいからです。それでは、縁組が破綻する原因をつくった養子または養親者からの他方に対する離縁請求の場合であっても、同様に認めるべきでしょうか。学説では、有責当事者からの離縁請求を認めるべきでないという考え方（これを「消極的破綻主義」と呼びます）が多数説でした。しかし、同様の問題を含むいわゆる有責配偶者の離婚請求に関しては、判例が変更され*1、当該離婚の請求が信義誠実の原則に違反せず、認められうるとの判断が下されました。有責当事者の離縁請求について、この最高裁の判例変更が影響を及ぼすかどうかが注目されます。ただ、離婚の場合と異なり、離縁においては、養子の利益をより重視しなければなりません。少なくとも、養親側が有責者であって、養子が未だ監護が必要な状況にある場合、養親からの監護義務（養育費支払義務）を逃れるための離縁請求は、制限すべきでしょう。

4　手　続

養子が15歳未満である場合の離縁の訴えの当事者は、民法811条の規定により養親と離縁の協議をすることができる者から、またはこれに対して、離縁の訴えを提起することができます（民815条）。つまり、離縁後に養子の法定代理人となるべき者（離縁の代諾権者⇒〔設問50〕）が離縁の訴えを追行します。離縁前は法定代理人ではないのですから、これは法定代理ではなく、法が特に認めた権能であると考えられます。

和解離縁については和解調書の謄本を付けて、認諾離縁については認諾調書の謄本を付けて届出をします。判決離縁の届出をする際には、判決書の謄本と確定証明書が必要です。

5　設問への回答

本問では、養子は、扶養を求める養親に対して、扶養することを拒絶し、扶養義務を免れるために離縁しようというのですから、このような養子の離縁請求には、正当な離縁原因があるとは認められないでしょう。

*1　最大判昭62・9・2民集41・6・1423

《参考文献》
* 國府剛「縁組を継続し難い重大な事由」家族法判例百選（有斐閣、第5版、1995）96頁
* 床谷文雄「有責者からの離縁請求」本田＝棚村編・基本判例家族法（法学書院、第2版、2005）58頁
* 中川良延「養子縁組の裁判離縁の原因」野田＝若林＝梶村＝松原・家事関係裁判例と実務（判タ1100号、2002）140頁
* 中川＝山畠編・新版注釈民法（24）（有斐閣、1994）484頁以下〔深谷松男〕

〔床谷文雄〕

V

特別養子

1 制度の趣旨
2 手続・届出
3 夫婦共同縁組
4 養子・養親の年齢制限
5 父母の同意
6 要保護要件
7 連れ子養子
8 普通養子縁組からの転換
9 試験養育期間
10 特別養子縁組の効果
11 戸籍・住民票
12 離縁

V 特別養子

1 制度の趣旨

設問 57

特別養子縁組というものがあるとききました。これはどういうものですか。なぜ，「特別」というのか教えてください。特別養子があるのでしたら，普通養子というのもあるのですか。外国ではどうなっているのでしょうか。

特別養子縁組とは　「特別養子縁組」は，1987（昭和62）年の法改正（昭和62法101）で採用された新しい種類の養子縁組で，実親との親族関係が終了するという効果がある養子縁組のことです。1988（昭和63）年1月1日から施行されています。特別養子縁組は，従来からある養子縁組に加えて認められたもので，従来の養子縁組と比べて，縁組成立の手続（⇨〔設問58〕），縁組成立の要件（⇨〔設問59～66〕）および縁組の効果・離縁制限（⇨〔設問67～71〕）などで異なる特徴をもっているところから，「特別」養子縁組と称されています。

特別養子制度創設の経緯　特別養子制度の構想が公表されたのは，1959（昭和34）年に遡ります。従来型の養子縁組では養子と実親との法律関係が残存することによって養子が不利益を受ける場合があり，養子縁組後は実親との関係を切断し，養親が唯一の親となるならば，実子に等しい親子関係を形成することができ，子の利益となると考えられました。そこで，民法の改正を検討する法制審議会（民法部会身分法小委員会）で審議が進められましたが，特別養子の戸籍の取扱いをめぐる意見の対立などがあったことから，当時は，養子法改正案をまとめることができませんでした。

ところが，1973（昭和48）年に，ある産婦人科医師が，実親が育てることを拒否した新生児を他の夫婦に引き渡し，引き取った夫婦の実子として出生の届出をさせていた事実が明らかとなりました。これは「赤ちゃんあっせん事件」と呼ばれ，親が育てない子を救うための養子制度のあり方に人々の関心が集まりました。その医師は，血縁はないけれども子を実子として取り扱うことができるように，「実子特例法」を制定すべきであると提唱しました。また，1960年代後半から，欧米諸国でも養子法の改正が相次いでいました。そこで，1982（昭和57）年から再び養子法改正の検討が進められ，欧米の養子法調査や日本の養子縁組の実態に関する調査などが行われました。そして，1985（昭和60）年11月に「養子制度の改正に関する中間試案」が公表され，各界からの意見を参考にしつつ審議が行われ，1987（昭和62）年に養子法改正に至ったものです。

特別養子縁組の特徴　特別養子縁組の特徴は，養子となった者と実親その他の親族との間の法律上の親族関係が終了することにあります（⇨〔設問67〕）。これは血縁断絶型養子と呼ばれています。従来の養子縁組の場合は，養子となった者と実親および実方親族との親族関係は縁組後も維持されます。親権者が実親から養親に変更される（民818条2項）など養親が優先される面はありますが，実

1 制度の趣旨

方親族に対する扶養関係や相続関係も残ります。また、養子縁組継続中に、さらに別の者の養子となることもできますし、その場合は、養親が2組生じることになります。特別養子の場合は、仮に特別養親との関係が破綻して、子の利益のために新しい特別養子縁組が認められた場合には、最初の特別養親との親族関係は当然終了します。

従来型の養子縁組は、成年の者も養子にすることができましたが（むしろ日本では成年養子の方が数は圧倒的に多い）、特別養子縁組の場合は、原則として6歳未満（例外的に8歳未満）の子に限られています（民817条の5）。縁組の手続も、従来の養子縁組は、養親となる者と養子となる者の合意に基づき、戸籍法の定めるところにより、市区町村長への養子縁組の届出によって成立するのに対して、特別養子縁組は、養親となる者の請求により、家庭裁判所が縁組成立の審判をすることによって成立します（同817条の2）。家庭裁判所は、養子となる子の利益のため、特に必要があると認めるときに限って、特別養子縁組を成立させる審判をします（同817条の7）。

特別養子の戸籍 戸籍の編製の仕方や記載方法においても従来の養子縁組とは異なる特別の取扱いがなされます。すなわち、特別養子となった子は、実親の戸籍から、養子自身を戸籍筆頭者として新しく編製される戸籍に移り、そこからさらに養親の戸籍に移籍する2段階方式を原則としています。その際、中間に作成される特別養子のみの戸籍は、直ちに除籍簿に移され、その公開は、厳しく制限されます。従来型の養子の場合は、養親との続柄は「養子」または「養女」と表記されますが、特別養子の場合は、養親の「長男」、「長女」等、実子の場合と同様に父母との関係において順序をつけて表記されます（⇨〔設問69・70〕）。

特別養子の離縁 従来型の養子縁組は、当事者の協議によって縁組の解消（離縁）をすることができ、協議がまとまらない場合でも、一定の原因があるときは、裁判による離縁が認められています。しかし、特別養子縁組は、離縁が厳しく制限されています（⇨〔設問71〕）。子の保護のための制度であるため、養親からは離縁の請求をすることはできませんし、養親による虐待、悪意の遺棄、その他養子の利益を著しく害する事由があり、実父母が相当の監護をすることができる場合であって、かつ、養子の利益のため特に必要があると認めるときに限り、養子、実父母または検察官の請求により、家庭裁判所が離縁の審判をします（民817条の10）。

特別養子縁組の件数 特別養子制度が導入された1988（昭和63）年には、この制度の導入を待ちわびていた多くの者が特別養子縁組の申立てをしました。そのため、法律上の要件を満たさない申立ても少なくなかったようで、取り下げられたものも多くありました。この年には3201の申立てに対して、758の特別養子縁組認容審判があり、翌（1989）年には1287の申立てがあり、1223の特別養子縁組の審判がありました。しかし、次第に特別養子縁組の件数は減少し、現在では年間300件台にとどまっています。そのため、特別養子縁組を活性化するために、養子となることができる子の要件（特に年齢要件）を緩和することや、縁組を仲介する公的組織の整備が必要であるという意見が出されています。

外国の養子法では 戦争によって親を失った子や婚姻外で出生した子の救済のために養子縁組

V 特別養子

（養子収養）制度を新たにスタートさせたイギリス（1926年）など，欧米諸国では，国家（多くの場合は裁判所）が後見的立場から養子縁組の成立を宣言し（国家宣言型養子），養子は実親・親族から切り離されて新しい家族の中に完全に移るタイプの完全養子縁組（血縁断絶型養子）が，むしろ普通の養子縁組です。

イギリスでは，未成年養子しか認められておらず，すべて完全養子です。婚姻している夫婦だけではなく，婚姻していないカップル，同性のカップル，独身者でも養親となることができます。

ドイツでも，未成年養子は完全養子が原則です。ただし成年養子も可能ですが，縁組の効果は原則として養親と養子（およびその直系卑属）の間に限定されます（未成年の弟妹が同じ養親の養子となるとき，未成年のときから養親の家庭で監護されていたとき，配偶者の子を養子とするときなどは，完全養子も可能です）。

フランスでは，原則として15歳未満の子に限定された完全養子縁組（例外的に20歳まで認められることがあります）と養子となる者の年齢に関係なく認められる単純養子縁組（実方親族との関係が維持される養子縁組）があります。

アメリカは，州によって養子法の内容が多少異なっていますが，子の保護のための制度として養子縁組が普及しています。夫婦に限らず，独身者も養親となることができます。夫婦の一方が不当に拒むときは，他方だけでも養親となることができます。ほとんどの州では，成年者を養子とすることも認められています。

韓国では，2008年1月1日から「親養子」と呼ばれる新しい養子制度が施行されました。日本の特別養子制度に似た制度ですが，親養子となることができるのは15歳未満の者となっています。特別養子では養親からの離縁請求は認められませんが，韓国では，親養子関係を維持できなくなった原因が養子側にあるときは，養親の方から裁判所（家庭法院）に離縁を請求することができます。

中国では，14歳未満の者で，父母を亡くしたもの，実父母不明な棄児，または実父母に特別な困難があり扶養能力を有しないときに限り，養子とすることができます。ただし，甥姪や継子を養子にする場合は，14歳以上でも認められています。実方との親族関係は終了します。養親となる者は30歳以上でなければなりません。夫婦に限らず，独身者でも養親となることはできますが，独身男性が女子を養子にするときは，40歳以上の年齢差が必要とされています。

◆設問への回答　特別養子縁組が新設されたことにより，従来の養子縁組は，通常，「普通養子」と呼ばれています。ただし，法律の規定の上では，「普通養子」という表現は用いられていません。あくまで，特別養子と対比して説明する際の便宜のために，講学上用いられているにすぎません。「一般養子」という呼び方もあります。

《参考文献》
* 中川高男・第二の自然（一粒社，1986）
* 細川清・改正養子法の解説（法曹会，1993）
* 米倉明・特別養子制度の研究（新青出版，1998）
* 都築民枝「未成年養子（特別養子を含む）」野田＝梶村編・新家族法実務大系第2巻（新日本法規，2008）269頁
* 床谷＝田巻＝鈴木＝本山＝菊池＝原田＝金＝中川「特集・養子制度の国際比較研究」民商138巻4＝5号（2008）407頁

〔床谷文雄〕

2 手続・届出

設問 58

養子縁組というと，市役所で届出をするのだと思っていましたが，特別養子というのはそれとは違うのでしょうか。なぜ，違うのですか。

特別養子縁組の手続　従来からある養子縁組（普通養子縁組）の場合は，市区町村長に養子縁組の届出をすることによって成立する（民799条・739条）のですが，特別養子縁組の場合は，家庭裁判所の審判（家審9条1項甲類8号の2）によって成立します（民817条の2）。特別養子縁組については実方血族との親族関係が終了するという特別の効力があるため，特別養子縁組の要件を満たしているかどうかにつき，裁判所が厳密に審査することになっています。

特別養子縁組の手続は，養親となる者が，その住所地の家庭裁判所に（家審規64条の3），縁組の申立てをすることによって始まります。申立ての際には，養子となる者の父母の同意の有無，養親となるべき者による養子となるべき者の監護の状況，児童相談所等によるあっせんの有無などについて明らかにしなければなりません（同64条の4）。

家庭裁判所は，特別養子縁組を成立させるには，養親となる者が養子となる者を6ヵ月以上の期間監護した状況を考慮しなければならないので（民817条の8，⇨〔設問66〕），調査が行われます。児童相談所が養子縁組のあっせんにかかわっている場合は，児童相談所による事情調査を期待することができます。児童相談所があっせんにかかわっていない場合は，家庭裁判所から児童相談所に調査を嘱託することがありますし，家庭裁判所調査官による調査も行われます。

家庭裁判所は，養親となるべき者，養子となるべき者の父母，養子となるべき者の未成年後見人，養子となるべき者に対して親権を行う者で父母以外のもの（父母が未成年者である場合の父母の親権者または後見人，親権者の職務代行者，児童養護施設長がこれに該当します）および成年に達した父母の成年後見人の陳述を聴かなければなりません。養子となるべき者の父母の同意なくして特別養子縁組を成立させる審判をするときは，父母の陳述は，審判の期日において聴くものとされています（家審規64条の7）。

特別養子縁組成立の審判に対しては，養子となるべき者の父母等，先に述べた陳述聴取の対象とされている者は（当然ながら養親となる者は除きます），即時抗告をすることができます（同64条の8第1項）。他方，特別養子縁組の申立てを却下する審判に対して，申立人は，即時抗告をすることができます（同64条の8第2項・27条2項）。

特別養子縁組の届出　特別養子縁組の審判を請求した養父または養母は，審判が確定した日から10日以内に，審判の謄本と確定証明書を添附して届け出なければなりません（戸68条の2・63条1項）。普通養子縁組の場合は創設的届出ですが，特別養子縁組の場合は審判の確定によりその効力が生じますので，単なる報告的届出です。したがって，特別養

V 特別養子

子縁組の審判の申立人が養父母の双方であっても、養父または養母のいずれかから届出をすれば足ります。

なお特別養子縁組を成立させる審判が確定したときは、裁判所書記官は、遅滞なく、養親の本籍地の戸籍事務を管掌する者に対し、その旨を通知することになっています（家審規64条の9）。

縁組審判の請求をした者が審判確定の日から10日以内に届出をしないときは、届出義務者に対して催告がされますが、それでもなお届出がない場合は、市区町村長は、管轄法務局、地方法務局の長の許可を得て、職権で戸籍の記載をします（戸44条・24条2項）。

戸籍の記載 特別養子縁組の届出があったときは、養子について、養子の従前の本籍地に、養親の氏で新戸籍を編製し（戸20条の3）、次にその戸籍から養親の戸籍に入籍させます（同18条3項）。ただし、特別養子がすでに特別養親の戸籍に在るときは、当該戸籍の末尾に特別養子について記載します（同20条の3第2項・14条3項）。そして、それまで養子が記載されていた戸籍の一部を消除します（戸規40条）。

特別養子の父母欄には養父母の名前のみが記載され、続柄も「長男」、「長女」等と記載され、一見して養子であるとはわからないようにしています（⇨〔設問69・70〕）。

戸籍へのアクセス 特別養子について新戸籍を編製し、そこから養親の戸籍に入籍させるのは、特別養子の実親の戸籍と養親の戸籍を直接結び付けないためです。実親の戸籍では、「特別養子となる縁組の裁判確定」と記載され、特別養子となった子が養親の氏で編製された新戸籍に移籍したことはわかりますが、養親の戸籍のことはわかりません。養親の戸籍でも、特別養子が養子の新戸籍から移籍してきたこと、従前の本籍地がどこかはわかるものの、実親のことはわかりません。養親の戸籍の「特別養子の身分事項欄」では、入籍の原因として、普通養子のように「養子となる縁組届出」と記載しないで、「民法817条の2による裁判確定」という記載方法がとられています。

このような戸籍の方式は、特別養子縁組の事実をむやみに他人に知られないようにするためですが、特別養子自身は事実を知ることができるようにしておく必要があります（自己の出自を知る権利の尊重）。そのため、特別養子縁組の事実を養親自ら適切な時期に養子に知らせるべきであるという考えが支持されています。特別養子について編製された新戸籍は、特別養子が養親の戸籍に入籍した後、除籍簿に移され、その謄本等の交付を請求できる者は本人、配偶者、直系卑属等に限定されます（戸12条の2）。

設問への回答 特別養子縁組の場合は、家庭裁判所に請求して、特別養子縁組の成立を認める審判を受けなければなりません。法律上、特別養子縁組については普通養子と異なる厳格な要件が定められており、その法律効果も、実親および実方血族との親族関係が終了するという強いものなので、家庭裁判所が縁組の成立を宣言します。

《参考文献》
* 法務省民事局内法務研究会編・改正養子法と戸籍実務（テイハン，1987）
* 細川清・改正養子法の解説（法曹会，1993）49頁以下

〔床谷文雄〕

3 夫婦共同縁組

設問 59

5年前から里子として育てている子を特別養子にしたいと思って手続を始めていたのですが，夫が急病で亡くなってしまいました。子どもたちを夫の子としてこれからも育てて行きたいのですが，特別養子縁組は認められるでしょうか。

夫婦共同縁組の原則　特別養子縁組の場合は，養親となる者は，配偶者のある者でなければならず，また，養親の配偶者の嫡出である子（ただし，特別養子縁組以外の縁組による養子つまり普通養子を除きます）を特別養子とする場合を除き，夫婦がともに養親となることが必要とされています（民817条の3）。特別養子縁組は専ら子の保護を目的としているところから，子に実父母の下におけると同様の生活環境を与えることができるように夫婦共同縁組が望ましいと考えられたものです。したがって，特別養子縁組の手続の途中で養親となるべき夫婦が離婚した場合，または夫婦の一方が死亡した場合は，特別養子の手続を続けることはできません。当然に終了したものと扱われます。特別養子縁組の審判があった後，確定する前に養親となるべき夫婦の一方が死亡したときも，同様です。養親となる者または養子の死後の縁組（死後縁組）も，事情によっては成立を認める立法例もあるのですが，日本では認められていません。

配偶者の嫡出でない子を特別養子とする場合は，実親である配偶者も共同で養親となることが必要です。配偶者の普通養子を特別養子とする場合も，これと同様です。これは，特別養子縁組によって実親との親族関係が終了しますので，特別養親として，夫婦で同一の嫡出親子関係にするのが望ましいからです。配偶者の普通養子を特別養子とする場合は，普通養子縁組の効力と特別養子縁組の効力が著しく異なりますので，夫婦の一方につき普通養子縁組の効力を維持し，他方についてのみ特別養子縁組を成立させることは適切ではないからです。

夫婦共同縁組の例外　夫婦共同縁組の原則に対する例外として，夫婦の一方が他の一方の嫡出である子（特別養子縁組以外の縁組による養子を除く）の養親となる場合は，単独で縁組をすることができます（民817条の3第2項ただし書）。このような継親子（連れ子）養子縁組の場合は，養親とならない配偶者の一方およびその血族と養子となる者との親族関係は，特別養子縁組によって終了しません（同817条の9）。

養親となるべき夫婦　特別養子縁組は，特別養子となる子が安定した円満な家庭で成長することができるようにすることを目的としています。そのため，養親となる夫婦の安定性を確保するために，婚姻が一定期間（例えば3年とか5年）以上継続していることを養親となるための要件とする国もあります。しかし，日本の法律では，夫婦の最低婚姻継続期間は養親となる者の要件として置かれていません。養親となる夫婦の生活関係が安定していることは重要ですが，それは形

V 特別養子

式的な婚姻継続期間の長短によってではなく，家庭裁判所の審理において，夫婦の実情を具体的にみて個別に判断されることになります。婚姻期間が長くても不安定な夫婦もあれば，婚姻期間が短くても，安定した夫婦はあるからです。

現在の法律では，民法上の婚姻夫婦を前提としています。これに対しては，婚姻の届出をしていない事実上の婚姻関係（いわゆる内縁）にある夫婦でもよいのではないか，という意見もあります。また，最近欧米では同性のカップルに対する法的保護が進められていることから，同性のカップルが養親となることができるかどうかが大きな問題となっています（スウェーデン，オランダ，ベルギー，イギリスなどは認めていますが，フランス，ドイツ，スイス，ニュージーランドなどは認めていません）。日本でも，同性カップルのための登録制度を設けて，カップルが共同で養子縁組をすることを認めてもよいのではないか，という見解もみられるようになっています。

設問への回答 里親として長く里子を養育してきた夫婦が，特別養子縁組の請求をする段階になって，里親夫婦の一方が死亡してしまうという事態は，まことに不幸なことといわざるをえません。現行法では，特別養子縁組の場合，配偶者のない者は養親となることができません。特別養子縁組の手続が始まる前に夫婦の一方が死亡した場合は，家庭裁判所への申立ては受け付けられませんし，手続の途中で夫婦の一方が死亡したときは，特別養子縁組の審判手続は，当然に終了することになると考えられています。したがって，法律上では，亡くなった「夫の子」として，育てて行くことはできません（もちろん，家庭裁判所の許可を得て，あなたの普通養子とすることはできます）。

すでに特別養子縁組の手続が進行している中で養親となるべき夫婦の一方が死亡したときは，それまでの養育関係の継続が子の利益のために望ましいと思われるのであれば，なお特別養子縁組の審判をすることによって，夫婦の一方の死亡時点に遡って養子縁組が成立していたものとすることも，立法論としては検討に値すると思います。しかし，せめて審判後（確定前）の死亡であれば死者との間に縁組を成立させるべきであるという意見に対しては，死者との間に縁組を成立させても，養親による子の健全な育成という制度の目的を達成することはできない，という批判がなされています[1]。

[1] 細川清・後掲56頁。

《参考文献》
* 中川高男・第二の自然（一粒社，1986）
* 中川高男「わが国の特別養子制度運用上の問題点」講座現代家族法第3巻（日本評論社，1992）327頁
* 細川清・改正養子法の解説（法曹会，1993）74頁以下

〔床谷文雄〕

4 養子・養親の年齢制限

設問 60

サークル活動で仲良くしていた友人夫婦が、子ども2人を残して事故で急死しました。私たち夫婦には子どもがいないので、この兄弟を養子として引き取りたいのですが、特別養子にすることはできますか。兄は7歳、弟は5歳です。私は55歳、夫は56歳です。

特別養子となりうる者の年齢

民法では、子どもの要保護性を測る1つの指標として、特別養子となるべき子の年齢を低く制限しています。原則として、申立ての時に年齢が6歳未満の子であることを特別養子の要件としていますが、6歳に達するより前から養親となる者の監護を受けている場合には、例外的に、8歳未満であれば許されます（民817条の5）。

特別養子制度を導入するときの議論では、養子となりうる者の年齢についていくつかの考え方がありました。未成年者についてはすべて特別養子とすることを認めるべきであるという意見がある一方で、新生児や、乳幼児に限定しようという逆の意見もあり、18歳、15歳、12歳までの子、という意見もありました。結論的には、就学年齢である6歳に達する前に、特別養子縁組の申立て（家庭裁判所への請求）をして手続が開始することが望ましいと考えられたことから、現在の規定になりました。そして、里子のように、6歳に達する前から養親となる者の家庭で養育されている場合には、なお2年間の猶予期間が与えられています。

審判例としては、6歳前から養育していた子が、特別養子縁組の請求時には8歳3ヵ月となっていた事案につき、年齢要件を満たさないとして却下したものがあります[1]。

外国ではどうなっているか

外国では成年者を養子とすることができない場合も多く、養子が未成年者であるというのは当然だと考えられています。もっとも、養子となるのは「未成年者」であるとしても、日本では20歳で成年になりますが（ただし、法制審議会民法成年年齢部会で成年年齢を下げることの是非が検討されています）、諸外国では、未成年者は18歳未満としている国が多くなっています。

日本法と同じように、未成年者のための養子制度を2種類設けて、一方の養子類型について養子となりうる者の年齢を限定している場合もあります。例えばフランスでは、縁組の効力が弱い単純養子は18歳未満の子、効力の強い完全養子（特別養子と同じく血縁断絶型養子）は15歳未満の子が対象となっています。他方、ドイツでは、未成年者の場合は、原則として完全養子です。イタリアでは、かつて8歳未満の子に限定されていましたが、現在は、18歳に達するまで、養子とすることが可能となっています。イギリスでも、未成年者（18歳未満の者）が養子の対象となっています。

韓国では、2005年の法律改正で日本の特別養子制度に類似した「親養子」制度を導入しましたが（2008年1月1日施行）、親養子となりうるのは、15歳未満の子となっています。

V 特別養子

年齢を制限する場合の問題

年齢を制限する場合には，当然，ある日を境に特別養子とすることができなくなるわけですから，せっかくの子の保護のための法制度が，限られた子のためにしか使えないというのはおかしいという批判がありえます。特に，兄弟姉妹のうちで，一方が年齢の制限のために特別養子ができなくなるという場合，他方だけを特別養子とすることは，実兄弟姉妹関係を切断することになりますから，問題があります。また，連れ子を養子とする場合や，すでに長く監護している子を特別養子とする場合にも，年齢制限を設ける必要性は少ないでしょう。

立法論としては，一定の要件の下で，年齢制限を緩和することを検討してもよいと思われます。そのような場合として，6歳未満の子と同時に養子となる場合，長期間の事実上の監護養育関係が継続している場合，などが考えられます。6歳前から監護しているときは，10歳までとするか，12歳まで余裕を与えることが望ましいのではないでしょうか。フランスや韓国のように，15歳未満の子まで許容することも検討に値します。

養親となる者の年齢

普通養子縁組の場合は，成年に達した者は，養子をすることができます（民792条）。これに対して，特別養子縁組の場合は，25歳に達しないものは，養親となることができません。ただし，養親となる夫婦の一方が25歳に達していない場合においても，その者が20歳に達しているときは，認められます（同817条の4）。特別養子の場合は実方との親族関係が終了し，離縁も厳しく制限されていることから，将来にわたり安定的な監護養育関係を築くことができるように，養親となる者の人間的（精神的，社会的）成熟を求め，25歳以上を原則としたものです。しかし，一方が25歳以上であれば，夫婦としての監護養育の能力に欠ける程度は少ないと考えられることから，他方は20歳以上であれば足り，あとは家庭裁判所の具体的事案に即した審査に委ねられます（ドイツでは夫婦の一方が25歳以上であれば他方は21歳以上で足りますが，スイスでは養親となる夫婦は35歳以上が要件となっています）。

夫婦の一方のみが養親となる場合には，その者が25歳に達していなければならないので，養親とならない他の一方（例えば養子となる者の実母）が25歳に達していても，25歳に達しない夫婦の一方は，養親となることができません。これに対して，子が嫡出でない場合においては，実母が25歳に達しているときは，他の一方が20歳以上であれば，夫婦共同で特別養子縁組の申立てをすることができます。しかし，嫡出でない子の実母が20歳未満の場合には，配偶者が25歳以上であっても，特別養子縁組をすることはできません。25歳未満の夫婦が一方の嫡出でない子を特別養子とすることもできません。仮に実母が16歳で嫡出でない子を出産し，20歳で20歳の男性と婚姻した場合，夫が25歳に達する前に子が8歳に達してしまい，特別養子縁組はできないことになります。

養親となる者の年齢の基準時は，特別養子縁組の申立て時か審判時のいずれであるかですが，「養親となることができない」という規定（縁組の成立要件）ですので，審判の時点で25歳（一方が25歳以上である夫婦の他方は20歳）に達していればよいと考えられます。

養親子の年齢差など

養子と養親の間に自然の親子関係にふさわしい生活関係を形成させるために

④ 養子・養親の年齢制限

は，特別養親となることができる者について，年齢の上限を定めるべきであるという考えもあります。また，養子となる子と養親との間に親子にふさわしい関係が成立しうることを要件として規定している法制もあります。例えば，養親となる者は養子となる者の16歳以上年長であることを要件とするもの（スイス），逆に親子関係なのか，祖父母関係なのかがわからないような年齢の開きがあってはならない，というようなものです（イタリアでは45歳以内）。子の監護養育にかかる体力的なエネルギーを考えても，高齢の養親は，子の監護養育者としては問題があるということでしょう。

日本の現行の特別養子縁組につき，民法は，養親となる者について厳密な年齢制限を置いていません。特別養子となりうる者が申立て時に6歳未満（例外として8歳未満）で，養親となる夫婦の一方は審判時に少なくとも20歳に達していることが要件ですので，自ずと12歳以上の年齢差は生じます。その意味では，養親子間の最低年齢差は考慮されているといえます。家庭裁判所としては，養親となる者と養子となる者との年齢差が50歳を超える場合は，特別養子縁組が子の利益のため特に必要があるといえるか，慎重な判断を求められるものと思われます。もっとも，実際上，養親子の年齢差が50歳を超えているものも認容されています。

年齢が誤っていた場合　特別養子縁組の審判後，養親となる者または養子となる者の戸籍上の出生日が虚偽であり，真実の出生日からすれば年齢要件を満たさないことが判明した場合，特別養子縁組の審判の効力はどうなるでしょうか。特別養子縁組については，養子縁組の無効・取消しに関する規定（民802条～808条）は適用されません。これらは当事者の合意によって成立する従来の養子縁組（普通養子）を前提とした規定です。したがって，審判確定後に実体上または手続上の瑕疵があることが判明しても，特別養子縁組は成立します（ただし，養子となる者や養親となる者が死亡していたときは審判の無効，必要な実親の同意が欠けていたときは準再審が問題となりえます）。

設問への回答　現行法のもとでは，兄はすでに7歳になっており，6歳に達する前からの監護という民法817条の5ただし書の要件を満たすものでもないので，特別養子とすることはできません。5歳の弟については年齢要件を満たしますので，特別養子にできる可能性はあります。相談者夫婦の年齢が50歳代半ばであり，子との年齢差が50歳ありますが，現行法では，養親につき厳密な年齢制限は置いていませんので，この面からの制約はないでしょう。しかし，弟だけが特別養子となることは，兄弟の間の親族関係を終了させることになります。手続としては兄については普通養子縁組，弟については特別養子縁組という選択も考えられますが，その場合は，戸籍の続柄上，弟が相談者夫婦の「長男」となり，兄が相談者夫婦の「養子」ということになり，将来に問題を残します。本件の場合は，特別養子縁組ではなく，兄弟ともに普通養子縁組をすることが望ましいと思われます。

＊1　広島家審昭63・3・12家月40・7・192

《参考文献》

＊中川高男「わが国の特別養子制度運用上の問題点」講座現代家族法第3巻（日本評論社，1992）327頁
＊細川清・改正養子法の解説（法曹会，1993）79頁以下
＊床谷文雄「養子制度の比較法的研究の課題」民商138巻4＝5号（2008）407頁

〔床谷文雄〕

5 父母の同意 (1)

設問 61

私たち夫婦はある施設から子どもを里子として引き取り，今，特別養子の手続を進めています。その子の母親は，施設にはときどき手紙をよこすだけで，居所ははっきりしていませんでした。私たち夫婦の特別養子にしたいという意向を聞いて，一度は同意したといっていましたが，後になって養子にはしないといってきたそうです。そんな無責任なことが許されるのでしょうか。

父母の同意 特別養子縁組を成立させるには，原則として，養子となる者の父母の同意が必要とされています（民817条の6）。この場合の父母は法律上の父母であり，実親であれ，養親であれ，すべて含まれます。この父母の同意権は，親権または監護権に由来するものではなく，特別養子縁組によって法律上の関係が終了することになる父母の固有の地位，権利に基づき与えられたものです。ただし，夫婦の一方が他の一方の嫡出である子（普通養子を除く）を特別養子とする場合は，他の一方と子との親族関係は終了しません（同817条の9ただし書）が，特別養子縁組成立のための父母として同意権があると考えられています。父母の同意権は，親の利益の保護のみでなく，特別養子となる子の利益の保護をも目的としていることから，配偶者との特別養子縁組が子の利益の観点からみて適切か，親として判断させることが相当であると思われるからです（普通養子縁組における養親となる者の配偶者としての同意権〔同796条〕は，特別養子縁組には適用されません）。

未成年者であるために親権を行っていない父母も，縁組の同意権を有しています。父母が親権喪失の宣告を受けている場合（同834条），管理権の喪失の宣告を受けている場合（同835条），または家庭裁判所の許可を得て自ら親権・管理権を辞任している場合（同837条）であっても，直ちに特別養子縁組に対する同意権を失うものではありません。

逆に，未成年後見人は，子の監護をしていても，その同意は必要とはされていません。未成年者である父母に代わって親権を行っている者（同833条・867条1項）も，同意権を有していません。養子となる者の祖父母，父母の未成年後見人などがこれに該当します。ただし，家庭裁判所の手続においては，これらの者の意見を聴かなければならないことになっています（家審規64条の7）。

嫡出でない子の場合，血縁上の父であっても，認知をしていない限りは，法律上の親子関係はありませんので，同意は不要とされています。ただし，血縁上の父が養子となる子との法律関係の成立を希望していることが判明しているときは，特別養子の審判手続を進めるにあたって，注意が必要です。子の血縁上の父が提起した，戸籍上の父と子の間の親子関係不存在の確認を求める訴えの係属中に，子を第三者の特別養子とする審判が確定した場合に，訴えの利益を否定した原審の判断を違法とした事例があります[*1]。

同意の方式 父母の同意の方式については，特に

定めがありません。口頭の同意であっても，有効です。ただし，同意があったことを証明する必要がありますし，慎重かつ明確な同意の意思を表示することが望まれますので，書面による同意（同意書の作成）が通常です。審判の申立ての際に，父母の同意を証する書面があるときは，その原本または謄本を提出します（家審規2条）。家庭裁判所は，特別養子縁組の成立審判をするときは，父母の陳述を聴かなければならないことになっていますが（同64条の7），同意書があり，撤回されていないときは，父母の同意の確認ができたものとすることができます。

父母の同意は，養親となるべき者は決まっているが，その氏名等を知らないままにした場合（匿名同意）でも有効です。養親となる者が具体的に決まっていない段階で，父母から同意をとっておくこと（白地同意）については，有効とする考えと無効とする考えがあります。養親となる者が誰であれ，特別養子の成立に同意するということは，子の福祉につき無関心であるともいえますが，養親の適格性，縁組の必要性を家庭裁判所が判断するのですから，それに委ねるという趣旨での同意とみれば，有効と考えるべきでしょう。

同意のできる時期 これについては，特に法律上の制限はありません。ドイツでは生後8週間までは，子の養子縁組に同意することができません（スイスでは生後6週間できません）。出産後の不安定な精神状態の中で，養子縁組に同意してしまうことがないようにするためであるといわれますが，日本法では，このような制限はありません。ただし，子が出生する前にした同意（事前同意）は，胎児についての特別養子を許す規定がないので，縁組同意の効力を有しないものと思われます。

同意の撤回 父母の同意は特別養子縁組成立の要件ですので，家庭裁判所の審判時に存在することが必要であるだけではなく，審判が確定するまで，同意は存在しなければなりません。縁組の審判後，確定までの間に同意が撤回された事例もあります。その場合は，同意がないことを理由として，審判の取消しを求めて即時抗告することができます*2。審判に至るまでの間に同意が撤回されたときは，次にみる父母の同意を不要とする事由があるか否か審理し，そのような事由があれば特別養子縁組を成立させることができます。

同意の撤回を自由に認めることは，特別養子縁組の手続を不安定にしますし，すでに養親となる者によって監護されている（試験養育⇒〔設問66〕）であろう子の利益を害する可能性があります。したがって，立法論的には，同意は撤回できないものとすること（例えばドイツの場合），あるいは一定期間内に限り同意の撤回が可能とすること（スイスでは同意から6週間まで撤回可能）も考えられます。ただし，父母の同意を撤回不能とする場合は，同意をとる際に同意の効力について十分な説明を行うなど，縁組に関与するあっせん機関等が父母の同意前後についての支援を行うこと，また企図されていた縁組が不成立となった場合に，新たに養親となる者を探すことができる態勢が整っていることなどが必要になると考えられます。

父母の同意が不要な場合 父母の同意が要件とされているのは，特別養子縁組の効果として子と実方との親族関係が終了するので，父母の利益を保護するためですが，他方，必ず父母の同意がなければ特別養子縁組を成立させることができないとすると，子の利益に反する事態ともな

⑤ 父母の同意(1)

V 特別養子

りかねません。そこで、次の場合には、父母の同意は不要とされています。すなわち、「父母がその意思を表示することができない場合又は父母による虐待、悪意の遺棄その他養子となる者の利益を著しく害する事由がある場合」は、父母の同意は、不要です（民817条の6ただし書）。

父母が意思を表示することができない場合としては、行方不明のとき、精神上の障害により事理を弁識することができない常況にあるとき、父母が不分明のとき（棄児として発見され保護された子）、などです。父母が行方不明であるとしてその同意なしに特別養子縁組審判がなされた場合に、それが真実に反していたときでも、特別養子縁組は有効に成立します（ただし、即時抗告または準再審が問題となりえます）。

「父母による虐待」および「悪意の遺棄」については、児童虐待の防止等に関する法律（児童虐待防止法）による「児童虐待」の定義規定（同法2条）が参考になります。「虐待」は、児童虐待防止法にいう身体的虐待、性的虐待または精神的虐待に相当しますし、悪意の遺棄は、正当な理由なく子を放置してその監護を著しく怠ることです。いずれにしても、子に著しい身体的、心理的外傷を与える言動により、子の心身の正常な発達を妨げるような行為が父母にあったときは、特別養子縁組のための同意をする権利は認められません。

「その他養子となる者の利益を著しく害する事由がある場合」とは、虐待や悪意の遺棄と同視しうるような不当な事情がある場合を指します。父母の同意を特別養子縁組の要件とした法の趣旨に反するような正当な理由のない不同意の場合はこれにあたります。事例としては、父母の一方が他方に対する養育費等の金銭的要求の材料として子を利用しようとするような場合*3がこれに該当します。

なお、家庭裁判所が父母の同意なしに特別養子縁組の成立審判をする際には、審判の期日において父母の陳述を聴くものとされています（家審規64条の7）。

設問への回答

本問の場合、子の実母は居所不明のまま特別養子縁組の手続を進めようとしていたところ、実母が現れ、いったんは縁組に同意したものの、同意を撤回したものと思われます。子を長期間施設に預けたまま、あるいは里親に監護を委託したまま子の養育に無関心であった実父母が特別養子縁組に同意しないことで、安定した監護養育を受ける子の利益が損なわれるおそれがありますので、実母の同意を得ないでも、特別養子縁組の成立を認めることができる事由に該当するものと考えられます。

*1 最判平7・7・14民集49・7・2674、最判平10・7・14家月51・2・83
*2 東京高決平元・3・27家月41・9・110、東京高決平2・1・30家月42・6・47
*3 福岡高決平3・12・27家月45・6・62

《参考文献》
*中川高男「わが国の特別養子制度運用上の問題点」講座現代家族法第3巻（日本評論社、1992）327頁
*細川清・改正養子法の解説（法曹会、1993）85頁以下
*清水節・判例先例親族法Ⅱ――親子（日本加除出版、1995）500頁以下
*中川高男「特別養子縁組裁判例の軌跡」民商138巻4=5号（2008）589頁

〔床谷文雄〕

5　父母の同意（2）

設問62

私は前の夫と結婚中に，別の男性の子を妊娠・出産しました。そのため，前夫とは離婚したのですが，子どもは戸籍上，前夫の子になっています。今度，再婚した夫が特別養子にしたいというのですが，前夫の同意がなければいけないでしょうか。

戸籍上の父の同意　特別養子縁組を成立させるには，原則として，養子となる者の父母の同意が必要とされています（民817条の6）。この場合の父母は，法律上の父母としての地位にある者を指しています。婚姻外で出生した場合には，父子関係の認知の手続（任意認知〔同781条〕または強制認知〔同787条〕）がとられていない限り，生物的には父であるとしても，その同意は必要ではありません（⇨〔設問61〕）。

他方，母が婚姻中に懐胎した場合，その子は夫の子と推定されるため（同772条），夫が真実の父ではないことが，嫡出否認の訴え（同775条）または実親子関係不存在確認の訴え（人訴2条）により法律上確認されるまでは，あくまで法律上の父としてその同意が必要です。現行民法では，婚姻中に子が生まれた場合だけではなく，婚姻が解消してから300日以内に出生した場合も，父は，前夫であると推定されています。こうした場合に，特別養子縁組に対する同意を得ようとしても，離婚後，前夫との交渉が困難なときがあります。

血縁上の父の同意　子の血縁上の父については，認知をしていない限り，法律上の親子関係がありませんので，特別養子縁組に対する同意を求めることは必要ではありません。もっとも，その男性が，戸籍上の夫と子との親子関係不存在確認の訴えをするなど，自己の子であることを積極的に主張している場合には，手続は慎重に行う必要があります（⇨〔設問61〕）。

設問への回答　本問の場合，戸籍上の父となっている前夫と子との父子関係を否定する手続を先に行い，前夫の同意を不要とするか，前夫に事情を話して同意をしてもらうか，ということになります。前夫が同意をしない場合，その同意を不要とする事由に該当するか，が問題となります。離婚の原因となったぐらいですから，前夫はその子が自分の子でないことを知っていると思われます。自己の子でないことを知った上で実母の配偶者による特別養子縁組への同意を拒否している場合，子の利益を考慮しない不当な縁組不同意と考えられます。前夫の親としての同意は不要とすべきでしょう。そして，特別養子縁組を成立させることが子の利益のため特に必要か，なお要保護性の判断が残されていますが（民817条の7），本件では，特別養子縁組を成立させるのが望ましいと思われます。

《参考文献》
＊中川高男「わが国の特別養子制度運用上の問題点」講座現代家族法第3巻（日本評論社，1992）327頁
＊細川清・改正養子法の解説（法曹会，1993）85頁以下
＊清水節・判例先例親族法Ⅱ——親子（日本加除出版，1995）500頁以下

〔床谷文雄〕

6 要保護要件

Ⅴ 特別養子

設問 63

高校生の姪は家庭教師の大学生と恋愛関係になり，妊娠，出産しました。本人は，育てるといっていましたが，両親に説得されて，養子に出すことになりました。私たち夫婦には子どもがいませんので，私たちの養子にしてもよいのですが，特別養子にすることができるでしょうか。

子の要保護性（要保護要件）

「特別養子縁組は，父母による養子となる者の監護が著しく困難又は不適当であることその他特別の事情がある場合において，子の利益のため特に必要があると認めるときに，これを成立させるものとする」（民 817 条の 7）と定められています。これを一般に，特別養子縁組成立のための判断基準として「要保護要件」と呼びます。

父母による監護が著しく困難である場合というのは，精神的・身体的に子育てを著しく困難とするような健康上の問題が父母にあるとき，あるいは経済的な事情により子の養育が著しく困難であるときなど，いわば客観的にみて子の適切な監護養育を望むことができないときです。父母による子の監護が著しく不適当である場合というのは，子どもを精神的，身体的，もしくは性的に虐待しているとき，または子の養育に通常必要と思われる措置（健康維持のための措置，医療を受けさせること）をとらない養育放棄の状態にあるとき（ネグレクト）など，父母による監護の方法が適切ではない場合を指しています（虐待については，児童虐待防止法 2 条の定める定義が参考になります）。

その他特別の事情がある場合というのは，これらに準じる事情がある場合です。特別養子縁組によって実方との親族関係が終了するという強力な効力に見合うだけの不利益を実親が現に子に対して及ぼしているとき，あるいは今後及ぼす可能性が極めて高いときには，これに該当するでしょう。

「子の利益のため特に必要がある」とき（縁組の必要性）というのは，父母による監護が著しく困難・不適当等の場合に，特別養子縁組をすることによって，その状況が大きく改善され，養親の監護によって子の福祉が向上することが見込まれる場合です。「特に」必要があると限定していることから，特別養子縁組以外の手段では，子の監護状況を改善することが困難な場合，あるいは特別養子とすることが子の監護につき他の手段よりも格段に良い成果が望める場合に，該当するものと思われます。

子の利益のため特に必要があるか否かで問題となるケースとしては，夫婦の一方が他方の子（連れ子）を養育しているときに，特別養子としようとする場合（⇨〔設問 64〕），普通養子縁組をして養育している子を養親夫婦が特別養子にしようとする場合（⇨〔設問 65〕）などがあります。連れ子ないし普通養子から特別養子への転換の場合は，連れ子または普通養子としてすでに適切に監護しているわけですから，その上に特別養子への転換が，子の利益のため特に必要があるといえるのかが問題となるわけです。

最近登場してきた特殊な問題として，

いわゆる代理出産ないし代理懐胎の方法により誕生した子について、依頼者夫婦（血縁上の父母である場合が多い）が特別養子縁組の申立てをしたときに、これが認められるか否かということがあります。代理懐胎を禁止しているフランスでは、代理懐胎で生まれてきた子を依頼者夫婦が養子（完全養子）にすることを裁判所は認めていません。日本では、代理懐胎を禁止する法律はありませんが、立法論的には禁止すべきであるという意見が有力です（⇨〔設問36〕）。しかし、外国では代理懐胎による出産が認められる場合もありますし（イギリスでは非営利のものは認めています）、法的規制に違反して実施されることも考えられます。そうした場合、日本では生まれてきた子を依頼者夫婦が特別養子として監護養育することは、子の利益のため特に必要があるといえるのではないかと思われます。

設問への回答 実方との親族関係に影響のない普通養子縁組では、親族養子は少なくありません。しかし、特別養子縁組の場合は、実方との親族関係が終了するという効果があることから、親族間で特別養子縁組が行われますと、親族関係が混乱するのではないかという問題があり、また特別養子の離縁は厳しく制限されていますが、親族間の事情を知っている間柄であると、将来子どもの取戻しをめぐって争いが生じるのではないかというおそれもあります。特別養子にしなくても、父母による子の養育を親族として援助することもできるでしょうし、せいぜい普通養子とすることで足りるのではないか、という考えが強いようです。

実母が死亡して実父による養育が困難となったことから、実母の姉夫婦が特別養子縁組の成立を申し立てた事案において、実親子関係を終了させても養親を通じて親族関係が残存するような場合に、なお子の利益が認められるためには、実親の存在自体が子の養育に有害であるような特別の事情がなければならないとして、申立てを却下した事例があります*1。

本問の場合、実母は、現状では養育が著しく困難ですし、実父は判明していても、父子関係を認知し、実母と協力して子の養育に努めるということを期待できそうにはありません。高校生である母の出産の事実をできるだけ隠しておきたいという周囲の思惑もあるでしょう。その意味では、特別養子縁組の成立を認めてもよいとも思われます。しかし、姪の産んだ子をおば・おじ夫婦が特別養子にすることは、血縁上の実母が従姉として、その子の周囲に今後も存在することになります。実母にとっても、養子となった子にとっても、将来的に困難な関係に陥る可能性があります。本問の場合は、普通養子縁組で足りないのか、慎重に判断することが望まれます。

*1　東京家八王子支審平2・2・28家月42・8・77

《参考文献》
* 中川高男「わが国の特別養子制度運用上の問題点」講座現代家族法第3巻（日本評論社、1992）327頁
* 細川清・改正養子法の解説（法曹会、1993）97頁以下
* 中川高男「特別養子縁組の成立と効果」民法基本論集第7巻（法学書院、1993）223頁
* 清水節・判例先例親族法Ⅱ——親子（日本加除出版、1995）473頁以下
* 中川淳「特別養子縁組の要保護基準」栗原＝太田編・家事審判例の軌跡（一粒社、1995）103頁以下
* 中川高男「特別養子縁組裁判例の軌跡」民商138巻4＝5号（2008）589頁

〔床谷文雄〕

7 連れ子養子

V 特別養子

> **設問 64**
>
> 今度再婚したのですが，妻の連れ子を特別養子にしたいと思っています。連れ子は5歳ですが，妻の先夫の両親がかわいがっていて，特別養子にすることには反対しています。認められるでしょうか。

特別養子の要件 特別養子の制度は，1987（昭和62）年に設けられたもので，特に保護を要する児童に実父母による家庭と同様の環境を与えることを目的とする養子制度です。その大きな特徴は，養親となる者からの請求により，家庭裁判所の審判によって成立し（民817条の2第1項，家審9条甲類8号の2），縁組が成立すると養子と実方の父母およびその血族との親族関係は終了することです（民817条の9）。離縁をすることも，特に必要があると認められない限り許されません（同817条の10）（⇨〔設問57〕）。

また，児童に実親同様の家庭を与えるという観点から，普通養子の制度とは異なる要件が求められます。例えば，養親となる者は，配偶者があり，原則として夫婦共同して養親となる必要があります（同817条の3第1項2項本文）。ただし，夫婦の一方が他の一方の嫡出子（普通養子を除く）の養親となる場合，すなわち，連れ子養子の場合は，夫婦で共同する必要がありません（⇨〔設問59〕）。さらに，養親となる者には，監護養育の能力があり，社会的にも成熟していることが求められますから，審判時に25歳以上でなければいけません（ただし，夫婦の一方が25歳以上であれば，他方は20歳以上であればよいとされます。同817条の4）。養子についても，実子と同じように監護養育されることを前提としていることから，幼少であることが望ましく，未就学の年齢であることが適当と考えられており，家庭裁判所への請求時に，原則として6歳未満であることが必要です（ただし，その児童が8歳未満であって，6歳になる前から引き続き養親となる者に監護されている場合は，養子となることができます。同817条の5）（⇨〔設問60〕）。

その他の要件としては，養子となる者の父母の同意が必要とされます（同817条の6本文）。特別養子縁組が成立しますと，前述したように，養子と実方の父母等との親族関係が終了しますので，実父母にとって利害関係が大きく，その意向を尊重することとしたわけです。ここにいう父母とは，実父母，養父母の双方が含まれ，その者が現に親権者や監護権者である必要はありません。父母でない後見人や監護権者，祖父母等の親族は含まれません。認知をしていない血統上の父親は，法律上の父とはいえませんから，その同意は必要ありません。連れ子養子のように，一方の実親が自己の嫡出子を配偶者の特別養子とする場合，子を養育していない他方の実親が同意権を有することは当然ですが，実親子関係の断絶しない実親も，子の保護の見地から同意権を有するものと解されています[*1]。ただし，父母がその意思を表示することができない場合，または父母による虐待，悪意の遺棄その他養子となる者の利益を著しく害するような事情がある場合は，

同意は不要とされます（同817条の6ただし書）（⇨〔設問61・62〕）。

さらに，特別養子縁組を成立させるためには，父母による養子となる者の監護が著しく困難または不適当であること，その他特別の事情があり，子の利益のために必要があると認められることを要します（同817条の7）。これは，実父母による適切な監護が期待できない場合，すなわち，子に一定の要保護性がある場合に限定して，特別養子の成立を認める旨を明らかにしたもので，縁組の成立が，子の利益に合致することも必要とされています。養子となる者の監護が著しく困難であるとは，子の健全な生育を図るための養育が，非常に困難である場合を指し，具体的には，事故，病気等や経済的困窮などの客観的事情によって適切な監護ができない場合だけでなく，父母が子を虐待・放置したり，著しく偏った養育をするなど，監護養育方法が不適切な場合も含まれます（⇨〔設問63〕）。

〔7〕 連れ子養子

特別養子では，前述したように，配偶者の連れ子である嫡出子を単独で特別養子とすることが認められています（民817条の3第2項ただし書）。連れ子が嫡出でない子である場合も，特別養子とすることは可能ですが，その場合は，夫婦共同縁組とする必要があります。しかし，連れ子は，実親の一方が従前と同様に，引き続いて監護養育を行うわけですから，父母による監護が著しく困難または不適当な状態にあるとはいえないわけであり，前述した特別養子の要件である，子の要保護性を欠くのではないかが問題となります。

また，連れ子養子は，従前の普通養子の制度の当時から，実親の婚姻に付随して比較的安易になされることがありました。しかし，特別養子縁組を行うと，仮に夫婦が離婚に至った場合でも，前述したように，原則として離縁が認められない（同817条の10）わけですから，慎重に検討する必要があります。特に，連れ子が嫡出子である場合は，実親が単に養育を行っていないだけであって，その実親関係を維持しても子に不利益がない場合も多いと思われますから，実親が子の養育監護に悪影響を与えるような具体的行動がみられるような事例，あるいは，将来，養育監護を行う可能性がほとんどなく親子関係を存続させておくことが不適当であると思われる事例について，特別養子縁組を認めるべきでしょう[2]。これに対し，連れ子が嫡出でない子であって，認知も受けていないような場合には，その実親との親子関係を断絶させても不都合は少ないと思われますから，特別養子縁組が認められやすいといえます。

裁判例では，子が2歳の時に実父母が離婚し，半年後に実母が子を連れて再婚し，その配偶者が特別養子縁組を申し立てた事例において，実父は子を実母に押し付け，行方不明の状態にあるが，子の養育に対し悪辣な干渉や妨害をすることもないから，子の要保護要件がないとして，申立てを却下したものがあります[3]。この裁判例は，連れ子養子の成立要件を厳格に解したものといえるでしょう。

これに対し，母が婚姻中に第三者の子を出産し，戸籍上の父が嫡出否認の訴えを提起して確定し，実父が認知した後死亡した事例において，子を養育し母と婚姻中の戸籍上の父であった者から申し立てられた特別養子縁組を認容した裁判例もあります[4]。この抗告審決定は，申立てを却下した原審[5]を取り消したものですが，民法817条の7の「特別の事情」は，「『監護の著しい困難又は不適当』な場合又はそれに準じる場合にとど

V 特別養子

まらず，特別養子縁組を成功させ，父母及びその血族との間の親族関係を原則として終了させることが子の利益のために特に必要と判断される事情」も含まれると述べた上，子がその特異な出生の状況と申立人夫婦の行動を知ることは，健全育成に有害であり，人格が形成される過程においてはこれらの事実を秘匿すべきであって，そのためには実父との親子関係を断絶することが必要であると説示しています。この裁判例は，かなり特殊な事案に関するものではありますが，連れ子養子の成立に比較的緩やかな立場をとっており，その後，同様の見解に立つ裁判例*6も現れています。

設問の検討 設問の妻の連れ子は，先夫との間の嫡出子と思われますから，夫婦共同養子の必要がなく，夫のみが家庭裁判所に対して特別養子の申立てを行うことになります。また，夫の年齢は不明ですが，子の年齢は6歳未満ですから，縁組の成立に支障はありません。

先夫の両親，すなわち，子の祖父母が特別養子縁組に反対しているようですが，前述したように，実親には同意権がありますが，実方の祖父母には，そのような権利はありませんので，その反対の意向のみに基づいて，特別養子縁組が否定されることはありません。

問題は，実親（妻の先夫）の同意の有無および保護性です。先夫が生存しているのか否かは不明ですが，死亡していれば，「意思を表示することができない場合」として，当然，同意は必要ありません。ただし，その場合でも，家庭裁判所は，実方の祖父母などとの親族関係を終了させることが，子の利益のために必要とされるか否かを検討することになります。母が子を連れて再婚し，その夫と子がいったん普通養子縁組を行った後に特別養子への転換が求められた事例において，再婚後の夫との普通養子縁組当時に，実父がすでに死亡していたが，実方の祖父母が特別養子縁組に不同意である事情などを認定した上で，特別養子縁組の申立てを却下した裁判例*7があります。また，実親が生存しており，特別養子縁組に反対している場合には，虐待・悪意の遺棄など子の利益を著しく害するような事情が認められる場合に限って，縁組を成立させることになるでしょう。

*1 細川清・改正養子法の解説（法曹会，1993）193頁
*2 清水節・判例先例親族法Ⅱ――親子（日本加除出版，1995）482頁
*3 徳島家審平元・11・17家月42・5・94
*4 東京高決平8・11・20家月49・5・78。この抗告審決定は，養親となろうとする者が，子の出生以来母と婚姻中という特殊なケースですが，特別養子の成立要件を緩和するものとして，学説からは，好意的な評価を受けています。床谷文雄「嫡出否認をした『継子』を特別養子とする申立てを認容した事例」判タ949号（1997）77頁，中川高男「特別養子縁組申立人夫婦の一方の非嫡出の子と民法817条の7にいう特別の事情」私法判例リマークス16号1998（上）77頁参照
*5 千葉家松戸支審平8・3・5家月49・5・85
*6 名古屋高決平15・11・14家月56・5・143。この抗告審決定は，妻の嫡出でない子と普通養子縁組をしている夫婦が特別養子縁組への転換養子を申し立てた事例について，前掲注4の決定と同様の説示をした上，子が血統上の父から認知されておらず，将来ともに放置された状態であると推認されることなどを認定し，申立てを却下した原審を取り消しています。
*7 名古屋家審昭63・9・1家月41・1・124。この審判の抗告審（名古屋高決昭63・12・9家月41・1・121）も同様の結論です。

〔清水　節〕

8 普通養子縁組からの転換

設問 65

私は前の夫と結婚中に，別の男性の子を妊娠・出産しました。そのため，前夫とは離婚したのですが，子どもは前夫の子でないことが裁判で確定しました。再婚した夫がいったんは普通養子にしたのですが，今度は，特別養子にしたいというのです。認められるでしょうか。

普通養子からの転換

民法は，夫婦の一方または双方が，特別養子制度の施行された後に行った普通養子縁組を，特別養子縁組に転換すること，すなわち，「転換養子」を禁止しているわけではありません。しかし，特別養子縁組を成立させるためには，父母による養子となる者の監護が著しく困難または不適当であること，その他特別の事情があり，子の利益のために必要があると認められることを要します（民817条の7）。そして，転換養子の場合には，実父母による監護養育が行われていないとしても，従前からの養親夫婦が，特別養子縁組後もその子の監護養育を行うわけですから，特別養子縁組前の父母による監護が著しく困難または不適当とはいえないでしょう。また，特別養子縁組を行うことにより，戸籍の記載上，他人に養親子関係であることが知られにくくなることがある（戸20条の3参照）としても，具体的な監護状況が向上することも少ないと考えられます。特別養子縁組を行うことが可能であったにもかかわらず，いったん普通養子を選択した事例には，実父母の反対などそれなりの理由があった場合もあるのではないでしょうか。

したがって，特別養子への転換養子については，普通養子縁組後に実親からの不当な干渉などが生じた事例や，当初，特別養子縁組を申し立てることが困難であった特段の事情がある事例などについて，認められるべきものと解されます*1。

ところで，特別養子制度は，1987（昭和62）年の法改正（昭和62法101）により翌年1月1日から施行されました。ですから，特別養子制度の施行前に行われた普通養子縁組を特別養子に転換しようとする場合は，当初，特別養子を相当とする事情があっても法律上の手段がなかったわけであり，家庭裁判所による審判の時点で，改めて特別養子の要件を備えている事例については，その成立を認めるべきでしょう。裁判例でも，普通養子縁組当時に特別養子を相当とする事由があり，審判の時点でも，実父母による監護が著しく困難または不適当な事由があるとするものが，比較的多くみられます*2。なお，特別養子の成立要件のうち，養子の年齢は，家庭裁判所への請求時に，原則として6歳未満であり，例外として，6歳になる前から引き続き養親となる者に監護されている場合にのみ，その児童が8歳未満であっても養子となることができます（民817条の5）。したがって，上記のような過渡的な転換養子の事例が生じえたのは，法改正後9年間を経過した1996（平成8）年までのことでした。

V 特別養子

連れ子養子の転換養子

実親の一方（母親が多い）が子を連れて再婚し、配偶者と普通養子縁組、すなわち、連れ子養子を行い、さらに、緊密な親子関係を求めて特別養子縁組への転換養子を申し立てる事例もないわけではありません。しかし、連れ子養子として特別養子を行うことは、法律上可能であっても（⇨〔設問64〕）、連れ子が嫡出子である場合は、認められる事例がかなり限定されたものとなります。したがって、いったん連れ子と普通養子縁組を行った後に特別養子への転換養子を行うことは、連れ子養子の適法性（⇨〔設問64〕）と本設問で述べた転換養子の適法性の双方を備えなければなりませんから、縁組の成立が認められるのは限定された事例となるでしょう。

連れ子養子の転換養子に関する裁判例では、母が子を連れて再婚し、その夫と子が普通養子縁組を行ったが、実父は離婚時の約束に従い実母が断るまで養育費を送金していた事例[*3]や、再婚後の夫との普通養子縁組当時に、実父がすでに死亡していたが、実方の祖父母が特別養子縁組に不同意である事例[*4]、日本人夫婦が、妻とその前夫との間に生まれた子の婚外子（妻の孫、韓国籍）を普通養子とした事例[*5]で、特別養子縁組の申立てが却下されています。

また、実父が生存中でありながら、子の養育に全く関わりをもっていない事案に関する転換養子の裁判例では、子が実母と養父との共同親権に服して十分な監護養育を受けており、他方、実父がそのような状態を乱すような事情も認められず、子の監護に重大な障害となるものではないから要保護性が認められないとして、特別養子への転換を否定するものが多くみられます[*6]。

ただし、前述したように、普通養子縁組後に実親からの不当な干渉などが生じた事例や、当初、特別養子縁組を申し立てることが困難であった特段の事情がある事例などについては、特別養子が認められるべきものと解されます。裁判例では、特別養子制度の施行直後に、妻の連れ子についてその申立てをしたが、養親の婚姻生活の実績があまりないことなどから、いったん申立てを取り下げて普通養子縁組を行った後、再び特別養子縁組を申し立てた特殊な事例において、養子となる者が嫡出でない子であり、その子に嫡出子の身分を取得させて身分関係の安定を図ることは、子の利益を向上させると判断して、連れ子の転換養子を認めたものがあります[*7]。また、中国人の孤児（後に日本に帰化）を中国の方式により養子縁組をした事例で、わが国の特別養子縁組への転換の申立てを認めたもの[*8]や、妻の嫡出でない子と普通養子縁組をしている夫婦が特別養子縁組を申し立てた事例について、申立てを却下した原審を取り消して特別養子縁組への転換を認めたものもあります[*9]。この裁判例は、民法817条の7の「特別の事情がある場合」は、「監護の著しい困難又は不適当な場合、又はそれに準ずる場合にとどまらず、特別養子縁組により新たな養親子関係を成立させ、父母及びその血族との親族関係を終了させることが子の利益のため特に必要と判断される事情のある場合をも含むものと解するのが相当である」と一般的な説示をした上、子が実母および養父らに養育されていることから、「父母による養子となる者の監護が著しく困難又は不適当である」とはいえないとしながら、子が血統上の父から認知されておらず、同人が実親としての義務を怠り、養育に無関心であって、将来ともに子を放置したままの状態であ

ると推認されるとともに，子がこれら特異で複雑な出生の事情を戸籍の記載等から知り，精神的苦痛や負担等を背負っていくことが予測されるなどと認定し，特別養子縁組の成立を認めたものです。

設問の検討 設問の事案は，妻の連れ子について，いったん普通養子縁組を行った後に特別養子縁組への転換養子を求めるもので，前述したように，縁組後に実父からの不当な干渉などがない限り，一般的には特別養子が認められることは困難な事例といえます。しかし，設問では，子は，母の前夫との間で父子関係がないことが法律上確定しており，実父からも認知を受けておらず，今後もその可能性がないものと思われますから，嫡出でない子の身分を解消し父子関係を安定させるという観点から，特別養子縁組が認められる余地がないわけではないでしょう。

*1 清水節・判例先例親族法Ⅱ——親子（日本加除出版，1995）483頁
*2 横浜家審昭63・3・11家月40・7・181，横浜家審昭63・4・15家月40・8・94，東京家八王子支審昭63・8・12家月41・3・177，仙台高秋田支決平元・5・24家月41・11・86，名古屋高決平元・10・17家月42・2・181など。このような事例で特別養子縁組を否定したものは，奈良家宇陀支審昭63・3・25家月40・7・188，大阪高決昭63・10・27家月41・3・164，名古屋高決平元・3・23家月41・12・112，那覇家審平4・9・7家月45・9・55など
*3 名古屋家審昭63・4・15家月40・8・97
*4 名古屋家審昭63・9・1家月41・1・124。この審判の抗告審（名古屋高決昭63・12・9家月41・1・121）も同様の結論。
*5 千葉家審平11・4・14家月51・11・102
*6 大阪家審昭63・9・19家月41・3・173，その抗告審大阪高決昭63・11・10家月41・3・172，大阪家審昭63・9・29家月41・3・176，その抗告審大阪高決昭63・11・18家月41・3・174，横浜家審昭63・4・15家月40・8・94，東京家八王子支審昭63・8・12家月41・3・177，名古屋家審平

元・8・23家月42・5・92など
*7 宮崎家審平2・11・30家月43・10・35
*8 東京家審平8・1・26家月48・7・72
*9 名古屋高決平15・11・14家月56・5・143。この決定の民法817条の7の「特別の事情」に関する説示は，東京高決平8・11・20家月49・5・78と同様⇒〔設問64〕注4

〔清水　節〕

⑧ 普通養子縁組からの転換

9 試験養育期間

V 特別養子

設問 66

私たち夫婦には子どもがいないので、施設にいる子を引き取って特別養子にすることにしました。どうせならすぐに親子の関係になりたいので、施設から引き取ってできるだけ早く特別養子の手続をしたいのですが、うまくなついてくれるかの心配もあります。引き取った子どもをすぐに特別養子にできますか。子どもを引き取った後、縁組が成立するまで、子どものことは、すべて私たちが責任をもつことになるのでしょうか。

家庭裁判所による審判

特別養子の縁組は、養親となる者からの請求に基づき、家庭裁判所の審判によって成立します（民817条の2第1項、家審9条甲類8号の2）。特別養子縁組が、当事者の合意によって成立する普通養子縁組（未成年養子の場合は除きます。民798条）と異なり、裁判所の判断により成立することとされた理由は、特別養子制度が、専ら子の健全な育成を目的とし、実方との親族関係の終了という重大な身分上の効果を伴うため、国家機関である裁判所の積極的介入が求められたからです。

そして、子の健全な育成という目的を達成するためには、人事訴訟手続における弁論主義の制限や消極的な職権探知主義だけでは不十分であると考えられ、また、人事訴訟事件より一層当事者間のプライバシーを尊重する必要が高いと解されることから、地方裁判所でなく家庭裁判所が、家事審判手続に基づいて、後見的立場からより慎重な審理判断を行うことが適当とされて、1987（昭和62）年の民法および家事審判法の改正（昭和62法101）により（翌年1月1日施行）特別養子制度の立法が行われたわけです*1（⇒〔設問57〕）。ただし、2003（平成15）年の人事訴訟法（平成15法109）の成立（人事訴訟手続法〔明治31法13〕は廃止）により、従前の人事訴訟事件は、2004（平成16）年4月1日から、すべて家庭裁判所の専属管轄とされています。

試験養育期間

特別養子縁組を成立させるための一般的要件（⇒〔設問61〜64〕）に加えて、家庭裁判所が、特別養子縁組を成立させるには、養親となる者が養子となる者を6ヵ月以上の期間監護した状況を考慮しなければなりません（民817条の8）。この養親となるべき者が行う子の監護を「試験養育」といい、この試験養育の期間を経なければ、家庭裁判所は、特別養子を成立させることができません。

試験養育の制度が、家庭裁判所による審判の手続要件とされた理由は、特別養子縁組は、実親子関係を断絶して、養親との間に容易に離縁できない実親子関係と同様の関係を築くわけですから、養親となる者に監護能力などの適格性があるか、養親となる者と養子となる者の間に適合性があるかなどを、慎重に判断する必要がありますが、そのためには実際にある程度の期間養親となるべき者が養育を行い、その結果に基づいて判断を行うことが最も確実であろうと考えられたからです。この試験養育の期間は、養親となるべき者が、自らが直接に養育を行わ

なければなりませんが，そのことは，養親となるべき者にとっても，今後，実親子同様の関係を築いていけるか，熟慮するよい機会となるでしょう。

試験養育の6ヵ月以上の期間は，審判の請求の時から起算されます（同817条の8第2項本文）。ただし，里親が里子を特別養子とする場合のように，請求前の監護状況について児童相談所に詳細な記録があり，その監護状況が家庭裁判所にとって明らかであるときは，審判請求前の期間も通算して審判の時までに6ヵ月以上経過していれば足ります（同817条の8第2項ただし書）。審判請求後に養育を開始した場合は，そのときから6ヵ月以上の期間が必要です。

少し以前の統計になりますが，1998（平成10）年の司法統計年報家事事件編*2によれば，同年中に行われた特別養子縁組の審判472件のうち，監護の実績なく申立てに及んだものは5件にすぎず，大部分が何らかの形で養育監護を行った上で申立てに及んでおり，その平均監護期間は，通算22.2ヵ月になっています。

児童相談所の関与 　特別養子の対象となる子は，父母による監護が著しく困難または不適当な要保護児童といえますから，児童福祉行政の中心となる児童相談所（児福12条）と密接な関係をもつことになります。

家庭裁判所としては，特別養子縁組の成立の当否の判断にあたって，子の要保護性（⇒〔設問63・64〕），養親の適格性，両者の適合性などの縁組成立の要件を検討しなければいけませんが，それには，家庭裁判所の職権による事実の調査および証拠調べ（家審規7条）や家庭裁判所調査官による調査（同7条の2）だけではなく，児童福祉の専門的行政機関である児童相談所の意見を求めること（同8条に基づく調査の嘱託）も有益です。また，家庭裁判所調査官に対し，社会福祉機関との連絡などの措置をとらせることも可能です（同7条の2）。さらに，家庭裁判所は，養子となるべき子が児童福祉法上の保護を要すべき児童であると判断した場合は，養親となるべき者に対して，児童相談所に相談を行うよう指導することになっています*3（児福30条3項参照）。

児童相談所が，あらかじめ特別養子縁組のあっせんを行い，養親となろうとする者と子の引き合わせを行い，適切な親子関係が形成できるように助言や指導をした事例では，家庭裁判所から前述した嘱託を受けた場合に，関与した記録に基づいて回答することになるでしょう。なお，民間団体であっても，専門的な職員を有し，監督官庁の許認可を受けた社会福祉法人（社会福祉法6章参照）等であれば，児童相談所に準じて，特別養子のあっせんを行うことが可能です*4。特別養子縁組の申立てにあたっては，上記の児童相談所や社会福祉法人等のあっせんの有無などを明らかにする必要があります（家審規64条の4第3号）。

前記の司法統計年表によれば，1998（平成10）年中に行われた特別養子縁組の審判472件のうち，事前にあっせんを経ているものが302件，そのうち児童相談所のあっせんが242件，社会福祉法人等が60件となっています。

設問の検討 　特別養子縁組を成立させるには，前述したように，家庭裁判所が，養親となる者が養子となる者を6ヵ月以上の期間，試験養育した状況を考慮しなければなりません。この6ヵ月の期間は，審判の請求時から起算されますから，審判を申し立てた後，原則として，少なくとも6ヵ月以上経過しないと特別養子縁組が成立

⑨ 試験養育期間

V 特別養子

することはありません。

ただし，実際には，特別養子縁組の申立て前に養育を開始している事例がほとんどであり，その期間も平均2年近くに及んでいます。特に，半数以上の事例が，事前に児童相談所や社会福祉法人等のあっせんを受けています。このように児童相談所等が事前に関与している事例では，適切な親子関係が形成できるように助言や指導を受けながら，児童との間で試験養育を行うことができますから，最も望ましい形態といえるでしょう。また，児童相談所等から家庭裁判所に，その試験養育の状況を回答してもらうことにより，特別養子縁組の申立て後，6ヵ月を経過する以前でも，縁組を成立させることが可能となります。

なお，縁組が成立するまでは実親に親権，扶養義務がありますが，実親がいない場合，養育能力がない場合には，養親となる者が実際上，子の養育費・医療費を負担することになります。ただし，養子縁組を前提とする里親になると，医療費（自己負担分）は公費で支払われ，生活費も委託費によってまかなうことになります（⇨〔設問93〕）。ともに働いている夫婦の場合，試験養育の期間中，その一方が育児休業をとることができるような法令の整備（育児・介護休業法については，⇨〔設問129〕），職場での取組みの進展が望まれるところです。

*1 細川清・改正養子法の解説──昭和62年民法等一部改正法の解説（法曹会，1993）50頁
*2 最高裁事務総局編。なお，1999（平成11）年以降，最高裁において，特別養子縁組の申立ておよび審判件数，審判の結果等は公表されていますが，その具体的内容についての詳細な統計は行われていません。ちなみに，2007（平成19）年中の特別養子縁組の申立ては421件，処理されたのは382件（そのうち，認容された審判は289件）です。
*3 梶村太市編・養子事件の法律実務（新日本法規，2003）196頁〔大塚正之〕
*4 民間団体による養子縁組あっせん事業の規制については，「養子縁組あっせん事業の指導について」昭和62・10・31厚生省児発902厚生省児童家庭局長通知および「里親等家庭養育の運営について」昭和62・10・31厚生省児発138事務次官通知（家月39巻12号206頁以下参照）

〔清水　節〕

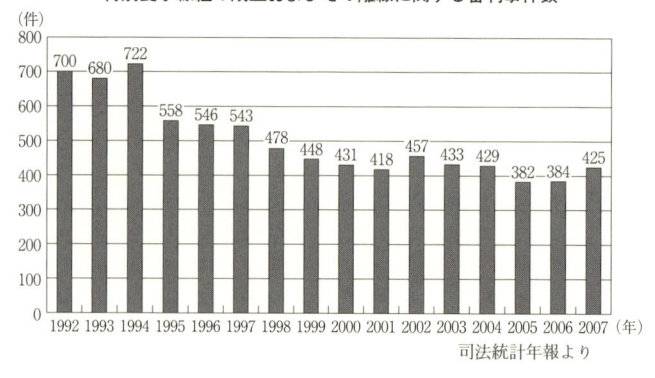

特別養子縁組の成立およびその離縁に関する審判事件数

年	件数
1992	700
1993	680
1994	722
1995	558
1996	546
1997	543
1998	478
1999	448
2000	431
2001	418
2002	457
2003	433
2004	429
2005	382
2006	384
2007	425

司法統計年報より

10 特別養子縁組の効果（1）

設問 67

私たちの娘は，生まれて間もない頃にある施設に放置されていた子で，身元がわからなかったのですが，私たちの特別養子として16歳の今日まで元気に育ってきました。ところが，最近，自分がその子の実母であるという女性が施設に現れ，子どもの行方を捜しているというのです。いまさら，親でもない，子でもないと思うのですが，産みの親とのつながりは切れないものなのでしょうか。

普通養子に関する規定の適用　特別養子縁組は，養子縁組の一類型ですから，民法第4編親族，第3章親子，第2節養子の第1款から第4款までの規定は，第5款で特別の規定がない限り，適用されます。したがって，特別養子は，特別養子縁組成立の日（特別養子縁組の審判が確定した日）から，養親の嫡出子の身分を取得し（民809条），養親およびその血族と親族関係に入り（同727条），養親の氏を称します（同810条）。特別養子が未成年者であれば，養親の親権に服することになり（同818条2項），近親婚の禁止（同734条），直系姻族間の婚姻禁止（同735条），養親子関係者間の婚姻禁止（同736条）の各規定も適用されます。

親族関係の終了　特別養子縁組の成立により，特別養子とその実方の父母およびその血族との親族関係は終了（断絶）します（民817条の9本文）。1988（昭和63）年1月1日施行の改正民法は，実親子関係に比肩しうるような親と子の関係を形成するため，養子と実父母との法律上の親子関係を終了させ，実父母およびその親族らからの不当な干渉を防止しようとしています。

親族関係が終了するとは，親族関係であることによって生ずるあらゆる法律関係が終了するという意味であり，民法上はもちろんすべての法令の適用において親族関係に立たないものとして扱われます。したがって，特別養子と実親およびその血族とは，互いに相続をする関係（民887条・889条）に立つことはなく，扶養義務（同877条）も生じません。親族間の互助義務（同730条），不適法な婚姻についての取消請求（同744条1項）等の適用において，特別養子は実方との間に親族関係がない者として扱われます。

実方親族との親族関係終了の効果は，特別養子縁組成立の日（特別養子縁組の審判が確定した日）から生じ，それより前には遡及しません。したがって，特別養子縁組成立の日よりも前に実方との関係で相続が発生していれば，その相続の効果は特別養子縁組の成立に影響されないことになります。

親族関係終了の例外　特別養子縁組は，夫婦共同縁組が原則ですが，夫婦の一方が，他の一方の嫡出である子（特別養子縁組以外の縁組による養子を除く）を養子とする場合は，その例外となります（民817条の3第2項ただし書）。この場合，連れ子とその実親との関係では親子関係等の終了の効果は生じず，連れ子の他方の実親との関係でのみ親族関係が消

V 特別養子

減します（同817条の9ただし書）。

婚姻障害 特別養子縁組の成立により，特別養子とその実方の父母その他の親族との間の親族関係は終了しますが，客観的に存在する自然血族関係をも否定するものではありません。したがって，特別養子縁組前に婚姻障害（直系血族または3親等内の傍系血族間の近親婚の禁止，直系姻族間の婚姻禁止）のあった者との間においては，縁組成立により親族関係が終了した後においても婚姻することができません（民734条・735条）。血族間の婚姻禁止は，優生保護上の見地からの要請であり，姻族間の婚姻禁止は，人倫上の要請です。

認知等の制限 未認知の実父からの特別養子に対する認知の可否については，明文の規定はありませんが，すでに養親を実親と同様に認識して新たな生活に入っている特別養子の地位を不安定なものにするおそれがあるため許されないと解されます*1。

他方，特別養子から未認知の実父に対する認知請求（いわゆる捜索の訴え）をすることについても，特別養子縁組制度が養親のみを唯一の親とする制度であることから，たとえ実父が資産家であったとしても許されないと解されています。

実父との親族関係を絶つこと等を主目的とする特別養子縁組の申立て 特別養子縁組制度は，特別養子とその実方の父母その他の親族との間の親族関係を終了させるという家族関係の根底を揺るがす重大な法律効果をもたらすところから，このことに着目し，連れ子養子の事例において，元夫の実子あるいは元配偶者に対する暴力の再発可能性が大きい場合，あるいは元夫の浪費癖から実子への事実上の取立て等が執拗に行われる可能性が高い場合，元夫と実子との親族関係を断絶させるとともに，養子となる者を実子と同様に扱うことを主たる目的として特別養子縁組の申立てがなされることがあります。しかし，連れ子養子の場合，離婚した夫婦の一方が子を問題なく監護していることが一般的で，民法817条の7の「父母による養子となる者の監護が著しく困難又は不適当であることその他特別の事情がある場合」という特別養子縁組の成立要件の1つを満たすことが困難であることが多いのです。また，審判例においても，上記のような目的で申し立てられた事例につき，実父からの不当な干渉等が具体化していない時点では要保護性の要件は認められないとされたものがあり*2，上記目的の実現を希求するあまり，特別養子縁組の成立要件具備の検討を怠らないように注意する必要があります。

本問の場合 出現した女性が真実子の母親であるという証明がDNA鑑定によってなされたとしても，家庭裁判所の審判により特別養子縁組が適法に成立している以上，当該女性と子との親族関係は終了しており，扶養や相続の関係は生じません。家庭裁判所の審判についても非訟事件手続法25条により民事訴訟法349条を準用し，民事訴訟法上の再審手続を認める余地がありますが，本問の場合，特段の再審事由もないように思われ，特別養子縁組の成立を揺るがすことは，もはやできないものと考えられます。

*1 中川高男「わが国の特別養子制度運用上の問題点」講座現代家族法第3巻（日本評論社，1992）338頁，清水節・判例先例親族法Ⅱ——親子（日本加除出版，1995）510頁

*2 名古屋家審平元・8・23家月42・5・92，徳島家審平元・11・17家月42・5・94

〔白石研二〕

10 特別養子縁組の効果（2）

設問 68

今度，特別養子縁組の申立てをするのですが，その子は親に虐待されていた子で，今の名前を呼ばれると，おびえます。新しい名前で育ててゆきたいと思うのですが，特別養子縁組と同時に名を変更することができますか。特別養子には新しい戸籍が作られるそうですが，そこには，名前を変えても，今の名前が残るのでしょうか。

氏名の機能　氏名は，ある特定の国民を識別するための重要な表示手段であり，氏は，原則として出生と同時に自動的に定まり（民 790 条），名は出生届により定まります。

氏名のうち，氏は，婚姻あるいは養子縁組などの身分法上の行為により変更されることがありますが，これは戸籍が夫婦およびこれと氏を同じくする子ごとに編製される（戸 6 条本文）という戸籍制度の要請に基づくものです。これ以外に当事者本人あるいはその周囲の者の恣意的な判断で氏名の変更を行うことは，既存の氏名により構築された社会生活関係に混乱を生ぜしめることになり，許されていません。

氏の変更　「やむを得ない事由」によって氏を変更しようとするときは，戸籍の筆頭に記載した者およびその配偶者は，家庭裁判所の許可を得て，その旨を届け出なければなりません（戸 107 条 1 項・122 条，特家審規 4 条～6 条）。何が「やむを得ない事由」があるときに該当するかについては，家庭裁判所の個々の事案についての判断によることになりますが，一般的には，珍奇あるいは難読であるため社会生活上支障が生じる場合，外国人と紛らわしい場合などが上記事由に該当します。

氏の変更は，家庭裁判所の許可によって効力を生じるのではなく，この許可を前提とする届出によって効力を生じます（創設的届出）。

名の変更　「正当な事由」によって名を変更しようとする者は，家庭裁判所の許可を得て，その旨を届け出なければなりません（戸 107 条の 2・122 条，特家審規 4 条・6 条）。

「正当な事由」は，氏の変更における「やむを得ない事由」よりも多少寛大であってもよいと解されています。

何が「正当な事由」にあたるかについては，家庭裁判所の個々の事案についての判断によることになりますが，昭和 23 年 1 月 31 日民事甲第 37 号最高裁判所事務局民事部長回答は，①営業上の目的から襲名する必要のあること，②同姓同名の者があって社会生活上甚だしく支障のあること，③神官もしくは僧侶となり，または神官もしくは僧侶をやめるために改名する必要のあること，④珍奇な名，外国人に紛らわしい名または難解，難読の文字を用いた名で社会生活上甚だしく支障のあること，⑤帰化した者で日本風の名に改める必要のあること，⑥上に列挙した各場合でも，新たな名は，戸籍法 50 条の趣旨に鑑み，平易な文字を用いたものであることを参酌すべき事項として挙げています。

また，島田充子「改名許可基準と手

V 特別養子

続」*1によれば、名の変更に関する上記以外の「正当事由」として、異性と紛らわしい名で社会生活上支障があること、永年使用し通称として社会的に通用していることが挙げられています。永年使用を理由とする場合、変更しようとする新しい名を少なくとも5年以上継続して使用しているという実績があるときに認めるのが実務です。ただし、生後2年～3年ほどしか経っていない幼児については、5年以上継続して使用しているという実績がありえず、かつ、社会的な影響が僅少であることから、事案により3年前後でも名の変更についての正当事由が認められることがあります。

なお、ある名前を永年使用してきた動機が姓名判断・迷信に基づくものである場合であっても、通称として長期間にわたって使用され、当該名前が当該個人を特定する働きを果たしている場合には、正当事由があると認められることがあります。

名の変更によって新たに称する名に用いる文字については、家庭裁判所が許可したものであれば、戸籍法50条の制限(常用平易な文字の使用を基本とする)外の文字を用いたものであっても、届出を受理してよいとするのが実務です(昭和23・9・9民甲1680法務省民事局長回答)。

名の変更は、氏の変更と同じく、家庭裁判所の許可によって効力を生じるのではなく、この許可を前提とする届出(申立人〔15歳未満のときは法定代理人〕が、名の変更許可審判書謄本を添附して名の変更届出をする)によって効力を生じます(創設的届出)。

名の変更の許可・却下と不服申立て 氏の変更の場合、許可審判に対しては、利害関係人から即時抗告をすることができますが、名の変更に関する許可審判に対しては、氏の変更の場合と異なり、不服申立ての方法はありません。却下審判に対してのみ、申立人が即時抗告をすることができます(特家審規6条1項・3条の5)。

名前を変えた場合の戸籍記載 名の変更の届出があったときは、本人の戸籍における名欄、本人が筆頭者の場合には筆頭者氏名が訂正され、本人の子または養子の父母欄または養父母欄の名が訂正されることになります。

本問の場合 特別養子は養親の氏を称することになりますが(民810条本文)、子の名については変更はありません。学説上、戸籍法107条の2による名の変更は、新生児等幼少時であれば一層正当事由を肯定されることになろうと説かれている程度です*2。わが民法は、フランス、ドイツ等が明文で養子の名の変更の可能性を認めているのとは異なりますから、設問の子が、特別養子になった後、名を変えるためには、名の変更に関する家庭裁判所の許可審判を得る必要があり、年少であればあるほど幾分短い期間で永年使用に基づく名の変更が認められる可能性があるといえます。

*1 島田充子「改名許可基準と手続——名の変更・氏名変更手続」野田＝若林＝梶村＝松原編・家事関係裁判例と実務245題(判タ1100号、2002) 267頁
*2 中川高男「わが国の特別養子制度運用上の問題点」講座現代家族法第3巻(日本評論社、1992) 329頁

〔白石研二〕

11 戸籍・住民票（1）

設問 69

娘は現在16歳で，まだ高校生なのですが，今度，結婚したいと言い出し，自分の戸籍を市役所でとろうとしています。娘には特別養子だということは話していないのですが，戸籍をみると，そのことは娘にすぐわかってしまうのでしょうか。特別養子の戸籍はどうなっているのか，教えてください。

特別養子縁組の届出の意味

特別養子縁組の審判が確定すると，養親は，確定の日から10日以内にその届出をしなければなりません。特別養子縁組は，家庭裁判所の審判の確定によって成立しますから，市町村長への特別養子縁組の届出は，審判の確定によって法律上すでに成立している縁組の届出，すなわち報告的届出です。特別養子縁組の審判が確定した場合，申立人は，審判確定の日から10日以内に審判の謄本および審判が確定したことを証する書面（確定証明書）を添付して，その旨を届け出なければなりません（戸68条の2・63条1項）。

特別養子縁組の効力

特別養子縁組の成立によって，特別養子と実方の父母およびその血族との親族関係は終了します（民817条の9本文）。この効果は，特別養子縁組に特有の効果です。血族関係が終了する「実方の父母」とは，縁組前のすべての法律上の父母のことであり，生物学上の父母のみならず，養父母がいればこれをも含むことになります。「親族関係」が「終了する」とは，民法をはじめすべての法令の適用において，親族ではない関係として扱うという趣旨です。民法上の主な効果としては，実方の父母との間で相互に相続（同887条），扶養（同877条）の関係が消滅し，互助の義務（同730条），後見

人の欠格事由（同847条4号），遺言の証人または立会人の欠格事由（同974条2号）等の適用において特別養子は実方との間に親族関係がない者として扱われます。なお，実方の親族との親族関係終了の効果は，特別養子縁組成立の時点（審判確定時）から生じ，特別養子の出生の時まで遡及することはありません。したがって，特別養子縁組前に発生した相続は，その後特別養子になったとしても影響を受けることはありません。

特別養子の戸籍の編製および記載
（養子が養親と戸籍を異にする場合）

特別養子は，普通養子と同じく養子であるから，普通養子に関する民法の規定（民792条～817条）のうち，その性質に反しないものは当然に適用されます。したがって，特別養子は，養親の氏を称し（同810条本文），養親の戸籍に入りますが（戸18条3項），縁組成立の時から実方の父母（養父母を含む）およびその親族との親族関係が終了する効果を表すため，夫婦が戸籍を異にする者を特別養子とした場合，養親の戸籍に入る前に，まず特別養子について新戸籍を編製します（同20条の3第1項本文）。この新戸籍は，養親の氏で養子の従前の本籍地に編製されます（同68条の2・63条1項・30条3項）。

上記の新戸籍編製後，養子は養親の戸籍に入る（同18条3項）という原則に

181

V 特別養子

則り，直ちに養子を養親の戸籍に入籍させることになります。したがって，特別養子についての新戸籍は，いったん編製されたものの，ただ1人在籍していた養子が除かれることから除籍となります。

特別養子についての戸籍記載上の特色は，養方戸籍に，特別養子縁組とか養父母の字句を用いないのみならず（昭和62・10・1民二5000通達第6の1（2）ウ（ウ）），実親の氏名を記載せず，実方戸籍にも養父母の氏名を記載しないところにあります。養方戸籍の父母との続柄欄には，実の嫡出子と同様に，「長男」，「長女」のような記載がなされます。住民票においても，世帯主との続柄は戸籍と同様に記載されます[*1]。これらの趣旨は，不当な目的を抱く第三者が養親子関係に介入したり，年少の養子が戸籍の記載から不用意に養子であることを認識してしまうことを防ぐことにあります。

他方，特別養子について編製された新戸籍は，特別養子の従前の戸籍と養方の戸籍をつなぐ唯一のものである上，養子が養方の戸籍に入籍することによって直ちに除籍となり，除籍については公開が一定の者に制限されていることから（戸10条・10条の2～10条の4・12条の2），その身分事項欄には養父母の氏名，特別養子であること，従前の戸籍の表示，入籍すべき養方の戸籍の表示等必要なすべての事項を記載し，戸籍の連結関係を明らかにしています。

特別養子の戸籍の編製および記載（養子が養親の戸籍に在籍している場合）

すでに普通養子となっている者が養父母の特別養子となる場合や同籍する先妻の子を妻が特別養子とする場合等，養子がすでに養親の戸籍に在籍しているときは，新戸籍を編製することなく，戸籍上養父母が唯一の父母であることを明らかにするため，同じ戸籍の末尾に養子を記載し直すことになります（戸14条3項）。特別養子を末尾に記載したときは，従前養子が記載されていた戸籍の一部につき，名欄に朱線を交差する方法により消除します（戸則42条・40条3項1項）。

父母欄および続柄の記載

特別養子縁組成立後の養子の父母欄には，養父母の氏名のみを記載し，父母との続柄欄には，養父母との続柄を，「長男」，「二男」等嫡出子の例により記載します。すでに養親に他の子があり，その子の続柄が特別養子縁組によって変更される場合には，届書の「その他」欄にその旨を記載させ，その子の続柄を更正します。

本問の場合

本問は，16歳になる娘さんにおいて，自分が実は養子であることに全く気づいていない場合，換言すれば，自己が養父母の実子であると全く信じ込んでいる場合と思われますから，一般的には，上記の「養子が養親と戸籍を異にする場合」の事例であると考えられます。戸籍記載上は，特別養子縁組とか養父母の字句がないのみならず，実親の氏名も記載されておらず，養方戸籍の父母との続柄欄には，実の嫡出子と同様に，「長女」などと記載されているはずです。したがって，養親の側から真実を明かさない限り，娘さんにおいて，自己が養子であることに気づくというのは困難であると思われます。

[*1] 新版実務戸籍法（財団法人民事法務協会，2001）161頁，日本加除出版出版部編・一目でわかる養子法改正と戸籍実務（日本加除出版，1988）12頁

〔白石研二〕

11 戸籍・住民票（2）

設問 70

1年前から同居している里子を，今度特別養子にするための申立てをしています。この子の住民票は，現在は実親のところにあるのですが，特別養子が認められた場合，住民票は，どのようになるのでしょうか。特別養子の戸籍には工夫がされているそうですが，住民票の方も，何か工夫がされているのでしょうか。

住民基本台帳法（昭和42法81，以下「法」といいます）1条は，この法律の目的につき，「市町村（特別区を含む。以下同じ。）において，住民の居住関係の公証，選挙人名簿の登録その他の住民に関する事務の処理の基礎とするとともに，住民の住所に関する届出等の簡素化を図り，あわせて住民に関する記録の適正な管理を図るため，住民に関する記録を正確かつ統一的に行う住民基本台帳の制度を定め，もって住民の利便を増進するとともに，国及び地方公共団体の行政の合理化に資することを目的とする」と定めています。

住民基本台帳とは，当該市町村の住民全体の住民票をもって構成される住民に関する記録を行う公簿をいいます。

住民票とは，個々の住民につき，その住民に関する事項を記載する帳票をいいます。

住民票には，①氏名，②出生の年月日，③男女の別，④世帯主についてはその旨，世帯主でない者については世帯主の氏名および世帯主との続柄，⑤戸籍の表示，ただし，本籍のない者および本籍の明らかでない者については，その旨，⑥住民となった年月日，⑦住所および1つの市町村の区域内において新たに住所を変更した者については，その住所を定めた年月日，⑧新たに市町村の区域内に住所を定めた者については，その住所を定めた旨の届出の年月日および従前の住所，⑨選挙人名簿に登録された者については，その旨などのデータが記載あるいは記録されています（住民台帳7条）。

設問のように特別養子が認められた場合，速やかに養親のもとに住民票を移すことになりますが，実親・養親間で互いの戸籍の表示を知ることがないように特別養子にかかる住民票の「前住所」欄を空欄とする扱いが行政実務上認められています。

仮に，特別養子が認められた後，住民票の「前住所」欄を空欄とする手続を忘れて「前住所」欄への記載がなされてしまった場合，実親・養親間で互いに戸籍の表示内容を知る端緒を与えないようにするのが特別養子縁組の制度趣旨に合致するわけですから，住民課等の窓口に「前住所」欄を空欄にして欲しい旨を上申するのが適切であると考えます。

〔白石研二〕

12 離縁

V 特別養子

> **設問 71**
>
> 娘は特別養子なのですが，最近，非行に走るので，離縁をしたいと思うようになりました。娘の実の親はわかっているのですが，娘のことにはまったく関心がなかったし，それは今も変わらないようです。特別養子は実子と同じだから，離縁はできないとも聞きましたが，どうなのでしょうか。

特別養子関係における離縁の可否　実の親子関係であれば，いかなる理由があろうともこれを絶つことはできません。仮に，実親の子に対する虐待，遺棄等，子の利益を害する事由があるときは，実親の親権を喪失させて後見に付したり，児童福祉施設へ収容したり，あるいは第三者との養子縁組を行うなどの是正措置を講ずることになります。

他方，特別養子について離縁を認めると，特別養子を全く父母のいない状態に置くことになって子の福祉を害することになるし，実父母との親子関係を復活させるのであれば，新たな親族関係を構築し，安定した生活を継続している実父母の家庭の平和を侵害することになるでしょう（例えば，実母が，嫡出でない子を特別養子とした後，他の男性と婚姻し，安定した家庭生活を送っているような場合がこれに該当します）。したがって，特別養子縁組については，子の立場からも，また，実親の立場からも離縁を認めないことを原則とすべきことになります。

しかしながら，特別養子縁組は，人為的な親子関係を構築することに他なりませんから，時が移り行くとともに養親の養子に対する虐待，遺棄等，子の健全な育成を図るべき本来の制度趣旨に反する事態が生じかねません。このような特別養子の利益を著しく阻害する事由が生じた場合においても離縁を認めないということは，かえって特別養子の福祉を害することになりますから，民法は，極めて厳格な要件を定めて例外的に離縁を認めることにしました（民817条の10）。

特別養子関係における離縁の成立要件　特別養子の制度目的は，実親子関係と同様の強固で安定した親子関係の形成ですから，原則として離縁が認められる機会は制限されることになります。

特別養子の離縁は，①養親による虐待，悪意の遺棄その他養子の利益を害する事由があり（民817条の10第1項1号），かつ，②実父母が相当の監護をすることができる場合（同項2号）において，③離縁をさせることが，養子の利益のために特に必要があると認められるときに限り（同項柱書），審判によって成立します（同817条の10）。

子が未成年の間にのみ「監護」というものが問題となるため，特別養子が成年に達した後は，特別養子縁組の離縁は，制度として予定されていません[*1]。

特別養子離縁は，夫婦共同でなすべきものであって，単独離縁は認められませんから，離縁に相当する子を害する事由は，夫婦双方に存することを要します。

監護能力のある「実父母」とは，特別養子縁組によって親子関係が消滅した実父母であり，特別養子縁組前になされた

普通養子縁組による養父母は含まれません。実父母の双方が死亡している場合，または特別養子が棄児であって実父母の所在が不明な場合は，民法817条の10第1項2号の要件を満たしません。前述のとおり，特別養子が成年に達した後は法律上「監護」というものを観念しえないため，上記2号の要件を満たすことはありません*2。

特別養子離縁は，民法817条の10第1項1号および2号の要件のいずれにも該当する場合において，離縁が養子の利益のために特に必要があると認められるときに限り，認められるという厳格な要件が付されていることに注意すべきです。

特別養子離縁の方法 特別養子離縁は，家庭裁判所の審判によってのみ許され（家事審判事項，民817条の10第2項，家審9条1項甲類8号の2），普通養子縁組で認められている協議または裁判による離縁は許されません。特別養子離縁の審判の申立てをすることができる者は，養子，実父母または検察官です（民817条の10第1項）。特別養子縁組は，養親が，養子を実子と同様に監護養育することを決意して縁組成立を請求したはずですから，養親には離縁請求権が認められていません*3。

特別養子離縁の効力 特別養子離縁が成立すると，養子と実父母およびその血族との間においては，離縁成立の日から，特別養子縁組によって終了した親族関係と同一の親族関係を生じます（民817条の11）。

本問の場合 娘さんが非行に走るようになったことを離縁事由とするようですが，特別養子の離縁事由である「養親による虐待，悪意の遺棄その他養子の利益を著しく害する事由」（民817条の10第1項1号）に該当する事由があるとはいえません。また，上述のとおり，養親には離縁請求権が認められていないから，養親の側から離縁を請求することもできません。

*1 林＝大森編・注解判例民法親族法・相続法（青林書院，1992）402頁
*2 木村三男監修・例題解説戸籍実務の処理Ⅳ（日本加除出版，1992）418頁
*3 林＝大森編・前掲注1・400頁

〔白石研二〕

VI 親権・監護権

- 1 親権者
- 2 共同親権
- 3 身上監護
- 4 教　育
- 5 懲戒権
- 6 子どもの自己決定権
- 7 身分上の代理権
- 8 職業許可権
- 9 子の引渡し
- 10 財産管理権
- 11 利益相反行為
- 12 親権の停止・喪失

1 親権者（1）

設問 72

交際している女性が妊娠したので、胎児を認知しました。この子が生まれたら3人で暮らすつもりです。この子を養育する責任は私たち両親にあると思いますが、親権者も私たち両親だと思ってよいでしょうか。

胎児認知　父は、胎内にある子でも認知できます（民783条1項）。胎児は、原則として権利能力（私法上の権利義務の主体となりうる資格）をもたず（同3条1項）、子としての法的地位に伴う権利義務の主体となれませんが、例外的に、民法は、父死亡の場合に胎児に相続権や不法行為による損害賠償請求権等（同886条・721条等。⇒〔設問16・73〕）を認めています。

これらの権利の帰属を確実にするため、父が胎児を認知して親子関係を発生させる必要があります。すなわち、婚姻外の子の出生前に、父が死亡したり、消息不明となる可能性があり、出生後の任意認知が不可能となるおそれがある場合に、子に対して父としての地位を確実にし、父死亡時の相続権等を子に確保できるようにするというのが、その趣旨です。ただし、父が胎児認知をするには、母の承諾が必要です（同783条1項後段）。母の名誉・意思人格の尊重とともに正確な認知のためとされています。

なお、胎児に対する認知権が認められるのは父のみであり、母の胎児認知は実益がないとして認められません。

胎児認知の届出・その効果等　胎内にある子を認知する場合は、届書に、胎児認知をする旨、母の氏名および本籍を記載し、母の本籍地において届け出なければなりません（戸61条）。届出における母の承諾の方式は、承諾を証する書面の添附が必要ですが、届書への承諾する旨の附記・署名押印でも足ります（同38条1項）。

通常の認知は子の出生後になされるため、認知の効力は原則として認知時から遡り、被認知者の出生時から発生します（民784条）。胎児認知の場合には、遡及効を考える余地はありません。認知により法律上の父子関係が発生しますと、その子は、出生の時から父との間に扶養・相続等の関係があったことになります。

また、遺言で胎児を認知できます。遺言認知は、生前には認知をはばかる事情があって行えないため、父死亡後に子としての相続権等を与えるために認められたとされています。遺言自体が法定の方式によるものだけが有効とされる要式行為（同967条～984条）ですから、遺言認知も遺言の方式に則って行われなくてはなりません。遺言執行者は、就職から10日以内に、認知に関する遺言の謄本を添附して認知届出をしなければなりません（戸64条）。遺言認知は、遺言者の死亡によって効力が発生します。

胎児認知の届出があり受理されますと、受附帳に記載され、出生届出をまって、出生事項とともに、職権で認知事項として身分事項欄に記載されます。出生届書の「父」欄には父の氏名等を記載し、かつ、「その他」欄に胎児認知届がなされ

ている旨を記載します。この場合の出生届の届出地は特に規定されていません。胎児が死産であったときは，その事実を知った日から14日以内に認知届出地で死産の届出をしなければなりません（同65条）。これによって胎児認知は終止符を打たれ，胎児認知に関する事項は戸籍簿に記載されません。

母の承諾を欠く胎児認知については，認知の取消しまたは無効の裁判を求めることができ，その確定審判または確定判決に基づいて，戸籍上の記載の訂正を求めることができます（同116条）。なお，胎児については裁判または調停による認知は認められません（なお，子の出生後の強制認知については〔設問16・75〕参照）。

嫡出でない子の氏・親権者

嫡出でない子の出生届は母がしなければなりません（戸52条2項）。母からの出生届によって，母の嫡出でない子として記載されるのが通常です。出生届には母の氏名のみが記入され，父の欄は空白となります。なお，「氏」は，旧民法では家名でしたが，現行民法では単なる戸籍編成の単位または戸籍を同一にする夫婦および子の総括的呼称にすぎません。同じ「姓」でも他人であれば「氏」は同じでないとされます。一方，戸籍の続柄欄は，2004（平成16）年戸籍法施行規則改正により，「男」または「女」から，嫡出子と同様「長女」や「長男」と記載されるよう改められました（婚姻届出をしない父母と子とが，戸籍の続柄欄の嫡出子と嫡出でない子の区別記載は憲法違反として，区と国に対して損害賠償等を求めた訴訟で，判決は，身分事項欄への認知の記載または父親欄の空白により嫡出でない子と判別でき，「続柄の区別記載は必要性の限度を超えてプライバシーを侵害している」としました*1）。

母の出生届出により，母が当然に子の親権者となりますが，その後，父が認知の届出をしますと，子の戸籍に父の氏名が記載され，同時に，父の戸籍に母の子を認知したことが記載されます。

しかし，父の認知がなされても親権や氏の変更は当然には生じません。親権者を母から父に変更する場合は，父母の協議による親権者変更の届出（民819条4項，戸78条）か，または協議不調もしくは不能のときは協議に代わる家庭裁判所の審判（民819条5項）を経ての届出が必要になります。このように，認知後に協議または審判により父を親権者と定めることができますが，婚姻していない父母が共同で親権を行うことはできず，親権は父または母によって単独で行使されます。単独親権者である母と同居する父は，認知した子に対する扶養義務を負い，子の監護教育の費用を負担します。父母の共同親権を望む場合は，父母の婚姻届出が必要となります。また，認知後に父の氏に変更する場合は，家庭裁判所の許可が必要です（同791条1項）。

国際的動向として，近時は，離婚後だけでなく嫡出でない子の親権についても両親の共同親権とする立法（ドイツ・フランス等）が増えています。日本でも，子が父母のいずれとも関係を維持する権利（児童約9条），子の奪い合い紛争の緩和，嫡出子との平等化等の観点から，事実婚の父母に一定条件（父母の共同の意思表示等）下で共同親権〔行使〕の可能性を認める立法について議論が見られます。

嫡出でない子と準正

準正の制度は，婚姻外で生まれた子の福祉と保護を図るため，父母の婚姻を促進し奨励する意味をもつものです。準正は，法定の要件を充足することで効果が発生します。

① 親権者(1)

(1) 婚姻準正

婚姻前に生まれ父が認知した子は，父母が婚姻すると嫡出子の身分を取得します（民789条1項）。なお，母子関係は分娩の事実により成立していることを前提とし，母の認知は不要と解されています。準正の効果は，婚姻の時から発生すると解されています（多数説）。出生事項中に，父母の婚姻日が嫡出子の身分取得日として記載されます。

(2) 認知準正

婚姻前に生まれ父の認知を受けていない子は，父母の婚姻のみでは準正されず，父母の婚姻後に父に認知されることが必要です（民789条2項）。「認知の時から」嫡出子たる身分を取得すると規定されていますが，条文どおりに解しますと，父死亡後の裁判認知の場合には，父の相続人として嫡出子としての相続分（同900条4号）を主張できないという不都合が生じます。そのため，多数説は，婚姻準正の場合と同様，「婚姻の時から」効果が発生すると解しています。なお，この場合も，父だけの認知でよいとされ，認知届によるほか，父からの嫡出子出生届によっても，認知の届出の効力を認められます（戸62条）。また，多数説は，婚姻解消後の認知（婚姻した父死亡後の強制認知等）であっても準正を認めるとしています。

(3) 準正の効果

婚姻準正または認知準正により子は嫡出子（準正嫡出子）の身分を取得しますので，父母の氏を称することができ，父母の共同親権に服し，父母の嫡出子としての相続権を取得します。子が，父母の氏を称するためには，原則として入籍の届出によることが必要です。すなわち，婚姻により父または母が改氏したことで子が父母と氏を異にする場合には，子は父母の婚姻中に限り，家庭裁判所の許可を得ないで，戸籍法の定める届出により父母の氏を称することができ（民791条2項），父母の戸籍に入ります（戸18条1項）。届書には父または母の氏名および本籍を記載する必要があります（同98条1項）。なお，生まれた子がすでに死亡している場合でも，認知と父母の婚姻届出が備わりますと，準正が生じます（民789条3項）。

設問の場合

(1) 父母が婚姻しない場合

父が認知しますと，生まれた子の親権者を父母の協議または家庭裁判所の審判により母から父に変更することができます。しかし，婚姻届出がない限り子は準正されませんから，父母共同で親権を行うことはできません。

(2) 子の出生前に父母が婚姻した場合

父が胎児認知をした後に父母が婚姻し，次いで子が出生した場合は，普通の嫡出子出生届をします。子は生来の嫡出子となりますので，通常の婚姻から生まれた子として，父母は共同で親権を行うことができます。先になされた胎児認知届は無用のものとなります。

(3) 子の出生後に父母が婚姻した場合

胎児認知をされた子が出生し，次いで父母が婚姻届出をし，父から嫡出子出生の届出がなされますと，子は準正された嫡出子となります。したがって，父母共同で親権を行うことができます。

＊1　東京地判平16・3・2訟月51・3・549

《参考文献》

＊島津＝松川編・基本法コンメンタール親族（日本評論社，第5版，2008）136頁～138頁〔岩志和一郎〕
＊島津＝久貴編・新・判例コンメンタール民法12（三省堂，1992）92頁〔石田敏明〕
＊我妻栄・親族法（有斐閣，1961）253頁
＊法務省民事局第二課戸籍実務研究会編・戸籍落葉100選（テイハン，1997）213頁～214頁

〔山田美枝子〕

1 親権者（2）

設問 73

交際している女性が妊娠したというので，胎児を認知したのですが，彼女は，交通事故のため，植物状態で回復は困難という診断を受けてしまいました。私は，彼女と胎児に代わって，事故の加害者に対して損害賠償の請求をすることができるでしょうか。

胎児認知　父は胎内にある子でも，母の承諾を得て，認知することができます（民783条1項。⇨〔設問16・72〕）。胎児認知する旨，母の氏名および本籍を記載し，母の本籍地で提出する戸籍上の認知届（戸61条）により効力が発生します。

胎児の権利能力　母の胎内にあってまだ出生していない子は，民法上，原則として権利能力（私法上の権利義務の主体となりうる資格）を享有しません（民3条1項）が，不法行為（同721条），相続（同886条），遺贈（同965条）に関しては，すでに生まれたものとみなされます。これらの事実の発生時に胎児であった者の権利取得を否定すると，著しく不公平な結果になると解されるからです。ただし，判例・通説（停止条件説）は，胎児は生きて生まれた場合に，相続開始時に遡って権利能力を認められるとしています（胎児のまま権利能力を認め，死んで生まれた場合には遡及的に権利能力を失うとする解除条件説も有力）から，胎児である期間の権利取得は，不確定であることになります。

胎児の損害賠償請求権　不法行為による損害賠償請求権について，胎児はすでに生まれたものとみなされ，胎児が不法行為で損害を被った場合，加害者等に対して損害賠償請求権を有します。ただし，前述のように，判例・通説では，胎児は生きて生まれた場合に不法行為時に遡って権利を認められますから，出生前は損害賠償請求権を行使できず，生きて生まれた時点で行使できます。したがって，胎児に法定代理人をつけることはできず，胎児のままでは，親権者（または後見人）が法定代理人として損害賠償請求することはできません。

嫡出でない子の親権者　婚姻外で生まれた子は，母からの出生届により，母の嫡出でない子として戸籍に記載され，その場合母が当然に親権者となります（⇨〔設問75・85〕）。その母が親権に服する未成年者である場合は，母に対して親権を行う者（子の祖父母等）が子の親権を代行します（民833条）。親権代行の範囲は，財産管理に限定されず，身分上の行為の代理権にも及びます[*1]。親権代行者があれば子の保護がはかられますから，未成年後見は開始しません[*2]が，母が死亡するともはや親権の代行ではなく，子について直接に未成年後見が開始します。

一方，内縁中に懐胎した子（胎児）には，嫡出推定（同772条）が類推適用され，内縁の夫の子と推定されますが，父子関係の設定には認知を要し[*3]，認知届出により嫡出でない父子関係の成立という効果が発生します。父が認知した子

VI 親権・監護権

については，父母の協議で父を親権者と定めることができ（同819条4項），父母の協議が不調または不能であるときは，家庭裁判所は，父または母の請求で，協議に代わる審判を行うことができます（同819条5項）。親権者となった父は，法定代理人として，生まれた子に代わり損害賠償請求できます。

判断能力を失った者と法定後見制度

判断能力が低下した成年者の保護制度としての成年後見制度には，法定後見制度と任意後見制度とがあり，前者は現在判断能力がすでに低下している場合に，後者は現在は正常ですが将来の判断能力低下に備えて，利用されます。前者には，判断能力低下の度合に応じて，「後見」（事理を弁識する能力を欠く常況。民7条），「保佐」（同能力が著しく不十分。同11条），「補助」（同能力が不十分。同15条）の3類型があり，交通事故等で植物状態となった者に代わり損害賠償等を請求する場合は，通常は「後見」が開始します*4。

後見開始には，法定の申立権者（本人，配偶者，4親等内の親族，検察官等）が，本人の住所地の家庭裁判所に後見開始の審判を申し立てることが必要です。実務上，申立権者としての「配偶者」には内縁配偶者は含まれないと解されています（内縁について認定を要し，手続の迅速な進行を阻害する等を懸念）。保護者としての成年後見人の候補者がいる場合は，申立書に記載することになっていますから，候補者の意思を確認した上で記載します。適当な候補者がいない場合は，その確保は家庭裁判所に委ねることになります。申立人が候補者を挙げた場合でも，家庭裁判所は，それ以外の者を選任できます。必要なら，成年後見監督人の候補者も準備してその選任も申し立てます。

なお，成年後見人の権限は，財産に関する法律行為については未成年後見人と相違がありません（同859条1項）が，身上監護面については，未成年後見人が親権者と同様の権限を付与されている（同857条）のに対して，「心身の状態及び生活の状況」への配慮義務があるだけで具体的権限は付与されていません（同858条）。

内縁配偶者や親の損害賠償請求権

内縁当事者や親が請求しうる損害賠償については，財産的損害と精神的損害（＝慰謝料）に分けて考える必要があります。

(1) 財産的損害の賠償請求

不法行為により内縁当事者の一方が負傷または植物状態になったことで，他方が一方の入院費・治療費等を支出し財産的損害を被った場合は，他方は不法行為責任に基づいて加害者等に損害賠償請求できます（民709条）。親が子に関して支出した損害の賠償請求も同様です。

(2) 精神的損害の賠償請求

不法行為により被害者が死亡したときは，生命を侵害した者は，「被害者の父母，配偶者及び子に対しては」，その財産権が侵害されなかった場合でも，損害の賠償をしなければなりません（生命侵害に対する慰謝料。同711条）。すなわち，被害者の父母，配偶者および子は，固有の慰謝料請求権を与えられています。この場合の「配偶者」には内縁の相手も含まれると解されています*5。

設問の場合

(1) 子が被った損害の賠償請求

子を認知した父（＝「私」）が親権者になることを望んでも，①母（＝交際女性）が未成年であるときは，生まれた子の親権代行者は子の親権者指定について父と協議できません（昭和26・3・6民甲412回答）。また，②母が成年であるときも，母は植物状態ですから父と協議でき

ません。①・②いずれも協議不能なときに該当しますので，父は，子の出生後に家庭裁判所の審判を申し立て，自分を親権者と定めてもらう必要があります。親権者になれば，法定代理人として，生まれた子に代わり損害賠償を請求できます。

(2) 交際女性が被った損害の賠償請求

実務上，内縁配偶者は後見の審判の申立権者には含まれないとされますから，女性の4親等内の親族等から，父を成年後見人の候補者として審判を申し立ててもらい，父が成年後見人に選任されれば，女性に代わり損害賠償や保険金，労災補償等を請求できます。

なお，父が成年後見人に選任されても，それだけでは生まれた子の身上監護面への具体的権限は付与されませんので，子の未成年後見人選任が問題となります。成年後見人と未成年後見人の併存や同一人による両者の兼任は可能[6]とされます。しかし，未成年後見人には普通には親以外の者がなることが予想されています[7]ので，父は，上記のように，親権者変更審判を申し立てて自分を親権者としてもらうことになります。交際女性の親等が未成年後見人に選任された後に父が親権者となることを求めたときも，民法819条5項の準用により父が親権者となる[8]ことができると解されます[9]。

(3) 「私」が被った損害の賠償請求

① 財産的損害　女性や子の入院費や治療代等は，不法行為責任に基づき賠償請求ができます。

② 精神的損害　不幸にも女性や胎児が死亡した場合は，内縁配偶者や子の父として，固有の権利に基づき慰謝料を請求できます。

*1　大判大8・12・8民録25・2213
*2　大決大3・12・10評論3・民651
*3　最判昭29・1・21民集8・1・87
*4　仙台高判平9・2・7判時1629・59，東京地判平10・3・19判タ969・228，東京地判平11・5・28判時1704・102等
*5　東京地判昭36・4・25下民集12・4・866，東京地判昭40・5・24下民集16・5・893等。また，最判昭49・12・17民集28・10・2040（民法711条所定の者と実質上同視できる者に同条の類推適用を認めています）
*6　島津＝松川編・基本法コンメンタール親族（日本評論社，第5版，2008）233頁〔田山輝明〕
*7　中川淳・家族法判例研究（法律文化社，1992）196頁等
*8　静岡家沼津支審平2・3・5家月42・8・81
*9　於保＝中川編・新版注釈民法(25)（有斐閣，改訂版，2004）257頁〔山口純夫〕

〔山田美枝子〕

1 親権者（3）

設問 74

再婚した妻の子を養子にしました。養子の親権者は妻の前夫だったのですが，養子縁組に承諾してくれました。今後，養子の親権者は私たち夫婦の両方だと思っていればよいのでしょうか。それとも，養子にした私だけが親権者ですか。

15歳未満の養子の代諾権者　15歳に達した子を養子とするときは，子に意思能力のある限り，本人の意思で縁組できます（未成年養子の場合，子の福祉のため家庭裁判所の許可は必要。民798条）が，15歳未満の子を養子とするときは，その法定代理人が子に代わり養子縁組を承諾できます（同797条1項）。法定代理人は親権者であり，親権者がいないときは未成年後見人です。父母の共同親権下では，代諾は父母共同で行います（民818条）。代諾は子の身上に関するものですから，財産管理権喪失宣告を受けた親権者も代諾権を失わず，反面，管理権しかもたない後見人には代諾権がないとされます[*1]。

法定代理人の代諾への監護親の同意　法定代理人の他に子の監護者がいる場合は，法定代理人の代諾だけでは養子縁組は成立しません。すなわち，「養子となる者の父母でその監護をすべき者」が他にあるときは，その同意が必要です（民797条2項）。例えば，親権者＝父と事実上の監護者＝母がいる場合，父が縁組に同意しても，母が同意しない限り，縁組は成立しません。監護者の同意を不要とすると，例えば，親権者・代諾権者である父が再婚し，連れ子養子として再婚相手と子との縁組を代諾した場合でも，家庭裁判所の許可を得ずに縁組でき，監護者＝母は養母や父に対して親権者変更を請求できなくなるという不都合が生じます。監護者の同意のない縁組は，取り消せます（同806条の3第1項）。同意は縁組届の記載事項とされ，届出の際その有無が審査されます。同意のない縁組届が誤って受理されると効力を生じ，その取消しは，同意していない者が裁判所に請求できます。同意が詐欺・強迫による場合も取り消せます（同条2項）。ただし，監護者が追認したとき，または養子が15歳に達した後6ヵ月を経過したときもしくは養子自身が追認したときは，取消請求できません（同条1項ただし書）。

未成年養子の原則の例外　未成年者を普通養子とする場合でも，必要的夫婦共同縁組と家庭裁判所の許可という養子縁組の一般原則に対する例外があります。

(1) 配偶者の子を養子とする場合

第1の例外は，「配偶者の嫡出である子を養子とする場合」は単独でなしうる（民795条ただし書前段）という点です。配偶者とその子とはすでに親子であり，共同でする必要がないと解されているからです。この場合，嫡出子とは実子・普通養子・特別養子を含みます[*2]。配偶者や自己の嫡出でない未成年者を養子とするときは夫婦共同ですべきとされています。また，配偶者の未成年の嫡出子を養子とする場合もその配偶者の同意は必要と解され[*3]，同意の表示は，縁組届書への同意を証する書面の添附，または

縁組に同意する旨の届書への附記によります（戸38条1項）。同意なしに届出をしたときは、配偶者から裁判所に縁組取消しを請求できます。なお、配偶者が養子の法定代理人として縁組を承諾しているときは（民797条1項）、配偶者としての別途の同意表示は不要と解されています*4。

(2) **自己または配偶者の直系卑属を養子とする場合** 第2の例外は、「自己又は配偶者の直系卑属を養子とする場合は」家庭裁判所の許可が不要という点です（民798条ただし書）。この場合には、養子の福祉を害するおそれはないと考えたものと解されます。しかし、自己の直系卑属は別としても、配偶者の直系卑属を養子とする場合にも許可を不要とする点については、立法上疑問視する見解*5があります。縁組後に実親である配偶者が死亡し血縁関係にない親（養親）と子（養子）が残された場合等に、子の福祉が害されるおそれは否めません。なお、自己の嫡出子を養子にすることは認められていないことから、自己の直系卑属は嫡出でない子に限られることになります。また、通説は、配偶者とは、死亡した配偶者を含まないとしています。

養子の親権者 未成年者が養子になりますと、実親に代わり養親が親権者となります（民818条2項）。養親と実親が婚姻している場合の養子の親権者については、婚姻中の父母の共同親権（同818条3項）はすべての場合を包括する規定と解され、子の実親が親権者であるときもそうでないときも、養親・実親間に共同親権が成立すると解されています*6。すなわち、①実親が親権者であるときは、養親と実親との共同親権とするのが学説・実務の大勢であり、この場合養子縁組があっても実親の親権は消滅しないと解されてい

ます。また、②実親が親権者でないときは、縁組後に養親のみが単独で親権を行使し実親が行使できないとするのは不自然であり、養親と婚姻している以上「父母の婚姻中」という同818条3項の要件を充足するとして、養親とともに共同親権者となると解してよいとされています。養親または実親の一方が死亡しますと、他方の単独親権となります。離婚の場合は、どちらかを親権者と定める必要があります（同819条1項2項）。

設問の場合 幸い、先夫は「私」と再婚した妻の子との縁組に承諾してくれました。その承諾に際し妻の同意があれば「私」との縁組は有効に成立しています。設問は配偶者の嫡出子を養子にする場合に該当しますから、縁組に際し、家庭裁判所の許可は必要なく、かつ「私」と妻との夫婦共同縁組の必要もなく、「私」は単独で縁組できたはずです。「私」だけが養親となっても、妻と子とはもともと嫡出母子関係にありますから、特に問題は生じません。縁組手続終了後、妻との間に共同親権が成立し、養父である「私」と実母である妻は、共に親権者として子の監護養育等にあたることになります。

*1 中川＝山畠編・新版注釈民法（24）（有斐閣、1994）214頁〔中川良延〕
*2 島津一郎編・基本法コンメンタール親族（日本評論社、第3版、1989）121頁〔山本正憲〕
*3 島津＝松川編・基本法コンメンタール親族（日本評論社、第5版、2008）151頁〔寺沢知子〕
*4 床谷文雄「夫婦共同の養子縁組と配偶者の一方のみとの養子縁組」野田＝人見編・夫婦・親子の215題（判タ747号、1991）227頁
*5 我妻栄・親族法（有斐閣、1961）274頁
*6 於保＝中川編・新版注釈民法（25）（有斐閣、改訂版、2004）27頁、28頁〔岩志和一郎〕

〔山田美枝子〕

[1] 親権者(3)

1 親権者（4）

設問 75

私が昔付き合っていた女性が，私の子どもを産んだのですが，認知もしないまま別れてしまいました。その女性が，未婚のまま最近亡くなったことを知ったので，子どもの親権者になりたいと思いますが，認知をすればいいのでしょうか。

嫡出でない子の母子関係　最高裁は，「母と非嫡出子間の親子関係は原則として母の認知を待たず，分娩の事実により当然発生する」[*1]として，母子関係当然発生主義を明確にしています。母死亡後は検察官を相手方として母子関係確認を請求でき[*2]，認知訴訟は必要とされません。嫡出でない子の出生届は母がしなければならず（戸52条），届出により母の子として戸籍に記載され，母が親権者となります。なお，嫡出でない子の続柄欄は，2004（平成16）年の戸籍法施行規則改正により，嫡出子と同様「長女」・「二男」等と記載されるようになりました。

嫡出でない子の父子関係　嫡出でない子と血縁上の父との法律上の親子関係は，認知という要式行為によってのみ認められます（民779条）。

(1) **任意認知**　父自ら自分の子であることを認める任意認知は，いつでもでき，子の戸籍のある市区町村に，戸籍法に定める方式で認知届出しなければなりません（同781条1項，戸60条）。これは，届出により効力が生ずる創設的届出です。父が自分の子として養育してきた事実があっても，認知届がない限り法律上認知したことになりません。認知届には，原則として母や認知される未成年の子の承諾は不要です。したがって，母がすでに死亡している場合でも，父の意思で届出ができます。ただし，成年の子についてはその承諾（民782条）が，胎児については母の承諾がそれぞれ必要です（同783条1項）。遺言でも認知でき（同781条2項），子に直系卑属があるときは子の死亡後でも認知できます（同789条）。父が認知しても子は当然に父の戸籍に入ることはなく以前どおり母の戸籍に記載され，母の氏を名乗り（同790条2項，戸18条2項），父および子の戸籍の身分事項欄にそれぞれ認知した旨が記載されるだけです（戸則35条2号）。

(2) **強制認知**　父が任意認知しない場合は，子の側（子，その直系卑属またはそれらの法定代理人）から認知を請求できます（民787条）。子が未成年であるときは，親権者である母が法定代理人として家庭裁判所に認知の調停を申し立て，そこで合意できれば審判が行われます（家審23条）。合意できなければ，裁判で認知を請求します。裁判可能期間は父の生存中は特に制限がありませんが，父死亡後は死亡日から3年経過すると訴訟提起できなくなります（民787条ただし書）。裁判では，証拠（父が子と認めた内容の手紙，母の証言，写真等）により親子関係を立証し，必要なら親子鑑定も行われます。審判または裁判が確定すれば役所に届け出ます（報告的届出）。認知の効力は第三者の既得権を害さない限り，子の出生時に遡ります（同784条）。

① 親権者 (4)

単独親権者死亡後の親権者

嫡出でない子は，父母の一方が単独で親権を行使します（民819条4項）。母からの嫡出でない子としての出生届で母が親権者となりますが，父が子を認知すると，母が生存していれば父母の協議で親権者を父に変更でき，協議が不調または不能なら父または母の請求で家庭裁判所の審判で親権者を父と定めることができます（同819条4項5項）。単独親権者である嫡出でない子の母が死亡したときに血縁上の父がまだ子を認知していなかった場合，この父は法律上の父とはいえず，直ちに親権者とはなれないとするのが通説です。単独親権者死亡後に，認知した父を親権者に定めうるかについては，実務は，かつては単独親権者の死亡で後見が開始し，後見開始後は生存親への親権変更の余地はない（後見開始説）としていましたが，現在は，後見人選任前後を問わず，生存親に親権者を変更できるとしています*3（通説＝親権無制限回復説）。戸籍先例は，単独親権者死亡後に生存親を親権者と定める審判確定に基づいて親権者指定届がなされた場合は，親権者変更届に訂正させた後これを受理しています（昭和54・8・31民二4471民事局通達）。しかし，裁判所は，生存親に直ちに親権者の地位を与えるのではなく，子の福祉の観点から親権者適格性を慎重に判断し，親権者変更の可否を判断しています*4。また，生存親からの親権者変更申立てと死亡親の親族等からの後見人選任申立てとがなされた場合は，両者を比較衡量し，子の現実の養育者を後見人に選任して親権者申立てを却下し*5，または監護者を別に定めています*6。

設問の場合

設問では，単独親権者である母の死亡時にまだ父の認知がなかったため，子の親権者となるべき法律上の父は存在せず，また，認知をしても，親権者変更の協議相手である母は存在しないという状況にあります。まず，父が認知届をすることが必要ですが，届出をしても父は当然には親権者となれません。協議すべき相手が存在しない場合は，「協議をすることができないとき」（民819条5号）にあたるとして，実務は，父からの親権者指定の審判申立てを受理しています*7。したがって，家庭裁判所に同審判申立てをして，親権者適格性を判断してもらうことになります。その際，子を養育してきた亡母の親族等が後見人選任申立てをする可能性があり，その結果，親族等が後見人に選任され父の親権者変更申立てが却下される可能性もあります。また，父への親権者変更が認められたとしても，別に監護者が定められる可能性もあります。

*1 最判昭37・4・27民集16・7・1247
*2 最判昭49・3・29家月26・8・47
*3 大阪家審昭51・6・18家月29・1・79，東京家審昭53・2・2家月30・9・80等
*4 変更を認めなかった事例は，東京高決平6・4・15家月47・8・39，福岡家小倉支審平10・2・12判タ985・259，等
*5 千葉家審昭63・8・23家月41・2・158，札幌高決平13・8・10家月54・6・97等
*6 大阪家審昭57・4・12家月35・8・118，名古屋高金沢支決昭58・7・1判時1096・77等
*7 東京家審昭38・12・25家月16・6・175等

《参考文献》
* 鈴木ハツヨ「単独親権者の死亡と親権」野田＝人見編・夫婦・親子215題（判タ74号，1991）85頁
* 山田美枝子「単独親権者死亡後の生存親への親権者変更申立（却下）」民商法雑誌123巻4＝5号（2001）804頁

〔山田美枝子〕

2 共同親権

設問 76

僕は高校生ですが、パソコンを買いたいと思っています。お店で売買契約書を渡され、見たところ、親権者の同意欄がありました。ちょうど、母は出張中だったので、父に頼んで母の名前を書いてもらい、契約書を完成させ、お店に出しました。帰宅した母が話を聞いて、立腹し、無効だといっています。契約は有効でしょうか。

未成年者の法律行為への同意　未成年者は判断能力が不完全ですから、制限行為能力者とされ、行為能力（法律行為を単独でできる法律上の資格）を制限されます。未成年者の保護にあたるのは、通常は親権者であり（民818条）、親権を行う者がないときまたは親権を行う者が管理権をもたないときは、後見人です（同838条1項）。親権者・後見人は、法定代理人として代理権を有し未成年者に代わり財産に関する法律行為をする（同824条）とともに、同意権を有し（同5条1項）未成年者の法律行為を完全に有効にする同意を与えます。すなわち、未成年者が法律行為をなすには、法定代理人の同意を得ることが必要であり、同意なしにした法律行為は取り消すことができます（同5条2項）。

これは、未成年者が年齢上・経験上未成熟であり、不利益を受けないよう保護する必要があるためですから、未成年者に不利益がない場合、同意を要求するまでもない行為の場合には、同意は不要です。すなわち、①未成年者が単に権利を取得しまたは義務を免除されるような行為（同5条1項ただし書）、②法定代理人が目的を定めてまたは定めないで処分を許した財産の処分（同5条3項）、③営業を許された未成年者の営業（同6条1項）については、同意なしに行うことができ、法定代理人は取消しをすることができません。①は、贈与を受けたり債務を免除されたりする場合であり、②は、与えられた小遣いや学資の範囲内で行う場合です。なお、③の場合、包括的に同意（許可）が与えられ、個々の同意は不要です。

親権共同行使の原則　父母が婚姻中は、その未成年の子の親権は父母が共同して行うのが原則です（民818条1項3項）。したがって、子に代わって法律行為をなし、または、子の法律行為に同意を与えるには、父母が共同してこれを行わなければなりません。父母のいずれかに行使できないような特別の事情（長期不在、行方不明、親権喪失等）がない限り、父母は相談し、その意見を一致させた上で親権を行使しなければなりません。

「共同して行う」とは、父母の意思が一致してまたは一方が他方の同意を得て、親権を行使することです。他方の同意について、判例は、黙示のものであってもよいとしています[*1]。例えば、契約等の際にその場に同席しながら反対せず、その承諾があったと認定される場合には、特段の事情が認められない限り、共同して親権を行使したものとみなされます（ただし、契約書作成の際その場にいても食事の世話をしていた場合は、契約締結や契約内容について知っていたとしても、何

② 共同親権

もしなかったという消極的事実から，直ちに共同の代理の意思表示と認められないとするものもあります＊2)。

したがって，親権行使は，父母双方の意思に基づかなければなりませんが，必ずしも共同名義でする必要はありません。一方が単独名義で行うことを他方が同意しているときは，一方がした行為も有効であると解されています。

共同親権者の一方が他方の承諾なしにした行為

一方が，他方の同意なしに無断で子の法律行為の代理行為または同意行為をしたとき，その行為は一方の意思だけでなされ，他方の意思が反映されていませんから，完全な法律行為とはいえず，通常であれば父母の法定代理人としての代理または同意の効果は発生しないと考えられます。

これに関しては，行為が共同名義でなされたかまたは単独名義でなされたかに分けて考える必要があります。

(1) 共同親権者の一方が共同名義でした行為

父母が共同して子の法律行為の代理または同意をしなくてはならないのに，一方が他方の承諾なしに共同名義でこれをしたときは，行為は無効となるはずです。しかし，そうしますと，共同でなされたものと考えて親権者または未成年者のした法律行為の有効性を信じた相手方の利益が不当に侵害されることにもなります。そこで，父母共同親権の下，一方が，共同名義で，子の法律行為の代理または同意をしたときは，他方の意思に反したときでも，善意の相手方のために効力が発生するとしています（民825条）。ただし，相手方がそのことを知っていた（悪意であった）ときは，この限りではありません（同825条ただし書）。

すなわち，一方が他方の承諾なしに父母共同名義で代理行為をしたとき（表見的共同代理），または，同意行為をしたとき（表見的共同同意）に，法律行為の相手方が親権の共同行使がなされたものと考えて，親権者または未成年者の法律行為を有効なものと信頼する場合があり，その場合には，親権者の一方の行為が他方の意思に反したときでも有効であるとするものです。相手方の悪意の立証責任は本人（＝一方）にあると解されています。これらは，表見代理（同110条）の趣旨に鑑みて，共同親権の原則と相手方の保護（取引の安全）との調和を図ろうとするものです。したがって，相手方のない行為（相続放棄等の単独行為）については，民法825条の適用は除外されます。また，訴訟行為について適用されるか否かについては，学説は分かれていますが（否定説と肯定説），判例＊3は，「外形を信頼した善意の相手方を保護し，もって取引の安全を図ることを目的としたものであって，取引行為とは異なる訴訟行為には適用されない」としています。

(2) 共同親権者の一方が単独名義でした行為

① 一方が単独名義でした代理行為
一方が他方に無断で単独名義で代理行為をしたときは，民法825条の適用はなく，無権代理行為として，適法な追認（無効な行為を有効なものとすること）がない限り効力が生じません（民113条・116条）。ただし，相手方に，単独で代理行為をした親権者に権限があると信ずべき正当な理由があるときは，表権代理により相手方が保護されることがあります。

判例＊4は，追認可能とする多数説（相対的無効説）に対して，「未成年の子の財産の管理その他の処分行為については，民法824条，825条の規定により父母が共同して親権を行使すべきであり，これに違反して，共同親権者の名義を用いな

いで，また，父もしくは母が親権者として単独で，未成年者の子の財産に関してなした行為は無効であると解すべきである」とし，絶対無効説をとっています。また，下級審*5は，親権者である父母が共同して子に代わり法律行為をした場合でも，一方の意思表示に無効原因（要素の錯誤）があるときは，共同親権の原則に鑑み，共同して行為をしたことにはならず，単独の場合と同様に考えてその法律行為は無効と解すべきとしています。

② 一方が単独名義でした同意行為
親権者の一方が他方に無断で子の法律行為に同意を与えた場合は，その同意は無効であり，子の法律行為は法定代理人の同意がないものとして，取り消すことができます（同5条2項）。また，これを追認することもできます（同122条）。この場合，取消しは親権者が共同で行う必要はなく，同意を与えなかった親権者のみで行うことができると解されています。

設問の場合 未成年者が契約を締結するためには，法定代理人である親権者の同意が必要です。しかし，共同親権者である父母の一方が，他方の承諾を得ずに単独で法定代理人として子の契約に同意を与えた場合は，上記の共同親権者の一方が他方の承諾なしに単独名義でした同意行為に該当します。

設問では，母には子のパソコンの売買契約に同意する意思が全くないのに，父が母の承諾なしに単独名義で，しかも父名義ではなく母名義で同意しています。まず，父が母名義でした場合を，「自己の単独名義」でした場合と同様に考えてよいのかが問題となります。「単独名義」のみに着目すれば，同意は母の追認がない限り無効となり，子の契約は法定代理人の同意がないものとして取り消しうる

と解することができます。取り消しますと契約は無効となります。母は父の同意に立腹しており追認はありえませんので，同意は無効であり契約は取り消しうることになります。取消しは，同意を与えなかった母だけで行うことができるはずです。しかし，母の取消しという行為は，外見上母名義でした同意と矛盾し，信義誠実の原則（民1条2項）の観点から問題になりえますし，契約の相手方も納得しないでしょう。また，母名義の同意ですから外見上同意を与えていない父がこれを取り消すことは可能であるはずですが，父が取り消しますと，実際は父がした同意と内実上矛盾することになります。

上記のような問題点が存在しますが，同意が明らかに単独名義であること，未成年者保護の趣旨を重視するならば，子のパソコンの売買契約は，法定代理人の同意のないものとして取り消すことができ，取り消せば無効となると解しうることになるでしょう。ただし，実際の取消行為は，相手方が納得するためには，方便として父が行わざるをえないことになります。

*1 最判昭32・7・5裁判集民27・27
*2 東京高判昭28・10・2下民集4・10・1387
*3 最判昭57・11・26民集36・11・2296
*4 最判昭42・9・29家月20・2・29
*5 広島高判昭44・6・5下民集20・5＝6・410

《参考文献》
*島津＝久貴編・新・判例コンメンタール民法13（三省堂，2000）101頁〔国府剛〕
*島津＝松川編・基本法コンメンタール親族（日本評論社，第5版，2001）218頁，219頁〔田中通裕〕
*於保＝中川編・新版注釈民法（25）（有斐閣，改訂版，2004）133頁以下〔中川淳〕

〔山田美枝子〕

3 身上監護（1）

設問 77

子どもが嫌がるのを無理やり医者に行かせたのですが、とても痛い注射をされたといって怒っています。子どもを医者にみせるかどうか、どういう治療をしてもらうかは親の決めることだと思うのですが、子どもが嫌がる場合は、無理強いすることはたとえ親でもできないのでしょうか。

監護教育権の内容と子への医療行為

親権の内容は身上監護権と財産管理権とに大別されます。身上監護権には、①監護教育をする権利義務（民820条）、②居所指定権（同821条）、③懲戒権（同822条）、④職業許可権（同823条）が含まれます。監護教育とは、子が健全に発達するよう身体および精神の両面で多面的に配慮し措置することで、監護と教育とを分けて考える場合は、監護は身体の保護に関し、教育は精神の発達に関するものと説明されることがあります。しかし、監護と教育とを明確に区別することはできませんので、一般に、両者を不可分一体のものとして、子を健全な一人前の社会人に育成していくために親に課せられた職分として捉えています。子への医療・治療行為は、監護教育の権利義務に含まれます。

裁判例は、「親権者の子に対する監護教育権は、子女の身体の保全育成と精神の発達向上をはかる権利であり」*1、親権の行使は「子の利益に合致すれば子の意思に反することも許される」*2としています。これに従えば、医療・治療行為を子が拒否しているのに親が子に強制しようとする場合であっても、子の身体の保全育成という、子にとっての客観的利益を重視して考える必要があります。

子の自己決定権と判断能力

(1) 子の意見表明権　「児童の権利条約」（＝1989年国連で採択された「児童の権利に関する条約」）は、「自己の意見を形成する能力のある」子（18歳未満の子。1条）は、その子に影響を及ぼすすべての事項について自由に意見表明する権利を確保されるとしています（児童約12条）。この場合の子の意見は、年齢および成熟度に応じて相応に考慮されます（同12条）。

子を権利主体として捉える同条約の観点からは、親権者が身上監護権を行使する際にも子の意思の尊重を強く求められ、子への医療・治療行為においても、子の意見は子の年齢および成熟度により考慮されるべきことになります。

しかし、一口に子どもといってもその年齢には幅があり、同年齢であってもその成熟度には個人差があります。子が表明した意見をどの程度尊重すべきかが問題となります。

(2) 子の判断能力　どのような年齢および成熟度の子の意思表明がどの程度尊重されるべきかについては、子の判断能力という観点から考えることができます。成人に近い年齢の子は、一般に判断能力が十分に備わっているといえますから、治療を拒否した場合に自身の生命や身体に生じうる危険等についても十分理解しうるはずです。エホバの証人に属し

VI 親権・監護権

輸血拒否をする成人患者の両親が輸血等の医療行為を求めた仮処分事件において、患者が真摯な宗教上の信念に基づいて輸血拒否しているとして、両親の訴えは斥けられました*3。成人に近い年齢の子については、これとほぼ同様に考え、信教の自由の観点からも、その意見表明権ないし自己決定権が尊重されるべきことになります。

これより年齢の低い子の判断能力の有無・程度については、以下のような年齢を一応の基準として列挙できます。例えば、子が15歳以上の場合、家庭裁判所には、子の監護者の指定その他子の監護に関する審判の前に、その子の意見聴取が課されています（家審規54条）。また、15歳に達した子は、本人の意思で縁組ができ（民797条）、遺言ができ（同961条）ます。「15歳以上」は判断能力の一定の基準となりうる年齢と解されます。一方、違法行為による民事責任（不法行為責任）を負う能力としての責任能力は、一般に「自己の行為が不法な行為として法律上の責任を生ずることを理解する精神能力」とされ、これを欠く未成年者または心神喪失者は、損害賠償責任を負いません（同712条・713条）。責任能力の有無は具体的事情に応じて判断され、未成年者についてはおおよそ12歳前後から責任能力があると解されています。さらに、離婚後等の子の奪い合いから発生する子の引渡請求、人身保護請求では、子の滞在が子の自由意思に基づくか否か、子が拘束されているか否かが問題となり、その判断基準として子の意思能力の有無が考慮され、10歳程度が一応の基準とされています。

このような年齢が判断能力に関して基準となりえますが、医療・治療行為においてとりわけ問題となるのは、比較的低年齢の子についてです。例えば、上記の事例とは反対に、親が輸血を拒否するばかりでなく、判断能力の不十分な子自身が親の信念の影響を受けて輸血を拒否し、子の生命を危険に陥れるような場合です。子が意見表明し自身が治療拒否をした場合でも、十分な判断能力を備えた将来、それを後悔し当時の意見表明を否定する可能性があり、判断能力の不十分な子が表明した意見は不確定な要素を含んでいます。これに関しては、1998（平成10）年に日本輸血・細胞治療学会（当時は日本輸血学会）は、18歳以上の患者は本人の意思尊重、12歳未満は救命優先とし、12歳～17歳への対応は示していませんでしたが、2007（平成19）年、同学会等合同委員会は、15歳～17歳は本人・親双方が拒否すれば輸血をしないが、15歳未満は本人の意思にかかわらず親が拒否しても輸血を行うとの指針案を示し、自己決定能力が未熟な15歳未満への輸血拒否は親権濫用にあたるとしました*4。

特に子が親とは異なる意見を表明している場合は、親は、その監護教育権を行使する範囲、子の意見表明権や自己決定権の尊重、具体的な事柄の内容等に十分に配慮して、慎重に判断する必要があります。

子の最善の利益の保障と親権濫用

監護教育の目的が、子の最善の利益の保障にあるとするなら、子への医療・治療行為についても、親は、常に子の最善の利益を優先し、子の生命・身体を害することのないよう慎重に判断しなければなりません。子にとっての客観的利益（＝子の身体の保全育成）の観点から、最善の利益を保障する必要があり、子の生命・身体を害するような判断は、親権の濫用として認められないことになります。

治療行為に関する親権濫用については、

心臓病の子の手術に同意しない両親に対して，児童相談所が生命に危険を及ぼしかねず親権濫用にあたるとして，家庭裁判所に親権喪失宣告（民834条）と親権停止の保全処分を求め，親権停止が認められた事例があります*5。児童虐待（医療ネグレクト）が問題となった事例で，子の生きる権利が最優先されました。

医療行為と患者の同意 刑法上，外科的方法による医療行為，とりわけ手術については，傷害罪（刑204条）等の犯罪の成否が問題になる可能性がありますが，一般に，医療・治療行為は，医学上有効または適切な処置であることが承認されているような方法で，かつ医師として当然遵守すべき注意を尽くしてなされたものである限り，たとえ失敗に帰したとしても，正当業務行為（同35条）として違法性が阻却されると解されてきました。

しかし，近時は，患者の自己決定権重視の観点から，その現実的または推定的承諾に基づかない医療行為を専断的医療行為として違法とする考え方が有力になっています。すなわち，手術や実験的治療を受ける場合，その詳細を知らされ納得した上で患者が与える同意＝インフォームド・コンセントの必要性が重視されています。この同意についても，患者の意思をどの程度重視すべきかが問題となっています。判例は*6，患者が宗教上輸血拒否の固い意思をもち輸血を伴わない手術を期待していたことを知りながら，医師が輸血の可能性を認識しつつそれを告知せず輸血をした場合は，患者の意思決定権を奪いその人格権を侵害したとして，医師に不法行為責任を負わせています。インフォームド・コンセントに基づき，成人信者には輸血を強行できないとの考え方が定着しつつあります。

設問の場合 子が成人に近い年齢で，注射の効能や副作用について医師の説明を受けた上で注射を受けるか否かについて十分に判断できる場合は，基本的には，子の意思決定に委ねるべきであると解されます。

しかし，十分な判断能力のない子については，痛い注射をされたと怒ったとしても，客観的に子の身体に必要な治療行為である場合，すなわち子の最善の利益の保障を目的とする場合は，親権者は子の意思に反して注射等の治療行為を受けさせることができると解されます。その場合も，治療について親子間で十分話し合い，子が納得した上で行うことができれば，より望ましいと思われます。

また，治療行為は，痛みを伴うだけではなく，副作用のおそれもあります。患者が未成年者の場合，医師の施術には親権者の同意が必要ですから，親は，子が最善の医療的処置を受けられるよう，医師の十分な説明を受けた上で慎重に判断する必要があります。

*1 大阪地判昭48・3・1行集24・11＝12・1177
*2 東京地判昭37・7・17下民集13・7・1434等
*3 大分地決昭60・12・2判時1180・113
*4 平成19・6・25日本経済新聞朝刊（社会）42面
*5 平成15・8・10日本経済新聞朝刊（文化）36面等。類似の6事案をまとめて分析したものとして，吉田彩「医療ネグレクト事案における親権者の職務執行停止・職務代行者選任の保全処分に関する新判例の分析」家月60巻7号（2008）1頁
*6 最判平12・2・29民集54・2・582

《参考文献》
＊島津＝久貴編・新・判例コンメンタール民法13（三省堂，2000）47頁〔国府剛〕

〔山田美枝子〕

3 身上監護 (2)

設問 78

私の娘は高校生ですが、家庭教師の大学生に強姦されました。娘が妊娠したことは、その男には知らせていません。人工妊娠中絶の手術を受けさせたいのですが、娘は相手の男と話をするのを嫌がっていますので、このまま知らせないで、中絶させることはできるでしょうか。

堕胎罪と人工妊娠中絶

(1) **堕胎罪** 発育の程度を問わず胎児を母体内で殺しまたは早産させて胎児の生命を危うくする罪として、刑法は、妊娠中の女性自らが、「薬物を用い、又はその他の方法により、堕胎したときは、1年以下の懲役に処する」と定めています（刑212条〔堕胎罪〕）。女性の「嘱託を受け、又はその承諾を得て堕胎させた」者や医師・助産師等については、本人である女性より重い処罰が定められています（同213条：2年以下の懲役・214条：3ヵ月以上5年以下の懲役）。本人の嘱託を受けず承諾を得ないで堕胎させた者も、同様に刑事罰に処せられます。

なお、胎児とは、刑法上は母体から一部露出する前の子をいうとするのが通説です。したがって、一部露出前に殺害するのは堕胎罪にあたりますが、露出後に殺害するのは殺人罪にあたるとされます。母体外に排出後に殺害すれば堕胎罪と殺人罪とが成立すると解されています*1。

(2) **人工妊娠中絶** 刑法が堕胎について厳格な罰則を定め、受胎以後胎児を生命として保護しているのに対して、母体保護法は、一定の場合に人工妊娠中絶を認めています。人工妊娠中絶とは、「胎児が、母体外において、生命を保続することのできない時期に、人工的に、胎児及びその附属物を母体外に排出することをいう」とされ（母体保護2条2項）、「生命を保続することができない時期」とは、通常妊娠22週未満とされています。同法は、「母性の生命健康を保護することを目的」として（同1条）、例外的に、法定の一定の事由に該当するときは、医師会の指定する医師が、本人と配偶者両名の同意を得て、人工妊娠中絶を行うことを認めています（同14条1項）。すなわち、「妊娠の継続又は分娩が身体的又は経済的理由により母体の健康を著しく害するおそれのある」場合（同14条1項1号）、「暴行若しくは脅迫によってまたは抵抗若しくは拒絶することができない間に姦淫されて妊娠した」場合（同14条1項2号）に、人工妊娠中絶を認めています。前者は、いわゆる「経済条項」であり、ほとんどの人工妊娠中絶は、この事由の下に行われています。しかし、いかなる経済的事情が母体の生命健康を害するおそれがあるのか明確な基準はありません。後者は、倫理的対応として認められています。

なお、妊娠中絶を行った医師は、理由を付して、都道府県知事に届け出なければならず（同25条）、届出をせずまたは虚偽の届出をした場合は、罰金に処せられます（同32条）。また、中絶の施行の事務に従事した者には守秘義務があり（同27条）、これに違反した場合も刑事罰に処せられます（同33条）。

以上から、法律上、人工妊娠中絶は、原則禁止され、例外的に母体保護法で定める一定の要件に該当する場合にのみ認められ、それ以外の場合については堕胎罪が適用されるということになります。しかし、「経済条項」の下に、母体保護法の趣旨を外れた中絶が安易に行われ、堕胎罪として訴追・処罰されることはほとんどないのが実情です。

人工妊娠中絶に対する医師の認定と配偶者の同意

人工妊娠中絶は、女性本人の承諾だけでは行うことができず、指定医師の認定と配偶者の同意が必要です。「配偶者」とは、「届出をしていないが、事実上婚姻関係と同様な事情にある者」を含みます（母体保護3条本文かっこ書）から、内縁の夫も含まれます。胎児の父の同意が必要であると規定されているわけではありませんが、中絶に際し胎児の事実上の父母の同意が原則となりうると解されています。一方、「配偶者が知れないとき若しくはその意思を表示することができないとき又は妊娠後に配偶者がなくなったときには本人の同意だけで足り」ます（同14条2項）。

しかし、実際には、配偶者の同意要件は空文化しており、また、中絶できる事由に該当する旨の認定が容易に行われていますから、堕胎罪適用の事例はほとんどなく、中絶は安易に行われています。

リプロダクティブ・ライツ

空文化しているとはいえ、人工妊娠中絶について「配偶者」の同意を必要としている点、すなわち、女性が自分の身体について自分だけで決定できない点について、批判があります。生殖に関する女性の自己決定権は、女性差別撤廃条約（1979年、国連採択）において、「子の数及び出産の間隔を自由にかつ責任をもって決定する同一の権利並びにこれらの権利の行使を可能にする情報、教育及び手段を享受する同一の権利」（16条（e））として保障されています。また、1994年国連人口・開発会議（カイロ）行動計画ですべてのカップルと個人の基本権として認められ、1995年北京宣言および行動要領（第4回世界女性会議）でも確認された「リプロダクティブ・ライツ*2」（自己の生殖をコントロールする権利）の観点から、人工妊娠中絶における女性の自己決定権が問題となっています。女性の自己決定権確立のためには、配偶者の同意の削除が不可欠であるとする指摘もあります*3。複数の女性グループによって女性の自己決定権確立に向けた法制が求められています。

一方、身体的・経済的理由により認められる人工妊娠中絶について、刑法堕胎罪との兼ね合いで、生命尊重派と女性グループの間で対立があります。

人工妊娠中絶を行わず出産した場合

母体の生命を害するおそれがある等の理由から人工妊娠中絶を行うことができず、未成年者が子を出産することになった場合は、生まれた子の親権を行う者が問題となります。親権の内容は、一般に、身上監護権（民820条〜823条）と財産管理権（同824条〜832条）とに分けられます。身上監護とは、子の日常の身の回りの世話やしつけをすることを意味していますから、親としての通常の愛情があれば行うことができます。これに対して、財産管理とは、子の財産を管理しまたその財産に関し子の代理人となって取引行為をすることを意味していますから、財産管理能力のない者に管理権限を認めることはできず、財産上の行為能力者にしか認められないとされています。したがって、親権内容の職務を行う能力は、財産上の行為能力

③ 身上監護(2)

VI 親権・監護権

と一致することになります。
　財産上の行為能力のない未成年者が子を産んだ場合，原則として，自ら親権を行使することができず，未成年者の親権者または後見人が代わりに親権を行います（同833条・867条1項）。

強姦罪と親告罪
　暴行または脅迫により13歳以上の女子を姦淫した者は，3年以上の有期懲役に処せられます（刑177条）。ただし，親告罪（同180条）とされています。強姦等の被害者のように，起訴をして事実を明るみに出すことで，かえって被害者にとって不利益となるおそれがある場合，親告罪が認められます。親告罪であるかどうかは，通常は当該犯罪ごとに明文で規定されています。
　親告罪にあたる強姦罪は，被害者の告訴がないと公訴できません。親告罪における告訴は公訴の有効要件です。告訴は，告訴権者（刑訴230条・231条：犯罪の被害者，被害者の法定代理人等）から捜査機関に対して犯罪事実を申告して犯人の処罰を求める意思表示です。単なる犯罪事実の申告は被害届で告訴ではありません（同235条）。なお，告訴は，書面または口頭で検察官または司法警察員にしなければならず，検察官等は，告訴を受けて調書を作成します（同241条）。強姦罪の告訴期間の制限は廃止されました（2000〔平成12〕年刑事訴訟法改正）。

設問の場合
　人工妊娠中絶に同意するのは，法律婚または事実婚の配偶者ですが，この同意要件は空文化し中絶は安易に行われているのが実情です。設問の家庭教師は，遺伝学上は胎児の父ですが，事実上の配偶者ではなく，強姦という犯罪行為の加害者です。彼に対して中絶への同意を求めまたは中絶を告知する義務はないと解されます。したがって，家庭教師に連絡せずに娘が中絶手術を受けることができます。しかし，被害者である娘のためにも，同様の被害が繰り返されないためにも，家庭教師を強姦罪で訴追し処罰する必要があります。訴追には，娘の告訴が必要ですが，親も法定代理人として独立して告訴できます。刑事訴訟法上は，意思能力があれば訴訟能力があるとされています。告訴・訴追により刑事裁判が開始しても，娘は裁判に臨むことを躊躇するかもしれません。最近では，被害者等が法廷で証言する際，その顔等が判明しないよう工夫する等，プライバシー保護への配慮もなされています。
　中絶費用等の財産的損害の賠償（民709条），娘が受けた精神的損害の賠償＝慰謝料（同710条）も，家庭教師に対して請求できます。彼が請求に応じない場合，訴訟提起することになりますが，民事訴訟法上，未成年者には訴訟能力がないため，法定代理人である親が代わりに行います。
　一方，母体に危険である等の理由から娘が人工妊娠中絶を受けられず子を出産するに至った場合は，未成年者である娘は子の親権を行うことはできず，娘の親が代わりに親権を行います（⇨〔設問73・85〕）。

*1　大判大11・11・28刑集1・705
*2　石井美智子「リプロダクティブヘルス／ライツ」ジュリ1237号（2003）174頁
*3　金城清子・法女性学のすすめ（有斐閣，第4版，1997）213頁

〔山田美枝子〕

3 身上監護（3）

設問 79

最近，子どもがパソコンでいろんな人と通信をしたり，大人からみて，子どもにはみせたくないホームページなどをみているようです。子どもに来た手紙を勝手にみることは親として気が引けますが，パソコンで何をしているのか，チェックしてはいけないでしょうか。

子どもの権利と親の教育権

「児童の権利条約」（「児童の権利に関する条約」）（⇨〔設問83〕）は，18歳未満の子について以下のような権利を認めるとともに，親の権利や責任を定めています。

(1) 子の権利

① 表現・情報の自由　子の表現の自由の権利は，「口頭，手書き若しくは印刷，芸術の形態又は自ら選択する他の方法により」，「あらゆる種類の情報及び考えを求め，受け及び伝える自由」を含みます（児童約13条1項）。

② 私生活・通信・名誉の保護　子は，「その私生活，家族，住居若しくは通信に対して恣意的若しくは不法に干渉され又は名誉及び信用を不法に攻撃され」ず，このような干渉または攻撃に対する法律の保護を受ける権利を認められています（同16条）。

③ 適切な情報の利用　子は，「国の内外の多様な情報源からの情報及び資料，特に」子の「社会面，精神面及び道徳面の福祉並びに心身の健康の促進を目的とした情報及び資料を利用すること」を確保されます（同17条）。このため，国は，子の表現・情報の自由や私生活・通信等の保護に留意して，子の福祉に有害な情報および資料から子を「保護するための適当な指針を発展させること」を奨励します（同17条(e)）。

(2) 親の教育権・養育責任

① 親の教育権の尊重　親や法定保護者等は，子が同条約で認められた権利を行使するにあたり，子の発達しつつある能力に適合する方法で適当な指示および指導を与える責任，権利および義務を尊重されます（同5条）。条約13条自体には，子の表現・情報の自由の制約事由として，親の教育権の尊重が含まれていませんが，この5条が，総則的規定として，13条の場合にも妥当すると解されています[*1]。したがって，子の表現・情報の自由についても，親の教育権が尊重され，親の教育権行使の結果，子の権利行使が制限される場合がありうることになります。

② 親の第一義的養育責任　父母は，子の養育・発達についての第一義的な責任をもち，子の最善の利益がその基本的関心事項となります（同18条1項）。したがって，父母は子の養育・発達にあたり，子の最善の利益を基準とすべきことになります。

国内法上のプライバシーの権利・通信の秘密

(1) プライバシーの権利　憲法は，生命・自由および幸福追求権として，「すべて，国民は個人として尊重される」（憲13条）と定め，プライバシーの権利を認めています。判例上[*2]も認められ，具体的には，他人により私生活がのぞき

見されないこと，私事が公開されないこと，人に誤認を生ずるような事柄を公開されないこと，自己に関する情報を自らコントロールすること等が含まれると解されています。

(2) **通信の秘密**　「通信の秘密」は，手紙・電話その他の方法による通信の内容を他者に知らせず，また，知られないことと定義されています。

憲法は，通信の秘密を侵してはならないことを定め（憲21条2項），郵便法は，取扱中に係る信書の秘密確保（郵8条）を，また，電気通信事業法も，取扱中に係る通信の秘密保護（電通事4条）を定め，諸法で通信の秘密を手厚く保護しています。これらは，プライバシーの権利や信書の秘密の保護について，国家や公的機関等と個人との関係において規律したものですが，親子関係も，憲法の精神に則って考えるべきことになります。

(3) **信書開封の罪**　刑法は，秘密を侵す罪として「信書開封」の罪を定め，正当理由なく，「封をしてある信書を開けた者は，1年以下の懲役又は20万円以下の罰金に処する」（刑133条）としています。郵便法も，信書の秘密を侵した者を処罰するとしています（郵80条）。信書とは，特定の人から特定の人に宛てて意思を伝達する文書を指し，発信されたか否かは問われません。犯罪を構成するには，封を破り内容を知ることができる状態に置いたことで十分であり，必ずしも内容を知ったことは必要でないと解されています。被害者本人の告訴が必要な親告罪（刑135条）とされています（⇨〔設問78〕）。ただし，同罪は，手紙には適用されますが，電子媒体には適用されていません。

子の権利と親の監護教育権　親子関係の特質は，親が子を保護養育するところにあり，民法は，親権を未成年の子を保護養育する親の権利義務であると考えています。この観点から，親権者は子を監護教育する第一の責務を担う者として，子の人格形成に必要な規律を与えるため子の権利を制限する権利も有することになります。

設問の場合　子どもであっても，「児童の権利条約」により，表現・情報の自由，適切な情報の利用を求め・受け・伝える自由，私生活や通信の自由を認められ，また，憲法等により，プライバシーの権利，通信の秘密を認められ，親であっても，正当理由なくこれらの子の権利を侵害することは，原則としては許されないことになります。子のメールを勝手に読むこと等は，刑法上の犯罪を構成しないまでも，子の権利を侵害するおそれがあります。

一方，民法は親の監護教育権を定め，「児童の権利条約」も親の教育権，親の第一義的養育責任を認めています。子が，不特定多数の人と通信し，子にとって著しく有害だと思われるネット上のホームページ（公序良俗や社会通念に反する考え方を唱えているもの）等をみて未熟な判断力からその生命や健全な人格形成を害するおそれがある場合には，保全育成における子の最善の利益の保障の観点から，親が監護教育権を行使し，子の表現・情報の自由や通信の秘密を制限する必要があります。この場合，子の権利と親の監護教育権とのいずれを優先させるかについて，具体的事柄，子の年齢や成熟度に応じた慎重な判断が求められます。

*1　米沢広一「市民的自由」石川＝森田編・児童の権利条約（一粒社，1995）248頁
*2　泉久雄・親族法（有斐閣，1997）257頁

〔山田美枝子〕

4 教 育

設問 80

夫とは5年前から仲たがいをして別居中ですが、子どもの進学先について相談すべきかどうか、悩んでいます。私としては、進学校として有名な中学校に進ませたいのですが、夫はきっと反対すると思います。教育のことは、両親が相談して決める義務がありますか。一緒に住んでいる私だけで決めてはいけませんか。私だけで決めた場合でも、教育の費用を夫に請求することができますか。

親の監護教育権 親が親権者のとき、その親には子どもに対する監護および教育を行う権利（民820条）があります。子どもの教育は、基本的には、「親が子との自然的関係に基づいて子に対して行う養育監護作用の一環」と考えられているのです*1。

したがって、親権者は、権利の濫用にあたらない限り、また、子どもに意思能力が備わっていて、その子の意思に反することがない限り*2、子のために、教育に関する契約を締結することができるのです。本件では、子どもが中学に進学する年齢で、しかも、自分が通う中学校に関することですから、子の意思も尊重されるべきでしょう。

共同親権の原則 ところで、親が子どもの監護および教育を行う権利は、親権者が共同でこれを行使しなければなりません（民818条3項。⇨〔設問76〕）。学校の選択、将来の進路などの重要な問題は、どちらか一方のみの意見で決定できるものではないのです。あなたが子どもと同居していてもそのことに変わりはありません（ただし、同825条参照）。

また、別の理由から考えても、あなたが1人で決定することは適当でないと思います。すなわち、子どもは、あなたたちが仲たがいをし、別居したため、苦しみ、悲しんでいるはずです。したがって、あなたたちは、せめて、子どものことについては意見を一致させ、あなたたちが協力していることを、子どもに実際に示していかなければならないのです。子どもの進学問題はそのためのせっかくの良い機会です。この機会を利用して、子どもに安心してもらわなければなりません。もし、この機会を逃してしまうと、子どもはますます不安を募らせることになるでしょう。

親権者の意見がまとまらない場合の方法 もっとも、そのような努力をしたからといって、両者の意見が一致するとは限りません。しかし、そのようなときもあきらめてはならないのです。意見が一致しなければ、お互いが信頼できる人に立会いを求めて話合いを続けるとか、信頼できる人に対して意見を求めるとか、あるいは、信頼できる人に対して仲裁判断を仰ぐなど、意見が一致するところから問題をスタートさせていくべきです（全部について意見が一致しなくとも、部分的に意見を一致させることはできます）。大切なことは、お互いが、子どものための協力者として、ともに努力していくことなのです。

しかし、それでも意見が一致しないときはどうすればよいのでしょう。そのときは、家庭裁判所に対し、家事調停また

Ⅵ 親権・監護権

は家事審判を申し立てることになります。しかし，その場合でも，お互いが協力していく関係にあることを忘れてはいけません。お互いに争ったり，傷つけあったりする場面ではないのです。

家事審判の申立内容とその主文

その場合，どのような家事審判または家事調停を申し立てれば良いのでしょうか。この点については，教育問題は子の監護の問題ではないとして「夫婦間の協力扶助に関する処分」（家審9条1項乙類1号）を求めるとの説，教育問題も子の監護の問題の1つであると考えて「子の監護に関する処分」（同4号）を求めるとの説があって，前者の考え方が有力とされていますが，実務上はそのいずれでも差し支えありません。いずれであっても，乙類審判事件の1つですから，当事者間の協議がまとまらなければ，家庭裁判所の審判がされ（同26条1項），そのことで進学問題の解決が図られることになります。

なお，家庭裁判所が，審判書の主文で，「相手方は子どもがA中学校に進学するについて同意せよ」と審判するのか，それとも，「子どもがA中学校に進学するについての決定権を申立人に与える」と審判するのかといった問題点もありますが，家庭裁判所の裁量の範囲のことであり，いずれの主文でも良いと思われます。

一方的に進学が決められた場合と教育費用の負担

このように，子どもの進学問題は，片方の親において一方的に決めることはできません。ところが，実際には，片方の親が進学先を一方的に決めてしまってから，後日，他方の親に対して教育費用の負担だけを求めてくる場合があります（はなはだしいときは，進学先も明らかにせず，教育費用の負担のみを求めてきます）。そして，負担を求められた者は，そのようなやり方に憤激し，話合いが難航してしまうのです。

なるほど，片方の親が子の進学問題を一方的に決めることはできません（実際には，承諾の有無や，黙認した，しないということが争われます）。何にも知らされないで費用の負担のみを求められたもう一方の親が怒ることも無理のないことだと思います。しかし，よく，考えてみてください。仮に，子の進学問題が一方的に決められてしまったことが事実であったとしても，子どもに責任はないのです。負担を求められた親は，子どものためを考えて，気持ち良く，増額費用についても応分の負担*3（⇨〔設問114〕）をすべきだと思います。

*1 最大判昭51・5・21刑集30・5・615。なお，中川良延「親権者の監護・教育義務は，だれに対する義務か」奥田昌道ほか編・民法学7（有斐閣，1976）160頁参照
*2 加藤永一・親子・里親・教育と法（一粒社，1993）165頁以下
*3 岡＝平城「養育費・婚姻費用算定表の運用上の諸問題」ケ研287号（2006）110頁

〔上原裕之〕

5 懲戒権（1）

設問 81

高校生の息子の素行が悪く，学校から見放されてしまいました。自宅でも暴力をふるい，父親も抑えきれなくなっています。聞いた話では，民間の施設や，学校で，子どもを厳しくしつけてくれるところがあるそうですが，そういうところに子どもを任せてもよいのでしょうか。

家庭内暴力への対応

家庭内暴力で苦しまれ，大変な思いをされていると思います。即効薬はなく，解決の見通しも立ちにくいため，一層，辛い思いをされていると思います。そして，そういうときに，どこかに良い施設や，学校があると聞かされたりすれば，ついつい，そこにお願いしてみようかといった気持ちになりがちです。

しかし，そのようなことは，本来，家族が直面し，乗り越えていくべき問題の処理を，第三者に委ねてしまうことにほかなりません。しかも，子どもに対して解決のための努力を求める一方で，自分たち（両親）や周囲の家族らが，今後問題解決のためにどのような努力を続けていこうとしているのか，明らかにされていないことになるでしょう。このような状態のままで，仮に，子どもを施設や学校に入れてみても，所期の成果があがることは期待できないことが多いように思います。

家庭内暴力が起きているということは，この家族が危機的状況であることを意味します。しかし，同時に，家族の全員が問題の解決のために心を1つにしていくことができるチャンスでもあるのです。子どもにのみ，その原因を押しつけたり，第三者に問題の処理を委ねるより前に，是非，信頼できる心理療法士，教育相談員などの専門家にご相談されることをお勧めいたします。

親の教育権と子どもの意思

ところで，親には子どもに対する教育権（民820条）があります。したがって，専門家とも相談した上で，なお，子どもを民間の施設，学校などに行かせることを選択するということであれば，それも1つの判断であるといえましょう。しかし，親が，子どものためと考えて，子どものために教育契約を締結したからといっても，子どもがこれに同意しなければ何にもなりません。

確かに，親は，上記教育権に基づいて，子どもに意思能力が備わっているか否かにかかわらず，子のために教育契約を締結することができます。しかし，意思能力のある子ども自身も単独で教育契約を締結することができますし[1]，さらには，親の締結した教育契約と子ども自身が締結した教育契約が抵触するときには子が締結した教育契約が優先すると考えられていることにも注意を払うべきでしょう[2]。

また，そのような法律論よりも以前のこととして，何よりも，子ども自身が納得し，自発的に対応することが重要なことというべきです。もし，そのような納得を得ることが期待できないとすると，教育の効果もたいして期待することはできません。したがって，ここでも，家族

VI 親権・監護権

内コミュニケーションのあり方が問題になってくるのです。

監護教育権の委託

親は、第三者に対して子どもの監護教育を委託することができます*3。そして、受託者は、実際に監護教育することが期待できる者であれば、自然人であると、法人であるとを問わないと考えられていますので、そのような能力を備えている施設または学校であれば、そこに子どもを入れることは可能であるといえるでしょう*4。

しかし、第三者に対して子どもの監護教育を委託したからといって、親の監護教育義務が消滅したり、停止したりするわけではありません。したがって、親は、受託者による監護教育の内容について観察し、必要に応じて、受託者に対し適切な指図をしなければなりません。委託を続けることが子の福祉に反するときは、委託を解除することになります。

親の懲戒権

なお、ご質問者は、親の懲戒権に基づき、子どもを施設等に入れることをイメージしておられるのかもしれません。なるほど、親には、子どもに対する懲戒権（民822条1項）が与えられており、必要な範囲で自ら子どもを懲戒することができます。しかし、親の判断で、施設に収容してもよいとまでは規定されていません。かえって、民法は、子どもを懲戒場に入れるには家庭裁判所の許可を要するとも定めています（同項）。ご質問者が、どのような施設に、どの程度の期間入れることを考えられているのかはわかりませんが（同822条2項では家庭裁判所の許可は6ヵ月以内の範囲内とあります）、そのような規定があることとの均衡から考えて、懲戒の方法として子どもを施設等に入れることには慎重な判断が求められているというべきでしょう。

実際にも、1983（昭和58）年の戸塚ヨットスクールでは訓練中の中学生が角材で殴られて死亡し、1987（昭和62）年の不動塾では登校拒否児が母親によって塾に入れられてそこでバットで殴り殺されたことがありました。また、1991（平成3）年の風の子学園でも情緒障害児2人が真夏にコンテナの中に入れられて死亡した事件も起きたのです。懲戒の方法、程度は社会的な常識の範囲内で行われる必要があるのです。

親の責任

結局、親の教育権、懲戒権は、何よりも子どもの利益のために行われるべきものというべきです。親の教育権、懲戒権の行使が社会的な常識の範囲内で行われないときは、子は親に対して損害賠償を求めることができます*5。そして、その権限の逸脱が著しいときは親権の濫用があったとして親権喪失（民834条）が宣言され、要保護児童に対する保護措置（児福27条・27条の2・28条）がとられることもあるのです。

*1 山形地判昭52・3・30判時873・83
*2 加藤永一・親子・里親・教育と法（一粒社、1993）112頁以下
*3 最判昭35・3・15民集14・3・430
*4 佐藤隆夫・親権の判例総合解説（信山社、2004）86頁は、監護委託契約を締結するには家庭裁判所の許可が必要となるという。
*5 鈴木＝唄・人事法I 92頁

〔上原裕之〕

5 懲戒権 (2)

設問 82

息子の中学校の担当教師が、教室で数人がふざけていたといって、クラスの生徒全員に炎天下の運動場を走らせたそうです。何人かの生徒が熱中症で倒れて保健室に運ばれたと聞いて、保護者が抗議に行きましたが、教育の一環だといって、非を認めません。親には、体罰教師の罷免を求める権利はないのでしょうか。

生徒懲戒と体罰

まず、学校教育法11条をご覧ください。校長および教員は、教育上必要があると認めるときは、文部科学大臣の定めるところにより、学生、生徒および児童に懲戒（退学、停学および訓告に分けられる。同法施行規則26条参照）を加えることができると定められていますが、同時に、体罰を加えることはできないとも定められています。

それでは、体罰とは何でしょうか。体罰とは、一般に、懲戒の内容が身体的性質のもので、身体に対する侵害を内容とするもの（殴る、蹴るなど）のほか、生徒に肉体的苦痛を与える内容のもの（長時間にわたって同じ姿勢を保持させる、用便のために室外に出ることを認めない、食事時間を過ぎても長く留めておくなど）であると解釈されています（ただし、言葉の暴力が含まれないとして疑問が呈されています）*1。

そこで、このような解釈を前提にして考えた場合に、本件で体罰があったと認められるのでしょうか。裁判例の中には、「体育授業中における懲戒行為は、……その方法が通常行なわれているもの（例えば運動場内のマラソン、うさぎ飛び、正座など）にして社会通念上相当にしてかつ危険を伴わないものたることを要する」と判示している例があり*2、本件でも、程度問題ではありますが、体罰にあたるとまではいえないと考える方もいらっしゃると思います。しかし、数人がふざけただけで、どうしてクラスの全員にマラソンをさせなければならない教育上の必要があったというのでしょう。しかも、当日は、生徒が熱中症にかかる心配すらあったのです。そのような状況下で、生徒にマラソンを命じること自体、生徒に肉体的苦痛を与えるものといえるのではないでしょうか。本件では、社会的相当性がなく、担当教師に体罰があったと認めることが妥当であるように思います。

親の懲戒権と学校教育

もっとも、保護者の一部には体罰肯定論があり、保護者の懲戒権の一部を教師に行わせようと考える人もあるようです。なるほど、学校教育の中で親の権利がどこまで留保されるのかは議論が分かれるところですが、どのような考え方をとるにせよ、親が自らの懲戒権の行使を教師に委ねることは性質上できないことと思います。ましてや、教師が親に代わって体罰をすることもできません。

教員の地位と免職要求

学校は、設置者にちがい（国・地方公共団体・学校法人。学教2条）があったとしても、公の性質をもっている（教基6条1項）ために、教員は、その身分が保障されていま

す。すなわち、任命権者（教育公務員特例法10条）による分限処分（免職・休職・降任・降給・失職〔地公27条・28条参照〕）と懲戒処分（戒告・減給・停職・免職〔地公29条参照〕）による以外は、本人の意に反した処分がされることはありません（教基9条2項、教育公務員特例法5条・9条）。本件では、担当教師の行った体罰が問題となっていますから、懲戒処分を行うことが考えられますが、懲戒処分を行うか否か、そして、仮に、処分を行うとしてどのような懲戒処分を行うのかという問題は、原則として任命権者の判断に委ねられています。しかも、その判断が社会通念上著しく妥当性を欠いているものでない限り、その判断が取り消されることがありません*3。親には、体罰を行った担当教師の罷免を求める権利はないことになります。

学校運営協議会 しかし、教育の発展は、校長および教職員の資質の向上と意識改革に待っていれば問題がなく、父母らの関与は必要がないと言い切ってしまうことも適当ではありません。学校を、与えられたものでなく、みんなが関心をもち、みんなが作っていく、そういうものに変えていく必要があると思うのです*4。

そのため、2005（平成17）年には、住民や保護者が一定の権限と責任をもって学校の運営に参加する「学校運営協議会」制度（教育行政47条の5第2項）がスタートしました。すなわち、教育委員会の指定により、保護者や地域住民が加わった学校運営協議会が設置されます。そして、同協議会は、教育委員会の定めるところに基づいて学校運営につき一定の役割を分担し、校長は、同協議会に対して学校の基本方針を示しその承認を受け、同協議会は、教職員の採用について教育委員会に意見（その意見は尊重され ます）を述べたりするのです*5。

もちろん、学校運営協議会ができたからといって、直ちに体罰がなくなったり、担当教師を罷免することができたりすることはないでしょう。この制度自体にも、問題点は残されていると思いますが、それでも、開かれた学校を作るための重要な一歩が踏み出されていることには違いありません。

学校・教育行政に対する苦情対応 そして、教育の世界でも、裁判とは別の紛争解決手段によることがもっと検討され、増えていってもよいのではないでしょうか。裁判とは別の紛争解決手段とは、いわゆる教育ADR（裁判外紛争解決制度）と呼ばれるものを指していますが、わが国でもADRを設置するところが増えてきています。ご相談者も、一度、ADRによる解決を検討してみてほしいと思います*6。

*1 法務調査意見長官回答（昭23・12・22法務調査2発18）。なお、牧柾名ほか編著・懲戒・体罰の法制と実態（学陽書房、1992）、坂田仰・学校・法・社会（学事出版、2002）122頁、坂本秀夫・生徒懲戒の研究（学陽書房、1982）など参照

*2 東京高判昭59・2・28判時1112・54（一審、千葉地判昭55・3・31）。なお、「体罰に至らない有形力の行使」の観念を認めるものとして東京高判昭56・4・1判時1007・133参照

*3 最判昭52・12・20民集31・7・1101。なお、教職員法制については、田原迫竜磨編著・現代教育の法制と課題（第一法規出版、1994）132頁以下

*4 金子＝鈴木＝渋谷・コミュニティ・スクール構想（岩波書店、2000）。なお、牧柾名・教育権と教育の自由（新日本出版社、1990）49頁以下も参照

*5 季刊教育法142号（2004）は、学校運営協議会についての特集号である。

*6 季刊教育法147号（2005）は、教育ADRについての特集号である。

〔上原裕之〕

6 子どもの自己決定権（1）

設問 83

娘の高校では，女子生徒の服装には非常に厳しい規制があり，先生に抗議しても，全くきいてくれません。生徒会長をしている先輩女子が生徒の意見をきくための集会を開こうとしたら，先生に止められたそうです。私は，子どもたちの意見をきちんと聞かない先生たちに問題があると思うのですが，子どもたちの自主的な取組みを見守りたいと思っています。子どもたちも，子どもの権利条約について勉強しているようですが，国と国との条約は，学校の現場にも生かされているのでしょうか。

校則による規制問題と生徒へのアプローチ　生徒は，学校生活の中で様々な校則と出会います。校則の中でも，特に服装や髪型に対する規制，バイク免許取得の禁止などには生徒の関心が強く，生徒たちと学校側，あるいは保護者と先生方との間で，意見の対立がみられることがあるようです。

一時代も前でしたら，校則は実際に教育を担当しているものの専門的，技術的判断のもとに作成された教育上の措置であり，合理的なものである，校則は学校管理の上で必要なものであり，生徒は教師から指導を受けるべき立場にあるなどと強調して，生徒に対し，校則の遵守を迫っていく管理者的なアプローチがとられていたかもしれません。実際，裁判においても，学校は部分社会であり，学校が設置目的を達成するのに必要な諸事項につき学則等を定め，実施することができると判断されていました*1。しかも，学校側に大きな裁量権が認められてきた関係上，上記のようなアプローチが違法であるとされることもなかったように思います。しかし，問題は人間教育の現場で起きているのです。生徒を管理の対象と考えて，生徒にのみ，その遵守を一方的に求めていくようなやり方は，およそ教育的ではありません。現在では，学校側が，生徒自身に校則の必要性を納得させ，校則を進んで遵守していくように，生徒とともに検討する機会を作っていく，そのような教育的アプローチをとることが求められていると思います。

子どもの自己決定権　しかし，わが国には，現在でも，未成年者には十分な判断能力が備わっておらず，大人が子どもに関する重要なことを決めてあげる必要があるといった考え方が根強いことも間違いありません。わが国では，親と子の独立性が弱く，したがって，子の権利が親の権利義務に取り込まれてしまう傾向が強いのです*2。このような状況では，子どもの自己決定権といった考え方は脇に追いやられることになりかねません*3。

民法などの規定をみても，未成年者の意見表明権が認められている例というのは多くはありません。婚姻（民731条・737条）並びに15歳以上の者の養子縁組（同797条），親権者等の指定変更（家審規54条・64条の13・72条），子の氏の変更（民791条，特家審規5条）および遺言（民961条）などで制度化されているだけなのです。

子どもの権利条約と校則問題　このような中，わが国は，1994（平成6）年に「児童

Ⅵ 親権・監護権

の権利に関する条約（いわゆる子どもの権利条約）」（全54条）を批准しました*4。同条約は，一言でいうと，子どもが人権の主体であることを確認し，その重要性を強調して，すべての国に児童の生活条件の改善のために努力することを求めているものです。条約案は，当初，国連の人権委員会に提出され，審議が行われてから，1989年の国連本会議で全会一致で採択されたものです。

この中で，注目したいのは，子どもに意見表明権（児童約12条1項）が認められていること（「児童は，特に，自己に影響を及ぼすあらゆる司法上及び行政上の手続において，国内法の手続規則に合致する方法により直接に又は代理人若しくは適当な団体を通じて聴取される機会を与えられる」〔同12条2項〕），さらには，表現・情報の自由（同13条），結社・平和的集会の自由（同15条）までも認められていることでしょう*5。娘さんが，服装指導について生徒の意見を聞いてほしい，生徒が集まって議論する場をもたせてほしいと考えていることは，このような子どもの権利条約の内容に照らして，もっともな面があると思います。

ただし，子どもの権利条約も，校則を設けること自体を否定しているものではありません。同条約28条2項は「締約国は，学校の規律が児童の人間の尊厳に適合する方法で及びこの条約に従って運用されることを確保するためのすべての適当な措置をとる」と規定していますので，校則が設けられること自体は予定しているものといえるのです*6。問題は，今後，校則の内容の策定やその運用をどのようなものに改めていくのか，そして，その動きが十分でないときに，文部科学省，都道府県その他の教育委員会が，どのような指導，助言等をしていくのかにかかっているのだと思います（教育行政48条・23条）。

子どもの権利条約と国内裁判への適用

ところで，条約の中には，別個の立法を待たず，条約のみを根拠にして裁判の根拠とすることができるものと，そうではないものがあります。しかし，実務上，その区別が明確になっているとはいえません。子どもの権利条約のうち，直接に適用される部分があるのか否か，あるとすればどの部分かという問題は，今後の問題であるというほかはありません。

もっとも，直接に適用される場面がないとしても，国内法を解釈，適用するにあたって，子どもの権利条約の内容について考慮することは十分に考えられるところです*7。その意味で，子どもの権利条約について検討を欠かすことができないのです。

*1 最判昭49・7・19民集28・5・790，最判昭52・3・15民集31・2・234，東京高判平元・7・19判時1331・61など。なお，最判平8・2・22判時1560・72も参照。一連のいわゆる校則裁判について批判的なものに坂本秀夫・校則裁判（三一書房，1993）などがある。
*2 樋口範雄「『子どもの権利』思潮の展開」川合健ほか編・講座現代家族法第3巻（日本評論社，1992）51頁
*3 芹沢斉「子どもの自己決定権と保護」岩村正彦ほか著・岩波講座現代の法14巻（岩波書店，1998）147頁，広沢明「子どもの自己決定権」永井憲一還暦記念・憲法と教育法（エイデル研究所，1991）21頁
*4 波多野里望・逐条解説児童の権利条約（有斐閣，改訂版，2005）376頁
*5 永井憲一編著・子どもの人権と裁判（法政大学出版局，1998）55頁以下
*6 前掲注4・94頁
*7 今井直「国際人権法の国内裁判における適用と子どもの権利条約」前掲注5・31頁

〔上原裕之〕

6 子どもの自己決定権（2）

設問 84

大学生の息子はあるサークルに入ってから家に戻らなくなりました。親として、子どもに自宅に戻るように命令することはできますか。裁判所に申立てをすれば、強制的に連れ戻してくれるでしょうか。

親は，親権者として，未成年の子どもの監護および教育をする権利を有し，義務を負い（民820条），その監護および教育をするために，居所を指定する権利を有し（同821条），必要な範囲内で自ら懲戒することができます（同822条1項前段）。

子どもの引渡請求 第三者が未成年の子どもを権限なしに手元に置いている場合に，親が第三者に対し子どもの引渡しを求める方法として，民事訴訟による引渡請求と人身保護法に基づく引渡請求の2つの方法があります（⇨〔設問87〕）。

(1) 民事訴訟による引渡請求 親は，親権者として，未成年の子どもに対して監護および教育をするためには，子どもを自分の手元に置く必要があるので，子どもを権限なしに手元に置いている第三者を被告として，子どもの引渡しを求める民事訴訟を提起することができます。判例は，親権者の監護教育権行使に対する妨害排除として子どもの引渡請求権を認めています*1。管轄は，被告の住所地の地方裁判所です（民訴4条1項）。申立ての手数料は金1万3000円（収入印紙を訴状に貼付）です（民訴費3条1項・4条2項前段・別表第1の1項・8条）。

しかし，未成年の子どもに意思能力（行為の意味・結果を理解する能力）があり，自己の自由意思に基づいて第三者の元に留まっている場合には，第三者による親権者の監護教育権に対する妨害が認められないので，子どもの引渡請求は認容されません*2。

未成年の子どもの引渡しを認容する判決が確定した場合，直接強制の強制執行ができるかどうかが問題となります。意思能力のない幼児については，直接強制を認める見解が多くなっていますが，意思能力がある子どもについては，消極の意見が多いです。

(2) 人身保護法に基づく引渡請求
人身保護請求は，法律上正当な手続によらないで身体の自由を拘束されている者の人身の自由を，裁判所により迅速かつ容易に回復させるために設けられた非常応急的な特別の救済方法です（人保1条・2条）。

親（請求者）は，子ども（年齢を問わない）を権限なしに手元に置いている第三者（拘束者）に対し，「子ども（被拘束者）を釈放し，子どもを親に引き渡す」との人身保護請求を申し立てることができます。管轄は，被拘束者，拘束者または請求者の所在地を管轄する高等裁判所または地方裁判所です（同4条）。申立ての手数料は金2000円（収入印紙を申立書に貼付）です（人保規9条1項2項）。親は，原則として弁護士を代理人にして申し立てる必要があります（人保3条本文）。申立ての要件は，第三者による子どもの拘束が「その権限なしにされ又は法令の定める方式若しくは手続に著しく

VI 親権・監護権

違反していることが顕著である」ことです（同2条1項，人保規4条本文）。したがって，子どもに意思能力があり，自己の自由意思に基づいて第三者の元に留まっている場合には，人身保護請求は認容されません。

子どもの居所指定　未成年の子どもが理由もなく親元や学校の寮等に居住していない場合には，親は，親権者として，未成年の子どもを適切に監護および教育をすることができないので，未成年の子どもに対し，親元や学校の寮を子どもの居所に指定し，その居所に居住することを指示することができます（民821条）。ただし，親が居所を指定できるのは，子どもが親の指示を理解し，それに従って行動できなければなりませんから，意思能力がある子どもに限られます。子どもに意思能力があり，自己の自由意思に基づいて第三者の元に留まっている場合には，上記のとおり，親は，第三者に対し，民事訴訟および人身保護法に基づく子どもの引渡しを請求することができませんが，子どもに対し，居所を指定することができます。他方，子どもに意思能力がない場合には，民事訴訟および人身保護法に基づく子どもの引渡請求の問題になります。

意思能力がある未成年の子どもが親の居所指定に従わない場合には，親は子どもに対し，どのような法的措置をとることができるかどうかが問題となります。様々な見解がありますが，民事訴訟の提起や強制執行等の法的に居所指定を強制する措置をとることはできないと一般に解されています。法律上他に考えられる方法は，親が子どもを相手方にして，家庭裁判所に親子関係調整調停を申し立てることです。管轄は，相手方の住所地の家庭裁判所または当事者が合意で定める家庭裁判所です（家審規129条1項）。申立ての手数料は金1200円（収入印紙を申立書に貼付）です（民訴費3条1項・別表第1の15の2項・8条）。申立ての添付書類は，申立人と相手方が記載されている戸籍謄本です。家事調停は，裁判と異なり，当事者が調停委員会を介して話し合い，自主的に当事者間の問題を解決する手続です。

本設問への回答　息子さんは大学生であり，未成年であれば，18歳または19歳ですから，意思能力があることは明らかです。息子さんが自己の自由意思に基づいてサークルに留まっているのであれば，親であるあなたは，民事訴訟および人身保護法に基づく子どもの引渡しを請求することはできません。まずそのサークルへ行って，息子さんに会い，息子さんがサークルに留まっている理由等を確かめ，あなたも親権者として意見を述べ，互いに話し合い，話合いにより解決できない場合には，サークルの責任者に間に入ってもらい，話し合うことが大事です。息子さんと話合いができない場合，または話し合っても解決できない場合には，家庭裁判所に親子関係調整の調停を申し立てることができます。息子さんは未成年であっても，調停の内容が親子間の教育監護，居所をめぐる紛争ですから，調停行為能力があり，1人で意見を述べたり，調停を成立させたりすることができるでしょう。

*1　大判大10・10・29民録27・1847，最判昭35・3・15民集14・3・430 等
*2　大判大12・11・29民集2・642，前掲注1・最判昭35・3・15 等

《参考文献》
*於保＝中川編・新版注釈民法（25）（有斐閣，改訂版，2004）85頁以下，102頁以下〔明山和夫・國府剛〕
*清水節・判例先例親族法Ⅲ——親権（日本加除出版，2000）85頁以下，206頁以下

〔今井理基夫〕

7 身分上の代理権

設問 85

親であっても，子どもの結婚などの身分上のことには口出しできないそうですが，妊娠して出産した未成年の娘に代わって，相手の男性に認知を求めることもできないのでしょうか。

親権と子の身分行為の代理権

親は，未成年の子に対し親権を有し，その親権の内容には，身上監護（民820条～823条）と財産管理（同824条～832条）があります。身上監護とは，子を監護したり，教育すること等であり，財産管理とは，子の財産を管理したり，子の財産上の法律行為（財産行為）を代理すること等です。しかし，子の身分上の法律行為（身分行為）については，身分行為の特質から，子に意思能力（身分行為の意味・結果を理解する能力）があれば，子自身の意思決定によるべきであり，親権者による代理は許されないと解されており，法律に特別の規定がある場合を除き，親権者は子の身分行為を代理することはできません*1。親権者が子の身分行為を代理することができると法律が特別に定めている場合としては，①認知の訴えの提起（同787条），②母である親権者が嫡出否認の訴えの被告となること（同775条），③15歳未満の子の氏の変更（同791条3項），④15歳未満の子の養子縁組の代諾（同797条），離縁の代諾（同811条2項），⑤相続の承認・放棄（同917条）等があります。したがって，親は，未成年の子が婚姻をするにつき，子を代理することはできません。ただし，未成年者の子が婚姻をするには，父母（親権者であることを要しない）の同意を得なければなりません（同737条1項）。父母の同意を未成年者の婚姻の要件としたのは，未成年者の婚姻に関する判断能力が不十分なことに対する配慮です*2。したがって，親は，未成年の子が婚姻をするに際し，助言することができ，婚姻が未成年の子にとって不適当である場合には，同意しないことができます。父母の同意がない婚姻届は受理されません（同740条）。

嫡出でない子の親権と親権代行

婚姻をしていない女性が出産した子は，嫡出でない子です。

嫡出でない子の親権者は母です（民819条4項）。母が未成年の場合には，母は嫡出でない子に対する親権を行使することができず，母の親権者等が母に代わって嫡出でない子に対する親権を行います（同833条）。すなわち，母の親権者等が嫡出でない子の法定代理人になります。本設問では，未成年の娘の親権者である親が娘の嫡出でない子（孫）の法定代理人になります。

嫡出でない子の父子関係と認知

嫡出でない子の法律上の父子関係は，嫡出子の場合と異なり，父が子を認知するか（任意認知。民779条），または認知の判決もしくは認知の審判が確定した場合（強制認知。同787条，家審23条）にのみ，発生します。

(1) 任意認知

任意認知は，嫡出でない子の父が，戸

VI 親権・監護権

籍法29条，60条1号に定められた事項を記載した認知届を，父もしくは子の本籍地または届出人（父）の所在地（住所，居所の他，一時の滞在地を含む）の市区町村役場に提出する方法により行います（民781条1項，戸25条1項・60条）。任意認知の場合，認知届出により法律上の父子関係が生じますので，創設的届出といわれます。

認知は身分行為であるので，父が未成年であっても，その親権者等の同意を得ないで，認知することができます（同780条）。父が認知をするについては，子が未成年であれば，子および母の同意は必要ありません（同782条・783条1項）。

本設問では，未成年の娘の親権者である親が，娘の子の法定代理人として，娘の相手である男性に対し，子の認知を求めることができます。

父が子を認知をすると，父と子のそれぞれの戸籍の身分事項欄に認知をした旨が記載され，子の戸籍の父の欄に父の氏名が記載されます。

(2) 確定審判による認知

父が子を認知してくれない場合には，子またはその法定代理人は，父に対し，認知の訴えを提起することができます（同787条本文）。

認知の訴えは人事訴訟（人訴2条2号）ですから，訴訟を提起する前に，まず家庭裁判所に認知を求める調停を申し立てなければなりません（調停前置主義。家審18条1項）。本設問では，未成年の娘の親権者である親が，娘の子の法定代理人として，娘の子を申立人，娘の相手の男性を相手方とする認知の調停を申し立てることになります。管轄は，相手方の住所地の家庭裁判所または当事者が合意で定める家庭裁判所です（家審規129条1項）。申立ての手数料は金1200円（収入印紙を申立書に貼付）です（民訴費3条1項・別表第1の15の2項・8条）。申立ての添付書類は，申立人，申立人法定代理人，相手方の戸籍謄本です。相手方が未成年であっても，相手方は，その親権者等の同意を得ないで，調停行為をすることができます（人訴13条1項）。

調停期日において，当事者双方間に，家庭裁判所が「申立人は相手方の子であることを認知する」旨の審判をすることにつき合意が成立し，かつ認知の原因事実（申立人の母と相手方が性的関係をもち，その結果申立人の母が申立人を懐胎したこと等）につき争いがない場合には，家庭裁判所は，申立人法定代理人および相手方を審問する等の必要な事実の調査をした上，調停委員会を構成する家事調停委員の意見をきき，当事者双方間の合意が正当であると認めるときは，合意に相当する認知の審判（主文は上記のとおり）をします（家審23条）。家庭裁判所が認知の審判をする場合には，審判を当事者に告知します（同13条本文）が，通常は調停期日において当事者双方に対し審判の主文を言い渡して告知する方法をとり，後日審判書の謄本を当事者に送ります。

審判は，当事者が審判の告知を受けた日から2週間以内に利害関係人から異議の申立てがあれば，効力を失います（同25条1項2項，家審規139条）。

異議がなければ，審判は，確定し，確定判決と同一の効力を有し（家審25条3項），審判の形成力により，申立人と相手方との間に法律上の父子関係が発生し，審判の対世的効力により，審判は当事者以外の第三者にも効力を有します（人訴24条1項）。裁判所書記官は，遅滞なく当事者双方の本籍地の戸籍事務を管掌する者（市区町村長）に対し認知の審判が確定した旨を通知します（家審規142条

の3）。申立人は，認知の審判が確定した日から10日以内に，審判書謄本および確定証明書を添付して，申立人もしくは相手方の本籍地または届出人（申立人）の所在地の市区町村役場（戸25条1項）に，認知届をしなければなりません（報告的届出。同63条1項）。認知届がなされると，申立人と相手方の各戸籍の身分事項欄に認知事項が記載され，申立人の戸籍の父の欄に相手方の氏名が記載されることになります。

相手方が合意しなければ，調停委員会は，調停を不成立にします。

(3) 確定判決による認知

認知の調停が不成立になった場合には，本設問では，未成年の娘の親権者である親が，娘の子の法定代理人として，娘の子を原告，娘の相手の男性を被告とする認知請求の訴訟を家庭裁判所に提起することができます（民787条本文）。管轄は，原告または被告の住所地の家庭裁判所です（人訴4条1項）。申立ての手数料は金1万3000円（収入印紙を訴状に貼付）です（民訴費3条1項・4条2項前段・別表第1の1項・8条）。訴状の添付書類は，原告，原告法定代理人および被告の戸籍謄本です（人訴規13条）。被告が未成年であっても，被告は，その親権者等の同意を得ないで，訴訟行為をすることができます（人訴13条1項）。

訴訟の審理においては，DNA鑑定が行われた場合には，裁判所は，同鑑定の結果により当事者間の父子関係の有無を認定することができますが，被告がDNA鑑定に反対する場合には，鑑定ができません。その場合には，原告の母が原告を懐胎可能な期間に被告と性的関係をもっていたこと，同期間中に原告の母が被告以外の男性と性的関係をもっていなかったこと，原告・原告の母および被告の間に血液型の背馳がないこと等の間接事実の有無につき審理が行われることになります。

審理の上，認知の判決が言い渡され，同判決が確定すると，判決の形成力により，原告と被告との間に法律上の父子関係が生じ，判決の対世的効力により，判決は当事者以外の第三者にも効力を有することになります（同24条1項）。

以降の手続は前述の認知の審判の確定後と同様の流れになります。裁判所書記官は，遅滞なく当事者双方の本籍地の戸籍事務を管掌する者（市区町村長）に対し認知の判決が確定した旨を通知します（人訴規17条）。原告は，認知の判決が確定した日から10日以内に，判決書正本および確定証明書を添付して，原告もしくは被告の本籍地または届出人（原告）の所在地の市区町村役場（戸25条1項）に，認知届をしなければなりません（報告的届出。同63条1項）。認知届がなされると，原告と被告の各戸籍の身分事項欄に認知事項が記載され，原告の戸籍の父の欄に被告の氏名が記載されることになります。

＊1　我妻栄・親族法（有斐閣，1961）333頁，392頁，清水節・判例先例親族法Ⅲ――親権（日本加除出版，2006）338頁。判例は，大判大13・8・6民集3・395等。

＊2　我妻・前掲注1・33頁

〔今井理基夫〕

8 職業許可権

設問86

高校生の息子が中退して働きたいというので，困っています。親としては，大学に行ってきちんと就職してほしいのですが，息子は，フリーターが気楽でいい，子どもにも職業選択の自由があるといって聞き入れません。親は，子どもの職業について発言する権限はないのでしょうか。

未成年者は，肉体的および精神的に未成熟であり，判断能力が不十分ですので，未成年者が他人に雇われて働く場合には，民法や労働基準法等の法令で未成年者を保護するための規定が置かれています。以下，その主な規定について説明します。

未成年労働者の保護

(1) 最低年齢について

使用者は，児童が満15歳に達した日以後の最初の3月31日が終了するまで（義務教育の終了時），児童を使用することを原則として禁止されています（労基56条1項）。この規定は強行法規（公の秩序に関する規定）ですので，これに違反した労働契約は無効です。これに違反した使用者は，1年以下の懲役または50万円以下の罰金に処せられます（同118条1項）。本設問では，お子さんは高校生ですから，年齢の面では適法に働くことができます。

(2) 深夜業での使用禁止

使用者は，18歳未満の者を午後10時から午前5時までの間に使用することを禁止されています（労基61条1項）。これに違反した使用者は，6ヵ月以下の懲役または30万円以下の罰金に処せられます（同119条1号）。

(3) 危険有害業務の就業制限

使用者は，18歳未満の者に，一定の危険な業務（運転中の機械の掃除等）および有害な業務（毒劇薬等を取り扱う業務等）に就かせることを禁止されています（労基62条1項2項）。これに違反した使用者は，6ヵ月以下の懲役または30万円以下の罰金に処せられます（同119条1号）。

(4) 坑内労働の禁止

使用者は，満18歳未満の者を坑内で労働させることを禁止されています（労基63条）。これに違反した使用者は，1年以下の懲役または50万円以下の罰金に処せられます（同118条1項）。

(5) 労働契約の締結

① 親権者等の職業の許可　民法は，未成年者が，親権者等の許可を得なければ，職業を営むことができないと規定しています（民823条1項）。職業とは，営利を目的とする事業であり自己の計算で事業を行う民法6条の営業だけではなく，広く継続的な業務をいい，営利を目的とするかどうか，自営であるか，他人に雇われて他人の計算で他人の事業に労務を提供するにすぎないかを問わないと解されています。したがって，未成年者が他人に雇われて働くには，親権者等の許可を得る必要があります。民法823条1項は，肉体的および精神的に未成熟であり，判断能力が不十分な未成年者を保護するため，未成年者の心身の発達状況，性格，能力等をよく知っており，未成年者に対し身上監護をする責任（同820条等）がある親権者等の許可を要すると定

めた規定であり，職業選択の自由を定めた憲法22条1項の規定に違反しません。

　② 親権者等の労働契約締結の同意
　未成年者が他人に雇われて働くには，使用者と労働契約を締結する必要があります。労働契約は法律行為ですが，婚姻等の身分上の法律行為ではなく，財産上の法律行為です。

　制限行為能力者である未成年者の財産上の法律行為と親権者等の法定代理権との関係については，民法は，未成年者が意思能力（法律行為の意味・結果を理解する能力）を有する場合には，未成年者自身が親権者等の同意を得て行うことができ（民5条1項本文。平成16法147による改正前の民法では4条1項本文），また未成年者に意思能力があるかどうかにかかわりなく，親権者等が未成年者を代理して行うことができ，ただし，未成年者の行為を目的とする債務が生ずる場合には，未成年者の同意を得なければならない旨規定しています（民824条）。

　他方，労働基準法は，親権者または後見人は，未成年者に代わって労働契約を締結してはならないと規定しています（労基58条1項）。親が子を食いものにすることを防止するためです。同規定は強行法規ですから，これに違反した労働契約は無効です。これに違反した親権者，後見人は，30万円以下の罰金に処せられます（同120条1号）。

　未成年者の労働契約の締結に関しては，民法824条の特別規定である労働基準法58条1項が適用され，民法824条は適用されません。

　したがって，未成年者は，親権者等の同意を得て，使用者と労働契約を締結することになります。

　③ 親権者等の職業の許可と労働契約締結の同意　親権者等が行う職業の許可と労働契約締結の同意の各形式は何ら定められておらず，親権者等が労働契約締結の同意をすれば，通常は同時に職業の許可をしたものと解されます。

　父母が共同親権者である場合には，職業の許可と労働契約締結の同意は，父母が共同して行う必要があります（民818条3項本文）。

　親権者等は，未成年者が就職することが相当であると認めるときは，職業の許可と労働契約締結の同意をし，この場合には，未成年者は，有効に労働契約を締結し，働くことができます。

　しかし，親権者等は，未成年者が就職することが相当ではないと認めるときは，職業の許可と労働契約締結の同意をしないことになり，この場合には，未成年者は，有効に労働契約を締結して働くことができません。

　親権者等が職業の許可と労働契約締結の同意をしないにもかかわらず，未成年者が労働契約を締結した場合には，未成年者または親権者等は，労働契約を取り消すことができます（民5条2項〔平成16法147による改正前の民法では4条2項〕・120条1項）。取り消されると，労働契約は初めから無効になります（同121条本文）。

　したがって，未成年者は，他人に雇われて働きたい場合には，親権者等による職業の許可と労働契約締結の同意を得るために，親権者等と話し合う必要があります。

　しかし，未成年者と親権者等が話し合うことができなかったり，または話し合っても意見が一致しない場合には，家庭裁判所の家事調停を利用することが考えられます。例えば，親権者等が未成年者を相手方として親子関係調整調停を申し立てることができます。管轄は，相手方の住所地の家庭裁判所または当事者が合意で定める家庭裁判所です（家審規129

⑧ 職業許可権

条1項)。申立ての手数料は金1200円(収入印紙を申立書に貼付)です(民訴費3条1項・別表第1の15の2項・8条)。申立ての添付書類は，申立人と相手方が記載されている戸籍謄本です。相手方は，未成年者ですが，調停の内容が自分の就職をめぐる親権者等との紛争の解決ですから，調停行為能力があり，1人で意見を述べたり，申立人との間に調停を成立させたりすることができます。家庭裁判所としては，教職等の経験のある家事調停委員を指定して，調停を担当させることが考えられます。

(6) 労働契約の解除

労働契約が有効に締結された場合でも，労働契約がその労働条件・就労状態・労働環境等からみて未成年者に不利であると認める場合には，親権者もしくは後見人または行政官庁(労働基準監督署長)は，将来に向かって労働契約を解除することができます(労基58条2項)。

(7) 賃金の請求および受領

未成年者の賃金の請求および受領について，民法は，未成年者は，親権者等の同意を得なければ，賃金の請求および受領をすることができず(民5条1項本文)，親権者等は，未成年者本人の同意を得て，未成年者の賃金の請求および受領をすることができる(同824条)旨規定しています。他方，労働基準法は，未成年者は，独立して賃金を請求することができ(労基59条前段)，親権者または後見人は，未成年者の賃金を代わって受け取ってはならず(同59条後段)，これに違反した親権者，後見人は，30万円以下の罰金に処せられる(同120条1号)旨規定しています。未成年者の賃金の請求および受領については，民法5条1項本文，824条の特別規定である労働基準法59条が適用され，上記民法の規定は適用されません。したがって，未成年者は，親権者等の同意を得ないで，賃金の請求および受領をすることができます。

本設問への回答 親であるあなたは，高校生の息子さんを監護および教育し，りっぱな社会人に育てる責任がありますから(民820条)，息子さんから十分話を聞いた上，息子さんに対し，義務教育だけではなく，高校および大学で教育を受けて学ぶこともその後の就職や社会生活をする上で大変重要であることを教え，また仮に就職が相当であると考える場合には，息子さんが希望する職業の内容が息子さんの能力や性格等からみて適性があるかどうかについて意見を述べることが大事です。息子さんとの話合いの結果により，最終的に職業の許可および労働契約締結の同意をするかどうかを判断することになります。

《参考文献》

* 於保＝中川編・新版注釈民法(25)(有斐閣，改訂版，2004)115頁以下〔明山和夫・國府剛〕
* 東京大学労働法研究会編・注釈労働基準法下巻(有斐閣，2003)785頁以下〔森戸英幸〕
* 青木＝片岡編・注解法律学全集45労働基準法Ⅱ(青林書院，1995)25頁以下〔野村晃〕

〔今井理基夫〕

9 子の引渡し

設問 87

夫が暴力をふるうので、子ども2人を連れて家を出て、実家に身を寄せていたのですが、私が仕事で数日留守にしている間に、夫が保育園と小学校から子どもを無理やり連れて行ってしまいました。子どもを返してくれるように何度か電話連絡をしたのですが、ぜんぜん、応じてくれません。子どもたちは、前に通っていた保育園と小学校に行っているようです。どうすれば、子どもを引き渡してもらうことができるでしょうか。

問題の所在と子らを取り戻す方法

本設問は、別居中の夫婦間の子らの監護をめぐる紛争です。夫と妻は、婚姻中ですから、未成年の子らに対して共同して親権を有しています。しかし、夫と妻は、不和のため別居中なので、協力して未成年の子らを監護することができません。したがって、別居期間中、夫と妻のいずれが未成年の子らを監護するかが問題となります。

本設問において、妻が早急に子らを取り戻す方法としては、①人身保護法に基づき子らの人身保護請求を申し立てる方法、②子らの引渡しを求める審判前の保全処分を申し立てる方法が考えられます。

人身保護請求の申立て

人身保護請求は、法律上正当な手続によらないで身体の自由を拘束されている者の人身の自由を、裁判所により迅速かつ容易に回復させるために設けられた非常応急的な特別の救済方法です（人保1条・2条）。

妻（請求者）は、夫（拘束者）に対し、「子ら（被拘束者）を釈放し、子らを妻に引き渡す」との人身保護請求を申し立てることになります。管轄は、被拘束者、拘束者または請求者の所在地を管轄する高等裁判所または地方裁判所です（同4条）。申立ての手数料は金2000円（収入印紙を申立書に貼付）です（人保規9条1項2項）。妻は、原則として弁護士を代理人にして申し立てる必要があります（人保3条本文）。申立ての要件は、夫による子らの拘束（監護）が「その権限なしにされ又は法令の定める方式若しくは手続に著しく違反していることが顕著である」ことです（同2条1項、人保規4条本文）。なお、人身保護請求は非常応急的な特別の救済方法ですから、「他に救済の目的を達するのに適当な方法があるときは、その方法によって相当の期間内に救済の目的が達せられないことが明白」であることが必要とされます（補充性の原則。人保規4条ただし書）。

人身保護請求事件の審理は概ね、以下のとおりです。申立てがあると、裁判所は、まず準備調査期日を指定し、同期日に妻、夫およびその代理人等を審尋し、拘束の事実の有無およびその理由等につき必要な調査を行います（人保9条1項、人保規17条）。裁判所は、準備調査の結果、請求の理由のないことが明白である場合以外は、審問期日を指定し、子らの国選代理人（弁護士）を選任し（人保14条2項）、妻、夫、子らおよびその代理人を呼び出します（同12条1項）。殊に、夫に対しては、子らを審問期日に出頭させることを命ずる（命令に従わないとき

は，勾引または勾留され，過料が科される）とともに，同期日までに子らを拘束した日時・場所およびその事由等を明らかにした答弁書の提出を命じます（人身保護命令。人保12条2項3項，人保規27条）。審問期日は，原則として申立ての日から1週間以内に開く必要があります（人保12条4項）。人身保護命令が夫に送達されると，以後，子らは裁判所の支配下に置かれ，夫は裁判所の指揮の下に子らを監護することになり（人保規25条1項），夫が子らを移動・蔵匿・隠避しその他人身保護法による救済を妨げる行為をした場合には，2年以下の懲役または5万円以下の罰金に処せられます（人保26条）。審問期日における審理は，公開の法廷で行われ，妻および夫その他の関係者に対する審問，妻および夫その他の関係者の陳述書等の書証の取調べが行われ，事実の立証の程度は，疎明で足りるとされています（同14条1項・15条1項2項）。裁判所は，審問の結果，請求の理由がないと認めたときは，請求を棄却し，子らを夫に引き渡す旨の判決を言い渡し，請求の理由があると認めるときは，子らを直ちに釈放し，妻に引き渡す旨の判決を言い渡します（同16条1項3項）。請求認容の判決の効力（被拘束者の釈放の状態を形成する形成力。執行力はありません）は，言渡しにより直ちに発生します（同16条3項）。裁判所は，判決言渡期日に出頭した子らを一時預かり，請求認容判決の言渡し後に母に引き渡します。判決の言渡しは，原則として審問終結の日から5日以内にされます（人保規36条）。判決に対し不服がある者は，一審裁判所が地方裁判所であるか高等裁判所であるかを問わず，判決言渡しの日から3日以内に最高裁判所に上告することができます（人保21条）。

上記のとおり，人身保護請求事件では，迅速かつ簡易に審理が行われ，被拘束者の審問期日および判決言渡期日への出頭が確保され，請求認容の判決が言い渡された場合には，現実に被拘束者が請求者に引き渡されます。

人身保護請求に関する判例　そこで，別居中の夫婦間の子の人身保護請求に関する最高裁判所の判例について説明します。人身保護法の施行（1948〔昭和23〕年9月28日）後，別居中の夫婦間の子の引渡しに関する紛争に人身保護請求が多く利用されることになりました。一審裁判所は，人身保護請求の要件と別居中の夫婦の子に対する共同親権との関係を十分に顧慮することなく，後記の子の監護者指定審判事件の判断基準と同じく，夫婦それぞれの子の監護に関する諸事情を比較し，夫婦のいずれに子を監護させるのがその子の福祉に適するか（相対的な優劣）を主に検討し，人身保護請求の許否を判断する傾向がみられました。これに対し，最高裁平成5年10月19日判決[*1]は，夫婦が2人の子である幼児に対して共同で親権を行使している場合には，夫婦の一方による幼児に対する監護は，親権に基づくものとして，特段の事情がない限り，適法というべきであるから，夫婦の一方による幼児に対する監護・拘束が人身保護請求の要件である権限なしにされていることが顕著であるということができるためには，夫婦の一方による監護が他方の監護に比して子の幸福に反することが明白であることを要する旨判示しました。

そうすると，夫婦の一方による子の監護が他方による監護に比して子の幸福に反することが明白であるとはどのような場合かが問題になりますが，最高裁平成6年4月26日判決[*2]は，「拘束者に対し，家事審判規則52条の2又は53条に基づ

く幼児引渡しを命ずる仮処分又は審判が出され、その親権行使が実質上制限されているのに拘束者が右仮処分等に従わない場合がこれに当たると考えられるが、更には、また、幼児にとって、請求者の監護の下では安定した生活を送ることができるのに、拘束者の監護の下においては著しくその健康が損なわれたり、満足な義務教育を受けることができないなど、拘束者の幼児に対する処遇が親権行使という観点からみてもこれを容認することができないような例外的な場合がこれに当たるというべきである」と判示しました。また、最高裁平成6年7月8日判決*3は、「離婚調停において調停委員会の面前でその勧めによってされた合意により、夫婦の一方が他方に対してその共同親権に服する幼児を期間を限って預けたが、他方の配偶者が、右合意に反して約束の期日後も幼児を拘束し、右幼児の住民票を無断で自己の住所に移転したなど原判示の事実関係の下においては、右拘束には、人身保護法2条1項、人身保護規則4条に規定する顕著な違法性がある」（裁判要旨）と判示し、最高裁平成11年4月26日判決*4は、「離婚等の調停の期日において調停委員の関与の下に形成された夫婦間の合意によってその共同親権に服する幼児との面接が実現した機会をとらえて、夫婦の一方が実力を行使して右幼児を面接場所から自宅へ連れ去って拘束したなど判示の事情の下においては、右幼児が現に良好な養育環境の下にあるとしても、右拘束には、人身保護法2条1項、人身保護規則4条に規定する顕著な違法性があるというべきである」（裁判要旨）と判示しました。人身保護請求の補充性の原則につき、最高裁昭和59年3月29日判決*5は、家庭裁判所に子の引渡しの審判前の保全処分を申し立てることができるとしても、人身

保護法によるほど迅速かつ効果的に子の救済の目的を達することができないことが明白である旨判示しました。

子の引渡しの保全処分の申立て　本設問では、別居中の夫婦間の子らの監護をめぐる紛争であり、別居期間中の子らの監護者を定める必要があります。民法は、父母が婚姻中の場合に、家庭裁判所が子の監護者を指定することができることを規定していません。しかし、夫婦が事実上離婚状態にある場合にはもちろん、夫婦がそこまでに至らない場合でも、子の監護者の指定につき協議が調わないとき、または協議をすることができないときは、民法766条1項、家事審判法9条1項乙類4号を類推適用して、夫婦の一方は、家庭裁判所に子の監護者指定の審判を申し立てることができる（子の監護者指定に付随して子の引渡しを求めることができる。家審規53条）と解するのが相当であり、家庭裁判所の実務はこれを認めています。そして、子の監護者指定の審判の結果を待っていたのでは子の福祉を著しく害する事情がある場合には、子の引渡しの審判前の保全処分を申し立てることができます（家審15条の3第1項、家審規52条の2）。したがって、本設問では、妻は、夫を相手方にして、家庭裁判所に子らの監護者指定と引渡しを求める審判を申し立て、同時に同審判を本案として子らの引渡しの保全処分を申し立てることになります。審判事件の管轄は、子の住所地の家庭裁判所であり（家審規52条1項）、保全処分の管轄は、本案審判が申し立てられた家庭裁判所です（家審15条の3第1項）。申立ての添付書類は、申立人、相手方、子が記載されている戸籍謄本1通です。申立ての手数料は、審判が子1人につき金1200円、保全処分が金1000円（いずれも収入印紙を申立書に貼付）で

⑨　子の引渡し

VI 親権・監護権

す（民訴費別表第1の15の2項16項）。

保全処分の要件は，本案審判の申立認容の蓋然性と保全の必要性であり，事実の証明の程度は疎明で足りますが（家審15条の3第3項），子の引渡しの保全処分は，仮の地位を定める仮処分であり，断行の仮処分ですから，本設問では，妻が子らの監護者に指定される高度の蓋然性と，子らをすぐに妻に引き渡さなければ，子らの福祉が著しく害される可能性が高いことが疎明される必要があります。

子の監護者指定の判断基準は，夫婦（父母）のいずれを子の監護者に指定するのが子の福祉（幸福，利益と同旨）に適するかであり，具体的には，夫婦それぞれの事情（監護の意欲と能力，健康状態，性格，経済力，居住環境，従前の監護状況，監護補助者の有無等）と子の事情（年齢，性別，兄弟の有無，健康状態，従前と現在の環境への適応性，意向等）とを総合考慮し，その事案に応じて，監護の継続性（現状の尊重）の原則，子の意思尊重の原則（子が約10歳以上の場合），母親優先の原則（子が乳幼児の場合）等に基づき判断されることになります。

子の引渡しの保全処分の申立てがあると，家庭裁判所は，通常の場合，早期に審問期日を開き，同期日には調査官を立ち会わせ，申立人および相手方から事情を聴取し，保全の必要性の有無等を把握し，その後は，調査官による子の現況等の調査を行い，保全処分の要件が疎明されている場合には，早急に子の引渡しを命ずる保全処分を無担保で発令することになります。

子の引渡しの保全処分は，申立人と相手方に告知（保全処分の審判書の謄本を特別送達する方法により告知）されると，直ちにその効力（執行力）が生じます（家審15条の3第4項）。相手方が保全処分に対し即時抗告を申し立てたとしても，当然には保全処分の執行力は停止されず，保全処分の執行が停止（家審規15条の3第3項）されない限り，申立人は，保全処分に基づき，家庭裁判所に対し，履行の勧告の申立て（家審15条の5）や間接強制の申立て（民執172条）をすることができます。直接強制の申立て（同169条）ができるかどうかについては，見解が分かれており，直接強制ができると解したとしても，申立人に保全処分が送達された日から2週間以内に直接強制の申立てをしなければならず（民保43条2項），また直接強制による子に対する悪影響があるため，申立てをするかどうかは慎重に検討する必要があります。

本設問への回答 本設問では，人身保護請求の要件である夫による子らの拘束（監護）につき顕著な違法性は認められないので，妻であるあなたは，家庭裁判所に対し，子らの監護者指定と引渡しの審判を申し立てると同時に，子らの引渡しの保全処分を申し立てるのが相当です。家庭裁判所から子らの引渡しの保全処分が出され，保全処分に基づくあなたからの引渡請求や家庭裁判所の履行勧告にもかかわらず，夫が子らを引き渡さないときは，地方裁判所または高等裁判所に対し，人身保護請求を申し立てるのが相当です。

＊1　最判平5・10・19民集47・8・5099
＊2　最判平6・4・26民集48・3・992
＊3　最判平6・7・8家月47・5・43
＊4　最判平11・4・26家月51・10・109
＊5　最判昭59・3・29家月37・2・141

《参考文献》
＊最高裁判所事務局民事部・人身保護法解説（民事裁判資料第8号，1948）
＊小路謙二・人身保護請求事件に関する実務的研究（書記官実務研究報告書13巻1号，1974）

〔今井理基夫〕

10 財産管理権

設問 88

夫は，金銭管理にうとく，破産してしまいました。夫の両親は，夫に代わり，私たちの子に多額の贈与をしてくれましたが，夫に管理させないようにいっています。私が一人で管理すればよいのでしょうか。私が通帳をもっていると，夫がうるさくいってくるようになるのは目にみえているのですが，どうでしょうか。

親権者の財産管理権　成年に達しない子は，父母の親権に服することになりますが（民818条1項），ここにいう親権とは，未成年の子の監護および教育をするための権利義務であり（同820条），その具体的内容は，子の身上監護に関する権利義務と，子の財産に関する権利義務に大別されます。

そして，後者の財産管理権について，民法824条本文は，「親権を行う者は，子の財産を管理し，かつ，その財産に関する法律行為についてその子を代表する」と規定しています。この条文は，未成年者が自ら財産を管理することには危険があることから，親権者に子の財産管理の権能を付与したものであり，財産管理に関する事実行為をする権限と，そのための法律行為についての代表権，すなわち，代理権限を示すものと解されています*1。例えば，子の財産を売却したり，子の名義で金銭を借入れしたりするなどの個別の行為を行う場合，親権者が有する子の代理権は，上記の包括的な財産管理権から生じる法定代理権です。

この権限は，親権者の権限であるとともに，子に対する義務でもあります。したがって，親権者は，勝手に財産を管理することはできず，財産管理にあたって，「自己のためにするのと同一の注意をもって，その管理権を行わなければならない」（同827条）とされています。ただし，この規定は，親子間が一般的に親密な関係にあることを考慮して，後見人や後見監督人などが他人の事務を処理する場合に要請される，「善良な管理者の注意義務」（同852条・869条・644条）までを要求するものではなく，管理の際の注意義務を軽減したものです。親権者が，この義務に違反して子の財産を危うくした場合には，子に対して損害賠償責任を負うことがあるとともに，「管理が失当であった」ものとして，親権喪失原因になることがあります（同835条）。

財産管理権の共同行使　親権は，父母の婚姻中は，父母が共同して行うのが原則です（民818条3項）から，親権の一部である財産管理権も，本来，父母が共同で行使すべきものです。ただし，父母の一方が親権を行うことができないときは，他方だけがこれを行うことが許されています（同条ただし書）。したがって，設問のような事例で，父が破産後，家を出て長期不在であるような場合には，親権者である母のみで子の財産を管理することができます。

それでは，子の財産管理について，父母の意見が一致しないような場合は，どうすればよいでしょうか。このような場合については，民法に直接の規定がありません。学説によれば，日常の養育監護のようにあまり重要でない事務について

Ⅵ 親権・監護権

は，父母の一方が単独で行うことが許され，それが著しく不当である場合に，他方が差止請求をすることができると解されています*2。また，重要な事項については，夫婦間の協力義務の問題（同752条）として，家庭裁判所の調停手続（家審17条）を経た上，審判手続（同9条1項乙類1号）で解決すべきとする見解があります*3。

財産管理権の例外 上述した親権者の財産管理権は，子の財産の全般に及ぶものです。しかし，その例外として，第三者が，親権者に管理させない意思を表示して子に無償で与えた財産は，親権者の管理に属しないものとされています（民830条1項）。

この規定は，子に無償で財産を与えた第三者の意思を尊重するもので，設問のように，祖父母が，その息子を信頼しないで未成年の孫に直接財産を贈与する場合などが想定されています。このような場合には，祖父母自身や他の適当な者に管理権限を付与することになるでしょう。なお，条文上は，「第三者」が無償で財産を与える場合とされていますが，共同で親権を行使する父母の一方が，子に無償で財産を譲渡する場合にも，この条文に基づいて，他方の親権者の管理権を制限できるものと解されています*4。

第三者による意思表示は，いつでもよいわけではなく，例えば贈与を行う場合であれば，贈与契約の際に表明すべきものとされています。

第三者が，親権者に代わって財産管理をする者を指定しなかった場合は，家庭裁判所が，子，その親族または検察官の請求により，その管理者を選任することになります（民830条2項，家審9条1項甲類11号）。指定された管理者の権限が消滅した場合（例えば，当初から期限付きであったような事例）や，管理者の改任の必要がある場合（例えば，病気などで管理が困難な事例）で，第三者がさらに管理者を指定していないときにも，同様に，家庭裁判所が管理者を選任することになります（民830条3項）。

無償贈与された財産の管理者は，財産管理の目的を達成するのに必要な範囲内で，子に代わって一切の裁判上および裁判外の行為を行う権限があります*5。したがって，このような財産に関しては，親権者は何らの処分権，管理権も有していません。なお，仮に親権者が，その財産を処分したような場合は，無権代理行為になるものと解されています*6。

以上のようなことからすると，設問のような事例では，未成年者に無償で財産を贈与した父の両親（子の祖父母）が，親権者である母のみを当該財産の管理者に指定すれば，母のみがその管理を行い，本来，共同親権者として子の財産管理権を有する父も，その財産を管理する権限がありません。母が管理者であると，夫である子の父から色々と干渉されることが予想されるような場合には，祖父母や母が信頼できるような親族を，祖父母が指定すればよいと思われます。祖父母が自分では決めるのが困難な場合には，家庭裁判所に管理者の選任を申し立てることになるでしょう。

*1 我妻栄・親族法（有斐閣，1961）336頁，於保＝中川編・新版注釈民法（25）（有斐閣，改訂版，2004）129頁〔中川淳〕
*2 松阪佐一「父母の共同親権」家族法体系Ⅴ（有斐閣，1960）39頁
*3 於保＝中川編・新版注釈民法（25）（有斐閣，1994）32頁〔山本正憲〕，中川淳・改訂親族法逐条解説（日本加除出版，1990）413頁
*4 於保＝中川編・前掲注1・164頁〔中川淳〕，島津＝久貴編・新・判例コンメンタール民法13（三省堂，1994）126頁〔久貴忠彦〕
*5 大判大4・9・21民録21・1489
*6 我妻・前掲注1・338頁

〔清水　節〕

11 利益相反行為（1）

設問 89

私の子は中学生ですが，私の前夫である父親から相続した不動産と銀行預金をもっています。今の内縁の夫は，夫の銀行からの借金の担保にその不動産を提供するように，私に要求しています。また，私が銀行から子どもの金を下ろして，子どもの代理人名義で夫に貸すようにいいます。親権者は，こういうことができるのでしょうか。

親権者の財産管理権

親権者の有する親権は，未成年の子の監護および教育をするための権利義務であり（民820条），その具体的内容は，子の身上監護に関する権利義務と，子の財産に関する権利義務に大別されますが，後者の財産管理権について，民法824条本文は，「親権を行う者は，子の財産を管理し，かつ，その財産に関する法律行為についてその子を代表する」と規定しています。そして，この条文に基づいて，親権者は，子の財産管理の全般について法定代理権を有することになります。

他方，親権者とその親権に服する子との利益が相反する行為や，親権者が数人の子について親権を行う場合に，その1人の子と他の子との利益が相反する行為については，親権者に公正な親権の行使が期待できないおそれがあります。そこで，民法は，上記のような利益が相反する行為について，親権者は家庭裁判所にその（一方の）子のための特別代理人を選任することを請求しなければならないと規定しています（同826条1項2項）。

この規定は，自己契約や双方代理を禁止する民法108条と同じ趣旨であり，形式的な行為の基準に基づく民法108条が一般原則であり，その特別規定が民法826条と解されています。

利益相反行為の判断基準

特別代理人を選任しなければならない利益相反行為とは，親権者にとっては利益となるが未成年の子にとっては不利益となる行為，あるいは，同一の親権者の親権に服する何人かの子のうち，一部の者にとって利益となり，他の者にとって不利益となる行為をいいます。したがって，親子間の取引のように形式的には利害が対立するようにみえても，親から子への負担のない贈与などは，子に実質的な不利益がありませんから，利益相反行為には該当しません。

(1) 形式か実質か

そして，利益相反行為に該当するか否かの基準として，判例は，大審院の当時から，行為自体または行為の外形からのみ判断すべきであり，行為の目的・動機や結果から判断すべきではないとする形式的判断説（外形説とも呼ばれます）を採用しており，最高裁判例も，この立場を踏襲しています[*1]。学説においても，通説[*2]は，判例の立場を支持しています。これに対し，一部の学説では，親権者が自己の用途に費消する目的で子の名義で借金するような場合について，実質的に判断して，利益相反行為に該当するとする実質的判断説（実質説とも呼ばれます）も主張されています[*3]。

この点について検討しますと，実質的判断説は，確かに未成年者保護を重視し，子の不利益において親権者の利益が生じることを防止する見解といえるでしょう。しかし，特別代理人を選任せずに行われた利益相反行為は，無権代理行為に該当すると解するのが現在の通説および判例*4ですから，外部からは知りえない親権者の目的や動機などを考慮して利益相反性を判断すると，行為の相手方が不安定な状態に置かれ，取引の安全に対する弊害が大きくなってしまいます。また，親権者の借入金債務につき，子の所有不動産に抵当権を設定する行為のように，外形的には利益相反性がある行為であっても，実質的に利益相反性を判断すると，例えば，当該借入金を子自身の養育費に充てようとするときには，利益相反行為に該当しないことになり，借入金額や弁済方法について特別代理人が検討する機会が失われてしまいます。

(2) 形式的判断説

以上のことからすると，一般的基準としては，判例の採用する形式的判断説が相当と考えられます*5。そして，個別的な事例については，事案に即して検討した上，未成年者の保護を図ることが重要です。例えば，最高裁の平成4年12月10日の判決*6では，親権者が子を代理する権限を濫用して法律行為をした場合，その行為の相手方が権限濫用の事実を知りまたは知りうべかりしときは，民法93条ただし書の規定の類推適用により，その行為の効果が子には及ばないとしており，心裡留保の規定を用いて未成年者の保護を図っています。ただし，この判例は，親権者が子を代理して子の所有する不動産を第三者の担保に供する行為について，それが子自身に経済的利益をもたらすものでないことから，直ちに第三者の利益のみを図るものとして，親権者による代理権の濫用と解するのは相当ではないと判示しており，実質的判断説の立場を否定しています。そして，子の利益を無視して自己または第三者の利益を図ることのみを目的としてされるなど，親権者に子を代理する権限を授与した法の趣旨に著しく反すると認められる特段の事情が存しない限り，親権者による代理権の濫用にあたると解すべきではないと判示しています。

なお，形式的判断説の立場でも，利益相反行為が問題となるのは，親と子が直接の対立当事者となる場合だけでなく，子と第三者とが行う行為にも拡大されています。例えば，金融機関に対し親権者が負担する貸金債務について，子を代理して子の所有する不動産に金融機関の抵当権を設定する行為*7や，抵当権を設定するとともに子も金融機関の連帯債務者となる行為*8のように，親権者が子を代理して第三者となる金融機関と契約する行為も，利益相反行為となるものとされています。

設問の検討

判例に基づく形式的判断説による場合，設問のように，未成年者の単独親権者である母が，内縁の夫の銀行からの借金の担保として子の所有する不動産に抵当権などを設定する行為は，母の借金について子の不動産に抵当権を設定する場合などと異なり，母と子の間に外形的な利害の対立がありませんから，原則として，利益相反行為になりません。また，母が，子の親権者として，内縁の夫に子が所有する金銭を貸し付ける行為も，同じく母と子の間に外形的な利害の対立がありませんから，原則として，利益相反行為になりません。したがって，特別代理人を選任することなく，親権者である母が，当該法律行為を行うことができるでしょう。

ただし，前記の判例の考え方に基づけば，当該抵当権の設定や金銭の貸与が，子の利益を無視して母自身または第三者である内縁の夫の利益を図ることのみを目的としてされるなど，親権者に子を代理する権限を授与した法の趣旨に著しく反すると認められる特段の事情が存する場合には，親権者による代理権の濫用にあたると解すべきです。例えば，当初から内縁の夫にほとんど資力がなく借金の返済が困難である場合に，抵当権を設定することや金銭を貸与することは，親権者による代理権の濫用の可能性が高いといえるでしょう。このような場合に，その行為の相手方，すなわち，抵当権の設定を受けた銀行や金銭の貸与を受けた内縁の夫が，権限濫用の事実を知りまたは知りうべかりしときは，民法93条ただし書の規定の類推適用により，その意思表示を無効とし，当該行為の効果が子には及ばないものと解すべきです。

＊1　大判大7・9・13民録24・26・1684，最判昭37・2・27裁民集58・1023，最判昭42・4・18民集21・3・671，最判昭49・9・27金法736・26，注5ないし7掲記の判例など多数。
＊2　我妻栄・親族法（有斐閣，1961）342頁，中川善之助・新訂親族法（青林書院新社，1965）526頁，島津一郎・家族法入門（有斐閣，1964）289頁
＊3　中川淳・改訂親族法逐条解説（日本加除出版，1990）443頁，阿部徹「親子間の利益相反行為㈡」民商57巻3号（1967）80頁，後藤清「民法826条の利益相反行為」家族法大系Ⅴ（有斐閣，1960）71頁
＊4　最判昭46・4・20家月24・2・106，最判昭48・4・24家月25・9・80，最判昭49・7・22家月27・2・69など多数。
＊5　なお，最高裁判例の立場に変化はありませんが，学説においては，近時，実質的判断説が支配的になってきたとの指摘もあります。於保＝中川編・新版注釈民法（25）（有斐閣，改訂版，2004）138頁〔中川淳〕
＊6　最判平4・12・10民集46・9・2727
＊7　最判昭37・10・2民集16・10・2059
＊8　大判大3・9・28民録20・690

〔清水　節〕

11　利益相反行為(1)

11 利益相反行為（2）

設問 90

夫が亡くなり，2人の未成年の息子に夫の財産を分けてやりたいと思います。母である私自身は，他に財産もあるので，遺産をもらうつもりはないのですが，私が息子達の公平を考えて遺産の分割を行うことはできないでしょうか。

利益相反行為　民法824条本文は，「親権を行う者は，子の財産を管理し，かつ，その財産に関する法律行為についてその子を代表する」と規定しており，この条文に基づいて，親権者は，子の財産管理の全般について法定代理権を有することになります。

ただし，親権者とその親権に服する子との利益が相反する行為については，親権者に公正な親権の行使が期待できないおそれがあることから，民法は，親権者が上記のような行為を行う場合，家庭裁判所にその子のための特別代理人の選任を請求しなければならないと規定しています（民826条1項）。

それとともに，親権者が数人の子について親権を行う場合に，その一部の子と他の子との利益が相反する行為については，上記と同様に，親権者に公正かつ平等な親権の行使が期待できないおそれがあります。そこで，民法は，このような行為についても，親権者が，家庭裁判所にその一部の子のための特別代理人の選任を請求しなければならないと規定しています（同826条2項）。

そして，従来から，判例では，利益相反行為に該当するか否かは，行為自体または行為の外形からのみ判断すべきであり，行為の目的・動機や結果から判断すべきではないとする形式的判断説（外形説とも呼ばれます）が採用されており（昭和48年4月24日の最高裁判決[1]，昭和49年7月22日の最高裁判決[2]），通説もこれを支持しています。これに対し，当該行為の目的・動機や結果を実質的に検討して利益相反行為性を判断する実質的判断説（実質説とも呼ばれます）も主張されていますが，実務上も定着している形式的判断説が妥当と思われます（⇨〔設問89〕）。

遺産分割協議等の利益相反性　遺産分割の協議は，被相続人の残した遺産を共同相続人間で分配するために行われるものであり，共同相続人間で利害が対立することが明らかな行為ですから，利益相反行為に該当することになります。この点については，学説上も異論がありません。

最高裁判例[3]も，親権者が，共同相続人である数人の子を代理して遺産分割を行うことは，親権者に衡平を欠く意図がなく，親権者の代理行為の結果，数人の子の間に利害の対立が実現しなかったとしても，民法826条2項の利益相反行為に該当するとし，そのような遺産分割協議は，追認のない限り無効であるとしています。また，同様の見地から，親権者によって代理される1人の子を除くその余の未成年者については，各別に選任された特別代理人がその各人を代理して遺産分割の協議に加わることを要し，1人の親権者が数人の未成年者を代理して成立した遺産分割協議は，無効とする最高裁判例[4]もあります。

これらの判例は、いずれも、親権者が、共同相続人である数人の子を代理して遺産分割を行うものであり、自分自身が共同相続人とならない民法826条2項に関する事例ですが、その考え方は同条1項についても妥当するものです。

したがって、相続人である親権者が、共同相続人である数人の子の法定代理人として遺産分割協議を行った場合、子全員について、民法826条違反となり、成年となった子自身または選任された特別代理人による追認がない限り、その協議は無効とされています*5。また、戸籍先例についても、同様の見解が示されています*6。

特別代理人選任の必要性

以上の判例の趣旨からすると、仮に、未成年者に有利な形式で遺産分割協議が行われた場合であっても、特別代理人が選任されていない限り、親権者やその他の相続人から協議の無効を主張されて、再度分割を求められることになってしまいますが、このような場合は、事案に応じて、権利の濫用や信義則の法理により妥当な解決をすべきでしょう。また、母がその未成年の子2人（代襲相続人）の親権者として、亡父の兄弟と亡父の父母の遺産の分割協議を行う場合のように、未成年者の子の間では利害の対立が少ないことが一般的な事例であっても、子の両名を母が代理することは、利益相反行為となりますから、どちらかの子の1人について特別代理人を選任しなければなりません。

以上のことは、当事者間の遺産分割協議だけでなく、家庭裁判所における遺産分割の調停や審判手続にもあてはまります。したがって、家庭裁判所の実務では、調停や審判にあたって、親権者とその未成年の子とが共同相続人である場合は、子ごとに特別代理人を選任して手続を進めることが一般的です。なお、相続人である親権者が、自分の地位と、共同相続人である子の法定代理人の地位に基づいて、1人の弁護士を選任し、その弁護士が親権者および子の共通の代理人として、遺産分割手続に関与することは、利益相反行為に該当すると判示する裁判例もあります*7。ただし、親権者と子のために選任された特別代理人の双方が、同一の弁護士を選任したような場合は、利益相反とならず、両者が双方代理をあらかじめ許諾したものと解することができるでしょう。

特別代理人の選任手続

家庭裁判所における特別代理人選任の申立権者は、親権者です（民826条1項2項）。ただし、共同親権の場合であっても、親権者の一方の申立てで足りるとするのが、従来の実務の取扱いであり、判例にも支持されています*8。また、特別代理人の選任手続は、未成年の子の住所地を管轄する家庭裁判所が行うことになります（家審9条1項甲類10号、家審規67条・60条）。

選任される特別代理人は、親権者や未成年後見人のような包括的な代理人ではなく、特定の行為について個別的に選任される代理人であり、その権限は、家庭裁判所の選任の審判の趣旨（主文）により定められます。

特別代理人の適格性

特別代理人となるべき者の資格について、後見人のように法律上の欠格事由（民847条）はなく、家庭裁判所の裁量に委ねられています。一般的には、未成年者の財産状態、家庭環境、当該行為の必要性などについての実情を知り、未成年者の利益のために判断することが期待できる者が選任されるべきでしょう。

しかしながら、家庭裁判所が、このよ

うな適任者を職権で独自に捜すことは困難なため，実際には，申立人である親権者の推薦する者を選任することがほとんどとなっています*9。

このような特別代理人の適格性を十分に審査できない状況の中で，家庭裁判所としては，できるだけ特別代理人の権限を具体的に吟味し，その内容を明確化することにより対処しています。例えば，遺産分割の協議のための特別代理人の選任の申立てについては，遺産分割の協議書の案文の提出を求め，その内容の妥当性を事実上審査した上，特別代理人の選任を行う審判例も少なくありません（審判書に遺産分割の協議書案を別紙として添付するものもあります）。

設問の検討 設問のように，母と未成年の2人の子の3人が亡父の遺産分割を行う場合は，親権者である母が公平な分割を考えているとしても，分割協議が利益相反行為に該当することは明らかです。したがって，親権者である母は，子のそれぞれについて，特別代理人の選任を家庭裁判所に申し立てなければなりません（どちらか一方の子の代理をすることもできません）。実際には，特別代理人の候補となる成人2人と，分割協議について事前の打ち合わせを行い，一定の分割協議案を作成した上で，申立てを行うことになるでしょう。

*1 最判昭48・4・24家月25・9・80
*2 最判昭49・7・22家月27・2・69
*3 最判昭48・4・24・前掲注1
*4 最判昭49・7・22・前掲注2
*5 東京高判昭55・10・29判時987・49
*6 昭和28・4・25民甲697民事局長通達，昭和30・6・18民甲1264民事局長通達
*7 東京高判昭58・3・23家月36・5・96
*8 昭和44・10・22法曹会決議・曹時22巻2号（1970）254頁，最判昭57・11・26民集36・11・2296

*9 仁平正夫「利益相反行為についての特別代理人選任に関する審判の実情と若干の問題点」判時1172号（1986）4頁

〔清水　節〕

12 親権の停止・喪失

設問 91

私の孫は，息子夫婦に家の中でひどい扱いを受けているようです。前に注意したのですが，まったく聞き入れようとしません。息子とはいえ，あんな親で孫がかわいそうなので，息子夫婦の親権を一時的にでも終わらせて，私たちが育てようかと思い始めています。それが無理なら，しばらく施設に預かってもらうことも考えています。親権の終了の手続を教えてください。

親権の喪失宣告　民法834条は，子の親権者として不適当な事情がある場合，子の福祉のために，その親権者の親権を強制的に剥奪する制度として，「親権の喪失宣告」を設けています。

父母が共同して親権を行使する場合であっても，親権の喪失宣告を受けるべき原因は，親権者それぞれが別個に判断されることになります。また，数人の子に対して親権を行使する場合には，常に全員の子に対して親権を喪失するわけではなく，一部の子に対する親権の喪失宣告を行うことも可能です。

親権喪失宣告を受ける実質的な要件は，「父又は母が，親権を濫用し，又は著しく不行跡であるとき」とされていますので，以下説明していきます。

親権の濫用　親権の濫用とは，子に対する身上監護または財産管理の権利を不当に行使し，または不当に行使しないことにより，子の福祉を著しく害することとされています*1。

まず，身上監護面における濫用としては，親権者の有する懲戒権の行使が度を超すことが考えられます。すなわち，親権者は，必要な範囲内でその子を懲戒することが認められています（民822条）が，親権者が行うことが許される懲戒の手段や程度は，どのような場合であっても，社会通念上，監護教育という目的達成のために必要と思われる限度を超えることはできません。そして，監護教育と無関係な懲戒は，児童虐待となり，必要な範囲を超えた子の折檻は，刑法上の犯罪行為ともなります。

判例によれば，子の非行に対する懲戒の程度は，その親子の社会的地位，境遇，子の年齢，体格，性別ならびに非行の種類，態様および性質など個々の場合の具体的事情に基づき，一般社会人において妥当適切と首肯できるものでなければならないとされます*2。例えば，満2歳余りの歩行もできず平素十分な栄養を与えられていない病弱児に対し，しつけなどのために打擲（打つこと）を加えることは，暴行罪になるとされ*3，盗癖矯正の目的であっても，8歳の未成年者の両手を針金で縛り，継続して2日半以上自宅内の押入に閉じこめる行為は，逮捕監禁罪になるとされています*4。

また，親権者の有する居所指定権（同821条）についても，監護教育上適切でない場所を指定したり，子の利益を無視して親権者自身のために居所を指定したような場合は，その濫用となります。例えば，未成年の子女を，風俗営業を営む場所や賭博が行われている場所に住み込ませたりする場合は，居所指定権の濫用

237

VI 親権・監護権

といえるでしょう。

さらに，親権者が，未成年者の養育監護を正当な理由なく第三者に委ねて，自らの責任を長期間果たすことがない場合には，そのこと自体が未成年者の福祉を著しく害することであり，親権の消極的濫用に該当します*5。裁判例では，生後11ヵ月の幼児の養育を6年余り事実上の養親に委ねている事例で，親権の濫用が認められています*6。ただし，未成年の子を有する夫婦が別居し，一方の親のみが監護養育にあたるような場合は，同居していない親の行為が直ちに親権の消極的濫用に該当するわけではなく，その夫婦の別居に至る経緯や実情を考慮して，親権者としての義務を全うしているか否かを判断すべきでしょう。例えば，親権者が自らの責任で別居状態を作出しながら，その後7年間にわたって子の監護養育を放棄していたような事案では，親権の消極的濫用が認められていますが*7，母が養母と夫との不和を理由に子を夫に託して家を出た事例では，夫の死後に親権を行使することが，親権の濫用ではないとされています*8。

子に対する財産管理権の濫用も，親権の喪失原因となります。具体的には，子の財産を不当に処分すること，子に不当な債務や担保権を負担させること，利益相反についての制限（民826条）を無視して利益相反行為を行うことなどです。事実行為として，子の財産を破壊したり，手入れせずに放置することも含まれます。裁判例では，子の財産に抵当権を設定して子の名義で借財した金員について，母である親権者が，男性との外泊生活のために消費したか，あるいは，無意味に消費した結果となった場合は，親権の濫用になるとされています*9。

著しい不行跡

親権者による著しい不行跡とは，親権者の行った犯罪や不倫行為が，単に倫理的道徳的に非難されるというだけでなく，そのために監護養育が怠慢になったり，子の心身の健全な成長に悪影響を及ぼすなどして，子の福祉を著しく害することとされています*10。

戦前の民法のもとでは，母が親権者となるのは，父の死亡後などの限られた場合だけでした（旧民877条2項）から，判例上，親権者である母が，他の男性と性的交渉を継続している事案などに，「著しい不行跡」があるものとされていました。しかし，戦後の判例では，これらの事案についても，母の行為の倫理的な判断とは別個に，当該行為が著しく不良であって子の福祉を害するか否かの観点から検討を行い，親権の喪失を判断しています。例えば，夫以外の男性と不倫に陥り，夫や幼児を残して駆け落ちしても，その後不倫関係を解消して帰宅し，夫の死後，子らと円満な生活をしている場合には，過去の不行跡を親権喪失の事由とはできないとされています*11。夫婦の間では倫理的に非難される行為を行った親であっても，必ずしも子にとって不適当な親であるとはいえず，他の者との比較では子の監護養育を委ねるのに適当な場合もありうると考えられます。立法論としては，「著しい不行跡」という事由を削除し，そのような不行跡は，親権を濫用した行為の1要素として考慮すれば足りるでしょう。

親権喪失宣告の手続

親権者の親権を喪失させるべき事由があるような場合には，子の親族または検察官の請求により，家庭裁判所が，親権喪失の宣告の審判を行うことになります。子自身や親権者の親族には，申立権が認められていませんが，児童福祉法上，児童相談所長にも，申立てを認めています（児福33条

の6)。

　親権喪失の宣告に関する審判事件は，事件本人である子の住所地の家庭裁判所に申し立てることになります（家審規73条）。申立てを受けた家庭裁判所が親権喪失の宣告をする場合には，親権者本人の陳述を聴かなければなりません（同76条）。

　親権喪失の宣告を受けた親権者またはその親族は，その審判に対し，即時抗告をすることができ，親権喪失の宣告の申立てを却下された申立人または子の親族は，その却下審判に対し，即時抗告することができます（同77条）。

　なお，家庭裁判所は，親権喪失の宣告に関する審判事件の申立てがあった場合に，子の利益のために必要があると認めるときは，審判申立人の申立てによって，審判の効力が生じるまでの間，親権者としての職務を停止したり，またはその職務代行者を選任することができます（同74条1項）。これは，審判前の保全処分の一種と解されており，家庭裁判所は，選任された職務代行者に，子の財産の中から相当の報酬を支払うことができます（同75条）。審判例では，父である親権者の虐待に耐えられずに家出した未成年者について，同人を保護した児童相談所長から申し立てられた親権喪失宣告の審判において，親権者の職務執行を停止するとともに，その児童相談所長を親権者の職務代行者に選任した事例があります*12。

＊1　我妻栄・親族法（有斐閣，1961）347頁など通説。
＊2　東京高判昭35・2・13下刑集2・2・113
＊3　札幌高判昭28・2・18高刑集6・1・128
＊4　水戸地判昭34・5・25下刑集1・5・1278
＊5　大津家審昭34・12・23家月12・3・141
＊6　千葉家松戸支審昭46・10・5家月24・9・165
＊7　神戸家審昭55・9・29家月33・8・68
＊8　東京高判昭32・9・17下民集8・9・1710
＊9　広島家呉支審昭33・12・15家月11・3・155
＊10　前掲注1 348頁など通説。
＊11　新潟家高田支審昭43・6・29家月20・11・170，同種事案，広島高岡山支決昭34・3・4家月12・3・103，岡山家審昭39・11・6家月17・1・112など
＊12　東京家八王子支審昭54・5・16家月32・1・166

〔清水　節〕

Ⅶ 里親・里子

1 里親制度概説
2 里親になるための手続
3 実親からの引取請求
4 週末里親・精神里親運動

1 里親制度概説

設問 92

親のいない子を預かる里親という制度があると聞きましたが、どういうものですか。私は結婚していないのですが、子どもを育てるのは嫌いではありません。独身で働いている私でも里親になれるのでしょうか。親戚の子を里親として育てることはできますか。

里親制度とは　里親は公的里親と私的里親に大別することができます。一般的に里親というときには、公的里親＝児童福祉法上の里親制度（児福6条の3・27条1項3号）のことを指します。

公的里親制度とその種類　児童福祉法上の里親制度は、2008（平成20）年の児童福祉法改正によって、2009（平成21）年4月1日から大幅に変わりました。従来、里親制度は、「家庭での養育に欠ける児童等に、その人格の完全かつ調和のとれた発達のための温かい愛情と正しい理解をもった家庭を与えることにより、愛着関係の形成など児童の健全な育成を図るもの」であるとされてきました（平成14・9・5雇児発0905002雇用均等・児童家庭局長通知「里親制度の運営について」）。また、児童相談所運営指針では、「特に、父母が死亡した子どもや、父母が長期にわたって行方不明である子ども

等については、里親委託措置を積極的に検討する」とされています（ちなみに、外国では、このような子どもには、永続的で安定的な家庭を法律上も保障するため〔パーマネンシーの保障とそれを実現するためのパーマネンシー・プランニングの重要性〕に養子縁組が目指されます）。

2009（平成21）年4月から公的里親の種類は、養育里親、養子縁組里親および親族里親とされています（児福6条の3第1項「里親とは、養育里親及び……要保護児童を養育することを希望する者であって、養子縁組によって養親となることを希望するものその他のこれに類する者」）。この整理は、親族関係を発生させない養育里親と、親族関係を発生させる養子縁組里親および親族関係ある者による親族里親という区別の仕方がされています。これは、現在もしくは将来の親族関係の存否で里親を大きく2種類に分けるものといえます。そして、大きく2種類に分けた上で、養育里親には里親手当を支給し、

表1

里親の種類			
	親族関係を発生させない	養育里親	養育里親（短期里親を含む）
			専門里親
	親族関係を発生させる	養子縁組里親	
	3親等内の親族関係の存在	親族里親	

養子縁組里親と親族里親には里親手当を支給しないこととされたのです。

前述のように里親の種類を3種に分類して、従前から存在する専門里親は、養育里親のなかに位置づけられ、短期里親は、短期里親という独立した区分をなくし、養育里親に組み入れて扱われることになりました。職業里親は廃止され、職業里親に登録されていた里親は、里親の希望等によって、養育里親等に移行させることになりました（表1参照）。

養育里親とは 養育里親は、法律上の身分関係を発生させません。養育里親に認定されるのは、養育里親研修（この研修は、里親としての委託経験や児童養護施設等の職員としての経験などの要件を満たすときには、一部を免除できます）を修了した者で、経済的に困窮しておらず（児福施行規則1条の34）、次に示す欠格事由に本人または同居人が該当しないことです（児福34条の19*1）。すなわち、①成年被後見人または被保佐人、②禁錮以上の刑に処せられ、その執行を終わり、または執行を受けることがなくなるまでの者、③児童福祉法、「児童買春、児童ポルノに係る行為等の処罰及び児童の保護等に関する法律」その他国民の福祉に関する法律で政令で定めるもの（社会福祉法、児童扶養手当法、特別児童扶養手当等の支給に関する法律、児童手当法）の規定により、罰金の刑に処せられ、その執行を終わり、または執行を受けることがなくなるまでの者、④児童虐待の防止等に関する法律第2条に規定する児童虐待または被措置児童等虐待を行った者その他児童の福祉に関し著しく不適当な行為をした者です。

以上のような要件を満たして養育里親名簿に登録された者を養育里親と呼びます（同34条の18*2）。

なお、短期里親は廃止されましたが、1年以内の期間を定めて、要保護児童の養育を希望する場合にはその旨を養育里親名簿に登録することになっています（児福施行規則36条の36第5号）。短期委託は、子の保護者の居住地の近くの養育里親への養育委託が望ましいとされ、緊急を要するケースが予想されるので、児童委員等からの児童相談所長への電話連絡等による仮委託を行う等弾力的な運用に配慮することとされています（「里親制度の運営について」第4、4(1)(2)）。

専門里親とは 2008（平成20）年児童福祉法改正により専門里親は養育里親のなかに含まれることになりました。専門里親とは何かは、里親側の要件とその里親に委託される子どもの要件との両方によって定義されています。まず委託される子どもですが、①児童虐待防止法2条の児童虐待行為により心身に有害な影響を受けた児童、②非行のあるまたは非行に結び付くおそれのある行動をする児童、③身体障害、知的障害または精神障害がある児童で、都道府県知事がその養育に関して特に支援が必要と認めたものを養育する者です（児福施行規則1条の35）。さらに里親側の要件は、①次に掲げる要件のいずれかに該当することとして、(イ)養育里親として3年以上委託児童の養育の経験をもつ者、(ロ)3年以上児童福祉事業に従事した者であって、都道府県知事が適当と認めた者、(ハ)都道府県知事が(イ)または(ロ)に該当する者と同等以上の能力を有すると認めた者であること、②専門里親研修の課程を修了していること、③委託児童の養育に専念できることです（同施行規則1条の36）。

以上の要件を満たして、養育里親名簿に登録された者を専門里親といいます。欠格事由は、養育里親と同じです。

① 里親制度概説

VII 里親・里子

養子縁組里親とは 養子縁組によって養親となることを希望するタイプの里親のことを養子縁組里親といいます。養子縁組が可能な要保護児童を養育することを前提にした里親です。養子縁組里親の認定は、養育里親の認定等に準じて都道府県知事が行います（児福施行規則36条の43）。養子縁組里親は、養育里親名簿とは別の名簿に登録することになっています。

養育里親（専門里親を含む）と異なり、養子縁組里親については、里親研修が義務化されておらず、必要に応じて実施するとされています。養育里親と同様、要保護児童が対象児童であることからすると、養子縁組里親であるとなぜ研修が必須とされないのか疑問のあるところです。

なお、養育里親・養子縁組里親いずれの場合も、都道府県知事は、里親登録の際に、里親の希望の1つとして、養育里親では将来の養子縁組里親に、養子縁組里親では養育里親になることも考えているかを把握することとされています（「里親制度の運営について」第3、2(2)および3(3)）。そして、このような将来の養子縁組を希望しながらも、養子縁組が可能でない要保護児童の養育を引き受けてもいいと考えている里親には、養育里親としての登録を勧め、その旨を養育里親名簿等に記載するか、養子縁組により養親となることを希望する者の名簿にも合わせて記載する等の対応をとることとされています。

親族里親とは 親族里親とは、要保護児童の3親等内の親族で、要保護児童の両親その他の児童を現に監護する者が、死亡、行方不明または拘禁等の状態になった児童を養育する者をいいます（児福6条の3第1項、児福施行規則1条の32第2項2号）。親族里親の認定等は、養育里親の認定等に準じて都道府県知事が行います（児福施行規則36条の43）。

親族里親は、上記のような理由で、親族へ子の養育を委託しなければ、児童福祉施設での養育になるときに、その子の福祉にとって、家庭的環境での養育が適当な場合に、「民法上の扶養義務の有無にかかわらず、3親等内の親族」に委託する制度です。それゆえ、実親が現に存在している場合には、「実親による養育の可能性を十分に検討し、真にやむを得ない場合にのみ、親族里親への委託を行うこと」（「里親制度の運営について」第4、3(2)ア）とされています。

単身者でも里親になれるか 公的里親で、「知識、経験を有する等児童を適切に養育できると認められる者については、必ずしも配偶者がいなくても、里親として認定して差し支えない」（「里親制度の運営について」第3、1(4)）とされています。単身者も里親として認定されうるわけですが、学校の先生や保育士などの経験がある等児童を適切に養育できると思われる者に限定されています。例えば、東京都の場合には、単身者には保健師・看護師・保育士等の資格があり、養育者を補助する20歳以上の子または父母等が同居していることが条件にされています。各都道府県・政令指定都市でこの条件は若干異なっていますので、具体的な点は児童相談所にお問い合わせください。

私的里親とは 私的里親は、実親（親権者）が何らかの理由で第三者に自分の子どもの監護養育を委ねるもので、古くからの慣行として行われてきたものです。私的里親の法的性質は、一般的には養育委託契約で準委任であるといわれています。例えば、実親（親権者）が何らかの事情（例えば病気）から親戚に自分の子どもの養育を

委ねるときは，法的には養育委託契約が結ばれたことになります。この契約は準委任であると解されている結果，いつでも当事者の誰からでも解消できるとされています。この法律構成は，子どもの養育を他人に委ねておく理由がなくなったときに，親権者が再び子どもを自分の手元において養育することができるようになるという点では適切なものといえます。しかし他方で，養育期間が相当長期間に及び私的里親とその子どもとの間に，非常に強い親子としての絆が成立してしまったときでも，親権者の都合だけで養育委託契約が解消され，子どもは親権者の膝下に移らなくてはならないとすると，子どもの精神的・情緒的・身体的な成長発達を著しく阻害するという結果を引き起こすことがあります。養育委託契約を準委任と構成することの弱点はこの点にあります。

なお，児童福祉法30条は，同居児童（児童福祉法は4条で，18歳未満の者を児童と総称し，1歳未満の者を乳児，1歳から小学校就学までの者を幼児，小学校就学から18歳までの者を少年と称するとしています）の届出を義務づけています。4親等内の児童以外の児童を自分の家庭（ここでいう家庭には，単身世帯も含みます）に同居させる意思をもって3ヵ月を超えて（乳児については，1ヵ月を超えて）同居させた者，または継続して2ヵ月以上（乳児については20日以上）同居させた者は，同居を始めた日から3ヵ月以内（乳児については1ヵ月以内）に市町村長を通じて，都道府県知事に届出をしなくてはなりません。この義務に違反すると，30万円以下の罰金の対象になります（児福62条5号）。

*1　児童福祉法現行34条の14を34条の18とする改正規定（平成20法85による）は，2010（平成22）年4月から施行されます。

*2　児童福祉法現行34条の15を34条の19とする改正規定（平成20法85による）は，2010（平成22年）4月から施行されます。

〔鈴木博人〕

① 里親制度概説

2 里親になるための手続

設問 93

子どものいない私たち夫婦は，里親として子どもを育ててみようと2人で話し合いました。まずどのような手続をとったらいいのか教えてください。里親には公的補助があるのでしょうか。保育園や幼稚園の手続はどうなるのか，子どもが病気になったときに私たちの医療保険が使えるのか，費用の負担はどうなるのか，手術が必要なときは実親の了解が必要なのか，住民票や戸籍はどうなるのか，わからないことが多いので，教えてください。

里親を希望してから里親の種類の選択までの流れ

里親になろうと考えたときに具体的にどのようにしたらいいのかを示すのがここでの目的です。2009（平成21）年4月から里親の種別が変更されました（⇒〔設問92〕）。それに伴い，里親認定・研修・登録等の仕方が変わりました。本設問の場合に利用できると思われる養育里親と養子縁組里親についてみてみましょう。

まず，里親になることに関心をもったら，お住まいの地域を管轄する児童相談所，都道府県が委託する里親支援機関，市町村が窓口になっているところでは児童福祉担当課に問い合わせてください。里親支援機関とは，2008（平成20）年の児童福祉法改正により，里親制度の普及啓発・里親研修および委託後の里親への支援（里親家庭への訪問指導や養育相談，レスパイト・ケアの調整，里親サロンの実施等）の充実のために，都道府県により上記のような事業を委託される児童家庭支援センター，乳児院，児童養護施設，里親会，NPO等です（児福11条1項2号ヘ・4項）。

児童相談所や里親支援機関での説明を受けると，希望に応じて，養育里親か養子縁組里親かを決めることになります。できれば養子縁組をしたいと考えているけれども，養子縁組対象児童ではない子の養育をしてもよいと考えている場合には，養育里親を選択することになります。

研修受講

養育里親になるためには里親研修を受けることが必須になりました（児福6条の3第2項）。

この研修は，基礎研修と認定前研修で構成されています。基礎研修は，養育里親を希望する者を対象に行われるものです。①社会的養護における里親制度の意義と役割の理解，②要保護児童とその状況の理解（虐待，障害等々），③里親に求められるものを共有する（グループ討議）ことを研修の目的に置いています。研修期間は，講義1日，実習1日（各種施設で行うこととされています）の2日間です。基礎研修を修了して里親について概略を理解すると，認定前研修を受講します。認定前研修の目的は，社会的養護の担い手である養育里親として，子どもの養育を行うために必要な知識と子どもの状況に応じた養育技術を身につけることに置かれています。講義2日，実習2日（基礎研修の施設に各種障害児施設等が加えられています）の4日間です。大雑把な言い方をすると，基礎研修が基本知識と精神を，認定前研修が具体的なノ

ウハウを学ぶといえるでしょう。

以上の研修の一部を免除される場合があります。まず、現に委託児童を養育中の里親は、認定前研修のカリキュラムを1日に短縮でき、実習は免除されます。また、①3年以上児童福祉事業に従事した者で、都道府県知事が適当と認めた者、②里親登録をされており、3年以上の委託児童の養育経験のある者、③里親登録されており、過去2年間のうちに委託児童の養育経験がある者は、基礎研修を免除されます。さらに、直近5年間に都道府県が行う研修、その他都道府県が適当と認める研修を受講しており、その研修内容が当該認定前研修に相当すると認められる場合には、研修の一部または全部を免除できます。

これら研修前もしくは研修中に児童相談所に里親の登録申請をすると、児童相談所は、研修中も家庭訪問・調査を行い、次節で示す認定手続をとって、児童福祉審議会里親認定部会で審議し、問題がなければ養育里親として認定されます。

養育里親の認定手続

養育里親は、4人以下の要保護児童を養育することを希望する者で、経済的に困窮していない者であって、厚生労働省令で定められた養育里親研修を修了した者をいいます（児福6条の3、児福施行規則1条の32第1項、1条の33、1条の34）。

まず、欠格事由に該当しないことが前提になります（⇨〔設問92〕）。養育里親に登録を希望する際に必要な申請書類には以下のことを記載します（児福施行規則36条の37）。①住所、氏名、性別、生年月日、職業および健康状態、②同居人の氏名、性別、生年月日、職業および健康状態、③養育里親研修を修了した年月日または修了する見込みの年月日、④養育里親になることを希望する理由、⑤1年以内の期間を定めて要保護児童の委託をされることを希望する場合にはその旨、⑥従前に里親（施行日前における里親を含む）であったことがある者はその旨および当該登録等が他の都道府県におけるものであった場合には当該都道府県名、⑦その他都道府県知事が必要と認める事項です。さらに、申請書に添付しなければならない書類があります。①申請者および同居人の履歴書、②申請者の居住する家屋の平面図、③養育里親研修を修了したことまたは修了する見込みであることを証する書類、④児童福祉法34条の15第1項に規定する養育里親の欠格事由に該当しないことを証する書類、⑤その他都道府県知事が必要と認める書類です。

このようにして認定された養育里親について、都道府県知事は、実際に児童を委託するために、養育里親名簿を作成しておくことになっています（児福34条の14・34条の16）。この養育里親名簿の登録有効期間は5年です。原則として、この期間が満了前に、更新研修を受講した後、欠格事由に該当していないかを確認して、養育里親名簿に登録されます。更新研修の目的は、養育里親として児童の養育を継続するために必要な知識、新しい情報を得ることとされています。

なお、専門里親による対象児童の養育は、原則として2年までです。

養子縁組里親の認定手続

本設問では、養子縁組里親が希望される可能性も高いと思われます。しかし、養子縁組里親については、養育里親のように詳細な手続は定められておらず、その要件や研修については、養育里親の認定等に準じて都道府県知事が判断することとされているにすぎません。研修も必要に応じて行うとされているだけで、必ず行わなくては

② 里親になるための手続

Ⅶ 里親・里子

ならないとはされていません。要保護児童の養育を行うという点では養育里親と異ならないのに、養子縁組については、結局法律上親子という身分関係を設定して、いわば自分の子にするのだからこの程度でいいではないかとされているように思われて仕方ありません。しかし、養子縁組対象児童の養育の困難は、養育里親の場合となんら変わりはないという点には十分注意しておいてください。

里親手当 2008（平成20）年の法改正で里親手当は大幅に変わりました。養育里親の手当は、児童1人月額7万2000円、2人目からは3万6000円になります。また、専門里親は、児童1人12万3000円、2人目が8万7000円、養子縁組里親は支給なしになります（親族里親は元々支給なし）。養子縁組里親がなぜ支給0なのか、1人目と2人目とでなぜ手当額に差があるのか合理的な理由が見出せないところもあります。なお、委託費は各種里親にそれぞれ支給されます。

各種公的補助・住民票 児童が実際に委託されることになると、里親には委託費が支給されます。国の基準では、一般生活費、教育費、高校生については特別育成金、里親手当等が支給されます。このほかに、金額を加算している自治体もあります。また、学校給食費、教材費、通学費、見学旅行費等も一定の基準に基づいて支給されます。請求により支給されるものもあるので、児童相談所に問い合わせてください。税金関係では、里親に委託されている子どもは、所得税法上は扶養親族になりますので、児童相談所から児童委託の証明をもらって年末調整か確定申告のときに所得税控除の手続をとります。

子どもが里親家庭で生活を始めるのに伴って、里親の住所地への転入手続をとります。住民登録は子どもの本名で行い、世帯主との関係は縁故者となります。養子縁組と異なり、法律上の身分変動を伴わないので戸籍上の変動はありません。

学齢に満たない年少児童の場合、保育所や幼稚園に通うことが考えられます。里親が就労、妊娠・出産、疾病、障害、介護等の理由から、里子が「保育に欠ける」（児福24条・39条）ことになったとき、すでに就労している人に子どもが委託されるとき、保育所入所に係る費用（いわゆる保育料）は免除されます。

幼稚園についても、自治体によっては、公立幼稚園の授業料が免除されるところもありますので児童相談所または当該自治体の担当課に問い合わせてください。

里子の呼称・医療費 保育所・幼稚園・学校に通う際の里子の呼称について、里親の姓と同じにしたいときには、学校等に説明をして通称として里親の姓を使うことはできます。長期養育の場合や養子縁組前提の里親委託のときに特に必要になるでしょう。

病院関連では、まず診察券への里親姓の記載も可能ですので、児童相談所に相談してください。重要なのは医療費負担です。里親は健康保険の対象となる医療費を負担する必要はありません。診察を受けるときには、児童相談所が発行する受診券と、実親の健康保険証の遠隔地分離を医療機関に提出します。実親がいない、行方不明、健康保険に加入していないときには、受診券を提出すれば、医療費を個人で負担しなくてもよいことになっています。医療機関がこの仕組みをよく知らないときには、その場で児童相談所に電話して、医療機関に対して説明してもらってください。里親が一度医療費を個人で支払ってしまうと、後から請

求・返還できませんので十分注意してください。

里親の権限 里親にとっては，子どもの日常の面倒見にかかわる大小様々な判断をどんな権限に基づいて下しているのか，実親から異議を唱えられたら対抗できるのか，不安を感じている方もいるかもしれません。2005（平成17）年4月に施行された改正児童福祉法では47条2項で，施設長の親権代行権にならった規定を里親についても設けました。この規定により，日常生活での子の身上監護に関する里親の権限に条文上の根拠が与えられました。しかし，この条文によって里親に無制限に子どもの身上監護権が認められたわけではありません。自らの膝下で日常生活を送っている子どもの世話とそれに付随して起こってくる事柄について，現に毎日行っていることに法的裏づけを与えている条文だといえます。他人のために行うものですから，法律上は善良なる管理者の注意義務をもって監護教育にあたらなくてはなりません（民644条・852条・869条）。孤児や棄児，実親の親権喪失宣告がなされたときを除き，里子には里親のほかに親権者が別にいることになります。どこまでが里親の日常の監護教育の対象で，どこからが親権者（実親）の権限に属するかは，なお不明確です。具体的な場面で想定されるのは，養育里親に長期間委託されている子どもの場合で，手術が必要なときや高校進学時の学校の選択が考えられます。子どもの手術についての親権者の同意といっても，長期委託されている事例では実親との交流があまりないケースも多いので，親権者としては判断材料をもたないということも多いでしょう。こういうときには実際には，児童相談所は里親に対して何かあったら児童相談所に相談するよう指示しています。また，学校の選択については，自立支援計画の策定の中に子どもの意向も踏まえて盛り込まれていきますので，里親が単独で決めなければならないという仕組みにはなっていません。

〔鈴木博人〕

2 里親になるための手続

3 実親からの引取請求

設問 94

私たち夫婦は里親として3年間育ててきた子を養子にしたいと思っているのですが，担当の児童福祉司から，子どもを引き取って一緒に暮らしたいという実母からの要望が出されていると知らされました。子ども自身は，今のままのほうがいいといっているのですが，実母からの要求には従わなければならないのでしょうか。

養育里親と養子縁組里親

里親には大別すると養育里親・養子縁組里親・親族里親3つの種類があり（⇨〔設問92〕），このうち養育里親には（狭義の）「養育里親」と「専門里親」という2種類のものが含まれています。養子縁組里親とは，養子縁組を行うことを目的にし，養親となる者と養子となる者の試験養育（いわばマッチング）を児童福祉法上の里親制度を利用して行うものです。養子縁組の斡旋手続を定めた法律がない日本では，児童相談所の斡旋により養子縁組を行う場合，まず里親制度を利用して試験養育を行っています。これに対して養育里親は，法律上の身分変動を伴わずに，子を個人の家庭で養育していくものです。里親制度は，児童福祉法およびそれに基づく省令や通知によって運営されているものですが，実際の運営や名称，養子縁組里親と養育里親それぞれへの力の入れ方は，都道府県によって若干異なっています。従来，全国的には養子縁組を希望する里親希望者が数の上では多いという傾向がありました。

さて，児童相談所が里親に委託する要保護児童にはどんな特色がみられるでしょうか。一般的にいうと，親がいない子，親がいることはわかっているけれどもその親がどこでどうしているかわからない子，親やその他親族の訪問や接触がない子，親が何らかの事情で養子に出したがっている子ということができます。別の言い方をすると，家庭復帰の見込みがなく，また養子縁組を行ってもそれに異議を唱える実親がいない子です。

設問の事例は，児童相談所が里親委託していますので，前述のように，実親による養育や交流が，少なくとも委託時までは見込めなかったのだと考えられます。里親は，委託された子との養子縁組を望んでいますが，委託当初から養子縁組が前提にされている場合と，最初は養子縁組前提ではなかったのに養育が長期化して，その結果養子縁組を希望するに至る場合がありえます。

設問では，子どもの養育が3年間継続しているとされているだけですが，この子が6歳未満であれば実親との関係を法律上断絶し，離縁が原則として禁止される特別養子縁組（例外として養子となる子が6歳になる前から養親となる者によって養育されていて，縁組当時8歳未満であるときも可能。民817条の5・817条の9・817条の10）か，実親との親子関係も存続する普通養子縁組（家庭裁判所の許可を要する未成年者養子縁組。民798条）のいずれかの種類の養子縁組の利用が可能です（特別養子と普通養子の違いについては⇨〔設問57〕）。子の年齢が上記6歳（例外事例では8歳）を超えているときには，普通養子縁組のみ行うこと

ができます。子の年齢が小さいときには，血縁関係がないことを知られたくないと考えて，特別養子縁組を希望する方もいるでしょう。このようにいうことは，子に養子であるという真実を告知しなくてもいいという意味ではありません。子には自己の出自を知る権利もありますので，子の理解度に応じて，繰り返し説明されるべきだといわれています。

親の同意 児童相談所が，養子縁組を前提にして子どもを里親に委託するとき，縁組成立までは養育里親として扱われます（平成14・9・5雇児発0905004厚生労働省雇用均等・児童家庭局長通知「養子制度等の運用について」第4養子縁組のあっせんに関する手続について 3，4）。

通常，児童相談所が親権者（実親）のいる子を里親委託するときには，たとえ親権者による養育が見込めなくても，子を里親に委託していいか親権者（親権者がいないときは後見人）の同意をとります（児福27条1項3号4項）。親権者は，里親に子がなつくのを嫌って，施設入所には同意しても里親委託には同意しないことも珍しくありません。また，特別養子縁組前提の里親委託のときには実父母の同意を，普通養子縁組前提の委託は法定代理人（親権者または親権者がいないときは後見人）の同意を得たうえで行います。後者を代諾縁組といいます（民797条1項）。ただし，子が15歳に達すると，代諾は不要となり子は自分の意思で普通未成年養子縁組を締結できます。特別養子縁組の場合，普通養子縁組と異なるのは，法定代理人の同意ではなくて，父母の同意が必要である点です（民817条の6）。

同意の撤回と同意補充 特別養子縁組の場合，試験養育期間が経過すると（民817条の8第2項によると，試験養育期間の起算点は，特別養子縁組の請求時とするのが原則ですが，同条項ただし書により里親委託期間は試験養育期間に算入されます），家庭裁判所への申込手続が開始します。家庭裁判所は，再度実父母への意思確認を行います。特別養子縁組成立に必要な父母の同意は，日本法では，縁組成立審判が確定するまで撤回可能になっています。この点は，日本法の制度上の欠点であるといえます。なぜなら，特別養子前提で里親委託することに同意し，家庭裁判所による意思確認にも同意し，子どもは試験養育を経て里親との間に親子関係を構築し，さらには家庭裁判所の成立審判が下されても，この審判が確定するまでの間は，縁組同意は撤回可能，つまり縁組不成立になってしまう可能性が消えないからです。里親委託自体も児童福祉法27条1項3号および4項に基づいて，親権者の同意に基づいて行われているときには，委託解除になってしまいます。養親となるはずであった里親との間に心理的親子関係・愛着関係が成立してしまっている子どもにとって，このような経過はどういう影響を与えるかを想像してみてください。

たしかに民法817条の6ただし書は，「父母がその意思を表示することができない場合又は父母による虐待，悪意の遺棄その他養子となる者の利益を著しく害する事由がある場合は」父母の同意は不要であると規定して，親の同意を裁判所が代わって行うという制度（同意補充制度と呼ばれます）を設けています。しかし，この条文では，子の福祉だけが判断基準にされているわけではなく，「父母による虐待，悪意の遺棄」と例示されており，子の福祉を侵害する父母の有責性の存在が判断基準に組み込まれています。判例をみても，同意補充が認められてい

③ 実親からの引取請求

VII 里親・里子

るのは，実母が養親となる者に，「あたかも金銭の貸与か支払が必要であるかに受けとれる言動に及び，これが拒否された後になって」同意を翻した事例です。

以上のような傾向から判断すると，設問の場合にも，基本的には実母の意向に従わざるをえません。

なお，同意補充をめぐって公表されている判例では，棄児や実親が行方不明の事例（これらの事例では児童相談所によって子どもが保護されています）を除き，児童相談所が関与しておらず，したがって里親委託されている事例ではありません*1。これは，比較法的にみると，日本法には養子法とセットで設けられているべき養子縁組斡旋法がないために，特別養子縁組であっても養親となる者と子とのマッチングが，直接，養親希望者と実親との間で契約的に行われているからです。

しかし，近年，設問のような事例で，行政行為としての里親委託は解除されざるをえないけれども，里親（正確には元里親）に子の福祉を守るために，離婚の際の監護者指定に関する民法766条を類推適用して，第三者から行う監護者指定の申立ての可否が争われています*2。法律の欠缺に該当するので立法的解決が図られるべき問題です。

*1　民法817条の6ただし書の同意補充について，子が棄児である事例と実親が行方不明である事例を除いた判例を示しておきます。
　①　大阪高決昭63・10・27家月41・3・164：同じような境遇にある兄妹のうち，妹については特別養子縁組の対象にされていないこともあり，一概に裁判所の判断が実母の有責性の有無のみを基準にしているとはいえない事例
　②　東京高決平元・3・27家月41・9・110：同意撤回は特別養子縁組成立審判後も可能であるが，816条の6ただし書の要件については審査しなおすべきだとして原審判取消し，差戻し
　③　東京高決平2・1・30家月42・6・47：②の事例と同様の趣旨
　④　福岡高決平3・12・27家月45・6・62：同意撤回をめぐる事実関係（同意を得たければ，あたかも金銭の貸与か支払が必要であるかに受けとれる言動を実母がしていた等）は，子の福祉の観点からすると，養子となる子の利益を著しく害する事由がある場合に該当するので，実母の同意なしに特別養子縁組を成立させるのが相当として実母からの抗告棄却（本文中引用の事例）
　⑤　最判平10・7・14家月51・2・83：子の血縁上の父であると主張する者が戸籍上の父および子を相手に親子関係不存在確認の訴えを提起したことを知る審判官が，この訴えの帰趨が決まる前に子を第三者の特別養子とする審判をした事例で，血縁上の父と主張する者が子を虐待しまたは悪意で遺棄したなど民法817条の6ただし書に該当することが明白だとする事由が存在するとはいえないときは，訴えの利益は失われないとして原判決を破棄，差し戻した。
　⑥　長野家松本支審平14・9・27家月55・6・116：母が，安定した監護環境を用意せず，明確な将来計画も示さないまま，子の引取りを要求し続けることは，子の利益を著しく害する事由に該当するとした。
　⑦　東京高決平14・12・16家月55・6・112：⑥の控訴審。原審判取消し，差戻し。「養子となる者の利益を著しく害する事由がある場合」とは，虐待，悪意の遺棄に比肩するような事情がある場合をいい，本件はこれにあたらないとした。

*2　①　山形家審平12・3・10家月54・5・139：里親からの監護者指定請求肯定
　②　仙台高決平成12・6・22家月54・5・125：①の抗告審。請求否定
　③　金沢家七尾支審平成17・3・11家月57・9・47子の親族（民法834条の請求権者・本件では祖母）には監護者指定の申立権を肯定
　④　東京高決平成20・1・30家月60・8・59：父母以外の者の監護者指定の申立権否定

〔鈴木博人〕

4 週末里親・精神里親運動

設問 95

私たち夫婦は，里親や養親として長期的に子どもさんのお世話をすることはできません。何か別の形で家庭に恵まれない子どもたちにかかわることはできないでしょうか？　また，週末里親とか精神里親，精神養子という言葉をきいたことがありますが，これらはどういうものなのでしょうか？

週末里親

児童福祉法に基づく里親は，養育里親，養子縁組里親，親族里親，の3種のものがあります（⇨〔設問92〕）。この3種類の里親とは別に，これもまた自治体によっては，施設入所児童に家庭的養育を経験させるための制度があります。週末里親，季節里親，三日里親というような名称を付されているものです。東京都の場合には，フレンドホームという制度があります。この制度は，児童養護施設入所児童を，夏休み・冬休みあるいは土・日・祝日といった学校が休みのときに数日間，自宅に迎えるものです。大阪府では週末里親と呼ばれています。これらの制度は，自治体ごとに要綱等を作って運営されています。具体的には正月やお盆の時期等，親元に帰れる子どもたちは皆一時帰宅するようなときに，親が行方不明とか，親がいても交流がないとか，親が病気である等の理由で一時帰宅できない子どもたちが対象になります。東京のフレンドホーム制度の場合，対象となる子どもの年齢は概ね4歳から12歳とされています。他の自治体では中学生も対象になっているところもあります。こうした週末里親等は，ボランティア扱いですが，子どもを預かっている際に子どもが病気や怪我をしたときには，医療費は自治体が負担するといった仕組みになっています。

これらの制度は，施設で暮らす子どもたちに，家庭的な体験を得させることになります。このいろいろな名称で行われている短期のボランティア里親家庭での生活を体験する子どもたちは，施設在所中は何度も同じ家庭に受け入れられますので，食事のときに家族の中で座る場所まで決まっている子どもたちも出てきますし，18歳の高校卒業に伴う施設への入所措置解除のときまで同じ家庭で過ごしに行くという子どもたちも珍しくありません。この意味では，子どもたちにとっても大きな支えになっているといえます。

また，東京都では，2ヵ月を限度にした短期条件付養育家庭（東京都の制度では養育里親と専門里親を養育家庭〔ほっとファミリー〕・専門養育家庭と称している）や平成14年度から開始した里親のレスパイト・ケア事業（里親の一時的な休息のための援助制度。平成14・9・5雇児発0905006厚生労働省雇用均等・児童家庭局長通知「里親の一時的な休息のための援助の実施について」）だけを行う養育家庭の募集も行っています。

以上みたように，短期間子どもを預かる制度は自治体ごとに異なるので，お住まいの地域の児童相談所に問い合わせてください。

なお，里親制度とは関連しませんが，各児童養護施設では行事のお手伝いをし

Ⅶ 里親・里子

たり，子どもたちの遊びの相手や学習補助をしてくれるボランティアを募集しています（大学生に対象を限定しているものもあります）。自立援助ホームでは泊まりボランティアを募集しているところもあります。さらに，各地児童相談所では，メンタルフレンドというボランティアを毎年度募集しています。東京都の場合，例えば学校に行けなかったり，友だちとうまく遊べないというような子どもたちの話し相手になったり，学習指導をしたり，一緒に遊んだりしていく中で信頼関係を築いていき，子どもたちが社会性を身につけ，次第に自立するのを手助けしていきます。いわばお兄さんやお姉さんとして子どもの心の支えになってもらうという制度です。対象者は都内在住・在勤・在学の18歳以上30歳未満の方で特別な資格は不要ですが，研修を受けます。これらの制度やボランティアについても，お住まいの地域の児童相談所に問い合わせてください。

精神里親 精神養子・精神里親については，養子とか里親という言葉が使われていますが，法制度としての養子・里親とは異なるものです。法律上の身分関係も養育委託関係も発生しません。児童福祉団体や機関の仲介を経て経済的な支援を行いますが，特定の子どもとの文通による交流等を通して精神的支援をも行うものとされています。精神養子と精神里親の違いもどこにあるのかがあまり明確ではありません*1。

日本における精神養子運動は，1950（昭和25）年にアメリカ人ノーマン・カズンズ（Norman Cousins）氏によって，当時法的養子縁組としてアメリカへの受入が不可能であった，広島の原爆犠牲者の孤児の救済手段として始められました。これが，原爆犠牲者の孤児でない子ども にも対象が拡げられていきました。この運動が渉外精神養子運動であったのに対して，国内精神養子運動も広島の原爆孤児救済のために1953（昭和28）年に「東雲子供の会」とそれを引き継いだ「広島こどもを守る会」によって，原爆孤児に対する経済的・精神的援助を与えることを目的に開始されました。

精神養子の法的性質は，法律上の養子縁組ではなく，財産法的定期贈与的なもので，解除権が精神養親に留保されており，養親と運営機関との関係は，一種の委託とみるべきだと指摘されています*2。

一方日本の精神里親運動は，1970（昭和45）年に財団法人「青少年と共に歩む会」によって開始されたといわれます。ここでの精神里親は，前述のフレンドホームと類似したものでした。ここでの用語の使われ方からすると，週末里親等も精神里親の一種ということになります。

以上のように，概念的にはやや混乱している面がありますが，精神養子と精神里親は，現在ではほぼ同じ意味をもっているといえます。

国際的な精神里親運動としては，財団法人日本フォスター・プラン協会や特定非営利法人チャイルド・ファンド・ジャパン等がそれぞれの援助プロジェクトの一環として行っています。

*1 以下の精神養子や精神里親に関する歴史的記述は，主に山本正憲「精神養子 The Moral Adoptionについて」養子法の研究Ⅰ（法律文化社，1979）170頁（初出1956），稲子宣子・ソ連における子どもの権利（日本評論社，1991）458頁注（146）による。
*2 山本・前掲注1・206頁

〔鈴木博人〕

VIII

離婚と親子関係

1 親権・監護権の帰属
2 親権者・監護者の責任
3 面接交渉
4 養育費

1 親権・監護権の帰属 (1)

設問 96

私たちは今度離婚することになりました。子どもの親権者をどちらにするか話がつかなかったのですが、夫が勝手に自分を親権者として離婚届を出してしまいました。これで夫が親権者になるのでしょうか。私が親権者になるためには、どうすればよいのでしょうか。

離婚による親権者の指定

成年に達しない子は、父母の親権に服することになります（民818条1項）から、未成年の子がある夫婦が離婚をすることになる場合、どちらか一方を親権者と定めなければなりません（同819条1項）。法律制度としては、離婚後も、父母が権利としての親権を共同で行使することとし、子の日常的な世話をする親（監護者）のみを定めることも考えられますが、わが国の民法は、父母のいずれかが、離婚後の子の親権を単独行使するものとして、親権者の指定を要するものと定めました。

ですから、子が未成年の間に、父母が協議離婚（同763条）を行う場合や、家庭裁判所で調停離婚（家審17条・21条）を行う場合には、父母の協議により、すなわち、両当事者が合意して、親権者をどちらか一方に指定することになります。具体的に、未成年の子がある協議離婚の場合には、協議離婚届書（末尾添付）において、「親権者と定められる当事者の氏名及びその親権に服する子の氏名」を記載しなければなりません（戸76条）。調停離婚の場合には、成立した調停調書に子の親権者を記載することになります。離婚などについて争いがあり、家庭裁判所や高等裁判所で行われている裁判上の離婚手続中であっても、その後合意が成立して訴訟上の和解（人訴37条）として父母が離婚する場合には、父母の協議により親権者を指定することになり、その旨が和解調書に記載されます。

これらの協議が調わないときまたは協議をすることができないときは、家庭裁判所において調停に代わる審判（家審24条）により（民819条5項）、あるいは、裁判上の離婚の場合は、家庭裁判所や高等裁判所などの判決により、親権者が指定されます（同条2項）。

一方の意思に基づかない協議離婚届

わが国では、夫婦は、その協議のみで離婚することができ（民763条）、その原因などは法的に問題にされず、当該届出を受理する以外に裁判所などの公的な機関も関与しません。ただし、夫婦間において、離婚意思が合致していることが、協議離婚の実質的要件とされており、夫婦の一方に離婚する意思がないのに、他方が勝手に協議離婚届出を行ったような場合には、当該届出が法的に無効であることに異論はありません。そして、前述したように、協議離婚において、未成年者の子について親権者を定めることが法律上要求されており、また、当該離婚届書において、親権者の指定を記載することも、必要的な記載事項ですから、離婚をする意思があっても親権者について合意がない場合に、夫婦の一方が勝手に親権者を記載して協議離婚届出を行うことも、法的に無

効な届出と解されています。

したがって，設問のような協議離婚届に基づいて，（元の）夫が子どもの親権者となることはありません。

無効な協議離婚の是正方法 上記のような無効な協議離婚届に基づいて，戸籍上，離婚の記載がなされている場合の是正の方法としては，まず，元の夫を相手方として，家庭裁判所に協議離婚の無効確認の調停を申し立てることが考えられます。そして，調停手続において，当事者間に合意が成立し，無効の原因の有無について争いがない場合，家庭裁判所は，必要な事実を調査した上，家事調停委員の意見を聴き，正当と認めるときは，家事審判法23条に基づいて，当該協議離婚の無効の審判を行います（家審23条2項1号）。この審判に対して異議の申立てが行われずに確定した場合には，確定判決と同一の効力を有します（同25条3項）から，審判が確定した日から1ヵ月以内に，この審判の謄本を添付して，戸籍の訂正を申請することになります（戸116条）。

したがって，設問の場合は，元の妻が家庭裁判所に対して申し立てた，協議離婚の無効確認の調停手続において，元の夫が，勝手に自己を親権者とする離婚届を出した事実を認めてくれ，しかも，家庭裁判所として，その事実に誤りがなく，家事調停委員の意見を聴いて正当と認めたときには，当該協議離婚の無効の審判が行われます。そして，通常は，調停手続において自己が勝手に離婚届を出したことを認めた元の夫から，審判に対する異議の申立てが行われることはありませんから，当該審判は確定することになるでしょう。その結果，当該協議離婚は無効となり，2人の間の法律上の夫婦関係は，従前に戻りますので，妻は，改めて夫と話し合い，両者の間の合意に基づいて，妻を親権者とする協議離婚の届出を行うべきでしょう。

離婚無効確認の訴え 元の夫が，調停手続において，協議離婚の無効に同意しないような場合は，改めて，家庭裁判所に対して，協議離婚の無効確認の訴えを人事訴訟事件として申し立てることになります（人訴2条1号）。このような訴訟は，従来，地方裁判所で行われていましたが，2003（平成15）年の人事訴訟法の改正（平成15法109）により，2004（平成16）年4月1日から，家庭裁判所の専属管轄とされたものです。

そして，家庭裁判所での審理により，夫が妻に無断で離婚届を出したことが判明したような場合には，妻からの協議離婚の無効確認請求が認められることになります。その結果，両者は，法律上の婚姻関係に復することになり，申請により戸籍の記載もその旨訂正されます（戸116条1項）から，改めて離婚の協議等を行うことになるでしょう。

無効な協議離婚の追認 以上の説明は，夫が勝手に行った無効な協議離婚の届出を是正する前提のものですが，妻が，その点を問題とせず，離婚届出を一応承認した上で，親権者となることも可能です。

まず，一方の配偶者が勝手に行った無効な協議離婚届であっても，相手方の配偶者にこれを有効とする旨の追認を認めるのが，現在の通説[1]および判例[2]です。なぜなら，追認を許しても，離婚届出という外観を信頼して行動した第三者を害することにはなりませんし，また，民法上，詐欺または強迫による協議離婚について，当事者がこれを追認することを明文規定によって許している（民764

条・747条2項)こととも合致するからです。

この追認については、方式がありませんから、書面だけでなく口頭によることも可能ですし、黙示の追認も認められています。ただし、協議離婚の追認は、無効な離婚届を有効にする意思表示ですから、まず、当該離婚届が無効であることを認識した上で、これを有効にするという意思が必要と思われます*3。したがって、妻が、無効な協議離婚届が行われていることを知らなければ、離婚届出後、年月が経過したとしても、そのことにより(黙示の)追認が認められるわけではありません。

親権者の変更手続　無効な協議離婚を追認することにより、夫婦間の離婚は有効となり、未成年の子の親権者は、夫となります。そして、妻が、改めて子の親権者となることを希望する場合は、家庭裁判所に対して、夫から妻への親権者の変更を申し立てなければなりません(民819条6項、家審9条1項乙類7号)。この申立ては、調停前置主義(家審18条)に基づいて、まず、調停手続により進められますから、両当事者の合意が得られれば、親権者を夫から妻へ変更する旨の調停が成立することになります。

当事者間で合意が成立しない場合は、調停の申立ての時に親権者変更の審判の申立てがあったものとみなされ(同26条1項)、家庭裁判所は、前述した離婚訴訟事件の場合と同様に、家庭裁判所調査官などによる事実の調査を経て、子の福祉の観点から、親権者を指定することになります。

*1　中川善之助・身分法の総則的課題(岩波書店、1941)193頁、渡瀬勲「無効な協議離婚の追認」家族法と戸籍の諸問題(日本加除出版、1966)227頁。ただし、その根拠については、議論が分かれています。松嶋由紀子「協議離婚の無効と追認」野田=人見編・夫婦・親子215題(判タ747号、1991)88頁参照

*2　最判昭42・12・8家月20・3・55

*3　追認を認めた判例としては、前記注2の他、東京高判昭44・11・13下民集20・11=12・815、東京地判昭56・1・30判タ443・132などがあります。

〔清水　節〕

VIII　離婚と親子関係

離婚届

平成21年10月10日届出

東京都千代田区 長 殿

記入の注意

本籍地で出すときは、戸籍謄本が必要です。鉛筆や消えやすいインキで書かないでください。筆頭者の氏名欄には、戸籍のはじめに記載されている人の氏名を書いてください。
協議離婚のときは一調停調書の謄本と確定証明書
判決離婚のときは一判決書の謄本と確定証明書

	夫	妻
氏名（よみかた）	甲野 太郎（たろう） 昭和47年7月20日	甲野 花子（はなこ） 昭和48年4月8日
住所 住民登録をしているところ	東京都杉並区清水町1丁目283番地 世帯主の氏名 甲野太郎	東京都豊島区駒込5丁目283番地 世帯主の氏名 甲野花子
本籍 外国人のときは国籍だけを書いてください	東京都千代田区永田町1丁目4番地 筆頭者の氏名 甲野春男	
父母の氏名 父母との続き柄 他の養父母はその他の欄に書いてください	父 甲野春男 母 秋子 続き柄 長男	父 乙野夏人 母 冬美 続き柄 長女
離婚の種別	☑協議離婚 □調停 年月日成立 □審判 年月日確定 □和解 年月日成立 □請求の認諾 年月日認諾 □判決 年月日確定	
婚姻前の氏にもどる者の本籍	□もとの戸籍にもどる ☑新しい戸籍をつくる	東京都千代田区永田町1丁目4番地
未成年の子の氏名	夫が親権を行う子	妻が親権を行う子 甲野龍太郎
同居の期間	同居を始めたとき 平成10年4月から 別居したとき 平成14年12月まで	
別居する前の住所	東京都千代田区永田町1丁目4番地	
別居する前の夫妻のおもな仕事と	□1. 農業だけまたは農業とその他の仕事を持っている世帯 □2. 自由業・商工業・サービス業等を個人で経営している世帯 □3. 企業・個人商店等（官公庁は除く）の常用勤労者世帯で勤め先の従業者数が1人から99人までの世帯（日々または1年未満の契約の雇用者は5） ☑4. 3にあてはまらない常用勤労者世帯及び会社団体の役員の世帯（日々または1年未満の契約の雇用者は5） □5. 1から4にあてはまらないその他の仕事をしている者のいる世帯 □6. 仕事をしている者のいない世帯 （国勢調査の年…年…月1日から翌年3月31日までに届出をするときだけ書いてください）	
夫妻の職業	夫の職業	妻の職業
その他		
届出人署名押印	夫 甲野太郎 ㊞	妻 甲野花子 ㊞
事件簿番号		

※受理 平成 年月日 第 号
発送 平成 年月日
長印
書類調査 戸籍記載 記載調査 調査票 附票 住民票 通知

証人

署名押印	赤井青児 ㊞	白川 緑 ㊞
生年月日	昭和17年4月1日	昭和22年10月20日
住所	東京都大田区田園調布2丁目1番3号	東京都世田谷区若林1丁目13番16号
本籍	東京都大田区田園調布2丁目3番 号	東京都世田谷区若林1丁目13番 号

父母が離婚しているときは、母の氏は書かないで、名だけを書いてください。養父母についても同じように書いてください。

今後も離婚の際に称していた氏を称する場合には、左の欄には何も記入しないでください。（この場合には別の離婚届を提出する必要があります）

同居を始めたときの年月は、結婚式をあげたとき年月または同居を始めたときのうち早いほうを書いてください。

○ 署名は必ず本人が自署してください
○ 印は各自別々の印を押してください
○ 届出人の印を御持参下さい

連絡先
電話（ ）
自宅・勤務先・呼出 番 方

□ 親権・監護の帰属(1)

1 親権・監護権の帰属（2）

設問 97

私は，夫と離婚することに異存はないのですが，子どもの親権を夫に渡したくありません。裁判になった場合，どのようなことが考慮されて親権者が決められるのでしょうか。万が一親権者になれなくても，子どもの養育だけを続けていくことはできるのでしょうか。

離婚による親権者の指定

成年に達しない子は，父母の親権に服することになります（民818条1項）から，未成年の子がある夫婦が離婚をすることになる場合，どちらか一方を親権者と定めなければなりません（同819条1項）。そして，父母が協議離婚（同763条）を行う場合や，家庭裁判所で調停離婚（家審17条・21条）を行う場合には，父母の協議により，親権者をどちらか一方に指定することになりますが，父母の間でこれらの協議が調わないときまたは協議をすることができないときは，家庭裁判所において調停に代わる審判（同24条）により（民819条5項），あるいは，裁判上の離婚の場合は，家庭裁判所や高等裁判所などの判決により，親権者が指定されます（同819条2項）（⇨〔設問96〕）。

親権者の指定の基準

裁判所により親権者が指定される場合の基準について，民法には具体的な規定はありません。しかし，その一般的な基準が，当該未成年者の「子の福祉・利益」に適合することであることは，異論がありません。問題は，この抽象的な基準を具体的な事例にどのようにあてはめるかです。

裁判例に現れた具体的な考慮要素をみると，父母の側の事情としては，子の監護に対する意欲と能力，健康状態，経済的状況，居住・教育環境，従前の監護状況，実家の資産，親族・友人等の援助の可能性などであり，子の側の事情としては，年齢，性別，兄弟姉妹関係，心身の発育状況，従来の環境への適応状況，環境の変化への適応性，子自身の意向などです。これらを，もう少し整理してみましょう*1。

(1) 監護の継続性

まず，現実に子を養育監護している状況は，できるだけ継続させるべきであるという見解が有力に主張されています。この見解は，従前からの親子の精神的・社会的な結びつきを重視し，子を養育監護していく者を変更することは，子に精神的・身体的な負担を与える危険があることを心理学的に考慮したものであり，この見解を重視した裁判例は多数あります。

ただし，子に対する虐待や遺棄・放置など，子の福祉上問題となるような特別の事情がある場合は別です。また，このような現状尊重の考え方は，一方で，父母が十分な協議をせず実力により子を奪った結果を，安易に追認することになりかねませんから，どのような状況で監護が開始されたかも十分検討する必要があるでしょう。

(2) 母親の優先

幼い子については，母親の監護を優先させるべきであるとする見解です。この

見解は，子の幼児期における生育には，母親の愛情と監護が重要であることを理由としており，一般的な社会常識とも合致し，多くの判例が，このような見解を重視しています。

ただし，家庭における父母の役割が変化しつつある現代では，常に母親が幼い子の養育に適しているという見解は，硬直化した考え方であるとの批判もあります。現実の母親に親権者として不適格な事情がある場合や，父親側にも母親に代わりうる女性（祖母やおばなど）がいる場合もありますから，無原則に母親優先とはいえないでしょう。

(3) 子の意思の尊重

親権に服している子の意思を尊重すべきであるとする見解もあります。特に，民法上，満15歳以上の子については，家庭裁判所が親権者指定の審判をする前には，その陳述を聴かなければならないとされています（家審規72条・70条・54条）。もちろん，裁判所は，子の意向に拘束されるわけではありませんが，できるだけ尊重すべきでしょう。

ただし，子の意思を尊重するにあたっては，その子が社会的な分別能力を備えていることが前提となります。子どもの発達には個人差が大きいですから，年齢だけで分別能力の有無は区分できませんが，一般的には小学校高学年以上であれば，分別能力を備えているものと考えられています。また，未成年の子の意向は，変わりやすい上，近親者や身近にいる者の影響を受けやすいものですし，言葉と真意が相違している場合もありますから，子の言葉だけでなく，その態度や行動などを総合的に判断して，適切に評価する必要があるでしょう。

(4) 兄弟姉妹の不分離

兄弟姉妹は，できるだけ分離すべきでないとする見解もあります。しかし，兄弟姉妹が実際に別々に養育監護されて安定して生活しているような場合に，この原則だけでその状態を変更すべきでないことは明らかでしょう。したがって，この見解は，前記の(1)ないし(3)の見解に基づく検討において，副次的に考慮すべきものといえます。

(5) 離婚に際しての有責性

離婚に際して，暴力や不倫など，その原因を作り出した配偶者，すなわち有責配偶者は，親権者としても不適当であるとする見解があります。確かに，妻に対して暴力をふるう夫は，父親として不適当な場合が多いでしょうし，家族を遺棄して家出をし，異性と同居するような配偶者も，親権者としての資質に疑問をもたれることがあるでしょう。しかし，このような行為は，基本的には離婚事件の中で問題とされることであり，不貞行為があった配偶者が，一般的に親として不適当とは断言できませんから，あくまでも子の福祉の観点を重視して，慎重に判断すべきでしょう。

以上のような見解に基づいて，裁判所が親権者を指定する場合，家庭裁判所調査官の役割が非常に重要です。例えば，上記(1)の監護の継続性を重視していく場合，家庭と学校などにおける子の養育状況を綿密に調べ，子と親との親和性，虐待や遺棄・放置などの問題がないかなどの事実の調査（家審規7条）は，通常，家庭裁判所調査官により行われます。また，上記(3)の子の意思を尊重しようとする場合も，言葉だけにとらわれずに子の真意を把握するには，心理学等の専門家である家庭裁判所調査官による調査が不可欠といえるでしょう。

親権者と監護者の分離

親権とは，未成年の子に対する親の監護養育の権利義務であると解されており，子に対する身

VIII 離婚と親子関係

上監護と財産管理をその内容としています。そして、親権者は、未成年の子の法定代理人であるとともに、通常は、その監護養育を行うことになります。ただし、父母の事情によっては、親権者の権能の一部である子に対する身上監護の部分を、親権者ではない親に委ねることも可能とされています。

すなわち、民法766条1項後段は、親権自体の帰属は父母の協議が成立し、現実の監護養育の権利義務について協議が調わないか、または協議をすることができない場合に、家庭裁判所が子の監護をすべき者を定めることを規定しています。ですから、協議離婚の際に、父母が合意して、親権者とは別に監護者を定めることは可能ですし、離婚の裁判に際して、裁判所が、親権者を定めるとともに他方の親を監護権者と定める事例もないわけではありません（裁判所により監護者と定められた場合は、「監護権者」と呼ばれることが一般的です）。裁判例においても、離婚後に、親権者である親に対して、他方の親が親権者の変更を申し立てた事案において、審理の結果、監護権者に指定された事例があります*2。

ただし、親権者と監護者が異なるということは、子の法定代理人と実際に子の身上監護を行う者が別々となるわけですから、両者が協力していかないと、子の転校や転居、子名義の財産の移転など、実際の子の養育監護には支障を来す事態が生じることになります。したがって、父母が離婚や親権の帰属をめぐって深刻に対立しているような事例では、親権者と監護者が別々に指定されることは少ないと考えられ、例えば、父母の間に一定の協力関係があり、母が現実の子の身上監護を行うが、父が子の財産の管理運営を行っていく場合などが想定されます。

したがって、設問のように親権者にな

れない場合であっても、監護（権）者として子どもの養育だけを継続していくことは可能です。

*1 野田愛子「子の監護に関する処分の基準について」家族法実務研究（判例タイムズ社、1988）177頁、松原正明「家裁における子の親権者・監護権者を定める基準」野田＝人見編・夫婦・親子215題（判タ747号、1991）305頁、北野俊光「親権者の指定及び変更」岡＝野田編・講座・実務家事審判法2（日本評論社、1988）105頁、清水節・判例先例親族法III——親権（日本加除出版、2000）96頁参照
*2 大阪高決昭36・7・14家月13・11・92、旭川家審昭52・2・17家月29・11・100など

〔清水　節〕

1 親権・監護権の帰属（3）

設問 98

離婚するときに、夫を親権者としましたが、私が子どもと一緒に生活して面倒をみることになりました。こういう場合、すべてのことについて、夫の同意をもらいながら、子どものことを決めていかなければならないのでしょうか。いっそのこと、親権者を私に変更することはできないのでしょうか。

親権の内容　成年に達しない子は、父母の親権に服することになり（民818条1項）、未成年の子がある夫婦が協議離婚をする場合には、その一方を親権者と定めなければなりません（同819条1項）。ここにいう親権とは、未成年の子の監護および教育をするための権利義務であり（同820条）、その具体的内容は、子の身上監護に関する権利義務と、子の財産に関する権利義務に大別されます。

そして、民法766条1項後段は、親権自体の帰属は父母の協議が成立し、現実の監護養育の権利義務について協議が調わないか、または協議をすることができない場合に、家庭裁判所が子の監護をすべき者を定めることを規定しています。ですから、協議離婚の際に、父母が合意して、親権者の権能の一部である子に対する身上監護の部分を、親権者ではない親に委ねることも可能であり、このような親は、子の監護者と解されています（父母の合意に基づかないで裁判所により監護者と定められた親は、「監護権者」と呼ばれることが一般的です。⇒〔設問97〕）。

監護者の権能　子の監護者である親は、子の身上監護を行うわけですから、それに必要とされる権利義務を有することになります。具体的には、食事や生活の面倒をみたり、義務教育に通わせることが必要とされ、子の住居を定めたり、学校を選択する権能を有するものであって、これらの行為に関して、個別に親権者の了承を得る必要はないものと解されています。したがって、設問の場合も、子に関するすべてのことについて、元の夫の同意をもらう必要はありません。

ただし、親権者は、親権の喪失を宣告（民834条）されまたは親権を停止（家審規74条1項）されない限り、子についての唯一の法定代理人ですから、子に関する財産上の行為については、監護者がこれを行うことはできません。例えば、子が有する不動産の売買や、子の名義による金融機関からの借入れ、交通事故の被害者となった場合の示談締結などの法律行為は、親権者が行わなければなりません。また、親権者は、明文上、居所指定権や懲戒権、職業許可権を有する（民821条～823条）わけですから、親権者の明確な意思に反して、監護者が、居所を定めたり職業を許可することは、原則として許されないものと解されます。ただし、監護者としては、子の身上監護のために、どうしても自らの選択により居所を定めたいと考える場合などもあり、そのような場合には、自らへの親権者の変更を求めることになるでしょう。

Ⅷ 離婚と親子関係

親権者の変更の申立て

親権者の変更は、離婚の際や認知した子に対する親権者の指定（民819条1項3項4項）とは異なり、当事者間の協議によることは許されていませんから、必ず家庭裁判所に対して、その変更の申立てをすることが必要です。これは、親権者の変更が、いったん定められた親としての義務の放棄を含むので、親権者の辞任（同837条）と同様に、家庭裁判所の判断事項とされたものです。ただし、親権者の変更は、一般の家庭に関する事件として、調停の申立てをすることが可能（家審17条）ですし、親権者変更の審判（同9条1項乙類7号）の申立てについても、乙類審判事項として、調停に付される（同11条）のが一般ですから、父母である当事者間に合意があれば、家庭裁判所による調停により解決されるのが通例です。

したがって、設問のように親権者にならなかった親も、相手方との合意があれば、まず、家庭裁判所における調停で、親権者となることが可能です。

親権者変更審判の手続

次に、相手方の同意が得られないなどの理由により、家庭裁判所に対して親権者変更審判の申立てをする場合の手続について、説明します。

(1) 審判の申立て

親権者の変更の審判は、子の利益を考慮して、その申立権者は、父母に限らず、広く子の親族とされています（民819条6項）。実務上は、親権者になろうとする親からだけではなく、現在の親権者が、病気や事故、再婚、経済的困窮などの諸般の事情から、親権を辞退するために申し立てられる場合もあります。

子の住所地の家庭裁判所が、親権者変更審判の管轄を有し、数人の子がある場合は、その一人の子の住所地の家庭裁判所に申し立てればよいこととされています（家審規72条・52条2項）。なお、相手方となる親権者が、精神病等で入院加療中の場合は、民事訴訟法35条による特別代理人を選任した上で、審判を行うものとされています[*1]。

親権者変更審判の申立ては、子が未成年の間であれば、その回数に制限はありませんが、当該申立てが申立権の濫用に該当するような例外的な場合は、却下されることになるでしょう。裁判例では、父を親権者とし母を監護者とする親権者変更の調停の成立後、6ヵ月経って、再度、母が親権者変更を申し立てた事例において、親権者を母に変更するには、子の福祉のために特段の事情が必要であるとされています[*2]。

なお、親権者を変更しないという父母の合意は、子の福祉のための強行法規である民法819条に反することになりますから、無効であり、そのような合意があっても、親権者でない親は、変更を申し立てることが可能です[*3]。

(2) 審理手続

最高裁の判例では、親権者変更の審判について、「家庭裁判所は、当事者の意思に拘束されることなく、子の福祉のため、後見的立場から、合目的的に裁量権を行使するものであって、その審判の性質は本質的に非訟事件の裁判であるから、公開の法廷における対審および判決によってする必要はない」とされ、公開の法廷における口頭弁論に基づかないでなされた決定は、憲法32条・82条に反するものではないとされています[*4]。

また、家庭裁判所は、子が満15歳以上のときは、審判前にその子の陳述を聴かなければなりません（家審規72条・54条）。陳述を聴く方法としては、審判期日に家事審判官の面前で聴取するだけで

なく，期日外に家庭裁判所調査官が子の陳述を調査する方法によることもできます。また，この規定は，実務上，単なる訓示的なものではないが，絶対的な効力規定とも解されておらず，子の陳述の聴取が可能な場合に，これを聴かずに審判をするのは違法であるが，聴取が不能な場合には，他の証拠調べや事実調査の結果を参考にして，子の意思を合理的に推測して判断しても違法ではないと解されています*5。なお，家庭裁判所は，子の陳述内容を尊重すべきですが，法律上，これに拘束されるわけではありませんから，子の陳述と異なる結論を出すこともできます（ただし，子が15歳以上であることを考慮すると，その意思に反する結論は，極めて例外的でしょう）。

(3) 審判の結果

家事審判の内容は，これを受ける者に告知することにより，その効力を生じます（家審13条）。親権者変更審判において，審判を受ける者とは，父母ですから，この両名に審判を告知すべきことになります。子の監護者が，審判の結果について利害関係を有する者として，家庭裁判所の許可を受けて審判手続に参加した（家審規14条）場合は，この者も審判を受ける者に該当しますから，審判が告知されます。

そして，親権者変更の審判に対しては，父，母または子の監護者が，即時抗告をすることができます（同72条・55条）。ここにいう監護者とは，父母の協議や，調停審判により指定された者が該当し，親権者や子の監護者から委託を受けた事実上の監護者は，含まれないとするのが立法当時の見解でした*6。しかし，死亡した単独親権者から生前に委託を受けて，事実上子を監護する者は，協議または審判により監護者と指定されていなくとも，子の福祉を守るために即時抗告ができるとする裁判例があります*7。

* 1 仙台家審昭44・3・20家月21・10・116, 長崎家佐世保支審昭44・7・11家月22・4・53など
* 2 仙台高決平4・12・2家月46・3・43
* 3 東京高決昭24・7・29家月1・9＝10・9
* 4 最決昭46・7・8家月24・2・105
* 5 熊本家山鹿支審昭40・12・15家月18・8・62
* 6 「改正民法及び家事審判法規に関する執務資料」（昭和56年3月家庭裁判資料121号）153頁
* 7 仙台高決昭63・12・9家月41・8・184。ただし，当該事案においては，亡親権者の弟で子の叔父にあたる者に対して，事実上の監護者である子の祖父母の補助的な地位にとどまるとして，抗告権を認めませんでした。

〔清水　節〕

1 親権・監護権の帰属 (4)

設問 99

5年前に離婚する際に、妻が子どもたちの親権者となったのですが、妻は交通事故で亡くなってしまいました。私が親権者になって子どもたちを引き取りたいのですが、認められるでしょうか。妻の兄は、自分が後見人として子どもたちの面倒をみるといっているようです。

親権者の死亡

父母の離婚後、その一方が親権者となった場合に、その単独の親権者が、設問のように死亡したとき、後見が開始するのか、生存中の実親の親権が復活するのか、あるいは、一応後見が開始するが、他方の親が、親権者の変更審判により親権者の変更を求められるかは、見解が分かれています。この問題は、離婚後に親権者とならなかった実親の地位をどのように解するかと関連しています。つまり、親権者とならなかった実親は、親権者の地位を一切失うと考えれば、親権者の死亡により、親権を行う者がいないときとして後見が開始する（民838条1号）ことになります。これに対し、当該実親の親権の行使は停止されているが、親権そのものは消滅していないと考えれば、単独親権者の死亡により、当然に、あるいは親権者変更審判（同819条6項）により、実親の親権が復活することになります。

親権者の死亡をめぐる学説・裁判例

まず、上記の点に関する学説を述べますと、単独親権者の死亡により、親権を行う者がいないときとして後見が開始し、後見開始後は、生存親に親権を変更する余地がないとする説（後見開始説*1）、後見開始後でも、後見人選任前であれば、適格性のある生存親に親権者を変更しうるとする説（親権制限回復説*2）、後見人の選任の前後を問わず、生存親に親権者を変更できるとする説（親権無制限回復説*3）、生存親が、当然に親権行使資格を取得し、親権者変更の問題を生じないとする説（親権当然復活説*4）に大別されます。

裁判例では、昭和30年代頃までは、後見開始説によるものが主流でしたが、昭和40年代頃から、単独親権者の死亡後でも親権者変更が行えるという裁判例が増加し、昭和50年代に入ると、親権無制限回復説が主流となり、現在は、親権無制限回復説による裁判例が、実務上定着しています。

戸籍先例も、古くは後見開始説によっていましたが、現在では、裁判例と同様に、親権無制限回復説に基づく処理を是認しています。例えば、親権者である父の死亡後に母が後見人に選任された後、その母を親権者とする親権者変更審判が確定して変更の届出がなされたときは、これを受理して職権により後見終了の戸籍上の記載を行い*5、親権者死亡後の生存親を親権者と定める審判が確定し、これに基づいて親権者指定届が行われたときは、親権者変更届に訂正させた上で受理し*6、同様の場合に行われた親権者変更審判による親権者変更届については、審判の確定証明書を添付するものとされています*7。

学説・裁判例の検討

これらの考え方を検討してみますと、まず、旧来の通説である後見開始説は、民法819条6項の規定が、親権者変更の前提として単独親権者の生存を予定しているように解されること、民法838条1号前段が、未成年者に対して親権を行う者がいないときには後見が開始すると規定していることなどからみて、民法の規定に最も素直な解釈といえます。しかし、後見は、元々補充的な制度であり、子の父または母が生存する以上、親権者として子の監護養育責任を果たしたいという国民感情は無視できませんし、子にとっても、実親に親権者として養育される余地を認めることは、その福祉に合致するものといえるでしょう。また、後見人選任後には、実親への親権者の変更を認めない親権制限回復説にも、同様の批判が寄せられます。

これに対し、親権当然復活説は、親権者に指定されなかった実親の法的地位を正当に評価し、その親権を復活させることにより、後見人選任までの間、子が無保護の状態に置かれることが避けられます。しかし、それでは、親権者として相応しくない親でも、当然に親権者となってしまいますし、親権者変更の審判によることなく、当然に親権が復活するのは、民法の条文に反すると批判されています。

そこで、後見の開始の有無を問わず、実親へ親権者を変更する可能性を認め、その判断の過程で、親権者としての適性を吟味できる親権無制限回復説が、最も妥当と考えられており、多くの裁判例や戸籍先例の支持を得ているものと解されます*8。なお、親権者変更審判は、本来、父母の間で親権者の地位を争うことを本質とするものではなく、子の利益保護の立場から、より相応しい親に親権者の地位を与えるという非争訟的な性格を

有していると解されますから、相手方となる親権者が死亡して不存在であるからといって、審判の申立てが不適法となるものではないでしょう。

最近の裁判例の傾向

実務上、主流となっている親権無制限回復説による裁判例では、後見人選任後であっても、実親に親権者を変更することを一般論として認める一方、実親であるからといって、直ちに親権者の立場を与えられるわけではなく、子の福祉の観点から、親権者としての適格性を慎重に判断しています。具体的な裁判例では、すでに後見人が選任されていた事案で、実親への親権者変更を認めなかったり*9、親権者とは別に親族(祖父母など)を監護者と定めるものがあります*10。また、親権者の死亡後、実親からの親権者変更と死亡した親権者の親族等から後見人選任の双方が申し立てられている場合には、両者を比較衡量し、その結果、後見人選任の申立てを却下して親権者を実親に変更したもの*11と、現に子を養育中で安定した状況にある子の親族(子の祖父母やおじ、おばなど)を後見人に選任し、実親への親権者変更を却下したもの*12の双方があります。

設問の検討

以上のことからすると、設問のような事例では、実親である父が、親権者の変更を求めて子どもを養育していくことは、法律上可能ですが、亡妻の兄(子のおじ)が後見人(あるいは監護者)となって子どもたちを養育するのと、どちらがより子の福祉にかなうか、家庭裁判所が慎重に検討して、結論を出すことになるでしょう。

*1 中川善之助・親族法(下)(青林書院、1958) 477頁、柚木馨・親族法(有斐閣、第4版、1953) 212頁、谷口知平・親族法(評論社、1953) 152頁、小石寿夫「誰が親

Ⅷ　離婚と親子関係

権者となるか」家族法大系Ⅴ（有斐閣，1960）46頁
＊2　我妻栄・親族法（有斐閣，1961）325頁，354頁，中川高男・親族・相続法講義（ミネルヴァ書房，新版，1995）250頁
＊3　於保不二雄「父母の共同親権と親権の行使」全国連合戸籍事務協議会編・身分法と戸籍（帝国判例法規出版社，1953）191頁，島津一郎・家族法入門（有斐閣，1964）267頁，岡垣学「親権者の指定と変更」山畠＝泉編・新演習法律学講座6巻演習民法（青林書院，1985）262頁，高木＝稲田「離婚後に親権者が死亡した場合の生存親の地位」ジュリ588号（1975）90頁，阿部徹「親権者の指定・変更」星野英一他編・民法講座7親族・相続（有斐閣，1984）247頁，北野俊光「親権者の指定及び変更」岡＝野田編・講座実務家事審判法2（日本評論社，1988）118頁
＊4　中川善之助編・註釈親族法（下）（有斐閣，1952）36頁〔船橋諄一〕，鈴木＝唄・人事法Ⅰ（有斐閣，1980）58頁，青山道夫・身分法概論（法律文化社，1950）188頁，我妻編著・判例コンメンタールⅦ親族法（日本評論社，1970）376頁〔鈴木ハツヨ〕，於保＝中川編・新版注釈民法（25）（有斐閣，1994）59頁〔山本正憲〕
＊5　昭和50・7・2民二3517民事局長回答
＊6　昭和54・8・31民二4471民事局長回答
＊7　昭和57・8・3民二4843民事局第二課長回答
＊8　清水節・判例先例親族法Ⅲ——親権（日本加除出版，2000）128頁。なお，最高裁事務総局家庭局も，後見人選任の前後を問わず，親権者の指定または変更の余地があり，その審判確定によって後見人の任務は終了するから，戸籍上はその届出をするものとしています（昭和53年高裁別家事事件担当裁判官会同家庭局見解・家月31・11・50）。
＊9　東京高決平6・4・15家月47・8・39，福岡家小倉支審平10・2・12判タ985・259，福岡家小倉支審平11・6・8家月51・12・30
＊10　大阪家審昭57・4・12家月35・8・118。名古屋高決金沢支昭58・7・1判時1096・77も，監護者の指定を考慮すべきとしています。
＊11　徳島家審昭51・1・22家月28・10・66，福岡家小倉支審昭55・5・6家月33・1・75
＊12　熊本家人吉支審昭50・2・21家月28・1・78，横浜家審昭54・11・29家月32・3・115，新潟家糸魚川支審昭55・1・8家月32・3・120，千葉家審昭63・8・23家月41・2・158，札幌高決平13・8・10家月54・6・97。亡父の後妻とするものもあります（大阪家審昭53・6・26家月31・7・71）。

〔清　水　　節〕

2 親権者・監護者の責任

設問 100

3年前に離婚して，私が親権者になって以来，元夫は息子と会ってはいません。息子は小学校6年生なのですが，下級生の子にけんかを仕掛けて，大けがをさせてしまいました。多額の損害賠償を請求されているのですが，離婚した夫にも，父親として賠償責任を負担してもらうことはできるでしょうか。

離婚と親権者　未成年子のいる夫婦が協議上の離婚または裁判離婚をする場合，必ず夫婦いずれか一方を子の親権者として指定することが必要です（民819条1項2項）。調停離婚の場合には，親権者の指定が義務づけられていませんが，通常，離婚の調停が成立する場合には，未成年子の親権者を指定しており，離婚後も親権者の指定がないことは予定されていません。国によっては離婚後も共同親権が認められているところもありますが，わが国では離婚後は単独親権とされています。

協議離婚する場合，原則として夫婦協議の上親権者を定めることになっていますが，協議が調わない場合あるいは協議ができない場合，家庭裁判所の調停・審判により，親権者を決めることになります。また，調停でも離婚について合意ができないときは，訴訟になりますが，その場合，離婚とともに判決により決めることになります（⇨〔設問96・97〕）。

離婚後も親権を行う者は，子の監護および教育をする権利を有し義務を負います（同820条）。その半面として，親権者にならなかった親は，原則として，子に対する監護教育権を失い，養育費の支払は別として，監護教育義務からも解放されます。ただし，親権と監護権が別れる場合があります。例えば，父親が親権者となり，母親が監護者となり，子を養育するような場合には，実際に監護をしている母親は，親権者ではありませんが，監護者として子の監護養育義務を負います。また，その場合，父親も，親権者として監護養育義務から解放されることはありません。

子の不法行為と監督義務者　子が故意または過失により他人の権利を侵害した場合，原則として，不法行為として，その子が損害賠償義務を負います（民709条）。しかし，不法行為が成立するためには，子に責任能力があることが必要であり，子が自己の行為の責任を弁識するに足りる知能を備えていなかったときは，その行為について賠償責任を負いません（同712条）。そこで，そのような場合，その責任無能力者を監督する法定の義務を負う者は，その責任無能力者が第三者に加えた損害を賠償する責任を負うものとされています（同714条1項）。監督義務者だけではなく，監督義務者に代わって責任無能力者を監督する者（代理監督者）も同様です（同714条2項）。ただし，監督義務者または代理監督者が監督義務を怠らなかったときやその義務を怠らなくても損害が生ずべきであったときは，責任を負いません（同714条1項ただし書）。不法行為の被害者は，その責任無能力者の故意または過失により損害を被ったことを主張・立証することが必要で

すが，他方，その場合において監督義務者らが責任を免れるためには，監督義務を怠らなかったことや監督義務を怠らなくても損害が生じたことを主張・立証することが必要です。その主張・立証がない限り，責任無能力者の親権者は損害賠償義務を負担します。

責任能力のない子の親権者は民法714条1項の定める監督義務者になります。それでは，子が何歳になれば責任能力があるといえるのでしょうか。刑事上の責任能力は，事理を弁識し，その弁識に従って自己の行為を統制する能力とされており，刑法上14歳以上と定められています（刑41条）が，民事上の不法行為については，責任能力年齢の規定はありません。これは個人差もあり，一律にはいえませんが，概ね12歳～13歳程度になれば責任能力があると判断されることが多いようです。

責任能力ある子と親権者の責任

子に責任能力があるとされる場合，その親権者は何らの責任も負わないのでしょうか。子に責任能力がある以上，その子が自己の行為の責任を負うのが原則です。しかし，例外的に，その親権者の注意義務違反と子の不法行為による損害の発生との間に相当因果関係が認められる場合には，その親権者の過失（注意義務違反）によってその損害が発生したものとして，民法709条に基づき，親権者に不法行為責任が認められる場合もあります。その場合には，不法行為の被害者がその親の注意義務違反によって損害を被ったことを主張・立証することが必要です。

設問の場合

そこで，本設問をみると，小学校6年生の息子が下級生の子にけんかを仕掛けて，大けがをさせたということなので，その息子に責任能力があれば，不法行為として，その息子がその損害を賠償する責任があります（民709条）。しかし，小学校6年生程度の場合，不法行為責任を負うだけの事理弁識能力が欠けているとされる場合も多く，そのときは，上記のとおり，その子を監督する者が不法行為責任を負うことになります。したがって，その子の親権者として監護養育している母親は，子に代わってその責任を負わなければなりません。

親権も監護権もない親の責任

それでは，父親はどうでしょうか。設問では，おそらく親権のみでなく監護権も母親に帰属していると解されます。親権も監護権もない父親は，法定の監督責任者には該当せず，原則として，その責任はないことになります。小学校2年生の子が池で溺死したのは小学校4年生の加害児童の強制によるものであるとして，被害児童の遺族が加害児童の両親に対し損害賠償を求めた事案で，離婚後，加害児童の親権者となっていた母親については監督責任に基づく損害賠償義務を認めたものの，親権者とならなかった父親に対する請求については，これを棄却した裁判例があります*1。

もっとも上記のとおり，その父親の義務違反と子の加害行為による損害の発生との間に相当因果関係があれば，父親も通常の不法行為責任を負う可能性はあります。設問の場合は，父親は，すでに離婚をし親権者としての地位を失ってから3年が経過していること，その間，父親は子と会っておらず，したがって子の養育には関与していないと考えられることなどからすると，その父親に一般の不法行為責任を問うことは難しいでしょう。

親権者（監護者）の注意義務の程度

なお，このような場合，親権者（監護者）はどの程度

のことをしていれば，注意義務を尽くしたといえるのでしょうか。

小学校5年生が，転校してきた同級生を学校内で休み時間に負傷させ不登校にさせたというケースについて，学校内で休み時間中に生じた出来事であり，学校にも責任があるとしながら，親権者の尽くすべき注意義務について次のように判示した裁判例があります。すなわち，親権者が尽くすべき監督義務の範囲は，その子たる児童が家庭内にいると家庭外にいるとを問わず，原則として子の生活関係全般に及ぶべきものであり，少なくとも他人の生命・身体に対し不法な侵害を加えないとの規範は，社会生活を営んでいく上での最も基本的な規範の1つであるから，親権者としては，当然にこれを身につけるべく教育を行う義務があり，普段から人に迷惑をかけないこと，人のいやがるようなことをしないことなどと言い聞かせるだけでは保護監督義務を尽くしたとは到底いえないと判示されています*2。

また，他人の建物に無断で侵入し，火遊びをしていて火災を生じさせたという事案で，日頃から加害児童の行動について十分な注意を払い，行動を把握し，その内容に応じた適切な指導，監督をしていたとは到底認められないとして，失火責任法における重大な過失がなかったとはいえないとされた事例*3などがあります。

これらをみると，ただ口頭で悪いことをするなと注意をしていたという程度のことでは，保護監督義務を尽くしたとは評価されないようです。このように親権者・監護者としての責任は大きいものです。

非親権者(監護者)が責任を負う場合

それでは，非親権者である父親が頻繁に子と面接交渉をし，かつ，教育についても意見を述べる機会が与えられていた場合はどうでしょうか。その場合でも，父親は当然には法定の監護義務者にはなりません。しかし，父親として子どもが不法行為に及ぶことを予見することができ，かつ，注意をしていれば止めさせることが可能であったのに，何も注意をしないでこれを放置し，その結果，子どもが不法行為に及び損害が発生したと評価できるような場合には，民法709条に基づき，父親の責任が認められる場合も出てくるだろうと思われます。ただ，父親がどの程度養育に関与していたかについては，通常，被害者側にはよくわからない部分であり，被害者から父親について一般の不法行為責任を問うことは難しい場合が多いでしょう。

設問のように，親権者である母親が責任の分担を求めて父親に対し求償するような場合，あるいは，被害者に対し父親にも責任があるから請求するよう求めるような場合には，母親は父親の関与の程度，内容を把握できており，その内容を被害者が知ることは可能だろうと思われます。いずれにしても，離婚後，親権者にならなかった親は，離婚後の子の養育については，当然には，その子の監護・養育について権限も責任もないので，その責任が生じるのは，上記のような特段の事情がある場合に限られることになります。

*1 神戸地判平16・2・25 判時1853・133
*2 金沢地判平8・10・25 判時1629・113
*3 東京高判平8・4・30 判時1599・82

〔大塚正之〕

② 親権者・監護者の責任

3 面接交渉(1)

設問 101

離婚した妻に対して子どもたちに会わせてくれるように要求をしたのですが，応じてくれなかったので，家庭裁判所に申立てをしました。家庭裁判所では，月に2回，週末に遊園地等で子どもに会えるように取決めをしたのですが，妻はやっぱり会わせてくれません。どうしたらよいのでしょうか。

離婚と面接交渉権　離婚の際，母親が親権者となり子を引き取った場合，父親は子と会うことができないのでしょうか。これが面接交渉（面会交流）の問題です。わが国の民法には，親権者とならなかった親に親権者が養育する子と面接する権利がある旨の条文はありません（離婚をした場合，必ず現実に監護する親が親権者となり，監護しない親が非親権者となるわけではありません〔⇨〔設問97〕〕が，便宜，以下〔本設問から〔設問102〕〕まででは，監護する親＝親権者，監護しない親＝非親権者と表示します。親権者と監護者が分離する場合は，読み替えてください）。そして，親権者は，子の監護教育について権利を有し，義務を負いますから，子の養育にとって支障があると判断される場合には，親権者でない親と子との面会を拒否できるという考え方も可能です。しかし，親権者とならなかった親は，子の監護について利害を有する者であり，子にとって非親権者との面接をすることが必要であるのにこれを拒絶することは，子の利益を害することになります。

そこで，親権者とならなかった親は，家庭裁判所に対し，子の監護に関する処分として子と面接をさせるよう親権者に求める調停または審判の申立てができると解されています（民766条1項，家審9条1項乙類4号）。子の監護に関する処分の内容としては条文上，面接交渉権は明記されていませんが，最高裁判所も，面接交渉は子の監護に関する処分の内容になる旨判示しています[*1]。

諸外国における面接交渉権　ところで，面接交渉権については，アクセス権，訪問権という形で，早くから欧米では認められてきており，また，中国，韓国等の民法にも面接交渉権についての規定が置かれています。もともとコモン・ローの伝統では離婚後は父親が養育する権利（custody）をもちましたから，この面接権は母親の権利として出発しました。その後，母親が原則として親権者となるようになってからは父親の権利という性格をもつようになりましたが，いずれにしても現在では，多くの国で，面接権を原則として認め，実際にどの程度認めるかは，子の最良の利益を考慮して決めるとされています。

したがって，面接交渉権を権利として認める国々でも，子の利益を害するおそれがある場合には，面接交渉は認められないと考えられています。例えば，中華人民共和国婚姻法38条は，離婚後直接養育していない父または母は面接交渉権をもち，子の心身の健康にとって不利であるときは人民法院は面接交渉を中止できると規定しており，韓国では，1990年に面接交渉権について明文の規定が置

3 面接交渉 (1)

かれ（韓国民法837条の2），その際，家庭法院は，子の福利のために必要である場合，当事者の請求により面接交渉を制限または排除することができるとしました（同837条の2第2項）が，2005年には同項が改正され，上記の場合，職権によっても，面接交渉を制限または排除することができることになりました。

わが国では，上記のとおり，民法上面接交渉権は明文で認められてはいませんが，家庭裁判所の実務の運用では，子の最良の利益を考慮して，認めるかどうかを判断しているのが一般であり，これを権利として認める諸外国と運用上の差異は大きなものではなくなっています。

調停，審判の申立て　子との面接交渉を求める非親権者は，親権者を相手方として，相手方住所地を管轄する家庭裁判所に子の監護に関する処分の調停または審判の申立てができます。通常，面接交渉については話合いによる解決が望ましいことから，審判の申立てがされた場合でも，調停による合意の可能性のないことが明らかな場合を除いては，職権で調停に付されるのが通常です。

調停手続は，双方の意見をきいて合意の形成を目指しますが，ケースによっては家庭裁判所調査官（以下「家裁調査官」といいます）が立ち会い，心理学，教育学等の観点から，当事者にアドバイスをしたり，方向を探ったりすることもありますし，また，面接を認める場合でも，いきなり当事者間で面接することが難しいと判断される場合や面接を認めるのが子の利益にかなうかどうかをみる必要がある場合，家庭裁判所内で試行的面接をすることもあります。

また，最近では，家庭裁判所によってはよりよい面接交渉を実現するために親権者および非親権者がそれぞれ面接交渉をするにあたり注意すべき点をまとめたパンフレットを作ったり，ビデオを用意するなどしている裁判所もあります。面接交渉で大切なことは面接するかどうかということと同時に，いかにして子の福祉にかない，双方の親が納得できるような面接が実現できるかに重点があるからです。

面接交渉の内容　当事者間に合意ができ，かつ，調停委員会がその合意を相当と認めた場合には，調停が成立し，調停調書が作成されます。面接交渉の合意は，通常，頻度のみが定められ，その日時，場所，方法などについては，子の福祉に配慮をして，別途協議により定めるとされるのが一般的です。子どもは物ではありませんから，その時々の状況に応じて子の福祉にかなうよう柔軟な対応が必要とされるからです。頻度として最も多いのは月1回程度です。これは，一般に子が成長するにつれて家族よりも友人との接触が増えていき，その頻度が多すぎると子が負担を感じ，面接交渉を拒絶するようになる危険があり，また，子が小さい時は，面接に親権者の同行が必要であり，頻繁になるとその負担も大きいと考えられるからです。その半面，あまりに頻度が少ないと，子と非親権者との間のよい関係が形成できず，また，子に会いたいという非親権者のニーズが満たされないおそれがあるためです。

面接交渉と履行勧告　面接交渉について調停の合意内容が調停調書に記載されると，確定した審判と同じ効力をもちます。調停の合意について，その内容が実現されない場合，権利者は，義務者に対し，その義務を履行するよう家庭裁判所に勧告するよう求めることができます（家審15条の5）。この履行勧告の申立て

VIII 離婚と親子関係

があった場合，通常，家庭裁判所は家裁調査官に対し調査命令を発し，家裁調査官は，調停の合意どおり実施するよう義務者に対し勧告をします。この勧告によって義務者が応じることで強制的方法によらずに調停条項上の権利を実現することができることになります。

しかし，勧告に対し，面接させることができない事情が義務者から述べられることがあります。例えば，面接の際，非親権者が子の福祉を害することをしたり，述べたりした，子どもがもう会いたくないと言っている，再婚したので会わせたくないなど，調停合意の時にはなかった事情が生じていることがあります。その場合には，事情の変更として新たな申立てをして面接合意の内容を変更しない限り合意に即して面接を実行する義務があることを義務者に伝えることになります。また，権利者には義務者の言い分を伝えて，権利者が義務者の言い分に納得できれば，それで勧告を終了し，しばらく様子をみるということもありますし，場合によっては権利者の側から新たな調停の申立てをするに至る場合もあります。なお，金銭の支払については家庭裁判所はその履行を命じることができます（同15条の6）が，面接交渉についてはできません。

履行勧告に応じない場合

それでは，履行勧告に対し正当な理由もなく応じない場合，どうすればよいでしょうか。上記のとおり，調停の成立調書は確定審判と同じ効力をもちますから，合意内容が実現できないときは，強制執行を求めることができるのが原則です。ただし，上記のとおり，子との面接交渉というのは，その時々で子の利益への具体的な配慮が必要となるため，通常，その内容をあらかじめ具体的に定めることはしません。

また，子どもにとっては親権者である親も非親権者である親も，どちらも大切な存在であり，これを強制的に実現するとなると，子の福祉を害する危険が高いため，直接的に強制することはできないと考えられています。間接強制については，これを認める説と認めない説に分かれています。

近時，実務では間接強制が認められる傾向にあります。しかし，現在，家事事件についての独自の強制執行法がなく，民事執行法が適用されることになっており，そのため，様々な問題が生じています。民事執行法では，面接交渉など為す債務について履行されない場合において，直接強制ができないときは，間接強制ができることになっています。その場合，調停または審判で面接交渉の内容が決められると，その後，これを変更したり，取り消したりする調停または審判が確定していない限り，面接を拒む理由を問わず，一律に間接強制ができることになります。従前の面接方法では子の福祉が害されるとして，これを変更・取消しする審判が出されても，その審判が確定するまでは間接強制ができるとした高等裁判所の決定もあります。そのため，例えば，面接を求める非親権者からわいせつなことをされたとして子が面接を拒んでいる場合でも，間接強制ができることになりますし，面接交渉では終期が定められていませんから，子が18歳になり，本人の意思で面接を強く拒んでいる場合でも，法律上は間接強制ができることになります。しかし，それが理不尽であることは明らかでしょう。

本来，面接交渉は子の福祉のためのものであり，それぞれの時点で子の福祉にかなうよう面接の仕方等については随時変更されることが予定されていますし，上記のとおり，世界各国は，これを裁判

所が変更できる規定を置いています。また，履行を強制することが理不尽な場合ではなくても，子が親に反発して親が履行させようとしても実現できないときもあります。そのとき，間接強制をすることでは何も子の幸福にはつながりません。その段階で，効果的な面接が実現できるよう裁判所が間に入り，調整をする機会は，現行の民事執行法では与えられていないのが現状です。

設問の場合　さて，設問の場合，まず，家庭裁判所に履行の勧告を求める申立てをするのがよいでしょう。家庭裁判所は合意どおりに実行するよう義務者である母親に勧告をすることになります。これによって面接ができるようになることも多いですし，直ちに実現できなくても，何故，面接を嫌がるようになったのか，その理由を知る機会を得ることができます。そして，もし，月2回が子どもにとって加重な負担になっているということなら，月1回でもいいから実現するように求めて調整を図ることもできますし，子どもが嫌がっているというのであれば，嫌がるのはどうしてなのかその原因を探り，気持ちよく面接ができるような段取りを作っていくことも可能になります。そうした話合いが困難であれば，再度，家庭裁判所に面接交渉の履行を求めて調停を申し立てることもできます。そして，何らの理由もなく，妻が子との面接を拒み，それにより，子の福祉が害されていると判断される場合には，間接強制等の強制執行も認められることになります。しかし，多くの場合，何らの理由もなく拒むということは少なく，上記のとおり，親権者には親権者なりの事情があって面接を拒んでいるような場合は，間接強制をかけたからといって，面接が実現できるとは限りませんし，間接強制をかけることで，

感情的になって父母の対立が激化し，子の福祉が害されることも懸念されます。そのような場合，改めて面接交渉の調停の申立てをし，実情にあった面接が実現できるようにするのが現実的解決だと考えられます。

*1　最決昭59・7・6家月37・5・35。なお，婚姻関係が破綻し，事実上別居状態にある場合にも，これを類推して，面接交渉を求めることができることにつき最決平12・5・1民集54・5・1607参照

〔大塚正之〕

③ 面接交渉(1)

3 面接交渉(2)

設問 102

離婚した妻は子どもに会わせてくれないのですが，養育費だけは親の義務だといって請求してきます。子どもの成長をみることができてこそ，養育費を稼ぐのにも力が入ると思うのですが，妻の態度は許せません。養育費の支払と面会を引換えにすることはできないのでしょうか。

子の監護に関する処分　父母が協議上の離婚をするときは，子の監護をすべき者その他監護について必要な事項は，その協議で定めるが，協議が調わないとき，または協議をすることができないときは，家庭裁判所がこれを定めるとされ（民766条1項），子の利益のため必要があると認めるときは，家庭裁判所は，子の監護をすべき者を変更し，その他監護について相当な処分を命じることができる（同766条2項）とされています。一般に養育費の支払は，子の監護に関する処分の1つとして認められており，通常，親権者から非親権者に対し，子の監護に関する処分として請求されることになります。また，父母と子とは直系血族ですからお互いに扶養義務を負います（同877条1項）。扶養の程度または方法について，協議が調わないとき，または協議をすることができないときは，扶養権利者の需要，扶養義務者の資力その他一切の事情を考慮して，家庭裁判所が，これを定めるとされています（同879条）。したがって，親権者である親は，親権者ではない親に対し，扶養義務の履行として子の法定代理人として扶養料を請求することができます。これらは，いずれも子の利益のために認められるものですが，前者は親権者が権利者であるのに対し，後者は，子が権利者になります。

これに対し，面接交渉権については，これを権利として認める学説と権利としては明文がないとしてこれを否定する学説とに分かれています。そして，これを認める学説も，その根拠については親権から派生する権利である，潜在的な親権である，子の権利であるなど諸説があり，大きく分けると親の権利とするものと子の権利とするものに分かれます。しかし，親の権利といっても，面接を認めるかどうかについては子の利益を考えて決めるものと解されており，子の利益とは関係のない親に帰属する権利とも言い切れません。他方，子の権利といっても，非親権者の側から面接交渉の申立てをするのが通常であり，また，子の利益を代表する第三者を選任する制度は現行法上なく，かつ，子の法定代理人である親権者が子の利益を代表するとすれば，非親権者からは面接交渉を求めることができないことになるので，子の権利というのも難しいところがあります。

このような学説上の対立は別として，いずれにしても，非親権者が親権者を相手方として申し立て，かつ，子の利益を考えて面接交渉を認めるか否かを考えるという実務での取扱いの枠組みについてはそれほど差異は生じません。

養育費と面接交渉　その際，しばしば双方の当事者から主張されるのは，面接交渉をさせないの

[3] 面接交渉(2)

なら養育費を支払わない，あるいは反対に，養育費を支払わないのなら面接交渉はさせないという主張です。非親権者としては，上記設問のとおり，面接交渉ができるからこそ，子どもへの愛情を維持することができ，養育費も支払おうという気持ちになれるのに会わせないでおいて養育費を支払えというのは納得できないと感じます。他方，親権者は，大変なおもいをしながら育てているのに子どものために必要な養育費を支払わないでおいて子どもに会わせろというのは納得できないと感じます。それでは，そのような主張は法律上認められるのでしょうか。

設問は，子との面接を親権者がさせないのなら養育費を支払わないという非親権者の主張が認められるかというものです。確かに養育費と面接交渉は密接な関係を有しており，実際上，両者の履行には，ある程度の相関関係があるようです。そして，上記の主張はそれぞれ親の心理としても納得できるものです。しかし，子どもの立場に立ったとき，いずれの主張も子の利益を害するものと評価されることになります。

一般に養育費の支払は，子の利益のため，未成熟子をその親よりも経済的にひもじいおもいをさせてはならないというところから認められるものですから，面接交渉とは直接の関係はありません。必要な養育費を支払うことは親としての義務です。したがって，面接交渉が実現しないから養育費を支払わないということは許されません。

また，反対に，面接交渉も子の利益のために認められるものですから，養育費を支払わないからという理由で面接交渉を拒否するということも合理的な理由がないことになります。もっとも，養育費の支払能力があり，計算上養育費の支払義務があることを知りながら，これを支払わない親と面接をさせるのが子の利益にかなうかどうかという観点からは，養育費を支払わないことは面接交渉を認めるか否かを判断する際の1つの事情として考慮されることになるでしょう。

家庭裁判所の調停・審判　ところで，家庭裁判所の調停では，養育費の申立ての中で面接交渉の要求が相手方から出されたり，面接交渉の申立ての中で養育費の要求が出されたりすることがあります。そのような場合，養育費の調停ですから面接については一切話をしませんと当事者が主張し，あるいは，面接交渉の調停ですから養育費の話は一切しませんと当事者が主張したようなときは，それぞれ相手方にその話がしたいのなら別途調停を申し立てるよう促し，双方の事件を併合して進めることもあります。しかし，通常，当事者双方が特にその点にこだわりがなければ，養育費の調停の中で付随的に面接交渉の話合いをし，あるいは面接交渉の調停の中で付随的に養育費の話をすることになるでしょう。上記のとおり，両者は別の問題ですが，相互に関係し，かつ，当事者の意識としては，一方のみが認められて他方が認められないのはおかしいと感じるのが通常であるため，養育費の問題を脇において面接交渉だけの合意を形成したり，あるいは反対に，面接交渉の問題を脇において養育費だけの合意を形成しようとすると，なかなか調停の話合いが進まないことが多いからです。そして，養育費の支払を求めるのなら面接をさせろという要求や面接を求めるのなら養育費を支払えという要求が法にかなっているものであれば，付随的に相手方の要求も調停の合意に加えて調停を成立させる場合も多いのではないかと思います。面接交渉が養育費の調停にとって付随的なものか，養育費が面接交

VIII 離婚と親子関係

渉の調停にとって付随的なものか，厳密に考えると問題がないではないですが，密接に関連し，かつ，通常，相手方から反論として出てくる部分であり，調停のテーマとなっている問題を解決するのに不可欠な事項と意識されることなどから，別途調停を申し立てなければ申立事項になっていない養育費や面接交渉について合意を成立させないという運用はされていないようです。

ただし，これは調停でのことです。養育費，面接交渉のいずれについても申立てがあって，調停が不成立となる場合には，当然に審判に移行することになりますが，それは申立てがあった事項に限られます。したがって，上記のように，養育費の申立てに付随して面接交渉についても調停で話合いがされていたとしても，審判では養育費についてのみ判断が示されることになります。同様に，面接交渉の申立てに付随して養育費について調停で話合いがされていても，審判では面接交渉についてしか判断が示されないことになります。したがって，もし，申し立てられた事項だけが審判に移行し判断がされ，相手方の主張している事項については審判の対象にならないのは困るということであれば，別途，相手方から審判の申立てをすることが必要となります。

子のための養育費・面接交渉

養育費と面接交渉との法的な関係は上記のとおりですが，これらはいずれも子のために認められるものであることを理解することが必要です。その点で大切なことは，お互いの気持ち，認識をよく理解し合うことです。養育費がきちんと支払われないのに面接に応じる気持ちになれないという親権者の気持ちを非親権者は理解する必要がありますし，面接させないでおいて養育費を支払えといわれるのは納得できないという非親権者の気持ちを親権者は理解する必要があります。実際にも，養育費を支払わないから会わせない，面接させないから養育費を支払わないとお互いに主張することが子の利益を害することを双方の親がよく理解し，子の利益にかなうような方法で面接を実現させ，それによって，非親権者が労働意欲，養育費の支払意思を強化することができれば，それが最も子にとって利益のある解決につながります。

調停では，当初は，相手方に対する不快感から，養育費も支払わないのに面接などさせるものか，面接させないのに養育費など支払ってやるものかという心理構造になっていることが多いようです。これを，面接させるからきちんと養育費を支払え，養育費を支払うからきちんと面接させろという要求に転換することができないと調停の合意は形成できません。それでは，もし，双方が今後養育費は支払わない，その代わり面接も求めないという合意をした場合，調停は成立するでしょうか。特別な事情がない限り，そのような合意は子の福祉を害するものとして，調停委員会は，その合意を相当とは認めず，調停は不成立となります。養育費の請求は上記のとおり子の扶養を求める権利でもありますから，これを放棄することは許されません。同様に，非親権者と面接をする利益も子のものですから，これを双方の親が勝手に否定してしまうことはできないのです。

設問の場合

上記のとおり，養育費の支払も面接交渉も子の福祉のために認められるものですから，面接を拒否されたからといって，養育費の支払を拒むことはできず，したがって引換えにすることはできません。

〔大塚正之〕

3 面接交渉（3）

設問 103

私の息子は妻と離婚後，子ども2人の面倒をみていたのですが，昨年病気で亡くなり，孫たちは母親が引き取って行きました。私たちは孫に会うことを楽しみにしていたのですが，最近その母親が再婚してから，私たちが孫に会うことをいやがるようになりました。私たちには，祖父母として孫に会う権利があると思うのですが，母親の意向に従わなければいけないのでしょうか。

親権者変更　離婚の際，親権者が定められ，その親権者に養育されている途中で，親権者が死亡した場合，どうなるのでしょうか。親権者が1人だけの状態でその親権者が死ねば，親権者が不存在となり，未成年後見が開始されます（民838条）。最後に親権を行う者（管理権を有しない場合を除く）は，遺言により未成年後見人を定めることができます（同839条）が，その遺言がないときは，家庭裁判所は，未成年被後見人またはその親族その他の利害関係人の請求によって未成年後見人を選任することになります（同840条）。非親権者である親が当然に親権者になるわけでありませんから，仮にその手続をしないで事実上非親権者が養育を開始したとしても，後見人になるわけではありません。なお，実務上，非親権者が死亡した親権者に代わって養育を引き継ぐ場合，親権者死亡後でも，親権者変更の手続により非親権者が親権者になる方法も認められています。これは，もし生きていれば，親権者変更により非親権者が親権者になったであろうと考えられ，後見監督を実施する必要性に乏しいこと，子どもにとっては非親権者は親であり，後見人よりも親権者として扱った方が子の利益になると考えられることなどから沿革的に認められてきた運用です。

親権者のもとで子が養育されていた場合，その親権者の両親（子の祖父母）と一緒に暮らしていたようなときは，子にとっては慣れ親しんだ祖父母と離れることになります。特に親権者が病気や事故で入院し，事実上しばらくの間祖父母に養育されていたようなときは，祖父母は子に愛情をもち，子も祖父母に愛着をもつようになっていることがあります。祖父母が引き続き，責任をもって子の養育をしたいという場合，前記のとおり，未成年後見人選任の申立てをすることが必要です。他方，非親権者である親が新たに子を養育したいという場合には，未成年後見人選任の申立てあるいは親権者変更の申立てをすることが必要となります。いずれの場合であっても，家庭裁判所は，申立てには拘束されず，子の後見人としてふさわしい者が子の周囲にいるかどうか，複数人いる場合には，いずれを子の後見人にするのが子の福祉にかなうかを考えて未成年後見人選任または親権者変更の審判をすることになります。

面接交渉権と祖父母　さて，この設問において母親の親権者変更の申立てが認められ，あるいは母親が未成年後見人に選任された場合には，母親が子の監護養育について一切の権利義務をもつことになります。そのような場合，祖父母は

VIII 離婚と親子関係

母親に対し，子との面接を求めることができるのでしょうか。

一般に，面接交渉権は，親の権利として認められてきたものであり，祖父母には面接交渉権というものはないというのが基本的な理解です。ただし，アメリカでは，かなり前からいくつかの州で，祖父母との面接交渉権を認めており，そのような州も増えているようです。わが国では，面接交渉権は親権ないし親の潜在的な権利として考えるのが通説であり，そうすると親ではない祖父母には子と面接する権利があるというのは難しいことになります。これに対し，面接交渉権を子の権利とする考え方によれば，子にとって祖父母と面接する権利があると理解することにより，祖父母にも面接交渉ができるという理解は理論的には可能になりますが，これは少数説です。

設問の場合 それでは設問のような場合はどうでしょうか。まず，母親が子らを引き取って行ったということですが，もし，これが事実上のことであれば，子らは親権者あるいは後見人がいない状態になっていますから，利害関係人である祖父母は，家庭裁判所に未成年後見人選任の審判申立てができることになります（民840条，家審9条1項甲類14号）。そして，自らが後見人候補者になることができます。その場合，家庭裁判所は，上記のとおり，申立人の意見に拘束されることなく，職権で調査したうえ，後見人として適当な者を未成年後見人として選任することになります。一般的には，母親が後見人に選任されることが多いでしょうが，例えば，離婚時に親権者とならなかったのは母親の不貞が原因で，子の養育を放置し，子と母親の不貞相手との仲が悪いというような場合，再婚相手が子を虐待しており，それを母親が放置しているような場合など，母親よりも祖父母のもとで養育された方が子の利益になると客観的に判断できるようなときは，母親がいる場合でも祖父母を後見人に選任することになるでしょう。その場合は，面接を求めるだけではなく，子を引き取って後見人として養育することが可能です。ただし，未成年後見人は，1人に限られていますから，祖父母双方が未成年後見人になることはできません（民842条）。

父親が親権者として子を養育し，その父親が死亡した場合において，母親が子を引き取るときは，家庭裁判所に親権者変更または未成年後見人選任の申立てをすることが必要です。申立てがあった場合，家庭裁判所は，その母親がその子の親権者または後見人としてふさわしいかどうかを審理し，子の福祉にかなうと判断した場合には，親権者を亡父から母親に変更をし，または，母親を未成年後見人に選任します。その場合，祖父母は，係である子を養育する権利義務はありませんから，当然には子と面接することを求めることはできません。

祖父母の面接交渉方法 それでは，祖父母が母親を相手方として家庭裁判所に面接交渉を求める調停・審判の申立てをすることができるでしょうか。子の監護に関する処分の申立ては，原則として，子の親しかできませんが，祖父母は母親を相手方として親族間の調整の調停を申し立てることはできます。そして，祖父母と面接交渉することが子にとって利益になると客観的に判断される状況があれば，調停委員会は子らのために祖父母と面接させるよう母親に話をすることになるでしょうし，その調停の中で，祖父母と母親との間で面接の合意をすることも可能になります。そして，調停が成立すれば，その場合も審判と同じ効力をもつ

ことになりますから，祖父母は，調停の合意に基づいて孫と面接することができるようになります。

ところで，母親が再婚を理由として面接を拒むとき，子らには祖父母と面接をする利益と再婚後の家庭で安定して生活する利益とがぶつかることになります。この点は，祖父母ではなく，非親権者が面接を求めた場合において，親権者は自分が再婚したことを理由として，非親権者と子との面接交渉を拒むという形でしばしば問題になりますので，以下非親権者との関係で考えたいと思います。

親権者が再婚した場合　一般に，非親権者と子との面接は子の利益になることであると考えられ，親権者が再婚したとしても，その理由には変化はなく，単に再婚したからという理由だけで非親権者と子との面接を拒むことはできません。

しかし，子の年齢が低い場合，再婚相手と子とが養子縁組し，再婚相手を父親（養父）として子を養育したいという場合があります。その場合，その子は非親権者である実父と面接する利益と新しい養父と実母との間で新しい家庭をもちその中で安定して成長する利益とをもつことになります。これはどちらも子にとっては重要な利益であり，一律にどちらの利益がどちらかに勝るということはできない場面です。最も理想的な形は，その子が養父を新しい父と認識し，その中では安定して育ちながら，かつ，実父は実父として認識し，必要に応じて実父とも面会し，それぞれよい関係を形成し，安定した成長をはかることができるというもので，このように両立が可能であれば，再婚・養子縁組という事実は，面接交渉を妨げる理由にはなりません。しかし，離婚をした父親にとって元妻の再婚相手というのは不愉快な存在であり，特にそれが離婚の理由となっているような場合には許せないという気持ちをもっている場合もあります。自分の大切な子をあんな男に育てさせるわけにはいかないと実父が考え，他方，養父は，実母からさんざん実父の悪口を聞かされ，養父となった以上，自分が責任をもって育てると構えているような場合には，両立させることが困難です。お互いに子が双方のニーズをもっていることを理解して，子に対する関係では協調できるようになるのが望ましいことですが，現実には難しいケースがあるのも事実です。将来を見据えると，養父と実母との間で安定した生活を維持する方が大切なようにもみえますが，養父と子とがうまく行かなくなり，実母と離婚し養子縁組も解消するということもありますから，実父と面接できなくてもよいと割り切ることもできません。反対に，新しい家庭での新しい生活の平穏を害する役割を実父が積極的に果たすなら，面接を禁止することが必要になる場合も生じます。最終的には，子の利益をどのように考えるかにかかっており，お互いにある程度のことは許容しないとうまくいかないのが面接交渉です。特に実母が再婚し養父が登場するようなケースでは，何が子の利益になるのかという点において，客観的な判断をしにくいところがあります。子がある程度成長してくれば，子の意思というものが重要になってくるのですが，幼い時は子の意思を重視することもできません。したがって，そのようなケースについては家庭裁判所が判断するよりも，双方の許容性を高めながら調停により解決を図ることが実際的な解決だろうと思われます。

〔大塚正之〕

4 養育費 (1)

設問 104

離婚の調停や裁判の際に，養育費はどのように決められるのでしょうか。夫である私が，その後失業したりしたらどうなりますか。

「養育費」の意味 (1)「養育費」というのは，法律上で厳密に定義された用語ではありません。一般的には，「子の養育・監護に必要な費用」，「子どもの生活に必要な費用」などの意味合いです。子どもの食物費，被服費，医療費，教育費などが内訳になります。概括的に子どもに関する費用として負担額を決める例が多いのですが，子育ての考え方が異なると，ピアノやバイオリンの習い事，家庭教師や進学塾など，家庭内教育の費用負担，シッター雇用費用や，祖父母に保育依頼する費用等が問題になったりします。

(2) 子どもの養育費の負担ルールは，父母の協議で定まるのが望ましい事柄ですが，協議で解決できないときは，家事調停（家審17条）や家事審判（同9条）の制度が利用されます。家事事件では，本人の出頭が義務づけられ，弁護士まかせにできないのが原則です（家審規5条）。父母の婚姻中ならば，夫婦間の協力扶助の問題（家審9条1項乙類1号，民752条）や婚姻費用の分担問題（家審9条1項乙類3号，民760条），離婚後ならば，子の監護に関する処分の問題（家審9条1項乙類4号，民766条）の調停・審判の申立てがされます。調停不成立に終わるとき，調停申立て時に審判の申立てがあったとみなされ，自動的に審判手続に移行します（家審26条1項）。まれに扶養に関する処分（同9条1項乙類8号，民879条・880条）の申立てが選択されるケースもありますが，この場合は子ども（扶養権利者）と非監護親（扶養義務者）が当事者になります。手続の選択は申立人が決めることです。

(3) 離婚訴訟など，人事訴訟を提起するには，まず調停の申立てをしなければなりません（家審18条，調停前置主義）。調停は相手方の住所地またはあらかじめ合意で定めた場所の家庭裁判所で行われます（家審規129条，管轄裁判所）。調停は，当事者間の任意の合意を目指して，中立公正な立場から，あくまで任意の合意を促す制度です。離婚の調停条項（夫婦関係調整事件）で，子どもの親権者を指定し，養育費も定められるのが一般です。調停不成立に終わるときは，離婚訴訟を提起することができます。離婚訴訟の中で，養育費の附帯申立てをすれば，離婚判決の附帯処分として，裁定が行われます（人訴32条，旧人訴15条）*1。離婚の調停と並行して，婚姻費用の調停申立てがされる事案もあります。調停が不成立に終わると，婚姻費用の事件は審判手続に移行しますが，離婚後の養育費の問題は，附帯申立てをして離婚判決中で裁定を受けることになります。

養育費算定の考え方と標準的な簡易算定方式 (1) 法定の算定方式はありません。子どもの養育費は，父母が経済力に応じて分担すべきものです。基本的には，父母いずれの下で生活するとしても，経済水準の高い方で生活する場合と同水準

になるように，養育費を定めるのが一般的な考え方です。家事審判でも，離婚の裁判でも，収入関係の証拠資料や，家計収支表，特別支出の説明資料などが必要になります。事案の諸事情を総合考慮し，合理的な裁量的判断によって適正に裁定を行うのです。調停では，双方の希望を聞いたり，父母の収入状況を確認し，実費方式で検討したりします。合意可能な範囲での解決を目指して調整を図り，可能ならば，負担割合の試算や調停案が示されます。

(2) 従来の地方裁判所の人事訴訟では，計算を積み重ねることなく，簡略な裁定判断で，月額7万円，5万円，または3万円という結論のみ示される例が多かったので，「七五三方式」といわれたりしました。

これに対し，家事審判の実務では，「按分方式」が定着していました。父母それぞれの収入額を基礎にし，一定の「指数」を用いて「子ども達の生活費」を算出し，これを父母の経済力に照らして按分し，養育費の負担額を算定する方式です。ただ，批判も多く，総収入，公租公課（所得税，住民税，社会保険料），特別経費（住居費や医療費など必然性のある経費）など，実費方式の認定部分で事実主張が対立すると，審理が長期化しました。また，給与所得者の職業費（被服費，交通通信費，書籍費，諸雑費，交際費等）の推計方式の指数選択（10%ないし20%程度）によって結論が大きく左右されました。当事者自ら結果を予測することは難しく，家庭の収入規模や家族構成が類似していても，事案ごとに結論が異なってしまいました。個別解決の適正を目指して精密な算定作業を積み重ねるので，かなり繁雑な算定作業を必要とし，それなりの経験と熟練が必要でした。

(3) 子どもの生活費用は遅滞なく確保されなければなりません。子の福祉の観点から，簡易迅速に養育費を算定して確保を図る必要があります。2003（平成15）年4月に公表された養育費の算定表と簡易算定方式（東京・大阪養育費等研究会）*2は，従来の実務の考え方は踏襲しつつ，簡易迅速な算定を図ろうとする提案です。算定表（早見表）も同時に公表され，算定表の認定幅から結論を読み取ることで，熟練が必要な算定作業なしで，当事者自ら結果を予測できるようになりました。

参考までに，新たな簡易算定方式の仕組みを詳しく説明します。まず，①監護親と非監護親それぞれの「年間総収入」（税込み，X，Y）を把握します。給与所得者の場合は，源泉徴収票が有力な証拠資料になります。給与明細書などで賞与を含めた年間総収入を把握する方法もあります。自営業者の場合は，所得税の確定申告書［控］や，所得税青色申告決算書の損益計算書［控用］が有力な証拠資料になります。事業の種類によって必要経費が大きく異なるので，いわゆる売上げ（収入金額等）は基礎にできません。課税される所得金額に課税上の特典控除額（青色申告特別控除額，減価償却費，貸倒引当金，専従者給与など）を加算したものが「年間総収入」になります。

次に，②監護親と非監護親それぞれの基礎収入の比率（a，b）を判定しますが，法定の公租公課の理論値と，統計上の特別経費や給与所得者の職業費の数値を検証してみると，年間総収入中の基礎収入の標準的割合は，給与所得者の場合は42%～34%まで，自営業者の場合は52%～47%（高額所得者の方が割合が小さい）と判明したので，この基礎収入比率の範囲内で推計します。方程式は，後記の①となります。

③子どもの生活費も，生活保護法8条

に基づく生活扶助基準額（最低生活費）と、教育費に関する統計（公立中学校と公立高等学校の学校教育費）を加味して、標準的生活費に指数化して計算します（0歳から14歳までは55, 15歳から19歳までは90, 20歳以上は100）。父と暮らす方が高額になる想定での方程式は、下記の②となります。

④養育費の分担額は、子どもの生活費を両親の「基礎収入の比率」で按分することで算出されます。方程式は、下記の③となります。

⑤そして、以上の方程式を一括して計算できれば繁雑な3段階の計算作業も回避できます。子が4人以上の場合は、算定表に載っていません。算定表に載っていない場合の計算は、下記の④を参考にしてください。例えば、子ども4人（小学生2人、高校生2人）の事例での養育費（月額）を算定する方程式です。なお、子ども4人のうち1人分を除外すべき事情があるときは、まずは4人分の養育費を算定し、さらに按分計算して1人分を控除することで結論が得られます。

⑥公租公課、特別経費、職業費など、従来の考え方の基本は踏襲されているので、基礎収入、最低生活費、子どもの生活費、養育費の按分計算など、段階ごとに従来同様の算出作業を繰り返して、算定作業の結果を見直すことも可能です。

養育費の「算定表」 (1) 簡易算定方式のエポックは、公表された算定表です。繁雑な計算作業から解放されます。この方式による計算結果を整理して、監護親の養育費分担額（月額）を認定幅1万円または2万円の早見表にし、子どもの人数と年齢区分ごとに、監護親（x軸）の年間総収入1025万円未満、非監護親（y軸）の年間総収入2025万円未満の範囲内で明示しました。養育費の最低水準は月額0～1万円、最大水準は子3人の表の月額40～42万円です。通常の個別事情は算定表の認定幅の範囲内に織り込み済みです。従来は、非監護親の基礎収入が生活保護基準（最低生活費）以下であると、養育費分担能力がないと判定されがちでした。算定表（簡易算定方式）では、月額0～1万円の認定幅が設定され、「少ないパンでもわが子と分かち合う」という考え方が貫かれています。

(2) 算定表は家庭裁判所のホームページにも掲載され、一般の当事者でも容易に試算できます。離婚の裁判や調停、養

〈養育費の算定方法〉
① 父、母の基礎収入（bY, aX）＝年間総収入×基礎収入の比率
② 子どもの生活費（扶養料）は、父、母の基礎収入（AとB）のうち、高額な方です。
　　A＝父の基礎収入（bY）×（子の最低生活費÷父と子の最低生活費）
　　　＝bY×子どもの指数(55)÷(父の指数(100)＋子どもの指数(55))
　　B＝母の基礎収入（aX）×（子の最低生活費÷母と子の最低生活費）
③ 父の養育費分担額（年額）
　　C＝子どもの生活費×父の基礎収入÷(父の基礎収入＋母の基礎収入)
　　　＝$A × bY ÷ (aX + bY)$
　(注) 内容は〔設問115〕の計算式と同じです。参考にしてください。
　　　公表された算定表は、上記①②③の算式に基づく月額の概数表です。
④ （参考）「小学生2人、高校生2人の事例」の一括算定の方程式
　　$D ≒ \{(bY)^2 ÷ (aX+bY)\} × [(55+90)×2 ÷ \{100+(55+90)×2\}] ÷ 12$

育費の調停や審判など，広く活用されるようになっています*3。当事者自ら算定表のコピーを手に調停出席する姿もみられます。公平公正さが感じられ，疑心暗鬼の念が減るためか，養育費や婚姻費用の調停解決が速くなったと感じます。2004（平成16）年4月に家庭裁判所に移管された人事訴訟でも広く活用されています。裁判外の自主解決によって公証人の公正証書（執行証書）が作成される例も多くあります。社会的ニーズにも応え，算定表の利用は予想外の拡大をみています。家庭裁判所調査官が試算報告することは少なくなりました。

(3) 算定表でも，簡易算定方式の方程式でも，年間総収入（X, Y）があてはめの出発点です。算定表が公表されたことで，収入関係の証拠の重要性が大きくなりました。離婚の裁判や審判でも，年間総収入の把握が審理の重要なポイントになります。どうしても正確な資料がない場合や，潜在的稼働能力をみるべき場合は，過去の所得水準や統計資料（賃金センサス）など統計資料によって，収入を推認するほかありません。

(4) 離婚の裁判や審判では，養育費分担額の算定作業をした上で，最終的な裁量判断を行います。「特別な事情」があっても，算定表の認定幅の隣接域の値を用いることで解決できることが多いと思われます。医療費自費負担など，高額な負担が続く場合も考えられますが，算定表に別枠加減するという考え方（別枠方式）になりましょう。子どもが私立学校を選択すると，高額な入学費用や授業料等の負担が問題になりますが，非監護親が子どもの選択を了承する以上は，公立学校との差額分を按分加算すべきと考えられます。

事情の変更

標準的な簡易算定方式の下では，子どもの成長に伴う事情変更のほか，監護親と非監護親それぞれの年間総収入の増減変動が大幅になったときは，事情の変更を理由にして，養育費見直しのための調停や審判の申立てがされます。失業の見込みや，失業が一時的で，年間総収入に大きな変動をきたさないときは，養育費算定には影響しません。非監護親が再婚したり，子どもの人数が増えるなど，事情の変更にも種々の要因が考えられます。算定表では増減があっても，最終的な裁量判断で変更は認めないと裁定されることもあるでしょう。

*1 もともとは家事審判事項（非訟事件）であって，裁判所としては裁量的判断で具体的な権利義務を形成すべき事柄です。いきなり民事訴訟で判定を求めることはできない筋合いです（最判昭43・9・20民集22・9・1938，最判昭44・2・20民集23・2・399参照）。人事訴訟で審判と同質の裁定が判決の形式で行われるのは，法律上の特例です
*2 東京・大阪養育費等研究会「簡易迅速な養育費等の算定を目指して」判タ1111号（2003）285頁
*3 算定表が合理的なものであることについて，東京高決平15・12・26家月56・6・149，大阪高決平16・1・14家月56・6・155，仙台高決平16・2・25家月56・7・116，大阪高決平16・5・19家月57・8・86，婚姻費用につき最決平18・4・26家月58・9・31参照

《参考文献》
＊斉藤啓昭「養育費の算定方式と裁判例」野田＝若林＝梶村＝松原編・家事関係裁判例と実務245題（判タ1100号，2002）168頁
＊青木晋「養育費・婚姻費用算定表の活用について」ケ研279号（2004）151頁
＊濱谷＝中村「養育費・婚姻費用算定の実務」判タ1179号（2005）35頁
＊岡＝平城「養育費・婚姻費用算定表の運用上の諸問題」ケ研287号（2006）103頁

〔榮　春彦〕

4 養育費（2）

設問 105

離婚に際して，夫との間で養育費の支払を取り決めました。もし夫が，守ってくれないときは，どのようにして取り立てたらよいのでしょうか。子どもが大きくなるまでの分を一括して払ってもらうことができますか。その場合の税金は，どうなるのでしょうか。

本設問の場合 あなたの場合，養育費の取決めが協議離婚時に当事者間でなされたのであれば，その取決めの方法，内容が問題です。いつからいつまでの期間の養育費で，金額がいくらか，その支払時期・方法などについて具体的な取決めがある場合，①それが公正証書によりなされ，同証書に債務者が直ちに強制執行に服する旨の陳述が記載されていれば，夫が守らない場合，後述する強制執行の手続をとることができます（民執22条5号）。②上記取決めについて公正証書が作成されていない場合には，地方裁判所に取り決められた養育費の支払を求めて提訴し，給付判決を得たうえ，同様の手続をとることになります。

しかし，上記について十分な取決めがなされず，養育費としての権利義務をより具体的に形成する必要がある場合には，監護についての必要な事項についての協議が調っていないことになりますから，③夫の住所地の家庭裁判所または当事者が合意で定める家庭裁判所に調停を申し立て，養育費の取決めをすべきです（民766条1項，家審規129条1項。申立費用として収入印紙1200円，予納郵便切手約800円が必要であり，添付書類として申立人と相手方の戸籍謄本が必要です。調停外で取決めがあったという事実は，それが不相当な額でない限り，重視されることになります。この調停が不成立の場合は審判に移行し，相当な額を決めることになります）。④なお，調停での話合いができないようなケースでは，子の住所地の家庭裁判所に審判を申し立てることも考えられ（家審規52条），その際の手続等は③と同様です。

①により緊急に取り立てることができる場合は別として，②が可能な場合でも，取決め後の事情変更にも対応できるため，③，④の申立てをするのが一般的です。

調停や審判で養育費が決まった場合の履行を確保するための方法としては，家事審判法が定める履行確保制度と民事執行法による強制執行制度（法改正により，将来の支払分についても強制執行ができるようになり，また，間接強制も可能となりました）とがありますので，これらの手続をとり，取り立てることになります。養育費の一括払は原則として相当ではありませんが，特段の事情があれば，一括払をしてもらうことが可能です。養育費の場合，税金は一定の範囲内である限り，かかりません。

以上の説明のうち，履行確保制度，強制執行，一括払，税金については，少し込み入っていますので，以下，項を改め，より詳しく説明します。

履行確保制度 履行確保制度としては，①履行状況の調査および履行の勧告，②履行命令お

よび制裁、③寄託があります。

①は、権利者が当該義務を定める審判・調停をした裁判所（高等裁判所が審判に代わる裁判をした場合には原裁判所）に「履行勧告の申出」をするものです。家庭裁判所は、権利者の申出があるときは、審判・調停で定められた義務の履行状況を調査し、その義務の履行を勧告することができます（家審15条の5・25条の2）。家事債務の不履行があった場合、「義務の履行状況の調査」を行い、審判または調停で定められた義務が、その本旨に従って履行されているかどうか、どのような理由で履行されないのか等を調査します。そして、「審判・調停で定められた義務」が履行されていない場合には、その内容の実現のため強制的な手段がとられる前に、同義務の不履行者に対し助言し、指導し、自発的にその義務を履行するよう、適切な措置を行う法律上の権限が認められています。これらの調査、勧告は、一種のケースワークですので、家庭裁判所調査官によって行われるのが通例（家審規143条の4）です。

この調査・勧告は、「権利者の申出」があった場合に限り行われますが（家審15条の5）、その申出の方法は、書面、口頭、電話でもよいとされています。上記義務を定める審判または調停をした家庭裁判所が行うことになっています（家審規143条の2）。独立の事件ではないので移送の規定は適用されませんが、義務者等が同家庭裁判所の管轄外にいる場合には、適当な他の家庭裁判所に対し調査・勧告を嘱託することができます（同143条の3）。

②は、権利者が当該義務を定める審判・調停をした家庭裁判所（高等裁判所が審判に代わる裁判をした場合には原裁判所）に「履行命令の申立て」をする手続です。収入印紙500円、予納郵便切手約800円が必要です。家庭裁判所は、調停・審判で定められた金銭の支払その他の財産上の給付を目的とする義務の履行を怠った者がある場合に、相当と認めるときは、権利者の申立てにより、義務者に対し、相当の期限を定めて、その履行をなすべきことを命ずることができます（家審15条の6・25条の2）。上記義務の履行を命じられた者が、正当な事由がなくその命令に従わないときは、家庭裁判所は、これを10万円以下の過料に処します（同28条1項）。

③は、家庭裁判所は、審判や調停で定められた金銭の支払を目的とする義務の履行について、義務者の申出があるときは、最高裁判所の定めるところによって、権利者のために金銭の寄託を受けることができます（同15条の7・25条の2）。

各家庭裁判所では、この寄託の事務は、寄託金取扱規程（昭和31年最高裁規程4号）の定めるところに従って、本庁では、会計課の寄託係、支部では庶務課の会計係、出張所ではその出張所が置かれている簡易裁判所の庶務課において取り扱われています。

強制執行制度　強制執行をするには、債権者が、債務者の普通裁判籍の所在地（一般的には住所地）の地方裁判所に債権執行（債権差押命令）の申立てを書面でしなければなりません（ただし、後述する間接強制の申立ては、審判・調停をした家庭裁判所に申し立てることになります）。この場合の債務名義は、婚姻から生ずる費用の分担、財産分与、扶養、遺産分割などの事件においてなされた金銭の支払、物の引渡し、登記義務の履行その他の給付を命ずる審判が、執行力のある債務名義と同一の効力を有するものとされています（家審15条）。また、成立した調停も、乙類審判事項に関するものであるときは、

④ 養育費⑵

Ⅷ 離婚と親子関係

確定した審判と同一の効力を有するものとされています（同21条1項）。これらは「執行力のある債務名義」とされていますので、執行文の付与はその必要がありません。

養育費等に関する強制執行の特例

離婚時に調停などによって取り決めた養育費等の月々の支払が滞った場合に、今まではその滞納部分しか強制執行（相手方の給与等に差押えをして強制的に取り立てをすること）ができませんでしたが、民事執行法の改正（平成15法134）により、将来の支払部分に関しても同時に強制執行の申立てができることとなりました。

これまでは、仮に養育費等の2ヵ月分を滞納していたとすると、その滞納した2ヵ月分のみしか強制執行が許されず、強制執行後再度滞納が発生した場合は、またその滞納部分を強制執行する必要があり、非常に手続が面倒であり煩雑となっていました。そこで、滞納が発生した場合は、その滞納部分の差押えと同時に、未だ弁期がきていない将来の養育費等についても差押えができるように民事執行法が改正されたのです（民執151条の2第1項本文）。

ただし、この特例が適用となるには、強制執行の特例を受ける請求権の範囲が①夫婦間の協力および扶助の義務に関する請求権（民752条）、②婚姻から生ずる費用の分担の義務に関する請求権（同760条）、③子の監護に関する義務に関する請求権（同766条・771条・788条において準用する場合を含む）、④扶養の義務に関する請求権（同877条～880条）である必要があります。また、債務の一部不履行があることが必要であり、給料その他継続的給付にかかわるものについてのみ、将来の給付にかかる部分の差押えが可能です（民執151条の2第2項）。

なお、差押禁止債権の範囲については4分の3から2分の1へと改正されています（同152条3項）。

扶養義務にかかる金銭債権についての間接強制の運用

ところで、養育費等は、生計の維持に不可欠で、特に保護の必要性が高いところ、債務者の給与債権を直接強制の方法で差し押さえることは、継続的な給付を受けていない債務者に対しては、実効性が乏しいうえ、給料を差し押さえてしまうと債務不履行の事実が勤務先に判明してしまい、債務者が勤務先に居らくなって辞職または失職してしまうといったおそれがあって、差押えをすることがためらわれる場合があることや、間接強制金を定めることで心理的強制を加えることが有効な場合があることから、民事執行法の改正により扶養義務にかかる金銭債権について間接強制の方法による強制執行をすることが可能とされたのです。

間接強制ができる場合の要件としては、①扶養義務等にかかる債権であること（民執167条の15第1項本文）、②将来分の養育費等が確定期限の定める定期金債権であり、その一部に不履行があり、かつ、当該債権のうち6ヵ月以内に確定期限が到来する債権であること（同167条の16）、③債務者が支払能力を欠くためにその債務を弁済することができない場合でないこと、または債務を弁済することによって生活が著しく窮迫する場合ではないこと（同167条の15第1項ただし書）が必要です。そして、間接強制金の額を定めるにあたっては、債務不履行により債権者が受けるべき不利益、債務者の資力、従前の債務の履行の態様を特に考慮すべきこととされ（同167条の15第2項）、事情の変更があった場合は、申立てにより、申立ての時（申立て後に事

情変更があったときは、その事情変更があった時）まで遡って間接強制の決定を取り消すことができるとされています（同条3項）。

間接強制の方法としては、定期払（「1日につき、○○円の割合による金員を支払え」）、一時払（「債権者に対し、○○円を支払え」）、期限付定期払（「○○日の翌月から○ヵ月間、1日につき○○円の割合による金員を支払え」）およびこれらの併用があります。

間接強制については、当該債務名義を作成した部が担当し、発令要件の有無、間接強制金の額の審査のため、書面送付による事前準備をさせたうえ、双方審尋することが相当とされています。

養育費の一括払　遠い将来にわたる養育費を一括して支払うべきことを定めるのは、養育費が子の養育に要する費用をその都度補てんするという性質のものであることから、原則として相当ではありません。実質的にみても、一括で支払われた養育費については、①支払われた養育費が別の用途に消費された場合、支払義務者はさらに養育費を支払う必要があるのか、②一括払を受けた金額に不満があり、養育費とは別途に扶養料の請求をされた場合、別途これを支払う必要があるのか、③将来の事情変更が生じた場合には、追加の請求をする余地があるのではないかなどの問題が存します。

しかし、将来の養育費についても一括払を受けておかないと、義務者の所在不明、資力の喪失等により、将来支払を継続的に受けることが危ういという事情があるなどの特段の事情がある場合には、将来の紛争に備え、いつからいつまでの分についてのものか（この期間は、あまりにも長期のものでないようにするのが相当です）を明確にしたうえで一括給付を定めることが可能です。

もっとも、前述したように、調停・審判の基礎とされた事情に後日変更が生じ、一括払を受けた養育費によってはまかない切れない要扶養状態が生じたときには、改めて養育費を請求することができる余地がありうることに、注意が必要です。

養育費と税金　扶養義務者相互間において、生活費または教育費に充てるためにした贈与により取得した財産のうち、通常必要と認められる財産の価額は贈与税の課税価格には算入されず、非課税とされています（相続税21条の3第1項2号。なお、相続税法は贈与税についても必要事項を定めています）。

ただし、生活費または教育費に充てるためのものとして贈与税の課税価格に算入しない財産は、生活費または教育費として必要な都度、直接これらの用に充てるために給付されたものに限られ、生活費または教育費の名義で取得した財産を、預貯金とした場合や、株式・家屋等の購入代金に充当した場合における預貯金または買入代金等は、通常必要と認められるものには該当しないとされています（相続税基本通達21の3-6）。

離婚による養育費が一括して支払われる場合についても同様であり、通常の家庭生活が破綻し、離婚後の養育費の一括払が必要であり、それが合理的である場合については、支払われる養育料の金額が、その支払を受ける子の年齢その他一切の事情を考慮して相当な範囲のものである限り、贈与税は賦課されないとされています。

〔大沼洋一〕

4 養育費（3）

設問 106

離婚後，前夫から養育費をもらいながら，子どもを育ててきました。今度，再婚することになったのですが，前夫は，新しい父親ができるのだから，養育費は免除してほしいといってきました。前夫が反対しているので，子どもと再婚相手とは養子縁組をする予定はありません。こういう場合，前夫に養育費を請求することはできなくなるのでしょうか。

未成熟の子どもに対する親の扶養義務

離婚後，子どもを監護している親（監護親）は，子どもを監護していない他方の親（非監護親）に対して，子どもの監護に要する費用として，養育費の分担を求めることができます（民766条）。

父母が離婚をするときには，その一方を親権者と定めなければなりません（同819条）。親権者は，子どもの監護・教育をする権利を有し，義務を負うものとされていますが（同820条），親権者としての監護・教育の義務と，それに必要な費用を誰が負担するかという問題は，区別して考えなければなりません。そうしないと，資力のない母親が親権者となった場合，資力のある父が親権者でないことを理由として子どもに対する扶養義務を免れることになってしまうからです。父親と母親は，そのいずれが親権者であるか，また，そのいずれが実際に子どもを監護しているかにかかわらず，未成熟の子どもに対する扶養の義務を負っているのです。

未成熟の子どもに対する親の扶養義務の程度

まず，親族間の扶養義務には，扶養義務者が扶養権利者に対して自分と同程度の生活を保障することを義務づけられる生活保持義務と，扶養義務者が自分の地位に相応する生活をしてなお余裕がある場合にだけ，扶養権利者の最小限度の生活が成り立つ程度の援助をすれば足りるという生活扶助義務の2種類があります（⇨〔設問114〕）。

未成熟の子どもに対する扶養義務は，親子という身分関係の本質を形成する義務の一内容であることから，生活保持義務にあたるものと考えられています。また，その扶養義務の程度は，その扶養義務者が親権者であるか，また，実際に子どもを監護しているかにかかわらず，父母がともに同等の義務を負うものと考えられています。

あなたが再婚した場合の父親の扶養義務

あなたが再婚した場合，再婚相手は，事実上，子どもの新しい父親としての役割を果たすことになりますが，法律上，子どもと再婚相手が親子という身分関係をもつためには，養子縁組をする必要があります。

あなたの場合，子どもと再婚相手とは養子縁組をする予定がないということですから，法律上，親子という身分関係をもつこともありません。したがって，再婚相手が，父親という立場で子どもに対する扶養義務を負うことはないと考えられています。

一方，前夫は，あなたが再婚したからといって，子どもの父親でなくなるわけ

ではありません。子どもと再婚相手が養子縁組をしない限り，法律上，子どもの父親は前夫だけですから，前夫は，子どもの父親としての扶養義務を免れることはできません。また，その扶養義務の程度も，あなたが再婚をしたか否かによって変わるものではありませんから，前夫は，子どもに対し，これまでと同じように，生活保持義務としての扶養義務を負っているものと考えられています。

なお，再婚相手は，子どもの1親等の姻族にあたりますが，3親等内の親族の間では，特別の事情がない限り，扶養義務を負うことはありません（民877条2項）（⇨〔設問119〕）。また，仮に，扶養義務を負う場合であっても，その扶養義務の程度は，扶養義務者が自分の地位に相応する生活をしてなお余裕がある場合にだけ，扶養権利者の最小限度の生活が成り立つ程度の援助をすれば足りる（生活扶助義務）ものと考えられています。したがって，生活保持義務としての扶養義務を負っている前夫は，再婚相手が扶養義務を負っていることを理由として，子どもに対する扶養義務を免れることはできません。

養育費の具体的な算定方法

養育費は，子どもの父親と母親が生活保持義務に基づき，それぞれの資力に応じて負担すべきものですから，母親であるあなたと，父親である前夫が，それぞれの資力に応じて養育費を負担することになります。具体的な分担額は，権利者であるあなたの収入額と，義務者である前夫の収入額を基礎として算定することになりますが，再婚相手は子どもに対する扶養義務を負っていませんので，再婚相手の収入は，算定の基礎にはなりません。あなた自身の収入と，前夫の収入のみが算定の基礎となります。

なお，あなた自身には収入がなく，あなたが再婚相手の収入によって生活しているという場合には，あなたの収入額を0円として養育費の分担額を算定することになりそうですが，あなたが現実に働いていない場合であっても，働こうと思えば働いて収入を得ることができる場合や，再婚を機に仕事を辞めた場合などには，現実の収入がなくても，あなたが再婚前と同程度の収入を得られる潜在的な稼働能力を持っているものと仮定し，当時の収入や賃金センサス等を用いてあなたの収入額を推計して，具体的な分担額を算定することもあるでしょう。

子どもと再婚相手との養子縁組

あなたの場合，前夫が反対しているという理由から，子どもと再婚相手が養子縁組をする予定はないということですが，前夫の意向にかかわらず，子どもと再婚相手が養子縁組をすることができる場合もあります。

養子縁組には，普通養子と特別養子の2種類があります。特別養子の場合には，原則として養子となる者の父母の同意が必要とされ（民817条の6本文），この同意は，父母が現に親権または監護権を有するか否かにかかわらず，父母に与えられた権利であるとされていますから，実父である前夫が特別養子縁組に反対している場合には，養子縁組をすることはできません。

一方，普通養子縁組の場合，子どもが15歳未満であれば，法定代理人である親権者の承諾が必要とされていますから，父親である前夫が親権者である場合には，前夫の承諾が必要になりますが，母親であるあなたが親権者である場合には，あなたの承諾さえあればよく，前夫の承諾は必要ありません。したがって，前夫の意向にかかわらず，子どもと再婚相手が養子縁組をすることができます。また，

子どもが15歳以上であれば、そもそも親権者の承諾は必要ありませんので、この場合にも、前夫の意向にかかわらず、子どもと再婚相手が養子縁組をすることができます。

子どもと再婚相手が養子縁組をした場合の扶養義務

再婚相手と子どもが養子縁組をした場合、養親である再婚相手と養子である子どもは法律上の親子になりますから、再婚相手は、子どもの養親としての扶養義務を負うことになりますが（民877条1項）、普通養子縁組の場合、養子縁組によって、実親である前夫と子どもとの親子関係には何の影響も及ぼされませんから、再婚相手は養親として、前夫は実親として、それぞれ子どもに対する扶養義務を負うことになります。

ただし、この場合、養親と実親の扶養義務の程度は、異なるものと考えられています。養子縁組をする場合、養親は、養子の養育を全面的に引き受けるつもりで養子を養育すべき責任を負担し、その扶養義務を負うことを前提として縁組をするものと考えられますから、第1次的な扶養義務を負うのは養親であり、養親の収入が十分でない場合に限って、実親が第2次的な扶養義務を負うものと考えられています*1*2。

したがって、再婚相手と子どもが普通養子縁組をした場合には、前夫の負っている扶養義務は第2次的なものになり、第1次的な扶養義務を負う再婚相手に十分な収入がある限り、扶養義務を免れるものと考えられます。この場合には、前夫は、再婚相手が子どもの新しい父親であることを理由として、扶養義務を免れることになるでしょう。また逆に、再婚相手が無資力その他の理由で十分に扶養義務を履行できない場合は前夫がこれを負担することになりますが、再婚相手の収入がどの程度あれば十分に扶養義務を履行できるといえるかは、ケースバイケースであり、具体的な基準を設けることは難しいでしょう（⇨〔設問116〕）。

*1 我妻栄・親族法（有斐閣、1961）292頁、中川＝山畠編・新版注釈民法（24）（有斐閣、1994）384頁〔阿部浩二〕等
*2 仙台高決昭37・6・15家月14・11・103、長崎家審昭51・9・30家月29・4・141

〔平城恭子〕

4 養育費（4）

設問 107

離婚後に実家の父母（子どもの祖父母）の援助を得て，子どもを育てていますが，今度子どもが中学校に進学することになりました。実家の父母も年金暮らしで余裕がないので，これまでの分も合わせて，子どもにかかった費用を離婚した夫から弁償してもらいたいといっています。父母から夫に請求するには，どうすればよいのでしょうか。私も夫に今後の養育費を請求したいのですが，いっしょに訴えることはできますか。

考え方の基本　未成熟の子どもを中心に置いて考える必要があります。中学生の子どもは，社会的に自立できず未熟な存在ですから，扶養必要状態にあります。一箇独立の人間として何を大切にするか，自我の確立と人間関係の基本（倫理観）を育む必要もあります。一般的には，衣食住と安定した生活を確保すること，基本的な生活習慣を身に付けさせること，生活全般にわたり適切な監護養育を行うこと，能力相応の教育を受けさせることなど，子どもの健全な育成を期するのが，子どものための扶養の基本であり，そのための関係者の協力と費用負担のあり方が問題になります。

子どもの扶養義務のアプローチ　父親（もと夫）も子どもの扶養義務者の1人にほかなりません。民法によれば，直系血族は，互いに扶け合わなければならず（民730条），互いに扶養をする義務を負います（同877条1項）。扶養の態様には，同居を伴う引取扶養のほか，給与扶養（金銭給付や現物給付）など，種々あります*1。設問の事案では，離婚した母親（あなた）が親権者となり（同819条1項2項），自ら子どもを引取扶養し，母方祖父母（実家の父母）も援助を行うことで，子どもの直系血族としての扶養義務を果たしてきました。

子どもの扶養に関して，父親の支払負担を求めたいときは，まずは当事者間で協議してルールを定めるのが望ましいことです（同878条・879条）。そのために家庭裁判所の家事調停を利用することもできます（家審17条）。扶養の程度もしくは方法，扶養の順位（負担の序列や割合）に関し，当事者間の協議が調わないときは，「扶養に関する処分」の審判により，扶養権利者の需要，扶養義務者の資力その他一切の事情を考慮し，当事者間のルールを定めることができます（民878条・879条・880条，家審9条1項乙類8号）。家庭裁判所の審判により，当事者間に具体的な権利義務関係が形成されます。事情に変更を生じたときは，従前のルールを変更したり取り消すこともできます*2。婚姻費用や養育費については，標準的な算定方式（⇨〔設問104〕）が実務に定着しています。養育費の本質は扶養料にほかなりません。父親について扶養に関する処分が問題になる場合には，標準的な算定方式の考え方が適用できるものと解されます。

母親（あなた）に限らず，母方祖父母も，子どもの扶養義務者の1人なので，「扶養に関する処分」の審判の申立てを

Ⅷ 離婚と親子関係

する資格はあります*3。まずは家事調停の申立てをして，任意の合意による解決を目指すのが一般的です。調停が不成立に終わると，自動的に審判手続に移行します（家審17条・26条1項，家審規138条の2）。審判では，父親が行うべき扶養の程度と方法が具体的に義務形成されます。その審判の拘束力が及ぶことになるので，当事者（審判の名宛人）には，父親（扶養義務者）のほか，子ども（扶養権利者）も加えるのが基本です*4。なお，子どもを代理するのは母親（親権者）ですから，母親の扶養義務との兼ね合いが問題になります。そこで，子どもを代理する母親（親権者）について自己契約（民108条）や利益相反行為の問題を回避するため，特別代理人の選任手続が必要になります（同826条1項，家審9条1項甲類10号）。

家庭裁判所の審理の中では，父親が子どものために果たすべき扶養の程度および方法について，具体的な権利義務関係を形成してルール化することがテーマになります。そのために，事案の実情を把握するようにし（事実の調査，家審規7条1項），特に必要があれば，家庭裁判所調査官に事実の調査を命じたり，証拠調べ（同7条1項6項）を行うこともあり，最終的には諸般の事情を斟酌し，裁量判断でルールを定めるようにします。

養育費（子どもの監護に関する処分）　家庭裁判所は，子どもの父母が離婚する場合など，子の利益のため必要があるときは，「子の監護に関する処分」として，いわゆる養育費（子育てにかかる費用）の負担や支払のルールを定めることができます（民766条1項2項，家審9条1項乙類4号）。養育費の実質は，子どもの扶養料にほかならないのですが，この手続では，子どもを手続の当事者にしないで，もっぱら父親と母親の間で解決を図るので，特別代理人も不要です*5。まずは父母間の合意による解決を求めて，家事調停を利用するのが一般です。調停不成立のときは，自動的に審判手続に移行します（家審17条・26条1項，家審規138条の2）。父親の養育費の負担額を定める際の考え方については，〔設問104〕の説明を参照してください。予測可能で簡明な手続による解決が期待され，標準的な算定方式が実務に定着しています。

設問のような場合は，特に父親の年間収入の総額（税込み）など，その経済的負担能力の程度が重要になります。申立人（母親）の側では，申立書のほか，準備書面や陳述書を提出することで，具体的かつ簡略に事実説明を行い，証拠があれば積極的に提出していく必要があります。多くは概括的な説明で足りますが，自らに関する説明は正確を期すことが大切です。相手方の出方を待つのでなく，相手方の経済力など，推測であっても積極的に主張し，相手方の反論や反対証拠の提出を促すことで，審理の促進を期したいものです。

相手方（父親）の側でも，証拠があれば積極的に提出し，自らの経済力の実情などの事実説明をしていく必要があります。実務上，「いずれが親権者になるか対立し，母親が父親には一切頼らないと約束していたから，すべては親権者の母親側で負担すべきである」などと主張される例もありますが，必ずしも有効な主張とはならないのが実際です。従前の合意によるルールは，事情の変更を来さない限り，引き続き尊重されるべきです。しかし，事情の変更が認められる場合は，従前のルールを変更したり取り消すこともできます。また，「母親の経済力が不足するなら，父親が親権者になって子どもを育てる」などという反論も散見され

ますが、一種の弁解にしかならないのが実際です。審判の裁量判断の一端で、その他一切の事情としては考慮されるにとどまります。子どもの扶養に関する父親の義務は、法律上の親子関係そのものに立脚するもので、親権の帰属とは別の問題だからです。

過去の扶養料（養育費） 過去の扶養料（養育費）の要求について、戦前の旧民法のもとでは、訴訟事項とされ、請求時以降の分に限ると解されていました*6。現在の民法のもとでは、養育費の分担割合の判定は、夫婦間の婚姻費用分担の場合*7と同様、家事審判事項とされています。最高裁昭和42年2月17日判決*8は、設問類似の事案で離婚後母親が提起した父親に対する養育料償還等請求訴訟について、「扶養義務者の一人のみが扶養権利者を扶養してきた場合に、過去の扶養料を他の扶養義務者に求償する場合においても同様であって、各自の分担額は、協議が整〔ママ〕わないかぎり、家庭裁判所が、各自の資力その他一切の事情を考慮して審判で決定すべきであって、通常裁判所〔地方裁判所〕が判決手続で判定す」るのは違法になります*9。

実務上は、過去の経済状況など正しく把握するのが困難な事案が多いためか、家庭裁判所の審理では、①親族関係の存在、②扶養権利者側の需要（子どもが父親の援助を必要とする実情など）、③扶養義務者の扶養の能力（父親の資力の実情、推測の年収規模、負担可能額、いわゆる基礎収入額など）、④その他（過去から現在までの経緯、人間関係の親疎、それぞれの年齢、職業、住所、家族関係、生活状態など）について、当事者の事情説明が求められることになります。

実務上は、過去の経済状況など正しく把握するのが困難な事案が多いためか、過去に遡って養育費を判定する例は少なく、せいぜい請求時や、調停・審判の申立て時まで遡るにとどまるのが実際です。本質的には、扶養料や養育費の算定をするか否かも含め、すべてが家庭裁判所の裁量判断に委ねられているのです*10。

権利を実現する方法 審判主文や調停条項では、金銭の支払その他の給付義務を具体的に定めるのが通例なので、いざというときは民事執行が可能になります（家審21条、家審規98条・49条、民執151条の2）。しかも、近年の法改正によって民事執行の機能が拡大され、間接強制の方法も選択できるようになり、給料その他の差押禁止債権の範囲が「2分の1」に縮減され、期限未到来の分も予め一括して強制執行を開始できるようになっています（民執151条の2・152条・167条の15・167条の16）。

当事者間の協議で父親の扶養給付や養育費支払の内容が決まっていたのに、執行可能な内容の調停調書や和解調書、公正証書などがないときは、簡易裁判所に支払督促の申立て（民訴132条の10・382条・397条・402条）をしたり、民事訴訟（支払請求訴訟、支払義務確認請求訴訟）を提起することも可能です*11。ただし、敗訴のリスク（危険性）もあり、そのときは改めて家事審判の申立てをすることが必要になります。実務上は、従前の協議結果は後の協議で決め直したり、変更したりすることも不可能ではありませんから、民事訴訟は選択しないで最初から家事調停や家事審判の申立てをするのが一般的といえます。

そのほか、申立人として、本案審判の結果を待たず、強制執行を保全したり、急迫の危険を防止するため特に必要があるときは、審判前の保全処分の申立てを

4 養育費(4)

することができます（家審15条の3，家審規95条の2・52条の2）。民事保全とは異なり，本案審判事件の申立てが必要とされており，「保全処分の必要性」ばかりでなく，「被保全権利（本案審判認容の蓋然性）」について疎明が必要です。その本質は一種の断行仮処分なので，相手方にも審問の機会を付与するのが，実務の通例です（⇨〔設問105〕）。

まとめ 裁判所には種々の手続があり，家庭裁判所の家事審判や家事調停の手続にも種々あります。家事調停の対象は，ひろく「一般に家庭に関する事件」（家審17条）とされていますから，子どもを囲む「親族間の紛争調整」など，漠然としたテーマを掲げて調停申立てをすることもできます。これならば，設問の3つの希望（①母方祖父母の過去分の清算要求，②母親の今後の養育費の要求，③これらの要求の同時実現）に3つとも応えられます。次に，「扶養に関する処分」の審判や調停の申立てでも，設問の3つの希望に応えられますが，子ども（扶養権利者）について特別代理人選任の問題が起きます。「子の監護に関する処分」の審判や調停ならば，もと夫婦間で柔軟かつ簡便に解決を図ることができますが，母方祖父母の過去分の清算要求の問題は，あとから別個に審判や調停の申立てをすることが必要になります。いずれの手続を選択するかは，申立人が決めることです。

＊1　於保＝中川・註釈親族法(下)（有斐閣，1952）253頁〔於保不二雄〕
＊2　東京高決昭63・9・14家月41・1・126，鈴木忠一「扶養の審判に関する問題」非訟・家事事件の研究（有斐閣，1971）155頁，岡部＝三谷「扶養」実務家族法講義（民事法研究会，2006）238頁参照
＊3　静岡家富士支審昭56・2・21判時1023・111
＊4　東京高決平6・4・20家月47・3・76，加藤＝佐久間「扶養審判の構造上の特性」東京家庭裁判所身分法研究会編・家事事件の研究(1)（有斐閣，1970）150頁，奈良次郎・平成7年度主要民事判例解説（判タ913号）152頁参照
＊5　東京高決平10・4・6家月50・10・130
＊6　大判明34・10・3民録7・9・11
＊7　最大決昭40・6・30民集19・4・1114，東京高決平16・9・7家月57・5・52参照
＊8　最判昭42・2・17民集21・1・133
＊9　畔柳正義「過去の扶養料の求償」加藤＝岡垣＝野田編・家族法の理論と実務（別冊判タ8号，1980）303頁，島田充子・平成7年度主要民事判例解説（判タ913号）154頁，瀬戸正二「過去の扶養料の求償と民法第878条および第879条」最判解昭和42年度民事篇54頁，深谷松男「過去の扶養料」山畠＝泉編・新演習法律学講座6巻（青林書院，1985）350頁参照
＊10　東京高決昭61・9・10判時1210・56，東京高決平12・12・5家月53・5・187参照
＊11　名古屋高判平10・7・17判タ1030・259，東京地判平14・8・21判タ1108・240，東京地判平元・3・7判タ723・241，東京地判平元・10・25判タ723・241参照

〔榮　春彦〕

IX

未成年後見

1 未成年後見の開始
2 未成年後見人の権能
3 未成年後見と成年後見

1 未成年後見の開始（1）

設問 108

未成年後見人というのは親のいない子どものための親代わりになる人のことだと聞きましたが，具体的には，どういう場合に未成年後見人が選ばれるのでしょうか。
親がいない場合には，必ず未成年後見人が選ばれるのでしょうか。親族だけではなく，法人施設や社会福祉協議会のような法人に後見人になってもらうことはできますか。

設問に対する回答 未成年者に対して親権を行う者がない場合には，財産管理や監護教育を必要とする未成年者を保護する趣旨で後見が開始されます（民838条1項）。ただ，状況によっては後見は開始しても，実際に未成年後見人が選ばれるとは限りません。

また，法人が未成年後見人になれるかどうか条文では明らかではありませんが，原則として自然人が予定されているものと考えられています。

未成年後見の開始原因 未成年後見の開始原因としては，親権を行う者がいないとき，または親権を行う者が管理権を有しないときがあります。

(1) 親権を行う者がないとき

未成年者に対し，親権を行う者がないときとは，親権者が法律上存在しない場合と，事実上親権を行使できない場合です。親権者が法律上存在しない場合としては，親権者が死亡したとき，失踪宣告を受けたとき（民30条），親権喪失宣告を受けたとき（同834条），親権を辞任したとき（同837条1項），親権者について後見開始宣告，保佐開始宣告が出されたとき（同838条2号・876条）などがあります。

(2) 親権者が事実上親権を行使できない場合

親権者が事実上親権を行使できない場合としては，親権者の生死不明ないし行方不明，重病・心神喪失，長期受刑中などがあります。なお，この後見開始事由により後見が開始するのは，いわゆる単独親権のときに限られます。父母が共同で親権を行使しているときには，その一方に前記のような事由が発生しても他の一方が親権を行使できますから（民818条3項ただし書），未成年後見は開始しません。

なお，「後見が開始する」とは要するに後見人を選任すべき状態を生ずるということであり，後見人の就職の時期と一致するものではありません。

未成年後見人の選任 **(1) 指定未成年後見人**

未成年者に対して最後に親権を行う者は，遺言で後見人を指定することができ，遺言によって指定された後見人を指定後見人（民839条）といいます。最後に親権を行使する者に指定権限を認める例は多くの立法例に認められ，わが法もこれにならっています。未成年後見は親権の延長線上にあるとの考えが基礎になっているものです。

なお，管理権をもたない者は，指定することができません（同条1項ただし書

2項)。

指定後見人は，遺言の効力発生の時，つまり遺言者死亡の時に（同985条1項）後見人に就任した者とみなされ，この日から10日以内に後見開始の届出をすることになっています（戸81条・83条1項）が，この届出は，報告の届出です。

(2) 家庭裁判所の選任

① 遺言による指定がされていない場合には，家庭裁判所は，被後見人の親族または利害関係人の請求によって後見人を選任します（民841条）。

家庭裁判所は未成年後見人選任が必要な場合であっても，その職権で後見人を選任することはできません。したがって，後見が開始しても，請求がない限り，後見人が付されない状態のまま経過することが少なくありません。実際上の必要に迫られてはじめて後見人選任を求めることが多く，後見が開始しても未成年後見人が選任されないまま事実上の監護がなされているケースが多いといわれています。

② 後見人選任の観点　後見人は，被後見人の身上監護および財産上の保護を行う者ですから，その後見事務を適正に行う者でなければならないことは当然であり，また身上監護は愛情に基づいて行われる必要があることから，後見人は被後見人と血縁関係にあるものが望ましいとされています。実務上も申立人が挙げる後見人候補者は被後見人の親族である場合がほとんどです。

そして，裁判所は，通常は申立人が申し出ている1人あるいは複数の候補者について，その血縁関係や人格識見等を十分調査し，その適格性について審理することとなります。しかし，そのいずれの候補者についても問題があるときは，これにとらわれることなく，被後見人の年齢や心身の状況，財産状態およびこれらから予想される後見事務の内容等を総合的に判断して広く適任者の選任に努めなければならないと解されています。

法人が未成年後見人になれるかですが，条文上は法人は就任できないとする直接的な規定はありません。ただ，成年後見人については民法843条4項において，「成年後見人となる者が法人であるときは」という，法人を成年後見人として認めることを前提とした規定があるのに対して，未成年後見人については同様の規定はありません。さらに，未成年後見人は財産管理のみならず，教育監護等を担当するなど親権の延長線上にあるという性格からすれば，法人は原則として想定されていないと考えられます。ただ，一方で，明文による否定がないことからすれば，やむをえないケースについてまでも一切認められないとすることも適当ではないとの意見もあります。

③ 具体的選任方法　未成年後見人の選任は家庭裁判所の審判事項です（家審9条1項甲類14号）。被後見人の住所地の家庭裁判所の管轄に属します。もっとも，管轄権のない家庭裁判所のした選任も無効とはいえないとされています。

先述したとおり，選任を申し立てることができるのは，本人の親族（民840条・841条・725条）または利害関係人です。この場合の利害関係人とは，広く後見人を選任することについて利害関係を有するもの，または被後見人の財産が管理されることに利害関係を有するものをいうとされます。

この利害関係人の範囲について狭く解する必要はないとされていますが，地元の世話役にとどまり，特段の利害関係がない人は申立適格をもたないとする審判例があります*1。

また，未成年者の事実上の養育者，少年院長，保護観察所長，訴訟の相手方，債権者，債務者等が利害関係人として挙

1 未成年後見の開始(1)

げられています。児童相談所長には，児童福祉法33条の7により選任申請義務が課せられています。

未成年者自身が申立人になりうるかについては問題ですが，それを肯定する決議*2があります。これは，申立ては，単に裁判所に対し一定の行為を要求するだけのものにすぎないこと，および，未成年者を保護するためにも，未成年者に意思能力がある限り申立てを認めることが妥当であるとの理由によるものと解されます。

(3) 選任の手続

選任にあたっては，候補者の意見を聴取しなければならない（家審規83条）と規定されています。また，選任の際には，十分調査を遂げた上，被後見人のために最も適任と思われるべき者を選任すべきであり，選任について親族間に利害の対立があるときはあらかじめこれを調整することが望ましいとされています。また，選任にあたっては，家庭裁判所は，いつでも，後見人に対し必要な指示を与えることができます。

選任審判は，当事者に対する告知によって効力を生じ（家審13条），これに対しては不服申立ての道はありません。

選任が効力を生じたときには家庭裁判所は遅滞なく戸籍通知をしなければならず（家審規85条），また，選任された者は，就職の日から10日以内に審判の謄本を添付して後見開始届（戸81条）または更迭届（同82条）をしなければならないとされています。なお，これは報告的届出です。

*1　大分家審昭50・4・22家月28・3・47
*2　大阪家裁家事部決議昭24・8・25決議録129頁，昭36・10全国家事審判官会同家庭局見解

〔相原佳子〕

IX　未成年後見

1 未成年後見の開始（2）

設問109

私たちには子どもが3人いたのですが、末の息子を私の兄夫婦の養子にしました。ところが、兄夫婦が交通事故で亡くなってしまい、息子を私たちのところに戻すことになりました。
離縁をしなくても、私たちが息子の親権者になると思ってよいでしょうか。

設問への回答　学説としては大きく分けて、実親が当然に親権者になり、特段の手続は必要ではないとする見解（親権当然復活説）と、後見開始のケースであって、未成年後見人が新たに選任され、離縁の必要があるとする見解（後見開始説）が唱えられていますが、実際の手続の場面で審判例は一定していませんが、原則的には相談者（実親）が離縁の申立てをした上で、自らを親権者と定める審判を受けることが適当と考えられます。

養親が死亡した場合　単独養親または養親夫婦がともに死亡した場合に生存する実親の親権が復活するかについては、前記のとおり見解が分かれています。

(1) 後見開始説

後見開始説は、民法818条2項により養子は養親の親権に服する結果、実親は親権者である資格を失うから、最後に親権を行使する養親が死亡した場合は後見が開始するというものです。

養父母が死亡しても、養子縁組の効果は解消しないことから、実親の親権は回復することはないと考えます*1。

(2) 親権当然回復説

実親の親権が復活するとする説は、養子縁組によっても扶養・相続は影響を受けず、実親子関係は消滅しないことを理由とします。また、親権者たる地位と親権の行使を理論的に区別し、実親は親権者であり、養親の親権行使によりその行使を停止されているにすぎず、養親の死亡により親権行使資格が復活するものであるとします。つまり、親権者と親権行使とを区別する立場から、縁組によっても、実親は、親権を失わず、養親が親権行使者となるため、その行使を制限されているにすぎず、養親の親権行使が不能となれば、当然実親が親権行使資格を回復すると考えることになります。

(3) 裁判例・審判例

親として子の監護を他人に任せたものが養親の死亡により突如として親権を回復するとすることは適当ではないとの考えが基本にあるといえます。

しかし、一方で、単独養親が死亡し、実母が子について自分を後見人に選任することを求めた事案では離縁の手続を待たず、実親の親権は復活するとの審判も出されており、審判例は必ずしも一定していません。

後見開始説の立場に立つもの*2、当然に実親の親権が復活するとする立場に立つもの*3がそれぞれあります。

さらに、死後離縁を行わないままで、後見人を選任することなく実親への親権者変更を認めたもの*4、死後離縁を行った後、死亡した実親から生存する実親への親権者変更を認めたもの*5があります。

以上のように，審判例は統一されていません。

ただ，親権当然回復説は，後見人選任までの間の子の不安な状態を避けられる利点がありますが，親権者として不適当な者が当然に親権者となってしまう弊害が認められます。つまり，不適格者についてその都度親権喪失宣告（民834条）を受けなければならないことになりますが，親権喪失の手続自体が現行法上問題を多く含むものであり，実際的にも迂遠と考えられます。また，死後離縁の制度が存する限り，養子縁組も法律上当然には解消されるものではありません。

つまり，養親から実親への親権者変更を現行法が予定していないことを考慮すると，死後離縁の手続をとることなしに，直ちに親権者変更を許すことは理論的に問題が残るのです。

したがって，死後離縁の後に親権者変更を行うことが妥当とする見解をとるべきと考えます*6。

(4) 死後離縁の申立人

なお，死後離縁の申立人については，議論が分かれており，先例は協議離縁に民法811条2項ないし5項を適用することを否定し，未成年子の現在の法定代理人が死後離縁の申立てをすべきであるとしますが，これに対して学説の多くは，死後離縁も離縁の一種であることを理由に民法811条2項ないし5項の適用を認め，離縁後に養子の法定代理人となるものが死後離縁の申立人になるとし，審判例もこの見解による*7ものが多く，先例と一致していません。

すでに後見人が選任されていれば，その者からの死後離縁の申立てを許すべきでしょうが，そうでない場合には，死後離縁の申立てだけのために後見人を選任するのはあまりに迂遠であることから，通説および審判例と同様に，実親からの申立てができるものとするのが適当と考えられます。

実親が死亡した場合 父母の離婚により，その一方が単独で親権者となった場合（その他の親権指定の協議等により単独の親権者が指定された場合も含む）に，単独の親権者が死亡したときに，他方の生存親（場合によっては嫡出でない子を認知した父）を親権者とする変更が認められるか，それとも単独親権者の死亡により後見が開始するかについても見解が分かれていましたが，昭和50年代以降は，後見人の選任の前後を問わず，生存親に親権者を変更できるとする説（親権無制限回復説）が通説であり，戸籍の先例としても定着しているといえます（⇨〔設問99〕）。

これは，設問のような養子縁組の効果の残るケースとは異なるものであること，離婚に際し実父母のいずれか一方を親権者として定めなければならなかったこと，生存している実父母が後見人としてではなく，親権者として子の監護責任を果たしたいとの国民感情を有していることなどを尊重したものと解されます。

*1 中川善之助・親族法下（青林書院，1958）477頁，我妻栄・親族法（有斐閣，1961）322頁
*2 東京高決昭56・9・2家月34・11・4
*3 宇都宮家大田原支審昭57・5・21家月34・11・49
*4 札幌家審昭57・5・21家月34・11・45，宮崎家審昭56・7・24家月34・11・41
*5 大阪家審昭56・3・13家月33・12・64
*6 清水節「単独親権者死亡後の未成年者の監護」野田＝若林＝梶村＝松原編・家事関係裁判例と実務245題（判タ1100号，2002）322頁，都築民枝「後見開始原因」川井ほか編・講座・現代家族法4（日本評論社，1992）61頁
*7 鹿児島家審昭40・12・12家月28・1・246

〔相原佳子〕

2 未成年後見人の権能（1）

設問 110

私たちは息子夫婦が亡くなったので，孫の未成年後見人になることにしました。夫婦2人で後見人になることができますか。

未成年後見人の権利と義務について教えてください。親権者と同じだと思ってよいでしょうか。

設問への回答 未成年後見人は1人と規定されていますので，夫婦2人で後見人になることはできません。また，未成年後見は親権の延長として考えられている制度ですから，原則として親権者と同じ権限です。

後見人の数 民法は後見人の数について，複数制をとらず，一人制をとることを規定しています（民842条）。一人制の根拠としては，複数制による後見人間の意思の衝突および後見事務の不統一を避けて，後見事務の円滑な進行を図り，被後見人の利益を守ろうとするところにあると考えられます。なお，同条文はすべての後見事務を1人で遂行しなければならないとの趣旨ではなく，後見人は事実行為の補助者を用いることができます。さらに，未成年者が知的障害などの事由により事理を弁識する能力を欠く場合には，未成年後見人とともに，成年後見人の選任も可能とされています（同7条）。

未成年後見人の権利と義務

(1) 制度趣旨

未成年後見制度は，親権に服することのない未成年者のために，親権の延長または補充として，その身上および財産を監護する制度と考えられていますので，基本的にその権限は親権者と同じです。

(2) 親権の内容との関係

親権の内容としては，独立の社会人としての社会性を身につけるために，第1として，未成年者を身体的に監督・保護し，また精神的発達を図るために配慮をすること（身上監護権），第2として財産を有するときにその財産管理をし，その財産上の法律行為につき子を代理したり同意を与えたりすること（財産管理権），第3として，未成年者の生活費や養育費の経済的負担を負うこと（扶養義務）があります。

民法は，前述の親権の内容のうち，第1の身上監護と第2の財産管理のために後見制度を用意しています。なお，第3の扶養については，親族による扶養制度が適用され，それでも不足する場合に児童福祉法や生活保護法による公的保護が適用されます。

(3) 身上監護権

未成年後見は，基本的には親権の延長・補充としての性格を有しますので，身上監護の面の事務は親権者のそれに準ずるものです。さらにその内容として次の3つの権利と行為，権能等があります。

① 居所指定権（民821条） 同条文は，「子は，親権を行う者が指定した場所に，その居所を定めなければならない」と規定しています。ただ，この権利が法的効果を発揮する場面があるのかは疑問があるとされています。すなわち，

IX 未成年後見

第三者が後見人の指定する場所以外に子を連れ去った場合は、身上監護権そのものの侵害を理由とする子の引渡請求権の問題となり、第三者の拘束がなく、子に意思能力がある場合にはその自由意思に反して指定地に居住させる法的手段はないとされているからです。

② 懲戒権（民822条1項）　「親権を行う者は、必要な範囲内で自らその子を懲戒し、又は家庭裁判所の許可を得て、これを懲戒場に入れることができる」と規定されています。しかし、現在懲戒場に相当する施設は存在していませんし、子どもの監護教育上必要合理的な範囲の実力行使は特段法的責任を問われないというにとどまり、前記必要合理的な範囲を超える懲戒は虐待行為とみなされます。

③ 職業許可権（民823条1項）　未成年者が職業に就くかどうかは、当人の身上にも財産上にも影響が大きいことから親権者の許可を要するとされました。許可の方式については特に規制はなく明示黙示を問いません。未成年者が親権者（未成年後見人）の許可を得れば、適法にその職業を営むことができ、その営業行為については行為能力を有するものとされます（同6条1項）。

④ その他の身分上の行為　未成年者の後見人は、親権者と同様に、法律の定める一定の場合に被後見人の身分上の行為、15歳未満の被後見人の氏の変更、その養子縁組または離縁の代諾（民797条）・離縁の訴え・相続の承認・放棄（同864条）などができます。

未成年後見人が選任されるケースとしては、これらの養子縁組の代諾の必要や、遺産分割等の具体的な問題が生じ、必要に迫られて後見人選任の申立てがなされるのが普通です。

⑤ 未成年後見監督人の同意　なお、未成年後見人は、親権者が定めた教育の方法・居所を変更する場合や、営業の許可取消変更などには後見監督人があるときには、その同意を得なければなりません（民867条）。

(4) 財産管理

未成年後見人は就任後遅滞なく被後見人の財産の調査に着手し、着手後1ヵ月以内にその調査を終了し、被後見人の財産目録を作成しなければならないとされています（民853条）。ただし、この期間は、家庭裁判所において伸長することができます（同853条1項）。伸長の範囲は客観的な事情だけでなく、未成年後見人の多忙など主観的な事情も考慮されるべきであると解されています[*1]。

被後見人の財産を管理し、財産に関する法律行為について被後見人を法律的に代表します。したがって、後見人は、財産管理にあたって善良なる管理者の注意をもって事務を処理しなければならず（同869条）、被後見人と利益を相反するとき、後見監督人が選任されていなければ、特別代理人の選任が必要になります（同860条）。

後見人は、後見事務が終了すると、2ヵ月以内に管理の計算をしなければならず（同870条）、被後見人との間で財産の引渡し等の引継のために必要な措置をとらなければなりません。

(5) 子の親権の代行（民867条1項）

未成年後見人は、被後見人である未成年者に婚姻外の子があって、その子に親権を行うときには、その親権を代行することになります（⇨〔設問111〕）。

*1　岡本和雄・家事事件の実務（日本加除出版、新版、2002）83頁

〔相原佳子〕

2 未成年後見人の権能（2）

設問 111

息子夫婦が亡くなった後，私が後見人として面倒をみていた15歳の孫娘が出産しました。孫娘は，相手の男性と協力して育てていきたいといっています。私も高齢のため，ひ孫まで世話をするのはつらいので，孫娘に，ひ孫の病院，保育所および学資保険等の手続をさせたいのですが，かまわないでしょうか。

本設問への回答

子の父母はすべて，子に対し，親権者たる地位を有しています。しかし，未婚の未成年者が親になった場合には，未成年の親がその子に対して有する親権は，未成年の親の親権者が代行することとされています（民833条）。未成年の親に親権者がいない場合には，未成年の親の後見人が代行するものとされています（同867条1項）。それゆえ，本件の場合，15歳のお孫さんが産んだひ孫さんに対する親権は，親であるお孫さん自身ではなく，お孫さんの後見人であるあなたが代行することになります。

したがって，ひ孫さんを病院に通わせたり，保育所に入れる等，親権の内容となる身上監護行為については，お孫さんの後見人であるあなた自身が，親権者であるお孫さんに代わって行使（親権代行）する必要があります。そして，あなたが，お孫さんの子に対する親権を代行する際，その親であるお孫さんを補助者として使用することはともかく，未成年者であるお孫さんに親権の代行自体を委託してしまうことは，原則として許されないと解すべきでしょう。よって，親権代行者であるあなたが，お孫さんに，ひ孫さんの病院，保育所等の手続を委託してしまうことは原則として許されません。

これに対し，学資保険の手続は，親権の行使にはあたらず，お孫さん自身が自らなしうる財産上の法律行為ですから，未成年者のお孫さんであっても，法定代理人である後見人のあなたが同意をすれば，手続を行うことができます。ただし，学資保険の契約者については，通常，年齢制限が付されているため，お孫さんの15歳という年齢はこれに抵触し，結局，お孫さん自身の名で手続をすることはできない可能性が高いでしょう。

親権者たる地位と親権を行使しうる能力

子の父母はすべて，親権者としてその子の身上および財産上の監督・保護にあたる地位を有していますから，未成年者の場合も，子の父母である以上，その子に対し，親権を有しています。しかし，だからといって，子の父母が皆，親権を行使する能力をもっているわけではありません。前者は権利能力の問題であるのに対し，後者は行為能力の問題ですから，両者は，区別して考える必要があります。

未成年者の親権行使能力——親権の代行

未成年者は，彼ら自身が父母の親権に服するとされています（民818条1項）。このように自ら親権に服する未成年者に，その子に対する親権を行使させることは不合理といわねばなりません。そこで，親権に服する未成年者が，親権者としてその子に対して行使しうるはずの親権は，未成年の親自身ではなく，未成年の親に対して親

IX 未成年後見

権を行う者が代わって行使（代行）するものと定められています（同833条）。未成年の親に親権者がいないときは，その親の後見人が親権を代行します（同867条1項）。以上の場合，未成年者の後見事務の規定が準用されます（同867条2項）。

したがって，未成年の親は，子に対し，自ら親権者として親権を行使することはできません。ただし，未成年者も，婚姻すれば，成年者とみなされる（同753条）ため，自ら親権を行うことができます。

親権の内容 親権には，父母がその子の心身および財産について監督保護し，保全育成をはかる権利義務が含まれます（民820条・824条）。これは，大きく分けて，身上監護と財産管理からなっています。

(1) 病院に通わせたり，保育所に入所させる行為

子を病院に通わせたり，保育所に入所させる行為は，親権の内容たる監護にあたりますが，前記（未成年者の親権行使能力——親権の代行）のとおり，未成年の親は，自ら親権者として自分の子に対し親権を行使できないため，子を病院に通わせたり，保育所に入所させることはできません。未成年の親の親権者または後見人が，未成年の親がその子に対して有する親権（子を監護する権利）を代行して，その子を病院に通わせたり，保育所に入所させることになります。

また，治療費の支払という面のみに着目すると，治療契約は，有償双務の契約であり，財産行為の一種ともいえます。未成年であっても，7歳前後であれば意思能力はあると解されているので，未成年の親であっても，治療契約を締結することができます。しかし，未成年の親は，その子に対し親権を行使することができないため，子の財産管理に関する法律行為を代理することはやはりできません。

したがって，具体的には，監護権を代行する未成年の親の親権者または後見人自身が，契約の当事者として治療契約を締結するか，未成年の親の子の法定代理人として，その子の名前で治療契約を締結することになります。

(2) 学資保険契約の締結

これに対し，学資保険は，通常，親が，貯蓄と保障の両面を考慮して，子の教育資金等を計画的に積み立てていくために親自身が保険会社等とする契約です。細かい内容は，取扱い業者によって異なりますが，契約者は，親権者に限られてはおらず，祖父母が独自に契約者となることができるものもあります。このことからも明らかなように，学資保険契約の締結が，直ちに親権の行使にあたるわけではありません。したがって，未成年の親であっても，その子のために自己の名で学資保険契約を締結することは可能です。

ただし，未成年者の場合には，法定代理人の同意を得ないでなした法律行為は取消しが可能とされている（民5条2項）ため，相手方から，契約者となるその未成年の親の法定代理人たる親権者または後見人の同意が求められることになります。また，未成年の親の法定代理人である親権者または後見人が，法定代理人としてその未成年者の名で契約を締結することもできます。ただし，学資保険については，取扱い業者によって，契約者の年齢に種々制限が加えられている（例えば，契約者が父であれば18歳から55歳，母であれば16歳から55歳まで等）ため，契約者がこの要件を満たしていることが必要となります。

②未成年後見人の権能(2)

代行を委託することの可否

(1) 身上監護に関する法律行為の代行

前記（親権の内容）(1)のとおり，子の身上監護に関する法律行為は，親権の内容をなすものであり，かかる行為の権限は親権者に帰属します。それゆえ，前記（未成年者の親権行使能力——親権の代行）のとおり，未成年の親が，自ら子に対する親権を行使して子の身上監護に関する法律行為をすることはできません。仮に，未成年の親がその子のために，かかる行為をすれば，無効とされてしまいます。

では，未成年の親に代わって，その子に対する親権を行使する未成年の親の親権者や後見人が，未成年の親に身上監護の代行を委託することは認められるのでしょうか。

後見人の欠格事由を定めた民法847条を類推し，未成年者が子の身上監護をするのは不適当であるとして，親権代行者が，未成年である親に，その子に対する身上監護の代行を委託することはできないとする見解もあります*1。

しかし，幼児の身上監護に限っていえば，未成年であっても母親が受託者となって自ら監護にあたることがかえって子の福祉に合致することもありうること，また，監護の受諾については意思能力があれば未成年者であっても契約できると解されることから，一律に否定すべきではなく，子の福祉の観点から個別に検討すべきではないでしょうか*2。

ただし，未成年の親の子に対する親権を代行する際，親権の代行者が未成年である親をその補助者として使用することは何ら差し支えありません。

(2) 財産管理に関する法律行為の代行

前記（未成年者の親権行使能力——親権の代行）のとおり，未成年の親は，その子に対し親権を行使できないため，子の財産管理に関する法律行為も代理できません。代理したとしても，無権代理とされてしまいます。

もっとも，法定代理人は，その責任において復代理人を選任することができます（民106条）。そして，行為能力者であることが法定されていない親権者のような場合には，制限行為能力者も法定代理人になることができるというのが通説です（同102条）。そこで，親権を代行する者が，自ら代行権を行使して未成年である親の子の財産に関して代理行為をする代わりに，その子の親である未成年者自身を復代理人に選任し，その者をして代行権を行使させることも可能だという見解もあります*3。

しかし，未成年の親に親権代行の復代理を認めるかかる解釈は，未成年の親のその子に対する親権については，親権者または後見人に代行させるものと定めた民法833条や867条の趣旨を没却するものであり，問題が多いといえます*4。

したがって，親権代行者が，自ら代行権を行使して未成年である親の子の財産に関して代理行為をする代わりに，その子の親である未成年者自身を復代理人に選任し，その者に代行権を行使させることは許されないと考えるべきでしょう。ただし，親権の代行者が未成年の親の子に対する親権を代行する際，未成年である親をその補助者として使用することは何ら差し支えありません。

*1 加藤永一「里親の権利義務——その法律構成」法学25巻2号（1961）48頁
*2 於保＝中川編・新版注釈民法（25）（有斐閣，1994）81頁〔明山和夫・國府剛〕，同184頁〔明山和夫・國府剛〕
*3 中川善之助編・注釈親族法（下）（有斐閣，1952）105頁〔薬師寺志光〕
*4 前掲注2・183頁〔明山和夫・國府剛〕

〔石黒清子〕

２ 未成年後見人の権能（3）

設問 112

弟夫婦が交通事故で死亡し，甥だけがかろうじて一命を取り留めましたが，医師からは，回復の見込みはなく，人工栄養補給で生命を維持している植物状態だときかされました。私が後見人に選任されたのですが，甥の治療を取りやめるように，医師に依頼することは法律上認められるのでしょうか。

本設問の回答
未成年後見人は，親権者と同様，子を監護教育する権利義務を有しています（民820条・857条）。子の保護，すなわち，子の生命身体の安全をはかるため子に医療行為を受けさせることは，ここでいう監護にあたります。ですから，未成年の甥の後見人であるあなたが，意思表示のできない甥に代わって，甥の医療行為について承諾をすることができます。

しかし，親権者や後見人にとって，子の監護は義務でもあるため，監護は，子の利益，子の福祉にかなうよう行わなければなりません。これに反する監護権の行使は，権利の濫用にあたり許されません（同1条3項）。それゆえ，植物状態であっても治る可能性がないとはいえない患者について，延命治療をやめれば至高の価値である患者本人の生命が危ぶまれることが明らかな場合に，後見人であるあなたが，現に施されている延命治療の中止を申し入れることは，子の保護義務に違反する監護権の濫用にあたり，法律上は認められないと考えられます。

侵襲を伴う医療行為に対する承諾
医療行為は，人の生命，身体の健康といった人格的利益に直接かかわるものなので，医療行為を承諾するか否かの判断は，患者本人に一身専属的に帰属すると考えられます。それゆえ，医師といえども，心身，ひいては生命にかかわる侵襲を伴う医療行為をするには，原則として患者の承諾が必要となります。患者の承諾があって初めて，侵襲を伴う医療行為の違法性が阻却されるからです。

しかし，患者が，未成年者であるときや意識不明の状態に陥り自ら承諾することができない場合は問題です。

未成年者の承諾能力
未成年者であっても，侵襲を伴う医療行為の結果を弁識し判断できる能力があれば，自ら承諾を与えることが可能と考えてよいと思われますが，具体的年齢について定まった基準はありません。

理性的，経済的な判断ができれば足りる財産的行為の場合には，通常，必要とされる意思能力（自己の行為の結果を弁識し判断する能力）は，7歳前後のものと解されています。しかし，身分行為については，人生観や宗教観，価値観，感情等にも左右され，必ずしも理性的，経済的にわりきることができず，人生にも大きな影響を及ぼします。そのため，身分行為をなしうる能力については，事項ごとに個別的に決められており，一般には，15歳以上の能力が必要とされているようです（民791条3項・797条・961条，「臓器移植法の運用に関する指針」など）。

ところで，侵襲を伴う医療行為を受け入れるか否かの判断は，患者の人生観や

宗教観，価値観，感情等に左右され，理性的，経済的にわりきることが困難な事項です。その点で，身分行為に類似しています。しかも，その判断は，回復不可能な患者本人の生死をも決する可能性があるという意味で大変重大です。それゆえ，少なくとも一般の身分行為に要求されている以上の能力は必要と解すべきではないでしょうか。学説上も，侵襲を伴う医療行為の承諾能力は，おおむね15歳から18歳程度の能力と解しているようです[*1]。下級審判決の中には，「患者本人において自己の状態，当該医療行為の意義・内容，及びそれに伴う危険性の程度につき認識し得る程度の能力」と判示するものがあります[*2]。

親権者や後見人の承諾の代行，代諾

親権者は，子を監護教育する権利義務を有しており（民820条），未成年後見人にも，親権者と同一の権利義務があります（同857条）。監護教育の意味については，学説上，見解等が対立していますが，どの説をとるにしても，子の生命，身体，健康の安全，維持をはかるため，子に医療行為を受けさせることは，親権の内容たる監護にあたるといってよいでしょう。とすれば，親権者や未成年後見人が固有の権限に基づき医療行為に承諾を与えることも許されると考えられます[*3]。

判例も，親権者や後見人の承諾によって医療行為を行うことができると判示しています[*4]。また，厚生労働省「医薬品の臨床試験の実施の基準に関する省令」（平成9厚28）でも，被験者となるべき者が同意の能力を欠くなどして同意を得ることが困難であるときには，代諾者の同意を得ることにより，治験に参加させることができるとし（同省令50条2項），ここにいう「代諾者」とは，被験者の親権者，配偶者，後見人その他これに準じる者をいうと定めています（同省令2条19項）。

したがって，承諾能力を欠く幼児や意識不明に陥り自ら承諾ができない未成年者の場合には，親権者または未成年後見人が，侵襲を伴う医療行為について承諾を与えることになると解されます。もっとも，この承諾の性質については，親権者や未成年後見人の固有の権限に基づくものだとする見解のほか，親権者や未成年後見人が未成年者本人に代わって行使するものだとする見解もあり，判例上明確にはされていません。

しかし，承諾能力のある未成年者とその未成年者の親権者または未成年後見人との意見が異なる場合には問題が生じます。自己決定権尊重の観点からいえば，親権者や未成年後見人に承諾が許されるとしても，未成年者に前記（未成年者の承諾能力）のような承諾能力がある場合には，まずは未成年者の意思を確認し，十分協議のうえ，最終的には，未成年者の意思の方を尊重すべきでしょう。

承諾能力のない未成年者の親権者や未成年後見人が必要な承諾を与えない場合

これに対し，親権者や未成年後見人が，治療上必要とされる医療行為について承諾を与えないため，患者の生命にかかわる重篤な事態が発生する明白な危険がある場合はどうでしょうか。

親権者や未成年後見人は，子の監護について，義務も負っていますから，子の利益，子の福祉にかなうよう，監護を行わねばなりません。監護の内容をなす医療行為について承諾の是非を判断する際も同様です。しかし，親権者や未成年後見人の監護権の行使が，子の利益，子の福祉にかなわない場合は，子の保護義務に違反する監護権の濫用にあたり許されません（民1条3項）。

したがって，至高の価値である患者本

② 未成年後見人の権能(3)

IX 未成年後見

人の生命にかかわる重篤な事態が発生する明白な危険があるにもかかわらず、親権者や未成年後見人が必要とされる医療行為に承諾を与えないことは、子の保護義務に違反する監護権の濫用にあたるというべきでしょう。このような場合、医療従事者は、親権者や未成年後見人の判断に拘束されることなく、患者本人にとって最善の利益、福祉ともいうべき、生命を維持するために必要な措置をとることが許されます。たとえ、親権者や未成年後見人が医療行為に承諾を与えなかった理由が、憲法でも保障されている信教の自由に由来する信仰によるものであったとしても同様です。なぜなら、未成年者に、医療行為やその信仰の採否について判断できるだけの能力がまだ備わっていない場合にこれを認めれば、親権者や未成年後見人は、子どもにとって取り返しのつかない生命と引き替えに、自己の信仰を子どもに押しつける結果となり不当といわざるをえないからです*5。

もっとも、例えば、患者となった未成年者が意識不明となり自ら承諾のできない状態に陥ってしまっていたとしても、それ以前に、医療行為やその信仰の採否について判断できる能力を有しており、当該未成年者自身が、一定の医療行為を認めていない宗教をすでに信仰していたとするならば、意識不明の状態に陥ったその時点において、患者本人の意思を推定し、推定されるその患者自身の意思を尊重して、信仰上認められていない医療行為は行わないということも許されるのではないでしょうか*6。このような場合、本人自身が作成したリビングウィルの存在や親権者や未成年後見人の意思表示等は、患者の意思を推定するための有力な資料となるでしょう。ただし、ここで基準となるのは患者本人の意思であって、親権者や未成年後見人が、患者に代わって、このような生命にかかわる危険な状況下において、医療行為をしないと決することは許されないと考えます。

* 1 淡路剛久「医療契約」谷口＝加藤編・新民法演習4（有斐閣、1968）184頁、橋本＝中谷「患者の治療拒否をめぐる法律問題──『エホバの証人』の信者による輸血拒否事件を契機として」判タ569号（1986）8頁等
* 2 札幌地判昭53・9・29判時914・85
* 3 寺沢知子「『承諾能力』のない人への治療行為の決定と承諾」潮見佳男他編・國井還暦・民法学の軌跡と展望（日本評論社、2002）116頁等
* 4 横浜地判昭54・2・8判時941・81、最判昭56・6・19判時1011・54、福岡地小倉支判昭58・8・26判時1105・101
* 5 交通事故にあった10歳の子どもに対し、医師らが輸血の必要があると判断し手術をしようとしたところへ両親が駆けつけ、自分たちはエホバの証人の信者であるから子どもに輸血しないよう申し出た。医師らは、両親に輸血の必要性を説明したが拒否し続けたため、子どもは事故の4時間半後に出血性ショックで死亡したという事件。
* 6 横浜地判平7・3・28判時1530・28。末期状態となった入院患者の長男から要請を受けた担当医が、点滴やカテーテルを外し、心停止の副作用のある薬剤を患者に注射して死亡させた事件。承諾できない状態に陥った成人患者に対する延命治療の中止について、家族の意思表示から患者の意思を推定することを認め、①患者に耐え難い肉体的苦痛が存在していること、②死が避けられず、死期が差し迫っていること、③患者の肉体的苦痛を除去・緩和するために方法を尽くし、他に代替手段がないこと、④患者の明示の意思表示が存在すること、以上4つの要件を満たしたときには、死期を早める積極的安楽死も例外的に許容されると判示。

《参考文献》
* 寺沢知子「未成年者への医療行為と承諾──『代諾』構成の再検討(1)」民商106巻5号（1992）87頁、「同（3・完）」民商107巻1号（1992）56頁

〔石黒清子〕

3 未成年後見と成年後見

設問 113

娘には知的障害があるのですが、今年、成人するため、私たち両親がいなくなったときのことを考えて、将来、この子の生活を支援してくれる人を探しておきたいと思っています。精神的な障害や知的障害のある成人のために世話をしてくれる後見人という制度があると聞きましたが、どういうものなのでしょうか。あらかじめ、私たちから、適当だと思う人にお願いしておくことはできるのでしょうか。

本設問の回答 判断能力の不十分な成年者を保護するための制度として、成年後見制度があります。

親のあなたが、娘さんのために、後見人として適当だと思う人を成年後見人の候補者として指名し、家庭裁判所に成年後見制度利用のための申立てを行えば、この制度を利用することが可能です（民7条）。この場合、例えば、成年後見人が選任されると、療養看護権と財産管理権は直ちにその後見人の権限に帰属することになります。

また、娘さんに意思能力があれば、娘さん自身が、後見人として適当だと思う人と任意後見契約を締結することができますし、親のあなたが、娘さんの法定代理人として、娘さんの名で、後見人として適当だと思う人と任意後見契約を締結することも可能です。ただし、この場合、本人である娘さんが未成年者である間は、任意後見契約発効のために必要な任意後見監督人選任の申立てをすることはできません（任意後見4条1項1号）。

後見制度の趣旨 民法は、判断能力をもつ自由、独立かつ平等な個人の存在を前提として、市民社会において、その対等な個人の間に形成される法律関係を規律しています。しかし、社会には、その前提となる十分な判断能力を備えていない者も少なくありません。そのような人については、行為能力を制限し、制限行為能力者として画一的な保護が与えられています。

その一例が未成年者です。通常は、その未成年者の親が、親権者として、子の監護・教育（身上監護）、財産管理を行い、未成年者を保護します。未成年者に親権者がいないとき、または、親権者が管理権を有しないときには、親権者に代わって後見人が親権を行います（未成年後見制度、民838条1号。⇨〔設問108〕）。

また、成年者であっても、知的、精神的能力が不十分な人については、同じような保護が必要とされます。そのために設けられたのが、成年後見制度です。同制度は、民法が規定する法定成年後見制度と任意後見契約に関する法律が規定する任意後見制度に大別できます。

法定後見制度 明治以来、禁治産・準禁治産という2つに類型化された制度が採用されてきましたが、1999（平成11）年の民法改正により、これを弾力化するとともに、これまで保護の及ばなかった部分に新たに「補助」という制度を設け、名称も新たに「後見」「保佐」「補助」という3段階に類型化された成年後見制度に生まれ変わりました（平成12年4月1日施行、民838条以下・7条以下）。

IX 未成年後見

(1) 法定後見制度の概要

① 後見　後見は、精神上の障害により事理を弁識する能力を欠く常況にある者（旧法では心神喪失者と呼んでいました）について、家庭裁判所が後見人を付する審判（後見開始の審判）を行うことにより開始します（民7条・838条2号）。これにより、本人は、財産上の行為ができなくなり、代わりに後見人が、法律により与えられた代理権に基づいて本人の財産管理（同859条）や療養看護等を行う（同858条）ことになります。後見開始審判後に本人が行った行為は、日常生活に関する行為を除き、取消しの対象となります（同9条）。

② 保佐　保佐は、精神上の障害により事理を弁識する能力が著しく不十分な者（旧法では心神耗弱者と呼んでいました）について、家庭裁判所が保佐人を付する審判（保佐開始の審判）を行うことにより開始します（同11条・876条）。これにより、本人が、一定の重要な行為を行う場合（同13条1項2項）には、保佐人の同意が必要となり、保佐開始審判後に本人が保佐人の同意を得ずしてなした行為は、取消しの対象となります（同13条4項）。また、民法所定の一定の重要な行為（保佐人の同意権や取消権の対象たる行為）の範囲内であって、かつ、申立人が必要に応じて選択し、代理権の付与を申し立てた範囲内の特定の行為について本人が同意した場合には、保佐人に代理権を与えることもできます（同876条の4）。

③ 補助　補助は、精神上の障害（認知症・知的障害・精神障害等）により、事理を弁識する能力が不十分な者について、家庭裁判所が補助人を付する審判（補助開始の審判）をすることにより開始します（同15条・876条の6）。自己決定権尊重の観点から、後見や保佐とは異なり、この手続の開始には本人の同意が必要とされています（同15条2項）。補助では、申立ての範囲内で家庭裁判所が定めた特定の法律行為について本人が同意した場合には、補助人に同意権（同17条）や代理権（同876条の9）を与えることができます。補助人の同意が必要とされた行為について補助開始審判後に本人が補助人の同意を得ずしてなした行為は、取消しの対象になります（同17条4項）。

(2) 申立権者

本人、配偶者、4親等内の親族、未成年後見人、未成年後見監督人、保佐人、保佐監督人、補助人、補助監督人または検察官が申立権者となります（民7条）。また、申立権者の不在という事態に備えて、臨機応変に対応可能な市町村長にも一定の範囲で申立権が付与されています（知的障害28条、老福32条、精神51条の11の2）。

未成年者の法定成年後見制度の利用

未成年者は、親権者または未成年後見人によって保護されますが、これも成年に達すれば終わります。そのため、成年に達しても、精神的または知的な障害がある者については、新たに成年後見制度を利用して保護する必要があります。しかし、本人が成年になった後に、成年後見制度利用のための手続を始めたのでは、開始決定までに時間的間隙が生じ、本人の保護に欠けるおそれがあります。それゆえ、親のように子にとって4親等内の親族は、子どもが未成年者のうちに、成年後見制度を利用するための申立てをすることができます（民7条・11条・15条1項）。

成年後見人、保佐人、補助人（以下「成年後見人等」という）は、家庭裁判所が職権で選任することになっています（同843条・876条の2・876条の7）。し

かし、これら成年後見人等として適当だと思う人がいるのであれば、申立ての際、申立人がその人を候補者としてあげておけば、特に問題のない限り、家庭裁判所もその候補者を成年後見人等に選任してくれます。この場合、例えば申立てにより後見開始の審判がなされ成年後見人が選任されると、療養看護権と財産管理権は直ちに選任された後見人の権限に帰属することになります。かつては、未成年後見人がすでにいる場合には、その者が引き続き後見人の職務を行うべきであるとするのが実務の取扱いとなっていました*1。

しかし、未成年後見人と禁治産後見人を区別せず、後見人の数を1人に制限していた以前（旧民843条）と異なり、改正後の現在、後見人の人数制限は、未成年後見人だけに限定されています（民842条）。また、成年後見開始の審判取消しの申立権者には、未成年後見人および未成年後見監督人ならびに成年後見人および、成年後見監督人が併記されています（同10条）。それゆえ、現行法では、未成年後見人と成年後見人の併存も認められていると解される*2ため、今後の実務の取扱いに注意が必要です。

任意後見制度 本人が、自分の判断能力が低下してしまった場合に、後見人として自己の財産管理等を任せたいと思う人との間で、判断能力がまだ十分あるうちに後見人になってもらうことを約しておくのが、任意後見契約と呼ばれるものです。1999（平成11）年に任意後見契約に関する法律によって、公的機関の監督を伴う任意後見制度として新設されました。同法が定める任意後見契約は、判断能力のある本人が、自分が精神上の障害により事理を弁識する能力が不十分になった場合の自己の生活、療養看護および財産管理に関する事務の全部または一部を、自ら選んだ任意後見人（任意後見監督人選任前は、任意後見受任者という）に委託し、その委託に係る事務について代理権を付与する委任契約であって、精神上の障害により本人の事理を弁識する能力が不十分になったとき、本人、配偶者、4親等内の親族または任意後見受任者の申立てにより、家庭裁判所が任意後見監督人を選任（任意後見4条）すれば、その時点から、任意後見人の代理権が発生するとの定めのあるものをいいます（同2条1号）。適法かつ有効な契約の締結を担保するため、公証人の作成する公正証書によってなされることが必要とされています（同3条）。

未成年者による任意後見制度の利用 本人が未成年者でかつ知的障害者であっても意思能力がありさえすれば、法定代理人たる親権者の同意を得て法律行為をすることができます（民5条1項）から、未成年者本人に意思能力があれば、後見人として適当だと思う人と本人自ら任意後見契約を締結することができます。また、法定代理人が本人を代理して本人の名で後見人として適当だと思う人と任意後見契約を締結することもできます。ただし、本人が未成年者の間は、任意後見契約発効のために必要な任意後見監督人選任の申立てはできません（任意後見4条1項1号）。

*1 昭和28・12・25民甲2465民事局長回答
*2 小林＝大門編・新成年後見制度の解説（金融財政事情研究会、2000）124頁

〔石黒清子〕

③ 未成年後見と成年後見

X

扶　養

1 扶養義務・扶養の程度
2 扶養と相続
3 3親等内の親族間扶養

X 扶養

1 扶養義務・扶養の程度（1）

設問 114

妻と1年前から別居しています。子どもは妻と一緒に住んでいますが，妻から子どもの扶養料を要求してきました。一緒に住んでいない私も，一緒に住んでいる妻と，扶養料は同じように支払わなければならないでしょうか。

扶養とは何か

親はなぜ子どもを扶養しなければならないのでしょうか。もし，それが同居しているからだということであれば，あなたは同居していないので扶養する義務はないことになります。親だからでしょうか。そうだとすればあなたは親なので同居の有無にかかわらず扶養の義務を負うことになります。

扶養とは，自己の資産や労力で生活できない者に対して必要な援助をすることといわれています。1人で生活できない子どもを誰が扶養してきたのか，その歴史を辿ってみるならば，まずは親族集団でした。親族集団は共同体を形作り，血縁団体であるとともに生産団体でもあって，共同体が構成員の生活を保障し，扶け合って生活したのです。やがて親族集団の解体とともに，親族集団中から親子関係が顕れて共同体は親子主体となり，親が子を扶養するようになりました。資本主義が発展するとともに，家族の典型は核家族となり，家長（父親）の権力は低下して夫婦平等となり，同時に子の保護が重視されるようになりました。

経済的援助としての扶養義務の根拠

このような未成熟の子に対する援助の内容としては，子どもを手元において哺育し，監護し，教育するという主として事実行為の部分と，それを行うための経済的負担という部分があります。この両者はかつては一致するものであったでしょう。例えば親族集団が子を扶養する場合，親族集団の家産によって，親族集団の内部の人間が監護教育を行うのであって，親族集団からの離脱は，経済的援助も受けられなくなることでした。親族集団の長が財産を所有することになると，集団に属するいずれかの人間が監護し，家長がその費用を負担しかつ子に対する権利をもつようになります。しかし，集団からの離脱が同時に経済的援助からも離脱することになる点は同じです。つまり，扶養は，本来的には共同生活体である親族集団の費用負担によって，集団内部において監護養育するという内容であったのです。しかし，共同生活の範囲は縮小し経済力も縮小して経済的負担に堪えられない集団が生じる一方，子の保護という考え方から，集団外の子にも保護が必要であることが認識されるようになります。その担い手は，当初は血縁関係という関係があり，扶養を担ってきた歴史をもつ親族でしたが，親族集団に代わって権力を有するようになった国家もまたその役目を担うこととなりました。これが公的扶助です。

公的扶助は無拠出の社会保障制度として最終的な扶助と位置づけられますから，まずは，親族によって扶養されるべしという私的扶養優先の原則が採用されることになります（生活保護4条2項）。こうして，生活できない子に対する援助にお

1 扶養義務・扶養の程度(1)

ける監護と経済的負担とは分離し、経済的負担は扶養義務として法的に強制されるようになったのです。

民法上もこの両者は区別されています。親権者は子を監護し教育する権利を有し、義務を負います（民820条）。その経済的負担の側面は直系血族としての扶養義務として規定されています（同877条。もっとも、後述のとおり877条には親の未成熟子に対する扶養義務は含まれないとの立場がありますが、その説も規定はないが理論上当然との立場をとるのでこの問題を左右しません）。したがって、同居していてもいなくても扶養義務を負うことになります。本設問の場合も別居していても親として扶養義務を負うことになります。

扶養義務の内容に関する二分説　明治民法は、「家」という親族集団を規定し、家長たる戸主はその家族に対して扶養の義務を負う旨定めていました（旧民747条）。しかし、「家」が観念的な存在であったため、現実的な扶養義務者の範囲と順序については別に扶養の義務として定められ、扶養義務を負う親族の範囲は原則として直系血族および兄弟姉妹でした（旧民954条）。そして、扶養義務者（扶養をすべき者）が扶養権利者（扶養を求める者）を全員扶養するだけの資力がない場合、第1順位として直系尊属、第2順位直系卑属、第3順位配偶者、というように、扶養をしなければならない者の順位が法定されていました（旧民957条）。しかし、現実の社会はすでに核家族化し、配偶者と未成熟子の扶養が第一に要請されました。

生活保持義務の内容　中川善之助教授はスイス民法を研究した結果、以下のような学説を唱えました。曰く、扶養義務には性質の異なる2種類の義務がある、一は生活保持義務であり、二は生活扶助義務である。生活保持義務は、夫婦間と親の未成熟子に対する扶養義務であって、それは、身分関係の本質から認められる義務である。つまり、夫婦は扶養するからこそ夫婦であり、親は未成熟子を扶養するからこそ親なのである。したがって、その扶養義務の内容は、最後の一椀まで共に食らい常に自己と同一程度の生活を保障する義務なのである。

これに対し、生活扶助義務はその身分関係にとって扶養は本質的なものではなく、偶然的であって、したがってたまたま生きていけない者がある場合に最低生活費を保障すればよいのである。生活保持義務は身分関係上本質的なものであるから、条文がなくとも認められる。だから、明治民法957条は生活扶助義務に関する定めであって生活保持義務に関する規定ではない。生活保持義務は生活扶助義務に優先して課されるものである、と（中川博士は現行民法の下でも877条は生活扶助義務に関する定めであるといいます）。

この学説は社会の要請に合致したので瞬く間に通説となり、実務にも定着して今日に至っています。1947（昭和22）年に民法が改正された後、この二分説は、いくつかの批判を受けつつも基本的には現在も支持されています。

この二分説によれば、あなたは、子に対する扶養料としてあなたの生活程度と同程度の生活をさせるだけの経済的援助をしなければならないということになります。

子の扶養料の算定方法　現行法上子の扶養料の請求方法として3種類あります。第一は婚姻費用分担として請求する方法です。本設問によればあなたは婚姻中で

X 扶養

すので，民法760条により婚姻費用分担義務があります。子の養育費用は婚姻費用に含まれますので，妻から夫に対して婚姻費用の分担として子の扶養料相当額の支払を求めることができます。その場合の算出方法は下記①のとおりで，これが夫の分担額になります。

養育費は監護費用を監護親が非監護親に対して請求するものです。養育費の算出方法は下記②のとおりです。

子は親と同程度の生活をする権利があるのですから②の式のAとBのうち高額な方の金額を扶養料として得ることができます。Aが高いとすれば，Aの額を父と母がその基礎収入の割合によって負担することになります（下記③の式）。

扶養料は，請求する主体が子自身となる点が異なるだけで，算定方法は養育費と同様です。

婚姻中は，夫婦の収入と生活費をともに算入することが公平ですので，婚姻費用として請求することとされています（最近は早見表が出ていますが，考え方は上記と同様です）。

つまり，結論としてあなたは，奥さんと同様にお子さんに対する扶養をしなければならず，その程度はあなたと同程度の生活をさせるに足る金額ということになります。

《参考文献》
* 西原道雄「親権者と親子間の扶養」家族法大系V（有斐閣，1960）85頁
* 松嶋道夫「親権者と親子間の扶養」現代家族法大系(3)（有斐閣，1979）424頁
* 犬伏由子「婚姻費用分担額の算定方式」梶村＝棚村編・夫婦の法律相談（有斐閣，2004）158頁

〈子の扶養料の算定方法〉

① $(夫の基礎収入＋妻の基礎収入) \times \dfrac{妻と子の最低生活費}{夫と妻と子の最低生活費} － 妻の基礎収入$

② $父の基礎収入 \times \dfrac{子の最低生活費}{父と子の最低生活費} = A$，$母の基礎収入 \times \dfrac{子の最低生活費}{母と子の最低生活費} = B$

　AとBのうち高額な方が扶養料。

③ $A \times \dfrac{父の基礎収入}{父の基礎収入＋母の基礎収入} = 父の分担額$

基礎収入とは，夫の名目収入から税金・社会保険料・職業費等の経費・住居費などを差し引いた生活費に充てることができる部分，最低生活費は生活保護基準で計算します。

〔岡部喜代子〕

1 扶養義務・扶養の程度（2）

設 問 115

離婚をした妻のもとで生活している子どもが大学に進学することになったというので，養育費の増額を請求してきました。私としては，再婚後に生まれた子どももまだ小さいので，生活にあまり余裕がなく，大学進学の費用までは面倒をみる気はありません。高校卒業で親の扶養義務は終わると思うのですが，どうですか。

未成熟子の意義

〔設問114〕で説明したとおり，親は子を扶養しなければなりません。あなたには離婚した妻のもとで生活している子と，再婚後に生まれた小さい子と2人の子がいます。再婚後の妻が働いていなければその生活をみる義務もあります（民752条）。また，親の未成熟子に対する扶養義務が生活保持義務であることは前設問で述べました。そうすると，あなたの未成熟子に対する扶養義務は生活保持義務ということになり，再婚後に生まれた子に対して，生活保持義務を負うことは異論のないところです。

そこで，大学生の子が未成熟子といえるかどうかが問題です。未成熟子とは，経済的に独立して自分の生活費を自ら得ることができる時期の前段階にある子をいいます。大学に進学すると，経済的に独立できませんから，未成熟子として扶養が必要ということになりますが，大学に進学しなければ働いて自ら独立して生活できる立場にあります。

生活保持義務の発生要件

まず，扶養義務の発生要件を整理しておきましょう。

扶養義務は，ある一定の身分関係があれば，そこには抽象的に扶養義務があるのですが，現実に支払義務が発生するためには，扶養権利者（扶養される人）に扶養を必要とする状態があり（扶養必要性），扶養義務者（扶養する人）に扶養できる状態があること（扶養可能性）が必要です。基本的には扶養というのは，自力で生活できない人に対する援助ですから，生活できていないという事実状態が問題とされます。つまり，原則として，事実として生活できない，扶養必要性があることが要件と考えられます。では，健康な稼働できる子女が，収入がないからといって扶養料を請求することができるでしょうか。社会情勢等から働こうとしても働けない状況であればともかく，働こうと思えばいつでも働けるという場合であれば，もはや，扶養が必要な状態とはいえないでしょう。つまり，「扶養が必要な状態」というのは，現実に扶養が必要な状態であることを意味しますが，その状態とは，当該扶養権利者の客観的状況によって判断すべきであるといえます。

18歳であれば，大学にいかずに就職し経済的に独立した生活を送る人も数多くいます。一方，大学に進学することは社会的に認められていて，事情が許せば大学に進学して勉学に励むことは望ましいことですらあります。大学・短期大学進学率が5割，専門学校も加えると7割近く[*1]になろうとする現代において，大学にいかなければ働けるはずだということは扶養必要性を否定する理由にはならないものと考えられています。一般的

X 扶養

には，親の収入，学歴，生活レベル等の事情から大学進学が不相当でない場合は扶養義務があると考えられています。親の意向もまた，判断資料の1つといえます。

大学生の子が未成熟子である場合 大学生であっても扶養しなければならないものとすると，あなたの扶養義務の性質は生活保持義務であることになります。生活保持義務は〔設問114〕で説明したとおり，自己と同一の生活を保障しなければなりませんから，扶養必要性は子があなたと同程度の生活をしていない限り常に存在することになります。そして，大学生の子と，再婚後の子とを同じく生活保持義務であるということでまったく同列に扱うと，あなたの収入から必要経費等を差し引いた金額（基礎収入）を各子の最低生活費の割合で按分することになりますから，相当多額の金員が大学生に支払われることになります。そのほか，学費の一部も負担せざるをえないでしょう。しかし，再婚後の子は文字どおり一人では生きていけないのに対し，大学生は，アルバイト，奨学金，学費の安い大学や学部を選択する，夜間部通学などの方法がありえます。これをまったく同列に配することも問題であると考えられます。この事情は大学生である子を未成熟子として扱うとしても，その養育費算定の1つの事情として考慮されることになると考えられます。

大学生の子が未成熟子でない場合 大学生が未成熟子ではないということになると，先妻との間の子に対する扶養義務は生活扶助義務，後妻との間の子に対する扶養義務は生活保持義務となります。扶養権利者に，生活保持義務の内容をもつ権利者と生活扶助義務の内容をもつ権利者とがあるとき，民法は協議または審判によって決めることとしています。しかし，その場合，原則として生活保持義務の内容をもつ者が優先されます。なぜなら，生活保持義務は，その身分関係にとって本質的なもので，その身分関係にあるときは当然に負担すべきものであって，法律の規定によって認められるところの生活扶助義務より優先的に果たされるべき性質の扶養義務だからです。

判断基準 そこで，親の収入，学歴，生活レベル等の事情から大学進学が不相当でない場合に該当するかどうかを検討してみましょう。裁判例*2では，「4年制大学への進学率が相当高い割合に達しており，かつ，大学における高等教育を受けたか否かが就職の類型的な差異につながっている現状においては，子が義務教育に続き高等学校，そして引き続いて4年制の大学に進学している場合，20歳に達した後も当該大学の学業を続けるため，その生活時間を優先的に勉学に充てることは必要であり，その結果，その学費・生活費に不足を生ずることがあり得るのはやむを得ないことというべきである。このような不足が現実に生じた場合，当該子が，卒業すべき年齢時まで，その不足する学費・生活費をどのように調達すべきかについては，その不足する額，不足するに至った経緯，受けることができる奨学金（給与金のみならず貸与金を含む。以下に同じ。）の種類，その金額，支給（貸与）の時期，方法等，いわゆるアルバイトによる収入の有無，見込み，その金額等，奨学団体以外からその学費の貸与を受ける可能性の有無，親の資力，親の当該子の4年制大学進学に関する意向その他の当該子の学業継続に関連する諸般の事情を考慮した上で，その調達の方法ひいては親からの扶養の要否を論ずる

べきものであって，その子が成人に達し，かつ，健康であることの一事をもって直ちに，その子が要扶養状態にないと断定することは相当でない」として，要扶養状態にないとした原審判を取り消して差し戻しています。

このように，各種事情を総合的に考慮するということになると，本設問の場合，あなたの収入，あなたの現在の生活状況，つまり再婚した奥さんの収入の有無，再婚後の子の年齢，大学にいこうとしている子の学費，生活費，奨学金等が考慮要素となります。本設問によれば，あなたはあまり生活に余裕がないということに加え，再婚後の子がまだ小さいということなので，大学生については未成熟子ではない，あるいは未成熟子ではあっても義務としては劣後する（額が低くなるなど）と判断されるとされる可能性があります。

この点について次のような説があります。すなわち，一応20歳未満の者を未成熟子と考え，この中から現に稼働して経済的に自立し，あるいはそれが期待できる者を除くとし，成年に達した者については，原則として未成熟子にあたらないとした上で，親に養育費の負担を求めることがやむをえない事情がある場合に限り，例外的にこれを認めるというものです*3。やむをえない事情として，子が疾病や障害のために自立できない場合はもちろん，現に在学中または進学が決定していて，働きながらでは学業の継続が困難であり，社会的に認められた専門教育であって，その他親の資力等の事情と説明されています。この説によると，前婚の子が未成年者であった場合は原則として要扶養状態にあり，成年者であるときは各種事情を検討して決めるということになります。成人前から大学で学び20歳を超えても引き続き在学しているとのことであれば，20歳になった故をもって突然扶養料を支払わなくてよいということにはなりにくい面があるでしょう。

以上のとおり，親の扶養義務が一般的に高校卒業で終わるというものではありません。大学進学後の生活費や学費を負担する義務があるかどうかは，総合的な事情によって判断されることです。ただ，あなたの場合，再婚後の子が未成熟子であるので，再婚後の婚姻生活維持のための費用を負担して余力がないような場合には，大学生の子の扶養料を免れることもありえます。

養育費の計算の仕方は本件では，末尾の式のようになります。

*1 文部科学省平成17年度学校基本調査
*2 東京高決平12・12・5家月53・5・187
*3 斉藤啓昭「成年に達した未成熟子の養育費」野田＝若林＝梶村＝松原編・家事関係裁判例と実務245題（判タ1100号，2002）166頁

〈養育費の計算の仕方〉

$$父の基礎収入 \times \frac{大学生の子の最低生活費}{大学生の子の最低生活費＋父・再婚後の妻・再婚後の子の最低生活費合計額} = 大学生の子の取得すべき扶養料$$

$$大学生の子の取得すべき扶養料 \times \frac{父の基礎収入}{父の基礎収入＋母の基礎収入} = 父の分担額$$

〔岡部喜代子〕

1 扶養義務・扶養の程度（3）

設問 116

私は交際していた女性が産んだ子を認知し，養育費を支払ってきましたが，その子はその女性の結婚相手の養子になったということを知りました。今後，養育費支払を免除してもらいたいと思っています。また，この1年間に支払った養育費の返還を請求することはできるでしょうか。

嫡出でない子に対する扶養義務

嫡出でない子の親権者は原則として母であり（民819条），あなたの知らない間に養子縁組をしているところによれば，母が親権者であり続けたようです。

〔設問114〕において，なぜ親が子を扶養しなければならないかを論じたときに説明したように，親権者として子を監護養育することと，その費用を誰が負担するか，という問題とは別であると考えられています。あなたの場合も，親権者ではないけれども，親として扶養義務があるのであって，それは，嫡出である，嫡出でないを問いません。嫡出でない子の父も未成熟子に対する扶養義務である生活保持義務を負うのであり，あなたはその履行として養育費を支払ってきたことになります。

養親と実親との扶養義務の順位

さて，養子縁組すると養子と養親とは法定嫡出関係となって養親は法律上父ということになります。また，親権は養親に属し，離縁しない限り実親が親権者となることはありません（民818条）。しかし，普通養子では実親子関係が継続し，あなたとは嫡出でない親子関係があり続けます。そうすると，親権者は養親，親子関係は養親および実親たるあなたという関係にあることになります。今まで述べたように，親権の帰属と扶養料の負担とは異なると考えると，養子縁組をすると，親権者は養親となるが，扶養義務は継続するのだという考え方となります。そうすると，扶養義務者が複数あることになります。

扶養義務の順位については，民法878条によって協議によって定め，協議ができないときは家庭裁判所が定めることとなっています。しかし，順位についてはいくつかの基準があると考えられています。例えば，生活保持義務が生活扶助義務に優先するものと解され，また，養子縁組した場合はまず，養親に扶養義務があると考えるのが多数です。その理由とするところは，未成熟の子との養子縁組には，子の養育を——扶養を含め——全面的に引き受けるという意味が含まれていると解せられる，ということです。したがって，養親が親としての役割を果たしている限り，実親との関係は扶養を含め一定の範囲で制限される，しかし，養親が無資力その他の理由で十分に扶養義務を履行できないときには実親が負担しなければならない，と説かれます。結論として，養子の実親は養親と同程度に，ただし次順位で扶養義務を負うと解すべきである[*1]ということになります。

これに対し，上記のような法理上の順位法定主義は明治民法上の法定主義の残滓にすぎず，明治民法下に親と配偶者とがある場合にまず親を養えと機械的に指

1 扶養義務・扶養の程度(3)

示するのが不合理であったと同じく，画一的にまず配偶者を養い親は後回しにせよというのも杓子定規で不合理である，順位の問題は一切協議ないし審判に委ねる民法878条の趣旨からして斟酌さるべき一事情という程度と理解されるべきであるとの考え方も示されています*2。

まず養親が第1順位で扶養義務を負うという考え方を採用するなら，養子縁組してから後は原則としてあなたには扶養義務はなく，養親の資力が不足する場合に，補充的に扶養義務を負担することになります。順位は協議または審判に委ねられるとの考え方に立っても，未成熟子との養子縁組は原則として子を監護することを内容としていて，共同生活をすることが原則であると解されています。それだからこそ養親が親権者となるのです。そうすると，そこには同居して養子を扶養するという内容も含まれているものと解されますから，順位決定の一事情としても，扶養義務の順位は原則として養親が第1順位となると考えられます。

実親の扶養義務

しかし，あなたは親ですから扶養義務がなくなってしまうわけではありません。養親の資力等によっては扶養義務を負うこともありうるわけです。ですから，養子縁組と同時に当然にまったく扶養義務が消滅するというものではないのです。今まであなたは，扶養義務を負うことを認め，養育費を支払ってきました。つまり，あなたには，養育費支払義務があったのです。そこで，あなたとしては，実体的には扶養義務を負担しなくてもよいという状態を形成される必要があります。まず協議によって，つまり子の母との協議によって養育費を支払わなくてもよいということになればそれでよく，協議が成立しない場合は，家庭裁判所の調停や審判によることになります。

扶養料免除を求める方法

いくつかの方法があります。子の監護費用の問題であるとして，子の母を相手に養育費の免除請求をする方法，民法766条，家事審判法9条乙類4号による請求です。他は，子または子の養親たる父を相手に扶養料の免除請求をする方法，民法878条，879条，家事審判法9条乙類8号による方法です。どちらでも検討する内容は同じです。

養親の負担すべき養育費の計算方法は末尾の①式のとおりとなります。このAという金額を養父が負担します。そして実親は扶養料を負担しません。こうして，扶養料を支払わなくてよいという法律関係が形成されます。もっとも，実親も次順位として同一内容の扶養義務を負うとされていますので，それがどのような場合に，どのような程度で形成されるのかを検討しておく必要があるでしょう。実親も生活保持義務を負うとすれば，実親の生活保持義務としての扶養料は②式のようになり，BがAより高額であるときは，B－Aが実親の負担する養育費であるとするのが論理的です。しかしこれでは，実親の生活程度が高いときは常に扶養料負担の義務があり，援助を要することになって，まず養子縁組した親が扶養すべきという趣旨に沿わないのではないかと思います。したがって，Aという金額が子の最低生活費にも不足するような場合またはそうでなくとも，必要費にも不足するような場合には，不足分について実親が負担すると考えるべきではないかと思われます（そういう意味では実親が養親と同一内容の義務を負うというのは正確ではないかもしれません）。

過去の扶養料の清算

さて，以上のような状況は1年前に生じていたようです。ここでは，過去の

X 扶養

扶養料の清算をどのようにして行うかという問題があるのです。あなたは，お子さんに対し生活保持義務を負っていて，母との間で決められた養育費を払っていたのですから，そのこと自体義務のあることを行っていたので，支払った分の返還を求めることはできません。

そこで，お子さんが養子縁組をしたことが事情変更にあたるとして，始期を1年前として養育費の免除請求をしたとします。そうすると，上記の計算方法により，あなたが1年前から支払うべきであった養育費が算出されます。そして，その金額は過去に遡って形成することができると解されています。そうすると，あなたは，支払うべきでなかった金額を支払ったことになりますから，余計に支払った分は法律上義務がないことをしたということになって，その返還を請求できることになります。しかし，過去の扶養料については請求の時から生ずると解する説も多く，しかも清算については，すでに支払われた扶養料なので，認められるとは限りません。

その手続はどうあるべきでしょうか。子の扶養料を負担してきた母が父に対して求償した事件で最高裁*3は，「民法878条・879条によれば，扶養義務者が複数である場合に各人の扶養義務の分担の割合は，協議が整〔ママ〕わないかぎり，家庭裁判所が審判によって定めるべきである。扶養義務者の1人のみが扶養権利者を扶養してきた場合に，過去の扶養料を他の扶養義務者に求償する場合においても同様であって，各自の分担額は，協議が整〔ママ〕わないかぎり，家庭裁判所が，各自の資力その他一切の事情を考慮して審判で決定すべきであって，通常裁判所が判決手続で判定すべきではないと解するのが相当である」と述べています。また婚姻費用についてではありますが，「家庭裁判所が婚姻費用の分担額を決定するに当り，過去に遡って，その額を形成決定することが許されない理由はなく，所論の如く将来に対する婚姻費用の分担のみを命じ得るに過ぎないと解すべき何らの根拠はない」と判示しています*4。厳密にいえば，過去の扶養料を形成するまでが家庭裁判所，支払った部分のうち義務なくして行った部分は不当利得返還請求としての通常裁判所という解釈になるかもしれませんが，過去に遡って扶養料を形成し，その分の支払を求めることも家事審判法で認められているように，求償部分も，審判で行うことができるであろう（家審規53条）と考えます。

*1 西原道雄「親権者と親子間の扶養」家族法大系V（有斐閣，1960）98頁
*2 於保＝中川編・新版注釈民法（25）（有斐閣，2004）526頁〔明山和夫〕
*3 最判昭42・2・17民集21・1・133
*4 最大決昭40・6・30民集19・4・1114

《参考文献》
*深谷松男「普通養子に対する実親と養親との扶養義務の先後」沼邊愛一ほか編・家事審判事件の研究（一粒社，1988）265頁
*惣脇美奈子「過去の養育料の支払請求」梶村＝棚村編・夫婦の法律相談（有斐閣，2004）256頁
*瀬戸正二・昭和42年度最判解54頁

〈養親の負担すべき養育費と実親の生活保持義務としての扶養料〉
① 養親の基礎収入 × $\dfrac{子の最低生活費}{養親と母と子の最低生活費}$ ＝ A
② 実親の基礎収入 × $\dfrac{子の最低生活費}{実親と子の最低生活費}$ ＝ B

〔岡部喜代子〕

1　扶養義務・扶養の程度（4）

設問 117

私には，未成年の子ども2人と70歳を過ぎた父母がいますが，子どものことで精一杯で，父には生活費の援助をすることができません。妻にも，70歳を過ぎた両親がいますが，妻は両親への仕送りができず，弟夫婦に面倒をみてもらっているのが残念なようです。子どもの扶養と親の扶養と同じようにすべきなのでしょうか。

二分説およびその批判

〔設問114〕で説明したように，扶養義務には2種類あり，夫婦間と親の未成熟子に対する扶養義務である生活保持義務と，その他親族間扶養である生活扶助義務である，とする考え方が現在の通説です。これに対してはいくつかの批判があります。

まず，このような説が唱えられ，支持を得た所以は，明治民法に扶養の順位が法定されていてそれが実態に合わないという事情があったからです。ところが，民法877条，878条，879条によれば，扶養の順位および程度・方法は，協議または家庭裁判所の審判によって定めることとなっていて，しかも，家庭裁判所は一切の事情を考慮して程度・方法を定めることとされているのです。したがって上記のような二分説をとる条文上の必要性は消滅したといえるでしょう。そこで，二分説は不要であるという批判があります*1。しかし，現実の家族の形態は核家族化していて，生活保持義務と生活扶助義務の区別は社会の実態にも合致するものです。また，実務上も，生活保持義務であるところの婚姻費用と養育費の請求事件がほとんどであって，その他親族扶養は非常に少ないこともこのような区別が基本的には正しいことを示していると思われます。

もうひとつの批判は，特に老親扶養に関してのものです。その他親族扶養が生活扶助義務であることを認めても，老親については異なるのではないかという疑問です。子は親に監護され，扶養されてきたのですし，子は親の第1順位の相続人となっているなどその他親族扶養中でも性質が異なると主張するのです*2。確かにその点においてその他親族とは異なることは認められます。ただ，そのことが，扶養義務の性質とどのように結びつくのかという点が明確ではありません。

生活保持義務の根拠

そもそも，生活保持義務という重い扶養義務の根拠はどこに求められるのでしょうか。提唱者である中川善之助博士は，夫婦間および親の未成熟子に対する扶養義務はその身分関係の本質であるからと説明していますが，それでは老親扶養は身分関係上扶養することが本質的かどうかということが，問題になります。そこで，なぜ，夫婦間および親の未成熟子に対する扶養義務は身分関係上本質的なのかを検討する必要があります。

〔設問114〕で検討したように，親族扶養は親族集団が同居し共同生活をしてきたという歴史と，これを義務とする必要から民法上規定された義務です。しかし，そのうちでも，法律上共同生活が義務づけられているのは，夫婦（民752条）と，未成熟子（同818条・821条）です。この法律上同居が義務づけられていること

X 扶養

が、重い扶養義務を負わせられる根拠であるというのが現在の考え方です。なぜなら、同居すべき関係であるからこそ、同程度の生活をさせなければならないし、優先的に扶養しなければならないといえるのです。同居していなくても扶養義務を負うのです（⇨〔設問114〕）が、同居すべき親族関係であることが生活保持義務を基礎づけるのです*3。

老親扶養の性質 では、老親と子との間に同居を法律上義務づけるような関係が認められるでしょうか。これはないといわざるをえません。したがって、老親扶養は生活扶助義務ということになります。

扶養の順序 本設問では、あなたには、未成年のお子さんがいますから、その子に対して生活保持義務を負っています。あなたのご父母に対しては生活扶助義務を負っていることになります。つまりあなたは、扶養義務者として、複数の扶養権利者を扶養しなければならない立場にあります。このとき、民法は、878条で、扶養すべき順序は協議によって、協議ができないときは家庭裁判所が定めることとしています。順位を定めるについて、実体法上の順位があるときはその順序に従います（一事情として斟酌する説によっても原則は同じ）。生活保持義務と生活扶助義務とがあるときは生活保持義務が優先されると解するのが通説です。なぜなら、共同生活すべき関係にあるのであるから、共同生活をすると同様の生活をさせなければならない、したがってその他の扶養権利者よりもまず先に扶養することになります。したがって、あなたの場合もまずお子さんを扶養すべきことになります。

算出方法 未成熟子に対する生活保持義務の要件である扶養必要性は扶養義務者と同程度の生活をしていないことということになり、扶養可能性は常に存在することになります。生活扶助義務の要件である扶養必要性は最低生活費に不足すること、扶養可能性は、社会的地位に相応しい生活をして余力があることです。このような内容の異なる扶養義務を負うとき、その程度・方法はどのように算定すべきでしょうか。

未成熟子に対する扶養料額は〔設問114〕で述べた養育料の算出方法と同様です。生活扶助義務の場合は、父母の最低生活費に不足する金額、またはあなたと妻子が社会的地位に相応しい生活をした余力額の、低い方の額ということになります。

ただ、これではこの両者があるとき、どのように算出するのかわかりません。生活保持義務が優先するという立場を徹底すると、「夫（あなた）の基礎収入−子の扶養料＝夫と妻の生活費」となり、その夫と妻との生活費から夫の両親の扶養料を負担することになるでしょう。しかし、これでは、子の生活費（扶養料）のほうが夫婦の生活費より高額になってしまいます。そこで、夫・妻・子が社会的地位に相応しい生活をするだけの費用を算出して夫の基礎収入から差し引き、残額から両親の最低生活費不足額を支払うという方法も考えられます。扶養義務者である夫のみならず、夫が生活保持義務を負う妻と子についても社会的地位に相応しい生活を保障するので、この方法であれば、生活保持義務を優先しつつ、両者の調整を図ることができるのではないでしょうか。

あなたの両親があなたに扶養料の請求をしてきた場合、あなたの基礎収入であなたと奥さんとお子さんがあなたの社会的地位に相応しい生活をするに必要な金額を算出し、その上で残額があれば両親

① 扶養義務・扶養の程度(4)

た，あなたの収入を基準とすると，実質的に扶養義務のないあなたが支払うことになってしまいます。そこで，次のように考えられています。すなわち，妻が夫から渡される婚姻費用は妻の自由裁量が認められるので，そのうちから，婚姻費用として使用した残額があれば，その金額を扶養可能性と考えるというものです*6。妻の両親に対する扶養料は，当初は夫の財産であったのですが，妻が夫婦の協力義務の1つである婚姻費用の管理等をすることにより，残額については，夫からの贈与があったものと認められ，妻の財産から出捐したことになると考えられます。ですから，本設問では，妻が家計をやりくりしてその両親に仕送りすることは，そのやりくりの範囲を越えなければ認めてもよいのではないでしょうか。ただ，妻の両親や弟から扶養料の請求があった場合に扶養可能性があるか否かということは別途検討しなければなりません。

*1 鈴木禄弥・親族法講義（創文社，1988）245頁
*2 米倉明・家族法の研究（新青出版，1999）238頁
*3 深谷松男・現代家族法（青林書院，第4版，2001）176頁
*4 秋田家審昭63・1・12家月40・6・51
*5 広島家審平2・9・1家月43・2・162
*6 東京家審昭43・11・7家月21・3・64

《参考文献》
*深谷松男「成熟子の老親に対する扶養義務の性質」沼邊ほか編・家事審判事件の研究(1)（一粒社，1988）278頁
*下山保男「老親に対する子の扶養義務と分担」村重慶一編・法律知識ライブラリー4・家族法（青林書院，1994）139頁

〔岡部喜代子〕

に扶養料を支払うことになるでしょう。いくつかの判例がありますが，当該親子の特殊な事情が考慮されて，必ずしも計算どおりとはなっていません。この点では，老親扶養は生活扶助義務とはいってもその内容については特別な考慮がなされうることが認められているといえます。

老父母から子らに対する扶養料請求につき，扶養料支払の必要性を認めながら，両者の関係が不和になるについての父の帰責性を斟酌して扶養料を相当程度減額したり*4，老父母の生活費が標準生活費を上回っていても，老父母の子に対する過去の養育の事実，子が高額所得を得ていること，老父にも軽率な面があることなどの事情を考慮して，老父母の生活費の不足分の一部を負担させたもの*5等があります。

専業主婦の扶養義務 次に，妻の両親の扶養問題を検討しましょう。あなたと妻の両親との親族関係は，1親等直系姻族です。直系姻族としての扶養義務は，民法877条2項に定めるとおり，特別の事情があるときに家庭裁判所が負わせることができるものです。例えば，過去において特別な援助を受けたことがあるなどの事情です。そのようなことがなければ，あなたには原則として妻の両親に対する扶養義務は生じません。

あなたの妻は，妻の両親の直系血族ですから，民法877条1項によって扶養義務を負担します。そこで，扶養の要件を検討します。扶養の必要性はあるとして，扶養可能性があるかどうかが問題です。妻が専業主婦であると，収入がないですから原則として扶養可能性はありません。しかし，そうすると，あなた（夫）の収入がいくらあっても妻は専業主婦であるかぎり妻の両親の扶養義務はないことになって，妥当な結論とはいえません。ま

2 扶養と相続

X 扶養

設問 118

父の遺言書に次のようなことが書いてありました。「(イ)自宅を含め不動産はお母さんに相続させる。ただし，息子夫婦が母を扶養し，孝養を尽くしたときは，母死亡の際に息子に相続させる。(ロ)預貯金は，娘と息子で折半しなさい。」この遺言に従えば，私には母を扶養する義務はなく，兄だけに扶養義務があると思うのですが，兄夫婦は，母の面倒を十分にみようとしません。このまま母が亡くなったときには，遺言どおり，兄に不動産を全部渡さなければならないのでしょうか。父の遺産のうち，不動産が7割の価値を占めています。

「後継ぎ遺贈」の効力 これは，従前より，問題とされてきた「後継ぎ遺贈」として効力を有するかどうかという問題です。後継ぎ遺贈とは「遺言者から第一次受遺者へ，そして，遺言者の意思によって定められた条件の成就や期限の到来によって，第一次受遺者から第二次受遺者へ遺贈利益が移転する遺贈」*1です。後継ぎ遺贈については，穂積重遠博士は，有効と解していたようであり*2，有効と考える説も少なくありません*3。一方で，このような遺言の効力を認めることに疑問を呈する見解も有力です*4。

疑問を呈する立場は，「例えば，A死亡の際は，Aの相続人ではないBに移るとしたとすれば，Aの相続人はどうなるのか。もしAの死亡前に，Aの相続人がその財産の処分をしたらどうなるのか。相続人の債権者が相続開始と同時に，この財産を差し押さえたら，Bは受遺者として，この債権者に対抗できるかどうか。ドイツ民法のような明文上の手当てをしないでおいて，ドイツ民法の先位相続人と後位相続人の制度を単純に引き入れることは難しいのではないか」と述べています*5。

後継ぎ遺贈の解釈 関連する次の判決があります。後記の遺言について，一審と原審がこれを後継ぎ遺贈と解した上，現行法上規律する明文がないこと，そのため第一次受遺者の受ける遺贈利益の内容が定かでなく，また，第一次受遺者（B），第二次受遺者（X_1からX_8）および第三者の相互間の法律関係を明確にすることができず，実際上複雑な紛争を生ぜしめるおそれがあること，関係者相互間の法律関係を律する明文の規定を設けていない現行法の下においては，第二次受遺者の遺贈利益については法的保護が与えられていないものと解すべきである，として第二次遺贈の条項は遺言者の希望を述べたにすぎないと述べて，第二次遺贈部分に効力を認めなかったのに対し，最高裁は「本件遺言書による被上告人に対する遺贈につき遺贈の目的の一部である本件不動産の所有権を上告人らに対して移転すべき債務を被上告人に負担させた負担付遺贈であると解するか，また，上告人らに対しては，被上告人死亡時に本件不動産の所有権が被上告人に存するときには，その時点において本件不動産の所有権が上告人らに移転するとの趣旨の遺贈であると解するか，さらには，被上告人は遺贈さ

れた本件不動産の処分を禁止され実質上は本件不動産に対する使用収益権を付与されたにすぎず、上告人らに対する被上告人の死亡を不確定期限とする遺贈であると解するか、の各余地も十分にありうる」ことを理由として取り消して差し戻しました*6。

本件遺言の解釈 この最高裁判決の考え方にしたがって、お父さんの遺言(イ)部分(以下(イ)とのみいいます)の内容を検討してみましょう。この遺言が遺産分割方法の指定の性質を有するのか遺贈の性質を有するのか、という問題は次項で検討することとし、遺贈とした場合に、①お母さんに対する遺贈と、お母さんに対してお兄さんに遺贈してほしいという希望を述べたもの、②お母さんへの負担付遺贈、すなわち、お母さんに対して不動産の所有権を取得させるとともに息子(あなたのお兄さん)に不動産の所有権を移転させる義務を負わせたもの、③お母さん死亡時に、不動産がお母さんの所有に属するとの条件を満たせば、お兄さんへ不動産の所有権が移転するとの趣旨、④お母さんは不動産の処分を禁止されていて実質上は不動産の使用収益権を付与されたにすぎず、お母さんが死亡したときに、不動産の所有権がお兄さんに移転するというお母さんの死亡を不確定期限とする遺贈であるか、を検討せよということになります。

遺言の解釈については、最高裁は「意思表示の内容は当事者の真意を合理的に探求し、できるかぎり適法有効なものとして解釈すべき」であるとの指針を示しています*7し、昭和58年最高裁判決も「遺言書の全記載との関連、遺言書作成当時の事情及び遺言者の置かれていた状況などを考慮して遺言者の真意を探求」すべきであると判示しています。この指針に沿って(イ)部分を解釈してみましょう。

上記①の趣旨とすると(イ)のお兄さんに相続させる部分は無効ということになって、必ずしもお父さんの真意に沿う解釈とはいえません。

負担付遺贈 ②の負担付遺贈であれば、お母さんに対して、お兄さんに対する所有権の移転を義務づけるものであって、お父さんの意向に沿うでしょうし、民法も認める形態なので、有効と考えられます。ただ、仮にお母さんが負担を履行しなかったとき、つまり、お母さんがお兄さんに所有権を移転させなかった場合には、相続人が相当な期間を定めて、その履行を催告した後、家庭裁判所に遺贈の取消しを請求することができます(民1027条)。お兄さん自身にも履行請求権があるか否か考え方は分かれています。お母さんがお兄さんに所有権を移転しないまま死亡した場合、その相続人が負担の履行義務を負うことになります*8。履行請求権がないとの解釈の下では、負担が実行されない場合には、遺言執行者の選任を得て、遺言執行によってお兄さんは所有権を取得することはできると解する見解もあります*9。

次に、「息子夫婦が母を扶養し、孝養を尽くしたときは」との条件をどのように解するかも問題です。「孝養を尽くす」というのは法律的には内容が不確定であるので、効力は認められないものと思います。そこで「息子夫婦が母を扶養するときは」と解して考えてみると、お兄さんへの所有権移転という負担の履行に「息子夫婦が母を扶養することをしない場合はお兄さんへの所有権移転義務を免れる」という解除条件が付いていると解することができるでしょう。「息子夫婦が母を扶養したとき」にお兄さんへの所有権移転の義務が発生するという停止条件付負担と解せなくもありませんが、原

X 扶養

則として，負担は生じていて，扶養を要する状態であったのに扶養しないときに負担が消滅すると解するのが，できるだけ負担の趣旨を生かすことのできる意思解釈として適切ではないかと考えます。このような負担に解除条件が付いた遺贈は，複雑な法律関係を生じることとなりますが，無効と解する理由はないのではないでしょうか。

伝承型遺贈 ③のように，所有権を，お父さんからお母さんへ，お母さんからお兄さんへと移転させる遺言の効力については，お父さんが支配できるのはお父さんに所有権が存する間のみであって，お母さんのものになってまでお母さんの相続にまでお父さんの干渉を認めることは現代の所有権の性質上認められないと解されているようです*10。

不確定期限付き遺贈 最高裁の判示部分は必ずしも明確ではありませんが，まず，お父さんからお母さんへの所有権移転があり，お母さんが死亡したときお父さんからお兄さんへの所有権移転がなされたと解する余地をいうのかもしれません。そうすると，お母さんへのお母さん死亡を終期とする不確定期限付き遺贈と，お母さん死亡を始期とする不確定期限付き遺贈とが組み合わされた遺言であるということになります。このように解することができ，かつ，このような遺言は有効であると唱えるのが米倉明教授です。このような考え方にはなお疑問も呈されています*11が，一定の支持もあります*12。

このような不確定期限付き遺贈に「息子夫婦が母を扶養したとき」との条件が付された場合，息子夫婦が母を扶養した場合には終期付となり，扶養しなかった場合には終期付とならない，ということ

になります。このような法律行為は余りにもその成否が不安定となって認められないのではないでしょうか。すなわち期限そのものが認められないため，単純なお母さんへの遺贈と解される余地があるということになります。しかし，有効であるとの考え方もありえますので注意が必要です。

用益権設定型遺贈 ④は，不確定期限付き遺贈ということで，前述した内容と似ているのですが，最高裁の趣旨はお母さんには使用収益権を与え，所有権はお母さんの死亡を始期としたお兄さんへの遺贈によって移転する，ということをいっているのだと思われます。しかし，使用収益権とはいっても所有権としか表すことができないので，処分禁止所有権というものを考えているわけです。用益権についての指摘は大村敦志教授の論文に詳しいのですが，同教授はかなり疑問視されています*13。しかし，有効と解する余地がまったくないともいえない状態です。

まとめ 以上のような検討を経てみると，(イ)部分は，お母さんへの負担付遺贈と解するのが最も無効とされにくい法律構成であり，おそらくお父さんの意思にも近いのではないでしょうか。

「後継ぎ相続させる」旨遺言の解釈 本件遺言では「相続させる」との文言が使用されています。これがいわゆる相続させる旨遺言であるとすれば，その性質は遺産分割方法の指定であり，その権利移転原因は相続です*14。これに負担を付すことができるかはひとつの問題ですが，第一に，遺産分割方法として負担を課すことは禁止されないこと，仮にこれが認められないときは遺贈と解して妨げないこと*15からするといずれにせよ有効と解するこ

兄夫婦が母の面倒をみないとき

前述のとおり、法律上の条件としては「兄夫婦が母の扶養をしないとき」ですから、「面倒をみないとき」とは少し異なります。お母さんが生存可能なように、経済的援助をしていれば原則として扶養をしていることになりましょう。そこで、その扶養をしない場合はどうなるかを考えてみると、第一に、この遺言にある「兄夫婦は母の扶養をしないとき」というのは条件、つまり、お兄さんが扶養を行わないことが条件の内容となっている、というだけであって、お兄さんにのみ扶養義務を課したものではありません。子には法律上母に対する扶養義務が存するのであって、遺言でこれを制限したり特に重くしたりすることはできません。ですから、遺言があるからお兄さんだけに扶養義務があるということにはなりません。お母さんが生活できなくなるとあなたに扶養請求がなされることがありえます。しかし、扶養義務を履行すると、お兄さんには不動産が遺贈されるのに、あなたには遺贈されないのですから、争いになって家庭裁判所の審判を受けるような事態になった場合には、その点は扶養義務の形成にあたって考慮されるものと思われます。

第二に、お兄さんが扶養義務を履行しなかったときは、お母さんのお兄さんへ遺贈すべしとの負担は消滅しますから、お兄さんへの遺贈をしなくてもいいのです。しかし、遺贈をするかしないかは自由ですから、お兄さんが扶養しなくてもお兄さんへの遺贈がなされることはありうるのです。

そこで、第三に、お兄さんがお母さんを扶養しないのに、お母さんがお兄さんへの遺贈をしている場合ですが、これは負担の履行としての遺贈ではなく、通常の遺贈です。しかし、遺言の方式が整い、真意に基づくものであれば有効です。有効な遺贈があれば不動産がお兄さんのものになることを阻止することはできません。あなたは遺留分減殺請求をするしかないのです。負担の履行としての遺贈であっても同様です。ただ、負担の履行の有無によって遺留分減殺の多寡が異なってきます。子がお兄さんとあなたと2人だけだとすればあなたには生前贈与も含めた全遺産の4分の1の遺留分があります。不動産以外の遺産は3割、かつ、(ロ)部分で預貯金も半分しかもらえませんから、あなたに大きな生前贈与のない限り、遺留分が侵害されている可能性があります。お母さんがなくなり、遺贈があったことを知ったときから1年以内に遺留分減殺請求を行わなければ権利は消滅します（民1042条）。

第四に、お兄さんがお母さんを扶養しないし、お母さんもお兄さんへの遺贈をしていない場合には、お母さんのお兄さんへ遺贈しなければならない義務は消滅しているので、普通に遺産分割すればよいのです。この場合は不動産をお兄さんが取得するかどうかは様々な事情によることになります。

第五に、お兄さんによるお母さんの扶養がなされ（あなたの主観とは異なりますが）、お母さんがお兄さんへの遺贈をしなかった場合には、あなたは不動産を承継すると同時にお母さんの負担を相続によって承継します。お兄さんに負担の履行請求権があると解する立場からは、お兄さんから請求があれば、履行せざるをえません（最終的には裁判で履行を命じられるということです）。履行請求権がないとの立場では、遺言執行者によって可能であるとの考え方もありますが、少なくとも損害賠償義務を負うことはありうると思います。

X 扶養

最後に，お兄さんによるお母さんの扶養がなされ（あなたの主観とは異なりますが），お母さんからお兄さんへの遺贈がなされた場合には，第三の場合と同様の，あなたの遺留分が侵害されているか否かという遺留分減殺請求権の存否の問題となります。

*1 稲垣明博「いわゆる『後継ぎ遺贈』の効力」判タ 662 号（1998）40 頁
*2 穂積重遠・相続法（岩波書店，1946）403 頁
*3 高野竹三郎「遺言の解釈」久貴＝米倉編・家族法判例百選（有斐閣，第 4 版，1988）220 頁，蕪山巌ほか・遺言法体系（西神田編集室，1995）267 頁〔田中永司〕
*4 中川＝泉・相続法（有斐閣，第 4 版，2000）577 頁，久貴忠彦「後継ぎ遺贈の可否」判タ 688 号（1989）376 頁
*5 前掲注 4・577 頁
*6 最判昭 58・3・18 家月 36・3・143
*7 最判昭 30・5・10 民集 9・6・657
*8 中川＝加藤編・新版注釈民法（28）（有斐閣，2002）281 頁〔上野雅和〕
*9 前掲注 8・282 頁〔上野雅和〕
*10 川淳一「負担付遺贈・後継ぎ遺贈・遺言信託」野田＝梶村編・新家族法実務大系 Ⅳ（新日本法規出版，2008）249 頁
*11 大村敦志「『後継遺贈』論の可能性」道垣内＝大村＝滝沢編・信託取引と民法法理（有斐閣，2003）217 頁
*12 川淳一「受益者死亡を理由とする受益者連続型遺贈」野村＝床谷編・遺言自由の原則と遺言の解釈（商事法務，2008）19 頁
*13 大村・前掲注 11・232 頁
*14 最判平 3・4・19 民集 45・4・477
*15 最判平 3・4・19・前掲注 14 のいう「特段の事情」が認められる場合といえるであろう。

〈遺言状（一部抜粋）〉

一，Fより買受けた○○町○○○字○○×××の×の田，壱反七畝○七歩，同町○○×××の×の田四畝一六歩，同町×××の×の宅地五○・八四平方米（約七拾五坪）及びHより買受けた田，○○町○○○字○○○○××番×壱八八弐平方米より分割つ実測九五弐・八八六平方米（弐八八坪弐四）とその土地上の倉庫一棟はB〔遺言者の妻——筆者注〕に遺贈す

○○○○の土地及倉庫は○○○○店が経営中は置場して必要付一応其儘して，Bの死後はX₁弐，X₂弐，X₃弐，X₄参，X₅参，X₆参，X₇参，X₈弐の割合で権利分割所有す，換金出来難い為，○○○○店に賃貸して収入を右の割合各自取得す
但右の割合で取得した本人が死亡した場合はその相続人が権利を継承す

（最判昭 58・3・18 家月 36・3・143 より）

〔岡部喜代子〕

3　3親等内の親族間扶養

> **設問 119**
>
> 世話になった叔父が生活に苦しんでいるということを聞いたので、生活費の援助をしたいと思うのですが、妻は自分たちにも余裕はないのだからといって、反対します。叔父には子どもが1人いますが、生活力がなく、私に、昔親父が世話をしたのだからといって、自分の生活費まで要求する始末です。妻が叔父への援助に反対するのは、この叔父の子への援助に化けてしまうからということもあるようです。私には、叔父への生活費援助の義務があるでしょうか。

特別扶養義務の存否　叔父さんとあなたとの親族関係は、3親等傍系血族です。すると、民法877条2項によって、家庭裁判所が特別事情あり、として扶養義務を形成したときだけ扶養義務を負担することになります（特別扶養義務、相対的扶養義務者）。そこで、「特別の事情」とは何かということですが、「相互性の原則からして扶養の要求を相当なりと判定するに足る対価的要因の顕著なるものの存在が看取される場合を指す」と説明されます*1。また、「親族間の共同性が次第に潜在的なものとなるに従い、扶養当事者の範囲を縮小して、公的扶養に期待しようとする機運が高まりつつある現在では、特別の事情の存否認定の基準はかなり厳格な線に求められなければならない*2」とも、指摘されています。

叔父さんに世話になっていたようですが、どのような世話なのでしょうか。例えば幼少時あるいは疾病時に扶養された、ということであれば特別事情は認められるでしょう。学生時代に叔父さんの家に居候していて日常生活の援助を受けていた、あるいは、学費を出してもらったというような場合にも認められるでしょう。つまり、対価的要因ですから、あなたが現在あるについて相当程度の寄与を受け

ているのであれば、特別事情が認められるのです。継母によって実子同然に養育された継子が、統合失調症で入院中の継母の扶養義務者となることを求めた事案について特別事情を認めた裁判例があります*3。

さて、特別事情があるとしても、それのみで扶養義務が形成できるわけではありません。〔設問114・117〕で説明したように、3親等の親族間扶養は生活扶助義務ですから、扶養の必要性として叔父さんが最低生活費にも不足していることと、扶養可能性としてあなたがあなたの社会的地位に相応しい生活をして余力があることが要件となります。

扶養義務の順位　仮にこの各要件を満たすとしても、叔父さんに子があることが次の問題となります。子は叔父さんの直系血族ですから、民法877条1項に定める扶養義務者（一般扶養義務、絶対的扶養義務者）です。このように、扶養義務者が複数あるとき、その順序は、協議により、協議ができないときは家庭裁判所の審判により定めるところによります（民878条）。実体法上、生活保持義務者と生活扶助義務者とがあるときは、生活保持義務を負う者が優先して、その義務を果たさなければなりません（⇨〔設問114〕）。生活扶助義

X 扶養

務を負うものが複数あるときは、以下のように考えられます。親族関係が同一の場合は同順位が原則となります。例えば、弟が複数あるとき、同順位の扶養義務者であるから、彼らについて扶養可能性の有無、程度によってその金額が定められることになります。

(1) 子と兄弟姉妹の間の扶養義務の順序

明治民法は、扶養義務者が複数あるときの順序として第1順位配偶者、第2順位直系卑属、第3順位直系尊属、第4順位（略）、第5順位（略）、第6順位兄弟姉妹としていました（明治民法955条）が、現行民法は扶養権利者が複数あるときと同様、画一的な規定を廃してすべて協議か審判によることとしました（民878条）。そのような趣旨からすると、すべて同順位とするという考え方もありうるところですが、しかし、親族扶養においては、扶養義務の根拠が身分関係でありますから、その親疎が順位に影響すると考えられます。判例も、子3名と弟に対して扶養を求めた事件において、子に扶養可能性があるときは、弟は扶養義務を負わない旨判示しています[4]。学説も「子と実弟とが競合するときはやはり子の扶養が優先するべきであろう」としてこの結論を支持しています[5]。このような場合、子に扶養可能性がないときには次順位者として弟が扶養義務を負うことになります。これらの場合において、順位とは、次順位の者には扶養義務がないという意味ではなく、先順位の者がまず支払い、次に次順位者が支払うという意味なのです[6]。

(2) 子と子の配偶者に対する扶養請求

また、病気の老母が、離婚した夫のもとで養育されてきた娘とその夫に対し扶養を請求した事例では、娘には支払を命じ、娘の夫には、特別事情なし、として扶養義務を認めていません[7]。この事案では、娘の夫には特別事情がないので、結論にまったく問題がありません。では、この事例において娘の夫に特別事情があるときはどうなるのでしょうか。子の扶養義務が相対的扶養義務者の義務に先んじるとする立場では、まずは、子に自己の社会的地位に相応しい生活をして余力のあるとき、その余力で老母の最低生活費に不足する分の支払を命じ、なお最低生活費に不足する分があれば、相対的扶養義務者にその社会的地位に相応しい生活をして余力のあるとき、その余力の範囲で不足分の支払を命じることになります。同順位とすれば、老母の最低生活費に不足する分を、娘の扶養余力とその夫の扶養余力で按分することになります。特別事情がある相対的扶養義務者が第一順位と考えると、相対的扶養義務者がその扶養余力で老母の最低生活費に不足する金額を負担し、なお不足するときに絶対的扶養義務者が負担することになります。

(3) 直系血族と相対的扶養義務者との間の扶養義務の順序

このように、直系血族と、特別事情ある相対的扶養義務者がある場合にその順位がいかなるものかは、検討を要します。なぜなら、扶養義務を形成することが相当と認められたわけですから、同順位または先順位としてもおかしくないからです。於保不二雄教授は、特別扶養義務は、特別の事情に基づき個別的に決定されるものであるので一般扶養義務に優先すると説き[8]、我妻栄博士は、同順位とするに妨げないといいます[9]。一方、扶養の順位については、何といっても直系血族が先順位にあると解し[10]、あるいは、「子、孫、あるいは兄弟姉妹に扶養能力あるかぎり、他の三親等内の親族に特別事情があっても、審判によって扶養義務を負わされることは原則としてな

い」との理解もあり*11，一定していません。

特別事情の存否は，扶養権利者と扶養義務者との関係であってその他の扶養義務者の存否や義務の負担額等とは無関係のことがらです。そして特別事情があるとされるのは，扶養義務を負わせることを相当とする場合なのですから，他の扶養義務者に劣後するとする理由はないものと考えます。一方でただそれだけのことですから，他の扶養義務者に優先するとの理由もないように思われます。すなわち，同順位となるのではないでしょうか。ただ，これはあくまでも原則であって，例えば，子や兄弟姉妹が扶養権利者に養育・扶養されたことがまったくないなどの特殊事情がある場合には特別扶養義務者が先順位となることもあるでしょう。

【本設問の場合】　あなたに特別事情があるとすると，叔父さんには子があるので，扶養義務者が複数あることになります。直系血族が特別事情のある相対的扶養義務者より先順位となるとの立場では，子がまず扶養すべきことになりますから，子の扶養可能性を検討することになります。叔父さんの子は生活力がないということですから，通常は扶養可能性はないことになりますが，働けるのに働かない場合のように潜在的稼働能力がある場合には，なお，扶養可能性ありとして，支払を命じられる場合もあります。そして不足分についてあなたに支払が命じられます。特別事情のある相対的扶養義務者が一般扶養義務者に優先するとの考え方では，まず，あなたの扶養余力をもって，叔父さんの最低生活費の不足分を負担することになります。叔父さんの子は，なお不足のあるときに，扶養可能性があれば支払を命じられることになります。同順位とすれば，叔父さんの最低生活費に不足する分を，あなたの扶養余力と子の扶養余力とで按分することになります。

本設問では，叔父さんの子に生活力がないので，妻はあなたの支払った扶養料が子に費消されることを心配しているようですし，実際そのようなこともありうることであって，これを避けたいという気持ちも十分理解できることです。しかし，そのこと自体は扶養義務を拒むこと，ないし，特別事情がないことの理由にはなりません。その点については別途措置を講じなければなりません。補助や保佐（⇨〔設問113〕），日常生活自立支援事業（旧地域福祉権利擁護事業。利用者との契約に基づき，社会福祉協議会が福祉サービスの利用援助等を行っています）などを利用して，子による無断の費消を防止することを考えましょう。

以上のとおり，あなたに「特別の事情」があるのであれば，扶養義務があるということになります。

*1　於保＝中川編・新版注釈民法（25）親族（5）（有斐閣，2004）522頁〔明山和夫〕
*2　前掲注1・521頁
*3　長崎家審昭55・12・15家月33・11・123
*4　福岡家審昭38・10・14家月16・3・117
*5　前掲注1・502頁〔塙陽子〕
*6　深谷松男「義務者多数の扶養関係」加藤＝岡垣＝野田編・家族法の理論と実務（別冊判タ8号，1980）298頁
*7　東京家審昭36・5・6家月14・5・160
*8　中川善之助・註釈親族法(下)（有斐閣，1952）249頁
*9　我妻栄・親族法（有斐閣，1961）406頁
*10　前掲注1・503頁〔塙陽子〕
*11　前掲注5

〔岡部喜代子〕

XI 少子化社会

1 少子化の現状と今後
2 不妊医療
3 エンゼルプラン──子ども・子育て応援プラン

XI 少子化社会

1 少子化の現状と今後

設問 120

今は少子高齢社会だといわれていますが,子どもたちが少なくなってきたのはなぜでしょうか。わが家は夫婦ともに働いていますので,現在,子どもは1人しかいません。でも,もう少し子どもが大きくなれば,もう1人欲しいと思っています。子どもにとって競争相手が少なくなるのはいいことかもしれませんが,その反面,社会の活力が失われるようにも思えます。この少子化の現状を改めるような手立てはないものでしょうか。

少子高齢社会

少子高齢社会は,少子化が人口の高齢化率を推し進めた社会をいいます。また寿命が延びて,この半世紀の間に人生50年から人生80年へと変化しています。わが国では1930(昭和5)年には,人口構成図は15歳以下の人口が多いがっしりとしたピラミッド型だったのですが,1993(平成5)年には,15歳以下の人口が激減したため人口構成図は提灯型になっています。しかも,1989(平成元)年の合計特殊出生率*1(以下,出生率といいます)が,1.57となった「1.57ショック」以後,どんどん減少しています。

1.57ショックとは,出生率が過去の低出生率を下回るほど低くなったという社会的なショックを言い表しています。それは,1966(昭和41)年の丙午(ひのえうま)年*2に出生率が1.58と極端に低くなったときよりも低下したからです。2005(平成17)年には,1.26と史上最低の出生率となりました。2007(平成19)年は,1.34と少しあがりましたが,高齢者が全人口に占める割合は,予測されたよりも1年早い1994(平成6)年に高齢化率14%となり,高齢化社会から「高齢社会」へと突入しています。

少子化への社会状況

なぜ少子化となったのか,なぜ少子化が進んでいるのかという理由については,多くの要因があります。結婚年齢が早く,避妊方法が不十分であった頃は,子どもの数は平均5.1人と多かったのですが,そのまま現在の手本にすることはできません。いまは男女ともに,高学歴化・晩婚化していることも要因の1つです。

また,産業構造も変化しています。1950(昭和25)年には第1次産業(農林漁業など)が48.5%を占めていたのに,2000(平成12)年には約7分の1の6.5%と減少しています。これに対して,第3次産業(サービス業,公務など)は,1950年には29.6%だったのが,2000年には約2倍の61.1%に増えています。第2次産業(製造業など)の割合も,同じように約1.5倍増加しています。こうした産業構造の変化は,社会全体を工業化,都市化,核家族化させていきました。同時に,女性の就業分野への進出も増大し,地域構造も変化しました。

その結果,従来の地域での子育て機能が低下しています。さらに,核家族化にともなう世帯人員の減少と共働き家庭の増加は,多世代家族のように家族間で行われてきた育児や介護などを困難にしています。つまり,家族機能の低下を余儀なくされ,育児も,家族全体でかかわっ

① 少子化の現状と今後

ていたのが，母親一人に負担がかかっていったことです。

母性神話の真実

「父性」は，父親としての性質といわれています。ところが，「母性」は，母親としての本能や性質，母親として子どもを産み育てる機能といわれています。つまり，女性は，生まれながらに母性をもっていると理解されてきたのです。

この「母性」という言葉は，スウェーデン語の modelskap の訳語として昭和期に定着したといわれています。しかし，母性を意味する modelskap は，英語では motherhood，フランス語では maternite，ドイツ語では Mutterschaft にあたり，母親である期間を意味しています。日本語に訳するとき，「性」がついたことから，母親らしい本能・性質まで拡大されたのだと指摘されています。しかも，医学，看護学，保健学，心理学，教育学などの出産・育児にかかわる専門家たちのなかには，女性の「母性」に期待する人たちが多かったため，母性神話が生まれ，母性が礼賛されるようになったのです。

でも，母性神話は，①母性礼賛が，産めない女性や産まない女性を劣った人とか欠陥のある人とするおそれがある，②父親から父性としての能力を奪ってしまう，③出産後は自然に母性があふれでるというけれど，なぜマタニティブルーに陥るのか，先天的に母性があるから育児への適性ももっているというけれど，なぜ育児ノイローゼになるのかなどの批判がされています*3。

「育児か仕事か」の悩み

「育児」と「働くこと」の両立問題は，子育てと自分の生き方との間の調和ができない葛藤に立ち往生するという「ダブル・バインド」*4の問題となっています。つまり，ダブル・バインドは，「男は仕事，女は仕事と家庭」が前提となっていた社会状況からつくられています。そのため，女性には仕事を辞めて育児に専念して欲しいという周囲の意識・期待や，育児のために十分な時間が取れないという職場環境が，子どもを産まないという選択にもつながっています。

母親となった女性だけが，育児と仕事の両立に悩んでいます。父親である夫と育児を分担したいと願っても，それができるような雇用環境が不十分なために，「男も女も，育児も仕事も」が困難な状況にあります。しかし，このまま少子化が進めば将来の労働力は減少し，現在の年金制度が破綻するといわれています。

少子化の今後は，まず父親の働き方を見直して「育児と仕事」の両立を可能にすることです。また，仕事を辞めざるをえない母親に育児支援することで仕事は継続でき，労働力不足も解消できます。

*1 合計特殊出生率とは，1人の女性が一生涯に平均何人の子どもを産むかを示す数値です。計算方法は，妊娠可能な年齢とされる15歳から49歳までの女性を対象に，年齢ごとに子どもの出生数を女性人口で割った出生率を算出して合計します。人口を増減なく同水準に保つには，合計特殊出生率は2.08程度が必要です。

*2 丙午の年は，火災が多く，また，この年に生まれた女性は夫を食い殺すという迷信があったため，出生率が極端に下がっています。

*3 古橋エツ子「家庭における子どもの福祉」福田志津枝編・これからの児童福祉（ミネルヴァ書房，第4版，2008）82頁～83頁

*4 目黒＝矢澤編・少子化時代のジェンダーと母親意識（新曜社，2000）45頁～46頁

〔古橋エツ子〕

2 不妊医療

設問 121

私の友人夫婦は，長年不妊で悩んでいましたが，最近の高度不妊医療に望みを託しているようです。不妊医療は，ずいぶんと費用もかかっているようなのですが，国からの援助はないのでしょうか。

特定不妊治療費助成事業

高度不妊医療への援助として，厚生労働省は，2004（平成16）年4月から「特定不妊治療費助成事業」を実施しています。この事業は，少子化対策の一環として，子どもが欲しいと望みながらも恵まれない夫婦の不妊治療費用の一部を助成するものです。体外受精や顕微授精は，医療保険の対象外となっていますので高額な医療費がかかります。体外受精は20万～40万円程度，顕微授精は40万～50万円程度かかり，しかも，1回の治療で妊娠できる確率は約2割ですから，何度も試みるので治療費が膨大になります。そのため，本事業の目的は，医療費用の一部を助成することによって不妊治療の経済的負担を軽減することにあります。この事業の費用は，国と各地方自治体で折半します。

ただし，この事業の実施が各地方自治体に委ねられていますので，実施や運用などに差がある場合があります。

(1) 助成事業の内容

特定不妊治療費助成事業が対象とする治療法は，体外受精および顕微授精（「特定不妊治療」という）です。医師に，体外受精・顕微授精以外の治療法では妊娠の見込みがないか，または，極めて少ないと診断された「戸籍上の夫婦」が，助成の対象となります。給付の内容は，1年度あたり1回10万円，2回までとして通算5年間支給されますが，夫婦合算の年間所得が730万円未満という制限があります。また，体外受精などの治療は，事業の実施主体である各地方自治体によって指定された医療機関での治療となります。

(2) 申請をするとき

申請書は，役所の窓口，保健所，指定医療機関などで受け取ることができます。申請書とともに，特定不妊治療受診等証明書の提出も必要です。この証明書は，指定医療機関に証明してもらいます。過去の不妊治療歴では，タイミング法，排卵誘発法，人工授精，体外受精などが実施された有無と実施した回数まで記入します。特定不妊治療を必要とした理由についても記載しなければなりません。また，不妊医療の助成を受ける治療の方法と帰結，それに要した費用を記入して，この医療機関が発行した治療費の領収証も添えます。費用は，2004年4月1日以降に開始した体外受精または顕微授精に要した費用で，治療に直接関係のない入院費や食事代などは含まれません。

申請をする夫婦の氏名・生年月日・性別・続柄・住民となった年月日がわかる住民票で，3ヵ月以内に発行されたものを提出します。住民票で証明できないときは，戸籍謄本を提出します。なお，住民票が取得できない外国籍の人は，外国人登録原票記載事項証明書を提出します。夫婦合算の所得証明は，前年の所得を証明できる確定申告書の写し・源泉徴収票

の写し・住民税課税（非課税）証明書の写しなどで証明します。

不妊治療の方法 不妊治療をするためには，検査→タイミング法・排卵誘発法→人工授精→体外受精→顕微授精という流れで行われています。検査，タイミング法，排卵誘発法などは，一部保険が適用されます。

(1) タイミング法・排卵誘発法

タイミング法は，まず子どものできやすい日に性交することを指導します。排卵誘発法は，排卵に異常があるときなどにも薬を使用して行います。2つの方法を同時に行うこともあります。

ただし，排卵誘発剤の副作用には多胎妊娠や早産・流産などが多くなるという問題もあります。特に，排卵誘発剤を使用した場合は，約2割が双胎以上の多胎妊娠となり，早産・流産の頻度が高くなるという危険性があるからです。

(2) 人工授精

それでも妊娠できない場合に，人工授精をします。人工授精には，①夫の精子を子宮内へ細い授精針で送り込む場合（配偶者間人工授精＝AIH）と，②第三者の提供精子を子宮内へ送り込む場合（非配偶者間人工授精＝AID）とがあります。1回に2万～3万円かかります。

第三者の提供精子による非配偶者間人工授精は，高度な男性不妊に対する方法として行われていました。現在は，顕微授精も困難な場合に，非配偶者間人工授精が行われています。

(3) 体外受精

体外受精は，取り出した卵子を受精させて培養した後に子宮内に戻します。人工授精と同じように，第三者の提供精子による体外受精が可能です。また，第三者の提供卵子によって体外受精をすることもできます。1998（平成10）年に，日本産科婦人科学会は，体外受精による4胎児以上の妊娠を予防するため，移植胚数を3個までに制限しています。

(4) 顕微授精

顕微授精は，顕微鏡の下で採取した卵子の細胞質内に1つの精子を注入して授精させます。代表的な顕微授精には，卵細胞質内精子注入法（ICSI）があります。この注入法は，閉塞性無精子症に有効な人工生殖法といわれています。

不妊治療の課題 日本では，妻の子宮や卵巣などに異常がある不妊症の場合，①代理母（ホストマザー）の子宮に夫婦の受精卵を移植して出産してもらうことや，②夫の精子を第三者の女性に人工授精して出産してもらうことなどは，全面禁止です[*1]。

「予定の子どもの数が理想の子どもの数より少ない理由」で一番多いのは，「経済的負担」です。次いで「子どもが出来ない」が続いています[*2]。こうした現状からみれば，特定不妊治療費助成事業への期待は大きいといえます。でも，治療費の助成は欲しいけれど，「治療を強いられて体調を崩す」，「公費を使って成果がないと批判される」などプレッシャーになるという声や「少子化対策というなら医療保険の適用を」，「不妊治療より保育サービスの充実を」などの声もあがっています。

体外受精などへの医療保険適用に関して，厚生労働省は，①体外受精の成功率が低いこと，②多胎妊娠の場合の減数手術に倫理的問題や母体の安全性などに問題があること，③財源確保が難しいことなどを理由に保険適用を見送っています。

[*1] 厚生労働省は，2003（平成15）年4月に生殖補助医療部会の報告書で代理懐胎を全面禁止する方針を打ち出しています。

[*2] 厚生労働省雇用均等・児童家庭局総務課少子化対策企画室「少子化に関する意識調査研究報告書」（2004）

〔古橋エツ子〕

② 不妊医療

3 エンゼルプラン――子ども・子育て応援プラン

設問 122

市役所に行くと，ポスターが貼ってあったのですが，エンゼルプラン・新エンゼルプランという名前が気になりました。これは，どういうプランなのですか，説明してください。新々エンゼルプランというのは，あるのでしょうか。

エンゼルプラン　エンゼルプランは，少子化への対応策として実施する計画の名称です。1994（平成6）年12月16日に，当時の文部省・厚生省・労働省・建設省によって策定され，「今後の子育て支援のための施策の基本的方向について」と題しています。このプランが策定されたきっかけは，1.57ショック（⇨〔設問120〕）によって少子化への危機感が高まったからです。

エンゼルプランは，家庭での子育てや，国，地方公共団体，企業・職場，地域社会など，社会全体での子育て支援による「子育て支援社会の構築」をめざし，1995（平成7）年度から実施されました。その基本的視点は，①子どもをもちたい人が，安心して出産や育児ができるような環境を整備すること，②家庭における子育てを支援するため，あらゆる社会の構成メンバーが協力するシステムを構築すること，③子育て支援の施策のなかでは，子どもの利益が最大限尊重されるようにすることなどです。

(1) エンゼルプランの基本的方向
子育て支援のための施策の基本的方向は，①子育てと仕事の両立支援の推進，②家庭における子育て支援，③子育てのための住宅および生活環境の整備，④ゆとりある教育の実現と健全育成の推進，⑤子育てコストの軽減の5項目です。

(2) エンゼルプランの重点施策
エンゼルプランの重点施策としては，①仕事と育児との両立のための雇用環境の整備，②多様な保育サービスの充実，③安心して子どもを産み育てることができる母子保健医療体制の充実，④住宅および生活環境の整備，⑤ゆとりある学校教育の推進と学校外活動・家庭教育の充実，⑥子育てに伴う経済的負担の軽減，⑦子育て支援のための基盤整備の7項目があります。

具体的には，1995年度から1999年度までの5年間に，低年齢保育や延長保育など多様な保育サービスの拡充や，施設の改善，保育士配置の充実などについて具体的な数値目標を盛り込んだ「緊急保育対策等5か年事業」が実施されました。

新エンゼルプラン　エンゼルプランに引き続いて1999（平成11）年12月19日に，「重点的に推進すべき少子化対策の具体的実施計画について」と題する新エンゼルプランが，当時の大蔵省・文部省・厚生省・労働省・建設省・自治省によって策定されました。新エンゼルプランは，2000（平成12）年度から実施されています。

具体的な施策目標は，①保育サービス等子育て支援サービスの充実，②仕事と子育ての両立のための雇用環境の整備，③働き方についての固定的な性別役割分業や職場優先の企業風土の是正，④母子保健医療体制の整備，⑤地域で子どもを育てる教育環境の整備，⑥子どもたちがのびのび育つ教育環境の実現，⑦教育に

伴う経済的負担の軽減，⑧住まいづくりやまちづくりによる子育ての支援などです。

特に，仕事と子育ての両立支援として，エンゼルプラン実施後に雇用保険法を改正して育児休業期間中に育児休業給付（休業前賃金の25％相当額）を支給していましたが，新エンゼルプラン実施後の2001（平成13）年1月1日からは，さらに40％へと引き上げられています。それにもかかわらず，新エンゼルプランの対策は，様々な社会の変化に対して十分に対応できなかったため，出生率は依然として下がり続けています。

対策が進まない事由 出生率が低下している背景には，①子育て期の30代男性の4人に1人が週60時間以上も働いており，働き方の見直しへの取組みが進んでいないこと，②保育所への待機児童が依然として解消されず，子育て支援サービスが十分でないこと，③地域で子育て環境の整備がいわれながら，児童虐待事件にみられるように「地域での気付き」が困難であること，④若者の失業率が厳しく，経済的に自立することが難しくなっていることなど，子どもを産み育てやすい環境整備が進んでいるという実感がもてない事由があるからです。

特に，就業時間の長い30代男性に対応するかのごとく，子育て期の30代女性は短時間就業です。したがって，子どもの世話を含む家事時間は，就業時間の長短に対応しますから，30代男性の家事時間は36分で，30代女性は5時間15分となっています[*1]。

この点，先進諸国における男性の家事時間と出生率との関連をみますと，ノルウェー，オーストラリア，アメリカ，フランスなどは，男性の家事時間の割合が高く，出生率も高くなっています。日本やイタリアは，男性の家事時間の割合が低く，出生率も低いといういわゆる相関がみられます[*2]。

少子化に関する法制化 そこで，2003（平成15）年7月に2つの法律が制定されました。閣僚立法の「次世代育成支援対策推進法」と超党派による議員立法の「少子化社会対策基本法」です。

(1) 次世代育成支援対策推進法

この法律は，2005（平成17）年度から10年間の時限立法です。その趣旨は，責務規定や行動計画を定めることによって対策を推進し，次代を担う子どもが健やかに生まれ育てられる社会を形成することにあります。具体的には，国が行動計画策定の指針を策定して，達成目標を掲載した「行動計画」を地方公共団体・一般事業主などに義務づけます。また，次世代育成支援対策推進センターを設置して，相談・援助の実施をします。

子育て支援をすべての事業主に実行させる強制力をもっている点や行動計画策定の義務は評価されています。

(2) 少子化社会対策基本法

この法律は，前文で「結婚や出産は個人の決定に基づく」と明記しています。それは，衆議院の委員会審議で「性の自己決定権への侵害」を指摘されたからです。基本的な施策は，①雇用環境の整備，②保育サービスなどの充実，③地域社会における子育て支援体制の整備，④不妊治療など母子保健医療体制の充実，⑤経済的負担の軽減などです。

新エンゼルプランを法制化したような内容で期待されていますが，これまでの少子化対策の雇用・子育て環境の整備中心から不妊治療などへと，個人的な領域にまで及んでいることへの賛否もあります。しかし，先進諸国の多くが出産・不妊治療などへの個人の費用負担がなく，

③ エンゼルプラン——子ども・子育て応援プラン

XI 少子化社会

子どもをもつことへの選択肢を多くしている点からみますと、まだ一歩遅れているといえます。

新新エンゼルプラン＝子ども・子育て応援プラン　さらに、2004（平成16）年6月に政府は、「少子化社会対策大綱」を閣議決定して、今後の少子化現象の流れを変えるための施策を推進することにしました。この大綱を具体化したものが、2005（平成17）年度から2009（平成21）年度までの間の次世代育成支援計画をまとめた「新新エンゼルプラン」です。その後、このプラン名称は、「子ども・子育て応援プラン」と改称されました。

子ども・子育て応援プランは、2009（平成21）年度までに講ずる施策と目標として、①若者の自立とたくましい子どもの育ち、②仕事と家庭の両立支援と働き方の見直し、③生命の大切さ、家庭の役割などについての理解、④子育ての新たな支え合いと連帯の4つの重点課題に沿って、具体的な数値目標を盛り込んでいます。

しかし、新たな財政や税制措置には触れていませんし、児童・家庭への給付は、高齢者への社会保障給付費の約19分の1というのが現状です。しかも、2005（平成17）年の出生率は、1.26と史上最低となってしまいました。

新しい少子化対策　2006（平成18）年6月、政府の少子化対策推進専門委員会は、少子化対策の方針を「新しい少子化対策」と題する報告書にまとめました。同報告書は、①地域における多様な子育て支援、②働き方に対応した子育て支援、③経済的支援の3つの柱を方針として打ち出しています。

③の経済的支援については、社会保障制度や税制の見直しなどに加えて、社会で経済的負担を分かち合う仕組みとして、「育児保険」や「子育て基金」などの創設を提言しています。このほかには、現在の健康保険の「出産一時金」が、出産後の請求により支給することになっているため、手元に現金を用意しなくても産科施設で入院・出産できるような給付手続きの変更なども求めています。

なお、2009（平成21）年には、「子育て応援特別手当」の給付が実施されました。対象者は、定額給付金の対象者のうち2002（平成14）年4月2日から2005（平成17）年4月1日までの間に生まれた第2子以降[*3]の子どもです。支給額は、対象の子ども1人につき36,000円となっています。

[*1] NHK放送文化研究所・国民生活時間調査（2005）
[*2] 厚生労働省雇用均等・児童家庭局編・平成13年版女性労働白書（2002）67頁
[*3] 第2子以降とは、1990（平成2）年4月2日以降生まれの子どもの中から年齢順に数えます。

〔古橋エツ子〕

XII

公的給付

1 児童手当
2 児童扶養手当
3 ひとり親家庭支援

1 児童手当

XII 公的給付

設問 123

子どもが生まれると行政から手当が出ると聞いたのですが，児童手当制度について教えてください。私の子は障害があるのですが，何か特別な制度はありますか。

児童手当制度とは 児童手当法（昭和46法73）に基づいて支給される手当を児童手当といいます。児童手当制度は，児童を養育している者に対して児童手当を支給することにより，児童を養育する家庭の生活の安定に寄与するとともに，次代を担う児童の健全な育成および資質の向上に資することの2点を目的として設けられた制度です。つまり児童福祉の観点から，社会保障・所得保障を行うものです。年金・医療保険等他の社会保障制度と大きく異なっているのは，受給者の就業形態にかかわらずすべての国民を一元的に扱い，行政（市町村長）を通じて同一の支給要件のもとで，給付が行われる点です。

児童を養育する家庭と児童のいない家庭で支出内容が異なることは当然ですが，何人養育するかによっても違ってきます。少子社会であるとはいえ，結婚した夫婦は平均2人の子どもをもつわけですから，児童手当は広く一般家庭を対象として児童の養育に伴う家計の負担を社会的に分担しようというものです。このことから，支給要件児童の範囲は徐々に拡大されてきています。ただし，使途は無制限ではなく，制度の目的・支給の趣旨に合致した使い方が求められます。

児童手当の対象児童 児童手当法上の「児童」とは「18歳に達する日以後の最初の3月31日までの間にある者」（児手3条）です。しかし，残念ながらわが国の児童手当は「児童」すべてをカバーするものにはなっていません。現在，児童手当は3歳未満児に対して支給されますが（同4条），3歳以上12歳到達後最初の3月31日までにある児童（3歳以上小学校修了前の児童）にも当分の間，特例として支給されます（児手附則7条・8条）。また，受給者の加入する年金の種類によって「児童手当」（国民年金加入者等）と「特例給付」（厚生年金・共済年金等の加入者）に分けられます。特例給付は被用者と非被用者との支給の均衡を図ること，自己の生産手段を有しない被用者独自のニーズに対応するものとして1982（昭和57）年6月から実施されています。

支給の対象 ここでは養育者が養育する児童の定義と，養育の内容，養育している者の範囲が問題となります。

養育者が養育する児童（支給要件児童）は小学校修了前のすべての児童です。制度創設時には3番目以降の児童を支給対象としていましたが，1985（昭和60）年以降，5度の法律改正を経て，2006（平成18）年4月から，現在のようになりました。

養育の内容は「監護」と一定の「生計関係」です。制度の目的から，養育の内容としてどのような要件を課すかは重要な要素です。監護とは，児童の生活について通常必要とされる監督，保護を行っていると認められることです。生計関係

① 児童手当

については，養育者が父母であるか父母以外の者であるかによって要件が異なっています。父母の場合は「生計同一」，父母以外の場合は「生計維持」が要件とされています。「生計を同じくする」とは児童と養育者との間に，生活の一体性があることをいうもので，必ずしも同居に限られず，単身赴任・全寮制の学校・療養などの場合も認められます。

養育している者は多くの場合は父母（父または母）ということになりますが，児童手当法上の父は広くとらえられています。すなわち，母が児童を懐胎したときに事実上婚姻関係と同様の事情にある者は父とされます。親以外の者の場合は，支給要件児童を監護し，その生計を維持する者が支給対象となります。

なお，受給者は「日本国内に住所を有すること」が必要です。外国籍であっても受給資格が得られます。一般には，「住民登録」や「外国人登録」などの登録があることが判断基準となるようです。

受給資格者には所得額による制限がある点に注意が必要です。所得制限限度については項を改めます。

支給額と支給　児童手当として現在支給される額は，3歳未満は一律月10,000円です。3歳以上は第二子までは月5,000円，第三子以降は月10,000円です（児手6条）。ただ，3人以上子どもがいても第三子に10,000円支給されない場合があります。児童手当法上の児童は18歳に達する日以後の最初の3月31日までの間にある者ですから，第一子が児童手当法上の「児童」に該当しなければ，事実上の第三子であっても児童手当法上は第二子ということになり支給額は5,000円です。

児童手当の支給は，受給資格者が受給資格と児童手当の額について「認定」を請求した日の属する月の翌月から月単位で支給されます。請求が月初めであっても月末であっても，支給の計算は翌月からとなるので，月末に誕生した場合など，手続が遅れると本来支給されるはずの分が支給されなくなるおそれが出てきます。支給は3期に分けて，原則として2月・6月・10月にそれぞれの前月までの分がまとめて支払われます（同8条）。支給日は区市町村によって異なります。

支給事由が消滅した場合，消滅した日の属する月の分まで支給されます。

児童手当の請求方法　児童手当は出生届や転入届を出しただけでは支給されません。受給のためには請求が必要です。請求者は「児童手当の支払要件に該当する者（受給資格者）」で，1人です。両親によって養育されている場合は生計を維持する程度の高い者，一般的には所得の多い方が受給資格者とみなされますが，所得税等の扶養控除の適用状況や健康保険の適用状況など諸事情が考慮されます。支給には所得制限があることは前に述べましたが，ここでの所得は世帯合算ではなく受給資格者1人の所得です。

請求者は請求書を区市町村長に提出します*1。請求者が公務員の場合は，児童手当は勤務先から支給されるので，勤務先に請求します（同17条）。それぞれの区市町村担当窓口で手続を行う際には「印鑑」，「（手当の振込先となる受給者名義の）金融機関の口座番号」，厚生年金等の加入者は「健康保険被保険者証」等の加入者証明書などが必要となります。

受給資格者である親が子どもと同居していなかったり，父母以外の者が受給資格者である場合には，ほかにも書類が必要となります。同居していない場合には「監護」と「生計を同じくする」事実を明らかにできる書類が必要です。支給要件児童と受給資格者の住所が異なる場合

XII 公的給付

で，同一区市町村内でないときは，当該児童の属する世帯の全員の住民票の写しも必要です。また，父母に監護されておらず生計も同じくしていない児童を監護し，かつその生計を維持する者が受給資格者であるときは，当該事実を明らかにすることのできる書類が必要です。

〈届出の必要なとき〉
(1) 新たに受給資格が生じたとき
(2) 毎年6月
(3) 受給者の住所が他の区市町村に変わったとき
(4) 支給対象となる児童が増えたとき・減ったとき
(5) 支給対象となる児童がいなくなったとき
(6) 特例給付または附則8条給付の受給者が退職したとき
(7) 受給者が公務員になったとき

所得制限限度

児童手当は広く一般家庭を対象とする制度ですが，一定額以上の所得階層に属する家庭にとっては，経済的支援を行う必要性や効用が比較的少ないと考えられていて，児童手当が支給されません。上限となる所得額は扶養家族の人数と受給資格者が加入している年金の種類によって異なります。また，所得については一定の控除があり，限度額も年によって変更されることがあります。所得額が微妙な場合は区市町村担当窓口で確認するほうがよいでしょう。具体的な所得制限の限度額は「政令で定める額」として児童手当法施行令1条・11条に定められています。2009（平成21）年度の所得制限限度額は所得税法上の扶養家族が0人の場合の児童手当・附則7条給付が4,600,000円，特例給付・附則8条給付が5,320,000円で扶養家族が1人増えるごとにそれぞれ限度額が380,000円ずつ増加します。

障害のある子どもを養育する場合

精神や身体に障害のある児童を養育する父母等に対しては特別児童扶養手当・自治体による児童育成手当（障害手当）の制度もあります。支給要件となる養育者その他の条件は児童手当に準じます。特別児童扶養手当の対象となるのは，身体や精神に中・重度の障害を有する20歳未満の障害児です（特別児童扶養手当等の支給に関する法律3条）。具体的には「身体障害者手帳」1級～3級・4級の一部（平衡機能障害は5級まで）・その他内部障害を有する児童等（療育手帳AまたはB）と，「愛の手帳」1度～3度に該当する場合です。手当の金額は該当児童1人につき重度の場合は50,750円，中度の場合は33,800円です。児童育成手当は特別児童扶養手当より対象範囲が狭くなりますが，15,500円支給されます。

障害児の場合には本人に支給される手当もあります。重度の心身障害により常時複雑な介護が必要な場合には「重度心身障害者福祉手当」が60,000円支給されます。また，保護者が児童育成手当を受給していなければ，身体障害者手帳1級と2級の一部・愛の手帳1度と2度の一部等に該当する日常生活に常時介護が必要な20歳未満の児童には「障害児福祉手当」が14,380円支給されます。支払は1年を3期または4期に分けて行われます。いずれの場合も施設等に入所している場合には支給されませんし，所得制限も設けられています。

＊1 必要書類，支払日等詳細についての問い合わせ先は住所地の区市町村役場の担当窓口です。また，自治体によっては独自の手当を設けているところもあります。

《参考文献》
＊児童手当制度研究会監修・児童手当法の解説（中央法規出版，4訂，2007）

〔和田美智代〕

2 児童扶養手当

> **設問 124**
>
> 結婚しないで子どもを育てているのですが，何か公的な補助制度はありますか。子どもの父親に認知を求めているのですが，拒否されました。子どもを認知して，養育費を払うように，市役所の方から催促してもらえないでしょうか。子どもの父親が認知したとき，あるいは私が別の男性と結婚したときは，どうなりますか。

ひとり親（母子）家庭の福祉　母子家庭となる理由には離婚・死別・未婚などがありますが，未婚によるものは母子家庭全体の6.7％[1]です。そもそも母子家庭の福祉政策は結婚制度の下での死別母子家庭を基本対象として創設されました。しかし現在では，全体の8割を占めるに至った離婚母子家庭を対象として構築されてきています。そのために，未婚母子家庭に対する公的な補助制度は他の母子家庭と比較して手薄であるという点は否めません。死別母子家庭に対して支給される国民年金の「遺族基礎年金」や厚生年金の「遺族年金」に代わるような所得保障は未婚母子家庭にはありません。

児童扶養手当　未婚であっても子どもを育てていれば児童扶養手当を受給できます。児童扶養手当は，父と生計を同じくしていない児童が育成される家庭の生活の安定と自立の促進に寄与し，児童の福祉の増進を図ることを目的として設けられた制度です（児扶1条）。未婚母子家庭のほか，離婚母子家庭（事実婚の解消を含む）や父が死亡・生死不明・一定の障害の状態であるとき・父に1年以上遺棄されているときに，18歳未満の児童（障害児の場合には20歳未満）を養育する母または養育者に支給されます。手当の金額は41,720円ですが，受給資格者の所得によって手当の一部または全部が停止されます。一部支給の場合は41,710円から9,850円まで10円刻みで，所得に応じて減額されます。該当する児童が2人以上いる場合は第二子については5,000円，第三子以降については一人につき3,000円加算されます（同5条）。

申請手続　手当を受給するためには，区市町村の児童扶養手当担当窓口に認定の申請をしなければなりません。印鑑と次の書類が必要です。戸籍謄本，世帯全員の住民票と児童手当に準じた所得証明書または非課税証明書，年金手帳などです。支給に条件があるためです。また，ひとり親となった事由によっては，申立書・確認書などの記載が必要となる場合があります。個別に必要書類は変わるので，まず電話で問い合わせた方がよいでしょう。戸籍謄本と住民票は請求手数料免除の対象とされている自治体もあります（児扶手27条）。手当は請求者の銀行口座に振り込まれるので，支払金口座振替の手続も行ってください。受給資格者と認められると毎年4月，8月および12月の3期に分けて，それぞれの前月までの4ヵ月分が支払われます（同7条3項）。

支給の制限　児童扶養手当は母（または養育者）の前年分の所得が一定の額を超えた場合には一部または全部が支給停止されます。

母と子ども1人の母子家庭を例とした一応の目安は，収入が130万円（所得で57万円）未満の場合に全額支給です。収入が130万円以上365万円未満（所得で57万円以上230万円未満）の場合には一部支給となります。物価変動等の要因によって手当や所得制限限度の額は改定されます。ここでの所得には，支給対象となっている児童の父から受給者（母）および児童が受け取った養育費の8割が算入される点に注意が必要です。養育費が金銭・有価証券などで直接（代理人を介した手渡しを含む），郵送，振込によって，児童の養育に関係ある経費として支払われている場合です。具体的な名目としては養育費・仕送り・生活費・自宅等のローンの肩代わり・家賃・光熱費・教育費などです。次の項の「母子家庭自立支援給付金」は所得に算入されません。

支給開始月の初日から起算して5年，または手当の支給要件に該当するに至った日の属する月の初日から起算して7年を経過した場合，これらのうちのいずれか早い日の属する月からは，減額となります。減額は以前の半分までを限度とされています。ただし，対象児童が3歳になるまでは起算は始まりません。

母子家庭自立支援給付金事業　厚生労働省が各都道府県・市・福祉事務所設置町村を窓口として実施する自立支援を図るための施策です。母子家庭の母の主体的な能力開発の取組みを支援することによって，自立につなげようとするものです。(1)自立支援教育訓練給付金事業，(2)母子家庭高等技能訓練促進費事業の2事業があります。いずれも児童扶養手当支給水準の母子世帯の母を対象としています。

(1) **自立支援教育訓練給付金事業**

雇用保険の教育訓練給付の受給資格を有していない人が雇用保険法の教育訓練給付の指定教育講座を受講し，修了した場合，経費の40％（8,001円以上20万円まで）が支給されます。パソコン・CAD・英会話・医療事務・簿記検定・社会保険労務士資格など，各種の講座が指定されています。指定内容は「厚生労働大臣指定教育訓練講座一覧」にまとめられていて，ハローワークで閲覧できます。審査通過後の受講となります。

(2) **母子家庭高等技能訓練促進費事業**

就業に結びつきやすい資格取得のため，2年以上養成機関等で修業する場合に，修業期間の最後の3分の1に相当する期間「高等技能訓練促進費」を月額103,000円支給することで，生活の負担の軽減を図り，資格取得を容易にするものです。受講期間中の生活不安から資格取得を断念せざるをえない状況を少なくすることが目的です。対象となる資格は看護師，介護福祉士，保育士，理学療法士，作業療法士等です。訓練促進費は修業期間の3分の2に相当する期間を経過した日以降に申請できます。

母子寡婦福祉資金貸付制度　母子家庭および寡婦の生活の安定，子どもの福祉の向上を図るために無利子または低利子で各種資金の貸付を行うものです。事業開始・継続，技能習得，修業，就職支援（車の購入），住宅，転宅，医療介護，生活，就学支度，結婚，特例児童扶養，修学等の資金が貸し付けられます。最低6ヵ月の据置期間が設けられています。特例児童扶養資金は，2002（平成14）年に児童扶養手当法が改正されたことにより，以前と比較して手当額が減額となった人を対象に設けられました。

父親の認知と養育費の支払　嫡出でない子と父との法律上の父子関係は「認知」されてはじめて生じます。認知されれば，

親として子どもに対する扶養義務が発生します。これは親権者や監護権者であるか否かにかかわらず、生活保持義務ですから、自分と同程度の生活水準を維持させる義務ということになります（⇨〔設問116〕）。

認知を求めて拒否されたとのことですが、裁判所に認知を求める訴えを提起する強制認知の制度（民787条）があります（⇨〔設問26〕）。客観的な親子関係の存在を裁判所が認定すれば、子どもの父親が拒否していても認知されます。親子鑑定には従来型の血液型鑑定、人類学的鑑定、DNA鑑定が実施されています。父親の協力が得られない場合に強制することはできませんが、鑑定協力拒絶は証明妨害、事案解明義務違反として裁判官の心証には影響するでしょう。

請求できるのは子、その直系卑属またはその法定代理人です。あなたは子どもの法定代理人として子どもの父親を相手方として認知請求することができます。まず、相手方の住所地を管轄する家庭裁判所に調停の申立てをすることになります（家審18条1項）。

認知されれば、養育費を求めて未成年のための監護費用分担請求（民766条・788条、家審9条1項乙類4号）を行うことができます。申立ては子か親権者（あなた）のどちらでもかまいません*2。

実務上は母が子の法定代理人として子の認知を求めると同時に、監護費用も請求するのが一般的です。認知後の場合は、子を申立人として扶養料を請求することになります。

養育費は生活保護方式、労研方式等の算定方法が用いられますが、これらは算定に時間がかかるため、迅速な算定方法として定型的に養育費の算定ができる算定表を用いることが多くなっているようです。また、児童手当は社会扶助（手当）なので、この受給要件を有しながら受給申請をせずに養育費を請求した場合には、活用しうる生活手段を利用しないことによって減額等が考慮されます。以前は父親から認知されると児童扶養手当の支給が最低13ヵ月停止されましたが、現在では認知されただけで支給が打ち切られることはありません。

扶養義務が履行されない場合、家庭裁判所の履行勧告により任意に履行を促す方法があります。より強力な方法としては、従来は強制執行によるしかなかったのですが、一部の養育費に不履行があった場合、将来の養育費についても給料等を差し押さえることができるようになりました（民執151条の2）（⇨〔設問105〕）。

認知も養育費も、父親に請求できるのは子ども本人か親権者（法定代理人）ですから、市役所から催促してもらうことは残念ながらできません。

別の男性と結婚した場合 あなたが別の男性と結婚した場合、新しい夫があなたの子どもを養育していれば、児童扶養手当の受給資格はなくなります（児扶手4条2項7号）。児童扶養手当法では婚姻・配偶者・父を法律上のものに限定せず、事実上のものを含む解釈がなされるため（同3条3項）、たとえあなたが婚姻届を提出していなくても、事実上結婚していると同様の事情にあれば、やはり受給資格はなくなります。ただし、その方に一定の障害がある場合は別です。

*1 厚生労働省雇用均等・児童家庭局家庭福祉課母子家庭自立支援室・平成18年度 全国母子世帯等調査結果報告
*2 大阪高決平2・8・7家月43・1・119など。福岡高決昭52・12・10家月30・9・75など

〔和田美智代〕

② 児童扶養手当

3 ひとり親家庭支援

設問 125

妻が病死した後、4歳と2歳の子どもを育てているのですが、会社に勤めながら、子育てをするのは本当に大変です。母子家庭には児童扶養手当などの公的援助があると聞いていますが、父子家庭に対する国や自治体からの援助はどうなっているのでしょうか。医療費、教育費、税金のことなども教えてください。

父子家庭の概況

行政上、父子家庭とは現に配偶者がなく、20歳未満の子どもを育てている男性で、次のいずれかに該当する場合です。配偶者と死別、配偶者と離別、配偶者の生死が不明の場合があります。平成19年国民生活基礎調査によれば、父子家庭は約10万世帯、全世帯に占める割合は0.2%です*1。父子家庭の父親の7割は常用雇用者ですが、それ故に抱える問題もあります。家事や育児にかけられる時間が少なかったり、習熟していなかったりすることによって、子どもの世話が行き届かないこともあります。一方、子どもの世話が必要なために、勤務時間の調節を行わざるをえなかったり、転職を余儀なくされることもあります。いずれにしても所得の減少を招く要因を多く抱えるという点では母子家庭と何ら変わるところはありません。2006（平成18）年の平均年間就労収入は398万円、常用雇用者でも431万円*2と児童のいる世帯の1世帯当たり平均所得金額の701万円をかなり下回っています。ところが、父子家庭は絶対数が少なく、母子家庭と比較しても出現率が6分の1以下と低いこともあって、公的支援が手薄であるといわざるをえません。今日、男女共同参画社会の流れの中で、母子家庭と父子家庭の均衡を図るため、自治体によっては独自の援助を設けるところも出てきています。

父子家庭に対する国の公的支援

父子家庭については従来、親族共同体のもつ養育機能によって内在する様々な問題が解決されていました。しかしながら近年では、核家族化の進行とともに親族による援助が期待しにくくなってきて、問題が顕在化してきました。一般に父子家庭は母子家庭と比較して経済的困窮度が低いと考えられてきたことから、特別な所得保障はありません。また、「母子及び寡婦福祉法」に相当する法律もありません。父子家庭に対する国の施策としては、「母子家庭等介護人派遣事業」の対象として父子家庭の父も含められるようになったことがあげられるだけです。「児童手当」は、児童を養育している者に対して支給されるものですから、家庭状況には関係なく、所得制限にかからなければ、支給されます（⇨〔設問123〕）。

児童扶養手当に準じる自治体の公的援助

児童扶養手当は「父と生計を同じくしていない児童」を対象としているため、父子家庭は対象外です（⇨〔設問124〕）。けれども、ひとり親家庭は母子家庭・父子家庭にかかわらず両親のいる家庭に比べて子育てが大変なことに変わりはありません。自治体によっては、こういった状況に配慮して父子家庭に対

③ ひとり親家庭支援

する独自の「児童扶養手当」制度を設けているところもあります。千葉県野田市の「父子家庭等支援手当」、栃木県鹿沼市、福井県越前市、茨城県牛久市の「児童育成手当」、滋賀県大津市の「児童福祉手当」のように「児童扶養手当」の支給額を基準とするところや、秋田県横手市の「父子家庭養育手当」、など数千円の支給まで各自治体によって差があります。その他、父母にかかわらずひとり親に対して数千円から1万円程度の手当を支給する自治体もあります。残念ながら、すべての自治体にこのような公的援助があるというわけではありません。国の制度ではないため、どうしても自治体による格差が生じてしまっています。お住まいの区市町村役場担当窓口に問い合わせてください。

医療費の補助 ひとり親家庭に対して、生活の安定と自立を支援するために、医療費にかかる保険診療の自己負担分を助成する制度があります。健康保険の加入者であることが条件です。対象とされているのはひとり親家庭の父または母と、これらの人に扶養されている18歳になった日以降最初の3月31日までの児童です。父または母が監護しないか、父母のいない児童を養育する養育者も対象とされています。児童は父母の離婚によるか、父または母が死亡・生死不明・1年以上遺棄されている・法令により1年以上拘禁されている・重度の障害を有する、婚姻によらないで出生し父または母と生計を異にする場合が対象です。児童が中度以上の障害者である場合には20歳未満まで延長される自治体もあります。児童を里親に委託していたり、児童が施設に入所しているなど親と同居していない場合や、生活保護を受給している場合は対象外です。ただし、この制度には所得制限が設けられています。

対象となる場合には区市町村役場等の担当窓口で健康保険証、ひとり親であることを証明する書類（戸籍謄本など）、所得証明書、印鑑などをそろえて受給者証交付を申請します。「ひとり親家庭等医療費受給者証」、「ひとり親家庭医療費助成制度医療証」等名称は異なりますが、受給者であることを証明するものが交付されます。これと健康保険証を一緒に医療機関の窓口で提示すれば当該自治体内であれば無料で医療が受けられます。地域外の医療機関などで自己負担した場合は、後日請求によって支払われます。

教育費 教育費はどの家庭においても大きな負担となっていますが、ひとり親家庭の場合はなおさらです。自治体によっては父子家庭の児童の福祉を向上するために、就学、就職するときに必要な費用、または修学、知識技能の習得に必要な費用を無利子（低利子）で貸し付ける制度を設けているところもあります。高等学校や大学等中学卒業以降の学校教育の修学に必要な資金、これらの学校への就学や就職に必要な品物を購入するための資金、事業を開始したり就職のために必要な知識技能を習得する資金などです。例えば神戸市の高等学校・大学等の修学資金の場合、修学終了後6ヵ月間の据置期間の後20年以内に償還すればよく、限度額の最高は私立大学に自宅外通学する場合の月額60,000円です。その他、独立行政法人日本学生支援機構奨学金、各自治体の奨学金、高等学校授業料の減免制度、私立高等学校授業料の軽減補助、入学資金貸付、就学援助、国民金融公庫進学資金など、特に父子家庭だけを対象とするものではありませんが、様々な教育費支援制度があります。いずれにしても、国の制度ではないので、各自治体の

XII 公的給付

福祉担当窓口に問い合わせて確認する必要があります。

税金の軽減措置

父子家庭に対しては所得保障制度はありませんが，税金の軽減措置が設けられています。所得税，住民税について，いわゆる「寡夫控除」があります。ただし，次の条件をすべて満たす場合に限られます。①妻と死別，または離婚後，婚姻していないこと。あるいは妻が生死不明であること。②生計を一にする子どもがあること（この子どもが他の人の控除対象配偶者や扶養親族になっている場合は認められません。また，子どもの総所得金額が38万円以下でなければなりません）。③父本人の合計所得金額が500万円以下であること。これら3点をすべて満たす場合，所得税で27万円，住民税で26万円が申告によって控除されます。

その他の支援

自治体によっては母子家庭，父子家庭を問わず，ひとり親家庭に対して遺児手当（愛知県）や励まし金（仙台市）として，事故等のほか離婚による場合でも，義務教育終了前まで，あるいは18歳到達の年度の末日まで手当等が支給されるところがあります。ホームヘルプサービスや介護人派遣を行ってくれるところもあります。料金はたいていの場合原則として無料ですが，所得によっては有料とされます。

このほかには，一般的に所得が少ない世帯を対象とする様々な福祉制度を利用することになります。就学助成制度は経済的理由で就学が困難な場合に学用品・給食費の一部を援助するものです。入学支度金の支給や，修学旅行援助金の支給，自治体における公立の高等学校の授業料を一部あるいは全額免除するところもあります。また，夏季・歳末見舞金が支給されるところもあります。

経済的支援としては「生活福祉資金」，「社会福祉資金」などの貸付があります。収入の少ない家庭の自立と生活の安定を図るために各種資金の貸付が行われます。

一時的な怪我や病気で家事・育児に困るような場合に，介護人を派遣する制度があります。乳幼児の保育，食事の世話，入浴，洗濯掃除等の家事，生活必需品の買い物等，一般的な日常生活の援助です。半日または1日単位でおおむね数日間以内の限定的なものです。そのほかには，公営住宅に優先的に入居できる場合があります。これらの支援はいずれも自治体によって異なりますので，こまめに問い合わせることをお薦めします。

母子家庭にだけ該当する支援

同じひとり親家庭であっても，父子家庭を対象としていない支援が多くあります。念のために列挙しておきます。児童扶養手当（⇒〔設問124〕），年金のうち「国民年金遺族基礎年金」，「国民年金寡婦年金」，「遺族厚生年金」などは母子家庭のみが対象です。経済支援（貸付等）についても「母子・寡婦福祉資金」，「母子福祉対策資金」，「母子世帯結婚資金」などは「母子」限定の貸付です。たばこ販売業許可の一部緩和は母子家庭には適用されますが父子家庭は対象外です。JR定期券購入時の助成（3割引），銀行利子・郵便貯金利子の非課税制度（700万円まで）についても父子家庭は対象外です。

*1 厚生労働省・平成19年国民生活基礎調査
*2 厚生労働省雇用均等・児童家庭局家庭福祉課母子家庭自立支援室・平成18年度　全国母子世帯等調査結果報告

〔和田美智代〕

XIII

子育て支援

1. 保育所・幼稚園
2. グループ保育
3. 子育て相談
4. 育児休業

1 保育所・幼稚園

設問126

今度，保育所と幼稚園が一緒になるような話をききましたが，保育所と幼稚園というのはどう違うのですか。あまりやっていることは違わないように思うのですが，預かってくれる時間が保育所のほうが長いということでしょうか。今，下の子を妊娠中なのですが，できるだけ早く保育をしてくれるところを探したいと思っています。残業のときにも対応してくれるようなところがいいのですが，あまり近所にいいところはないようです。

保育所と幼稚園の違い

就学前の子どもを預かる施設には，保育所（いわゆる保育園）と幼稚園があります。その違いを述べてみましょう。

保育所は，「児童福祉施設」の1つとされ（児福7条1項），「日日保護者の委託を受けて，保育に欠けるその乳児又は幼児を保育することを目的とする施設」（同39条）です。「乳児」とは満1歳に満たない者をいい，「幼児」とは満1歳から小学校就学の始期に達するまでの者をいいます（同4条）。厚生労働省の所管です（同59条の7第2項）。入所を希望する保護者は，保育所を選択して，区市町村に申込みをします（同24条2項）。

「保育に欠ける」ことが，保育所の入所要件です。例えば，昼間親が働いている場合などをいいます（児福施行令27条）。「保育所保育指針について」（平成11・10・29児発799，児保30）によれば，「養護と教育が一体となって，豊かな人間性を持った子どもを育成する」ことが保育所の保育の特性であるとしています。

保育所は，児童福祉施設最低基準（昭和23・12・29厚生省令63）によって，設備と運営が定められています。職員は，保育士，嘱託医，調理員（原則）を置くことが義務づけられています。保育士は，

0歳児3人に1人以上，1・2歳児6人に1人以上，3歳児20人に1人以上，4・5歳児30人に1人以上配置されます。保育時間は8時間を原則とします。

11時間以上開所し，延長保育や一時保育を実施しています。春休みや夏休みはありません。

保育料は，区市町村ごとに家庭の所得に応じて設定されます。

一方，幼稚園は，「学校」の1つとされ（学教1条），「幼児を保育し，幼児の健やかな成長のために適当な環境を与えて，その心身の発達を助長すること」を目的としています（同22条）。文部科学省の所管です。

就園を希望する保護者は，幼稚園設置者との間の契約により，設置者が入園を決めます。

入園資格は，満3歳から小学校の始期に達するまでの幼児です（同26条）。入園要件はありません。幼稚園には，園長，教頭（原則）および教諭を置くことが義務づけられています（同27条）。

幼稚園教育要領（平成10・12・14文告174）は，幼稚園教育の基本や目標等を定めています。毎学年の教育週は39週を下回ってはならないとされています。1日の教育時間は，4時間を標準としています。最近では，教育時間終了後預か

1 保育所・幼稚園

り保育をしている幼稚園もあります。

幼稚園は，幼稚園設置基準（昭和31・12・13文部省令32）によって，設備と運営が定められています。1学級の幼児数は35人以下を原則とし，各学級に少なくとも専任の教諭1人を置くことを義務づけています（原則）。

保育料は，私立幼稚園は幼稚園ごとに，公立幼稚園は区市町村ごとに決定します。低所得者に対しては，公的助成があります。

幼保一元化 保育所と幼稚園の機能を1つにしようとする動きがあり，それを幼保一元化といっています。

前述したように，保育所と幼稚園は，根拠法令，所管省庁，活動目的，預かり時間などが異なり，二元的な制度とされていますが，保育所でも一般家庭を対象とする支援を実施していますし，幼稚園でも預かり保育が行われています。両者の違いは，縮まってきています。また，保育所には待機児童が約1万9550人おり（2008〔平成20〕年4月現在），一方幼稚園は園児が減少しています。

保育所と幼稚園の連携が進められてきましたが，2006（平成18）年6月に「就学前の子どもに関する教育，保育等の総合的な提供の推進に関する法律」が成立し，2006年10月から「就学前の教育・保育を一体として捉えた一貫した総合施設」である認定こども園がスタートしました。親の就労の有無・形態などの区別なく，0歳から就学前の子どもを対象として適切な幼児教育・保育の機会を提供しています。

認定こども園のタイプとして，幼保連携型，幼稚園型，保育所型，地方裁量型があります。

保育施設の種類 保育施設には，認可保育所と認可外保育施設があります。

認可保育所は，児童福祉法35条に基づいて，区市町村が設置した施設または民間事業者が認可を受けて設置した施設です。国の設置基準を満たしており，国や地方自治体が，運営費を負担しています。

認可保育所は，数が十分ではなく，待機児童を生み出しています。また，多様な保育サービスのニーズにも十分応えられていません。そこで，地方自治体は，助成金を出して，認可外保育施設を支援しています。

例えば，2001（平成13）年度から，東京都は，独自に認証保育所の制度を設けています（2009〔平成21〕年4月現在448ヵ所）。認可保育所よりも設置基準を緩め，0歳児保育，13時間開所，駅前保育など都市型保育サービスを提供しています。保護者は，直接契約します。保育料は，自由設定ですが，上限を国の徴収基準額とし，具体的には3歳児未満は8万円，3歳児以上は7万7000円が上限です（2009〔平成21〕年5月現在）。

また，こども未来財団の助成を受けた駅型保育施設，こども未来財団や21世紀職業財団の助成を受けた事業所内保育施設もあります（⇨〔設問127〕）。

どこからも助成を受けていない認可外保育施設もあります。ベビーホテルが代表的です。ベビーホテルとは，次のうち，いずれかに該当するものです，①午後7時以降の保育を行っているもの，②乳幼児の宿泊を伴う保育を行っているもの，③時間単位での乳幼児預かりを行っているもの。ベビーホテルでは乳幼児死亡事故など問題がありました。現在，認可外保育施設は，都道府県への届出と運営状況の定期報告が義務づけられています（児福59条の2・59条の2の5）。

認可保育所以外にも，いろいろな保育

XIII 子育て支援

施設がありますので，情報を集めることを勧めます。また，広域入所といって，保護者が，区市町村の境界に住んでいる場合や通勤途中に保育所がある場合などは，居住していない区市町村の保育所を利用することもできます。

いずれにしても，地域の保育施設の情報については，こども未来財団が開設しているwww.i-kosodate.netをみるといいでしょう。居住する区市町村のホームページにも有益な情報が載っています。電話などで直接区市町村の保育担当課に聞いてみることもできます。

また，施設での保育ではなく，家庭での保育もあります。東京都では，家庭福祉員（いわゆる「保育ママ」）制度を実施しています。一定の資格をもつ保育ママの自宅で，少人数（原則3人以内）の3歳未満の乳幼児を保育しています。

入所の手続 ここでは，認可保育所への入所について説明します（以下の説明は，東京都目黒区健康福祉部保育課入園相談係発行「保育園入園申込案内」によります。以下2009〔平成21〕年5月現在のものです）。

申込み（入所希望月の前月の10日が締め切り日）→調査（担当者が必要に応じて電話や訪問）→選考会議（入所選考基準を基に指数の高い人から入所を内定）→入所内定（内定通知書および口座振替依頼書の送付，保育所で面接と健康診断）→入所。

入所できないときは，申込書提出後の初回の選考会議後に入所不承諾通知書が送付されます。申込書の有効期限は6ヵ月ですので，その間に希望する保育所に欠員が生じた時は，入所の選考対象になります。

入所選考基準 目黒区の例で説明します。保育所への入所希望者が入所可能数を上回った場合に，入所選考会議で審査する際に使われています。保護者の状況に応じて保育に欠ける程度が指数化されています。該当する指数（基本指数と調整指数）を比較して，優先順位は保育に欠ける程度の高い順に決まります。基本指数は，児童の父母のそれぞれの状況に基づいて認定し，合算します。調整指数は，世帯を単位として認定します。

基本指数には，8つの項目がありその状況ごとに指数が決まります。①居宅外労働，②居宅内労働，③不存在，④疾病・障害・出産，⑤看護・介護，⑥求職，⑦災害，⑧特例となっています。居宅外労働では，「週5日以上かつ1日7時間以上の就労を常態としている場合」が最も高い20という基本指数になっています。以下，日数と時間に応じて，基本指数が低くなっています。⑥の「求職のため，昼間に外出することを常態としている場合」は基本指数8となっています。

調整指数には，「ひとり親世帯又は両親が不存在の世帯」は＋10，「兄弟姉妹が別々の認可保育所に入っていて，同一の保育所に移ることを希望する場合」は＋2，「同居親族が昼間居宅にいる場合」は－2などとなっています。

保育サービス 認可保育所のサービスには，以下のものがあります。

延長保育。通常の保育時間は朝7時頃から夕方6時頃までですが，夕方7時以降も預かります。

夜間保育。夜10時頃まで保育時間を延長して子どもを預かります。

休日保育。日曜日や祝日に仕事がある場合に，子どもを預かります。

一時保育。入所していない家庭に対して，保護者の急病，育児疲れ解消，パートタイム労働などの理由から，家庭での保育が困難な場合に，一時的に子どもを

1 保育所・幼稚園

預かります。

病後児保育。子どもが病気回復期の時や母親の産後回復期に，子どもを預かります。小児科などの医療機関や乳児院などで預かる場合もあります。

障害児保育。保育所における集団保育が可能な障害のある子どもを預かります。

ファミリーサポートセンターも頼りになります。区市町村（原則人口5万人以上）ごとに設けられたセンターが，地域住民で子どもを預かりたい会員（有償ボランティア）と預けたい会員を登録して，斡旋します。原則として，保育者の自宅で保育します。二重保育，病児保育，一時保育など補完的な保育に利用できます。

様々な保育サービスをうまく組み合わせてみましょう。

よい保育施設の見分け方

厚生労働省の「よい保育施設の選び方　10か条」によると，以下の点がポイントです。

① まずは情報収集を。
② 事前に見学を。
③ 見た目だけで決めないで。
建物の外観や保育料の安さなど，見た目だけで決めない。
④ 部屋の中まで入って見て。
見学の時は，必ず子どものいる保育室の中まで入らせてもらう。
⑤ 子どもたちの様子を見て。
子どもの表情がいきいきとしているか見る。
⑥ 保育する人の様子を見て。
保育する人の数が十分か聞いてみる。
保育士の資格を持つ人がいるか聞いてみる。
保育する人が笑顔で子どもに接しているかを見る　など。
⑦ 施設の様子を見て。
赤ちゃんが静かに眠れる場所があるかを見る。
遊び道具が揃っているか見る。
日当りや風通しがいいか見る　など。
⑧ 保育の方針を聞いて。
園長や保育をする人から保育の考え方や内容について聞いてみる。
どんな給食が出されているのか聞いてみる　など。
⑨ 預け始めてからもチェックを。
折にふれ，保育の仕方や子どもの様子を見てみる。
⑩ 不満や疑問は率直に。
不満や疑問があったら，すぐに相談する。誠実に対応するか見る。

《参考文献》
＊山縣文治編・よくわかる子ども家庭福祉（ミネルヴァ書房，第5版，2007）
＊近藤幹生・保育園と幼稚園がいっしょになるとき（岩波書店，2006）
＊田澤＝福知＝林・新児童福祉論（法律文化社，改訂版，2002）
＊http://www.i-kosodate.net

〔神尾真知子〕

《設問129の参考文献》
＊「働く女性と労働法　2009年版」（東京都産業労働局，2009）
＊「育児・介護休業法のあらまし」（厚生労働省，21世紀職業財団，2008）
＊「働きながら出産・育児・介護」（東京都産業労働局，2005）
＊厚生労働省雇用均等・児童家庭局監修・男女雇用機会均等法　労働基準法（女性関係等）　育児・介護休業法　パートタイム労働法　解釈便覧（21世紀職業財団，2001）

359

2 グループ保育

設問 127

近所のお母さんたちと集まって交替で子どもたちの面倒をみるグループ保育があると聞いたのですが，どういうものでしょうか。子どもたちを預かるには，行政の認可が必要だと思っていたので，どうなっているのか，教えてください。職場に子どもを預かってくれる施設があればいいのですが，そういう取り組みをしている企業もあるのでしょうか。

グループ保育　〔設問126〕で説明した保育所や幼稚園などに子どもを預けるのではなく，親たち（多くはお母さん）が交替で子どもたちの保育を行うのが，グループ保育です。自主保育ともいわれます。

自主保育の発祥は，1974（昭和49）年に小児科医の呼びかけで発足した「原宿おひさまの会」といわれています。現在，東京や川崎を中心に約20のグループが活動しています。このような自主的な保育には，行政の認可は必要ありません。

グループ保育の活動　グループ保育の盛んな川崎市のグループの活動を紹介しましょう。

①「いちにのさん」（2007年6月現在）

活動日程は，0歳から2歳は火・金曜日，2歳から3歳は火から金曜日，3歳から6歳は月から金曜日です。月に2回月曜日に定例ミーティングがあります（全員参加）。

活動時間は，9時30分から14時までで，送迎時に前後30分程度，その日の子どもの様子について話し合うミーティングがあります。活動拠点は，宮崎第一公園です。年齢構成は，年長1人，年中1人，年少3人，年少未満2人の合計5家族です。

「預けあい」は，2歳以上で，親子参加でおよそ8回活動に参加した後に，子どもの様子をみながら，始めていきます。

費用は，月500円から8000円前後です。

「いちにのさん」を卒業したあとも，親子ともつながりをもっています。小学生になった子どもたちは，月に1度遊びの活動をしています。「いちにのさん」の子どもたちと，一緒に遊ぶこともあります。「父の会」では，親睦会や登山，キャンプなどをしています。

子どもも大人も，信頼できる仲間の中で共に育ち，子育てを楽しんでいます。

②「くるみの木」（2007年6月現在）

活動日程は，年長・年中は月から金曜日，年少は火から金曜日，2歳児以下は火曜日と金曜日です。

活動時間は，9時から14時です。活動拠点は，小台公園です。年齢構成は，年長1人，年中1人，年少4人，年少未満2人の，合計5家族です。「預けあい」は，年少より行っています。保育協力者はいません。

費用は年齢によってちがいます。2000円から4000円です。季節を感じながら野外で活動しています。年に数回，テーマを決めて話し合うことも行っています。子どもが遊ぶことや子どもどうしのやりとりなど，生活の中で色々なことを大切にしています。活動の近況を「くるみの木便り」として発行しています。

② グループ保育

川崎市宮前区周辺の自主保育グループは、「ちいくれん（地域で子育てを考えよう連絡会）」というネットワークを作っています。ニュースレターや月1回の定例会で様々な話し合いや情報交換を行っています。

自分の住んでいる地域にグループ保育があるか調べてみるといいでしょう。あるいは、自分で作ることも考えられます。

グループ保育への行政の援助

グループ保育は、自主的な保育ですから、基本的に費用は自分たちで賄います。そのために、フリーマーケットやバザーで費用を捻出したりすることもあります。

川崎市には、自主保育グループへの助成制度があります。地域のお母さんたちの働きかけでできたそうです。

申請要件は、①グループに在籍する乳幼児が保育所や幼稚園に通っていないこと、②4月2日現在の年齢で2歳から5歳児までが5人以上在籍していること（ただし、3歳以上の子どもが3人以上在籍すること）、③活動が週2日、1回3時間以上で年間概ね39週以上、6ヵ月以上の実績があることなどです。

補助額は、1グループ年額2万円で、3歳児から5歳児1人につき2000円を加算し、上限を8万円としています。

子育てサークル

「子育ての不安などを話し合える地域の仲間がほしい」「親子でいろいろな遊びを楽しみたい」と思うお母さんたちが集まって自主的に運営するのが、子育てサークルです。

様々な目的をもった子育てサークルがあります。親子で遊ぶことを中心とするもの、双子やダウン症の子どもなどの共通の立場の親子が集まるもの、絵本の読み聞かせを行うものなどです。

子育てサークルを自分で作ることもできます。活動目的、活動内容、サークルの名前、運営方法、役割分担、活動場所、活動日時、会費、対象年齢、人数、保険加入の有無、会則などを決め、ポスターやチラシを作って、会員を募集します。

子育てネットワーク

子育てサークルのいくつかがつながってできたものが、子育てネットワークです。子育てネットワークは、子育てサークルを新しく作ったり、その活動が継続できるように支援したり、個々の子育てサークルをつなげる役割を果たしたりします。子育てネットワークは、基本的には区市町村単位です。

茅ヶ崎子育てサークル連絡会の活動を紹介しましょう。

茅ヶ崎子育てサークル連絡会は、子育てサークル活動をするための市の施設が足りないという現状を市に訴えたことがきっかけで、横の連絡の必要性を感じて、作られました。

「活動サークルの紹介」の冊子を作成し、各サークル間の交流を深めたり、子ども連れで行けるおすすめスポットなどの情報交換も活発に行ったりしています。また、サークルリーダーの悩みを話し合うことも行われています。

さらに、不足している公的な施設のアンケート調査を行って、市議会や行政への働きかけも行っています。市の児童育成懇話会に委員を出しました。

子育てサークル以外の母親へのサポートの必要性を感じて、茅ヶ崎市内全域の未就学児をもつ親子を対象に「ちびっこ広場」を開いています。今では、市が主催で、連絡会は共催となって、年2回開催しています。ちびっこ広場は、毎回好評で、多いときは200組以上の親子が参加します。大型ブロックを組み立てた運動コーナーや折り紙・工作などのコーナーで自由に遊んだ後、保育士を交えて、

XIII 子育て支援

歌や手遊びをしたり，親子で一緒になって体を動かしたりしています。赤ちゃんコーナー，手作りおもちゃコーナー，相談コーナーもあります。

事業所内保育施設　児童福祉法の認可外保育施設の1つに，事業所内保育施設があります。その運営や保育内容等は，都道府県等の指導対象になります（⇨〔設問126〕）。

事業所内保育施設は，事業主がその従業員のために設ける保育施設です。〔設問129〕にあるように，育児・介護休業法で，育児休業制度以外で，事業主が設けなければならない措置の1つになっています。必ず設けなければならない施設ではありませんので，数はまだ少ないのが実情です。

事業所内保育施設は，その職場に応じた保育サービスが提供され，入所しやすいことなど，従業員にとってメリットがあります。その一方で，子どもを通勤ラッシュの中で連れて行かなければならないことなどの問題もあります。

事業所内保育施設への助成金　企業が，事業所内保育施設を設置しやすいように，その費用の一部が，21世紀職業財団から助成されます。「事業所内託児施設助成金」は，一定の条件を満たした企業の託児施設に対して，設置費，運営費，増築費，保育遊具等購入費が支給されます。

また，事業所が，深夜や休日における事業所内保育施設の運営を，児童福祉施設を経営する社会福祉法人に委託して行う場合，社会福祉法人日本保育協会は，運営費の一部を助成しています。

事業所内保育施設の例　事業所内保育施設は，病院などに比較的多くみられます。日立製作所水戸総合病院では，2001（平成13）年10月1日から開設され，現在は病院から数百メートル離れた一軒家（60.61平方メートル）を使っています。0歳児から3歳児までを対象に，保育士2名が勤務し，月曜日から金曜日，通常は7時30分から17時30分まで預かり，延長保育は17時30分から20時まで行われています。

資生堂は，2003（平成15）年9月から，汐留オフィスに隣接する自社ビル1階に「カンガルーム汐留」を開設しました。242平方メートルの部屋で定員21名で発足し，現在は受入定員34名となっています（2007年6月現在）。0歳児から小学校就学前の子どもを対象に，常時保育と一時保育を実施しています。保育時間は8時から19時までで，保育サービスは民間の会社に運営を委託しています。利用料金は，近隣の認可保育所の料金レベルを想定しています（個人負担）。

また，利用は資生堂グループの従業員に加え，定員枠を一部他の企業にも開放しています。企業の連携による子育て環境の整備，育児支援の拡大，充実を図っています。近隣の他企業の事業所内保育所とのネットワークづくりによって，合同の散歩やお遊び会も実施しています。

最近，コンソーシアム型の事業所内保育施設が登場しています。これは，複数の企業が共同で利用します。

《参考文献》
＊前田正子・子育ては，いま（岩波書店，2003）
＊奥山＝大豆生田編・親たちが立ち上げたおやこの広場びーのびーの（ミネルヴァ書房，2003）
＊ままとんきっず・子育てサークルをつくってあそぼ！（メイツ出版，2002）
＊原田正文・子育て支援とNPO（朱鷺書房，2002）
＊http://www.townnews.co.jp
＊http://www.willbmarket.com

〔神尾真知子〕

3 子育て相談

設問 128

私は子どもを連れて近所の公園に行ったのですが、お母さんたちのグループができあがってしまっているようで、入って行くことができません。夫は子どものことを気にかけてくれないので、夜になるととてもつらいです。子育てについて相談することができるところはないでしょうか。

いろいろな子育て相談

これまでの公的な子育て支援は、働いている親を主に対象としていましたが、働いていない親、特に専業主婦も子育てに悩んでいることが明らかになりました。また、少子化対策の中で、専業主婦を含んだ子育て支援が推進されています（⇨〔設問122〕）。

すべての子育てをしている親を対象に、様々な子育て相談が実施されています。

児童相談所の子育て相談

児童相談所は、行政機関であり、人口50万人に最低1ヵ所程度の設置が必要とされ、都道府県（政令指定都市を含む）に設置義務が課されています（児福12条、児童相談所運営指針1章1節3）。最近、児童相談所という名称ではなく、「子ども家庭センター」「子ども相談センター」などの名称を使っているところもあります。

児童相談所には、所長、児童福祉司、相談員、児童心理司、医師（精神科医、小児科医）、児童相談員、保育士、看護師などがいます（児福12条の3、児童相談所運営指針2章3節）。対象は、原則18歳までの子どもをもつ家庭です。

児童相談所は、「児童相談所運営指針」（平成2・3・5児発133、平成17雇児発0214003により改正）によって、運営されています。指針によると、「児童相談所は、市町村と適切な役割分担・連携を図りつつ、子どもに関する家庭その他からの相談に応じ、子どもが有する問題又は子どもの真のニーズ、子どもの置かれた環境の状況等を的確に捉え、個々の子どもや家庭に最も効果的な援助を行い、もって子どもの福祉を図るとともに、その権利を擁護することを主たる目的」としています。

児童相談所における相談援助活動は、「すべての子どもが心身ともに健やかに育ち、その持てる力を最大限に発揮することができるよう子ども及びその家庭等を援助することを目的」としています。

児童相談所には、市町村援助機能、相談機能、一時保護機能、措置機能があります。相談は、養護相談、障害相談、非行相談、育成相談、その他の相談に分類されます。

養護相談は、保護者のいない場合、棄児の場合、離婚の場合、両親の病気の場合、虐待・放任の場合等に相談に応じて、的確に判断します。

障害相談は、医師の診断を基礎として展開され、生育歴、周産期の状況、精神発達の状況や情緒の状態、保護者や子どもの所属する集団の状況等について調査・診断・判定をし、必要な援助に結び付けます。

非行相談は、通告等がありながら、子ども、保護者等に相談を受ける動機付けが十分でないものもあるため、高度のソ

XIII 子育て支援

ーシャルワーク技術が求められます。

育成相談は、性格行動、しつけ、適性、不登校等に関するものであり、子どもの生育歴、性格や欲求の状態、親子関係や近隣、所属集団等との関係が主として調査・診断・判定の対象となります。

専門職員のチームワークによって、様々な相談への対応を行っています（⇨〔設問132〕、〔XIV章資料〕）。

児童家庭支援センターの子育て相談　児童家庭支援センターは、1998（平成10）年の児童福祉法改正によって、新たに設けられた児童福祉施設です（児福7条）。「地域の児童の福祉に関する各般の問題につき、児童に関する家庭、その他からの相談のうち、専門的な知識及び技術を必要とするものに応じ、必要な助言」等を行うことを目的として、都道府県が設けます（同44条の2）。

乳児院、母子生活支援施設、児童養護施設、情緒障害児短期治療施設、児童自立支援施設に附置され、相談室・プレイルーム、事務室、その他の必要な設備を設けています（児童家庭支援センター設置運営要綱、平成10・5・18児発397）。相談・支援を担当する職員と心理療法等を担当する職員が配置されます。

児童家庭支援センターは、児童相談所では対応しきれない地域に根ざしたきめ細かな相談援助活動を行うとともに、児童相談所や各施設との連携などにより、24時間いつでも相談を受けることが期待されています。夜間や休日も対応可能なシェルター機能に期待が寄せられています。

地域子育て支援センターの子育て相談　地域子育て支援センターは、保育所が中心となって、育児不安の解消や、子ども同士・親同士が交流することを目的に設置されています。通園していない地域の親子に無料で開放され、育児相談、遊び場の提供、育児サークルの支援などを行っています。ほとんどは、保育所併設型ですが、地方自治体の事業として専用施設もあります。

保育所の園庭開放と子育て相談　保育所に通所していない親子にも保育所を開放します。保育所によっては、育児相談、母親同士の交流、保育所の子どもとの交流を実施するところもあります。

児童館の子育て相談　児童館は、児童厚生施設の1つで、子どもの健康増進や情操面を豊かにすることを目的としています（児福40条）。地域の子育て中の保護者に育児相談を実施しているところもあります。

つどいの広場事業　2002（平成14）年度から実施された事業で、主に0歳から3歳の乳幼児をもつ子育て中の親が、気軽に打ち解けた雰囲気の中で話し合うことで、精神的な安心感をもつような、解決への糸口となる機会を提供することを目的としています。

事業内容は、①子育て親子の交流、集いの場を提供すること、②子育てアドバイザーが子育て・悩み相談に応じること、③地域の子育て関連情報を集まってきた親子に提供すること、④子育ておよび子育て支援に関する講習を実施することです。

実施場所は、主に公共施設内のスペース、商店街の空き店舗、公民館、学校の余裕教室、子育て支援のための拠点施設などです。市町村が実施しますが、社会福祉法人やNPO法人等への委託ができます。

東京都目黒区の子育て相談のいろいろ　目黒区における区立保育所での子育て相談や、親が孤立化しないような様々な取組みをみてみ

ましょう（2009〔平成21〕年5月現在）。

① 園庭開放と子育て相談

保育所は，保育所に子どもを預けていない地域の親子に対して，園庭開放をしています。うち2ヵ所の保育所は，室内の遊び場も開放し，絵本の貸出もしています（「ことりのへや」）。園庭開放は，親が保育所に相談に来るきっかけになります。

保育所での子育て相談は，保育所が開園している月曜日から金曜日の10時から16時まで行っています。保育士，栄養士，看護師が，電話または直接保育所で，相談を受け付けています。友達とのかかわり，しつけ，遊びなど子どもの生活に関する相談，離乳食の味，かたさ，すすめ方など食事に関する相談，夜泣き，排泄，体格，スキンケアなど体や発達に関する相談ができます。

② 子育てふれあいひろば

5ヵ所の保育所と1ヵ所の児童館が，就学前の子どもをもつ家庭への子育て支援のための「子育てふれあいひろば」を実施しています。「あそび場」では，畳とマットを敷いた部屋におもちゃや絵本が用意され，専任の職員が待っています。「子どもには遊び友達を」「親には子育て仲間を」をモットーにしています。

③ 園児と遊ぼう会

保育所の園児の活動に親子が一緒に参加する会が，いろいろ開催されています。おたのしみ会，新年子ども会，豆まき，ひなまつりなどです。

④ 体験保育

保育所で，半日の体験保育が実施されています。給食も試食できます。利用者から，以下のような声が寄せられています。

「保育士さんの言葉かけや働きかけがとても参考になりたくさん刺激を受けました。」

⑤ 育児講座

保育所では，いろいろな育児講座を実施しています。栄養士による離乳食・幼児食講座，看護師による健康・スキンケア，保育士による手作りおもちゃ・手遊びなどです。

⑥ 子ども家庭支援センター「ほ・ねっとめぐろ」

子ども家庭支援センターは，目黒区役所の中に設けられています。図書コーナー（子育てに関連する図書や絵本など設置），情報コーナー（センターからのお知らせや子育てに関する情報の提供），相談室，子育て応援ボード（利用者同士の情報の提供・交換の場），地域交流スペース（地域の子育て自主グループやボランティアグループの活動に利用できる），ほ・ねっとひろば（遊具や絵本のある室内公園）が，あります。

相談室は2部屋あり，18歳未満の子どもと子育て家庭に関する相談を受け付けています。直接来所しなくても，電話やファクスなどでも受け付けています。

子育てサークルの子育て相談

上述の子育て相談は，公的な相談ですが，〔設問127〕で述べたような子育てサークルが，相談窓口を置いていることもあります。

《参考文献》
* 山縣文治編・よくわかる子ども家庭福祉（ミネルヴァ書房，第5版，2007）
* 秋元美世他編・現代社会福祉辞典（有斐閣，2003）
* 東京都目黒区発行の保育所関連資料

〔神尾真知子〕

4 育児休業

設問 129

夫婦共稼ぎですが，子どもが生まれたらしばらく育児をして，会社に復帰したいと思います。最初は私が，その後夫が休むことにしたいのですが，夫の会社ではそういう例はなく私の会社でも出産後，長く休む人はあまりいないようです。育児休業は法律で認められていると聞いています。どういうものか，教えてください。

XⅢ 子育て支援

育児休業が法律で認められていることの意義

育児休業は，「育児休業，介護休業等育児又は家族介護を行う労働者の福祉に関する法律」（以下「育児・介護休業法」と略す）によって，1歳に満たない子どもを養育する労働者に認められています（育児介護5条）。育児・介護休業法は，労働者に直接育児休業をする権利を与えていますので，事業所の規模を問わず，適用除外とされる者以外は，育児休業を取得することができます。

これから説明する育児休業制度は，育児・介護休業法に定める最低限のものです。自分の会社の育児休業制度は，就業規則などで確認することを勧めます。

男性の育児休業

次世代育成支援対策推進法（以下「次世代法」と略す）は，301人以上の労働者を雇用する事業主に，2005（平成17）年3月31日までに，仕事と子育ての両立を図るために必要な環境の整備等を進める「一般事業主行動計画」を策定することを義務づけました。2011（平成23）年4月1日以降は101人以上300人以下の事業主も次世代法改正により義務づけになります。会社の計画の中で，男性への育児休業取得促進が掲げられていれば，夫は育児休業が取得しやすくなるでしょう。

また，2009（平成21）年の育児・介護休業法改正（平成21法65）により，男性が育児休業をとることを奨励する仕組みがもうけられました。第1に，父母がともに育児休業を取得する場合，育児休業取得可能期間を子が1歳から1歳2ヵ月に達するまで延長し（同9条の2），第2に，妻の産後休業期間中に父親が育児休業を取得した場合，特例として育児休業の再度の取得を認めることとしています（同5条2項）。

なお，「子」とは，労働者と法律上の親子関係がある実子や養子をいい，「養育」とは，同居し監護することです（解釈通達）。

有期雇用労働者の育児休業

期間を定めて雇用される者も，育児休業の申出時点で，次のすべてに該当すれば育児休業を取得することができます。①同一の事業主に引き続き雇用された期間が1年以上であること。②子どもが1歳に達する日を超えて引き続き雇用されることが見込まれること。ただし，子どもが1歳に達する日から1年を経過する日までの間に，労働契約期間が満了し，かつ，労働契約の更新がないことが明らかである者は除きます（育児介護5条1項）。

なお，労働契約の形式上期間を定めて雇用されている者であっても，当該契約が期間の定めのない契約と実質的に異ならない状態となっている場合は，育児休

業の対象となります。

育児・介護休業法の適用除外　育児・介護休業法では、日々雇い入れられる者を適用除外としています（育児介護2条1号）。期間を定めて雇用される者で、前述の①および②に該当しない者も適用除外です。

また、労使協定で定められた一定の労働者も育児休業を取得できません。労使協定というのは、事業所の労働者の過半数で組織する労働組合があるときはその労働組合、そのような労働組合がないときはその労働者の過半数を代表する者と事業主との書面による協定のことです。

労使協定で、適用除外できる者は次のとおりです。①勤続1年未満の労働者。②育児休業申出の日から1年以内に雇用関係が終了することが明らかな労働者。③1週間の所定労働日数が2日以下の労働者（同6条1項、育介法施行規則7条）。

配偶者が常態として育児休業対象の子どもを養育すると認められる者（専業主婦〔夫〕）もそうでしたが、2009（平成21）年の改正で除外できなくなりました。これも男性の育児休業取得を奨励する法改正です。

育児休業の期間　原則として、子どもが出生した日から子どもが1歳に達する日（誕生日の前日）までの間で、労働者が申し出た期間です。女性労働者の場合は、産後休業終了後からです（育児介護9条）。

次の①および②または③に該当する場合は、子どもが1歳に達した日の翌日（誕生日）から1歳6ヵ月に達する日までの期間、育児休業をすることができます。①育児休業対象の子どもが1歳に達する日において、労働者本人または配偶者が育児休業をしている場合。②保育所における保育の実施を希望し、申込みを行っているが、1歳に達する日後の期間について、当面その実施が行われない場合。③常態として子どもの養育を行っている配偶者であって、1歳に達する日後の期間について常態として子どもの養育を行う予定であったものが、死亡、負傷・疾病、離婚等により子どもを養育できなくなった場合（同5条3項）。

育児休業の手続　子どもが1歳に達するまでの育児休業の場合は、労働者は、原則として育児休業を開始しようとする日の1ヵ月前までに書面で申し出ることが必要です（育児介護5条1項）。

次のような特別の事情のある場合は、育児休業を開始しようとする1週間前の日でも可能です。①出産予定日より早く子どもが生まれた場合。②子どもの親である配偶者の死亡。③配偶者が負傷・疾病により子どもを養育することが困難になった場合。④配偶者が子どもと同居しなくなった場合。もし、労働者の育児休業の申出が遅れた場合、事業主は、一定の範囲で休業を開始する日を指定することができます（同6条3項）。

休業期間の変更・撤回　育児休業開始日の繰上げ変更は、1回に限り、上記「特別の事情」の場合にできます。変更後育児休業を開始しようとする日の1週間前までに変更の申出をする必要があります。育児休業の終了日の繰下げ変更は、育児休業終了予定日の1ヵ月前までに変更の申出をしなければなりません。1歳6ヵ月までの育児休業の場合、育児休業終了予定日の2週間前までに変更の申出をすることにより、終了予定日の繰下げ変更ができます。

育児休業の申出の撤回は、理由を問わず育児休業の開始日の前日までであればできます。撤回対象の子どもについては、特別の事情がない限り、再び育児休業の

④ 育児休業

129

育児休業と解雇・賃金

育児休業，介護休業，看護休暇の申出をしたこと，または取得したことを理由とする，労働者に対する解雇やその他の不利益な取扱いは禁止されています（育児介護10条）。解雇は，無効となります。

育児・介護休業法は，育児休業期間中の賃金について何も規定していませんので，自分の勤める会社でどうなっているのかを調べる必要があります。雇用保険に加入している労働者は，休業した1ヵ月につき休業前賃金の30％，育児休業終了後6ヵ月間について，休業した1ヵ月につき休業前賃金の20％が支給されます（2007〔平成19〕年3月31日以降の職場復帰者から2010〔平成22〕年3月31日までに育児休業を開始した者が対象。雇用保険61条の4・61条の5）。

雇用保険法が改正され，2010（平成22）年4月1日以降に育児休業を開始した労働者については，給付金が統合され，全額育児休業中に支給されます。

また，子どもが3歳に達するまでの間の育児休業期間は，労使とも申請によって社会保険料が免除されます。

1歳以降の子どものための制度

子どもが1歳から3歳に達する子どもを養育する労働者に対して，事業主は，短時間勤務制度と所定外労働の免除の措置を講じなければなりません（2009〔平成21〕年改正。育児介護23条1項・16条の8）。なお，1歳に満たない子どもを養育する労働者についても，育児休業をしないときには上記措置を利用できるようにしなければなりません。日々雇い入れられる者は対象外ですが，期間を定めて雇用される者は対象となります。

3歳以降小学校就学の始期に達するまでの子どもを養育する労働者に対する措置は，事業主の努力義務となっています。

また，小学校就学前の子どもを養育する労働者は，負傷や疾病にかかった子どもの世話のために，看護休暇を1年度（通常毎年4月1日から翌年3月31日）に5日（2009〔平成21〕年改正により2人以上の場合は10日）取得することができます（同16条の2）。

日々雇い入れられる者と労使協定で定められた者（①勤続6ヵ月未満の労働者。②1週間の所定労働日数が2日以下の労働者）は対象外とすることができます。

子育て中の時間外労働・深夜業

小学校就学の始期に達するまでの子どもを養育する労働者が，その子どもを養育するために請求した場合は，事業の正常な運営を妨げる場合を除いて，1ヵ月について24時間，1年について150時間を超える時間外労働をさせることはできません（育児介護17条）。ただし，次の労働者は請求できません。①その事業主に継続して雇用された期間が1年に満たない労働者。②配偶者（事実婚のパートナーを含む）が常態としてその子どもを養育することができると認められる場合。③1週間の所定労働日数が2日以下の労働者。時間外労働制限の申出は，1回につき，1ヵ月以上1年以内の期間について，その開始の日および終了の日を明らかにして，制限開始予定日の1ヵ月前までに行わなければなりません。この請求は何度でも行えます。深夜業も，同様に1回につき，1ヵ月以上6ヵ月以内の期間について，その開始の日および終了の日を明らかにして，制限開始予定日の1ヵ月前までに行わなければなりません。この請求は何回も行うことができます（同19条）。

《参考文献》は359頁末尾を参照。

〔神尾真知子〕

XIV 児童虐待

1 虐待の種類と通告先
2 学校の虐待対応
3 性的虐待，虐待事例の相談・支援機関
4 虐待の要因と親支援
5 親子分離・子の安全の確認
6 施設での生活と施設内虐待

1 虐待の種類と通告先

設問 130

近所に，しつけだといって毎日子どもをたたいている親がいます。他人のことに口出しするのもよくないかと思うのですが，最近，児童虐待という言葉をよくききますので，気になります。どこかに相談に行ったほうがよいのでしょうか。恨まれないか心配なのですが，どうすればよいのでしょうか。

虐待類型 設問のように日常生活を送っている自宅の近くで，保護者が子どもをたたいているのを目撃したり，大きな声で子どもを罵ったりする声を聞いたり，小中学生が夜まで不自然に外にいるのをみかけ，しかもそれがたまたま1回そういうことがあったというのではない場合，周囲の大人としては非常に気になると思います。一方で近年マスコミでも取り上げられ，時に子どもの死亡に至るような事件にもなっている児童虐待ではないかという思いが頭をよぎるでしょう。しかし他方では，他人の家庭のことで，プライバシーを不当に侵害してはいけない，ことによると，気にはなるけれどもあまり面倒なことには巻き込まれたくないという思いを抱くこともあるでしょう。そこで，ここでは，まず児童虐待とはどういう行為をそう呼ぶのかということから始めて，上記のような気にかかる場面に遭遇したらどうしたらいいのかも考えてみましょう。

何をもって児童虐待というかについては，虐待を行う者の行為態様に着目するか，当該の行為が子どもに対してどういう影響を与えるかに着目するか等によって意見が分かれていますが，児童虐待防止法（児童虐待の防止等に関する法律〔平成12・5・24法82，平成16・4・14法30および平成19・6・1法73により一部改正〕。本法は，附則で施行後3年以内に，必要な見直しが加えられることになっています）により，定義規定が設けられています（児童虐待2条）ので，それにしたがって整理してみます。

(1) 児童の身体に外傷が生じ，又は生じるおそれのある暴行を加えること（同2条1号）。

身体的虐待について規定したものです。具体的には次のものが該当するとされています*1。

● 外傷とは打撲傷，あざ（内出血），骨折，頭部外傷，刺傷，たばこその他による火傷など。
● 生命に危険のある暴行とは首を絞める，殴る，蹴る，投げ落とす，熱湯をかける，布団蒸しにする，溺れさせる，逆さ吊りにする，異物をのませる，食事を与えない，冬戸外にしめだす，縄などにより一室に拘束するなど。

(2) 児童にわいせつな行為をすることまたは児童をしてわいせつな行為をさせること（同2条2号）。

性的虐待について規定したものです。

● 子どもへの性交，性的暴行，性的行為の強要・教唆など。
● 性器や性交を見せる。
● ポルノグラフィーの被写体などに子どもを強要する。

(3) 児童の心身の正常な発達を妨げる

ような著しい減食または長時間の放置，保護者以外の同居人による(1)(2)または(4)に掲げる行為と同様の行為の放置その他の保護者としての監護を著しく怠ること（同2条3号）。

　いわゆるネグレクト（保護者としての監護を著しく怠る行為）についての規定です。本号は，平成16年改正によって，保護者以外の同居人による虐待を保護者が放置することもネグレクトに含まれることを明らかにしました。

- 子どもの健康・安全への配慮を怠っているなど。例えば，①家に閉じこめる（子どもの意思に反して学校に登校させない），②重大な病気になっても病院に連れて行かない，③乳幼児を家に残したまま度々外出する，④乳幼児を車の中に放置するなど。
- 子どもにとって必要な情緒的欲求に応えていない（愛情遮断など）。
- 食事，衣服，住居などが極端に不適切で，健康状態を損なうほどの無関心・怠慢など。例えば，①適切な食事を与えない，②下着など長期間ひどく不潔なままにする，③極端に不潔な環境の中で生活をさせるなど。
- 親がパチンコに熱中している間，乳幼児を自動車の中に放置し，熱中症で子どもが死亡したり，誘拐されたり，乳幼児だけを家に残して火災で子どもが焼死したりする事件も，ネグレクトという虐待の結果であることに留意すべきである。
- 子どもを遺棄する。

　(4) 児童に対する著しい暴言または著しく拒絶的な対応，児童が同居する家庭における配偶者に対する暴力（配偶者〔婚姻の届出をしていないが，事実上婚姻関係と同様の事情にある者を含む〕の身体に対する不法な攻撃であって生命または身体に有害な影響を及ぼす言動をいう）その他の児童に著しい心理的外傷を与える言動を行うこと（同2条4号）。

　心理的虐待に関する規定です。従来，夫婦間暴力（DV）や激しい夫婦喧嘩が行われるけれども，「子どもに手を上げることはない」事例では，子どもが保護の対象になるのかどうか現場で混乱があったものを，直接児童に向けられた行為でなくても，児童に著しい心理的外傷を与えるものならば児童虐待に該当することが平成16年改正で明らかにされました。

- ことばによる脅かし，脅迫など。
- 子どもを無視したり，拒否的な態度を示すことなど。
- 子どもの心を傷つけることを繰り返し言う。
- 子どもの自尊心を傷つけるような言動など。
- 他のきょうだいとは著しく差別的な扱いをする。

　上に挙げた(1)～(4)の4つの類型は，重複して現れることも珍しくありません。また，これら4つの虐待類型には該当しそうもないけれども，強く違和感を感じる親子もみられます。例えば，親は赤ちゃんを非常にかわいがっているようなのだけれども，赤ちゃんの扱いがおかしい（荷物を抱えるようにして赤ちゃんを抱いているとか，首が据わっていないような赤ちゃんを高い高いしているとか）といったことや，年長の子どもの場合ですと，夜遊びしてきたことに対して叱るという動機・目的はもっともなのだけれども，その叱り方が尋常でないというようなことも稀なことではありません。これらは，上記の虐待類型には該当しませんが，不適切な養育で，場合によっては子どもの生命にも関わるような結果を招きかねません。この場合にも，児童相談所や保健センター等による介入や支援が必要になります。

① 虐待の種類と通告先

XIV 児童虐待

4つの虐待類型に該当する事例でも，性的虐待を除き（性的虐待については⇨〔設問132〕），そもそもの発端においては親の言い分にももっともと思われる事例もあります。育てにくい子で，例えば，偏食が激しいのでそれを直そうとして，「作った食事がいやならば食べるな」とか，親の言いつけを聞かないので，最初はテレビを見せないから始まり，次には小遣いを止めるを経て，「言うことを聞かない子には食事は食べさせない」とか，「大人（親）のいうことがこれだけ言ってもわからないのなら家から出て行け」と怒鳴るという結果に至るということは日常生活をしていて，それなら自分も親にされたことがあるとか，自分も子どもに夕食を食べさせなかったことがあると身につまされる人もいるのではないでしょうか。これらのケースでは，親の養育手段が拙かったり，養育能力が低いという評価を下すことができる場合もあります。

虐待の相談＝通告先

以上のようにみてきますと，私たちが気になる親子・家庭・子どもをみて，それが児童虐待に該当するのかどうかを見極めるというのは難しいことが多いといえます。もちろん，子どもが血を流して倒れているというような場合には，犯罪の嫌疑ありということで警察に110番通報すればいいわけです。そういう極端な事例ではなく，設問のように近所の子どものことで周囲の人が心配しているようなときには，お住まいの市町村の担当窓口・福祉事務所・児童相談所に相談してください。児童福祉法改正により2005（平成17）年4月から，児童相談体制を充実させるために住民に身近な市町村の担う役割を法律上明確にして，第一次的な窓口を市町村としています（児福10条1項3号）。その上で，都道府県が設置する児童相談所は，要保護性の高い困難事例への対応と市町村に対する後方支援に重点を置くことになりました（同10条2項3項・11条1項2項）。市町村には，ケースの見極めをするという結構難しくかつ重要な役割が課せられたということができます。具体的には市福祉事務所や家庭児童相談室，市町村保健センターなどが市町村での窓口になります。それぞれの市町村については市役所・町村役場に問い合わせてください。もちろん，相談は，児童相談所，郡部では都道府県の設置する福祉事務所にしてもかまいません。

ここでは，設問の事例につきどうしたらいいかわからないということで「相談」という語を使って説明してきましたが，法律上は，要保護児童発見の通告として扱われます（同25条）。本条は，国民の要保護児童発見の通告義務を定めたものです。先にも述べたように，虐待かどうかの見極めは難しいので，心配で心を痛めているときには，その旨上記機関に伝え，専門的な判断・対応に委ねるのが賢明です。匿名での通告（相談）でもかまいません。関係機関の担当者には守秘義務が課されていますので，通報者が誰であるかは明らかにされません。しかし，地域の状況等から，通告（相談）すると誰がしたのかすぐにわかってしまうことが考えられ，心配だけれども，どうしても自分から直接通告（相談）するのはためらわれるというときには，1つの方法として，児童虐待防止のための民間団体（⇨〔設問133〕の表）に相談し，民間団体から当該事例について通告してもらうということも考えられます。

*1　以下児童虐待の定義に関連する例示は，「子ども虐待対応の手引き」（平成21年3月31日改正版）による。

〔鈴木博人〕

2 学校の虐待対応

設問 131

中学1年生のうちの子が，小学校のときから同じクラスだった子が学校に全然来なくなったといっていますが，家で何かあったのではないかと心配です。担任の先生にも話したところ，「私もどうしているか心配なので一度家庭訪問をしてみましょう」ということでした。子どもの話ではその後も，その子は学校に来ていないそうです。どうしたらいいでしょうか。

岸和田事件 この設問には，2つの問題が含まれています。すなわち，子どもが学校に通っている親として，子どもの友人やクラスメートの様子がおかしいと気づいたときにどうしたらいいかという問題が1つです。これは，設問のような場合だけでなく，夜公園で寝ているようだとか，夜遅くにしばしば町をうろついているようであるということに気づいたときにも同じ問題に直面します。もう1つは，学校の教員としては，虐待を疑いうるような生徒の事例にどう対応したらいいかという問題です。

設問の事例と類似しているのは，2003（平成15）年11月に大阪府岸和田市で発覚した中学3年生の男子生徒が保護者から長期にわたる虐待を受けて，著しく衰弱した状態で病院に搬送された事件です（いわゆる岸和田事件）*1。この事件では，当該の子どもは「不登校で，時々出歩いている」という保護者の発言から，子どもの安全確認を直接行わないまま，不登校問題という対応をしてしまったこと，学校と児童相談所が，それぞれ単独で対応したり，情報についての共通認識をもたなかったりという連携の悪さが存在したこと，近隣住民が虐待の事実を一定程度把握していたにもかかわらず，児童相談所や学校に相談が持ち込まれていなかったこと，虐待されていた子どもがSOSを発せなかったこと，他の子どもが虐待の疑いを抱いていたにもかかわらず学校にその情報が伝わらなかったこと等々が指摘されています。

岸和田事件で指摘されたことからすると，周囲の大人が異変に気づいたときには，関係機関に通告もしくは相談することが大切です。そのときの対応の仕方は〔設問130〕を参照してください。

学校の対応 一方，学校の対応はどうあるべきでしょうか。図1は，虐待を疑ったときの，学校内での初期対応のフローチャートの例です*2。この図からわかることの1つは，学校では，制度上は例えば相談を受けた担任教員が対応するとき，教員が個人の判断で単独で児童相談所への通告を行うことはないということです。職階にしたがい，最初に学年主任や生活指導主事，それから（あるいは同時に）教頭・校長へと話が上がっていくという形をとります。その上で市町村の児童福祉主管課や教育委員会・児童相談所に通告が行われます。したがって，こうした通告を行うのに学校の最高責任者である校長が知らないということはありえません。この通告に関して，児童虐待防止法5条1項は「学校，児童福祉施設，病院その他児童の福祉に業務上関係のある団体及

XIV 児童虐待

び学校の教職員，児童福祉施設の職員，医師，保健師，弁護士その他児童の福祉に職務上関係のある者は，児童虐待を発見しやすい立場にあることを自覚し，児童虐待の早期発見に努めなければならない」と規定しています。この規定により，教員個人だけではなくて，学校という団体そのものに児童虐待発見のための努力義務が課せられています。その上で，同法6条1項および児童福祉法25条は，児童虐待を受けたと思われる児童を発見した者は，福祉事務所もしくは児童相談所に通告しなくてはならないとしています。〔設問130〕に示したように，虐待の事実が存在するのかどうかについて確定することは難しいことが多いので，学校や病院等上記5条1項に挙げられている団体・個人は，疑わしいときには通告しなくてはならないということです。そもそも虐待であるかどうかを判断するのは，児童相談所や市町村の担当課であるので，学校が虐待であるかどうかの確証を得なくてはならないとまで考える必要はありません。通告の際，職業上知りえた事柄を通告しても，各種法律の守秘義務違反には該当しません（児童虐待6条3項）。

問題なのは，学校内での検討が行われた結果，しばらく様子をみようという判断が下されたときです。様子をみるというときに注意しなくてはならないのは，結局何の手も打たれないまま時間だけ経過することです。これには担任は家庭訪問を繰り返すが，子どもと会わせてもらえない，親と会えない，親から訪問自体を拒絶されるという場合も含まれます。

さて，校長等管理職が加わった検討の結果，様子をみるという結論になると，個々の教員にとってはその結論に反して，個人の危機意識に基づいて通告することは，校長の頭越しに行うことになるので現実にはほとんど不可能です。このように担任等個々の教員の方が，子どもとの距離が近いだけに管理職よりも危機意識が強いときには，当該地域の民間の虐待防止団体に相談し，民間団体から通告してもらうという方法もあります。このような相談を受けたときに民間団体が苦労するのは，往々にして教員の民間団体に相談したということをわからないようにしてほしいという要望を伴う点です。児童虐待防止法に民間団体と連携するように規定されていても（同4条3項），全国的にみれば民間団体が個別事例に関わることを好まない雰囲気がまだまだ強い中で，単に情報を得ましたというだけでは受け入れてもらえない地域も未だに存在します。

このようにみてくると，たとえ法律上は，教員個人にも通報義務が課せられていても，学校というシステムの中では，個人としての通報を行うことはきわめて難しいといえます。それだけに，後掲図1からもわかるように，管理職，特に校長の判断・役割が重要になります。子どもの問題をすべて学校で抱え込もうとしたり，学級担任に過度の負担を負わせるような旧態依然とした意識，ましてや自分の在任期間中に問題は起こしたくないなどという考えは全面的に否定されなくてはなりません。文部科学省も，児童虐待の確証がないときでも，児童相談所等に連絡，相談すること，「特に，学校においては，幼児児童生徒の保護者との関係が悪化することなどを懸念して通告をためらうことがないようにすること」としています（平成18・6・5・18初児生11文部科学省初等中等教育局児童生徒課長通知「学校等における児童虐待防止に向けた取組の推進について〔通知〕」）。

また，設問のように，クラスメートの親が異常を感じて，学校に相談したときは，通常，学校としてどういう判断を下

② 学校の虐待対応

したのかについての回答はありません。そこで、学校に相談したにもかかわらず、どうも状況は何も変わっていないようであると感じられるときには、児童相談所または市町村の担当課に通告してください。このほかに、民間団体や地域的には非常に限られた範囲になりますが、子どもの権利オンブズパーソン制度が存在するところではオンブズパーソンに相談するという方法も考えられます（オンブズパーソンについては⇨〔設問132〕）。ただし、注意しておくべきことは、一般市民の役割は、親子関係への介入という点では、原則として相談・通告までです。

要保護児童対策地域協議会　児童福祉法の平成16年改正で同法25条の2に、要保護児童についての支援や当該事例への対応を検討するために要保護児童対策地域協議会の設置が規定されました。この協議会が設置されているときには、関係機関がケース検討会議を開き、設置されていないときには、独自のケース会議を呼びかけて開催する必要があります。このケース会議で当該児童の情報をもちよって、情報の共有ならびに関係者の具体的な役割分担およびそれぞれが具体的に行うべきこと、さらには次回会議の確認を決めておく必要があります。学校から通告され、虐待が確認されても児童が保護されるとは限りません。そこで、在宅での支援や保護に向けた準備等を検討し、計画を立てなくてはなりません。

虐待を受けていることが疑われる子どもが学校にはとりあえず毎日登校してきている場合、毎日子どもの顔を見られるので、その点では子どもの安全確認ができます。反面学校がそれで安心してしまってはいけません。学校に通ってくるということは保護者による虐待が存在しないことを意味しません。①子どもにとっては学校の方が家庭にいるよりはるかに安全で、居心地がいい、②給食によって食いつないでいるために学校には毎日登校するという場合もあります。このようなケースでは、子どもが学校に来なくなったときには、子どもが非常に危険な状態に置かれていると考えなくてはなりません。このような子どもには、夏・冬・春の長期休暇、ゴールデンウィーク等の連休、さらには毎週末をどう乗り切るかの処遇計画を早急に立てなくてはなりません。空腹に耐えかねて万引きをした子どもが、親からそれを理由にさらにひどい扱いを受けているかもしれません。

次に子どもが学校に来ないときです。学校・教育委員会が行いうる法的手段にはどういうものがあるでしょうか。不登校と親による登校禁止とではその対応が180度異なります。親の拒絶にあってその見極めがつかない、子どもの姿が確認できない等の場合には、教育委員会は、小学校については学校教育法17条1項、中学校については同条2項の保護者の子を就学させる義務を履行するように督促を行い、この督促が無視された場合、何らかの犯罪の嫌疑ありということで警察通報という手段もありえます。

*1　岸和田事件については、大阪府によって行われた事件の検証結果が公表されています。大阪府児童虐待問題緊急対策検討チーム「子どもの明日を守るために」──児童虐待問題緊急対策検討チームからの緊急提言（2004年3月）。この報告書は大阪府のホームページで公開されています。

*2　埼玉県・埼玉県教育委員会「教職員・保育従事者のための児童虐待対応マニュアル」（2005年3月）18頁。このマニュアルは、埼玉県子ども安全課のホームページで公開されています。

〔鈴木博人〕

図1 虐待を疑った場合の，組織内の初期対応のフローチャートの例

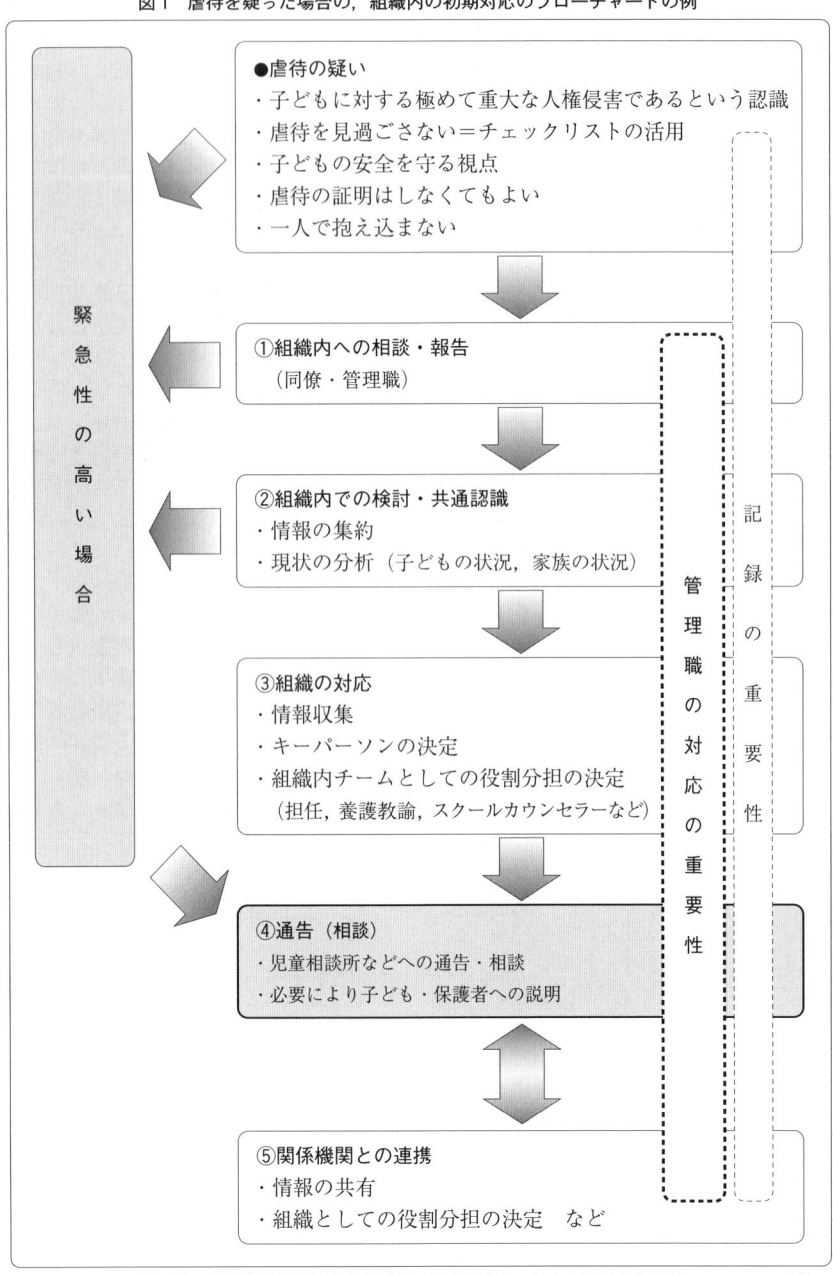

XIV 児童虐待

●虐待の疑い
・子どもに対する極めて重大な人権侵害であるという認識
・虐待を見過ごさない＝チェックリストの活用
・子どもの安全を守る視点
・虐待の証明はしなくてもよい
・一人で抱え込まない

↓

①組織内への相談・報告
　（同僚・管理職）

↓

②組織内での検討・共通認識
・情報の集約
・現状の分析（子どもの状況，家族の状況）

↓

③組織の対応
・情報収集
・キーパーソンの決定
・組織内チームとしての役割分担の決定
　（担任，養護教諭，スクールカウンセラーなど）

↓

④通告（相談）
・児童相談所などへの通告・相談
・必要により子ども・保護者への説明

↕

⑤関係機関との連携
・情報の共有
・組織としての役割分担の決定　など

（左側：緊急性の高い場合）
（右側：管理職の対応の重要性／記録の重要性）

埼玉県・埼玉県教育委員会「教職員・保育従事者のための児童虐待対応マニュアル」より

3 性的虐待，虐待事例の相談・支援機関

設問 132

私は中2の女子で，父母の離婚後，母と一緒に暮らしていたのですが，しばらく前から母が付き合い始めた男性が家に来るようになりました。母が留守のときに，私の体を触ろうとしたり，腰痛なので腰をマッサージしてくれといいながら，自分の性器を触らせようとしたりします。母はその男性と再婚する気があるみたいで，私が男性の行為を訴えても信じてくれません。家から出たいのですが，どこか相談できるところはないでしょうか。子どもの権利を守る子どもの権利オンブズパーソンという人がいるそうですが，どういうことをしている人たちでしょうか。虐待を受けている子どもの相談相手をしてくれるのでしょうか。

性的虐待

虐待類型（⇨〔設問130〕）のうち，性的虐待だけは他の3つの虐待類型と異なるところがあります。他の類型の場合は，そのきっかけとして子どもの行動を正そうとしたり，しつけのつもりだったりということがありえますし，実際にそういう事例も多くみられます（だからといって虐待者である保護者は免責されるのだということではありません。子どもの年齢が小さければ，そもそもしつけなど成り立ちませんし，年長の子に対しても不適切な養育方法では意図した目的は達成できません。虐待に至る要因は複数のものが絡み合っていることが多く，その結果保護者の養育能力が低くなっているといえます）。これに対して，性的虐待は，しつけ等々という動機ではありえません。保護者たる大人の快楽の追求でしかありません。この点が，性的虐待の特異なところです。また，設例のように，女子が父（もしくは母の同棲相手）により性的虐待の被害を受けている場合，そのことが母に信じてもらえなかったり，性的虐待の事実が母に認識されても虐待行為が抑止されないことも少なくありません。一例として，継父による性的虐待を放置した母に児童を監護させることは，著しく児童の福祉を害するとして，児童の児童自立支援施設への入所を承認した事例の事実関係をみて，上述のことを検証してみましょう*1。

事件本人A子は，父母の離婚時に兄とともに母が親権者と定められました。その後母は再婚し，母子3人に加えて継父も一緒に生活することになりました。A子は，小学校5年のとき，自室に入ってきた継父から性交渉を強要されたのを最初に，中学3年の7月に妊娠が判明し，中絶手術を受けるまで，夜間や母親のいない昼間等に，断続的に性交渉を強要されました。継父は母親やA子に暴力をふるうことがあり，A子には，帰宅時間の約束が守れなかった罰だとか，母親にいったら承知しないなどと脅し，性交渉について口止めしていました。A子は，中学1年の9月に養護教諭に継父から性交渉を強要されていると訴えました。A子は養護教諭および母親との三者面談の時に継父から無理矢理性交渉をもたされたことを話したところ，母親は善処を約束し，一時期A子の就寝に付き添ったこともありましたが，継父の言い分と違うとしてA子を信用せず，学

XIV 児童虐待

校からの働きかけにも応じませんでした。中学2年の冬になっても（養護教諭に訴えてから約1年半後）継父からの性交渉の強要は継続しており、一方継父自身は性的虐待などないという態度で、母親もA子の性非行を非難する態度になりました。母親と継父は、A子が性非行を責められるのを避けるために、継父による性的虐待という虚偽の事実を言い出したのだと主張しています。

この事実経過は、性的虐待ケースのいくつかの特色を示しています。継父により子どもが口止めされ、事例によってはこのことによって子ども自身が共犯者であるかのように思いこまされて、その結果強い行動規制（外部の人に相談すらできない等）がかけられてしまうこともあります。また、学校の先生に訴えても直ちには有効な虐待抑止につながっていません。母親は子どものいうことを信じないで、継父の味方をしています。

相談・支援機関 本設問は、性的虐待に限らず、虐待されている本人が助けを求めるとしたらどういう手段があるかを問うものです（周囲の大人が気づいたときについては⇨〔設問130・131〕）。考えられる相談先を順に検討していきましょう。

(1) **学校の先生** 学校に通っている子どもにとって、最も身近にいる大人は学校の先生です。その中でも担任や養護教諭が信頼できるときには、学校内では最も相談しやすい距離にいます。学校の先生が相談になる条件は、子どもがその先生を大人として信頼しているかどうかです。一見すると、生活が荒れているようにみえる生徒に強圧的に対処するような教員には子どもはデリケートな問題を相談しにくいでしょう。また、上記審判例にみられるように、学校が子どもの問題を単独で抱え込んでしまうと事態の改善に結びつかないこともあります。したがって、性的虐待に限らず、虐待事例では、学校（教育）・児童相談所（福祉）・医師（医療）・法律家が相互に連携して、役割分担をして一挙に取り組まなくては解決が難しいのです。

(2) **児童相談所** 児童虐待に対応する際の統括をするのが児童相談所であることを考えると、児童相談所に助けを求めるということが考えられます。ただし、児童相談所は全国に201ヵ所（2009〔平成21〕年6月1日現在）しかありませんので、多くの場合は電話でどうしたらいいかを相談することになると思われます。

虐待を受けている児童の特色の1つとして、自分が悪いことをしたから罰を受けていると考えていたり、親元以外に生活の場を知らない子どもは、虐待する親の下へ帰りたがるというようなことがあると指摘されています。虐待であることを認識して逃げ出すのは、そういう認識をもてるようになってからということになります。したがって、子どもからの助けを求める訴えがあったとき、年少児童が家に帰りたくないといっているときには危険度が高いと考えなくてはなりません。各児童相談所の連絡先は児童相談所一覧をみてください。

(3) **虐待防止の民間団体の電話相談**
現在多くの都道府県にはその地域の虐待防止の民間団体が設立されています。東京の子どもの虐待防止センターのように社会福祉法人になっているものもありますが、ほとんどがNPO法人もしくは任意団体です。この差は、当該民間団体の財政的な基盤により生じていることが多く、医師・弁護士・施設職員等々のボランティア的な活動によって担われていることが多いというのが実情です。このため、地域によって電話相談の手法や内容、開設日時に大きな差があるのが現状

です。基本的には話をしっかり聞いてもらい、個別のケースで、どこに行けばいいか、何をすればよいかのアドバイスを受けるということになります（電話相談先は、次頁以下の表）。児童相談所の電話相談もそうですが、匿名での相談を受けてくれます。

(4) 弁護士会の電話相談 各地弁護士会で電話相談を開設しているところもあります。ここでは、特に東京弁護士会・子どもの人権救済センターの「子どもの人権110番」を紹介します。この電話相談は、日本で最初に民間の子どものためのシェルターと連携した活動です。子どもの人権110番は月曜から金曜の午後1時30分から午後4時30分、午後5時から午後8時、土曜の午後1時から午後4時に（電話03-3503-0110）行われています。また、関連して面接相談も行われています。こちらの方は、月曜から金曜の午後1時30分から午後4時30分は、東京霞ヶ関の弁護士会館で、月曜から金曜の午後5時から午後8時、土曜の午後1時から4時は東京池袋の東京パブリック法律事務所で行われています。電話（03-3581-2205）で面接申込みをしてから面接相談をすることになっています。電話相談は無料、面接相談は、相談のみで終了すれば無料ですが、弁護士が事件を受任すると有料になります。ただし、お金がないときでも、日本司法支援センターが弁護士費用を立て替える制度があります。

この電話相談の特色は、今晩帰るところがない等と判断された子どもには、虐待や犯罪から避難するためのシェルター「カリヨン子どもの家」（NPO法人カリヨン子どもセンターの運営・事務局電話03-5981-5581）に連絡できるようになっていることです。児童相談所も、必要があれば、児童福祉法に基づく措置として一時保護をしてくれますが、「カリヨン子どもの家」へは、子ども本人の意思に基づいて避難するという違いがあります。なお、このセンターは、東京都の各児童相談所とも協定を締結しています。

このほか、横浜市のNPO法人子どもセンターてんぽ（電話045-477-5821）、名古屋市のNPO法人子どもセンターパオ（電話052-931-4680）、岡山市のNPO法人子どもシェルターモモ（電話086-231-6050）でも弁護士による相談とシェルターを連携させた活動が行われています。

(5) 子どもの人権オンブズパーソン
大阪府川西市・神奈川県川崎市・埼玉県・東京都・岐阜県多治見市等限られた自治体には、名称は若干異なります（例えば、日本で最初にこの制度を始めた川西市では、川西市子どもの人権オンブズパーソンという名称ですし、東京都では、子どもの権利擁護専門相談事業〔東京子どもネット〕という名称です）が、子どもの人権擁護のためのオンブズパーソン制度を設置している自治体があります。これら制度がある自治体では、当該自治体の子どもの権利に関する相談・申立てを受け付けています。その活動は、申立てに基づく調査と調査結果を踏まえての行政機関への勧告や行政機関同士の調整等を行うことが中心になります。児童虐待事例についての相談も受け付けていますが、オンブズパーソン制度の性格から、行政機関（例えば、市町村の担当課や児童相談所）に虐待通告をしたのに、当該機関がなかなか動き出さないというようなときにオンブズパーソンから勧告をしてもらうという形での関わり方になることが多いといえます。

＊1　千葉家市川出審平14・12・6家月55・9・70。

〔鈴木博人〕

③ 性的虐待、虐待事例の相談・支援機関

XIV 児童虐待

児童相談所一覧　　　　　　　（2009年5月1日現在）

都道府県 政令指定都市	児童相談所名	郵便番号	住所	電話番号
北海道	中央児童相談所	064-8564	札幌市中央区円山西町 2-1-1	011-631-0301
	旭川児童相談所	070-0040	旭川市 10 条通 11	0166-23-8195
	稚内分室	097-0002	稚内市潮見 1-11	0162-32-6171
	帯広児童相談所	080-0802	帯広市東 2 条南 24-14	0155-22-5100
	釧路児童相談所	085-0053	釧路市豊川町 3-18	0154-23-7147
	函館児童相談所	040-8552	函館市中島町 37-8	0138-54-4152
	北見児童相談所	090-0061	北見市東陵町 36-3	0157-24-3498
	岩見沢児童相談所	068-0828	岩見沢市鳩が丘 1-9-16	0126-22-1119
	室蘭児童相談所	050-0082	室蘭市寿町 1-6-12	0143-44-4152
青森県	中央児童相談所	038-0003	青森市石江字江渡 5-1	017-781-9744
	弘前児童相談所	036-8065	弘前市大字西城北 1-3-7	0172-36-7474
	八戸児童相談所	039-1101	八戸市大字尻内町字鴨田 7	0178-27-2271
	五所川原児童相談所	037-0046	五所川原市栄町 10	0173-38-1555
	七戸児童相談所	039-2571	上北郡七戸町字蛇坂 55-1	0176-60-8086
	むつ児童相談所	035-0073	むつ市中央 1-1-8	0175-23-5975
岩手県	福祉総合相談センター	020-0015	盛岡市本町通 3-19-1	019-629-9600
	宮古児童相談所	027-0075	宮古市和見町 9-29	0193-62-4059
	一関児童相談所	021-0027	一関市竹山町 5-28	0191-21-0560
宮城県	中央児童相談所	980-0014	仙台市青葉区本町 1-4-39	022-224-1532
	東部児童相談所	986-0812	石巻市東中里 1-4-32	0225-95-1121
	気仙沼支所	988-0066	気仙沼市東新城 3-3-3	0226-21-1020
	北部児童相談所	989-6161	大崎市古川駅南 2-4-3	0229-22-0030
秋田県	中央児童相談所	010-1602	秋田市新屋下川原町 1-1	018-862-7311
	北児童相談所	018-5601	大館市十二所字平内新田 237-1	0186-52-3956
	南児童相談所	013-8503	横手市旭川 1-3-46	0182-32-0500
山形県	中央児童相談所	990-0031	山形市十日町 1-6-6	023-627-1195
	庄内児童相談所	997-0013	鶴岡市道形町 49-6	0235-22-0790
福島県	中央児童相談所	960-8002	福島市森合町 10-9	024-534-5101
	県中児童相談所	963-8540	郡山市麓山 1-1-1	024-935-0611
	白河相談室	961-0074	白河市字郭内 127	0248-22-5648
	会津児童相談所	965-0003	会津若松市一箕町大字八幡字門田 1-3	0242-23-1400
	南会津相談室	967-0004	南会津町大字田島字天道沢甲 2542-2	0241-63-0309
	浜児童相談所	970-8033	いわき市自由が丘 38-15	0246-28-3346
	南相馬相談室	975-0031	南相馬市原町区錦町 1-30	0244-26-1135
茨城県	福祉相談センター	310-0011	水戸市三の丸 1-5-38	029-221-4992
	日立児童分室	317-0072	日立市弁天町 3-4-7	0294-22-0294
	鹿行児童分室	311-1517	鉾田市鉾田 1367-3	0291-33-4119
	土浦児童相談所	300-0815	土浦市中高津 2-10-50	029-821-4595
	筑西児童相談所	308-0847	筑西市玉戸 1336-16	0296-24-1614
栃木県	中央児童相談所	320-0071	宇都宮市野沢町 4-1	028-665-7830
	県南児童相談所	328-0042	栃木市沼和田町 17-22	0282-24-6121

都道府県	名称	〒	住所	電話
群馬県	県北児童相談所	329-2723	那須塩原市南町 7-20	0287-36-1058
	中央児童相談所	379-2166	前橋市野中町 360-1	027-261-1000
	西部児童相談所	370-0829	高崎市高松町 6	027-322-2498
	東部児童相談所	373-0033	太田市西本町 41-34	0276-31-3721
埼玉県	中央児童相談所	362-0013	上尾市上尾村 1242-1	048-775-4152
	南児童相談所	330-0073	さいたま市浦和区元町 2-30-20	048-885-4152
	川越児童相談所	350-0838	川越市宮元町 33-1	049-223-4152
	所沢児童相談所	359-0042	所沢市並木 1-9-2	04-2992-4152
	熊谷児童相談所	360-0014	熊谷市箱田 5-12-1	048-521-4152
	越谷児童相談所	343-0033	越谷市大字恩間 402-1	048-975-4152
千葉県	中央児童相談所	263-0016	千葉市稲毛区天台 1-10-3	043-253-4101
	市川児童相談所	272-0023	市川市東大和田 2-8-6	047-370-1077
	柏児童相談所	277-0831	柏市根戸 445-12	04-7131-7175
	銚子児童相談所	288-0813	銚子市台町 2183	0479-23-0076
	東上総児童相談所	297-0029	茂原市高師 3007-6	0475-27-1733
	君津児童相談所	299-1151	君津市中野 4-18-9	0439-55-3100
東京都	児童相談センター	162-0052	新宿区戸山 3-17-1	03-3208-1121
	北児童相談所	114-0002	北区王子 6-1-12	03-3913-5421
	品川児童相談所	140-0001	品川区北品川 3-7-21	03-3474-5442
	立川児童相談所	190-0012	立川市曙町 3-10-19	042-523-1321
	墨田児童相談所	130-0022	墨田区江東橋 1-16-10	03-3632-4631
	杉並児童相談所	167-0052	杉並区南荻窪 4-23-6	03-5370-6001
	小平児童相談所	187-0002	小平市花小金井 6-20-1	0424-67-3711
	八王子児童相談所	193-0931	八王子市台町 2-7-13	0426-24-1141
	足立児童相談所	123-0845	足立区西新井本町 3-8-4	03-3854-1181
	多摩児童相談所	206-0024	多摩市諏訪 2-6	042-372-5600
	世田谷児童相談所	156-0054	世田谷区桜丘 5-28-12	03-5477-6301
神奈川県	中央児童相談所	252-0813	藤沢市亀井野 3119	0466-84-1600
	鎌倉三浦地域児童相談所	238-0006	横須賀市日の出町 1-4-7	046-828-7050
	小田原児童相談所	250-0042	小田原市荻窪 350-1	0465-32-8000
	相模原児童相談所	229-0006	相模原市淵野辺市 2-7-2	042-750-0002
	厚木児童相談所	243-0004	厚木市水引 2-3-1	046-224-1111
新潟県	中央児童相談所	950-0121	新潟市江南区亀田向陽 4-2-1	025-381-1111
	長岡児童相談所	940-0865	長岡市四郎丸町 237	0258-35-8500
	上越児童相談所	943-0807	上越市春日山町 3-4-17	025-524-3355
	新発田児童相談所	957-8511	新発田市豊町 3-3-2	0254-26-9131
	南魚沼児童相談所	949-6623	南魚沼市六日町 620-2	025-770-2400
富山県	富山児童相談所	930-0964	富山市東石金町 4-52	076-423-4000
	高岡児童相談所	933-0045	高岡市本丸町 12-12	0766-21-2124
石川県	石川県中央児童相談所	920-8557	金沢市本多町 3-1-10	076-223-9553
	七尾児童相談所	926-0031	七尾市古府町そ部 8	0767-53-0811
福井県	総合福祉相談所	910-0026	福井市光陽 2-3-36	0776-24-5138
	敦賀児童相談所	914-0074	敦賀市角鹿町 1-32	0770-22-0858
山梨県	中央児童相談所	400-0005	甲府市北新 1-2-12	055-254-8616
	都留児童相談所	402-0054	都留市田原 3-5-24	0554-45-7835

XIV 児童虐待

都道府県	相談所名	郵便番号	住所	電話番号
長野県	中央児童相談所	380-0928	長野市若里 7-1-7	026-228-0441
	松本児童相談所	390-1401	東筑摩郡波田町 9986	0263-91-3370
	飯田児童相談所	395-0157	飯田市大瀬木 1107-54	0265-25-8300
	諏訪児童相談所	392-0027	諏訪市湖岸通り 1-19-13	0266-52-0056
	佐久児童相談所	385-0022	佐久市岩村田 3152-1	0267-67-3437
岐阜県	中央子ども相談センター	500-8385	岐阜市下奈良 2-2-1	058-273-1111
	西濃子ども相談センター	503-0852	大垣市禾森町 5-1458-10	0584-78-4838
	中濃子ども相談センター	505-8508	美濃加茂市古井町下古井字大脇 2610-1	0574-25-3111
	東濃子ども相談センター	507-8708	多治見市上野町 5-68-1	0572-23-1111
	飛騨子ども相談センター	506-0032	高山市千島町 35-2	0577-32-0594
静岡県	中央児童相談所	422-8031	静岡市駿河区有明 2-20	054-286-9204
	西部児童相談所	430-0929	浜松市中区中央 1-12-1	053-458-7189
	掛川支所	436-0073	掛川市金城 93	0537-22-7211
	東部児童相談所	410-8543	沼津市高島本町 1-3	055-920-2083
	賀茂児童相談所	415-0016	下田市中 531-1	0558-24-2038
	静岡市児童相談所	420-8602	静岡市葵区追手町 5-1	054-221-1691
愛知県	中央児童・障害者相談センター	460-0001	名古屋市中区三の丸 2-6-1	052-961-7250
	海部児童相談センター	496-0011	津島市萩原町字郷西 40	0567-25-8118
	知多児童相談センター	475-0902	半田市宮路町 1-1	0569-22-3939
	西三河児童・障害者相談センター	444-0860	岡崎市明大寺本町 1-4	0564-27-2779
	豊田加茂児童相談センター	471-0877	豊田市錦町 1-22-1	0565-33-2211
	新城設楽児童相談センター	441-1326	新城市字中野 6-1	0536-23-7366
	東三河児童・障害者相談センター	440-0806	豊橋市八町通 5-4	0532-54-6465
	一宮児童相談センター	491-0917	一宮市昭和 1-11-11	0586-45-1558
	春日井児童相談センター	480-0304	春日井市神屋町 713-8	0568-88-7501
	刈谷児童相談センター	448-0851	刈谷市神田町 1-3-4	0566-22-7111
三重県	北勢児童相談所	510-0894	四日市市山崎町 977-1	059-347-2030
	中勢児童相談所	514-0113	津市一身田大古曽字雁田 694-1	059-231-5666
	南勢志摩児童相談所	516-8566	伊勢市勢田町 622	0596-27-5143
	伊賀児童相談所	518-8533	伊勢市四十九町 2802	0595-24-8060
	紀州児童相談所	519-3695	尾鷲市坂場西町 1-1	0597-23-3435
滋賀県	中央子ども家庭相談センター	525-0072	草津市笠山 7-4-45	077-562-1121
	彦根子ども家庭相談センター	522-0043	彦根市小泉町 932-1	0749-24-3741
京都府	宇治児童相談所	611-0033	宇治市大久保町井ノ尻 13-1	0774-44-3340
	京都児童相談所	602-8075	京都市上京区小川通中立売下ル下小川町 184-1	075-432-3278
	福知山児童相談所	620-0881	福知山市字堀小字内田 1939-1	0773-22-3623
大阪府	中央子ども家庭センター	572-0838	寝屋川市八坂町 28-5	072-828-0161
	池田子ども家庭センター	563-0041	池田市満寿美町 9-17	072-751-2858
	吹田子ども家庭センター	564-0072	吹田市出口町 19-3	06-6389-3526
	東大阪子ども家庭センター	577-0809	東大阪市永和 1-7-4	06-6721-1966

	富田林子ども家庭センター	584-0031	富田林市寿町2-6-1 大阪府南河内府民センタービル内	0721-25-1131
	岸和田子ども家庭センター	596-0043	岸和田市宮前町7-30	0724-45-3977
兵庫県	中央こども家庭センター	673-0021	明石市北王子町13-5	078-923-9966
	洲本分室	656-0021	洲本市塩屋2-4-5	0799-26-2075
	西宮こども家庭センター	662-0862	西宮市青木町3-23	0798-71-4670
	尼崎駐在	661-0024	尼崎市三反田町1-1-1	06-6423-0801
	川西こども家庭センター	666-0017	川西市火打1-22-8	072-756-6633
	柏原分室	669-3309	丹波市柏原町柏原688	0795-73-3866
	姫路こども家庭センター	670-0092	姫路市新在家本町1-1-58	0792-97-1261
	豊岡こども家庭センター	668-0025	豊岡市幸町1-8	0796-22-4314
奈良県	中央こども家庭相談センター	630-8306	奈良市紀寺町833	0742-26-3788
	高田こども家庭相談センター	635-0095	大和高田市大中17-6	0745-22-6079
和歌山県	子ども・女性・障害者相談センター	641-0014	和歌山市毛見1437-218	073-445-5312
	紀南児童相談所	646-0062	田辺市明洋1-10-1	0739-22-1588
	新宮分室	647-0043	新宮市緑ヶ丘2-4-8	0735-22-8551
鳥取県	中央児童相談所	680-0901	鳥取市江津318-1	0857-23-1031
	米子児童相談所	683-0052	米子市博労町4-50	0859-33-1471
	倉吉児童相談所	682-0881	倉吉市宮川町2-36	0858-23-1141
島根県	中央児童相談所	690-0823	松江市西川津町3090-1	0852-21-3168
	隠岐相談室	685-8601	隠岐郡隠岐の島町港町塩口24	08512-2-9706
	出雲児童相談所	693-0051	出雲市小山町70	0853-21-0007
	浜田児童相談所	697-0023	浜田市上府町イ2591	0855-28-3560
	益田児童相談所	698-0041	益田市高津8-14-8	0856-22-0083
岡山県	中央児童相談所	700-0952	岡山市南方2-13-1	086-246-4152
	倉敷児童相談所	710-0052	倉敷市美和1-14-31	086-421-0991
	高梁分室	716-8585	高梁市落合町近似286-1	0866-22-4111
	高梁分室新見相談室	718-8560	新見市新見2056-1	0867-72-1177
	津山児童相談所	708-0004	津山市山北288-1	0868-23-5131
広島県	西部こども家庭センター	734-0003	広島市南区宇品東4-1-26	082-254-0381
	東部こども家庭センター	720-0838	福山市瀬戸町山北291-1	084-951-2340
	北部こども家庭センター	728-0013	三次市十日市東4-6-1	0824-63-5181
山口県	中央児童相談所	753-0214	山口市大内御堀922-1	083-922-7511
	岩国児童相談所	740-0016	岩国市三笠町1-1-1	0827-29-1513
	周南児童相談所	745-0836	周南市慶万町2-13	0834-21-0554
	下関児童相談所	751-0823	下関市貴船町3-2-2	0832-23-3191
	萩児童相談所	758-0041	萩市江向河添沖田531-1	0838-22-1150
徳島県	中央児童相談所	770-0942	徳島市昭和町5-5-1	088-622-2205
	南部児童相談所	774-0030	阿南市富岡町佃町539-7	0884-22-7130
	西部児童相談所	777-0005	美馬市穴吹町穴吹字明連23	0883-55-3323
香川県	子ども女性相談センター	760-0004	高松市西宝町2-6-32	087-862-8861
	西部子ども相談センター	763-0082	丸亀市土器町東8-526	0877-24-3173
愛媛県	中央児童相談所	790-0824	松山市御幸2-3-45	089-922-5040
	南予児童相談所	798-0060	宇和島市丸之内3-1-19	0895-22-1245

XIV 児童虐待

高知県	東予児童相談所	792-0825	新居浜市星原町 14-38	0897-43-3000
	中央児童相談所	781-5102	高知市大津甲 770-1	088-866-6791
	幡多児童相談所	787-0050	四万十市渡川 1-6-21	0880-37-3159
福岡県	福岡児童相談所	816-0804	春日市原町 3-1-7	092-586-0023
	久留米児童相談所	830-0047	久留米市津福本町金丸 281	0942-32-4458
	田川児童相談所	826-0041	田川市弓削田 188	0947-42-0499
	大牟田児童相談所	836-0027	大牟田市西浜田町 4-1	0944-54-2344
	宗像児童相談所	811-3431	宗像市大字田熊 5-5-1	0940-37-3255
	京築児童相談所	828-0021	豊前市大字八屋 2007-1	0979-84-0407
佐賀県	中央児童相談所	840-0851	佐賀市天祐 1-8-5	0952-26-1212
	唐津分室	847-0012	唐津市大名小路 3-1	0955-73-1141
長崎県	長崎こども・女性・障害者支援センター	852-8114	長崎市橋口町 10-22	095-844-6166
	佐世保こども・女性・障害者支援センター	857-0034	佐世保市万徳町 10-3	0956-24-5080
熊本県	中央児童相談所	861-8039	熊本市長嶺南 2-3-3	096-381-4451
	八代児童相談所	866-8555	八代市西片町 1660	0965-33-3111
大分県	中央児童相談所	870-0889	大分市荏隈 5 丁目	097-544-2016
	中津児童相談所	871-0024	中津市中央町 1-10-22	0979-22-2025
宮崎県	中央児童相談所	880-0032	宮崎市霧島 1-1-2	0985-26-1551
	都城児童相談所	885-0017	都城市年見町 14-1-1	0986-22-4294
	延岡児童相談所	882-0803	延岡市大貫町 1-2845	0982-35-1700
鹿児島県	児童総合相談センター	891-0175	鹿児島市桜ヶ丘 6-12	099-264-3003
	大島児童相談所	894-0012	名瀬市小俣町 20-2	0997-53-6070
	大隅児童相談所	893-0011	鹿屋市打馬 2-16-6	0994-43-7011
沖縄県	中央児童相談所	903-0804	那覇市首里石嶺町 4-404-2	098-886-2900
	八重山分室	907-0002	石垣市真栄里 438-1（八重山福祉保健所内）	0980-88-7801
	コザ児童相談所	904-2143	沖縄市字知花 6-34-6	098-937-0859
札幌市	札幌市児童相談所	060-0007	札幌市中央区北 7 条西 26	011-622-8630
仙台市	仙台市児童相談所	981-0908	仙台市青葉区東照宮 1-18-1	022-219-5111
さいたま市	さいたま市児童相談所	338-8686	さいたま市中央区下落合 5-6-11	048-840-6107
千葉市	千葉市児童相談所	261-0003	千葉市美浜区高浜 3-2-3	043-277-8880
横浜市	横浜市中央児童相談所	232-0024	横浜市南区浦舟町 3-44-2	045-260-6510
	横浜市西部児童相談所	240-0001	横浜市保土ヶ谷区川辺町 5-10	045-331-5471
	横浜市南部児童相談所	235-0045	横浜市磯子区洋光台 3-18-29	045-831-4735
	横浜市北部児童相談所	224-0032	横浜市都筑区茅ヶ崎中央 32-1	045-948-2441
川崎市	川崎市中央児童相談所	213-0013	川崎市高津区末長 276-5	044-877-8111
	川崎市南部児童相談所	210-0804	川崎市川崎区藤崎 1-6-8	044-244-7411
横須賀市	横須賀市児童相談所	238-0004	横須賀市小川町 1	046-820-2323
新潟市	新潟市児童相談所	951-8133	新潟市中央区川岸町 1-57-1	025-230-7777
金沢市	金沢市児童相談所	921-8171	金沢市富樫 3-10-1	076-243-4158
静岡市	静岡市児童相談所	420-8602	静岡市葵区追手町 5-1	054-221-1691
浜松市	浜松市児童相談所	430-0929	浜松市中区中央 1-12-1	053-457-2703
名古屋市	名古屋市児童相談所	466-0827	名古屋市昭和区川名山町 6-4	052-832-6111

京都市	京都市児童相談所	602-8155	京都市上京区竹屋町通千本東入主税町 910-25	075-801-2929
大阪市	大阪市中央児童相談所	547-0026	大阪市平野区喜連西 6-2-55	06-6797-6520
堺市	堺市子ども相談所	593-8301	堺市西区上野芝町 2-4-2	072-276-7123
神戸市	神戸市こども家庭センター	650-0044	神戸市中央区東川崎町 1-3-1	078-382-2525
岡山市	岡山市こども総合相談所	700-8546	岡山市北区鹿田町 1-1-1	086-803-2525
広島市	広島市児童相談所	732-0052	広島市東区光町 2-15-55	082-263-0694
北九州市	北九州市子ども総合センター	804-0067	北九州市戸畑区汐井町 1-6	093-881-4556
福岡市	福岡市こども総合相談センター	810-0065	福岡市中央区地行浜 2-1-28	092-832-7100

③ 性的虐待、虐待事例の相談・支援機関

4 虐待の要因と親支援

設問 133

私は子どもの頃，親からひどくたたかれたり，どなられたりして，さんざんいやな思いをしたのですが，いつのまにか，自分の子どもを虐待する親になってしまいました。こんな自分から抜け出したいと思っているのですが，子どもを虐待しそうなときに相談できるところはないでしょうか。同じ悩みを抱えている人たちの集まりがあれば，教えてください。

虐待発生の要因

児童虐待が発生する要因の1つとして，しばしば虐待の「世代間連鎖」とか「世代間伝達」ということがいわれます。これは，親は子どものときに自分自身が育てられた体験を身につけているので，今度は自分が親として子どもを育てるようになると，その体験が自分の子育てに反映するというものです。暴力を受けて育った子は，自分が親になったときに，自分の子どもに対して暴力をふるうというわけです。このような現象については，学習理論（暴力を慢性的にふるわれることにより暴力という行動パターンが習慣化してしまう）による説明や役割逆転（子ども時代に十分に愛されなかった人が親になると，子どもを愛するのではなくて子どもから愛されたいと考えるが，思うようにならないと暴力をふるう）による説明がなされています[1]。しかし，この虐待の世代間伝達ということをあまり決定的な要因とは考えない方がいいでしょう。もちろん，児童虐待が発生する要因の1つとはいえるでしょうが，この要因が虐待に結びつく程度は30％程度であるともいわれています[2]。あくまでも，虐待を発生させる要因の1つであると理解するべきです。反対に，親から虐待されて育っても自分の子どもには虐待行為を働かない，それだけでなく社会生活を送っていく上でも逸脱行動がみられないときには，どのような要因が働いているのかについての分析はまだ十分に行われているとはいえないのではないでしょうか。

家庭裁判所が扱った深刻な児童虐待が問題となった家事事件30件と少年事件10件の分析によると，虐待が生じた家族には以下のような特徴がみられると整理されています[3]。

(1) **家族の状況**

① ストレスが多い（具体的には，経済的困窮，家族成員のだれかの身体疾患や精神疾患，多子，夫婦間もしくは親族間紛争の存在）。

② 社会的に孤立していること。

③ 家族関係が特異であること（夫婦間の葛藤があったり，子どもが親を気遣い，逆に親が子どもに頼るというような親子役割の逆転による親子関係のゆがみの存在）。

(2) **親の特徴**

(a) 性格

① 過度に依存する傾向がある。
② 衝動的，攻撃的な傾向がある。
③ 社会的に未熟である。
④ 共感性が乏しい。

(b) 親の物事のとらえ方・感じ方

① 精神疾患や知的障害の影響を受けている場合がある。

② 常識からかけ離れた偏った価値観や信念がある。

③ 物事を被害的に受け止める。
(c) 対人関係の特徴
① 対人関係が希薄である。
② 夫婦関係が不安定である。
　この要素に関連して，夫や同棲相手・恋人からの暴力（いわゆるDV）との関連・類似性が指摘されています。すなわち，「家族のメンバーに対して暴力を振るう親は，無意識のうちに，暴力によって人を支配できるような人間関係を求めていることが多いようです」と。
③ 親族との関係が悪い。
④ 関係機関と良好な関係がもてない。
(3) **子どもに対する親の態度，構え**
① 子どもに対する愛情や親子の関係が希薄である。
② 子どもの問題行動に対して体罰を加えることを肯定している。
③ 自分自身の未解決の問題や感情を子どもに投げかけてしまう。
④ 虐待を受けた体験を子どもとの関係の中で再現している。
　本設問の事例はこのタイプのものであるといえます。
⑤ 子どもに対して能力以上の期待をしてしまう。
(4) **親に対する子どもの態度**
① 現実的でない期待をする。
② はっきり拒否する。
③ 愛憎のかっとうがある。
④ 態度の表明を回避する。
　以上，虐待事例を分析すると虐待を引き起こしたと考えられる要因は，多数あり，しかもこれらの要因が複数，場合によっては複雑に絡み合っているといえます。また，自分の行為が虐待にあたることを自覚している者，自覚しているけれども医師や福祉関係者等に対しては否認している者，そもそも自分の行為を虐待にあたると自覚していない者，虐待行為には及んでいないけれども自分が虐待行為に及んでしまうのではないかと不安に思っている者，精神疾患や人格障害が存在する者等々，虐待する親といっても様々です。そうすると，親への対応・親ケアといっても，必要とされる対応は多様なものにならざるをえません。ある場合には，官民様々なところで行われている電話相談でじっくりと話を聞いてもらうことで，精神的に安定して落ち着く人もいるでしょうし，子育てグループにつながることでストレスが解消する人もいるでしょう。他方で，精神科医による治療の対象となるようなケースもあります。
　2004（平成16）年4月に改正された児童虐待防止法（児童虐待の防止等に関する法律）4条1項は，「国及び地方公共団体は，児童虐待の予防及び早期発見，迅速かつ適切な児童虐待を受けた児童の保護及び自立の支援並びに児童虐待を行った保護者に対する親子の再統合の促進への配慮その他の児童虐待を受けた児童が良好な家庭的環境で生活するために必要な配慮をした適切な指導及び支援を行うため，関係省庁相互間その他関係機関及び民間団体の間の連携の強化，民間団体の支援その他児童虐待の防止等のために必要な体制の整備に努めなければならない」と規定して，親子再統合の促進も国と地方公共団体の責務としています。このなかには，虐待した親への働きかけ（ペアレント・トレーニングといわれるようなもの）も含まれてきます。

親支援　　上記の基本方針に従って行われている支援は，何か1つのものに限られているわけではなく，様々な試みが行われていて，なお発展途上であるといえます。本設問で想定されているのは，軽度もしくは中度の虐待事例で，親子分離を伴わないケースが念頭に置かれています。このような親への相談・支援も，複数のタ

④ 虐待の要因と親支援

XIV 児童虐待

イプのものがあります。ここでは，そのうちのいくつかを紹介します。

東京の社会福祉法人子どもの虐待防止センターでは，1992（平成4）年から同センターの電話相談をきっかけにMCG（Mother & Child Group・母と子の関係を考える会）を行っています*4。MCGは，一部の保健所や個人の精神科，民間団体でも行っているところがあります。他のグループケアと比較したMCGの特色は，①アルコール依存の場合のミーティングの手法を取り入れ，参加者を非難せずに順に語り合う。②動機づけされている親が対象。③回数に制限がない。④新規加入者が随時ある，という点にあるといわれます。ここでは，里親や養親の子育て支援を行うFCG（Foster parents Care Group・里親と子どもの関係を考える会）も実施しています。

ピアカウンセリング的性格をもち，少人数のグループでファシリテーター（話し合いが円滑に進むようにする人）によって進行していく類似のものとして，PSG（Parents Support Group・親支援グループ）の試みも保健機関（保健所・保健センター）で始まっています*5。PSGは，0歳児をもつ母親で，育児不安や育児困難に対する早期支援策であるMSG（Mother's Support Group・母親支援のグループ）と18歳未満の子をもち，虐待で在宅指導の対象になっているケースへの支援であるPCG（Parents and Child Group・親と子の関係を考える会）を総称したものです。

利用できるプログラムにはどんなものがあるかは，児童相談所，保健センター，お住まいの都道府県で活動している民間団体，市町村の児童福祉主管課に問い合わせてください。現時点では，先述のように，どこでも行われているというわけではないので，上記機関の1つでそういうものはないといわれても，複数の機関に問い合わせてみると，講座・グループ・行事等の情報を得ることができることがあります。

設問のケースでは，親自身が自分を支えてくれる社会的資源を探しています。このように自分から支援を求めているときには，それが虐待予防であっても，虐待後でも，本人に何とかしなくてはならないという動機づけがあります。したがって，この動機づけに沿った支援は親によって受け入れられやすいわけです。問題は親にこの動機づけが全くなく，本人は，支援とか生活態度や考え方の修正を必要ないと思っているときです。このように自分自身に動機づけがなく，そのため往々にして拒絶的な親にどう対処して，家族の再統合につなげていくのか，あるいは，どこまでやった時点で，再統合に向けた親への働きかけや説得に見切りをつけるのか（実親との関係に見切りをつけ，それでもなお家庭的環境での養育を子どもに保障するということで，外国では養子縁組の利用へとつながる場合もあります）ということが，今後の課題であるといえます。

*1 高橋重宏編・子ども虐待（有斐閣，新版，2008），97頁
*2 高橋編・前掲注1・97頁
*3 家庭裁判所調査官研修所監修・児童虐待が問題となる家庭事件の実証的研究——深刻化のメカニズムを探る（司法協会，2003），14頁以下
*4 児童虐待防止対策支援・治療研究会編『子ども・家族への支援・治療をするために——虐待を受けた子どもとその家族と向き合うあなたへ』（日本児童福祉協会，2004）269頁，332頁。本書は，副題が示すとおり，被虐待児と虐待者たるその保護者の保護・支援・治療にかかわる人にとって有益です
*5 PSGについては徳永雅子「親への支援」発達117号（2009）66頁参照

〔鈴木博人〕

児童虐待関連の電話相談を開設している民間団体

団体名	電話相談電話番号	電話相談受付時間
子ども虐待防止ネットワーク・みやぎ	022-265-8866	月～土曜日 10:00～16:00
福島虐待問題研究会	024-990-1343	第2土曜日 10:00～15:00
埼玉子どもを虐待から守る会	048-835-2699	月～金曜日 10:00～16:00
いばらき子どもの虐待防止ネットワークあい	029-309-7670	土曜日（祝日除く） 11:00～15:00
子どもの虐待防止センター	03-5300-2990	月～金曜日 10:00～17:00 土曜日 10:00～15:00 （祝日除く）
子ども虐待ネグレクト防止ネットワーク	虐待相談かながわ 0463-90-2260	月曜日（祝日除く） 10:00～13:00
ながの子どもを虐待から守る会	026-268-0008	火・木曜日 10:00～14:00 土曜日 10:00～12:00
子どもの虐待防止センター・しずおか	054-251-7560	月～金曜日（祝・年末年始除く） 13:00～16:00
子どもの虐待防止ネットワーク石川	076-296-3141	木・土曜日（祝日・お盆・年末年始を除く） 10:00～16:00
子どもの虐待防止ネットワーク・あいち	052-232-0624	月～土曜日（祝日除く） 10:00～16:00
児童虐待防止協会	06-6762-0088	月～金曜日 11:00～17:00
阪神子どもの虐待防止ネット「ほっと」	0798-44-4150	木・土曜日 10:00～16:00
子ども虐待ホットライン広島	082-246-6426	火・木・土曜日（年末年始除く） 10:00～15:00
子どもの虐待防止ネットワークかがわ	087-888-0182	火・木・土曜日 10:00～14:00
ふくおか・子どもの虐待防止センター	092-738-7404	火・水・土曜日（祝日・年末年始を除く） 10:00～14:00
子どもと親の相談センター・大分	097-535-1119	毎月1日・11日・21日 14:00～18:00
子ども虐待防止みやざきの会	0985-85-4641	土曜日 14:00～16:00
全国子育て・虐待防止ホットライン	0570-011-077	毎日 10:00～17:00

5　親子分離・子の安全の確認

設問 134

父母に虐待されている子どもは施設に預けられるとききましたが、親が虐待を否定しているときでも、親元から引き離すことが認められるのでしょうか。また、最近、近所の家で以前はよく見かけた子どもの姿が全然見えないのですが、安否確認の方法が何かあるのでしょうか。

親子分離事例の特色　児童虐待事例に限ったことではありませんが、児童相談所は、保護者等からの相談（児福11条1項2号ロ。平成16年児童福祉法改正により、第一次的には市町村が家庭その他からの相談に応じ〔同10条1項3号〕、児童相談所は、専門的な知識および技術を必要とするものに応じることになりました）もしくは要保護児童通告（同25条）を受けて、児童福祉司による調査を行います。この調査の結果、子どもを家庭から一時引き離す必要があるときには、当該児童を一時保護します（同33条。なお、児童相談所運営指針〔第5章第1節3(3)〕によると、一時保護は親権者や未成年後見人の同意がなくても行えるという強行性をもちますが、子どもや保護者の同意を得るように十分調整するよう要請されています）。次いで、児童相談所内部の処遇会議において、一時保護中の子どもの行動観察の結果も含めて総合的に当該ケースの取扱いについて判断します。親子分離が必要であるという判断に至ると、親子分離に向けての親（親権者）[*1]の同意を得るべく努力します。このようにして、分離した子どもは、多くの場合、乳児院や児童養護施設に措置入所させ、そのうえで施設での面接や外泊を通じて、親子の再統合を図るというのがオーソドックスな対応でした。

ところが、児童虐待事例の親（⇒〔設問133〕）は、「主として医療モデルをベースに開発された対人援助、つまり一般的なカウンセリングやケースワークには全くなじみにくい対象者である」と評されています[*2]。このようにケースワークの手法では対応できないときに、家庭裁判所の判断（司法判断）の裏付けを得た強制手段をとることになります。ただ児童相談所の実務では、こういった転換は実際にはそう簡単なことではありません。ケースワークとして、虐待するもしくは虐待の疑いのある親に対して寄り添うような活動をしてきたのが、法的手段をとることにより親の側から裏切り者呼ばわりされたり、親子間の調整がうまくいかなかった結果だと感じ、ケースワークの敗北という感情を抱いたりすることがあります。さらに、法的強制措置をとるために司法判断を求めて、その結果裁判所の承認を得られなかったときに、対立関係に立った親へのケースワークを、その後どのようにしていけばいいのかという不安も生まれます。

法的介入方法の種類　親の意思に反して、司法判断を仰いで子どもを保護者から引き離すことは、親権中居所指定権に制限を加えるものです。この場合に想定されているのは、児童福祉法28条1項1号に基づき、家庭裁判所の承認審判を得て行われる、保護者（親権者または未成年後見人）の意思に反

する施設入所または里親委託です（いわゆる28条審判）。施設入所や里親委託が行われますと、児童福祉施設長と里親は、監護、教育および懲戒について、当該児童の福祉に必要な措置をとることができる権限をもちます（児福47条2項）。28条審判のほかにも、児童相談所長は、民法834条の親権喪失請求を行うことができます（同33条の7）*3。子の親族または検察官のほかに、親権喪失請求権者に児童相談所長が加えられているのです。

親権を制限することができる制度はほかにもあります。例えば、父母の離婚に伴い、現行民法上、単独親権者となります（民819条1項2項）が、「子の利益のため必要があると認めるときは、家庭裁判所は、子の親族の請求によって、親権者を他の一方に変更することができ」（同条6項）ます。しかし、これは、児童相談所（長）が直接行える手続ではありません。もちろん、児童相談所としては、親権者でない方の親や親族の協力を得て（得るように説得して）、親権者変更を行い、その新単独親権者の下に子どもの身柄を移したり、改めて同意を得て児童福祉施設に入所させたりすることはできます。また、児童相談所の手によらずにとりうる法的手段である民法834条の親権喪失請求は、児童虐待が社会問題化した初期の頃に、弁護士が独自にとりうる方法として利用されることがありました。親権喪失は、原因となる理由がなくなれば、親権が回復する制度ですから、親権者に対する応対が非常に難しい事例ではもっと利用する価値がある制度です。

28条審判　児童相談所による児童福祉法27条1項3号の措置（里親委託・施設入所）に親権者または未成年後見人（法文上の保護者）が同意しないときには、上記の諸手段のうち、通常とられるのは28条審判の申立てです。その要件は、「保護者が、その児童を虐待し、著しくその監護を怠り、その他保護者に監護させることが著しく当該児童の福祉を害する」ことと、保護者の同意を得られないことです。

今までの28条審判の分析によれば、家庭裁判所による司法判断では、虐待そのものの存在を確定するものよりも、子どもの福祉侵害を認定して、28条に基づく親の意思に反する措置を認容しています。親自身が虐待行為の存在を否定する事例が多いので、28条審判の申立てにあたっては、子どもの福祉の危険がいかに高いかを明確にすることが重要です。例えば、親の家庭にいると、子どもの体重が減少するとか、原因不明の発熱、けがが生じるが、病院に入院するとそれらの症状は出ないという事例で、親は虐待を否定していて、虐待行為が確定できないときには、何が原因かわからないけれども、少なくとも親の家庭にいると身体に危険が及ぶ状況があるということを明確にすることが必要です。

更新制度と勧告制度　児童福祉法28条には、2004（平成16）年改正により、次の点が盛り込まれました。

① 28条審判に基づく親子分離措置は原則として2年を限度とし、必要ならば家庭裁判所の承認を得て更新することとされました（児福28条2項4項）。この理由の1つは、28条に基づく施設入所措置等は、親権制限を伴うので、時間の経過に伴う親や子どもの状況変化に対応し、それぞれの人権を保障するために、親子分離に期間を設けたというものです。もう1つは、措置に期限を設けることで、保護者が見通しをつけやすくなり、保護者への指導も行いやすくなるというものです。この制度は、比較法的にみると、

XIV 児童虐待

当該期間に福祉機関が親への支援を行ったのに改善の意思がないときには，親権を剥奪し，親子関係断絶から養子縁組手続へという流れの中に位置づけられています。この点，日本法は，2年という期間の経過を親の権利剥奪制度へと結びつけてはいないという特色があります。

② 児童相談所が行う保護者指導に家庭裁判所が間接的な形ではあるけれども関与する仕組みが導入されました（児福28条5項6項）。すなわち，この制度は，保護者がこの勧告が行われることにより，児童相談所の指導に従う動機づけになることを意図しながらも，裁判所が，直接保護者に指導に従うように勧告する仕組みではない点に注意する必要があります。

なお，施設入所措置後の保護者による引取要求については，厚生省児童家庭局長通知（平成9・6・20児発434）「児童虐待等に関する児童福祉法の適切な運用について」で，28条による承認があった以上施設長の監護権が保護者等の監護権に優先することになるので，これを拒むこととされています。

立入調査——臨検・捜索

さて，子どもの姿が見えず，親が学校や児童相談所に協力的でなく，家庭訪問しても誰も出てこなかったり，家の中には入れてくれないときにはどうしたらいいでしょうか。2007（平成19）年の児童虐待防止法改正により，子どもの安全確認と安全確保についての強化策が講じられ，児童相談所や市町村等は児童虐待に係る通告を受けたときには当該児童の安全確認を行うことが義務づけられました（児童虐待8条1項2項）。安全確認は通告受理から48時間以内に行うことが望ましいとされています（児童相談所運営指針第3章第3節3，子ども虐待対応の手引き第4章1(4)(1)）。安全確認という初動の対応がうまく行われなかったときに，子どもの死亡等重大な結果に結びつく事例がありました。そこで親の拒絶が強く，子どもの安全確認ができない場合に，都道府県知事により保護者に対し児童を同伴しての出頭を要求する制度が設けられました（同8条の2第1項2項）。家庭訪問等の他の安全確認方法の利用や緊急性から，この出頭要求は必ず行われるとは限りませんが，安全確認ができず，児童虐待のおそれがある場合には，知事は立入調査権限を有しています（同9条，児福29条・61条の5）。

立入調査にも施錠して応じない事例については，臨検・捜索制度が創設されました（児童虐待9条の2〜10条の6）。臨検・捜索は，保護者が立入調査を拒否，妨害，忌避し，知事による児童同伴の（再）出頭要求（同9条の2）に応じず，児童虐待の疑いがあるときに，児童の安全確認または安全確保のために，裁判官（地裁，家裁または簡裁）の許可状を得て（同9条の3第1項）行われます。このとき，必要に応じて解錠等の処分を行うことが認められています（同9条の7）。また，必要であれば，警察官の援助を要請できます（同10条）。

＊1　正確には，親権者と未成年後見人が保護者として同意権者になります（児福28条1項1号）。本稿では，親権者が対象になることがほとんどであることから，親権者に限定した論述をしていますが，未成年後見人の場合も同じです。

＊2　岡田隆介編・児童虐待と児童相談所（金剛出版，2001）19頁〔津崎哲郎〕

＊3　本文中に挙げる場合のほかにも，親権者から子どもを引き離すことができる法的手段はまだあります（例：離婚後の親権者の変更〔民819条6項〕）。しかし，ここでは，設問に沿って，児童福祉法28条にしぼって説明することにします。

〔鈴木博人〕

6 施設での生活と施設内虐待

設問 135

隣の子は中学1年生ですが、親の離婚に伴う様々な事情から施設に預けられました。数日前からその子が帰ってきています。お父さんは、長距離トラックの運転手さんのため何日も家を空けているようです。何となく心配なのですが、どうしたらいいでしょうか。施設で何かひどい扱いでも受けたのではないかと心配しています。そういうことはないのでしょうか。また、虐待された子どもも施設にいるとききましたが、子どもたちの施設での生活も教えてください。

施設での生活　児童福祉施設は児童福祉法7条1項に規定されています。このうち要保護児童通告（児福25条）を受けた児童や相談に応じた児童、少年法18条1項により家庭裁判所から送致を受けた児童等について、措置される施設は、乳児院、児童養護施設、知的障害児施設、知的障害児通園施設、盲ろうあ児施設、肢体不自由児施設、重症心身障害児施設、情緒障害児短期治療施設もしくは児童自立支援施設です（同27条1項3号）。設問の施設は児童養護施設で、一般的にも施設入所というときには、児童養護施設への入所であることがほとんどです。

児童養護施設は、原則として乳児（1歳未満の者。同4条1号）を除く保護者のない児童（2004〔平成16〕年児童福祉法改正により「安定した生活環境の確保その他の理由により特に必要のある場合には」児童養護施設でも乳児を含むことになりました。これは、乳児院から養護施設への措置変更に伴う分離体験を回避するためです）、虐待されている児童、その他環境上養護を要する児童を入所させて養護するものです。2004（平成16）年法改正により退所した者に対する相談その他の自立のための支援を行うこともその目的とされました（同41条）。乳児院は、入所対象が原則として乳児ですが、養護施設同様、必要があれば幼児（1歳から小学校入学までの者。同4条2号）を入院させておくことができるようになりました（同37条）。ここでは、児童養護施設を中心にみましょう。

児童養護施設の生活形態は、大舎制、中舎制、小舎制に分けられます。これは、法律上の区分ではなく、生活集団の規模による分け方です。全国児童養護施設協議会では、20人以上の生活集団のものを大舎制、13人から19人のものを中舎制、12人以下のものを小舎制と呼んでいます。小舎制といってもユニットケアであることを意味しません。わが国では、児童養護施設の7割が大舎制で営まれています。児童福祉施設最低基準（昭和23・12・29厚生省令63）42条3項によると、児童指導員および保育士の総数は、満3歳に満たない幼児おおむね2人につき1人以上、満3歳以上の幼児おおむね4人につき1人以上、少年おおむね6人につき1人以上と定められています。例えば少年6人に指導員1人という基準は、常に少年6人につき1人の指導員が配置されているわけではありません。これら指導員が交代制の勤務に就くわけですから常にもっと多くの子どもたちに1人の指導員が配置されるということになり、

393

XIV 児童虐待

時間帯によっても割り当てられる指導員の人数に多少が出てくるのです。

厚生労働省は，施設での職員によるきめ細かな関係づくりを重視して，「小規模グループケア実施要綱」を定めて，児童養護施設における養育形態の小規模化を推進することを決定しました（平成16・5・6雇児発0506002「児童養護施設のケア形態の小規模化の推進について」）。

さらに2009（平成21）年4月からは，一定の資格をもつ者の住居において，定員5名または6名で，保護者がいないまたは保護者に監護させることが不適当な児童の養育を行う小規模住居型児童養育事業（ファミリーホーム）も創設されました（児福6条の2第8項，児福施行規則1条の9～1条の31）。

愛着関係

現在，児童養護施設に入所してくる子どもたちの多くは，虐待，不適切な養育環境，家族や親しい人からの分離，暮らしてきた地域からの切離し等を経験してきています。こういったことは，子どもたちにとってどういう意味をもっているのでしょうか。本来，人にはそれぞれの年齢に応じた発達段階において必ず体験しなくてはならないことがあります。例えば，生まれたばかりの子ならば，100％無条件に清潔で，しかも安心していられるよう世話してもらうことです。特定の大人（多くの場合親がこの特定の大人に該当します）との間に親子としての絆を築き上げることも必要です（愛着関係の形成）。衣食住，物心両面にわたって100％大人に頼らなくては生きていけなかった子が，大人から面倒をみてもらう領域を，時間の経過とともに狭めながら成長していくのです。子はこの成長発達のそれぞれの段階で，授乳され，抱きしめられ，無条件に受け入れられるところから始まって，次第にしつけられたり，世の中のルールを身につけたりしていくわけです。この過程のどこかで，何らかの理由でそのときに必要な子どもの心身のニーズが満たされない抑圧された状況下に置かれると，その発達段階で本来は体験するべき事柄を子どもは経験できなくなってしまいます。その経験ができずに欠落したところまで一度立ち戻って，その欠落を埋めるところから子どもの養育を始めるのが，里親養育であり，施設養護であり，子どものための養子縁組です。

このようにいうことは，しかし，「言うは易し行うは難し」です。このようなことを行えるようになるために，子どもは，徹底的に大人を試し，挑発します。また，抱きしめられた思い出のない子に抱きしめることから始めるといっても，例えば思春期の男の子は，大人から幼児のときのように抱きしめられるなどということはプライドが許さないでしょう。そうすると，子どもの欠落したところに立ち返ってといっても，立ち返ることができるのは，子どもが一定の年齢になるまでの時間との勝負になるという側面もあるのです。そのため子どもの処遇は時間を限って行われなければならないのです。

このように児童養護施設入所児童の多くは，人への基本的信頼や愛着関係が未形成のままです。子どもたちのうまく言葉にして表現できない不安，怒り，悲しみ，寂しさ等は，日常生活でのかんしゃく，逸脱行為，迷惑行為，無気力，不登校，精神不安定等として現れます。これらは，大人たちへの「無言のメッセージ」であり，「救いを求めるサイン」です。子どもたちは年齢が小さくても大きくても，それぞれのやり方で，大人たちを信頼できるのかどうか徹底的に試します。施設での生活を自らの意思や希望と

は関係なく始めざるをえなかった子どもが、どの時期にどのように発達を阻害され、つまずいたのか、心の傷を受けたのか、その満たされなかった時期に立ち返りそこからやり直すことが求められているのです。施設では、子どもに安心感と安全感と信頼感を与えることが求められます。そのためにも、基本的な衣食住がしっかりと提供され、それに伴って安定した生活習慣（例えば、夜は翌朝起きられるようにきちんと寝る、朝になったら起きて学校に行けるようにする）が形成されなくてはなりません。子どもの抱える心理的問題への心理治療的援助も行われます。これらの子どもへの援助は、1人1人の子どもについて児童自立支援計画を策定して実施されていきます。

このような施設生活は、例えば、親から顧みられずに（ネグレクト）、気ままな生活を送っていた子どもにとっては、寝る・起きる・食べるを規則正しく行うことは苦痛だったり、友達と一緒にいたくて無断外出や無断外泊をすることもあります。無断外出や無断外泊の圧倒的多数はこういうものです。無断外出・外泊か否かはともかく、気になるときには、児童相談所か入所施設がわかっていれば施設に連絡してください。どこに連絡していいかわからないときには、とりあえずその子が前に通っていた学校に連絡してその子のことを知っている先生に対応してもらうということでもかまいません。

施設内虐待

残念ながら、上述の施設養育の基本からはずれ、施設内での入所児童に対する体罰等の権利侵害（いわゆる施設内虐待）は、以前から存在していました。児童福祉施設最低基準（9条の2虐待等の禁止、9条の3懲戒に係る権限の濫用禁止、14条の3苦情等への対応）に基づく申立制度、社会福祉法83条の運営適正化委員会への申立制度の創設、児童福祉施設における施設内虐待の防止について（平成18・10・6雇児総発1006001通知）等の通知、各自治体で作成した「子どもの権利ノート」の活用促進等の対策がとられてきましたが、なお根絶されていません。また、職員による直接的な暴力ではありませんが、最高裁は「暁学園事件」で、児童養護施設内での児童間の暴力を職員が防止できなかったことについて、県の賠償責任を認めました*1。

そこで、2008（平成20）年児童福祉法改正（2009年4月1日施行）で、児童福祉法に新たに施設内虐待防止規定が設けられるに至りました。すなわち、第2章に第6節「被措置児童等虐待の防止等」を設けて、施設内虐待の防止を規定しました。まず、被措置児童虐待について（児福33条の10）、児童虐待防止法2条の虐待の定義とほぼ同一の定義がされています。上記最高裁判決を受けて、「他の児童による」虐待行為の放置も禁じられています。これらの「虐待を受けたと思われる児童を発見した者」の通告義務と、虐待を受けた児童自身による届出について規定しました（同33条の12第1項3項）。さらに、通告を受けた職員の守秘義務を定め（同33条の13）、都道府県は、事実確認や必要な措置をとり（同33条の14）、改善命令や事業停止命令を出すこともできます（同46条）。都道府県知事は状況を毎年公表し（同33条の16）、国は検証・調査研究を行う（同33条の17）こととされています。

*1 最判平19・1・25民集61・1・1

〔鈴木博人〕

⑥ 施設での生活と施設内虐待

XV

国境を越える家族と子ども

1 外国での出産
2 国際結婚と子ども
3 国際結婚外で生まれた子
4 日本で生まれた子の国籍
5 国際間の別居扶養
6 国際離婚と子ども
7 国際養子縁組
8 国際養子縁組の離縁
9 国際間の成年後見
10 国際相続法

1 外国での出産

設問 136

私たち夫婦は仕事の都合でイギリスに今後5年間滞在の予定ですが，妻は今，妊娠中です。日本に里帰りさせるかどうか迷っているのですが，日本で出産するのと，イギリスで出産するのと，どこが違うのでしょうか。出生届の手続や子どもの国籍のことについて教えてください。会社からの扶養手当や，国からの児童手当などはもらえるのでしょうか。

子の出生届について

戸籍法は，日本人の生死および家族関係に関する事項については，それが日本国内のみならず，外国において生じた場合にも適用されます*1。したがって戸籍法上，子の出生届は，子が日本国内で出生した場合と同様に海外で出生した場合にも必要となります（戸49条1項）。届出に際しては，父または母が届出義務者とされており（同52条1項），両者は同順位で届出の義務を負います。ただし，子が日本国内で出生した場合と海外で出生した場合については，届出期間等で以下のような違いがあります。

・日本国内で出生した場合：届出期間は，子の出生した日から起算して14日以内とされています（同49条1項）。届出には出生届書のほかに，原則として，出産に立ち会った医師などの作成した出生証明書が必要となります（同49条3項）。

・外国で出生した場合：届出期間は，子の出生した日から起算して3ヵ月以内と規定されています（同49条1項）。届出には出生届書のほかに，原則として，出産に立ち会った医師などの作成した出生証明書が必要ですが（同49条3項），出生証明書が外国語で作成されたものである場合は，翻訳者を明らかにした訳文の添付が必要です（戸規63条の2）。

届先は，イギリスであれば在英日本公館に直接出向くか，日本の本籍地の市区町村長に郵送で届けることもできます。

子の国籍について
——日本の国籍法

国籍はそれぞれの国の国籍法により決められます。日本は血統主義をとり，それも父母両系主義をとりますので（国籍2条1号），父親か母親のいずれかが日本人であれば子はどこの国で生まれようとも日本国籍を取得します（⇨〔設問137〕）。したがってお子さんは，日本国内で出生しようとも，イギリスで出生しようとも，日本国籍を取得することとなります。逆にいえば，外国で出生しても，その子が日本国籍を取得することとなるため，上述したように，戸籍法の対象となって戸籍への出生届が必要となるわけです。

各国の国籍法——
血統主義と生地主義

国によっては，国籍取得につき生地主義をとる国もあります。アメリカ，カナダなどがそうです。そのような国では，その領土内で生まれた子はその国の国籍を取得します。生まれた子の父母の国籍を問いません。したがって，血統主義国の国籍を有する親の子が生地主義国で出生する場合，その子は重国籍者となります。かつてのイギリスは生地主義をとっていましたので，イギリスが1981年に国籍法を改正する

1 外国での出産

以前は，日本人を親とする子がイギリスで出生した場合には，その子は日本国籍とイギリス国籍の両方を取得し，重国籍者となっていました。

現在ではイギリスは，条件付生地主義をとり，父母のいずれか一方がイギリス人であるか，イギリスで定住権を取得している場合には，イギリスで出生した子はイギリス国籍を取得するとの規定になっています。したがって質問者の場合，イギリスで出産しても，子どもが二重国籍になることはありません。もっとも，質問者が事情によりアメリカやカナダなどの生地主義国で子を出産することになれば，その子が重国籍となることは上述のとおりです。

子が外国で出生し外国籍を取得した場合——国籍留保の届出

日本人の子が重国籍となるのは，生地主義国で出生する場合だけに限りません。日本人が血統主義国の外国人と婚姻しその夫婦の間に子が出生する場合には，その子は外国人親の国籍法の規定によっては当該外国籍を出生により取得するため，日本人親から取得する日本国籍とあわせて二重国籍となることがあります。このように日本人の子が出生により外国の国籍を取得するケースにおいて，その子が外国で出生した場合には，届出について注意が必要です。すなわち，そのような子については，その日本国籍を保持するためには，戸籍への届出の際に国籍留保の届出をする必要があるとされているのです。その届出をしない場合には，日本国籍を出生のときにさかのぼって喪失することになります（国籍12条，戸104条）。

国籍留保届は，出生の日から3ヵ月以内に出生届とともに提出する必要があります（同104条1項2項）。この国籍留保届は，戸籍法52条1項および2項により出生の届出ができる者，すなわち子の父または母がしなければならないと定められています（同104条1項）。

留保届を必要とされるのは，出生により重国籍を有することとなった子のうち，上記のように子が外国で出生した場合に限られています。日本国内で出生した子は届出の対象とはなりません。したがって，生地主義国で出生したことにより子が出生国の国籍を取得する場合はすべて，国籍留保が必要となるケースとなります。国籍留保の対象者がこのように限定されるのは，外国で出生する子の場合は，日本国内で出生する子に比べて外国との結合性が強く，わが国との結合性が弱いことが考慮されたためといわれています[2]。そしてこの制度は，形骸化した日本国籍の発生や戸籍に記載されない日本国民の発生を防止し，戸籍上日本国民の範囲を明らかにすることが目的であるとされています[3]。

国籍留保届がなされない場合の出生届

ちなみに，外国で出生し，外国籍を取得した子について，国籍留保届を提出することなく出生届のみを提出した場合，その出生届は，戸籍窓口において受理されない扱いとなります[4]。なぜならそのような子は，国籍留保届がなされない場合には，上述したように出生の時にさかのぼって日本国籍を喪失するため，その子については，外国で出生した外国籍の子の出生届の扱いとされるからです。

戸籍法は，先にも少し述べましたが，①日本の領域において生じた人の生死および家族関係に関する事項と，②日本人の生死および家族関係に関する事柄については日本のみならず外国で生じた場合に適用されます[5]。したがって，外国人でも日本において出生あるいは死亡し

た場合には届出義務があり（出生につき戸49条2項3号，死亡につき同86条2項2号，戸規58条2号），日本人が外国で出生あるいは死亡した場合にも届出義務はあります（出生につき戸49条1項，死亡につき同86条1項）。しかし，外国で出生し，国籍留保届を提出しないことで日本国籍を出生にさかのぼって喪失する子については，外国で出生した外国人との取扱いとなるため，戸籍法の対象外となって戸籍への出生の届出は不要となるのです*6。そのため，このような形で子が日本国籍を喪失する場合には，実際には日本人親に子が出生しているにもかかわらず，日本の戸籍には，その子の出生の事実が日本人親の身分事項欄にもまったく記載されないという実務となっています*7。

日本の国からの児童手当について

日本の国から支給される児童手当については児童手当法にその規定があります。児童手当は，子が日本国内，国外のいずれで出生するかによるのではなく，扶養者が日本国内に居住することが条件となっています（児手4条）。したがって日本で出産したあと，またイギリスに戻るのであれば，海外居住者は児童手当の対象外となっていますので，その間の受給はできません。しかし，子が12歳までは受給対象となりますので（児手附則7条），5年後に日本にまた戻ってくれば，その時点で申請することが可能です。なお，受給にあたっては扶養者の所得制限があります（児手5条）。

会社からの扶養手当

会社からの扶養手当は，法律による制度ではなく，それぞれの会社が就業規則等により定めている制度です。したがって，扶養手当支給の条件はそれぞれの会社によって異なります。一般的には，同居している子については，生計を同じくするわけですから，在住しているのが海外であっても，扶養手当の対象となることが多いと思われます。

*1 佐藤＝道垣内編・渉外戸籍法リステイトメント（日本加除出版，2007）3頁
*2 渉外戸籍実務研究会・設題解説 渉外戸籍実務の処理Ⅳ 出生・認知編（日本加除出版，2007）133頁
*3 渉外戸籍実務研究会・前掲注2
*4 大正13・11・14民事11606回答
*5 佐藤＝道垣内編・前掲注1・1〜5頁
*6 民事法務協会＝民事法務研究所＝戸籍法務研究会・実務戸籍法（民事法務協会，新版，2001）302頁，佐藤＝道垣内編・前掲注1・5頁，43頁
*7 この点につき，日本人親に外国人子が存することを戸籍上明らかにすることは必要であり，このような子の出生の届出を義務づけるべきであるとの批判がなされています。佐藤＝道垣内編・前掲注1・43頁

〔岡野祐子〕

2 国際結婚と子ども (1)

設問 137

私は日本人で山田花子といいます。今度，日本に来ている韓国人留学生と結婚することになりました。将来，2人の間に子どもが生まれた場合，その子の国籍はどうなりますか。また，彼は「金」という姓なのですが，私や子の姓はどうなりますか。「金田」という姓に変更することはできませんか。

国籍法における父母両系血統主義の採用

まず，将来生まれてくるであろう子（ここでは，Aとします）の国籍について考えてみましょう。現在の日本の国籍法2条は，「子は，次の場合には，日本国民とする。／一　出生の時に父又は母が日本国民であるとき」と規定しています。これは「父母両系血統主義」と呼ばれる立場です。血統主義とは，子が，その出生に際し，親の血統に従って親と同じ国籍を取得するという考え方で，国家が，自国民との血縁関係に基づいて自国の国籍を付与する立場ということもできるでしょう。かつては，両親の国籍が異なる場合に，父親の血統を優先し，父親の国籍を子が取得する（父が自国民である場合に，子に自国の国籍の取得を認める）という「父系優先血統主義」を採用する国が多くみられました。日本最初の旧国籍法（1899〔明治32〕年制定）や，第二次世界大戦後に刷新された現行国籍法（1950〔昭和25〕年制定）の当初も，父系主義に立っていました。しかし，両性平等の観点から父系主義に対する批判・見直しの機運が高まり，特に，国連の女子差別撤廃条約9条2項が「締約国は，子の国籍に関し，女子に対し男子と平等の権利を与える」と定めていることから，この条約を批准するためにも父系主義を改める必要に迫られました。そこで，日本は1984（昭和59）年に国籍法の規定を改正し，父母両系血統主義を採用したのです。それが，冒頭に掲げた国籍法2条1号の規定です。

先決問題

さて，同号にいう「父又は母」とは，生物学的意味における父・母ではなく，法律上の父・母を指します。本設問の場合も，Aが出生により日本国籍を取得するためには，母親（山田花子）との間に，何らかの法律上の母子関係が認められなければなりません。法律上の母子関係の存否の判断が，国籍決定の，いわば前提問題として必要になるのです。このような前提問題は，一般に，国籍法上の先決問題と呼ばれます。先決問題は，国籍の生来取得の場面のみならず，認知（国籍3条）や，帰化条件の1つである行為能力（同5条1項2号），婚姻（同5条1項4号・7条），養子縁組（同6条1号2号・8条1号2号）など多くの場面で登場します。これらの問題につきどの国のどの法によって判断されるべきかについては，いろいろ議論がありますが，国籍法所属国の国際私法を通じて決定される準拠法によるとの見解が有力であると考えてよいでしょう。つまり，日本の国籍法の適用に際して生じる先決問題は，日本の国際私法が指定する準拠法によって判断されることになります[*1]。

そこで，日本の国際私法である「法の

401

XV 国境を越える家族と子ども

適用に関する通則法」（以下，通則法）の中の，嫡出親子関係の成立に関する28条1項をみますと，「夫婦の一方の本国法で子の出生の当時におけるものにより子が嫡出となるべきときは，その子は，嫡出である子とする」と規定しています。本設問の花子さんが韓国人男性（ここではBとします）の法律上の妻であることを前提とした上で，Aの出生当時の，花子さんの本国（国籍国）法である日本の実質法によりAが嫡出子と認められる場合には，たとえBの本国法がどのように規定していようとも，Aは嫡出子の地位を得るのです。したがって，日本民法772条の嫡出推定の要件[*2]を満たすならば，原則として，Aは嫡出子となります。

そうしますと，子の出生当時，花子さんが法律上の妻であったかどうか，すなわち，法的に有効な婚姻をしていたかどうかという前提問題が，重要となってきます。法律上有効な婚姻であるか否かは，通則法24条により定まる準拠法上の要件が満たされているかどうかで判断されます。例えば，婚姻適齢や近親婚の禁止など，婚姻の実質的要件に関する問題については，各人の本国法によります。本設問では，花子さんについては日本法により，Bについては韓国法によります（なお，大韓民国国際私法36条によれば，婚姻の〔実質的〕成立要件は，各当事者の本国法によると定められているので，日本法への反致〔通則法41条〕はありません）。また，役所への届出など，婚姻したことを社会的に公示する外部的形式，すなわち婚姻の方式（形式的成立要件）に関する問題については，婚姻挙行地法によることもできれば（同24条2項），当事者一方の本国法によることもできます（同24条3項本文）。本設問の場合は，来日した留学生との婚姻ということですので，日本で婚姻が挙行されている可能性も高いでしょう。当事者の一方が日本人であるカップルが日本において婚姻を挙行する場合には，常に婚姻挙行地法である日本法によらなければならないことになっています（同24条3項ただし書）。したがって，その場合には，日本の実質法の規定にしたがい，婚姻届を戸籍窓口に提出することによって，はじめて法律上有効な婚姻として認められることになります。

その上で，前述の日本民法772条の要件が満たされているならば，原則として，Aは，出生のときに日本国籍を取得します。

二重国籍は認められるか　ところで，Aの父親Bは韓国人です。Aは韓国の国籍も取得するのでしょうか。

そもそも国籍付与の条件をどのように定めるかは，各国独自の考え方に委ねられており，国際法上の原則として，国籍の決定は各国の国内管轄事項に属するとされています。自然人Xが甲国の国籍を有するかどうかを判断できるのは甲国のみであり，それについて周りがとやかくいうことはできません。

大韓民国国籍法（1948年制定）2条1項1号によれば，「出生した当時に父又は母が大韓民国の国民である者」は，出生と同時に大韓民国の国籍を取得することになっています。大韓民国も，日本と同様「父母両系血統主義」を採用しているようです。次に，その規定にいう「父」の意味が問題となってくるでしょう。この点については，韓国国際私法によって導かれる準拠法の解釈如何によりますが，仮に，Bが「父」であると認められるならば，Aは，出生により父親の国籍である大韓民国の国籍をも取得できることになります。このようにして，

Aは，出生により，日本国籍と大韓民国の国籍を同時に取得し，いわゆる二重国籍者となりうるわけです。

しかし，日本の国籍法は，重国籍をできるだけ認めない立場に立っています。これは，人は必ず国籍をもち，かつ唯一の国籍をもつべきであるという「国籍唯一の原則」の一側面です。重国籍が否定される理由は，1人の人間が複数の国籍を有するということは，国民としての義務も複数負うこととなり，場合によっては，当該個人がそれら複数の義務の板挟みになって著しい不利益を被ることになると考えられるからです。国家の側からみても，重国籍者については外交的保護権が衝突する危険性があり，望ましくないと考えられています。

果たして重国籍が本当に良くないことなのかどうかについては，種々議論がありますが，現行国籍法は，このような重国籍の発生の防止に努める姿勢を示しています。しかし，他方で，重国籍が生じてしまった場合に備えて，例えば，国籍留保（国籍12条）や，国籍選択（同14条）などの制度を定めています。

前述のとおり，Aは出生により日韓二重国籍者となる可能性が高いのですが，もし，Aが韓国で出生した場合には，戸籍法104条の規定にしたがって国籍留保の届出を行わない限り，出生の時にさかのぼって日本国籍を喪失することになります。Aが韓国で出生し，かつ日本国籍を留保した場合，またはAが日本で出生した場合において，Aが日本国籍の選択を希望するならば，Aは，国籍法14条および戸籍法104条の2にしたがい，22歳までに「国籍選択届」を提出しなければなりません。Aが15歳未満で国籍選択の宣言を行う場合には，法定代理人が代わって届出をすることになります（同18条）。

「氏」と戸籍

次に，「姓」について考えてみましょう。実は，戸籍の場面では，いわゆるファミリーネームを意味する「姓」や「名字」という語は，原則として用いません。「氏」という語を用います。「氏」とは，「名」との組み合わせによって個人を特定するための呼称として用いられると同時に，個人をいずれの「戸籍」に記載するかを決定するための基準として機能するものと考えられています。日本人の家族・親族関係を公証する公簿である「戸籍」に記載されるのは日本人のみです（戸籍は日本国民の台帳ということもできます）から，「氏」を有するのも日本人のみであり，戸籍に載ることのない外国人は，この意味での「氏」はもちません。

夫婦の氏

さて，日本人同士が婚姻した場合，「夫婦は，婚姻の際に定めるところに従い，夫又は妻の氏を称する」（民750条）と定められています。では，日本人と外国人が婚姻した場合，日本人配偶者の氏はどうなるのでしょう。結論からいうと，民法750条の適用はなく，日本人の氏は変更しません。

そもそも，夫婦の氏の問題については，これを婚姻の効力の問題である（したがって，通則法25条により定まる準拠法で判断する）とする見解，夫婦それぞれの人格権（氏名権）の問題である（各人の本国法で判断する）とする見解，各国の氏（姓）は自国民についての単なる識別符号にすぎず，必ずしも実体法上の身分変動に直結しているわけではなく，公法としての独自の規律にしたがっており，日本民法上の氏の規定は，公法としての戸籍法体系の一部であると捉える見解などに分かれていますが，戸籍実務は，最後の見解に立っていると考えられます。

XV 国境を越える家族と子ども

例えば，戸籍筆頭者でない日本人が外国人と婚姻した場合には，準拠法判断を経ることなく，従来の氏で新戸籍が編製され（戸16条3項本文参照。戸籍筆頭者である場合には，婚姻事項の記載のみ），外国人と婚姻をした「その者およびこれと氏を同じくする子ごとに」戸籍が編製されます（同6条ただし書）。

本設問の場合，戸籍に載るのは日本人である花子さんと，日本国籍を取得した場合のAです。Aは二重国籍であっても，日本国籍を有している以上，戸籍に登載されます。花子さんが，それまで戸籍筆頭者でなかった場合は，山田花子を戸籍筆頭者とする新戸籍が編製され（花子さんがもともとも筆頭者であった場合は，その身分事項欄に婚姻事項が記載されるのみ），Aもそこに入ります。Bについては，花子さんの戸籍の身分事項欄に，Bの国籍および姓名とその生年月日などが記載されるのみです（外国人の姓名は，カタカナで，姓，名の順に記載し，姓と名との間に読点「，」を付して区別するものとされています。ただし中国人または韓国人については，その本国が漢字使用圏であることから，戸籍の届出において氏名を漢字で表記している場合は，それが正しい日本文字としての漢字を用いているときに限り，戸籍の記載においても漢字で記載して差し支えありません*3)。

戸籍法上の氏の呼称の変更

もっとも，花子さんが，その氏を，Bの「金」姓に変更することを希望するときは，婚姻の日から6ヵ月以内に限り，家庭裁判所の許可を得なくとも，届出のみによって変更することができます（戸107条2項）。氏の変更は，一般的には，「やむを得ない事由」の存在や，家庭裁判所の許可を得ることが要求されますが（同107条1項），外国人と婚姻した日本人が，外国人配偶者と夫婦として社会生活を営む上で，その氏を同一にする必要があり，外国人配偶者の称している氏を称することを希望するときは，一般的に「やむを得ない事由」があると認められています。ただし，戸籍法107条2項は，1項の特則とでもいうべき規定ですから，婚姻の日から6ヵ月を過ぎてしまった場合には，本則（同107条1項）に戻り，家庭裁判所の許可を得る必要があります。なお，このようにして変更された後の「氏」は，民法上の氏ではなく，戸籍法上の氏の呼称の変更にとどまると解されています。

花子さんの氏の変更がAの出生前に行われた場合には，花子さんの戸籍の戸籍事項欄に氏の変更に関する事項が，身分事項欄に氏変更の届出事項がそれぞれ記載されます。他方，氏の変更が，Aの出生後に行われ，すでに花子さんの戸籍にAが同籍しているときは，花子さんについてのみ新戸籍が編製され，Aは従前の戸籍にそのままとどまる取扱いがなされます。これは，この場合の氏の変更が，外国人と婚姻した日本人の社会生活上の必要性に基づくものにすぎず，しかも手続上家庭裁判所の許可が不要であり，同籍者の意思は考慮されることがないことから，その氏変更の効果は同籍者には及ばないとされているためです。もし，AがBの氏を称した花子さんの戸籍への入籍を希望するときは，同籍する旨の入籍の届出をすることが必要となります。

通称（通氏）への変更

しかし，Bの本名「金」姓ではない「金田」姓への変更については，若干の問題が残ります。例えば，歴史的，社会的な諸事情から，在日韓国・朝鮮人が，日本社会で「通称（通氏）」を使用して生活している場合があります。日本人が，その配偶者である

在日韓国・朝鮮人の（本名ではなく）通称への変更を希望する場合もあるでしょう。そのような事案としては，外国人配偶者がその通称である日本名を永年（約25年）にわたって使用し，社会生活においてその通称が定着していると認められるときには，これを実氏名の場合と同様に取り扱い，戸籍法107条1項の「やむを得ない事由」が具備されているとして，日本人妻の氏変更の許可をした高裁決定*4や，婚姻後約15年間使用してきた在日韓国人の通称への改氏が，日本人妻や子らにとって利益は大きく，かつ社会的影響は少ないとして，日本人妻および子らの改氏を認めた審判*5などがあります。逆に，婚姻後約5年間使用してきた在日韓国人夫の通称への変更は，夫の氏でも妻の氏でもない氏を創設することになり，氏の一貫性，永続性に欠け，戸籍法107条1項の「やむを得ない事由」にあたらないとして変更を認めなかった高裁決定*6もあります。通称（通氏）への変更が認められるか否かは，結局，当該通称が，個人を特定表示しその同一性の認識を保持する「氏（姓）」としての機能を果たしうるか否かにかかっているように思われます。

本設問では，Bが在日韓国・朝鮮人ではなく，留学目的で来日した韓国人であり，「金田」姓が通称として長年使用されてきたとは考えにくいため，戸籍法107条1項の「やむを得ない事由」は認められず，「金田」姓への変更は難しいものと解されます。

*1 江川＝山田＝早田・国籍法（有斐閣，第3版，1997）27頁以下，木棚照一・逐条註解国籍法（日本加除出版，2003）109頁以下
*2 民法772条は，「妻が婚姻中に懐胎した子は，夫の子と推定する。(1項)」「婚姻の成立の日から200日を経過した後又は婚姻の解消若しくは取消しの日から300日以内に生まれた子は，婚姻中に懐胎したものと推定する。(2項)」と規定する
*3 昭和59・11・1民二5500通達第4の3(1)。なお，本通達の中では「氏名」の語が用いられている
*4 大阪高決平3・8・2家月44・5・33
*5 札幌家審昭60・5・11家月37・12・46
*6 大阪高決昭60・10・16家月38・2・134

〔織田有基子〕

2　国際結婚と子ども（2）

設問　138

日本人である私と，韓国籍の夫との間には，日本と韓国の両方の国籍をもつ18歳の長女がいます。その長女が，婚姻しないまま出産することになりました。相手の男性は，韓国以外の外国人だそうです。孫の国籍はどうなるでしょうか。もし，将来，娘が韓国の国籍を選んだ場合，孫は日本の国籍はもてないのでしょうか。

嫡出でない子の国籍と戸籍

日本の国籍法2条1号は，「出生の時に父又は母が日本国民であるとき」に，子は日本国籍を取得すると規定しています。ここでいう「父又は母」とは，生物学的意味での父母ではなく，法律上の父母を指します。本設問の，日本と韓国の二重国籍者である長女（ここでは，Aとします）が，孫（B）を出産した場合，日本の国籍法上，AがBの法律上の母といえるかどうかは，いわゆる国籍法上の先決問題であり，当該国籍法所属国である日本の国際私法によって定まる準拠法によって判断します（⇨〔設問137〕）。日本の国際私法である「法の適用に関する通則法」（以下，通則法）29条1項は，婚姻していない男女とその間に誕生した子（嫡出でない子）との親子関係のうち，母子関係については「その〔子の出生〕当時における母の本国法による」と定めています（条文では「父」「母」の語が用いられていますが，厳密にいえば，この規定を適用してみてはじめて，法律上の母として認められるかどうかが決まります）。同条2項は，認知の当時の認知者の本国法または子の本国法によることも認めていますが，本設問での母子関係は，結局のところ，B出生当時のAの本国法で判断することになるでしょう。なお，29条1項および2項それぞれの後段には，子を保護するためのいわゆるセーフガード条項が置かれていますが，後述するように，母の本国法と子の本国法が一致する本設問では問題になりません。

「本国」とは一般に，国籍所属国を指しますが，本設問のAのように，日本と韓国の二重国籍者である場合には，内国国籍を優先する通則法38条1項ただし書により，Aの本国法は日本法となります。つまり，AとBとの間に母子関係が認められるか否かは，日本の実質法によって判断されるのです。日本の民法は，嫡出でない親子関係に関して，「嫡出でない子は，その父又は母がこれを認知することができる」（779条）と規定し，父とならんで母も認知できる旨を定めています。母の認知がなければ嫡出でない母子関係は成立しえないのか否かについては明文規定はありませんが，最高裁は，「母とその非嫡出子との間の親子関係は，原則として，母の認知を俟たず，分娩の事実により当然発生する」と述べています[*1]。したがって，この最高裁判決にしたがえば，本設問のAは，Bを出産（分娩）した事実によってBの法律上の母として認められることになるでしょう。そうしますと，B出生の時に，法律上の母であるAは日本国民ですから，Bは出生により日本国籍を取得（生来取得）することになります。

嫡出でない子は母の氏を称することに

なっており（民790条2項），Aは，自分と同一の氏を称する子（B）を有することになります。Aがすでに戸籍筆頭者である場合にはその戸籍に，また，Aがそれまでに戸籍筆頭者でなかった場合には，Aについて編製された新戸籍（戸17条）に，Bは入ることになります（同18条2項）。

外国籍の生来取得 Aが保持していた大韓民国の国籍をBが生来取得できるか否かについては，大韓民国の国籍法および国際私法の立場から別に考える必要があります（⇨〔設問137〕）。本設問の場合，大韓民国国籍法2条1項1号，大韓民国国際私法41条1項，および分娩の事実により嫡出でない母子関係を認める判例*2により，Bは出生により大韓民国国籍も取得する可能性が高いものと思われます。さらに，Aの相手男性（C）の国籍を子が取得するかどうかも，Cの本国の国籍法（および国際私法）の内容如何で決まります。例えば，その国籍法が血統主義をとり，自国民と正式の婚姻関係にない者との間に出生した子にも自国の国籍を付与する旨の規定がある場合，あるいは，その国籍法が生地主義を採用しており，BがCの本国の領域内で出生している場合には，BがCの国籍を取得することは可能と考えられます。

重国籍と国籍選択 仮に，このようにBが日本国籍を含む複数の国籍を生来取得し，かつBが日本国外で出生していた場合には，戸籍法の規定にしたがって日本国籍を留保する意思を表示しなければ，Bは出生時に遡って日本国籍を失うことになります（戸12条）。

次に，日本の国籍法によれば，20歳に達するまでに外国籍を有することとなった日本国民は22歳に達するまでに，いずれかの国籍を選択することが必要とされます（国籍14条1項）。これは，日本の国籍法が，国籍唯一の原則（個人は必ず国籍をもち，かつ，唯一の国籍をもつべきであるという原則）に立ち，重国籍者をできるだけ作り出さないようにしているためです（⇨〔設問137〕）。日本国籍の選択は，戸籍法104条の2にしたがい，「国籍選択届」を提出することによって行われます。22歳に達するまでに日本の国籍を選択しない場合には，法務大臣から，書面による催告を受け，その催告を受けた日から1ヵ月以内に日本の国籍を選択しなければ，原則として，その期間が経過した時に日本の国籍を失い（国籍15条3項），戸籍から除かれます。この国籍選択の手続は，15歳以上であれば未成年者であっても，本人が行うことができます（同18条参照）。

もし，Aが韓国籍を選択し，あるいは日本国籍を選択しなかった場合でも，日本国籍を失うまでは，Aは日本国籍を有しているわけです。Bの出生時にAが日本国民であったことまで覆ることはなく，また，日本国籍喪失の効力はその本人にしか及びませんので，Bは引き続き日本国籍を保持することになります。

なお，Aが日本国籍を有する時点でBが出生した場合，Bは，戸籍筆頭者をAとする戸籍に入りますが，Aが日本国籍を喪失しても，Aの身分事項欄に除籍の事実が記載されるのみで，筆頭者死亡の場合と同様，その戸籍の筆頭者は変わらず残ります。Bが当然に戸籍筆頭者になるわけではありません。

*1　最判昭37・4・27民集16・7・1247
*2　金疇洙＝金相瑢・注釈大韓民国親族法（日本加除出版，2007）468頁注21参照

〔織田有基子〕

② 国際結婚と子ども(2)

3 国際結婚外で生まれた子（1）

設問 139

私は韓国人です。日本人の夫と10年前に結婚して，8歳の長女がいます。夫とは3年前から別居していますが，実は，1年前から別の日本人男性Aと交際を始めて，現在，妊娠中です。Aが胎児認知をすることはできますか。また，子の出生前に，日本の裁判所において，私がAに対して認知の訴えを提起することはできますか。

嫡出親子関係の成立に関する準拠法

本設問における韓国人妻（ここでは，Bとします）は，3年前から別居しているとはいえ，法律上は日本人夫（C）と婚姻関係にあります。そこで，現在妊娠中の子（D）との親子関係については，「法の適用に関する通則法」（以下，通則法）28条により定まる準拠法で判断されます。同条によれば，子の出生当時の夫婦一方いずれかの本国法によりその子が嫡出子と認められる場合は，その子は嫡出子となります。本設問では，Bの本国法である韓国法か，Cの本国法である日本法のいずれかにより，Dが嫡出子と認められれば，Dは嫡出子の地位を得ることになります。

もし，Bの本国法によることを選択した場合は，「本国法によるべき場合」（通則法41条）にあたりますから，反致，すなわち，本件では，Bの本国である韓国の国際私法が，本件の嫡出親子関係に関する準拠法を日本法と指定するかどうかを考えなければなりません。大韓民国の国際私法40条1項は，「婚姻中の親子関係の成立は，子の出生当時夫婦中一方の本国法による」と定めているので，子の出生当時の夫の本国法によることを選択した場合には狭義の反致が成立し，準拠法は日本法になる可能性が高いでしょう＊1。

なお，出生届など「方式」の準拠法は，通則法34条1項および2項により決まります。

推定の及ばない子

日本法を準拠法とした場合，民法772条1項は，妻が婚姻中に懐胎した子は，夫の子と推定すると定め，同2項は，婚姻成立の日から200日経過後，または婚姻の解消（もしくは取消し）の日から300日以内に生まれた子は，婚姻中に懐胎したものと推定すると定めて，これらの子を嫡出子と扱う姿勢を示しています＊2。したがって，Dが無事に出生したならば，B・C夫婦の嫡出子として認められることになりそうです。

しかし，本設問のように，B・C夫婦が3年前から別居していた場合，その間夫婦関係が断絶していたならば，Dにこの嫡出推定を及ぼすことは不自然であるとも考えられます。実際，日本の学説・判例は，妻が夫によって懐胎することが不可能な事実がある場合（例えば，事実上の離婚，夫の出征，服役など）には，嫡出推定が及ばないことを認めています＊3。戸籍窓口は実質審査権をもたないため，このような「推定の及ばない子」も，いったんは嫡出子として戸籍に記載されることになりますが，嫡出否認の訴えおよび実親子関係存否確認訴訟（人訴2条2号）や，その前提としての

家事調停（家審18条1項）において合意が成立した際に行われる合意に相当する審判（同23条）により，嫡出子でないことが確定した場合は，原告（申立人）は，判決等が確定した日から1ヵ月以内に戸籍訂正を申請する必要があります（戸116条1項）。

他方，韓国法を準拠法とした場合，Dが嫡出子として認められるか否かについては，韓国法の解釈に委ねられることになります。大韓民国民法844条には日本民法772条と同様の嫡出推定規定が置かれており，また，日本と同じく，事実上離婚状態にある夫婦の間に生まれた子については，推定の及ばない子として扱うべきであると考えられているようです*4。

以上のように，嫡出推定に関しては，日本法，韓国法いずれにおいても例外的取扱いが認められているものの，本設問においては他に特別な事情も窺われないことから，Dは，日本法，韓国法いずれかにより嫡出推定を受けるものと考えられ，その場合には，胎児認知届は受理されません*5。

胎児認知の準拠法　では，仮に，Dが，日本，韓国いずれの法によっても嫡出推定を受けない場合（推定の及ばない子として扱われる場合も含む），Dに対する胎児認知は認められるでしょうか。

法律上の婚姻をしていない男女の間に生まれる嫡出でない子とその父との法律関係について，通則法29条は，子の出生当時の父の本国法（1項）か，認知当時の認知者の本国法，または子の本国法（2項）による，と定めています（同条の「父」「母」の語については，⇨〔設問138〕）。しかし，胎児認知は子の出生前に行われ，子の本国法を観念することはできませんので，実際には，認知当時の認知者の本国法か，母の本国法*6による他ないと考えられます。本設問では，Aの本国法である日本法か，Bの本国法である韓国法により，AのDに対する胎児認知の可否を判断することになりそうです。しかし，ここでも，Bの本国法によることを選択した場合は「本国法によるべき場合」（通則法41条）に該当するので，反致が問題となりえます（Aの本国法を選択した場合は，Aの本国法が日本法であるため，反致は問題となりません）。嫡出でない親子関係の準拠法に関する大韓民国国際私法41条2項によれば，胎児認知については「認知当時の認知者の本国法」を指定しているものと考えられ，その場合には日本法への反致が成立します。したがって，結局，本設問の胎児認知については，日本法が準拠法となります。

さらに，通則法29条1項後段および2項後段は，準拠法が子の本国法でない場合については子の利益を保護するために，「子又は第三者の承諾又は同意」など，子の本国法上の認知の際の保護要件の充足を要求しています（セーフガード条項）。本設問において，日本法が準拠法となる場合には，Bの本国法である韓国法上の保護要件をも満たす必要があるでしょう。

なお，認知の「方式」の準拠法も，通則法34条1項および2項により，日本法になります。

胎児認知と日本法　さて，日本民法は胎児認知を認めていますが（民783条1項），その場合，母の承諾が要求されます。これは，母の名誉，利益を守るとともに，認知の真実性を確保するためであると解されます*7。また，Dについて胎児認知がなされた場合，Dの出生時点においてAは日本国民ですから，Dは出生により日

本国籍を当然に取得することになります（国籍2条1号）。ただし，Dは嫡出でない子であるため，母親が日本人であれば母親の戸籍に入り母の氏を称するのですが（民790条2項），Bは外国人なので戸籍をもっていません。そこで，先例によれば，Dについて単独で新戸籍が編製されることになります*8。

（胎児）認知の訴えを提起できるのは誰か

最後に，Dの出生前に，BがAに対して認知の訴えを提起できるかどうか考えてみましょう。まず，国際裁判管轄の問題については，人事訴訟の場合も，民事訴訟の場合と同様に明文規定はなく，いろいろ議論があるところです（例えば，子の住所地を考慮するかなど）が，被告住所地主義が大原則とされているといってよいでしょう。本設問では，被告とされるAは（そして，Dを懐胎している原告Bも）日本に住所を有していると解されますので，日本に管轄が認められます。

次に，誰が（胎児）認知の訴えを提起できるかという問題については，これは嫡出でない親子関係の一問題と捉えることができますので，通則法29条2項，および41条により，日本法が準拠法となります。

日本法上，認知の訴えを提起できる者は「子，その直系卑属又はこれらの者の法定代理人」と定められています（民787条本文）。しかし，Dは胎児であり権利能力を有しないので，Bがその法定代理人となることはできません。したがって，結局のところ，本設問においてBがAに対して認知の訴えを提起することはできないものと解されます*9。

*1 1つの単位法律関係につき複数の連結点が選択的に連結される場合に反致を認めるべきか否かについては見解が分かれています。道垣内正人・ポイント国際私法　総論（有斐閣，第2版，2007）227頁以下参照。また，日本と同様，韓国の国際私法も反致を採用しており（大韓民国国際私法9条1項），二重反致が問題となりえますが，日本の多数説は二重反致を認めていません。

*2 なお，婚姻の解消または取消し後300日以内に生まれた子のうち，婚姻の解消または取消し後の懐胎による子については嫡出推定は及びません。平成19・5・7民一1007通達参照。

*3 事実上の離婚の場合の例として，最判昭44・5・29民集23・6・1064，最判昭44・9・4判時572・26，最判平12・3・14家月52・9・85，〔設問7・8〕参照

*4 金疇洙＝金相瑢・注釈大韓民国親族法（日本加除出版，2007）442頁以下参照。

*5 平成9・2・4民二197回答。したがって，Dは，Cを戸籍筆頭者とする戸籍に入ります。

*6 平成元・10・2民二3900民事局長通達第4の1(3)

*7 遠藤＝川井＝原島＝広中＝水本＝山本編・民法(8)（有斐閣，第4版増補補訂版，2004）176頁。なお，大韓民国民法においても，父親による胎児認知は認められていますが（858条）。ただし，日本法とは異なり，母の承諾は要求されていません。また，胎児に対する認知権者は父だけであり，母は認知することができないと解されています（金疇洙＝金相瑢・前掲注4・472頁）。

*8 昭和29・3・18民甲611回答

*9 松本博之・人事訴訟法（弘文堂，第2版，2007）348頁。なお，大韓民国法民法863条も，認知の訴えを提起できる者は「子，その直系卑属，またはその法定代理人」と定めており，また，胎児には認知請求権がなく，代理する法定代理人も存在しないので，母は認知の訴えを提起できないと考えられているようです（金疇洙＝金相瑢・前掲注4・486頁）。

〔織田有基子〕

3　国際結婚外で生まれた子 (2)

設問 140

日本人である私は，中華人民共和国人男性と日本で同棲しているうちに，子どもができました。彼も子どもを可愛がっていましたが，彼の女性問題が原因で，子どもが10歳のときに別れました。それから5年経ち，彼は中国に帰国した後死んだという話を，最近聞きました。彼は資産家の息子で数年前に亡くなった父親から相当の遺産をもらっていたはずですので，せめて子どもの養育費になるぐらいの遺産をもらいたいと思います。私は認知の裁判を提起しなければならないでしょうか。

相続の準拠法　まず，相続の問題について考えてみましょう。日本の国際私法は，「法の適用に関する通則法」（以下，通則法）36条により，相続は被相続人の本国法によると定めています。被相続人とは亡くなった中国人男性（ここでは，Aとします）のことです。したがって，相続準拠法は中華人民共和国法になると考えられます。しかし，このように「本国法によるべき場合」には，反致（通則法41条）を考える必要があります。本設問の場合，中華人民共和国の国際私法は，法定相続に関して，動産については被相続人死亡時の住所地の法律を適用し，不動産については不動産所在地の法律を適用すると定めています（中華人民共和国民法通則149条）。そうしますと，本設問の場合，動産についてはAの最後の住所地である中華人民共和国の実質法，不動産については，仮に，Aが不動産を日本に残していたとすれば，その部分についてのみ反致が成立し，日本の実質法で判断することになります。

中華人民共和国継承法10条1項は，法定相続の相続第1順位者の中に「子」を含めており，同条3項は，「子」には嫡出でない子が含まれることを明定しています（ここでは，嫡出子，嫡出でない子の間に，相続分の差は設けられていません）。同様に，日本民法900条も，法定相続分の第1順位者に「子」を入れていますが，嫡出でない子は嫡出子の2分の1と定められています。このように，両国の法には差異があるものの，Aの遺産のうち，動産および中国に所在する不動産については，中国継承法に基づく相続分を，日本に所在する不動産については，日本民法に基づく相続分を，子（Bとします）は得ることができるでしょう。しかし，いずれにせよ，本設問のAとBとの間に，何らかの親子関係が認められなければ，相続はありえません。

嫡出でない親子関係の準拠法　そこで，次に，相続の前提となるAとBの関係を考えてみましょう。日本の国際私法では，婚姻関係にない男女とその間に生まれた子との関係は，嫡出でない親子関係の問題として，通則法29条により定まる準拠法で判断します。同条は，父との関係は，子の出生当時のその父の本国法（1項前段），または認知当時の認知者の本国法，または認知当時の子の本国法（2項前段）のいずれかによると規定しています（同条の「父」の語については，⇒〔設問138〕）。AがBを認知しないまますでに死亡している本設問においては，

Bの出生当時のAの本国法である中華人民共和国法、（認知を求める場合には、さらに）A死亡当時のAの本国法である中華人民共和国法（29条3項）または認知当時の子の本国法である日本法が準拠法になります（Bが出生により日本国籍を取得することについては、⇒〔設問137〕。中華人民共和国国籍法5条本文が、「父母の双方又は一方が中国公民であり、本人が外国で生まれた場合は、中国の国籍を有する」と定めているため、Bは中華人民共和国国籍も取得する可能性が高いのですが、通則法38条1項ただし書により、Bの本国法は日本法となります）。

中華人民共和国法と認知 Aの本国法である中華人民共和国法が準拠法となる場合には、子の保護要件を満たす必要があります（通則法29条1項後段・同2項後段）。また、この場合、反致も問題となりえますが（同41条）、中華人民共和国法は、実親子関係の成立につき、出生の事実によってそれを認める事実主義を採用しているため、認知制度を有しておらず、同国の国際私法の中にも嫡出でない親子関係の成立あるいは認知の準拠法に関する規定は見当たりません。結局、反致は成立せず、AB間の関係は、中華人民共和国の実質法に基づき判断されることになります。

中華人民共和国法上、親子であるかどうかは、その都度、関係者の供述や遺伝子鑑定などによって認定され、当事者間に争いのある場合には裁判によって判断されているようです。仮に、中華人民共和国法にしたがい、BがAの子であることが判明すれば、AB間に法律上の親子関係が成立し、Bは相続権者として認められることになります。

日本法における認知 さて、AとBの関係は、日本の実質法ではどうなるでしょう。日本法では、A死亡の日から3年以内であれば、Bは認知の訴えを起こすことができます（民787条）。本設問のように、父の本国法が事実主義をとっている場合、理論的にはもはや認知の必要はないようにも思われますが、一般的に、事実主義の法制は認知を積極的に排斥するものではないと考えられ、できる限り嫡出でない父子関係の成立を認めようとする通則法29条の立法趣旨に鑑みても、上のような場合には認知が認められるべきであると解されています[*1]。

認知の訴えは人事訴訟法の適用を受けるため（人訴2条2号）、意思能力を有している限り、未成年者であっても訴えを起こすことができます（同13条）。意思能力の有無の判定には、個別具体的な判断が必要となりますが、おおよそ、14、5歳程度を目安としているようです[*2]。本設問では、Bはすでに15歳に達していると考えられますので、意思能力を有する限り、B自身が認知の訴えを提起でき、母（C）が法定代理人として訴訟提起する必要は原則としてありません。また、本設問では、本来相手方となるべきAが死亡しているため、Bは検察官を被告とすることになります（同42条1項）。

[*1] 南敏文・改正法例の解説（法曹会、1992）125頁以下、平成元・10・2民二3900通達第4の1(1)、東京地判平元・12・15判タ766・21参照

[*2] 松本博之・人事訴訟法（弘文堂、第2版、2007）114頁、348頁、内田貴・民法Ⅳ（東京大学出版会、補訂版、2004）201頁

〔織田有基子〕

4 日本で生まれた子の国籍

設問 141

日本で生まれた子について。その母親の身元がわかりません。フィリピン人ではないかと思われるのですが、病院で出産後に行方不明になってしまい、はっきりしません。この子の国籍と氏名・戸籍などはどうなりますか。

国籍法における生地主義の採用

まず、この子の国籍について考えてみることにしましょう。本設問は、父親については全く手掛かりがなく、母親はフィリピン人らしいがはっきりとはしないというケースです。日本の国籍法は、出生による日本国籍取得について父母両系血統主義を原則としてはいますが、しかし、それだけではありません。一般的に、個人の権利義務が、いずれかの国家の法的保障のもとで実現されている現状においては、個人がいずれかの国籍をもつことは非常に重要であると考えられます。世界人権宣言15条、国際人権規約B規約24条3項、および児童権利条約7条などが、国籍を取得する権利を規定しているのも、国籍の重要性を認識していることの現れでしょう。日本の国籍法は、無国籍者をできるだけ生み出さないようにすることを柱の1つとしています。国籍法2条3号は、子が「日本で生まれた場合において、父母がともに知れないとき、又は国籍を有しないとき」もまた、日本国籍を取得するものと規定しています。このような場合にまで血統主義を厳格に貫くならば、その子は無国籍者となってしまいかねないからです。国籍法は、血統主義を補完するものとして、生地主義（自国内で出生した子に自国の国籍を付与する立場）を、例外的・限定的に採用したのです。

「父母がともに知れないとき」とは

もう少し国籍法2条3号を詳しくみてみましょう。まず、ここでいう「日本で生まれた場合」とは、日本の領土、領海、領空内で生まれた場合のほか、公海における日本船舶内、および公空における日本の航空機内で生まれた場合をも意味するものと解されています。

では、「父母がともに知れないとき」とはどのような場合を指すのでしょう。まず、父および母が誰であるのか事実上判明しない場合、つまり棄児（捨て子）の場合が考えられます[*1]。明文規定はありませんが、日本で発見された棄児は、反証がない限り、日本で生まれたものと推定するという見解が多数説のようです[*2]。しかし、この「父母がともに知れないとき」とは、棄児のように、父および母のいずれも事実上特定されない場合のみに限定されるのでしょうか。

「アンデレちゃん事件」事案の概要

本設問の解決に手掛かりを与える事案として、「アンデレちゃん事件」と呼ばれる有名なケースがありますのでご紹介しましょう[*3]。「セシリア・ロゼテ」と名乗る女性Aが、外来患者としてある病院を受診し、その後入院して、子X（アンデレちゃん）を出産しました。Aはその身分を証明する物は何も所持しておらず、片言の英語と身振りで意思を伝えていました。A

XV 国境を越える家族と子ども

入院の際に、Aの供述に基づいて作成されたカルテには、名前「セシリア M ロゼテ」、生年月日「1965年11月21日」と書かれ、同じく入院の際に提出された入院証書には、名前「Cecilee M. Rosete」、生年月日「65年11月21日」と記載されていました。Aは、Xを出産した5日後、入院の際に保証人となったアメリカ人牧師夫妻（BおよびC）とXとの養子縁組に同意する趣旨の「孤児養子縁組並びに移民譲渡証明書」を残して、姿を消してしまいました。病院関係者やBは、Aはフィリピン人ではないかとの印象を抱いたようです。「セシリア・ロゼテ」に関するフィリピンへの身元照会によれば、その出生地に提出されている出生証明書には、「Cecilia Rosete」はフィリピン国籍を有する夫婦の子として1960年11月21日に出生した旨が記載されており、また、日本への入国の際（1988年）に提出されたAの入国記録カードには、「Cecillia m Rosete」との署名がありました。Xは当初フィリピン人として外国人登録されましたが、その後無国籍として登録し直され、BおよびCの養子となりました。X（B、Cが法定代理人）は、日本国籍を有することの確認を求めて、国（Y）を相手に訴訟を提起しました。

「父母がともに知れないとき」の意味

上告審である最高裁はXの訴えを認めて、次のように述べています。「〔国籍法2条3号〕は、父母の国籍によって子の国籍の取得を認めるという原則を貫くと、右〔2条3号〕のような子は無国籍となってしまうので、できる限り無国籍者の発生を防止するため、日本で生まれた右のような子に日本国籍の取得を認めたものである。そうすると、法2条3号にいう『父母がともに知れないとき』とは、父及び母のいずれもが特定されないときをいい、ある者が父又は母である可能性が高くても、これを特定するには至らないときも、右の要件に当たるものと解すべきである。なぜなら、ある者が父又は母である可能性が高いというだけでは、なおその者の国籍を前提として子の国籍を定めることはできず、その者が特定されて初めて、その者の国籍に基づいて子の国籍を決定することができるからである」。

本判決は、「父母がともに知れないとき」とは、「父及び母のいずれもが特定されないとき」をいうと述べる一方、そこには「ある者が父又は母である可能性が高くても、これを特定するには至らないとき」も含まれるとしています。この「特定」がどのような内容を指すのか必ずしも明らかではありませんが、子の出生状況が明らかで、つまり、少なくとも母親は事実上判明しているものの、その後の行方がわからず、その身元の確認もできないような場合は、「その者の国籍を前提として子の国籍を定める」ことができる程度にまで「特定」されているとはいえず、「父母がともに知れないとき」に該当すると判断されたようです。

「父母がともに知れないとき」の立証責任

また、本判決は、「法2条3号の『父母がともに知れないとき』という要件に当たる事実が存在することの立証責任は、国籍の取得を主張する者が負うと解するのが相当であるが、出生時の状況等その者の父母に関する諸般の事情により、社会通念上、父及び母がだれであるかを特定することができないと判断される状況にあることを立証すれば、『父母がともに知れない』という要件に当たると一応認定できる」、「国籍の取得を争う者が、反証によって、ある者がその子の父又は母である可能性が高いことをうか

がわせる事情が存在することを立証しただけで, その者がその子の父又は母であると特定するには至らない場合には, なお右認定を覆すことはできない」とも述べ, Xのように, 事実関係の確定が難しい状況の中で日本国籍取得を主張する者の立証の負担は, 大幅に軽減されることとなりました。

アンデレちゃんの場合

このような基本的見解を述べた上で, 本判決は,「Aは, 氏名や誕生日を述べてはいたが, それが真実であるかどうかを確認することができるような手掛かりはなく, Xを出産した数日後に行方不明となったというのであるから, 社会通念上, Xの母がだれであるかを特定することができないような状況にある」。「Xの母が述べた生年とロゼテ本人の生年には5年の開きがあること, 入院証書及び『孤児養子縁組並びに移民譲渡証明書』と題する書面に記載されたX母の氏名のつづりは, フィリピンにおいて届け出られたロゼテ本人の氏名のつづりや, 入国記録カードに記載された署名のつづりと異なっていること, ロゼテ本人が我が国に入国してからXの母の入院までには約3年が経過しているにもかかわらず, Xの母は, 片言の英語と身振りのみで意思を伝えていたことなど, Xの母とロゼテ本人との同一性について疑いを抱かせるような事情が存在する」。「そうすると, Yの立証によっては, Xの母が知れないという認定を覆すには足りず, 日本で生まれ, その父については何の手掛かりもないXは, 法2条3号に基づき, 父母がともに知れない者として日本国籍を取得したものというべきである」と判断しています。

したがって, この最高裁の見解に基づくならば, 本設問のケースにおいても, 子は日本国籍を生来取得する可能性があるといえるでしょう。

戸籍との関係

なお, 本設問は出産が病院において行われている事案なので, 棄児に関する戸籍法57条1項は適用されず, 国や公共団体等により設置された病院である場合は同法56条により病院長が, 私立の病院の場合は同法52条3項により出産に立ち会った医師等が, それぞれ出生届の届出義務を負うことになります*4。産院で出産したが出生届が出されないまま本籍不明の母が行方不明となった国内事案において, 当該病院長から56条に基づく出生届がなされ, 本籍と氏名は市町村長が適宜定めて, 子について新戸籍を編製した先例があります*5。したがって, 本設問の子についても, 市町村長が氏名をつけ, 本籍を定め, 新戸籍が編製されることになるものと思われます。

*1 江川=山田=早田・国籍法（有斐閣, 第3版, 1997）79頁, 木棚照一・逐条註解国籍法（日本加除出版, 2003）207頁以下参照。なお, 奥田安弘・家族と国籍（有斐閣, 補訂版, 2003）45頁は,「戸籍実務において, 棄児とは, 出生届があったかどうかが不明であり, かつ届出義務者がいない場合をいう（明治31・9・22民刑第972民刑局長回答）」とする。
*2 江川=山田=早田・前掲注1・78頁, 木棚・前掲注1・202頁, 204頁
*3 最判平7・1・27民集49・1・56, 奥田・前掲注1・35頁以下参照
*4 昭和50・9・25民二5667回答, 民事法務協会=民事法務研究所戸籍法務研究会編・新版実務戸籍法（民事法務協会, 2001）97頁
*5 昭和39・5・4民甲1617回答

〔織田有基子〕

5 国際間の別居扶養

設問 142

私は日本人で、夫は外国人ですが、彼は1人で帰国してしまいました。私の生活費と子どもの扶養料を請求したいのですが、手続はどうすればよいのでしょうか。支払を断られた場合は、強制的に支払わせる手立てはあるでしょうか。

複数の国が関わる扶養の事案

本設問は、夫婦間および親子間の、広い意味での扶養に関する問題ですが、夫が質問者からの直接の請求に対して自発的に支払うことをしなければ、法的手段に訴える必要があります。その場合、この設問には複数の国が関わっているため、国際裁判管轄および準拠法の問題をみる必要があります。

扶養関係事案の国際裁判管轄

まず、わが国の裁判所が管轄を有するかが問題となります。扶養関係事案には、夫婦間、親子間など様々な形態がありますが、そのいずれの形態においても、「被告の住所地が管轄を有する」との原則から、相手方たる扶養義務者の住所地がわが国にある場合にわが国の裁判所が管轄を有することについて、学説上異論はありません*1。他方、裁判例では、申立人と相手方がともにわが国に住所を有し、わが国に管轄を認めている事案において、その管轄原因については、①当事者双方の住所地がわが国にあることを指摘するもの*2、②相手方の住所地がわが国にあることを指摘するもの*3、③特に理由を付さないで管轄ありと述べるもの*4、④まったく管轄のことに言及しないもの*5、とに分かれています。

扶養義務者の住所地がわが国にない場合

問題となるのは、本設問のように、わが国に扶養義務者の住所地がなく、申立人の住所地がある場合です。この点につき学説は、①申立人すなわち扶養権利者の保護の重要性、②扶養権利者の生活状態の調査、扶養料額の算定などの資料収集には扶養権利者たる申立人の住所地が適切であること、などを理由に、申立人の住所地国にも管轄を認めるべきだとの見解が有力です*6。

なおこれらの学説は、扶養権利者＝申立人との前提があるようですが、親子間の扶養料請求においては、①扶養権利者である子が親に対して請求する場合と、②子を養育している親が他方の親に対して請求する場合とがあり、②の場合、扶養権利者である子は申立人とはなりません。しかしその場合も、子と申立人たる親とは同一国に居住しているのが通常でしょうから、申立人の住所地国に管轄を認めることで、実際には、子と申立人たる親とがともに居住する国に管轄を認めることになると思われます*7。裁判例では、後述するように、②のケースについて「子の住所地」であることに注目するものと、「原告（＝申立人）の住所地」であることに注目するものとに分かれます。

⑤ 国際間の別居扶養

裁判例

(1) その1——夫婦間の扶養料請求の事案

扶養義務者の住所地がわが国にない場合の夫婦間の扶養請求について、裁判例は、原則として被告となる相手方の本国もしくは住所地に管轄を認めるべきとしながらも、夫婦が国際別居をしている場合に常にこの原則を適用すれば、事実上申立人に請求の途を閉ざすとして、申立人の利益保護の考慮の重要性を指摘したものがあります*8。判旨は「夫婦が最後に婚姻共同生活をしていた住所地から相手方の方が去って別居し、申立人がなおもとの婚姻住所地にそのまま引続きとどまっている場合には、そのもとの婚姻住所地国にも裁判管轄権を認めるのが妥当」であると一定の条件を付した上で申立人の住所地国の管轄を認め、結論としてわが国の裁判管轄を認めています。他方で、同様の状況にある事案において、まったく管轄について言及しないまま、わが国の管轄を認めている裁判例や、わが国に管轄があると述べるものの、その理由についてはまったく触れていない裁判例もあります*9。

(2) その2——親子間の扶養料請求の事案

親子間の扶養料請求の事案としては、外国裁判所の下した扶養料支払を命ずる判決がわが国で承認執行を求められ、扶養義務者の住所地ではない当該外国裁判所が管轄要件を充たしていたかを判断した裁判例がいくつかあります。いずれも母親が原告となっており、前項②のケースにあたる事案です。このような外国裁判所の管轄要件の判断は、基本的にはわが国の国際裁判管轄と同じ基準によるとするのが通説、判例の立場ですので*10、このような事案もわが国での裁判例の動向を知る参考となります。

ひとつは、子の養育費請求について、ミネソタ州の判決の承認執行が求められた事案です。判旨は、親子関係事件では、子の利益、福祉に鑑みて「被告の住所地」と並んで「子の住所地」も裁判管轄を有するとして「子の住所地」に注目し、子の住所地であるミネソタ州裁判所は管轄を有していたと判断しました*11。これに対し、同事案の控訴審は、原則として「被告の住所地」に管轄を認めるが、事案の事情により「原告の住所地」にも管轄を認めると述べて、「原告の住所地」に注目し、原告の経済状況や採証の便宜等の事情を考慮した上で、原告たる母親の住所地としてのミネソタ州裁判所に管轄を認めています*12。

他方で、子の養育費請求について、オハイオ州の判決の承認執行が求められた事案では、判旨は、養育費請求事件の管轄は原則として「子の住所地」にあるが、裁判手続を現実に遂行する紛争当事者間の公平にも十分配慮する必要があると述べて、特別の事情があれば「相手方の住所地」にのみ管轄を認めるのが相当であるとしています。そして本件では、監護者たる母親および子と、非監護者たる父とが異なる国に居住するに至った原因は、監護者たる母がオハイオ州に赴き子を出産したという監護者の事情にあることなどを指摘し、「相手方の住所地」に管轄を認めるべき特別の事情があるとして、オハイオ州の管轄を認めませんでした*13。

設問における国際裁判管轄

以上の判例、学説の動向から判断しますと、本設問において扶養義務者たる夫の住所地はわが国にはありませんが、わが国が婚姻生活地であり、また、家族が異なる地で暮らす状況となったのは、夫が婚姻生活地であるわが国に子と質問者とを残して本国へ帰国したという事情によるものです。

417

したがって，夫婦間の扶養，親子間の扶養のいずれの請求についても，わが国の裁判管轄は認められると思われます。そこで次に準拠法が問題となります。

扶養の準拠法 (1)「扶養義務の準拠法に関する法律」と「法の適用に関する通則法」

複数の国が関わる事案の準拠法は，わが国では「法の適用に関する通則法」(以下，通則法) により決定されますが，扶養義務に関する事案については，これとは別に，1986 (昭和61) 年に「扶養義務の準拠法に関する条約」を批准するにあたり国内法化された「扶養義務の準拠法に関する法律」があり，同法により準拠法が決定されます。もっとも，扶養に関する事案では様々な形態で扶養料請求がなされるため，それらをどのように解し，上記のいずれの法を適用して準拠法を決定するかが問題となります。

(2) 親子間の扶養

親子間の扶養に関する事案については，裁判例は，申立人からの請求の形態にかかわらず，その実態が子の養育費の請求であれば，申立人が子であるか監護者たる親であるか，子が未成年か成年か，親が婚姻継続中か離婚が成立しているか等を問わず，「扶養義務の準拠法に関する法律」を適用して準拠法を決定しています。すなわち，①成年年齢に達している嫡出でない子が父に対する扶養請求をした事案 *14，②夫婦の離婚後，未成年子を監護する母が，子の監護に関する処分申立てとして子の父に対し請求した事案 *15，③別居後の夫婦間における婚姻費用分担申立てとして，妻から夫に対し大学生の子の養育費を請求した事案 *16，④未成年の嫡出でない子の養育費を，母が子の監護に関する処分の申立てとして子の父に請求した事案 *17，⑤父母の離婚後，本国法上成年に達した子が父に対して扶養料請求をした事案 *18，はすべて「扶養義務の準拠法に関する法律」の2条により，扶養権利者の常居所地法が準拠法とされています。学説もこれの立場を支持するものが多数です *19。

(3) 夫婦間の扶養

次に夫婦間の扶養料ですが，夫婦の離婚後の扶養については「扶養義務の準拠法に関する法律」4条1項に規定があり，「離婚について適用された法」によるとしているため，通則法27条の離婚の準拠法が適用されることとなります。他方で，夫婦が離婚はせず別居中の状態で生活費を請求している場合，準拠法決定に際しては，これを「扶養」と解する立場と「婚姻費用分担」と解する立場とがありえます *20。前者によれば，「扶養義務の準拠法に関する法律」が適用され，同法2条により扶養権利者の常居所地法が準拠法となります。後者の立場はさらに，①婚姻費用分担の問題も「扶養義務の準拠法に関する法律」の適用範囲に入り，同法2条によるとする見解 *21と，②婚姻費用分担の問題は夫婦財産制の問題であり，通則法26条の準拠法ルールによるとする見解 *22とに分かれます。

扶養関係の事案においては，夫婦間の生活費の請求は子の扶養料請求とともになされる場合も多く，それらは密接に関連していることから，両方の請求にできる限り同じ準拠法を適用するのが望ましいとして，別居の夫婦間の生活費の請求には「扶養義務の準拠法に関する法律」2条により準拠法を決定するとの見解もあります *23。この立場に立てば，本設問において，質問者の生活費の請求も，子の扶養料の請求も，ともに扶養権利者の常居所地法である日本法が準拠法となります。

裁判例は，日本に居住する日本人妻からタイに居住する日本人夫に対して婚姻

費用分担請求がなされた事案において，根拠条文を明示しないまま準拠法を日本法としているものがあります*24。

扶養料の取立て　裁判所により扶養料の支払が命じられても，夫がそれに従わない場合，夫の財産がわが国にあれば，強制執行や履行催告（⇨〔設問105〕）などにより取り立てることが可能です。しかしそのような財産がわが国になければ，夫の居住国で，わが国の裁判の執行を求める手続をしなければならず，そのような手続を経ての履行確保はかなり困難です。そのため，例えば1956年の「外国における扶養料の取立に関する国連条約」などの，国境を越えた扶養料の取立てに関する国際的なシステムにわが国が参加する必要性が指摘されてきましたが，これまでわが国はそのようなシステムに参加してきませんでした*25。

そのような中，2007年11月のハーグ国際私法会議において「子及びその他の親族の扶養料の国際的な回収に関する条約」が採択されました。同条約は，締約国の協力により，外国における扶養料の回収をより容易にするための新たな国際的なシステムを構築しようとするもので，わが国もその作成過程からかかわってきました。もっとも，採択された条約には，扶養義務の決定等が決定国において確定する以前であっても，承認・執行を求められた国においては承認・執行されうる点（20条6項）など，わが国の法制とは異なる内容の規律も含まれています。そのため，わが国が同条約を締結するにあたってはこれらの点に留意する必要があるとの意見も示されており，わが国の締結に向けての動きが注目されるところです。

*1　早川眞一郎・国際私法判例百選（有斐閣，新法対応補正版，2007）143頁（後掲注4・判例評釈）
*2　大阪家審平4・4・21家月45・3・63，熊本家審平10・7・28家月50・12・48，東京高決平18・10・30判時1965・70
*3　浦和家川越支審平11・7・8家月51・12・37
*4　東京家審平4・3・23家月44・11・90
*5　神戸家審平4・9・22家月45・9・61
*6　早川・前掲注1・143頁，山田鐐一・国際私法（有斐閣，第3版，2004）544頁など
*7　林貴美・民商124巻1号147頁（前掲注3・判例評釈），岡野祐子・民商138巻1号115頁（後掲注9・大阪高決判例評釈）
*8　大阪家審昭54・2・1家月32・10・67
*9　前者につき神戸家審明石支審平17・12・21家月59・6・53，後者につき同事案の控訴審である大阪高決平18・7・31家月59・6・44
*10　最判平10・4・28民集52・3・853および同判例の評釈である道垣内正人・国際私法判例百選（有斐閣，新法対応補正版，2007）192頁参照
*11　東京地判平8・9・2判時1608・130
*12　東京高判平10・2・26判時1647・107
*13　東京高判平9・9・18判時16430・62
*14　前掲注4・東京家審平4・3・23
*15　前掲注2・大阪家審平4・4・21
*16　前掲注5・神戸家審平4・9・22
*17　前掲注3・浦和家川越支審平11・7・8
*18　前掲注2・東京高決平18・10・30
*19　河野俊行・民商116巻2号（1997）133頁参照（前掲注5・判例評釈）
*20　河野・前掲注19・133頁
*21　河野・前掲注19・135頁，山田・前掲注6・541頁
*22　澤木＝道垣内・国際私法入門（有斐閣，第6版，2006）112頁
*23　河野・前掲注19・135頁
*24　前掲注9・大阪高決平18・7・31
*25　奥田安弘・国籍法と国際親子法（有斐閣，2004）22頁以下，235頁

〔岡野祐子〕

⑤　国際間の別居扶養

6 国際離婚と子ども（1）

設問 143

私は日本人で，夫は外国人ですが，彼は自分の国に帰ってしまい，日本に戻るつもりはないようです。離婚して，子どもを私の手元におきたいのですが，夫も，子どもの引渡しを要求しています。子どもの親権者はどうなりますか。子どもはもうすぐ14歳ですが，もしも子どもが夫の国に行きたいといったら，私には止める権利はないのでしょうか。

準拠法の決定——どこの国の法が適用されるか

本設問では，夫との離婚と，子の親権者決定とが問題となりますが，夫と質問者との国籍が異なり，複数の国が関係していますので，これらの問題にどこの国の法律が適用されるのか，つまり準拠法は何法になるかをみる必要があります。離婚や親権者指定の，手続あるいは裁判を日本でする場合には，その準拠法は，わが国の法律である「法の適用に関する通則法」（以下，通則法）により決められます。

離婚の準拠法

まず離婚の準拠法については，通則法27条が規定し，①夫婦の同一本国法，それがなければ②夫婦の同一常居所地法，それがなければ③夫婦に最も密接な関連をもつ地の法により，ただし夫婦の一方が日本に常居所を有する日本人である場合には離婚の準拠法は日本法とする，と定められています。本設問のように，質問者が日本人で日本に常居所を有している場合は，このただし書にあたりますから，離婚の準拠法は日本法となります。したがって離婚の方法として，日本法上の協議離婚をすること，すなわち日本の戸籍窓口に離婚届を提出して離婚することが可能となります。離婚届に外国人配偶者のサインをもらっていれば，日本にいる配偶者が1人で離婚届を出して協議離婚をすることもできます。もっとも，離婚をするかどうか自体について外国人配偶者と争いがある場合は，協議離婚の方法によることはできなくなり裁判離婚となりますが，その場合も，離婚の準拠法は日本法であるため，調停前置主義がとられることになります。裁判離婚になる場合の説明については，後述**(2)調停離婚における親権者指定**以降の記述を参照してください。

離婚に際しての子の親権者指定の準拠法

次に，離婚に際しての子の親権者指定の準拠法については，これを子の福祉，子の利益保護の見地から離婚とは別個の問題ととらえ，親子間の法律関係の問題と考える立場が通説，判例[*1]の立場であり，戸籍実務もその取扱いとなっています[*2]。したがって通則法32条により準拠法が決定され，子の本国法が父または母の本国法と同一である場合には子の本国法が，その他の場合，すなわち父，母，子の3者の本国法が異なる場合には子の常居所地法が準拠法となります。そこで子の本国法が何かをまず決定する必要があります。

子の本国法の決定と親権者指定の準拠法

本設問の場合，子の母親である質問者が日本国籍を有していますから，子は出生により日本国籍を取得しています。もっとも，夫の本国が国籍について血統主義をとる国で子が父親の本国の国籍をも取得しているとか，子が生地主義国で出生し（⇨〔設問136〕），出生地の国籍を取得しているなど，子が重国籍者である可能性があります。しかし重国籍者であっても，そのうちの１つが日本国籍であれば，その人の本国法は日本法であるとされます（通則法38条１項ただし書）。したがって，子の日本国籍の留保届を出さなかったなどの理由で（⇨〔設問136〕），子が現在日本国籍を有しないということがない限り，子の本国法は日本法となります。その場合，子の本国法は母親の本国法と同一になりますから，親権者指定の準拠法は，日本法になります。もしも子が外国籍のみを有し，父，母，子の本国法がいずれも異なる場合は，子の常居所地法が準拠法となりますが，その場合も，本設問では子は日本に住所があるようですので，やはり準拠法は日本法となります。子が外国籍のみを有し，かつその国籍が父親と同じである場合には，親権者指定の準拠法は子の本国法である当該外国法となります。そして親権者の指定は，当該外国法の定めるところによりなされることとなります。

親権者指定の準拠法が日本法となる場合

(1) 協議離婚における親権者指定

親権者指定の準拠法が日本法となる場合には，日本民法819条１項の，夫婦が協議離婚をするときは届出の際に夫婦の協議によりその一方を子の親権者と定めなければならない，との規定が適用されます。したがって質問者は，夫と協議離婚をするのであれば，その際に子の親権者をどちらにするかを夫との協議により決めて，その協議の結果を，協議離婚届書に記載して届けなければなりません。

親権者指定の準拠法が外国法になる場合において，当該外国法が，例えば韓国法のように，父母離婚後の親権者は父母の協議で定めると規定しているときには（韓国民法909条４項），やはり日本法が準拠法となる場合と同様に，協議離婚届書に親権に関する事項を記載の上，届け出る必要があります*3。他方で例えば中国法のように，離婚に際しての親権者指定の規定をもたないときには，協議離婚届に親権者を指定することなく届けることができます*4。さらに，パラグァイ法のように，未成年の子の親権者は裁判所が定めるとしているときは，協議離婚届書に父母の協議により定めた親権者を記載して提出した場合，そのような離婚届は受理されず，離婚後に改めて家庭裁判所により親権者を定めるものとして，当該親権者指定に関する記載を消除した上で協議離婚届が受理されるという扱いになります*5。

本設問の場合，夫も子の引渡しを要求していますから，子の親権者決定について夫婦の協議では決着がつかない可能性があります。その場合親権者指定の準拠法が，日本法のように，離婚に際しての父母の協議による親権者指定を必要としているときには，協議離婚の方法はとれなくなりますので，別の離婚方法をとる必要が出てきます。

(2) 調停離婚における親権者指定

本設問の離婚の準拠法は上述のように日本法ですので，協議離婚ができない場合の離婚方法も日本法に従うこととなります。すなわち，日本法においては調停前置主義がとられているため，当事者は，離婚の訴えを提起する前に，まずは調停

XV 国境を越える家族と子ども

離婚の申立てをすることとなります（家審18条）。なお、親権者指定の準拠法が日本法である場合、離婚が裁判によってなされるときは、その裁判において父母のいずれが親権者となるかを定めると規定されています（日本民法819条2項）。したがって調停離婚の方法をとる場合には、子の親権者指定は、この調停においてなされることになります。

日本で調停離婚、審判離婚、離婚訴訟をする場合には、日本の裁判所が国際裁判管轄を有する必要があります。調停離婚や審判離婚においても、離婚訴訟における国際裁判管轄規則が妥当するとされており*6、したがって以下にも述べるように、原則として被告の住所地に、例外的に原告の住所地に裁判管轄が認められることになります。もっとも調停離婚には双方の当事者の出廷が求められており、実務上、代理人のみの出頭では調停を成立させていません*7。ただしそのような場合においても、離婚だけが問題となる事案で当事者が離婚に合意している場合には、代理人等を通じて当事者の意思を確認した上で審判離婚をしている事案もあります*8。したがって、これらの離婚方法によるかどうかは、現在外国に居住する夫の対応により決まることと思われます。一般には、外国人である相手方が外国に居住しているときは、調停をすることは事実上不可能であるとして、当事者は調停の申立てを経ることなく、直接、離婚訴訟を提起するという形がとられています*9。質問者のケースも離婚訴訟となる可能性があります。

離婚訴訟――離婚の国際裁判管轄

離婚訴訟においては国際裁判管轄の有無の判断がまずなされます。日本の裁判所に離婚の国際裁判管轄が認められるのは、原則として被告の住所地が日本にある場合か、例外的に、原告の住所地が日本にあり、かつ①原告が遺棄された場合、②被告が行方不明の場合、③その他これに準ずる場合*10、あるいは④原告が被告の住所地国に離婚の訴えを提起することに障害がある場合*11とされています。本設問においては、①の場合にあたるかどうかが問題となるところでしょうが、①をはじめいずれの例外的な場合にもあたらないと判断される可能性も高く、その場合は日本での国際裁判管轄は認められません。そうなりますと質問者は、夫の居住している国に出向いて離婚の訴えを提起する必要が出てきます。その場合、離婚に適用される準拠法も、夫の居住する国の国際私法ルールにより改めて決定されることとなります。

子の親権者指定の国際裁判管轄

もっとも本設問においては、子の親権者指定も同時に問題となっており、子の住所地がわが国にありますので、国際裁判管轄の判断において、この点が考慮される可能性があります。従来、子の親権者指定が単独で問題となる場合には、子の住所地に管轄を認めることにつき、判例、学説とも異論がないからです*12。本設問のように離婚に際して子の親権者指定が問題となるケースでは、判例においては、子の親権者指定は離婚に付随する問題と捉えられ、子の親権者指定のみについての国際裁判管轄は判断されない場合が多いようですが*13、その一方で、離婚の国際裁判管轄を判断するに際して、子の住所地がわが国にあることを「特段の事情」として考慮に入れた事例もあります*14。この事例においては、離婚訴訟の実質的な争点が子の親権者指定にあること、その子が日本に居住しておりその親権者指定の審理判断にあたっては、子ども自身およびその生活環境においての職権での

調査が不可欠であること，離婚の準拠法，親権者指定の準拠法がいずれも日本法であり，法解釈の適正を確保するためにはわが国の裁判所での審理が相当であること，などが総合的に考慮され，わが国に裁判管轄が認められています*15。本設問においても同様の判断がなされる可能性があります。

日本の裁判所における判断 以上により，日本の裁判所に裁判管轄が認められれば，離婚については日本法により，子の親権者指定については，先に述べたように，子の本国法の如何により決定される準拠法により判断がなされます。子の親権者指定については，日本法が準拠法となる場合，子どもが14歳間近であれば，裁判所はその判断にあたって子ども本人の希望も考慮に入れますので，子が父親の国で暮らしたいと主張すれば，それも考慮の対象とされるでしょう*16。これは，上記の調停離婚，審判離婚がなされる場合においても同様です。

*1　東京地判平2・11・28判時1384・71，判タ759・250
*2　平成元・10・2法務省民二3900通達第2の1(2)
*3　渉外戸籍実務研究会・設題解説　渉外戸籍実務の処理Ⅲ　離婚編（日本加除出版，2006）174頁
*4　大阪家審平6・12・2家月48・2・150
*5　平成10・11・25民二2244回答，渉外戸籍実務研究会・前掲注3・259-261頁，314-316頁
*6　佐藤＝道垣内編・渉外戸籍法リステイトメント（日本加除出版，2007）245頁
*7　①相手方は日本に住所を有する日本人であったが，申立人がアメリカ在住のアメリカ人で代理人を立てた事案として長崎家佐世保支審昭47・2・28家月24・11・74，判タ288・416，②相手方は日本に勤務をしているアメリカ人で，申立人がアメリカ在住のアメリカ人で代理人のみが出頭した事案として那覇家コザ支審昭50・1・7家月27・11・64，③申立人は日本に居住するカナダ人で，相手方がアメリカ在住のアメリカ人で代理人を出頭させた事案として神戸家審昭50・11・11家月28・11・106。
*8　前掲注7の①②③とも家事審判法24条により調停に代わる審判がなされている。①は被告の住所地が日本にあり，②は被告の住所地とまでは認定されないものの勤務地が日本にあるとして日本に管轄が認められ，③は原告の住所地のみが日本にある事案であるが相手方が代理人を出頭させ申立てに応ずる意向を有していることから特別の事情がある場合として日本の裁判所に管轄が認められた。
*9　渉外戸籍実務研究会・前掲注3・69頁
*10　最判昭39・3・25民集18・3・486
*11　最判平8・6・24民集50・7・1451
*12　前掲注4・大阪家審平6・12・2，道垣内正人・ジュリ991号（1991）140頁（東京家審平元・9・22家月42・4・65の評釈）など。子の住所地がわが国にない場合に子の親権者指定の管轄を認めた東京高決平17・11・24家月58・11・40，判タ1213・307も，子の住所地の管轄を否定しているわけではない。
*13　東京家審昭63・2・23家月40・6・65など
*14　東京地判平11・11・4判タ1023・267
*15　前掲注14・判例。もっともこの事案は，父，母，子がいずれも日本人であるケースであった。
*16　前掲注14・判例参照

〔岡野祐子〕

6 国際離婚と子ども（2）

設問 144

ドイツ人の妻と離婚して3年になります。子どもは現在5歳ですが，妻と一緒にドイツに住んでいます。私も私の父母もドイツに行ってでも子どもに会いたいのですが，妻が会わせてくれません。ドイツで子どもと面会するとしたら，ドイツの裁判所に訴える必要がありますか。日本の裁判所に訴えても，認めてもらえるのでしょうか。

親子間の面接交渉　本設問では，親子間の面接交渉が問題となっています。面接交渉をはじめとする子の監護処分に関する申立ては，単独でなされる場合と，離婚に際してなされる場合とがありますが，いずれの場合であっても，本設問のように複数の国が関わるケースでは，どこの国の裁判所が面接交渉についての国際裁判管轄を有するかという問題と，どこの国の法律が適用されるかという準拠法の問題とをみる必要があります。本設問ではまず，わが国の裁判所が面接交渉についての国際裁判管轄を有するかどうかが問題となります。

面接交渉申立ての国際裁判管轄　裁判例の中には，複数の国が関わっている面接交渉の事案であるにもかかわらず，国際裁判管轄についても準拠法についてもまったく言及することなく，申立てに対し直ちに日本法によりその判断をしているものもあります[1]。しかし多くの裁判例では，管轄についての判断がなされています。まず面接交渉が単独で問題となった事案において，近年の裁判例は，子の住所地がわが国にあれば，わが国の裁判管轄権を認めてきました[2]。学説においても，子の親権者指定および変更の事案については子の住所地に管轄を認めることに異論はなく，面接交渉の事案も同様に考えてよいと解されますので，この点につき，学説も判例も一致していると考えられます[3]。他方で，離婚に際して面接交渉権が問題になった裁判例では，面接交渉についての国際裁判管轄を，離婚の国際裁判管轄とは別個に考慮したことが明示されていないものがみられます[4]。しかしこれらの裁判例においても，結果として子の住所地がわが国にある場合に当該事案についての管轄権を認め，離婚についての判断とともに面接交渉についての判断をしています。

子の住所地国の専属管轄とする立場　さらに裁判例においては，面接交渉の申立てについては子の住所地国が「専属的に」国際裁判管轄を有するとの立場を示すものがあります[5]。これは，面接交渉が単独で問題となった場合のみならず，離婚に際して問題となる場合にも，面接交渉については，子の住所地が「専属的に」，つまり子の住所地のみが，管轄を有するとの立場を示すものです。この事案は，外国裁判所において当事者間の離婚判決が下され，その際にわが国に住所を有する子への面接交渉についても判断がなされており，その判断に基づきわが国において面接交渉申立てがなされたものです。しかし判旨は，上記の立

場から，当該外国判決のうち面接交渉に関する部分の裁判については，当該外国は子の住所地ではないため，その管轄を有しなかったとして不承認とし，面接交渉について自ら改めて判断を下しています。

子の住所地がわが国にない場合　この立場を貫けば，子の住所地がわが国になければ，わが国は面接交渉の申立てについて，国際裁判管轄を有しないという結論になります。そのような結論は，面接交渉自体が問題となったものではありませんが，以下のような他の裁判例において示されています。

ひとつは，離婚に際しての監護者の決定が問題となった事案です。この事案では，外国人である相手方と，監護決定の対象となる5人の子のうちの2人がわが国に住所を有していました。判旨はまず，相手方が日本に住所を有していることから，わが国に離婚の裁判管轄を認めたうえで，子の監護に関しては子の住所地の裁判所が管轄権を有するとして，わが国に住所を有する子2人についてのみ監護者を決定しています*6。もうひとつの事案は，離婚後の親権者変更がわが国で申し立てられたもので，子の親権者変更が単独で問題となったものです。この事案において，事件本人である子は，わが国に住所を有していませんでした。判旨は，親権者変更申立て事件における国際裁判管轄は，特段の事由のない限り，子の住所地または常居所地にあるとして，当該子がわが国に住所を有していないことを理由に，申立てを却下しています*7。

もっとも，これら2つの裁判例は，子の監護処分に関する事案について，子の住所地に「専属的に管轄を認める」とまではいっていません。むしろ上述したように，「特段の事由のない限り」との留保をつけているものもあります*8。これらの裁判例の立場に対して，学説は好意的ですし*9，また，この問題についての管轄の判断においては，柔軟な処理の余地を残すべきであるとの主張もなされています*10。

子の住所地の専属管轄とすることに反対する立場　他方で，先に述べたような，面接交渉権の問題について子の住所地国が専属的に管轄を有するとした裁判例に対しては，あまりに管轄権を狭く規律しすぎると子の福祉に反する結果となりうるとして，学説からは疑問とする見解も示されています*11。また裁判例においても，離婚後の子の親権者指定の事案において，相手方の住所地と子の住所地の両方に国際裁判管轄を認めるとして，子の住所地に「専属的に」管轄を認めることに反対するものもあります*12。例えば，相手方の住所地が日本にあることを理由に，子の住所地が日本になくても，わが国に親権者指定の裁判管轄を認めています。

このように，「専属的」とすべきか否かについては議論はありますが，子の住所地国に面接交渉権についての裁判管轄を認めることは，学説・判例とも一致しています。その上で，そのように管轄原因とされる子の住所地をいかに決定するかについて，さらに問題が指摘されています。

子の住所地の決定　子の住所地は，通常は監護権者である親の住所地と一致するでしょう。しかし，ときには，子が親元から離れて他の国で生活しているケースもあります。子が海外の学校の寄宿舎で暮らしているような場合や，監護権者のもとから他方の親によって一方的に連れ出される場合も

ありえます。そのようなケースについては、子が現実に所在している国ではなく、前者については親元の住所地、後者については監護権者の住所地を子の住所地と解するべきだとの見解も示されています*13。裁判例においても、子が監護権者によって一時的に他国に預けられている場合には、現に子が居住する地ではなく、監護権者の住所地をもって子の住所地とするとの判断が示されています*14。

このような決定方法が用いられれば、子の住所地に専属的に管轄を認めるとの立場においても、場合によっては、現実に子が暮らしている地以外の地に管轄を認めるケースもありえることになります。以上のことを総合すると、面接交渉についての国際裁判管轄は、原則として子の住所地がわが国にある場合に認められ、場合によっては、監護権者の住所地、あるいは相手方の住所地がわが国にあるときに認められると考えてよいと思われます。

面接交渉申立ての準拠法　複数の国がかかわる問題における準拠法を決定するルールは、それぞれの国により異なります。したがって本設問においても、面接交渉申立ての準拠法は、それをどの国が判断するか、すなわちどこの国に国際裁判管轄が認められるかにより異なってくる可能性があります。わが国で国際裁判管轄が認められれば、準拠法は、わが国の法律である「法の適用に関する通則法」（以下、通則法）により決められます。そして、面接交渉申立ての問題は、親権者指定の問題などと同様に、親子間の法律関係の問題として、同法32条により決定され、子の本国法が父または母の本国法と同一である場合には子の本国法が、その他の場合、つまり、父、母、子の本国法がすべて異なる場合には、子の常居所地法が準拠法となります（⇨〔設問143〕）。わが国ではなく他の国が国際裁判管轄を有する場合には、その国の準拠法ルールに従うこととなります。

本設問の場合　以上のことをもとに本設問について検討します。まず国際裁判管轄についてですが、本設問では、事件本人であるお子さんも、相手方となる母親も、いずれもわが国に住所を有していません。したがって、母親が一方的に質問者の元からお子さんをドイツに連れ出したなどという特別の事情がなければ、わが国の裁判所は面接交渉権についての国際裁判管轄は有しないと考えられます。その場合、質問者は面接交渉権を請求するためにドイツの裁判所に訴えを提起する必要があります。

ドイツの裁判所での判断

(1) **国際裁判管轄および準拠法**　ドイツの裁判所に面接交渉権請求の訴えを提起するにあたっては、まずドイツの裁判所が国際裁判管轄を有するか否かが問題となります。この点については、相手方となる母親も、事件本人であるお子さんも、ともにドイツに在住していますから、裁判管轄が認められることに問題はないと思われます。次に、面接交渉の準拠法ですが、ドイツで裁判がなされるわけですから、この準拠法は、上述したようにドイツの国際私法規定により決められます。ドイツの国際私法規定であるドイツ民法施行法には、面接交渉そのものについての準拠法規則はありません。しかし、面接交渉の問題は、親子関係の効力についての規定である同法21条*15を援用して、子の常居所地法を準拠法とするべきであると解されています*16。したがって本設問では、お子さんの住んでいるドイツの法が準拠法として適用されることとなります。

(2) ドイツ法上の交流権

ドイツでは，1998年に家族法分野において大改正がなされ，面接交渉については，同年から施行されている親子関係法改正法において，離婚後における子の両親との「交流権」が権利として規定されています*17。そこでは，子の両親との交流は子の権利であり，両親の子との交流は両親の権利であるとともに義務でもあると定められており，子と同居している親が，他方の親と子との交流を拒む場合には，裁判所は交流を強制することができるとされています*18。強制手段としては，強制金や実力行使もなしうるとの規定もありますが，まずはそれらの措置に先立って，申請に基づき，調整手続がなされることとなっています。また，この交流権は，両親以外の者についても認められており，子の福祉に役立つときは，当該子の祖父母や当該子の兄弟姉妹などにも子と交流する権利が認められています*19。本事案においても，これらの規定により，質問者および質問者のご両親のお子さんとの面接交渉が判断されることになります。

* 1 浦和家審平12・10・20家月53・3・93
* 2 ①東京家審昭44・6・20家月22・3・110，②東京家審昭50・8・12家月28・6・87，③東京家審昭62・3・31家月39・6・58，④東京家審平7・10・9家月48・3・69，⑤京都家審平18・3・31家月58・11・62など
* 3 海老沢美広・ジュリ平成7年度重判解256頁（後掲注5・判批）参照
* 4 ①東京家審昭51・5・31判タ345・297，②東京家審昭63・2・23家月40・6・65など
* 5 京都家審平6・3・31判時1545・81
* 6 東京家審昭44・6・13家月22・3・104
* 7 東京家審平元・9・22家月42・4・65
* 8 前掲注7・東京家審平元・9・22
* 9 前掲注7・東京家審平元・9・22について多喜寛・ジュリ平成2年度重判解259頁，道垣内正人・ジュリ991号138頁，前掲注6・東京家審昭44・6・13について田辺信彦・ジュリ478号（1971）160頁
* 10 海老沢・前掲注3，道垣内・前掲注9・140頁
* 11 海老沢・前掲注3
* 12 東京高決平17・11・24家月58・11・40。なおこの原審の千葉家松戸支審平17・6・6家月58・11・45は，子の親権者決定裁判管轄は「特段の事情」のない限り子の住所地とするとしており，前掲注7・東京家審判平元・9・22と同様の姿勢を示している。
* 13 鳥居淳子・ジュリ483号（1971）160頁（前掲注2①・判評）。道垣内・前掲注9・140頁もこれに賛成。
* 14 前掲注2②東京家審昭50・8・12の事例
* 15 ドイツ民法施行法21条：親子関係の効力：親子間の法律関係は子が常居所を有する地の法による。
* 16 ハインリッヒ・デルナー（佐藤文彦訳）「新しい国際親子法の諸問題」ドイツ民法・国際私法論集（中央大学出版部，2003）所収73頁
* 17 ドイツ民法典1684条
* 18 片山英一郎「ドイツにおける離婚の際の子を巡る問題と監護取り決め」21世紀の家族と法 小野幸二教授古稀記念論集（法学書院，2007）所収601頁以下参照
* 19 ドイツ民法典1685条1項

〔岡野祐子〕

7　国際養子縁組（1）

設問 145

私たち夫婦には子どもがいませんので，外国から親のいない子を引き取って養子にしたいと思っています。手続は，どうすればよいのでしょうか。養子は，日本の国籍を認められるのでしょうか。戸籍はどうなりますか。こういうことについて相談できる公的な，あるいは民間の相談所はないでしょうか。

1　諸国の養子縁組

養子縁組に関する諸国の法律は，縁組の成立の面からは当事者の合意に基づき，日本の家庭裁判所の縁組許可審判のように裁判所の関与等は子の福祉を確保するための審査にすぎない契約型養子縁組と，日本の特別養子縁組における家庭裁判所の審判のように裁判所等の関与が養子縁組の要件を審査し，裁判所等の裁判をもって成立する決定型養子縁組に大別されます。また，縁組の効力の面からは実親およびその血族との親族関係が断絶されるか否かによって断絶型（完全）・非断絶型（不完全）養子縁組に大別できます。

現在，各国の養子縁組に関する実質法は様々ですが，国際養子縁組のほとんどは，未成年の養子を対象とする養子縁組であるといえます。

2　日本で国際養子縁組を行う場合

養親となる者と養子となる者の国籍が異なる場合には，どの国の法律に従って養子縁組をすることになるかが問題となります。すなわち国際養子縁組の準拠法を決めることが必要となりますが，これについては「法の適用に関する通則法」（以下，通則法）31条によることになります。

準拠法　(1) 実質的成立要件

養子縁組の実質的成立要件については，縁組当時の養親の本国法によることになります（通則法31条1項前段）。養親の本国法が，養子縁組の許否，養子・養親の年齢および年齢差，法定代理人による代諾・同意，当事者間の身分関係による縁組の禁止，養子の縁組能力等の養親子関係の成立要件に関する諸問題に，適用されます。また契約型・決定型における公的機関の許可・処分の要否，夫婦共同縁組の要否についても，養親の本国法によることになります（なお，反致の成立〔同41条〕がありえます）。

養親の本国法主義をとるため，子の保護に欠けることがないよう，養子の本国法上，縁組の成立について，養子または第三者の承諾・同意，公的機関の許可その他の処分を要件とするときは，その保護要件（セーフガード条項）についても子の本国法が累積的に適用されます（同31条1項後段）[1]。保護要件に該当する規定か否かは，例えば，「○○の同意（承諾）を要する」等，規定の形式で判断すれば足りるとされるのが戸籍実務の取扱いとされています。養子の本国法が，養親の夫婦共同縁組であることを規定していても，戸籍実務上保護要件としては取り扱われないとされます。なお，保護要件について，反致は適用されるべきではないと解するのが有力な見解です。

具体的にいうと，日本人が外国人を養

子とする場合，養親と養子がすべての実質的成立要件（民792条以下）と，養子の本国法上の保護要件を満たしていることが必要となります。なお，日本人養親が養子制度のない国の国民を養子とすることは可能ですが，養子の本国においても養子として認められるかどうかは養子の本国法によることになり，実質的に保護要件の役割はないことになります。

(2) 形式的成立要件

養子縁組の方式については，通則法34条（親族関係についての法律行為の方式）により，養親の本国法によることも，縁組が行われた場所の法律（行為地法）によることも可能です。

手続　日本の市区町村役場の「養子縁組届」に必要事項を記載し，当事者双方と証人2人が署名捺印して届出をします（民799条・739条，戸66条・25条）。届出の際に必要な書類は以下のとおりです。

(1) 実質的要件についての証明

養親となる者については，成年であること（民792条）等の要件を満たすことの証明（養親の戸籍謄本または戸籍抄本の提出）が必要となります。縁組について配偶者の同意を要するときは，同意する者が作成した同意書も添付します。ただし，届書の「その他」欄に同意する者が同意する旨を記載し，署名押印したときにはこの限りではありません。（民796条・797条2項，戸38条1項）。

養子となる者については，縁組準拠法たる日本法の要件との関係で，養子の年齢（民793条）等の証明として，養子の国籍を証する書面（パスポート等），身分関係事実を証する書面（出生証明書，親族関係証明書等）の提出が必要となります（戸則63条）。

(2) 保護要件

養子の本国法に保護要件が備わっている場合には，この保護要件を満たしていることの証明が必要となります。養子の本国の発行した要件具備証明書がある場合には，保護要件が備わっているものと扱われます（「法例の一部を改正する法律の施行に伴う戸籍事務の取扱いについて」と題する平成元・10・2民二3900通達〔以下，基本通達とする〕第5の1の(1)）。要件具備証明書の提出はあくまで「任意」であり，要件具備証明書がない場合であっても，保護要件を備えていることの証明資料（本人の承諾書，第三者の同意書，公的機関の許可書等――通則法31条1項，基本通達第5の1）があれば，それを提出する方法も可能です。

なお，養子の本国法上，養子の福祉のために裁判所が後見的関与をするため，本国の裁判所の許可や決定が必要である場合には，本国の裁判所で許可または決定を受けた後，その謄本を提出することになります。実務においては「養親または養子の住所地を管轄する家庭裁判所の養子縁組許可の審判」があれば，養子の本国の裁判所の許可または決定に代えることが可能とされます*2。他方，養子縁組の成立に立法機関・行政機関の関与が必要とされている国の法律が本国法となる場合には，日本の裁判所がこのような関与を行うことはできないとされます*3。

養子の本国法上の保護要件の内容が，養親の本国法上の要件に含まれている場合には，同一の内容の証明書を重ねて提出することは要しません。

未成年の養子　**(1) 普通養子**

普通養子（民792条以下参照）の場合において，未成年者を養子にするとき（配偶者の子を養子とする場合等を除く）は，家庭裁判所に養子縁組の許可（同798条）を申し立て，審判を得て，その審判書の謄本を届出に

添付します。養子が15歳未満の場合には，その法定代理人の承諾が必要であり（同797条1項），監護者である父または母がいるときはその者の同意も必要とされます（同797条2項）。その他，養親に配偶者がいるときは配偶者とともにしなければなりません（同795条本文）。

(2) 特別養子

特別養子（民817条の2以下参照）の場合には，養子は家庭裁判所への養子縁組請求時に6歳未満でなければならず（同817条の5本文），養親は配偶者のある者でなければなりません（同817条の3第1項）。また，特別養子となる者の父母の同意が必要となります（同817条の6）。

特別養子縁組自体は家庭裁判所の審判によって成立し，この審判書の謄本を届出に添付します（戸68条の2）。戸籍窓口への届出は報告的なものになります。

国籍・戸籍

日本の国籍法において，外国の国籍を有する子が日本人の養子になる場合に，養子縁組によって日本の国籍を取得することはありません。養子縁組の届出の受理によって，外国人養子が日本人養親の戸籍に入籍することはなく，日本人の養子となった外国人の国籍，氏名および生年月日が明らかにされ，日本人と外国人間の養子縁組関係の存在が公示されることになります。養子縁組が成立した旨を日本人である当事者の戸籍に「平成　年　月　日国籍○○○（西暦　年　月　日）を養子とする縁組届出」との例により記載されるにとどまり，戸籍そのものに変動はありません。

養子が日本の国籍を取得するためには，帰化する方法があります。帰化をするには，法務大臣の許可を得なければなりません（国籍4条以下）。帰化の許可の申請は，帰化をしようとする者の住所地を管轄する法務局または地方法務局に自ら出頭し，所定の書面ですることになります（国籍則2条）。

一般的な帰化（国籍5条）には，①引き続き5年以上日本に住所を有すること，②20歳以上で本国法によって行為能力を有すること，③素行が善良であること，④自己または生計を一にする配偶者その他の親族の資産または技能によって生計を営むことができること，⑤国籍を有せず，または日本の国籍の取得によってその国籍を失うべきこと，⑥日本国憲法施行の日以後において，日本国憲法またはその下に成立した政府を暴力で破壊することを企て，もしくは主張し，またはこれを企て，もしくは主張する政党その他の団体を結成し，もしくはこれに加入したことがないことが要件となります。

帰化は，日本人との特別な人的関係がある等，一定の場合には緩やかになります。日本人の養子または特別養子については住所要件が緩和され，生計条件が免除されています。すなわち養子が縁組の時本国法により未成年であり，引き続き1年以上日本に住所を有している者で，養子縁組が日本法上有効に成立し，現に養親子関係が継続している場合には，帰化の要件が緩和されます（同8条2号）。

法務大臣は，帰化を許可したときは，官報にその旨を告示しなければなりません。帰化した者は，告示の日から1ヵ月以内に「帰化者の身分証明書」を添付して帰化の届出をしなければなりません（戸102条の2）。帰化によって日本国籍を取得した外国人は，生来の日本人と原則として差異のない地位を取得し，日本の戸籍に記載されます。

3　公的な，あるいは民間の相談所

養子となる子は，養親となる者がその住所地を管轄する児童相談所に登録し，

紹介してもらったり，民間あっせん団体・個人を通して養親の元にあっせんされます。児童相談所からあっせんを受ける場合，いったん里親登録をして「里親」になる必要があります。児童相談所については⇒〔設問132〕。

各都道府県知事・各指定都市市長あて厚生省児童家庭局長通知（昭和62・10・31児発902）「養子縁組あっせん事業の指導について」によると，18歳未満の自己の子を他の者の養子とすることを希望する者および養子の養育を希望する者の相談に応じ，その両者の間にあって，連絡，紹介等養子縁組（特別養子縁組を含む）の成立のために必要な媒介的活動を反復継続して行う行為（養子縁組あっせん事業）は，社会福祉事業法（2000〔平成12〕年社会福祉法に題名変更）に規定する「児童の福祉の増進について相談に応ずる事業」に該当します。この事業は社会福祉法に基づく届出制であるが，違反しても罰則がないことになるので，問題であると指摘されています。厚労省の調査によれば，2006（平成18）年度において，届け出ている第二種社会福祉事業者は11ヵ所あります。

養子縁組あっせん事業は，社会福祉法人および民法33条の規定に基づき設立される法人（社会福祉法人）により行われることが望ましいとされています。国際養子縁組について，厚労省の「児童相談所運営指針の改正について」（平成21・3・31雇児発0331034）は，児童相談所が基礎資料作成や手続，制限事項等について社会福祉法人日本国際社会事業団と十分連携を図ることが適当であることを助言しています。

国際養子縁組の場合，養子縁組によって新しい家庭を必要とする者のたいていが児童であり，一般的に養子となる子が母国を離れ，外国に行くことが特徴であ

ります。したがって，国際養子縁組においては適法な手続と，関係国の国際的な協力が要求されてきました。これに関しては，「国際養子縁組に関する子の保護及び国際協力に関するハーグ条約」が1993年5月29日に成立していますが，日本は署名も批准もしていません（1995年5月1日発効，2009年10月14日現在において締約国は81ヵ国である）。この条約は，条約が適用される養子縁組について子の出身国と受入国の中央当局等のコントロールのもとで手続が進められ，認可された団体が中央当局または公的機関の職務を代行することができることを定めているものです。先進国の多くは養子を受け入れる国がほとんどであるのに対し，日本は養子として海外へ送り出される子どもの数も多いといえます。養子の福祉の観点から同条約への批准可能性を検討すべきであると考えられます。

＊1　公序との関係について，水戸家土浦支審平11・2・15家月51・7・93参照
＊2　神戸家審昭53・2・21家月31・12・97等
＊3　大阪家堺支審昭37・5・17家月14・6・116

《参考文献》
＊南敏文編・Q＆A渉外戸籍と国際私法（日本加除出版，全訂版，2008）
＊佐藤＝道垣内編・渉外戸籍法リステイトメント（日本加除出版，2007）
＊南敏文編・はじめての渉外戸籍（日本加除出版，2003）
＊第一東京弁護士会・人権擁護委員会・国際人権部会編・新外国人の法律相談Q＆A（ぎょうせい，2001）
＊司法研究所編・渉外養子縁組に関する研究——審判例の分析を中心に（法曹会，1999）

〔金　汶淑〕

⑦ 国際養子縁組(1)

7 国際養子縁組（2）

設問 146

児童養護施設にいる日本人の子どもを外国人夫婦が養子にしたいといっています。数年間は日本に住むようですが、いずれ本国に帰るつもりのようです。日本で養子縁組をする場合の手続について教えてください。もしも、養親になる夫婦の本国で養子縁組をする場合には、手続はどうなるでしょうか。

1 準拠法の決定

養子縁組の実質的成立要件については養親の本国法が適用されますが（通則法31条1項前段），養子の保護要件を満たさなければなりません（同31条1項後段）。形式的成立要件については，養子縁組の方式につき行為の成立の準拠法である養親の本国法または行為地法のいずれかが適用されることになります（同34条）（⇨〔設問145〕）。

実質的成立要件 養子縁組の実質的成立要件に関する準拠法は養親の本国法によりますが，問題は養親の本国法が異なる場合です。養親の一方の本国法が夫婦共同縁組制度を採用する場合に，養子となる子との間で養子縁組が成立するかどうかは，それぞれの養親の本国法によって判断されることになります（基本通達第5の2の(3)）。

例えば，養親の一方配偶者が日本人である場合，日本法によると，未成年者を養子とする際に養親に配偶者がいるときは配偶者とともに縁組をすることが必要とされますが（民795条本文），共同縁組を強制していません（同条ただし書）。日本人の配偶者である外国人の本国法が，共同縁組を強制しないときにはその者と養子との間においてのみ養子縁組が有効に成立することになりますが，共同縁組を強制するときには共同でなければ縁組は成立しません。

現在の実務では，未成年者を養子とする養親の一方が日本人である場合において，外国人である配偶者については，その本国法に養子縁組制度がないとき，嫡出でない子を養子とすることができない等のために養子縁組ができないときには，夫婦共同縁組をする必要がなく，日本人配偶者について単独の縁組が可能であるとされています（平成3・2・18民二1244回答，平成7・3・30民二2639回答）。

形式的成立要件（方式） **(1) 日本法による場合**

夫婦共同縁組の場合には，それぞれの養親の本国法によると方式が異なっていて，養子縁組の成立が事実上できないことも考えられます。その場合，養親となるべき夫婦が同一の場所に所在するときは，行為地法の方式により共同で縁組を行う手段をとることによって縁組を成立させることができます。設問では外国人夫婦が日本に住んでいるので日本の役場に養子縁組届を提出しますが，以下の添付書類が必要となります。これは創設的届出です。

① 養親関係

養親が外国人である場合，養親となる者は，養親の本国の官憲から養親の本国法によって養親となる要件を備えている旨を証明する証明書を発行してもらい，これを日本の戸籍窓口に提出します（養

親の国籍証明書，身分事実を証する書面等）。この具備証明書がない場合には，「本国の法律の内容を証明する書類」（訳文をつけて出典を明示した法文の抜粋等）とその要件を満たすことを示す資料（パスポート，出生証明書等）を提出することで証明することが可能です。中国や韓国等，日本の戸籍窓口ですでに明らかにされているものは提出する必要はありません。

② 養子関係

養親の本国法により，養子が養親の本国法の要件を満たしているかの証明が必要となり，（日本人）戸籍謄本等を提出することになります。未成年の養子が日本人である場合には日本民法上の保護要件を具備していることを証する書面（家庭裁判所の養子縁組の許可書か法定代理人の承諾書もしくは監護者の同意書等）が必要となります。

(2) 養親の本国法による場合

養親の本国法の方式によってすでに有効に成立した養子縁組については，養子縁組の成立を証明する書類を添えて，日本の市区町村役場に届け出ることになります。これは報告的届出です。

① 外国裁判所の裁判または許可の日本の裁判所による代行

養親の本国法が養子縁組を裁判所の許可によって成立させる方式を採用している場合，現在の実務では，当事者の本国法によって必要とされる裁判または許可が，日本の家庭裁判所における「許可」とその性質からみて著しい相違があるとみられない限り，日本の家庭裁判所による許可をもってそれに代えることができるものと解されています*1。日本の家庭裁判所が代行した場合に，養子縁組を成立させる旨の家庭裁判所の審判書を添付して，役場に報告的届出をすることになります（基本通達第5の2の(1)）。

なお，1988（昭和63）年の法例改正（法律27号）によって，その後の法適用通則法の下でも外国裁判所の養子裁判・決定は日本の家庭裁判所が代行できると解されています。養親の本国法が，養子縁組を裁判所の決定によって成立させる場合における断絶型養子縁組の報告的届出の取扱いについては，⇨〔設問147〕。

② 外国の裁判所で成立した養子縁組

外国人養親になる夫婦の本国で養子縁組をするにあたり，日本人たる未成年の子を養子とするときには，日本の家庭裁判所で審判を受け，養子縁組の許可を得る必要がありますが，その他の海外移住許可などを要しないのが，現在の状況です。養子の保護要件に関して適正な手続が行われているかなどについては疑問であるといえます。

外国にある日本人について外国でその国の法律の方式によって縁組が成立した場合には，その成立を証明する書面（外国政府発行の証明書）を，縁組成立日より3ヶ月以内にその国に駐在する大使，公使または領事に提出する等して，報告的届出をしなければなりません（戸41条）。戸籍の実務では，外国の方式によって養子縁組の成立を証する書面等が，真正に成立したものであるか否かを審査します。この際，実質的成立要件についても，準拠法（通則法31条1項）に基づく要件を満たしているか否かを審査することになります。ただし，外国裁判所で，法廷地法を適用して養子縁組を成立させたとしても，通則法の定める準拠法により当該養子縁組は有効とみることができるときは，当該養子縁組は日本においても有効であるとされます。当該養子縁組の要件が審査され，その有効性が判断されると，戸籍に記載することになります（日本の特別養子縁組の取扱いになるかについては，⇨〔設問147〕）。

⑺ 国際養子縁組(2)

外国の方式によって養子縁組が成立した場合、縁組に関する実質的要件を欠くとの理由によって、戸籍に縁組成立の旨の記載をすることが拒否されることはありません（大正15・11・26民8355回答、昭和44・2・13民甲208回答ほか）。日本法における縁組の実質的要件は、それに違反したとしても当然に無効となるものはほとんどなく、縁組の取消しの原因でしかなく、しかもその取消しは裁判上請求しなければならないから、取消しの裁判がない限り、一応有効なものとして戸籍に縁組の成立した旨が記載されることになっています。しかしこの記載をもって、外国でなされた養子決定の承認があったと解することはできないものとされます。

外国養子決定の承認については民事訴訟法118条を類推適用する見解が主張されつつあります。外国非訟裁判の承認においては手続法的アプローチが一般的に認められています。このアプローチが、個々の具体的事件において、例えば外国養子決定の承認の際にも適用されることになるかが問題となります。決定型養子縁組については、縁組の成立をさせた裁判所等の関与が縁組の成立において重要な役割を果たしており、当事者間での争訟性はなくとも、当事者の身分関係の法的安定性の要求が強いと考えられます。〔設問145〕で言及したハーグ国際養子縁組条約は、締約国間では当該条約が適用された養子縁組について自動承認の義務を負うとされています。ところで、外国裁判所の離縁の裁判に基づいて報告的届出があった場合には、民事訴訟法118条を適用することになっています（この取扱いについては、⇨〔設問148〕）。

2 国籍・戸籍

日本の国籍法上、養子縁組によって国籍が変動することはないので、日本人が外国人の養子となる縁組をしても日本国籍を保有する以上はその戸籍は抹消されず、氏も変更されません。日本人養子の戸籍の身分事項欄に縁組事項は記載されますが、新戸籍が編製されることはありません。日本人の養親となった外国人の国籍、氏名および生年月日が明らかにされ、日本人と外国人間の養子縁組関係の存在が公示されることになります。これに対して、外国養子縁組が断絶効を有する場合には、養子について新戸籍を編製します（詳しくは、⇨〔設問147〕）。

養親が外国人の場合で、養子が養親の国籍を取得するかの問題は養親の本国における法制度によって決定されることになります。養子たる日本人が養親の国籍を取得できない場合に、養子は日本国籍を喪失しません。さらに、養子が養親の国籍を取得しても、養子の日本国籍は当然には喪失せず、養子は重国籍者となります。重国籍者の場合には国籍の選択をする必要があります（同14条）。

*1　東京家審昭36・2・10家月13・6・168等

《参考文献》
*法務省民事局内法務研究会編・改正法例下における渉外戸籍の理論と実務（テイハン，1989）
*南敏文編・はじめての渉外戸籍（日本加除出版，2003）
*佐藤＝道垣内編・渉外戸籍法リステイトメント（日本加除出版，2007）

〔金　汶淑〕

7 国際養子縁組（3）

設　問　147

私たちは在日韓国人夫婦ですが，施設にいる子を養子にしようと考えています。その子は北朝鮮籍なのですが，母親が行方不明です。この子を完全養子にするには，どうすればよいのでしょうか。この子の国籍，戸籍はどうなるのでしょうか。

1　準拠法

設問の場合，養子縁組の実質的成立要件については養親の本国法として韓国（大韓民国）法（通則法31条1項前段），養子の保護要件については養子の本国法たる北朝鮮（朝鮮民主主義人民共和国）法が適用されます（同条1項後段）。養子縁組の形式的成立要件については，養親の本国法として韓国法か，行為地法として日本法が適用されます（同34条）。

実質的成立要件　**(1) 養親の本国法**　養親の本国法たる韓国法では，従来，契約型・非断絶型（不完全）養子制度しか存在しなかったのですが，養子縁組が家の継承のためではなく，子の福祉をより増進するため，従来の養子縁組を存続させながらも，決定型・断絶型（完全）養子縁組である親養子制度（韓国民法908条の2～908条の8）が導入されました（2005・3・31民法一部改正法7427）。従来の養子縁組は，成年者を養子とすることもでき，縁組によって氏の変更はありません。これに対して，親養子縁組は，15歳未満の養子を対象とするもので，養親の氏および本[1]に変更されます。他方，「入養促進及び手続に関する特例法」は18歳未満の要保護児童を対象とするもので，同法が適用される養子となる者は養親が希望するときには，養親の氏および本に変更されます。

養親となる者は，次の各要件を満たして，家庭法院に親養子縁組の請求をしなければなりません（韓国民法908条の2第1項）。すなわち，①3年以上婚姻中である夫婦として共同で縁組をすること。ただし，1年以上婚姻中である夫婦の一方がその配偶者の嫡出子（親生子）を養子とする場合にはこの限りではない。②親養子となる者が15歳未満であること。③親養子となる者の実父母が親養子縁組に同意すること。ただし，父母の親権が喪失されたり，死亡その他の事由により同意をすることができない場合にはこの限りではない。④15歳未満の縁組承諾には法定代理人が代わって縁組の承諾をすること（同869条参照）が要件となります。家庭法院は親養子となる子の福利のため，その養育状況，親養子縁組の動機，養親の養育能力その他の事情を考慮して親養子縁組が適当でないと認められる場合には，養親の請求を棄却することができます（同908条の2第2項）。

親養子は夫婦の婚姻中の出生子とみなされます（同908条の3第1項）。親養子の縁組前の親族関係は，養親の親養子縁組の請求によって親養子縁組が確定されたときに終了します。ただし，夫婦がその配偶者の嫡出子を単独で縁組した場合における配偶者およびその親族と嫡出子間の存続関係はこの限りではありません（同908条の3第2項）。

親養子縁組の離縁において，養親，親

XV 国境を越える家族と子ども

養子，実父母または検察官は，養親が親養子を虐待または遺棄したりその他に親養子の福利を顕著に害するとき，あるいは親養子の養親に対する破倫行為によって親養子関係を維持させることができなくなったときには，家庭法院に親養子の離縁を請求することができます（同908条の5第1項）。

(2) 養子の本国法

北朝鮮の養子縁組制度は，住民行政機関の承認を得て身分登録機関に登録すれば成立するもので（北朝鮮家族法32条），養親子関係が成立すれば，縁組前の父母との関係は断絶されます（同33条）。

養子の保護要件として，養子となる者の実父母または後見人から養子縁組に対する同意，および養子となる者が6歳以上の場合には，その同意も得なければなりません（同31条）。

日本の裁判所の代行　設問において在日韓国人夫婦は完全養子をしようとしているため，決定型養子縁組である韓国の親養子縁組を日本の家庭裁判所が代行することができるかが問題となります。日本において1987（昭和62）年の民法改正により特別養子制度が新設され，養子縁組を成立させる権限が日本の家庭裁判所に一般的に付与されたので，日本の家庭裁判所が外国法上の決定型養子縁組について，養子決定を代行できるものとされます。

外国法上の要件・効果が日本法の要件・効果と異なる場合に，日本の家庭裁判所が養子縁組の成立審判をすることができるかが問題となります。これについては，養親の本国法たる外国法が決定型養子縁組制度を採用している場合には，その縁組が断絶効を生じるか否かを問わず縁組成立審判によって代行できるとする考え方が有力です。

2　国際裁判管轄権

決定型養子縁組は裁判所等の宣告により成立するものですから，国際裁判管轄権が問題となりますが，現在，これに関する明文の規定はないため，条理によって決定されることになります。裁判例によれば養子が日本人であると外国人であるとを問わず，縁組当事者双方の住所（常居所）が日本にある場合には，日本に国際裁判管轄権が認められます。養親と養子の住所が異なる場合をみますと，養子の住所が日本にある場合にのみ，または養親あるいは養子のいずれかの一方の常居所が日本にあれば，日本に国際裁判管轄権を認めたものがあります。

3　国　籍

設問の場合，養親は在日韓国人であり，養子は北朝鮮籍を有するとされていますが，これは国際私法上，当事者の本国法の決定において，いわゆる分裂国家の問題として扱われるものです。分裂国家に属する者の本国法の決定について学説は分かれています。朝鮮における分裂を国際私法において二国の並存状態とみて，当事者は二重国籍者となっているのであるから，重国籍者と同様に取り扱われるべきであるとする見解が判例・多数説です。諸説に分かれていますが，結局，当事者とより密接な関係を有する国の法が本国法とされると思われます（通則法38条参照）。

韓国の国籍法（2008・3・14一部改正法8892）によると，養子縁組によって韓国の国籍を取得することはできません。帰化によって韓国の国籍を取得できます。他方，韓国人が外国人の養子となる場合に，その養父または養母の国籍を取得したときにのみ，韓国の国籍が喪失されます（韓国国籍法15条2項2号）。

他方，北朝鮮の国籍法（1963・10・9最高人民会議常任委政令242，1999・2・26再改正）によると，縁組または離縁によって国籍は変更されません（北朝鮮国籍法11条）。

4 戸籍

まず，韓国人と北朝鮮人との養子縁組であっても，縁組が行われた場所である日本の役場に，縁組届を出さなければなりません。外国人同士の養子縁組の場合は，戸籍に記載されることはなく，届出を受理した市区町村長がその届書を50年間保存することになります（戸則50条）。外国人のみに関する身分関係について，戸籍の窓口に届書が提出されたときは，要件が審査されてから，受理されることになり，請求に基づき，縁組が成立することを証明するものです。

韓国では戸籍法が廃止され（2008・1・1），「家族関係の登録等に関する法律」が施行されています（2007・7・23他法改正法8541）。在外国民登録法の規定によって登録された韓国人は，家族関係の登録等に関する法律上の届出と申請に関する事項のうち，養子縁組によって登録すべき者が家族関係登録簿に整理されていないときには，家族関係登録簿整理申請書を住所地を管轄する在外公館の長に提出します。ただし本人の便宜によって同申請書を管轄する家庭法院または市・区・邑・面の長に直接提出することができます（「在外国民の家族関係登録創設，家族関係登録簿訂正及び家族関係登録簿整理に関する特例法」3条）。同申請書には在外国民登録簿謄本・居留国の外国人登録簿謄本または永住権者は永住権写本を添付しなければなりません（同法4条3項）。さらに，行為地法たる外国法によって養子縁組をした場合には，その官公署発行の受理証明書その他これを証明する証書，養子の家族関係登録簿の養子縁組関係証明書も添付しなければなりません（同法による家族関係登録事務処理指針12条，大法院家族関係登録例規273号，2007・12・10決裁）。

参考までに，日本の渉外戸籍の手続を検討します。外国法を準拠法とする養子縁組であって，養子とその実親等の親族関係が終了する断絶型養子縁組を特別養子縁組として取り扱うことができるか否かについては，外国法を準拠法とする養子縁組が断絶型養子縁組であることを明らかにする書面を提出して，養子について新戸籍を編製し，養子とその実親等との親族関係が終了する旨の届出があった場合については，これを戸籍上も当該養子縁組が断絶型であることを明らかにして特別養子縁組に準じて処理をします。この扱いは，外国法を準拠法とする断絶型養子縁組が日本の家庭裁判所の審判により成立した場合だけでなく，外国の裁判所および裁判所外において成立した場合についても同様です。

5 養子縁組の効力

縁組成立による養子と実方血族との親族関係の終了については，縁組当時の養親の本国法が適用されます（通則法31条2項）。なお，養親の本国法が異なる場合に，養親双方の本国法ともに断絶効が認められる場合でなければ，いずれの養親との関係でも断絶効が生じないと解するのが妥当であるとされています。

設問の場合，韓国法および北朝鮮法のいずれにおいても断絶型養子縁組制度がありますので，この身分関係において法的安定性を図ることができる結果になると思われます。

*1 本貫ともいう。始祖が生まれた地。

〔金　汶淑〕

8 国際養子縁組の離縁

設問 148

私たちは10年前に日本に来たアメリカ人(カリフォルニア州)夫婦ですが、5年前に日本人の子を養子にしました。その子は、現在、18歳になっていますが、最近、問題行動が起きてたので、離縁をしたいと思うようになりました。国際養子縁組の離縁手続について、教えてください。

1 準拠法

近年、諸国の実質法上、離縁を制限したり離縁を認めない傾向がみられます。それは決定型・断絶型養子縁組制度が導入されるに伴い、その制度の趣旨に由来するものであると考えられます。法の適用に関する通則法(以下、通則法)は、離縁に関する規定を置いています(通則法31条2項)。

離縁の実質的成立要件 養子縁組の離縁については、縁組当時の養親の本国法によることになります(通則法31条2項)。養親の本国法は養子縁組の実質的成立要件の準拠法ですが(同条1項)、それは縁組の成立と離縁は同じ準拠法によることが望ましいとされているからです。例えば、断絶型養子縁組について非断絶型養子縁組の離縁の規定を適用することは不合理であり、妥当でないと思われます。

外国人養親夫婦が国籍を異にしている場合には、夫婦それぞれの本国法が準拠法となります。例えば、一方の配偶者の本国法上は単独離縁を認め、他方の本国法上は夫婦共同でしか離縁を認めていない場合、一方の配偶者は単独で離縁をすることができますが、他方の配偶者は夫婦共同でないと離縁をすることはできないとされています。

離縁に関する実質的成立要件の準拠法は、離縁の許否・原因・方法・効力、養親の血族との親族関係の終了、実方の血族等との親族関係の復活等に適用されます。また、関係者の同意・承諾、公的機関の許可その他の処分等の離縁の要件にも離縁の準拠法が適用されます。

養親の本国法上離縁が認められない場合、離縁を認めないと養子の福祉に反するため公序良俗に反するとして(同42条)、養親の本国法の適用を排除して日本民法を適用して離縁を認めた裁判例があります[*1]。離縁の準拠法として縁組当時の養親の本国法が適用されるので、反致の規定(同41条)が適用されます。「縁組当時」の養親の本国法が、縁組成立後に改正されている場合、改正後の法律によるべきかどうかは、その国の経過規定等の法律によることになります。

離縁の形式的成立要件 離縁に関する形式的成立要件(方式)の準拠法は、離縁の成立を定める法律として養親の本国法か、行為地法として日本法によることができます(通則法34条)。

外国人が日本人を養子にした場合は、離縁の方式について外国人養親の本国法か、日本法によることになりますが、外国人養親の本国法が協議離縁を認めている場合には、日本法によって市区町村長に協議離縁の届出をすることができます。

これに対し，日本人が外国人を養子としている場合は，日本人養親の本国法として日本の民法が離縁のすべてについて適用されます。

2　戸籍

創設的届出　日本の市区町村役場に協議離縁の届出（創設的届出）ができるのは，まず，養親が日本人である場合であり，離縁の実質的成立要件および形式的成立要件ともに日本法が準拠法となります。

また，外国人養親の本国法上協議離縁の制度（例えば，韓国，台湾等）があり，かつ，離縁の行為地が日本である場合も協議離縁の届出が可能です。①届出当事者から同制度があることの証明書もしくは要件具備証明書（本国官憲が発給したもの）または出典を明示した法文（写し）を提出することになります。市区町村役場において，韓国，台湾系中国等のように外国の法制をあらかじめ把握していて，その法制上協議離縁の制度があることが明らかである場合には，前述の書類の提出は必要ありません。②離縁は，当事者間において縁組が存在していることが前提であるので，養子が日本人であるときには，本人の戸籍またはその謄本の縁組事項の記載により，あるいは養子縁組届出の受理証明書（戸48条），その他縁組の成立を証する書面等を提出することになります（戸則63条）。③離縁の際に縁組当時の養親の本国法についての証明は，日本人養子の戸籍に記載されている縁組事項中の養親の国籍や縁組届出の受理証明書または縁組届書の記載事項証明書（戸48条）に記載されている養親の国籍によって認定することになります（基本通達第6の1参照）。離縁届を受理する際に新たに養親の国籍証明書等を添付する必要はありません。

報告的届出　(1) 協議離縁
当事者の一方または双方を日本人として，外国の方式により協議離縁が成立したときは，当事者は，3ヵ月以内に，その証書の謄本または証明書を提出しなければなりません（戸41条）。この提出があった場合には，外国の方式によって協議離縁が成立していても，まず，形式的成立要件について，提出された証書等が行為地である当該外国の官公署など権限のある者により真正に作成された書面であることを確認したうえで，協議離縁がその国の方式によって成立したものであるかどうかが審査され，次に実質的成立要件について縁組当時の養親の本国法に定める要件を満たしているかどうかが審査されることになります。

審査の結果，協議離縁の合意がない場合には，その離縁は無効ですので，この報告的届出は受理されないこととされています（昭和5・9・29民事890回答）。市区町村長の審査は形式的審査ですので，離縁が無効であっても実際ほとんどにおいて受理されることになるでしょう。ただし，離縁は，外国の方式によって一応成立していることから，仮に取消しの事由があったとしても，そのことを理由に不受理とすることは許されないこととされています（大正15・11・26民事8355回答，昭和44・2・13民事甲208回答等）。

(2) 裁判離縁
外国裁判所の離縁の裁判に基づいて報告的届出（戸73条）があった場合には，裁判による離婚の場合と同様に，外国判決の承認の問題として民事訴訟法118条の各号の要件を満たしているかどうかを審査し，その要件を明らかに欠いていると認められる場合を除いて，その届出を受理することとされています（昭和51・1・14民二280通達）。離縁判決には国際

的共通性（判決の既判力，訴訟の手続的保障，当事者の適格性，審理の慎重性など）が認められるからです。なお，同条4号の「相互の保証」については争いがありますが，同号が適用されるとしても，判決国における承認要件が，日本の承認要件と重要な点で異ならなければ同号の要件は満たされたものとされます*2。

3 国　　籍

離縁によって当然に日本国籍の得喪は生じないこととなります。外国人養親の国籍を取得して重国籍となった日本人養子が日本国籍を離脱している場合には，帰化により日本国籍を再取得することができます。この際，日本国籍喪失者として帰化要件が緩和されています。

4 国際裁判管轄権

離縁に関する事件の国際裁判管轄権について，条理により決することになる離婚事件の裁判管轄権と同様に考えるべきであると考えられています。したがって，原則として被告の住所地に裁判管轄権が認められ，例外的に被告が原告を遺棄した場合，被告が行方不明の場合，その他これに準ずる場合には原告の住所地に管轄権が認められることになります。

5 設問の場合

設問において，アメリカ人夫婦が属するアメリカ合衆国は，地域により法律を異にする国であるため，その国のどの地域の法が準拠法となるかを決定しなければなりません。不統一法国に属する者の本国法は，その指定された本国の準国際私法により，それがない場合には最も密接に関係する地域の法律を準拠法とすることになります（通則法38条3項）。アメリカ合衆国においてこの準国際私法が存在しないとする学説も多く，裁判例もあります*3。

夫婦の同一本国法たるカリフォルニア州法（反致は成立しなかったことを前提にします）に従って成立した養子縁組は決定型・断絶型養子縁組であるといえます。同州法は，離縁を認めない法制をもっているため，養親が離縁の請求をすることはできません。離縁を認めない養親の本国法たるカリフォルニア州法は，子の福祉に合致するものではなく，公序良俗に反するので，同州法の適用を排除し，公序を援用した裁判例*4では，離縁を認める法廷地法たる日本法を適用して離縁を認めました。この離縁の申立人は養子であったことから，離縁を認めない養親の本国法の適用を排除し，養親からの離縁申立てが認められるかどうかは疑問です。

*1　水戸家審昭48・11・8家月26・6・56，那覇家審昭56・7・31家月34・11・54
*2　最判昭58・6・7民集37・5・611
*3　横浜地判平3・10・31家月44・12・105，横浜地判平10・5・29判タ1002・249
*4　前掲注1・水戸家審

《参考文献》
*西堀＝都竹・渉外戸籍の理論と実務（日本加除出版，新版，1994）
*南敏文編・はじめての渉外戸籍（日本加除出版，2003）
*南敏文編・Q＆A渉外戸籍と国際私法（日本加除出版，全訂，2008）

〔金　　汶　淑〕

9 国際間の成年後見

設問 149

私の母は日本人ですが、父はフランス人で、母が死亡した後、父はフランスで一人暮らしをしています。最近、父には認知症状が出始めていると近所の人がいうのですが、日本で生活している私が、後見人として、父の財産管理などの世話をすることはできますか。日本の介護保険や成年後見のようなものはヨーロッパにもあるのでしょうか。

1 諸国の介護保障および成年後見

諸国の公的介護保障制度には、ドイツ・オランダが採用する保険方式と、イギリス（ケアマネージメントの考え方）などがとっている税方式があります。ドイツ・オランダにおいて、介護保険の保険運営者は保険会社に委ねられており、ほぼ全国民が被保険者の対象者であり、介護保険対象者には障害者も含まれます。高齢化の進展に伴って、諸外国の介護制度を参考にした日本の介護保険法（1997〔平成9〕年12月9日成立）は、保険方式をとっています。日本の介護保険の保険者は各市町村と特別区（東京23区）であり、各自治体に権限が委譲されています。被保険者は40歳以上と限定しており、介護保険対象者は高齢者であり、障害者は含まれません。

他方、認知症のように精神上の障害により判断能力が不十分な者について、国家あるいはその公的機関が後見的に介入して本人に対する保護措置をとるとともに、一般社会の公益をも保護しようとする成年後見制度がフランス、イギリス、ドイツ等の欧米諸国において導入されています。フランスでは1968年の民法の改正により、従来の禁治産・準禁治産の制度が後見・保佐・裁判所の保護の制度に改められ、ドイツでも1990年の世話法による民法の改正により禁治産制度を改め、裁判所の選任する世話人の権限を個別的に定める制度が導入されています。また、イギリス・アメリカ等においては、近年、本人の判断の判断能力が低下する前に、契約により自ら信頼できる後見人と後見事務を事前に決めることができる「継続的代理権制度」を法制化する特別法が制定されています。

国際的流れに沿って、日本でも、事理を弁識する判断能力を欠く常況にある、あるいはその能力が不十分であるため契約等の法律行為における意思決定が困難な者について、後見人等の機関がその判断能力を補う成年後見制度が導入されています（平成11法151。2条、2000〔平成12〕年4月1日施行）（日本の成年後見制度については、⇨〔設問113〕）。

成年後見制度は、1999（平成11）年の民法の改正によって従来の禁治産・準禁治産制度を見直すことで、ノーマライゼーション、本人の自己決定の尊重などの新しい理念と従来の本人保護の理念との調和を旨として、柔軟かつ弾力的に利用しやすい制度を構築しようとするものです。この制度は、法定後見制度と任意後見制度に大別されます。前者は、法律の規定に基づいて、本人の判断能力が不十分な状態になってから、家庭裁判所が後見人などを選任し、その後見人などに権

限を付与します。従来の禁治産・準禁治産制度が廃止されて後見開始の審判・保佐開始の審判に改められ，事理弁識能力が不十分な者について補助開始の審判の制度が創設されたものです。後者は，契約による後見の制度であり，本人が判断能力のある間に判断能力の不十分な状態に備えて契約によって任意後見人を選任し，その任意後見人に権限を付与します。従前の戸籍への記載による公示方法に代えて成年後見登記制度が創設されたので，法定後見および任意後見に関する事項は登記することになっています。

この成年者保護を受けるべき者が，外国人である場合など渉外的事件において，成年後見の保護措置は公的または国家機関が行うものであるため，いかなる国が国際的管轄を有するか，成年者保護の要件・効力についての準拠法はどの国の法か，また成年者保護についての外国裁判の承認が問題となります。2000年1月13日に成立した「成年者の国際的保護に関するハーグ条約」は，要保護状態にある成年者について保護措置の管轄権，準拠法並びに外国の保護措置の承認・執行を定めていますが，日本はまだ批准していません（2009年1月1日発効，2009年4月16日現在において締約国は4ヵ国である）。

同条約によれば，保護措置の管轄権は原則として要保護者の常居所地国，例外的にその現在地国などに認められ，準拠法は原則として法廷地法によるもので，外国の保護措置は一定の拒否事由にあたらない場合には承認され，一定手続に従って執行可能となります。

2 国際的な成年者保護

法適用通則法5条は，後見，保佐，補助開始の審判に関し，国際裁判管轄権および準拠法について定めています。後見・保佐・補助は，その制度の本質に違いはなく，単にその要件・効力に程度の差があるにすぎず，制度趣旨自体は同一であるものとされ，同条にまとめられたのです。また，後見・保佐・補助（以下「後見」という）の準拠法については法適用通則法35条が定めていますが，このような保護措置に関する国際裁判管轄については規定を設けず，解釈に委ねられています。

成年後見の開始審判

(1) 国際裁判管轄
成年被後見人となるべき者が日本に住所もしくは居所を有するとき，または日本の国籍を有するときは，日本の裁判所が国際裁判管轄を有し，この場合，後見開始の審判の準拠法についてはもっぱら日本法によります（通則法5条）。後見開始の審判は，裁判所の措置によって人格の終期および人の行為能力の有無・程度を決する問題であり，いかなる裁判所がその問題を判断するかという国際裁判管轄の問題は，いかなる準拠法により判断するかという問題と密接に関連しているため，国際裁判管轄の規律と準拠法がともに設けられたと考えられます。

すなわち，日本の裁判所は本人の保護の必要性に柔軟に応じられるように本国管轄と住所（居所）地管轄を行使することができます。したがって日本に住所または居所を有しない外国人に対し，日本に財産があっても後見開始の審判をすることができません。この場合，通常はその外国人が居住している国またはその外国人の国籍国において保護措置を求めることができるものと考えられ，その外国の裁判所が原則として国際裁判管轄を有するものと考えられます。他方，外国在住の日本人も日本の国籍を有する者であれば，日本に財産，近親者などが所在する場合が多いと考えられ，日本の裁判所

が適切な保護措置をとることもできます。

(2) 準拠法

後見開始の原因・効力,後見開始の審判の請求権者の問題など,本人の行為能力の制限の程度,能力補充の方法などはすべて日本法によります（通則法5条）。ただし,誰が後見人であるか,後見人の権利義務の範囲などについては後見の準拠法（同35条）によります。日本において被後見人保護の裁判がなされる場合には,すべて日本法によります（同条2項）。

(3) 後見開始の裁判の取消し

成年者保護の裁判の取消しについての国際裁判管轄はその裁判を行った国にあると考えられます。日本でなされた裁判は,日本法の定める取消原因があれば取り消すことができるものと考えられます。

後見等の準拠法 成年者が成年後見開始の審判を受けた場合,その成年者を保護するために,成年後見人を選任する必要が生じます。したがって後見に関する審判についても日本の裁判所が国際裁判管轄を有するかが問題となりますが,明文の規定はなく,解釈に委ねられています。

後見は制限行為能力者の保護の制度であることから,通則法35条は未成年後見および成年後見の両方を対象としています。例えば,誰が後見人になるかについては,被後見人の保護を図るために,原則として被後見人の本国法によります（通則法35条1項）。これは,後見の開始原因,後見人の資格・選任・解任,後見人の権利義務などの問題に適用されます。

しかし被後見人たる外国人に対する保護措置の実効性を確保するため,早急に日本において後見人の選任を行う必要があるので,後見による裁判所の措置に限り,例外的に日本法によります。すなわち,被後見人である外国人について,①その本国法によればその者について後見が開始する原因がある場合であって,日本における後見の事務を行う者がないとき,②日本においてその外国人について後見開始の審判があったときには,後見人選任の審判などのような後見に関する裁判所措置については,日本法が準拠法になります（同条2項1号2号）。

特に後見の開始原因 日本に住所または居所を有する外国人の後見開始の審判について日本に国際裁判管轄が認められる場合,日本の裁判所は後見開始の審判について日本法を適用します（通則法5条）。この際,日本で後見開始の審判がなされたとしても,後見の準拠法であるその外国人の本国法によれば,後見開始の原因にあたらない可能性もありえます。したがって通則法35条2項2号は,日本法によって裁判所が後見人の選任の審判を行うことができることを定めています。

3　国際的な任意後見

日本の任意後見制度は,精神上の障害により判断能力が不十分な常況における自己の後見事務について任意後見人に代理権を付与する任意後見契約を締結することにより,家庭裁判所が選任する任意後見監督人の監督の下で任意後見人の保護を受けることができるものです。本人の意思能力喪失後の代理権行使に関する制度がイギリス,カナダ,オーストリアなどで設けられています。

任意後見制度における裁判所の関与が予定されている場合,国際裁判管轄についての明文の規定はありません。現在,これに関する議論は,まだ十分ではないといえます。任意後見制度の準拠法に関しては,そもそも任意後見契約については委任などの代理権授与の法律行為を基

⑨ 国際間の成年後見

礎とする点を重視する見解と，公的機関の監督を受ける点を重視する見解，任意後見の成立，効力および方式についての準拠法は契約と同様に捉える見解もありますが，まだ学説上の議論が尽くされていません。

4 成年者保護についての外国裁判の承認

日本では外国の裁判所でされた成年者保護についての裁判の日本における効力については明文の規定がなく，以下のような問題が生じます。

第一に，外国の公的機関によって，被後見人に対する保護措置がとられた場合に，日本においてその裁判の効力を一定の要件のもとで承認することができるかの問題があります。

通説は外国で成年者保護の裁判がなされてもそのことを日本で公示する手段がないなどを理由として，その承認を否定しています。すなわち外国の後見開始の審判が否定されますので，一般的に後見に関する外国裁判の効力も否定されます。これに対して，近時の有力説は，外国で行われた後見開始の審判は，国家行為であるため，民事訴訟法 118 条の準用による承認要件が具備されている場合には，その効力を日本においても承認するとします。この説によれば，後見に関する外国裁判の効力についても同様に承認要件が具備されるならば，承認されることになります。

第二に，外国における後見開始の審判（禁治産宣告）に基づいて選任された後見人が日本において後見人としての地位を認められ，権限行使ができるかの問題があります。かつての通説は，この問題も後見の準拠法が適用範囲であるとされ，被後見人の本国法が適用されると解していましたが，近時は，外国非訟裁判の承認という方法として，民事訴訟法 118 条の間接管轄の要件（1 号）と公序の要件（3 号）のみを準用すべきであるとの見解が有力です。

5 設問の場合

あなたの父が認知症状により，その判断能力が（著しく）不十分または欠けている常況で法律行為を行うためには，本人保護の観点からも，公益の観点からも成年後見を行う措置をとる必要があると思われます。成年被後見人となるべき者の住所または居所が日本にある場合もしくは日本の国籍を有する場合に限り，日本の裁判所に後見開始の審判の裁判管轄が認められます。したがってフランスに住所，居所を有しているあなたのフランス人父に対し，日本の裁判所は，成年後見開始の審判について国際裁判管轄がないと考えられます。

他方，フランス人父が日本に財産を有する場合には，日本に住所または居所を有するか否かを問題にせずに，日本法により後見人の選任の審判がなされることは可能であると考えられます。すなわち，原則として，後見の開始原因，後見人の資格・選任・解任，後見人の権利義務の問題についてはフランス法が適用されますが，日本の裁判所による後見の保護措置については例外的に日本法が適用されることになります。

《参考文献》
* 小出邦夫編著・一問一答新しい国際私法（商事法務，2006）
* 小林＝大鷹＝大門編・一問一答新しい成年後見制度（商事法務，新版，2006）

〔金　汶淑〕

10 国際相続法

設問 150

私の父はドイツ人ですが、日本人である私の母と離婚後、日本で一人暮らしをしていました。私は20年前から母とともに生活をしており、父には会っていなかったのですが、最近亡くなったという知らせがありました。遺言を遺していて、日本にある自宅および預貯金等の全遺産を「公共のために寄付する」という内容でした。相続人と思われる者は、子どもの私一人なのですが、遺産の一部をもらいたいと思っています。遺産の返還請求は認められるでしょうか。

1 諸国の相続の準拠法

諸国の国際私法上、相続の準拠法については、動産相続と不動産相続を区別しない相続統一主義と、これを区別する相続分割主義があります。相続統一主義は、相続財産を構成する個々の財産を一体として相続人に移転するものであり、遺産の管理・清算と残余財産の分配・移転をまとめて相続関係を統一的に被相続人の属人法（本国法または住所地法）によらしめる立場で、主に大陸法系諸国において採用されています。

これに対して、相続分割主義は、動産（債務も含まれる）相続については被相続人の属人法（本国法または住所地法）によらしめ、不動産相続については不動産所在地法によらしめる立場であります。今日、英米をはじめ、フランスの判例などがこの立場を採用しています。特に、英米法系諸国は、相続財産は、いったん人格代表者に帰属し、人格代表者による管理および清算を経た後に、残った積極財産についてのみ相続人に分配・移転する清算主義をとっています。したがって相続財産の管理・清算の過程と残余財産の分配・移転の過程を区別し、前者については法廷地法、後者についてのみ相続準拠法によらしめることになります。

2 国際裁判管轄

渉外相続事件の国際裁判管轄について明文の規定はありません。学説においては様々な見解が主張されていますが、当事者の利益、裁判の実効性等の諸要素を比較考慮し、具体的妥当性や処理の適正の観点から、個々の事件ごとに国際裁判管轄の有無を決定することになります。

例えば、遺産分割事件においては、被相続人の死亡当時の住所地（常居所）国または相続財産の所在地国に国際裁判管轄があるとするのが多数説です*1。

3 準拠法

相続および遺言に関する各国の実質法上の内容が国により大きく異なっており、国際私法上においてもその解決は容易ではありません。法の適用に関する通則法（以下、通則法）は、相続の準拠法（通則法36条）と遺言の準拠法（同37条）を定めています。

他方、国際私法の総論との関係で、反致（同41条）および公序（同42条）が問題となる場合があります。当事者の本国法として外国法が適用される場合において、当該外国の国際私法上問題となっている法律関係につき日本法が適用されるべきものとされるときは、日本法が適

用されます（同41条本文）ので，反致の成立如何によって準拠法が異なる可能性があります。

相続の準拠法 通則法は，相続統一主義を採用しており，不動産相続・動産相続のすべてについて被相続人の本国法を準拠法とします（通則法36条）。

相続の準拠法は，原則として，あらゆる種類の相続に適用されるため，財産相続のみならず，家督相続のような身分相続，包括的な相続のみならず特定相続，法定相続のみならず，遺言相続（任意相続）にも適用されます。ここでいう遺言相続には，遺言によって相続財産を自由に処分しうるか，また処分しうる場合にその範囲如何という問題が含まれます。具体的に相続の準拠法の適用範囲は以下のとおりです。

① 相続開始の原因および時期

② 相続人：相続人の範囲，相続人（胎児・法人）の相続能力，相続欠格，相続人の廃除に関する諸問題，相続順位などが含まれます。法人の場合には，まずその従属法が相続能力を認めなければなりません。

③ 相続財産（相続財産の構成の問題，その移転の問題）：個別財産の準拠法，例えば，物についてのその所在地法や，不法行為による損害賠償請求権に関する不法行為の準拠法により，それらが相続財産となることを認められていない場合には相続財産とはなりえないとするのが通説です。

④ 相続財産の管理：相続財産管理人の選任やその職務権限の問題について相続の準拠法によるのが多数説です。

⑤ 相続の承認および放棄：相続人の本国法がこれを認めても，被相続人の本国法が相続放棄や限定承認を認めない場合には，相続放棄や限定承認はできないとするのが通説です。

⑥ 相続分，寄与分，遺留分：特別縁故者への財産分与に関する問題，相続人不存在の場合に相続財産の帰属をどう処理すべきかの問題については，相続の準拠法ではなく，財産所在地法によらしめるのが多数説です。

遺言の準拠法 遺言については，意思表示の1つの形式としての遺言自体の問題と，遺言の内容となる法律行為（例えば，認知，後見人の指定，遺贈など）の問題を二分するのが通説的見解です。前者の準拠法は一律的に定めることができますが，後者の準拠法は当事者が意思によってなそうとする法律行為が様々であるため，そのそれぞれの準拠法によることになります。

通則法37条1項は遺言に関する事項のうち，意思表示としての遺言の成立および効力について遺言成立当時における遺言者の本国法によることを定めています。ここでいう遺言の成立とは，遺言能力，遺言の意思表示の瑕疵などを意味し，遺言の効力とは意思表示としての遺言の拘束力，遺言の意思表示の効力発生時期などを意味します。なお，遺言の検認については，諸国の実質法上その方法や目的が異なるので，遺言の検認に関する準拠法については諸意見に分かれています（遺言の方式の準拠法と法廷地法を累積的適用した審判があります*2)。

通則法37条2項は，遺言の取消しはその当時における遺言者の本国法によることを定めています。ここでいう遺言の取消しは，意思表示の瑕疵に基づく取消しではなく，遺言の任意の撤回を意味します。意思表示の瑕疵に基づく遺言の取消しは遺言の成立に関する問題であるため，同条1項により，遺言成立当時の遺言者の本国法によります。後からなされた遺言が先になされた遺言と内容的に矛

盾する場合に，どちらが優先するかの問題は，遺言の取消しではなく，遺言の実質的内容の問題として，内容をなす各法律行為の準拠法によります。

遺言の方式に関しては，原則として，「遺言の方式の準拠法に関する法律（昭和39・6・10法100）」によることになります。これは1961年の「遺言の方式に関する法律の抵触に関するハーグ条約」を批准し，国内法化したものです。遺言は，その方式が，遺言地法，遺言の成立時または遺言者の死亡時のその本国法，住所地法，常居所地法，または不動産に関する遺言については，不動産所在地法のいずれかの一に適合していれば方式上有効とされます（2条）。これは遺言保護の観点から方式上なるべく有効としようとするものであります。先になした遺言を撤回する遺言の方式については，これもそれ自体1つの遺言であるため，前述の8個の準拠法が適用されます。これに加えて，取り消される方の遺言の方式に関する準拠法によってもよいとされますので，合計12個の準拠法のいずれかに適合していれば，方式上有効とされることになります。遺言の方式の準拠法について反致の成立はないとされます。

4　戸　籍

外国人が日本国内で死亡したときは，戸籍法の定めに従ってその届出をすべき義務を負います。外国人の死亡届出および報告が受理された後は，戸籍には記載されませんが，その受理証明書（戸48条，戸則66条），届書の記載事項証明書等（戸則66条・67条）により，死亡した外国人の身分関係が公証されることになります。日本の国内で死亡した外国人に関する死亡届は，戸籍法の定める届出義務者（戸87条）が，その死亡の事実を知った日から7日以内に，死亡地でこ

れをすることができます（同86条1項・88条）。この届書には死亡診断書または死体検案書を添付することが必要です（同86条，戸則58条等）。

5　設問の場合

遺産の返還請求をするための国際裁判管轄は，父の自宅および預貯金等の財産が日本にあることから，不動産の財産所在地および被相続人の最後の住所地として日本の裁判所に認められるでしょう。

あなたの父が日本にある自宅および預貯金等の全遺産を「公共のために寄付する」旨の遺言を残していますので，まず遺言の方式の準拠法上，有効なものかどうかが問題となります。遺言自体の成立および効力については，父の遺言成立当時の本国法が準拠法となり，ドイツ法が適用されます。次に，相続準拠法は被相続人の本国法としてドイツ法が適用されることになります（ドイツ民法施行法25条1項によれば，反致は成立しません）。ドイツ民法によると，あなたは法定相続人となり（1924条），遺留分の請求権を有します（2303条以下）。

*1　大阪家審昭51・2・25家月29・4・152，福岡高決平4・12・25家月46・3・50
*2　神戸家審昭57・7・15家月35・10・94

《参考文献》
*太田＝佐藤編・注釈ドイツ相続法（三省堂，1989）
*木棚照一・国際相続法の研究（有斐閣，2003）
*第一東京弁護士会司法研究委員会編・国際相続法の実務（日本加除出版，1997）

〔金　汶淑〕

設問一覧

【設問1】私の妹の夫は半年前に交通事故で亡くなりました。妹は，来月出産の予定なのですが，子どもは，私が養子にして引き取ることになっています。私としては，その子を私たち夫婦の実子として届出をしたいと思っているのですが，できるでしょうか。……………………2頁

【設問2】私の妻は，私が海外出張中に私の同僚と関係をもち，妊娠したようです。妻は，私と離婚して，その同僚と再婚したいというのですが，私は，妻とその子どもと3人でやり直したいと思っています。私がその子どもを私の子として育てる気があるなら，その子は私の子どもになるということを聞いたことがあるのですが，どういうことでしょうか。…………5頁

【設問3】私は結婚前に2人の男性と交際していたのですが，妊娠したので，その父親だと思った今の夫にそのことを話して結婚しました。結婚してから7ヵ月後に子どもが生まれ，順調に成長してきたのですが，小学校に入ろうかという今になって病気が発見し，診断の過程で，子どもは，本当はもう1人の男性の子だとわかりました。夫とは離婚話が進んでいるのですが，夫は，夫の子でないということを裁判ではっきりさせるというのです。今さら，そんなことが認められるのでしょうか。子どもの実父とは，今は，交際は全くありません。……………………8頁

【設問4】私は3人目の子どもが生まれた後，妻に内緒で不妊手術を受けました。ところが，妻は1年後に妊娠し，私は悩みましたが，その子にも上の子らと同じように，私の名の1字を取った名を付けて，自分の子として育てています。その子も，もうすぐ1歳になるのですが，今のうちに自分の子でないことをはっきりさせておいたほうがよいのではないかと考えるようになりました。認められるでしょうか。……………………11頁

【設問5】私の弟は半年前に病気で亡くなったのですが，弟の妻は現在妊娠中で，予定日は再来月とのことです。彼女は今，別の男性と付き合っているようで，私は，彼女のお腹の子は，本当はその男性の子ではないかと疑っています。私たちの父母が亡くなったときに，弟は跡取りとして自宅を含めて遺産をほとんど相続しましたので，彼女がその遺産を持って，不倫相手ではないかと思う男性と再婚しようとしているのが許せません。彼女のお腹の子が弟の子でないということをはっきりさせて，遺産を取り戻すために裁判することはできないのでしょうか。…13頁

【設問6】交際している女性が妊娠したというので，相手と話し合って，結婚しました。結婚してから半年後に生まれた子どもは自分の子どもだと思ってかわいがっていたのですが，2年近くも経ってから，別の男性の子であることがわかりました。自分がその子の父親でないということを，今から裁判ではっきりさせることができるのでしょうか。……………………15頁

【設問7】私は夫の暴力に耐え切れず，1年前に家を出ました。夫には今の住所を知られたくないので，住民票は夫のところに残したままです。その後，今の彼と知り合い，妊娠しましたが，今の彼の子どもとして出生の届出をすることはできますか。……………………18頁

【設問8】夫はある犯罪のために3年前から刑務所に入っています。1年前に知り合った男性との間に子どもができましたが，彼とのことを夫に知られたくないので，子どもは夫の子として出生の届出をしました。でも，来年，夫が刑期を終えて帰ってきたときに，夫に話をして，子どもは夫の子でないことをはっきりさせたいと思っています。そういうことは，できるでしょうか。

....21頁

【設問9】私は妻が産んだ子を私の子だと思って10年間育ててきました。妻と離婚することになったのですが，そのときになって初めて妻は子どもが私以外の男性の子だと打ち明けました。妻は，息子が私の子でないことはDNA鑑定をすればすぐにわかるというのですが，私は自分の息子だと思ってこれからも接して行きたいので，DNA鑑定をする気はありません。DNA鑑定というのはどういうものですか。どういうときに使われるのですか。私が反対しても，妻が申し出れば，DNA鑑定はされるのでしょうか。..24頁

【設問10】半年前に前の夫との離婚届を出して，すぐに今の夫と結婚式をあげて同居し，今度，再婚の届出をしました。来月，子どもが生まれるのですが，子どもは，今の夫の子として届出できますか。私の友達は，前の夫の子どもになるかもしれないので，父親が誰かを決める裁判をしなければならないよ，というのですが，本当でしょうか。..27頁

【設問11】私たちはいわゆる「できちゃった結婚」なのですが，結婚式の後，結婚の届出をする前に子どもが生まれてしまいました。結婚の届出をする前に生まれた場合も，私たち夫婦の子もとして届出をしてよいのでしょうか。..30頁

【設問12】私たちには双子が生まれたのですが，2人の名前を「天子」と「天女」としたいと思っています。子どもの名前を付けるのは親の権利だと思うのですが，名前の付け方について何か法律で決められていることがあれば，説明してください。..33頁

【設問13】妊娠中に夫が次々と浮気をして，まったく反省しないので，離婚してしまいました。来月，出産しますが，子どもの名前をつけるにあたって父親の同意を得なければならないのでしょうか。子どもの姓や戸籍はどうなるのでしょうか。..36頁

【設問14】私の妻の実家は，跡を継ぐものがいないので，知人に相談したところ，私たち夫婦が形式的に離婚をして妻が婚姻前の氏に戻り，私たちの二男の氏を妻の氏に変更すればよいといわれました。そんなことが許されるのでしょうか。..39頁

【設問15】私の両親は離婚して，母は結婚前の姓に戻って生活しています。私は今度中学を卒業したら，母の姓で母のところから高校に通いたいと思っていますが，父は反対しています。中学1年生の弟も，母のところに行きたがっています。親権者である父が反対していても，私たち姉弟の姓を変えることはできますか。..42頁

【設問16】恋人が妊娠したので，胎児を認知して自分が父親となることを自覚したいと思っているのですが，意外にも，彼女が反対するのです。ひょっとして他の男性の子どもではないかと疑ってしまうのですが，彼女は，生まれてから認知してくれたらよいといっています。胎児を認知する場合と生まれてから認知する場合で，何か違いがあるのでしょうか。認知の届出の仕方についても，説明してください。..46頁

【設問17】不倫関係にあった女性が私の子どもを産んだのですが，病院に子どもを置き去りにして行方不明になりました。妻と話をして，私たち夫婦の子どもとして出生届を出そうと思うのですが，何か法律的に問題があるでしょうか。ただ，妻はもう50歳ですので，いろいろと詮索されないように，いったんその女性の子として届出をして，それから私たちの養子にする方がよい

設問一覧

449

設問一覧

のではないかとも思います。実子として届出をする場合と養子として届出する場合で，何か法律的に違うところがあるのでしょうか。……………………………………………………49頁

【設問18】大学時代に交際していた彼女が，私の子を産んでいたということを最近になって知りました。その子を私の子として認めたいのですが，その子は私を恨んでいて，私が父親だということを認めないといっています。私には数年前に亡くなった妻との間に子どもが1人いますが，2人ともかわいいので，同じように財産を分け与えたいのですが，できるでしょうか。 …52頁

【設問19】50歳の男性です。大学時代に交際していた彼女との間に子どもができたのですが，認知をためらっている間に，彼女の行方がわからなくなりました。最近になって，彼女も子どももすでに亡くなっていることを知りましたが，その子には子どもがいるようです。私は，孫として引き取りたいのですが，どうすれば祖父と孫の関係を正式に認めてもらうことができるでしょうか。…………………………………………………………………………………………55頁

【設問20】私は若手企業家としてマスコミでも注目されるようになったのですが，交際している女性から妊娠の事実を告げられ，認知を求められました。彼女が妊娠した頃，他の男性数人とも交際していたといううわさは聞いていましたが，認知しなければ世間に公表すると脅かされて，認知をしました。彼女は，相当の財産を子どもに与えてくれるなら，認知の取消しに応じてもよいといっていますが，認知の取消しは認められるのでしょうか。………………………57頁

【設問21】結婚前にある女性と付き合っていたとき，子どもができたといわれたので，生まれた子を認知しました。ところが，最近，その子の本当の父親は別にいることがわかったのですが，私の認知を，法律上訂正してもらうことはできるのでしょうか。……………59頁

【設問22】今，結婚しようと思っている女性がいます。その女性には幼稚園に通っている子どもがいますが，子どもの父親は認知を拒否しているということです。私がその子を認知して，その女性と結婚するのが子どものためにも一番よいと思うのですが，法律上，許されるでしょうか。………………………………………………………………………………61頁

【設問23】私は2度結婚して，それぞれ男の子を1人ずつ授かりました。現在，交際している女性の産んだ男の子を認知して，引き取ることになったのですが，前の男の子2人とも戸籍の続柄では私の長男になっているので，母親が違えばまた長男になるのでしょうか。この子の母親には，死別した夫との間に生まれた男の子がもう1人いるので，母親からみると，この子は二男です。………………………………………………………………………………………63頁

【設問24】私たちは事実婚なのですが，夫が子どもの出生届を出しに行くと，受理してもらえませんでした。婚姻届をしていなくても夫婦ですし，出生届をしていなくても私たちの子どもに違いはないので，このまま出生届はしないでおこうかと思っています。出生届をしていないと，この子に何か，不都合なことはあるのでしょうか。……………………………65頁

【設問25】私の夫は，結婚後に付き合った女性との間に子どもがいるようなのですが，最近，戸籍をみたところ，その子どもが私たち夫婦の戸籍に記載されていました。妻である私の了解もなく，そんなことが許されるのでしょうか。……………………………………………67頁

【設問26】私は母が結婚しないで産んだ子です。戸籍上で私の父親になっている人は，3年前に

450

亡くなったのですが，どうも本当の父親ではないようです。最近になって，5年前に亡くなったある資産家の男性が本当の父親であることを知らされました。私の本当の父親がその男性であることをはっきりさせることはできるでしょうか。もし認められるなら，その男性の遺産をもらって，入院中の母の治療費にしたいのです。 ･････････････････････････70 頁

【設問 27】私の父母はいわゆる内縁の夫婦だったのですが，5年前両親とも交通事故で亡くなりました。今度結婚しようと思って，私の戸籍を取り寄せてみたところ，父ではなく，母の戸籍に入っており，私のところの父の欄が空白になっていました。父母は 15 年間も一緒に暮らしていて，亡くなった父はまぎれもなく私の父です。学校の書類でも父が保護者になっていましたし，第一，私の名前は父がつけたものだと聞かされています。どうすれば，父を父とすることができるでしょうか。 ･････････････････････････73 頁

【設問 28】私は結婚前に産んだ子をある夫婦の子として届出し，そのまま両親の家で私が面倒をみてきました。ところが，最近になって戸籍をみた息子は私を母親として認めてくれなくなりました。私が息子の実母であることをはっきりさせたいのですが，市役所にどのような届出をすればよいのでしょうか。 ･････････････････････････76 頁

【設問 29】母は私を産んだときに，私の父との間で，私が成人するまでの母子2人の生活費を出す代わりに，子どもの父親であることを公にすることは求めないという約束をしていたようです。父はとても著名な人のようで，母はそれを了解したようです。そのことは覚書にして残っていますが，私は納得が行きません。私から，その男性が父であるということを明らかにするための裁判をすることはできるでしょうか。 ･････････････････････････79 頁

【設問 30】娘が交際していた男が娘の妊娠を知って，交際の復活を求めてきましたが，娘は，その男とは二度と会いたくないし，子どもの父親にもしたくないといっています。金銭と引換えに，将来，その男が父親として名乗り出てこないという念書を書かせておけば，大丈夫でしょうか。 ･････････････････････････82 頁

【設問 31】不妊の原因が夫にあることがわかり，夫と協議の上，不妊治療として精子提供による人工授精を受け，出産しました。この子は，私たち夫婦の子として出生届をしても虚偽の届出をしたことにはならないでしょうか。 ･････････････････････････86 頁

【設問 32】私の息子は1年前に病気で亡くなったのですが，息子の嫁がいうには，息子は入院中に自分の子どもが欲しいので，医者に頼んで精子を保存していたそうです。嫁は，その保存していた精子を医者から戻してもらって，別の医者のところで手術を受け，3ヵ月後に出産するそうです。生まれた子は息子の子になるのでしょうか。私は，死んだ息子の代わりに孫が生まれることを喜んでいますが，私の妻は，ちょっと不安そうです。今の法律では，こういうことは認められているのでしょうか。 ･････････････････････････89 頁

【設問 33】妻と離婚することになりました。実は妻は妊娠しているのですが，私の子ではなく，ある大学病院で人工授精を受けたものです。そのときは私も納得していたのですが，妻が昔その大学の学生と交際をしていたということを最近知って，それが原因で，大喧嘩をした後，妻の子を受け入れることができなくなりました。離婚した後も，妻の産む子を自分の子として面倒をみなければならないのでしょうか。 ･････････････････････････92 頁

設問一覧

設問一覧

【設問34】 7年前に，A病院で体外受精の手術を受けて，娘を出産しました。娘は元気に育っているのですが，私たち夫婦にない芸術的才能をみせるので，うれしいような不安なような気持ちを抱えていました。案の定，A病院から連絡があり，同時期に同じように体外受精を受けたB夫婦との間で，受精卵移植のときに取違えがあったらしいというのです。先方は娘の交換を要求しているというのですが，応じなければならないのでしょうか。 ………………95頁

【設問35】 私たちは不妊に悩んでいましたが，妻の排卵に問題があることがわかりました。そこで，妻の妹夫婦に頼んで，妹の卵子を提供してもらうことにしました。ある医者がそれを援助してくれることになり，私の精子と妻の妹の卵子を使って体外受精をし，今，妻は妊娠中です。生まれてきた子は，まちがいなく私たちの子どもになるのでしょうか。妹夫婦の子どもとどういう関係になるのか，不安もあります。 ………………98頁

【設問36】 私たち夫婦は50歳を過ぎているのですが，子どもをもちたいという思いを断ち切れず，昨年，アメリカへ行き，留学生の日本人女性から卵子の提供を受け，夫の精子と体外受精させ，アメリカ人女性に産んでもらいました。この子は私たちの子として，認められるでしょうか。 ………………101頁

【設問37】 私たち夫婦には2人の子がいますが，夫の子ではなく，2人とも，人工授精で生まれました。このことは，夫婦の秘密で，私たちの両親も知りません。子どもたちが成人する頃にはこのことを教えてあげるべきなのかどうか，悩んでいます。親として，本当のことを子どもたちに教える義務があるのでしょうか。 ………………104頁

【設問38】 最近の生殖補助技術を使えば，男の子と女の子の産み分けや，障害があるかないか，事前診断ができると聞きました。日本でも，そういうことは認められているのでしょうか。 ………………107頁

【設問39】 私は独身の女性ですが，子どもが欲しかったので，病院で人工授精の依頼をしたのですが，拒否されました。私は，好きでもない男性と子どもほしさに性関係をもちたくはありません。病院は，私が子どもをもつ権利を侵害していると思うのですが，損害賠償の請求をすることはできますか。 ………………109頁

【設問40】 私は若い頃に病気をしたために，無精子症だと診断されました。実は，私は学生時代に精子ドナーの経験があり，何人かの子どもも生まれているようなのです。調査して，身元がわかれば会いたいと思っているのですが，当時の医学部付属病院・医師に対して，私がドナーになった子どもの情報の提供を求めることはできますか。 ………………112頁

【設問41】 私の友人は消費者金融で行き詰ったとみえ，自分の名前ではもう借りられなくなったので，私の養子にして欲しいといってきました。金を借りたらすぐ離縁して迷惑をかけないというのですが，私は断りました。彼は他の友人にも話を持ちかけているようですが，こういう養子縁組も認められるのでしょうか。 ………………116頁

【設問42】 私の兄は，60歳なのですが，子どものいない高齢のご夫婦の家の跡を継いで欲しいといわれ，養子縁組を行いました。そんな養子縁組が許されるのかも疑問なのですが，養父は70歳，養母は58歳であり，届出も誤って受理されてしまったようなのです。それを改めてもらうことはできるのでしょうか。一般に，養子縁組はどのような場合に取り消され，その手続はどの

452

ようになるのでしょうか。 ………………………………………………118頁

【設問43】今度、施設にいる子を引き取って養子にしようと思うのですが、養子縁組の届出をするためには、どういう書類が必要ですか。どこで手続をすればよいのでしょうか。その子には両親がいないと聞いていますが、私たち夫婦だけで手続することができますか。 …………120頁

【設問44】高校生のときに交際していた人との間に、子どもが生まれたのですが、私の両親が結婚を認めてくれず、結局、私のおじ夫婦の子どもとして入籍されました。私は今度結婚することになったので、おじ夫婦に話をして、私たち夫婦の養子として迎え入れたいと思っています。子どもは今、13歳です。おじ夫婦との間で手続を進めて問題はないでしょうか。 …………123頁

【設問45】昨年、夫が亡くなったのですが、その後、大手企業を退職後ボランティア活動に精を出している長男と、来春に公務員を退職することになっている二男とがもめているようで、困っています。実は、長男は、戸籍上は私たちの長男になっていますが、本当は、私の友人の産んだ子どもです。二男は、長男を引き取ってから3年後に生まれましたが、これまでは仲がよかったのに、どうも二男は私たちの弟夫婦から、長男のことを聞いたようで、夫の遺産を長男には一切渡さないといっています。私も、亡くなった夫も、2人とも同じように息子と思って育ててきましたので、こんな争いには耐えられません。どうすればよいのでしょうか。 ……………125頁

【設問46】私は今度、婚約者である女性の両親と養子縁組をすることになりました。友人は、婿養子かと冷やかすのですが、現在でも、婿養子という制度はあるのでしょうか。先に結婚してから、相手の女性の親と養子縁組をするのとどう違うのでしょうか。今、彼女は妊娠中なのですが、子どもが生まれる前に養子縁組をするのと、生まれてから養子縁組をするのとで、法律上、何か違いがありますか。 ………………………………………127頁

【設問47】私は、夫とは3年前から別居中ですが、最近、夫は、一緒に住んでいる愛人の連れ子を養子にしたといってきました。どうも、私に黙って、私たち夫婦の戸籍に入れたようなのです。そういう勝手なことができるというのも信じられないことですが、私としては、形だけとはいえ、夫の愛人の子の母親になっていることが我慢できません。この状態を解消するには、どうすればよいでしょうか。一般に、養子縁組はどのような場合に無効となり、戸籍上それを訂正するにはどのような方法をとればよいのでしょうか。 ………………………128頁

【設問48】身寄りのない私の伯母は、亡くなる前に養子縁組をしました。ところが、その縁組は、養子が財産目当てに勝手に届出をしたようなのです。私が、その無効を主張することはできるのでしょうか。 ………………………………………………………132頁

【設問49】数年前に家出した養子と離縁しようと思うのですが、手続はどうすればよいのでしょうか。私たち夫婦だけで市役所に届出をすればよいのでしょうか。 ………………133頁

【設問50】中学生の長男は養子なのですが、夫に激しく暴力を振るうので、この際、離縁をしたいと思います。長男も離縁してもよいといっていますが、長男の実父母はすでに離婚していて、2人とも、離縁の話をしようとしても、自分には関係がないというばかりで困っています。私たちは、どうすれば離縁することができるのでしょうか。この子を養子にするときは、家庭裁判所に行って、養子縁組をすることの許可をもらったのですが、今度も、家庭裁判所に行かなければだめでしょうか。 ………………………………………………137頁

設問一覧

【設問51】私は，結婚する前にできた子どもを連れて，今の夫と結婚しました。夫は，私の子を養子にしてくれたのですが，最近，子どもとの仲がうまくいかないので離縁したいというようになりました。夫と離縁しても，この子と私との親子関係には変わりがないと思うのですが，どうでしょうか。…………………………………………………………………………139頁

【設問52】私たちの養子は1年前に事故で亡くなったのですが，その養子の子ども（高校3年生）が，最近，非行に走っているようです。私たちにも暴言を吐き，暴力まで振るう始末で，この前は，夜遊びを止めようとした妻が殴られて大けがをしました。これまでは孫としてかわいがってきたのですが，この際，この養子の子と縁を切りたいと思っています。どうすれば，この養子の子との関係を解消することができるのでしょうか。…………………141頁

【設問53】私は20年前に妻と結婚すると同時に，妻の両親と養子縁組をしました。数年前に養父が死亡した後に，養家の祭祀を承継したのですが，このたび，私の不貞行為が原因で妻と離婚することになり，養母とも離縁することになりました。私の姓（氏）はどうなるのでしょうか。また，私が継いでいる養家の祭祀は，どうすればよいのでしょうか。………143頁

【設問54】今度，養子夫婦と話し合って離縁することになりました。もとはといえば，養子夫婦が私たちをないがしろにするからですが，養子夫婦の子どもたちは私たちにとてもなついているので，この孫たちとは，これからも祖父母として接したいと思っています。また，孫たちには私たちの姓（氏）を名乗っていてほしいのですが，そういうことはできるでしょうか。…145頁

【設問55】私と養子は，不仲となっていましたが，最近，養子が勝手に離縁の届出をしてしまいました。私としては，そんな勝手なことは許されないと思いますが，また言い争いが起こることを考えると，そのまま認めてしまってもいいような気がします。そういうことは許されるのでしょうか。………………………………………………………………………………146頁

【設問56】私たちには20年間，養子として育ててきた子がいますが，生活が苦しいので扶養料の請求をしたところ，扶養する気はまったくないといって，離縁を求める始末です。こんな理不尽な離縁は認められないと思いますが，どうでしょうか。………………………148頁

【設問57】特別養子縁組というものがあるとききました。これはどういうものですか。なぜ，「特別」というのか教えてください。特別養子があるのでしたら，普通養子というのもあるのですか。外国ではどうなっているのでしょうか。……………………………………152頁

【設問58】養子縁組というと，市役所で届出をするのだと思っていましたが，特別養子というのはそれとは違うのでしょうか。なぜ，違うのですか。………………………………155頁

【設問59】5年前から里子として育てている子を特別養子にしたいと思って手続を始めていたのですが，夫が急病で亡くなってしまいました。子どもたちを夫の子としてこれからも育てて行きたいのですが，特別養子縁組は認められるでしょうか。……………………157頁

【設問60】サークル活動で仲良くしていた友人夫婦が，子ども2人を残して事故で急死しました。私たち夫婦には子どもがいないので，この兄弟を養子として引き取りたいのですが，特別養子にすることはできますか。兄は7歳，弟は5歳です。私は55歳，夫は56歳です。………159頁

設問一覧

【設問61】私たち夫婦はある施設から子どもを里子として引き取り，今，特別養子の手続を進めています。その子の母親は，施設にはときどき手紙をよこすだけで，居所ははっきりしていませんでした。私たち夫婦の特別養子にしたいという意向を聞いて，一度は同意したといっていましたが，後になって養子にはしないといってきたそうです。そんな無責任なことが許されるのでしょうか。 162頁

【設問62】私は前の夫と結婚中に，別の男性の子を妊娠・出産しました。そのため，前夫とは離婚したのですが，子どもは戸籍上，前夫の子になっています。今度，再婚した夫が特別養子にしたいというのですが，前夫の同意がなければいけないでしょうか。 165頁

【設問63】高校生の姪は家庭教師の大学生と恋愛関係になり，妊娠，出産しました。本人は，育てるといっていましたが，両親に説得されて，養子に出すことになりました。私たち夫婦には子どもがいませんので，私たちの養子にしてもよいのですが，特別養子にすることができるでしょうか。 166頁

【設問64】今度再婚したのですが，妻の連れ子を特別養子にしたいと思っています。連れ子は5歳ですが，妻の先夫の両親がかわいがっていて，特別養子にすることには反対しています。認められるでしょうか。 168頁

【設問65】私は前の夫と結婚中に，別の男性の子を妊娠・出産しました。そのため，前夫とは離婚したのですが，子どもは前夫の子でないことが裁判で確定しました。再婚した夫がいったんは普通養子にしたのですが，今度は，特別養子にしたいというのです。認められるでしょうか。 171頁

【設問66】私たち夫婦には子どもがいないので，施設にいる子を引き取って特別養子にすることにしました。どうせならすぐに親子の関係になりたいので，施設から引き取ってできるだけ早く特別養子の手続をしたいのですが，うまくなついてくれるかの心配もあります。引き取った子どもをすぐに特別養子にできますか。子どもを引き取った後，縁組が成立するまで，子どものことは，すべて私たちが責任をもつことになるのでしょうか。 174頁

【設問67】私たちの娘は，生まれて間もない頃にある施設に放置されていた子で，身元がわからなかったのですが，私たちの特別養子として16歳の今日まで元気に育ってきました。ところが，最近，自分がその子の実母であるという女性が施設に現れ，子どもの行方を捜しているというのです。いまさら，親でもない，子でもないと思うのですが，産みの親とのつながりは切れないものなのでしょうか。 177頁

【設問68】今度，特別養子縁組の申立てをするのですが，その子は親に虐待されていた子で，今の名前を呼ばれると，おびえます。新しい名前で育ててゆきたいと思うのですが，特別養子縁組と同時に名を変更することができますか。特別養子には新しい戸籍が作られるそうですが，そこには，名前を変えても，今の名前が残るのでしょうか。 179頁

【設問69】娘は現在16歳で，まだ高校生なのですが，今度，結婚したいと言い出し，自分の戸籍を市役所でとろうとしています。娘には特別養子だということは話していないのですが，戸籍をみると，そのことは娘にすぐわかってしまうのでしょうか。特別養子の戸籍はどうなっているのか，教えてください。 181頁

455

設問一覧

【設問70】1年前から同居している里子を，今度特別養子にするための申立てをしています。この子の住民票は，現在は実親のところにあるのですが，特別養子が認められた場合，住民票は，どのようになるのでしょうか。特別養子の戸籍には工夫がされているそうですが，住民票の方も，何か工夫がされているのでしょうか。 ……………………………………………………………183頁

【設問71】娘は特別養子なのですが，最近，非行に走るので，離縁をしたいと思うようになりました。娘の実の親はわかっているのですが，娘のことにはまったく関心がなかったし，それは今も変わらないようです。特別養子は実子と同じだから，離縁はできないとも聞きましたが，どうなのでしょうか。 ………………………………………………………………………184頁

【設問72】交際している女性が妊娠したので，胎児を認知しました。この子が生まれたら3人で暮らすつもりです。この子を養育する責任は私たち両親にあると思いますが，親権者も私たち両親だと思ってよいでしょうか。 ……………………………………………………188頁

【設問73】交際している女性が妊娠したというので，胎児を認知したのですが，彼女は，交通事故のため，植物状態で回復は困難という診断を受けてしまいました。私は，彼女と胎児に代わって，事故の加害者に対して損害賠償の請求をすることができるでしょうか。 ……………191頁

【設問74】再婚した妻の子を養子にしました。養子の親権者は妻の前夫だったのですが，養子縁組に承諾してくれました。今後，養子の親権者は私たち夫婦の両方だと思っていればよいのでしょうか。それとも，養子にした私だけが親権者ですか。 ……………………………194頁

【設問75】私が昔付き合っていた女性が，私の子どもを産んだのですが，認知もしないまま別れてしまいました。その女性が，未婚のまま最近亡くなったことを知ったので，子どもの親権者になりたいと思いますが，認知をすればいいのでしょうか。 ……………………………196頁

【設問76】僕は高校生ですが，パソコンを買いたいと思っています。お店で売買契約書を渡され，見たところ，親権者の同意欄がありました。ちょうど，母は出張中だったので，父に頼んで母の名前を書いてもらい，契約書を完成させ，お店に出しました。帰宅した母が話を聞いて，立腹し，無効だといっています。契約は有効でしょうか。 ……………………………………198頁

【設問77】子どもが嫌がるのを無理やり医者に行かせたのですが，とても痛い注射をされたといって怒っています。子どもを医者にみせるかどうか，どういう治療をしてもらうかは親の決めることだと思うのですが，子どもが嫌がる場合は，無理強いすることはたとえ親でもできないのでしょうか。 ………………………………………………………………………………201頁

【設問78】私の娘は高校生ですが，家庭教師の大学生に強姦されました。娘が妊娠したことは，その男には知らせていません。人工妊娠中絶の手術を受けさせたいのですが，娘は相手の男と話をするのを嫌がっていますので，このまま知らせないで，中絶させることはできるでしょうか。 ……………………………………………………………………………………204頁

【設問79】最近，子どもがパソコンでいろんな人と通信をしたり，大人からみて，子どもにはみせたくないホームページなどをみているようです。子どもに来た手紙を勝手にみることは親として気が引けますが，パソコンで何をしているのか，チェックしてはいけないでしょうか。 ………………………………………………………………………………………207頁

【設問80】夫とは5年前から仲たがいをして別居中ですが、子どもの進学先について相談すべきかどうか、悩んでいます。私としては、進学校として有名な中学校に進ませたいのですが、夫はきっと反対すると思います。教育のことは、両親が相談して決める義務がありますか。一緒に住んでいる私だけで決めてはいけませんか。私だけで決めた場合でも、教育の費用を夫に請求することができますか。 …………………………………………………………………… 209頁

【設問81】高校生の息子の素行が悪く、学校から見放されてしまいました。自宅でも暴力をふるい、父親も抑えきれなくなっています。聞いた話では、民間の施設や、学校で、子どもを厳しくしつけてくれるところがあるそうですが、そういうところに子どもを任せてもよいのでしょうか。 ………………………………………………………………………………… 211頁

【設問82】息子の中学校の担当教師は、教室で数人がふざけていたといって、クラスの生徒全員に炎天下の運動場を走らせたそうです。何人かの生徒が熱中症で倒れて保健室に運ばれたと聞いて、保護者が抗議に行きましたが、教育の一環だといって、非を認めません。親には、体罰教師の罷免を求める権利はないのでしょうか。 ……………………………………… 213頁

【設問83】娘の高校では、女子生徒の服装には非常に厳しい規制があり、先生に抗議しても、全くきいてくれません。生徒会長をしている先輩女子が生徒の意見をきくための集会を開こうとしたら、先生に止められたそうです。私は、子どもたちの意見をきちんと聞かない先生たちに問題があると思うのですが、子どもたちの自主的な取組みを見守りたいと思っています。子どもたちも、子どもの権利条約について勉強しているようですが、国と国との条約は、学校の現場にも生かされているのでしょうか。 ……………………………………………………………… 215頁

【設問84】大学生の息子はあるサークルに入ってから家に戻らなくなりました。親として、子どもに自宅に戻るように命令することはできますか。裁判所に申立てをすれば、強制的に連れ戻してくれるでしょうか。 ……………………………………………………………………… 217頁

【設問85】親であっても、子どもの結婚などの身分上のことには口出しできないそうですが、妊娠して出産した未成年の娘に代わって、相手の男性に認知を求めることもできないのでしょうか。 ……………………………………………………………………………………………… 219頁

【設問86】高校生の息子が中退して働きたいというので、困っています。親としては、大学に行ってきちんと就職してほしいのですが、息子は、フリーターが気楽でいい、子どもにも職業選択の自由があるといって聞き入れません。親は、子どもの職業について発言する権限はないのでしょうか。 ……………………………………………………………………………………… 222頁

【設問87】夫が暴力をふるうので、子ども2人を連れて家を出て、実家に身を寄せていたのですが、私が仕事で数日留守にしている間に、夫が保育園と小学校から子どもを無理やり連れて行ってしまいました。子どもを返してくれるように何度か電話連絡をしたのですが、ぜんぜん、応じてくれません。子どもたちは、前に通っていた保育園と小学校に行っているようです。どうすれば、子どもを引き渡してもらうことができるでしょうか。 …………………………… 225頁

【設問88】夫は、金銭管理にうとく、破産してしまいました。夫の両親は、夫に代わり、私たちの子に多額の贈与をしてくれましたが、夫に管理させないようにいっています。私が一人で管理すればよいのでしょうか。私が通帳をもっていると、夫がうるさくいってくるようになるのは目

設問一覧

457

設問一覧

にみえているのですが，どうでしょうか。 ……………………………………………229頁

【設問89】私の子は中学生ですが，私の前夫である父親から相続した不動産と銀行預金をもっています。今の内縁の夫は，夫の銀行からの借金の担保にその不動産を提供するように，私に要求しています。また，私が銀行から子どもの金を下ろして，子どもの代理人名義で夫に貸すようにいいます。親権者は，こういうことができるのでしょうか。 ……………………231頁

【設問90】夫が亡くなり，2人の未成年の息子に夫の財産を分けてやりたいと思います。母である私自身は，他に財産もあるので，遺産をもらうつもりはないのですが，私が息子達の公平を考えて遺産の分割を行うことはできないでしょうか。 ……………………………234頁

【設問91】私の孫は，息子夫婦に家の中でひどい扱いを受けているようです。前に注意したのですが，まったく聞き入れようとしません。息子とはいえ，あんな親で孫がかわいそうなので，息子夫婦の親権を一時的にでも終わらせて，私たちが育てようかと思い始めています。それが無理なら，しばらく施設に預かってもらうことも考えています。親権の終了の手続を教えてください。 …………………………………………………………………………………………237頁

【設問92】親のいない子を預かる里親という制度があると聞きましたが，どういうものですか。私は結婚していないのですが，子どもを育てるのは嫌いではありません。独身で働いている私でも里親になれるのでしょうか。親戚の子を里親として育てることはできますか。 ………242頁

【設問93】子どものいない私たち夫婦は，里親として子どもを育ててみようと2人で話し合いました。まずどのような手続をとったらいいのか教えてください。里親には公的補助があるのでしょうか。保育園や幼稚園の手続はどうなるのか，子どもが病気になったときに私たちの医療保険が使えるのか，費用の負担はどうなるのか，手術が必要なときは実親の了解が必要なのか，住民票や戸籍はどうなるのか，わからないことが多いので，教えてください。 ………246頁

【設問94】私たち夫婦は里親として3年間育ててきた子を養子にしたいと思っているのですが，担当の児童福祉司から，子どもを引き取って一緒に暮らしたいという実母からの要望が出されていると知らされました。子ども自身は，今のままのほうがいいといっているのですが，実母からの要求には従わなければならないのでしょうか。 …………………………………250頁

【設問95】私たち夫婦は，里親や養親として長期的に子どもさんのお世話をすることはできません。何か別の形で家庭に恵まれない子どもたちにかかわることはできないでしょうか？ また，週末里親とか精神里親，精神養子という言葉をきいたことがありますが，これらはどういうものなのでしょうか？ …………………………………………………………………253頁

【設問96】私たちは今度離婚することになりました。子どもの親権者をどちらにするか話がつかなかったのですが，夫が勝手に自分を親権者として離婚届を出してしまいました。これで夫が親権者になるのでしょうか。私が親権者になるためには，どうすればよいのでしょうか。 …………………………………………………………………………………………256頁

【設問97】私は，夫と離婚することに異存はないのですが，子どもの親権を夫に渡したくありません。裁判になった場合，どのようなことが考慮されて親権者が決められるのでしょうか。万が一親権者になれなくても，子どもの養育だけを続けていくことはできるのでしょうか。

....260頁

【設問98】離婚するときに，夫を親権者としましたが，私が子どもと一緒に生活して面倒をみることになりました。こういう場合，すべてのことについて，夫の同意をもらいながら，子どものことを決めていかなければならないのでしょうか。いっそのこと，親権者を私に変更することはできないのでしょうか。..263頁

【設問99】5年前に離婚する際に，妻が子どもたちの親権者となったのですが，妻は交通事故で亡くなってしまいました。私が親権者になって子どもたちを引き取りたいのですが，認められるでしょうか。妻の兄は，自分が後見人として子どもたちの面倒をみるといっているようです。..266頁

【設問100】3年前に離婚して，私が親権者になって以来，元夫は息子と会ってはいません。息子は小学校6年生なのですが，下級生の子にけんかを仕掛けて，大けがをさせてしまいました。多額の損害賠償を請求されているのですが，離婚した夫にも，父親として賠償責任を負担してもらうことはできるでしょうか。..269頁

【設問101】離婚した妻に対して子どもたちに会わせてくれるように要求をしたのですが，応じてくれなかったので，家庭裁判所に申立てをしました。家庭裁判所では，月に2回，週末に遊園地等で子どもに会えるように取決めをしたのですが，妻はやっぱり会わせてくれません。どうしたらよいのでしょうか。..272頁

【設問102】離婚した妻は子どもに会わせてくれないのですが，養育費だけは親の義務だといって請求してきます。子どもの成長をみることができてこそ，養育費を稼ぐのにも力が入ると思うのですが，妻の態度は許せません。養育費の支払と面会を引換えにすることはできないのでしょうか。..276頁

【設問103】私の息子は妻と離婚後，子ども2人の面倒をみていたのですが，昨年病気で亡くなり，孫たちは母親が引き取って行きました。私たちは孫に会うことを楽しみにしていたのですが，最近その母親が再婚してから，私たちが孫に会うことをいやがるようになりました。私たちには，祖父母として孫に会う権利があると思うのですが，母親の意向に従わなければいけないのでしょうか。..279頁

【設問104】離婚の調停や裁判の際に，養育費はどのように決められるのでしょうか。夫である私が，その後失業したりしたらどうなりますか。..282頁

【設問105】離婚に際して，夫との間で養育費の支払を取り決めました。もし夫が，守ってくれないときは，どのようにして取り立てたらよいのでしょうか。子どもが大きくなるまでの分を一括して払ってもらうことができますか。その場合の税金は，どうなるのでしょうか。......286頁

【設問106】離婚後，前夫から養育費をもらいながら，子どもを育ててきました。今度，再婚することになったのですが，前夫は，新しい父親ができるのだから，養育費は免除してほしいといってきました。前夫が反対しているので，子どもと再婚相手とは養子縁組をする予定はありません。こういう場合，前夫に養育費を請求することはできなくなるのでしょうか。………290頁

設問一覧

459

【設問107】離婚後に実家の父母（子どもの祖父母）の援助を得て、子どもを育てていますが、今度子どもが中学校に進学することになりました。実家の父母も年金暮らしで余裕がないので、これまでの分も合わせて、子どもにかかった費用を離婚した夫から弁償してもらいたいといっています。父母から夫に請求するには、どうすればよいのでしょうか。私も夫に今後の養育費を請求したいのですが、いっしょに訴えることはできますか。 ……………293頁

【設問108】未成年後見人というのは親のいない子どものための親代わりになる人のことだと聞きましたが、具体的には、どういう場合に未成年後見人が選ばれるのでしょうか。
親がいない場合には、必ず未成年後見人が選ばれるのでしょうか。親族だけではなく、法人施設や社会福祉協議会のような法人に後見人になってもらうことはできますか。 …………298頁

【設問109】私たちには子どもが3人いたのですが、末の息子を私の兄夫婦の養子にしました。ところが、兄夫婦が交通事故で亡くなってしまい、息子を私たちのところに戻すことになりました。
離縁をしなくても、私たちが息子の親権者になると思ってよいでしょうか。 …………301頁

【設問110】私たちは息子夫婦が亡くなったので、孫の未成年後見人になることにしました。夫婦2人で後見人になることができますか。
未成年後見人の権利と義務について教えてください。親権者と同じだと思ってよいでしょうか。 …………………………………………………………………………303頁

【設問111】息子夫婦が亡くなった後、私が後見人として面倒をみていた15歳の孫娘が出産しました。孫娘は、相手の男性と協力して育てていきたいといっています。私も高齢のため、ひ孫まで世話をするのはつらいので、孫娘に、ひ孫の病院、保育所および学資保険等の手続をさせたいのですが、かまわないでしょうか。 …………305頁

【設問112】弟夫婦が交通事故で死亡し、甥だけがかろうじて一命を取り留めましたが、医師からは、回復の見込みはなく、人工栄養補給で生命を維持している植物状態だときかされました。私が後見人に選任されたのですが、甥の治療を取りやめるように、医師に依頼することは法律上認められるのでしょうか。 …………308頁

【設問113】娘には知的障害があるのですが、今年、成人するため、私たち両親がいなくなったときのことを考えて、将来、この子の生活を支援してくれる人を探しておきたいと思っています。精神的な障害や知的障害のある成人のために世話をしてくれる後見人という制度があると聞きましたが、どういうものなのでしょうか。あらかじめ、私たちから、適当だと思う人にお願いしておくことはできるのでしょうか。 …………311頁

【設問114】妻と1年前から別居しています。子どもは妻と一緒に住んでいますが、妻から子どもの扶養料を要求してきました。一緒に住んでいない私も、一緒に住んでいる妻と、扶養料は同じように支払わなければならないでしょうか。 …………316頁

【設問115】離婚をした妻のもとで生活している子どもが大学に進学することになったというので、養育費の増額を請求してきました。私としては、再婚後に生まれた子どももまだ小さいので、生活にあまり余裕がなく、大学進学の費用までは面倒をみる気はありません。高校卒業で親の扶養義務は終わると思うのですが、どうですか。 …………319頁

【設問116】私は交際していた女性が産んだ子を認知し，養育費を支払ってきましたが，その子はその女性の結婚相手の養子になったということを知りました。今後，養育費支払を免除してもらいたいと思っています。また，この1年間に支払った養育費の返還を請求することはできるでしょうか。 …………………………………………………………………………………………322頁

【設問117】私には，未成年の子ども2人と70歳を過ぎた父母がいますが，子どものことで精一杯で，父には生活費の援助をすることができません。妻にも，70歳を過ぎた両親がいますが，妻は両親への仕送りができず，弟夫婦に面倒をみてもらっているのが残念なようです。子どもの扶養と親の扶養と同じようにすべきなのでしょうか。 …………………………………………325頁

【設問118】父の遺言書に次のようなことが書いてありました。「㈠自宅を含め不動産はお母さんに相続させる。ただし，息子夫婦が母を扶養し，孝養を尽くしたときは，母死亡の際に息子に相続させる。㈡預貯金は，娘と息子で折半しなさい。」この遺言に従えば，私には母を扶養する義務はなく，兄だけに扶養義務があると思うのですが，兄夫婦は，母の面倒を十分にみようとしません。このまま母が亡くなったときには，遺言どおり，兄に不動産を全部渡さなければならないのでしょうか。父の遺産のうち，不動産が7割の価値を占めています。 …………………328頁

【設問119】世話になった叔父が生活に苦しんでいるということを聞いたので，生活費の援助をしたいと思うのですが，妻は自分たちにも余裕はないのだからといって，反対します。叔父には子どもが1人いますが，生活力がなく，私に，昔親父が世話をしたのだからといって，自分の生活費まで要求する始末です。妻が叔父への援助に反対するのは，この叔父の子への援助に化けてしまうからということもあるようです。私には，叔父への生活費援助の義務があるでしょうか。 …………………………………………………………………………………………333頁

【設問120】今は少子高齢社会だといわれていますが，子どもたちが少なくなってきたのはなぜでしょうか。わが家は夫婦ともに働いていますので，現在，子どもは1人しかいません。でも，もう少し子どもが大きくなれば，もう1人欲しいと思っています。子どもにとって競争相手が少なくなるのはいいことかもしれませんが，その反面，社会の活力が失われるようにも思えます。この少子化の現状を改めるような手立てはないものでしょうか。 …………………338頁

【設問121】私の友人夫婦は，長年不妊で悩んでいましたが，最近の高度不妊医療に望みを託しているようです。不妊医療は，ずいぶんと費用もかかっているようなのですが，国からの援助はないのでしょうか。 …………………………………………………………………………340頁

【設問122】市役所に行くと，ポスターが貼ってあったのですが，エンゼルプラン・新エンゼルプランという名前が気になりました。これは，どういうプランなのですか，説明してください。新々エンゼルプランというのは，あるのでしょうか。 ……………………………342頁

【設問123】子どもが生まれると行政から手当が出ると聞いたのですが，児童手当制度について教えてください。私の子は障害があるのですが，何か特別な制度はありますか。 ………346頁

【設問124】結婚しないで子どもを育てているのですが，何か公的な補助制度はありますか。子どもの父親に認知を求めているのですが，拒否されました。子どもを認知して，養育費を払うように，市役所の方から催促してもらえないでしょうか。子どもの父親が認知したとき，あるいは私が別の男性と結婚したときは，どうなりますか。 ……………………………349頁

設問一覧

【設問125】妻が病死した後，4歳と2歳の子どもを育てているのですが，会社に勤めながら，子育てをするのは本当に大変です。母子家庭には児童扶養手当などの公的援助があると聞いていますが，父子家庭に対する国や自治体からの援助はどうなっているのでしょうか。医療費，教育費，税金のことなども教えてください。 ………………………………………………… 352頁

【設問126】今度，保育所と幼稚園が一緒になるような話をききましたが，保育所と幼稚園というのはどう違うのですか。あまりやっていることは違わないように思うのですが，預かってくれる時間が保育所のほうが長いということでしょうか。今，下の子を妊娠中なのですが，できるだけ早く保育をしてくれるところを探したいと思っています。残業のときにも対応してくれるようなところがいいのですが，あまり近所にいいところはないようです。 …………… 356頁

【設問127】近所のお母さんたちと集まって交替で子どもたちの面倒をみるグループ保育があると聞いたのですが，どういうものでしょうか。子どもたちを預かるには，行政の認可が必要だと思っていたので，どうなっているのか，教えてください。職場に子どもを預かってくれる施設があればいいのですが，そういう取り組みをしている企業もあるのでしょうか。 ……… 360頁

【設問128】私は子どもを連れて近所の公園に行ったのですが，お母さんたちのグループができあがってしまっているようで，入って行くことができません。夫は子どものことを気にかけてくれないので，夜になるととてもつらいです。子育てについて相談することができるところはないでしょうか。 ………………………………………………………………………… 363頁

【設問129】夫婦共稼ぎですが，子どもが生まれたらしばらく育児をして，会社に復帰したいと思います。最初は私が，その後夫が休むことにしたいのですが，夫の会社ではそういう例はなく私の会社でも出産後，長く休む人はあまりいないようです。育児休業は法律で認められていると聞いています。どういうものか，教えてください。 …………………… 366頁

【設問130】近所に，しつけだといって毎日子どもをたたいている親がいます。他人のことに口出しするのもよくないかと思うのですが，最近，児童虐待という言葉をよくききますので，気になります。どこかに相談に行ったほうがよいのでしょうか。恨まれないか心配なのですが，どうすればよいのでしょうか。 ……………………………………………………… 370頁

【設問131】中学1年生のうちの子が，小学校のときから同じクラスだった子が学校に全然来なくなったといっていますが，家で何かあったのではないかと心配です。担任の先生にも話したところ，「私もどうしているか心配なので一度家庭訪問をしてみましょう」ということでした。子どもの話ではその後も，その子は学校に来ていないそうです。どうしたらいいでしょうか。 ………………………………………………………………………………………… 373頁

【設問132】私は中2の女子で，父母の離婚後，母と一緒に暮らしていたのですが，しばらく前から母が付き合い始めた男性が家に来るようになりました。母が留守のときに，私の体を触ろうとしたり，腰痛なので腰をマッサージしてくれといいながら，自分の性器を触らせようとしたりします。母はその男性と再婚する気があるみたいで，私が男性の行為を訴えても信じてくれません。家から出たいのですが，どこか相談できるところはないでしょうか。子どもの権利を守る子どもの権利オンブズパーソンという人がいるそうですが，どういうことをしている人たちでしょうか。虐待を受けている子どもの相談相手をしてくれるのでしょうか。 …………… 377頁

462

【設問133】私は子どもの頃，親からひどくたたかれたり，どなられたりして，さんざんいやな思いをしたのですが，いつのまにか，自分の子どもを虐待する親になってしまいました。こんな自分から抜け出したいと思っているのですが，子どもを虐待しそうなときに相談できるところはないでしょうか。同じ悩みを抱えている人たちの集まりがあれば，教えてください。 …386頁

【設問134】父母に虐待されている子どもは施設に預けられるとききましたが，親が虐待を否定しているときでも，親元から引き離すことが認められるのでしょうか。また，最近，近所の家で以前はよく見かけた子どもの姿が全然見えないのですが，安否確認の方法が何かあるのでしょうか。 ……390頁

【設問135】隣の子は中学1年生ですが，親の離婚に伴う様々な事情から施設に預けられました。数日前からその子が帰ってきています。お父さんは，長距離トラックの運転手さんのため何日も家を空けているようです。何となく心配なのですが，どうしたらいいでしょうか。施設で何かひどい扱いでも受けたのではないかと心配しています。そういうことはないのでしょうか。また，虐待された子どもも施設にいるとききましたが，子どもたちの施設での生活も教えてください。 ……393頁

【設問136】私たち夫婦は仕事の都合でイギリスに今後5年間滞在の予定ですが，妻は今，妊娠中です。日本に里帰りさせるかどうか迷っているのですが，日本で出産するのと，イギリスで出産するのと，どこが違うのでしょうか。出生届の手続や子どもの国籍のことについて教えてください。会社からの扶養手当や，国からの児童手当などはもらえるのでしょうか。 ………398頁

【設問137】私は日本人で山田花子といいます。今度，日本に来ている韓国人留学生と結婚することになりました。将来，2人の間に子どもが生まれた場合，その子の国籍はどうなりますか。また，彼は「金」という姓なのですが，私や子の姓はどうなりますか。「金田」という姓に変更することはできませんか。 …………401頁

【設問138】日本人である私と，韓国籍の夫との間には，日本と韓国の両方の国籍をもつ18歳の長女がいます。その長女が，婚姻しないまま出産することになりました。相手の男性は，韓国以外の外国人だそうです。孫の国籍はどうなるでしょうか。もし，将来，娘が韓国の国籍を選んだ場合，孫は日本の国籍はもてないのでしょうか。 …………406頁

【設問139】私は韓国人です。日本人の夫と10年前に結婚して，8歳の長女がいます。夫とは3年前から別居していますが，実は，1年前から別の日本人男性Aと交際を始めて，現在，妊娠中です。Aが胎児認知をすることはできますか。また，子の出生前に，日本の裁判所において，私がAに対して認知の訴えを提起することはできますか。 …………408頁

【設問140】日本人である私は，中華人民共和国人男性と日本で同棲しているうちに，子どもができました。彼も子どもを可愛がっていましたが，彼の女性問題が原因で，子どもが10歳のときに別れました。それから5年経ち，彼は中国に帰国した後死んだという話を，最近聞きました。彼は資産家の息子で数年前に亡くなった父親から相当の遺産をもらっていたはずですので，せめて子どもの養育費になるぐらいの遺産をもらいたいと思います。私は認知の裁判を提起しなければならないでしょうか。 …………411頁

【設問141】日本で生まれた子について。その母親の身元がわかりません。フィリピン人ではな

設問一覧

463

設問一覧

いかと思われるのですが，病院で出産後に行方不明になってしまい，はっきりしません。この子の国籍と氏名・戸籍などはどうなりますか。……………………………………………413頁

【設問142】私は日本人で，夫は外国人ですが，彼は1人で帰国してしまいました。私の生活費と子どもの扶養料を請求したいのですが，手続はどうすればよいのでしょうか。支払を断られた場合は，強制的に支払わせる手立てはあるでしょうか。……………416頁

【設問143】私は日本人で，夫は外国人ですが，彼は自分の国に帰ってしまい，日本に戻るつもりはないようです。離婚して，子どもを私の手元におきたいのですが，夫も，子どもの引渡しを要求しています。子どもの親権者はどうなりますか。子どもはもうすぐ14歳ですが，もしも子どもが夫の国に行きたいといったら，私には止める権利はないのでしょうか。………420頁

【設問144】ドイツ人の妻と離婚して3年になります。子どもは現在5歳ですが，妻と一緒にドイツに住んでいます。私も私の父母もドイツに行ってでも子どもに会いたいのですが，妻が会わせてくれません。ドイツで子どもと面会するとしたら，ドイツの裁判所に訴える必要がありますか。日本の裁判所に訴えても，認めてもらえるのでしょうか。……………424頁

【設問145】私たち夫婦には子どもがいませんので，外国から親のいない子を引き取って養子にしたいと思っています。手続は，どうすればよいのでしょうか。養子は，日本の国籍を認められるのでしょうか。戸籍はどうなりますか。こういうことについて相談できる公的な，あるいは民間の相談所はないでしょうか。………………………………………………428頁

【設問146】児童養護施設にいる日本人の子どもを外国人夫婦が養子にしたいといっています。数年間は日本に住むようですが，いずれ本国に帰るつもりのようです。日本で養子縁組をする場合の手続について教えてください。もしも，養親になる夫婦の本国で養子縁組をする場合には，手続はどうなるでしょうか。…………………………………………432頁

【設問147】私たちは在日韓国人夫婦ですが，施設にいる子を養子にしようと考えています。その子は北朝鮮籍なのですが，母親が行方不明です。この子を完全養子にするには，どうすればよいのでしょうか。この子の国籍，戸籍はどうなるのでしょうか。………435頁

【設問148】私たちは10年前に日本に来たアメリカ人（カリフォルニア州）夫婦ですが，5年前に日本人の子を養子にしました。その子は，現在，18歳になっていますが，最近，問題行動が起きてたので，離縁をしたいと思うようになりました。国際養子縁組の離縁手続について，教えてください。…………………………………………………………438頁

【設問149】私の母は日本人ですが，父はフランス人で，母が死亡した後，父はフランスで一人暮らしをしています。最近，父には認知症が出始めていると近所の人がいうのですが，日本で生活している私が，後見人として，父の財産管理などの世話をすることはできますか。日本の介護保険や成年後見のようなものはヨーロッパにもあるのでしょうか。…………441頁

【設問150】私の父はドイツ人ですが，日本人である私の母と離婚後，日本で一人暮らしをしていました。私は20年前から母とともに生活をしており，父には会っていなかったのですが，最近亡くなったという知らせがありました。遺言を遺していて，日本にある自宅および預貯金等の全遺産を「公共のために寄付する」という内容でした。相続人と思われる者は，子どもの私一人

464

なのですが，遺産の一部をもらいたいと思っています。遺産の返還請求は認められるでしょうか。
··445頁

設問一覧

事項索引

あ行

「悪魔」ちゃん事件 …………………… 34
後継ぎ遺贈 ……………………………… 328
アンデレちゃん事件 …………………… 413
育児休業 ………………………………… 366
遺言執行者 ……………………………… 47
遺言の準拠法 …………………………… 446
遺言の方式の準拠法に関する法律 …… 447
遺産分割協議の利益相反性 …………… 234
医療行為と患者の同意 ………………… 203
医療行為に対する承諾 ………………… 308
氏の変更 ………………………… 179, 404
　子の―― ……………… 37, 39, 43, 68
AID ……………………………… 86, 92, 104
縁組意思 ………………………………… 116
エンゼルプラン ………………………… 342
延命治療の中止 ………………………… 308
オムブズパーソン ……………………… 377
親子関係存在確認訴訟 ………………… 76
親子関係不存在確認の訴え ……… 16, 19, 21

か行

外観説 …………………………………… 6
外国養子決定の承認 …………………… 434
過去の扶養料 ……………………… 295, 323
仮装縁組 ……………………………… 116, 129
家族を形成する権利 …………………… 110
家庭裁判所の許可 … 33, 37, 43, 59, 68, 121, 404
家庭平和破綻説 ………………………… 6, 9
韓国国籍法 ……………………………… 436
監護者指定の判断基準 ………………… 228
帰化 ……………………………………… 430
棄児 ……………………………………… 413
岸和田事件 ……………………………… 373
北朝鮮国籍法 …………………………… 437
北朝鮮養子縁組 ………………………… 436
虐待の「世代間連鎖」 ………………… 386
協議離縁 ………………………………… 133
強制認知 …………………………… 47, 70
共同親権 …………………………… 198, 209
虚偽の嫡出子出生届 …………………… 49
　――の養子縁組への転換 ……… 123, 125
近親者による嫡出否認の訴え ………… 13
グループ保育 …………………………… 360
形式的審査権 …………………………… 35
血縁説 …………………………………… 6
血統主義 …………………………… 398, 401
権利濫用 …………………………… 34, 126
合意に相当する審判 … 9, 14, 17, 22, 25, 28, 60, 94, 409
後見開始の届出 ………………………… 299
後見の準拠法 …………………………… 443
国際間の成年後見 ……………………… 441
国際裁判管轄(権) ……………… 416, 436
国際私法 ………………………………… 401
国際養子縁組 ………………… 428, 432, 435
　――の離縁 ………………………… 438
国際養子縁組に関する子の保護及び国際協力に関するハーグ条約 …………… 431
国籍取得 ………………………………… 66
国籍選択届 …………………………… 403, 407
国籍法 …………………………… 398, 401, 413
国籍唯一の原則 …………………… 403, 407
国籍留保届 ………………………… 399, 403
戸籍訂正 ………………………………… 78
　――の手続 ………………………… 34
子育てネットワーク …………………… 361
子どもの権利 …………………………… 207
子どもの権利条約 → 児童の権利に関する条約
子どもの自己決定権 …………… 215, 217
子どもの人権110番 …………………… 379
子の氏の変更 ……………… 37, 39, 43, 68

467

事項索引

子の監護に関する処分 …… 272, 276, 294	——の保全処分 ………………………… 227
子の国籍 ……………………………… 398	婚姻挙行地法 ………………………… 402
子の戸籍 ……………………………… 37	婚姻準正 ………………………………… 31
子の引渡し …………………… 217, 225	婚姻の実質的要件 …………………… 402

さ　行

再婚禁止期間 …………………………… 29	出生証明書 ……………………………… 4
財産管理権 …………………………… 229	出生届 ……………… 3, 33, 36, 50, 65, 398
裁判離縁 ……………………………… 148	出自を知る権利 …………… 80, 100, 104
里　親 …………………………… 242, 246	出生前診断 …………………………… 107
私的—— ………………………… 244	準拠法 ………………………………… 401
週末—— ………………………… 253	遺言の—— ……………………… 446
親族—— ………………………… 244	後見の—— ……………………… 443
専門—— ………………………… 243	国際養子縁組の—— …………… 428
里親手当 ……………………………… 248	親権者指定の—— ……………… 420
事業所内保育施設 …………………… 362	相続の—— …………………… 411, 445
試験養育期間 ………………………… 174	胎児認知の—— ………………… 409
試行的面接 …………………………… 273	嫡出でない親子関係の—— …… 411
自己決定権 …………………………… 215	扶養の—— ……………………… 418
死後生殖 ………………………………… 89	面接交渉の—— ………………… 426
死後離縁 ……………………………… 141	離婚の—— ……………………… 420
次世代育成支援対策推進法 …… 343, 366	少子化社会対策基本法 ……………… 343
施設内虐待 …………………………… 393	少子高齢社会 ………………………… 338
実親子関係 ……………………………… 2	承諾を欠く認知 …………………… 53, 56
指定後見人 …………………………… 298	職業許可権 …………………………… 222
私的里親 ……………………………… 244	女子差別撤廃条約 …………………… 401
私的扶養優先の原則 ………………… 316	親　権 ………………………………… 138
児童家庭支援センター ……………… 364	——の喪失宣告 ………………… 237
児童虐待 ……………………………… 370	——の濫用 ……………………… 237
児童虐待防止法 …… 370, 373, 387, 392	親権者 ………………… 188, 191, 194, 196
児童相談所 ………… 246, 363, 378, 390	——と監護者の分離 …………… 261
児童相談所長 …………………… 238, 300	——の死亡 ……………………… 266
児童手当 ……………………………… 346, 400	——の職務執行の停止 ………… 239
児童の権利に関する条約 ……… 81, 215	——の変更 ……………… 42, 258, 264
児童福祉施設 ………………………… 393	単独親権者死亡後の—— ……… 197
児童福祉法 …………………………… 242	親権者指定の基準 …………………… 260
——改正 ………………………… 393	親権者指定の国際裁判管轄 ………… 422
——28条審判 …………………… 390	親権者指定の準拠法 ………………… 420
児童扶養手当 ………………………… 349	親権喪失請求 ………………………… 391
死亡した子についての認知 …………… 55	親権代行 ………………………… 219, 305
氏名権 ………………………………… 403	人工授精 ………………………………… 86
15歳未満の養子 ……………………… 194	人工妊娠中絶 ………………………… 204
週末里親 ……………………………… 253	人事訴訟 …………………………… 9, 16, 19

468

事項索引

人事訴訟法 ……………………… 21, 27
身上監護 ………………… 201, 204, 207
人身保護請求 …………………………225
人身保護法 ……………………………217
新生児の取違え ………………………95
親族里親 ………………………………244
審判前の保全処分 ……………………239
親養子縁組(韓国) ……………………435
推定されない嫡出子 ……………15, 30
推定の及ばない子 ……………………408
推定の及ばない嫡出子 …………18, 21
推定を受けない嫡出子 ………………15
生活扶助義務 ………………… 317, 333
　　生活保持義務と—— ……………325

生活保持義務 ………………… 317, 319
　　——と生活扶助義務 ……………325
精子提供者の情報 ……………………104
生殖補助医療 …………………… 86, 89
精子・卵子・受精卵(胚)の提供 ……112
精神養子 ………………………………254
生地主義 ………………………………398
成年後見制度 ………… 192, 311, 441
成年の子の認知 ………………………52
セーフガード条項 …… 406, 409, 428
専業主婦の扶養義務 …………………327
創設的届出 ……………………………47
相続の準拠法 ………………… 411, 445

た　行

体外受精 ………………………………95
大韓民国国際私法 …… 402, 407, 408
大韓民国国籍法 ………………402, 407
大韓民国民法 …………………………409
胎児認知 ………………………………47
　　——の準拠法 ……………………409
代諾縁組 ………………………………121
　　——の追認 ………………………124
体　罰 …………………………………213
代理懐胎 ………………………………101
代理権の濫用 …………………………232
代理母 …………………………………101
単独親権者死亡後の親権者 …………197
父を定める訴え ………………………27
嫡出子 …………………………………15
嫡出推定 ………………………………2
　　——の重複 ………………………28
嫡出性の承認 ……………………5, 11
嫡出でない親子関係の準拠法 ………411
嫡出でない子 …… 46, 49, 57, 61, 67, 73, 79
　　——の国籍 ………………………406
　　——の相続分 ……………………53
　　——の続柄 ………………………63
嫡出否認の訴え …………………5, 8, 13
　　近親者による—— ………………13

着床前診断 ……………………………107
中華人民共和国継承法 ………………411
中華人民共和国国際私法 ……………411
中華人民共和国国籍法 ………………412
中華人民共和国民法通則 ……………411
懲戒権 ……………………………211, 213
調停前置主義 ……… 9, 22, 25, 28, 258
連れ子養子 ……………………………168
DNA 鑑定 ……………………………24
ドイツ国際私法 ………………………426
同意の撤回 ……………………………251
特定不妊治療費助成事業 ……………340
特別代理人 ………………………… 8, 231
　　——の選任 ………………………234
特別扶養義務 …………………………333
特別養子 ………………………………152
　　——となりうる者の年齢 ………159
　　——の戸籍 ………………………181
　　——への転換養子 ………………171
特別養子縁組 ………………… 51, 62, 152
　　——の効果 ………………… 177, 179
　　——の手続 ………………………155
特別養子離縁 …………………………184
届出義務者 ……………………………78

469

事項索引

な 行

- 内縁子の父性推定 …………………… 74
- 名の変更 ……………………………… 179
- 二重国籍 ……………………… 399, 402
- 23条審判 ……………………… 22, 130
- 任意後見契約 ………………………… 311
- 任意認知 ……………………………… 46
- 認知 …………………………………… 46
  - ——の訴え ……………………… 70, 73
  - ——の出訴期間 ………………… 73
  - ——の取消し …………………… 57
  - ——強制—— …………………… 47, 70
  - ——承諾を欠く—— …………… 53, 56
- 死亡した子についての—— …… 55
- 成年の子の—— ………………… 52
- 胎児—— ………………………… 47
- 任意—— ………………………… 46
- 認知準正 ……………………………… 31
- 認知する権利の放棄 ………………… 82
- 認知請求権の放棄 …………………… 79
- 認知届 ………………… 47, 50, 53, 56
- 認知無効 ………………………… 59, 62
  - ——の訴え …………………… 60, 71
- 年長者養子禁止 …………………… 119

は 行

- 配偶者間人工授精 …………………… 86
- 母の認知 ……………………………… 77
- ひとり親家庭 ………………… 349, 352
- 非配偶者間人工授精 ……… 86, 92, 104
- ファミリーサポートセンター ……… 359
- 夫婦共同縁組の離縁 ………………… 139
- 夫婦の氏 ……………………………… 403
- 父子家庭 ……………………………… 352
- 父子関係存在確認訴訟 ……………… 71
- 普通養子縁組 ………………………… 50
- 不妊治療 ……………………………… 341
- 父母の同意 …………………… 162, 165
- 扶養 ……………………………… 316, 416
  - ——に関する処分 ……………… 293
  - ——の準拠法 …………………… 418
  - 老親—— ………………… 325, 326
- 扶養義務 ……………… 316, 319, 322
  - 専業主婦の—— ………………… 327
- 扶養義務二分説 ……………………… 317
- 扶養義務の準拠法に関する法律 …… 418
- ベビーホテル ………………………… 357
- 保育所 ………………………………… 356
- 保育ママ ……………………………… 358
- 報告的届出 ……………… 3, 47, 299
- 法定血族 ……………………………… 3
- 法の適用に関する通則法 …… 401, 406, 408, 411, 418, 426, 428, 432, 438, 445
- 法律婚主義 …………………………… 54
- 母子家庭 ……………………………… 349
- 母子関係の成立 ……………………… 76
- 母性神話 ……………………………… 339

ま 行

- 未成年後見 …………………………… 301
- 未成年後見人 ………… 298, 303, 305, 308
- 未成年者との離縁 …………………… 137
- 未成年養子 …………………… 120, 194
- 未成年労働者の保護 ………………… 222
- 身分権の放棄 ………………………… 82
- 身分占有 ……………………………… 125
- 民法上の氏と呼称上の氏 …………… 43
- 婿養子縁組 …………………………… 127
- 命名権 …………………………… 33, 36
- 面接交渉(権) ………………… 272, 276
  - ——と祖父母 …………………… 279
  - ——の国際裁判管轄 …………… 424
  - ——の準拠法 …………………… 426
  - 養育費と—— …………………… 276

や 行

遺言の準拠法 …………………………446
遺言の方式の準拠法に関する法律 ……447
有責当事者からの離縁請求 ……………150
養育委託契約 ……………………………244
養育里親 ……………………………243, 246
養育費 ………………………282, 290, 293
　　――と面接交渉 ……………………276
　　――の算定表 ………………………283
　　――の履行確保 ……………………286
養子縁組 ……………………………………50
　　――の準拠法 ………………………428
　　――の届出 …………………………120
　　――の取消し ………………………118
　　――の無効 …………………………128
養子縁組里親 …………………244, 247, 250
養親子関係 …………………………………3
幼稚園 ……………………………………356
幼保一元化 ………………………………357
要保護児童発見の通告義務 ……………372
要保護要件 ………………………………166

ら 行

卵子提供 ……………………………………98
利益相反行為 ………………………231, 234
離　縁 ……………………………………184
　　――意思 ……………………………134
　　――原因 ……………………………149
　　――の効果 ……………………143, 145
　　――の無効 …………………………146
　　協議―― ……………………………133
　　裁判―― ……………………………148
　　死後―― ……………………………141
　　特別養子―― ………………………184
　　未成年者との―― …………………137
履行確保 …………………………………286
　　養育費の―― ………………………286
離婚後の子の親権 ………………………256
離婚の国際裁判管轄 ……………………422
離婚の準拠法 ……………………………420
老親扶養 ……………………………325, 326

わ 行

藁の上からの養子 ………………………123

事項索引

471

判例索引

大審院・最高裁判所

大判明 32・1・12 民録 5・1・7 ……………… 48
大判明 34・10・3 民録 7・9・11 ……………… 296
大判明 39・11・27 刑録 5・1288 …………… 117
大判明 39・11・27 刑録 12・1288 …………… 131
大判大 3・9・28 民録 20・690 ……………… 233
大決大 3・12・10 評論 3・民 651 …………… 193
大判大 4・9・21 民録 21・1489 ……………… 230
大判大 5・4・29 民録 22・824 ……………… 14
大判大 7・9・13 民録 24・26・1684 ………… 233
大判大 8・12・8 民録 25・2213 ……………… 193
大判大 10・10・29 民録 27・1847 …………… 218
大判大 11・2・25 民集 1・69 ………………… 41
大判大 11・3・27 民集 1・137 …………… 60, 72
大判大 11・9・2 民集 1・448 ………… 117, 131
大判大 11・11・28 刑集 1・705 ……………… 206
大判大 12・3・9 民集 2・143 ………………… 78
大判大 12・11・29 民集 2・642 ……………… 218
大判大 13・8・6 民集 3・395 ………………… 221
大判大 15・10・11 民集 5・703 ……………… 51
大判昭 3・1・30 民集 7・12 ………………… 78
大判昭 6・1・27 新聞 3233・7 ……………… 41
大判昭 6・11・13 民集 10・12・1022 ………… 81
大判昭 7・2・12 新聞 3377・14 …………… 131
大判昭 7・7・16 法律新報 303・11 ………… 78
大連判昭 15・1・23 民集 19・54 ……… 17, 32
大判昭 15・9・20 民集 19・1596 …………… 17
大判昭 15・12・6 民集 19・2182 …… 117, 131
大判昭 16・2・3 民集 20・1・70 …………… 41
大判昭 17・9・10 法学 12・333 ……………… 14
大判昭 18・10・21 法学 13・397 …………… 41
最判昭 23・12・23 民集 2・14・493 ……… 131
最判昭 25・12・28 民集 4・13・701 …………… 7
最判昭 27・10・3 民集 6・9・753 …… 124, 147
最判昭 28・6・26 民集 7・6・787 …………… 72
最判昭 29・1・21 民集 8・1・87 …………… 193
最判昭 30・5・10 民集 9・6・657 ………… 332
最判昭 32・7・5 裁判集民 27・27 ………… 200
最判昭 35・3・15 民集 14・3・430 …… 212, 218

最判昭 37・2・27 裁民集 58・1023 ……… 233
最判昭 37・4・10 民集 16・4・693 ………… 81
最判昭 37・4・27 民集 16・7・1247
………………………… 4, 48, 69, 78, 88, 197, 407
最判昭 37・10・2 民集 16・10・2059 …… 233
最判昭 38・11・28 民集 17・11・1469 …… 41
最判昭 38・12・20 家月 16・4・117 …… 117, 132
最判昭 39・3・17 民集 18・3・473 ………… 17
最判昭 39・3・25 民集 18・3・486 ……… 423
最大決昭 40・6・30 民集 19・4・1114
………………………………………………… 296, 324
最判昭 41・2・15 民集 20・2・202
………………………………………… 4, 17, 20, 29, 32
最判昭 42・2・17 民集 21・1・133 …… 296, 324
最判昭 42・4・18 民集 21・3・671 ……… 233
最判昭 42・9・29 家月 20・2・29 ………… 200
最判昭 42・12・8 家月 20・3・55 ………… 258
最判昭 43・9・20 民集 22・9・1938 ……… 285
最判昭 44・2・20 民集 23・2・399 ……… 285
最判昭 44・5・29 民集 23・6・1064 … 7, 20, 410
最判昭 44・9・4 判時 572・26 …………… 410
最判昭 44・11・27 民集 23・11・2290 …… 75
最大判昭 45・7・15 民集 24・7・861 ……… 17
最判昭 46・4・20 家月 24・2・106 ……… 233
最決昭 46・7・8 家月 24・2・105 ………… 265
最判昭 46・10・22 民集 25・7・985 …… 117, 131
最判昭 48・4・12 民集 27・3・500 ……… 131
最判昭 48・4・24 家月 25・9・80 …… 233, 236
最判昭 49・3・29 家月 26・8・47 …… 78, 197
最判昭 49・7・19 民集 28・5・790 ……… 216
最判昭 49・7・22 家月 27・2・69 …… 233, 236
最判昭 49・9・27 金法 736・26 …………… 233
最判昭 49・10・11 家月 27・7・46 ………… 78
最判昭 49・12・17 民集 28・10・2040 …… 193
最判昭 50・4・8 民集 29・4・401 …… 124, 126
最判昭 50・9・30 家月 28・4・81 ………… 60
最大判昭 51・5・21 刑集 30・5・615 …… 210
最判昭 52・2・14 家月 29・9・78 ………… 58

最判昭 52・3・15 民集 31・2・234 ………… 216
最判昭 52・12・20 民集 31・7・1101 ……… 214
最判昭 53・2・24 民集 32・1・110 …51, 66, 72
最判昭 53・4・14 家月 30・10・26 ………… 83
最判昭 53・7・17 民集 32・5・980 ………… 119
最判昭 54・3・23 民集 33・2・294 ………… 78
最判昭 54・6・21 判時 933・60 …………… 72
最判昭 55・12・23 判時 992・47 …………… 75
最判昭 56・6・19 判時 1011・54 ………… 310
最判昭 57・3・19 民集 36・3・432 …… 72, 75
最判昭 57・3・26 判タ 496・184, 判時 1041・
　66 ………………………………………… 41
最判昭 57・11・16 家月 35・11・56 ……… 72
最判昭 57・11・26 民集 36・11・2296
　…………………………………… 200, 236
最判昭 58・3・18 家月 36・3・143 ……… 332
最判昭 58・6・7 民集 37・5・611 ……… 440
最判昭 59・3・29 家月 37・2・141 ……… 228
最決昭 59・7・6 家月 37・5・35 ………… 275
最大判昭 62・9・2 民集 41・6・1423 …… 150
最判昭 63・3・1 民集 42・3・157 …… 132, 147
最判平元・4・6 民集 43・4・193 ………… 72
最判平 2・7・19 家月 43・4・33 ………… 17
最判平 2・7・19 判時 1360・115 ………… 72
最判平 3・4・19 民集 45・4・477 ……… 332

最判平 4・12・10 民集 46・9・2727 ……… 233
最判平 5・10・19 民集 47・8・5099 ……… 228
最判平 6・4・26 民集 48・3・992 ………… 228
最判平 6・7・8 家月 47・5・43 ………… 228
最判平 7・1・27 民集 49・1・56 ………… 415
最大決平 7・7・5 民集 49・7・1789 ……… 54
最判平 7・7・14 民集 49・7・2674 ……… 164
最判平 8・2・22 判時 1560・72 ………… 216
最判平 8・6・24 民集 50・7・1451 ……… 423
最判平 9・3・11 家月 49・10・55 ……… 126
最判平 10・4・28 民集 52・3・853 ……… 419
最判平 10・7・14 家月 51・2・83 …… 164, 252
最判平 10・8・31 家月 51・4・75 …… 17, 20
最判平 11・4・26 家月 51・10・109 ……… 228
最判平 12・2・29 民集 54・2・582 ……… 203
最判平 12・3・14 家月 52・9・85 …7, 20, 410
最決平 12・5・1 民集 54・5・1607 ……… 275
最判平 14・11・22 判時 1808 号 55 頁 …… 48
最決平 18・4・26 民集 58・9・31 ………… 285
最判平 18・7・7 民集 60・6・2307 …17, 83, 126
最判平 18・7・7 家月 59・1・98 …… 17, 126
最判平 18・9・4 民集 60・7・2563 ……… 91
最判平 19・1・25 民集 61・1・1 ………… 395
最決平 19・3・23 民集 61・2・619 ……… 103
最判平 20・6・4 民集 62 巻 6 号 1367 頁 … 48

控訴院・高等裁判所

大阪控判明 40・5・27 新聞 434・7 ……… 131
東京高判昭 24・7・29 家月 1・9＝10・9 …265
札幌高判昭 28・2・18 高刑集 6・1・128 … 239
東京高判昭 28・10・2 下民集 4・10・1387
　…………………………………………… 200
東京高判昭 32・9・17 下民集 8・9・1710 …239
広島高岡山支決昭 34・3・4 家月 12・3・103
　…………………………………………… 239
東京高判昭 35・2・18 下刑集 2・2・113 … 239
大阪高決昭 36・7・14 家月 13・11・92 …… 262
仙台高決昭 37・6・15 家月 14・11・103 … 292
新潟家高田支審昭 43・6・29 家月 20・11・170
　…………………………………………… 239
大阪高判昭 43・7・30 家月 21・10・101 …… 81
東京高判昭 43・12・25 判タ 235・230 …… 81
広島高判昭 44・6・5 下民集 20・5＝6・410

東京高判昭 44・11・13 下民集 20・11＝12・
　815 ……………………………………… 258
東京高判昭 46・6・29 判タ 267・334 ……… 81
大阪高決昭 49・11・15 家月 27・12・56 …… 41
東京高判昭 50・2・5 判時 777・48 ……… 72
福岡高那覇支決昭 50・8・8 家月 28・5・29
　…………………………………………… 69
名古屋高判昭 52・10・31 判時 881・118 … 81
福岡高決昭 52・12・10 家月 30・9・75 …… 351
仙台高決昭 55・1・25 家月 33・2・169 … 60, 75
東京高判昭 55・5・8 判時 967・69 ……… 131
東京高判昭 55・10・29 判時 987・49 …… 236
東京高判昭 56・4・1 判時 1007・133 …… 214
東京高判昭 56・9・2 家月 34・11・4 …… 302
東京高判昭 57・2・22 家月 35・5・98

判例索引

······················· 117, 131
東京高判昭 58・3・23 家月 36・5・96 ······236
名古屋高金沢支決昭 58・7・1 判時 1096・77
······················· 197, 268
東京高判昭 59・2・28 判時 1112・54 ······214
大阪高判昭 59・3・30 判タ 528・287
······················· 117, 132
大阪高決昭 60・10・16 家月 38・2・134 ···405
東京高決昭 61・9・10 判時 1210・56 ······296
東京高決昭 62・7・30 判時 1246・102 ······78
東京高決昭 63・8・31 判タ 694・161 ········60
東京高決昭 63・9・14 家月 41・1・126 ······296
大阪高決昭 63・10・27 家月 41・3・164
······················· 173, 252
大阪高決昭 63・11・10 家月 41・3・172 ······173
大阪高決昭 63・11・18 家月 41・3・174 ······173
名古屋高決昭 63・12・9 家月 41・1・121
······················· 170, 173
仙台高決昭 63・12・9 家月 41・8・184 ······265
名古屋高決平元・3・23 家月 41・12・112···173
東京高決平元・3・27 家月 41・9・110
······················· 164, 252
仙台高秋田支決平元・5・24 家月 41・11・86
······················· 173
東京高判平元・7・19 判時 1331・61 ········216
名古屋高決平元・10・17 家月 42・2・181···173
東京高決平 2・1・30 家月 42・6・47 ···164, 252
大阪高決平 2・8・7 家月 43・1・119 ······351
東京高判平 3・3・29 判タ 764・133 ········54
大阪高判平 3・8・2 家月 44・5・33 ·······405
大阪高判平 3・11・8，家月 45・2・144······126
福岡高決平 3・12・27 家月 45・6・62
······················· 164, 252
仙台高決平 4・12・2 家月 46・3・43 ······265
福岡高決平 4・12・25 家月 46・3・50 ······447
東京高決平 5・6・23 高民集 46・2・43 ······54
高松高判平 5・12・21 判タ 868・243 ······131

東京高判平 6・3・28 家月 47・2・165 ······7, 20
東京高決平 6・4・15 家月 47・8・39 ···197, 268
東京高決平 6・4・20 家月 47・3・76 ······296
東京高決平 6・11・30 判時 1512・3 ········54
東京高判平 7・1・30 判時 1551・73 ········20
東京高決平 8・4・30 判時 1599・82 ······271
東京高決平 8・11・20 家月 49・5・78
······················· 170, 173
仙台高判平 9・2・7 判時 1629・59 ········193
東京高判平 9・9・18 判時 16430・62 ······419
東京高決平 10・2・26 判時 1647・107 ······419
東京高決平 10・3・10 判時 1655・135 ········7
東京高決平 10・4・6 家月 50・10・130 ······296
名古屋高判平 10・7・17 判タ 1030・259 ···296
東京高決平 10・9・16 家月 51・3・165 ···88, 94
仙台高決平 12・6・22 家月 54・5・125 ······252
東京高判平 12・12・5 家月 53・5・187
······················· 296, 321
東京高判平 13・7・31 判タ 1136・222 ········72
札幌高決平 13・8・10 家月 54・6・97
······················· 197, 268
東京高決平 14・12・16 家月 55・6・112 ···252
名古屋高決平 15・11・14 家月 56・5・143
······················· 170, 173
東京高決平 15・12・26 家月 56・6・149 ···285
大阪高判平 16・1・14 家月 56・6・155 ···285
仙台高判平 16・2・25 家月 56・7・116 ···285
大阪高判平 16・5・19 家月 57・8・86 ···285
高松高判平 16・7・16 家月 56・11・41 ······91
東京高決平 16・9・7 家月 57・5・52 ········296
大阪高決平 17・5・20 判時 1919・107 ······103
東京高決平 17・11・24 家月 58・11・40，判タ
  1213・307 ······················· 423, 427
大阪高決平 18・7・31 家月 59・6・44 ······419
東京高決平 18・10・12 判時 1978・17 ········97
東京高決平 18・10・30 判時 1965・70 ······419
東京高決平 20・1・30 家月 60・8・59 ······252

地方裁判所・簡易裁判所

東京地判大 11・2・7 新聞 1987・18 ······131
大阪地判昭 30・3・16 家月 7・10・44 ······131
新潟地判昭 32・10・30 下民集 8・10・2002
······················· 12

水戸地判昭 34・5・25 下刑集 1・5・1278 ···239
岡山地判昭 35・3・7 判時 223・24 ···117, 131
東京地判昭 36・4・25 下民集 12・4・866 ···193
東京地判昭 37・7・17 下民集 13・7・1434

判例索引

・・・・・・・・・・・・・・・203
東京地判昭 40・5・24 下民集 16・5・893 …193
大阪地判昭 48・3・1 行集 24・11＝12・1177
・・・・・・・・・・・・・・・203
山形地判昭 52・3・30 判時 873・83 ………212
札幌地判昭 53・9・29 判時 914・85 ………310
横浜地判昭 54・2・8 判時 941・81 ………310
那覇地沖縄支判昭 54・9・20 判時 949・111
………………………………………97
横浜地判昭 54・10・19 判時 948・89 …72, 75
千葉地判昭 55・3・31 ………………214
東京地判昭 56・1・30 判タ 443・132 ……258
東京地昭 56・7・27 判時 1029・100 ……72
福岡地小倉支判昭 58・8・26 判時 1105・101
………………………………………310
大阪地判昭 58・12・26 家月 36・11・145
……………………………………7, 10
名古屋地判昭 60・8・26 判時 1181・117 …131
大分地決昭 60・12・2 判時 1180・113 ……203
大阪地判昭 63・7・18 判タ 638・178 ……60
東京地判平元・3・7 判タ 723・241 ………296
東京地判平元・10・25 判タ 723・241 ……296

東京地判平元・12・15 判タ 766・21………412
東京地判平 2・10・29 判タ 763・260 ………20
東京地判平 2・11・28 判時 1384・71，判タ
759・250……………………………423
横浜地判平 3・10・31 家月 44・12・105 …440
神戸地判平 3・11・26 家月 45・7・76 ……7
横浜地判平 7・3・28 判時 1530・28 ………310
東京地判平 8・9・2 判時 1608・130 ………419
金沢地判平 8・10・25 判時 1629・113 ……271
京都地判平 8・10・31 判時 1601・141 ……72
東京地判平 10・3・19 判タ 969・228 ……193
横浜地判平 10・5・29 判タ 1002・249 ……440
大阪地判平 10・12・18 家月 51・9・71 …88, 94
東京地判平 11・5・28 判時 1704・102 ……193
東京地判平 11・11・4 判タ 1023・267 ……423
東京地判平 14・8・21 判タ 1108・240 ……296
松山地判平 15・11・12 家月 56・7・140 ……91
神戸地判平 16・2・25 判時 1853・133 ……271
東京地判平 16・3・2 戸時 568・25 ………64
東京地判平 16・3・2 訟月 51・3・549 ……190
東京地判平 17・5・27 判時 1917・70 ………97

家庭裁判所

東京家審昭 31・2・20 家月 8・3・36 ………78
広島家呉支審昭 33・12・15 家月 11・3・155
……………………………………239
大津家審昭 34・12・23 家月 12・3・141 …239
松山家審昭 35・9・13 家月 12・12・90 ……78
東京家審昭 36・2・10 家月 13・6・168 ……434
神戸家審昭 36・2・21 家月 13・5・152 ……41
東京家審昭 36・5・6 家月 14・5・160 ……335
大阪家堺支審昭 37・5・17 家月 14・6・116
……………………………………431
福岡家審昭 38・10・14 家月 16・3・117 …335
東京家審昭 38・12・25 家月 16・6・175 …197
岡山家審昭 39・11・6 家月 17・1・112 …239
鹿児島家審昭 40・12・12 家月 28・1・246
……………………………………302
熊本家山鹿支審昭 40・12・15 家月 18・8・62
……………………………………265
札幌家審昭 41・8・30 家月 19・3・80 ……10
東京家審昭 42・2・18 家月 19・9・76 ……10

東京家審昭 43・11・7 家月 21・3・64 ……327
横浜家川崎支審昭 43・12・16 家月 21・4・158
………………………………………41
仙台家審昭 44・3・20 家月 21・10・116 …265
東京家審昭 44・6・13 家月 22・3・104 …427
東京家審昭 44・6・20 家月 22・3・110 …427
長崎家佐世保支審昭 44・7・11 家月 22・4・53
………………………………………265
千葉家松戸支審昭 46・10・5 家月 24・9・165
………………………………………239
長崎家佐世保支審昭 47・2・28 家月 24・11・
74，判タ 288・416 ………………423
水戸家審昭 48・11・8 家月 26・6・56 ……440
那覇家コザ支審昭 50・1・7 家月 27・11・64
………………………………………423
熊本家人吉支審昭 50・2・21 家月 28・1・78
………………………………………268
大分家審昭 50・4・22 家月 28・3・47 ……300
東京家審昭 50・7・14 判タ 332・347 ……12

東京家審昭 50・8・12 家月 28・6・87 ……427
神戸家審昭 50・11・11 家月 28・11・106 …423
徳島家審昭 51・1・22 家月 28・10・66 ……268
大阪家審昭 51・2・25 家月 29・4・152 ……447
東京家審昭 51・5・31 判タ 345・297 ……427
大阪家審昭 51・6・18 家月 29・1・79 ……197
長崎家審昭 51・9・30 家月 29・4・141 ……292
旭川家審昭 52・2・17 家月 29・11・100 …262
東京家審昭 53・2・2 家月 30・9・80 ……197
神戸家審昭 53・2・21 家月 31・12・97 ……431
奈良家審昭 53・5・19 家月 30・11・62 ……10
大阪家審昭 53・6・26 家月 31・7・71 ……268
大阪家審昭 54・2・1 家月 32・10・67 ……419
釧路家審北見支審昭 54・3・28 家月 31・9・34
　……………………………………………………44
東京家審八王子支審昭 54・5・16 家月 32・1・
　166 ……………………………………………239
横浜家審昭 54・11・29 家月 32・3・115 …268
新潟家審糸魚川支審昭 55・1・8 家月 32・3・120
　…………………………………………………268
福岡家審小倉支審昭 55・5・6 家月 33・1・75
　…………………………………………………268
神戸家審昭 55・9・29 家月 33・8・68 ……239
長崎家審昭 55・12・15 家月 33・11・123 …335
静岡家審富士支審昭 56・2・21 判時 1023・111
　…………………………………………………296
大阪家審昭 56・3・13 家月 33・12・64 ……302
宮崎家審昭 56・7・24 家月 34・11・41 ……302
那覇家審昭 56・7・31 家月 34・11・54 ……440
大阪家審昭 57・4・12 家月 35・8・118
　………………………………………………197, 268
宇都宮家大田原支審昭 57・5・21 家月 34・
　11・49 …………………………………………302
札幌家審昭 57・5・21 家月 34・11・45 ……302
神戸家審昭 57・7・15 家月 35・10・94 ……447
東京家審昭 58・6・10 家月 36・8・120 …12, 20
津家四日市支審昭 59・7・18 家月 37・5・63
　……………………………………………………12
札幌家審昭 60・5・11 家月 37・12・46 ……405
東京家審昭 62・3・31 家月 39・6・58 ……427
秋田家審昭 63・1・12 家月 40・6・51 ……327
東京家審昭 63・2・23 家月 40・6・65
　………………………………………………423, 427

横浜家審昭 63・3・11 家月 40・7・181 ……173
奈良家宇陀支審昭 63・3・25 家月 40・7・188
　…………………………………………………173
横浜家審昭 63・4・15 家月 40・8・94 ……173
名古屋家審昭 63・4・15 家月 40・8・97 …173
東京家八王子支審昭 63・8・12 家月 41・3・
　177 ……………………………………………173
千葉家審昭 63・8・23 家月 41・2・158
　………………………………………………197, 268
名古屋家審昭 63・9・1 家月 41・1・124
　………………………………………………170, 173
大阪家審昭 63・9・19 家月 41・3・173 ……173
大阪家審昭 63・9・29 家月 41・3・176 ……173
名古屋家審平元・8・23 家月 42・5・92
　………………………………………………173, 178
東京家審平元・9・22 家月 42・4・65 …423, 427
徳島家審平元・11・17 家月 42・5・94
　………………………………………………170, 178
東京家八王子支審平 2・2・28 家月 42・8・77
　…………………………………………………167
静岡家沼津支審平 2・3・5 家月 42・8・81
　…………………………………………………193
広島家審平 2・9・1 家月 43・2・162 ………327
宮崎家審平 2・11・30 家月 43・10・35 ……173
東京家審平 4・3・23 家月 44・11・90 ……419
大阪家審平 4・4・21 家月 45・3・63 ………419
那覇家審平 4・9・7 家月 45・9・55 ………173
神戸家審平 4・9・22 家月 45・9・61 ………419
奈良家審平 4・12・16 家月 46・4・56 ………10
東京家八王子支審平 6・1・31 判時 1486・56
　……………………………………………………35
京都家審平 6・3・31 判時 1545・81 ………427
大阪家審平 6・12・2 家月 48・2・150 ……423
東京家審平 7・10・9 家月 48・3・69 ……427
東京家審平 8・1・26 家月 48・7・72 ……173
千葉家松戸支審平 8・3・5 家月 49・5・85
　…………………………………………………170
水戸家審平 10・1・12 家月 50・7・100 ……12
福岡家審小倉支審平 10・2・12 判タ 985・259
　………………………………………………197, 268
新潟家長岡支審平 10・3・30 家月 51・3・179
　……………………………………………………88
熊本家審平 10・7・28 家月 50・12・48 ……419

判例索引

477

判例索引

水戸家土浦支審平11・2・15家月51・7・93
　………………………………………431
千葉家審平11・4・14家月51・11・102 …173
福岡家小倉支審平11・6・8家月51・12・30
　………………………………………268
浦和家川越支審平11・7・8家月51・12・37
　………………………………………419
山形家審平12・3・10家月54・5・139 ……252
浦和家審平12・10・20家月53・3・93 ……427
長野家松本支審平14・9・27家月55・6・116

　………………………………………252
千葉家市川出審平14・12・6家月55・9・70
　………………………………………379
金沢家七尾支審平17・3・11家月57・9・47
　………………………………………252
千葉家松戸支審平17・6・6家月58・11・45
　………………………………………427
神戸家明石支審平17・12・21家月59・6・53
　………………………………………419
京都家審平18・3・31家月58・11・62 ……427

親子の法律相談　新・法律相談シリーズ
Know your law on parent and child

2010年3月25日　初版第1刷発行

編　者	床谷　文雄 清水　　節
発行者	江草　貞治

東京都千代田区神田神保町2-17
発行所　株式会社　有　斐　閣
電話　(03)3264-1314〔編集〕
　　　(03)3265-6811〔営業〕
郵便番号 101-0051
http://www.yuhikaku.co.jp/

印刷・製本　大日本法令印刷株式会社
© 2010, Fumio Tokotani, Misao Shimizu. Printed in Japan
落丁・乱丁本はお取替えいたします。

★定価はカバーに表示してあります。

ISBN 978-4-641-00644-7

[JCOPY] 本書の無断複写(コピー)は、著作権法上での例外を除き、禁じられています。複写される場合は、そのつど事前に、(社)出版者著作権管理機構(電話03-3513-6969、FAX03-3513-6979、e-mail:info@jcopy.or.jp)の許諾を得てください。